侯云春（1952—），山东临清人，中共中央党校在职研究生班政治学专业毕业，在职研究生学历，国务院发展研究中心原副主任。曾参加党中央、国务院和部委一些重要文件的起草工作。长期从事宏观经济运行、国有企业改革和发展、商品流通和市场管理、工业经济和产业结构调整、就业和社会保障等领域理论和政策研究，在全国性重要报刊上发表论文多篇，合著《中日企业经营方式》《国企改革建言》。近期主要从事宏观经济、发展战略和区域经济、中国特色城镇化、企业改革和发展等方面的研究工作。

历史的足音——改革开放 40 年研究文库

改革开放管窥集

侯云春◎著

中国言实出版社

图书在版编目（CIP）数据

改革开放管窥集 / 侯云春著 . -- 北京 : 中国言实
出版社 , 2018.12
　　ISBN 978-7-5171-2969-1

　　Ⅰ . ①改… 　Ⅱ . ①侯… 　Ⅲ . ①社会科学－文集 　Ⅳ .
① C53

中国版本图书馆 CIP 数据核字（2018）第 270367 号

责任编辑：张　强
责任校对：李　颖
出版统筹：冯素丽
责任印制：佟贵兆
封面设计：徐　晴

出版发行　中国言实出版社
　　　地　址：北京市朝阳区北苑路 180 号加利大厦 5 号楼 105 室
　　　邮　编：100101
　　　编辑部：北京市海淀区北太平庄路甲 1 号
　　　邮　编：100088
　　　电　话：64924853（总编室）　64924716（发行部）
　　　网　址：www.zgyscbs.cn
　　　E–mail：zgyscbs@263.net

经　销　新华书店
印　刷　北京温林源印刷有限公司
版　次　2018 年 12 月第 1 版　　2018 年 12 月第 1 次印刷
规　格　710 毫米 ×1000 毫米　1/16　38.5 印张
字　数　540 千字
定　价　228.00 元　　ISBN 978-7-5171-2969-1

自 序

出版这本书，原本无此打算。后来改变主意，缘于朋友的一个电话。

春节前，中国言实出版社王昕朋社长来电话，问我过去发表的文章出过书没有。昕朋同志是我在国务院研究室工作时的同事，彼此很熟悉。我回答他说，没有，水平不够，并调侃说，有人说现在写书的比看书的多，我就不凑这个热闹了。昕朋同志解释说，他们策划的《历史的足音——改革开放40年研究文库》大型丛书，已列入国家新闻出版广电总局"十三五"规划，编委会将我列为文库作者之一，希望将过去发表的文章挑选一些，汇集成一本书。

今年是改革开放40周年。1978年秋，我从兰州大学经济系毕业来到北京，距今整整40年了。40年改革开放如滔滔江河，波澜壮阔，奔腾向前。作为一名亲历者，能够亲身参与改革开放的伟大实践，目睹改革开放带来的沧桑巨变，实乃人生之幸。如果将自己在这个过程中的所思所想、所议所言汇集成册，于己是一个总结回顾，于人则可提供一些参考。

本书收入的文章，按照我在国家经委、物资部和国内贸易部、国家经贸委、国务院研究室、国务院发展研究中心工作的几个时期为序。大部分是在报刊发表过的，也收入了一些未曾发表的会议讲话、发言和提案等。内容主要涉及经济综合、国企改革、商品流通、产业结构调整、就业和社会保障等方面。

本书收入的文章，多为工作之余的一些思考，反映的都是当时的认识。有的虽然浅陋，但也敝帚自珍，忝列于内。有的显得过时，但要尊重历史，原文照录。前者例如，我在《论"第三产业"及其与物质生产的关系》中，提出第三产业中不少行业也是生产性劳动，与两大部类存在着交换关系，否则，社会再生产和扩大再生产就是不完整、不能得以实现的。我甚至自认为这对马克思关于生产性劳动和非生产性劳动、社会再生产的交换关系的认识和研究，应该是有些新意的。这在改革开放之初的 20 世纪 80 年代初，是提出较早的，对于正确认识第三产业并促进其发展，应是有一定帮助的。又如，公有制与市场经济能否结合、如何结合，我在《社会主义市场经济条件下的公有制实现形式研究》中提出，关键是要解决好公有制的实现形式问题，这是社会主义市场经济的基本问题，要不断改革探索，努力寻找适应市场经济要求的能够极大促进生产力发展公有制实现形式。至于后者，也举两例。如关于国有企业改革与发展，我曾撰文认为承包制不是临时的过渡措施，将承包制的形式与内涵区分为"承包特殊"与"承包一般"两种形态，并设想可能经历"初级形式"、"中级形式"和"高级形式"三个阶段。但是承包制现已很少有人提及，"消失在历史的长河中"了。这里所讨论的承包制，实际上是从所有者与经营者责权利关系的角度来讲的，这种关系在任何所有制经济中都是存在的。当然，经过几十年改革，许多国有企业已退出国有经济行列，已经不存在与作为所有者的国家和代表国家行使所有者职能的各级政府继续实行承包制的制度基础，但对于国有和国有控股企业来说，仍需由代表国家行使所有者职能的国资机构对其进行指标考核。这实际上应该就是承包制的"高级形式"。再比如，我也是"大公司战略"的促进派，曾建议国家利用所有者的权利和行政手段，采取"政府＋市场"的方式，在短时间内组建一些"特企"，使其先做大继而做强，尽快培育一批能与跨国公司相抗衡的我国自己的大企业。现在看来，形势已经发生了很大变化，目前的主要矛盾已不是做大，而是做优做强，在做优做强的基础上继续做大。至于为数众多的中小企业特别是微型企业，除一些具有"乔木"的成长基因者外，方向则是甘做"灌木"和"花草"，旨在做专做优做强做久，而不是盲目追求做大。

书中材料的收集也费了一些功夫。由于过去不注意留存，有些材料散失找不到了。记得我在物资部工作时，柳随年部长在整理过去的文章时，深感资料收集之苦，对我和他的秘书宋耀华说，你们的文章好好保存，以后出书时不要费这么大劲儿。当时我们只是一笑置之，没当一回事，谁也没想将来要出书。早听此言，不致这么费周章。有此教训，我也寄语年轻同道，你们的资料请注意留存。好在现在技术十分先进、方便，只要动动手指就可以了。

蓦然回首，40年转瞬即逝。感恩改革开放的伟大时代，让我经历和见识了很多；感恩曾经的领导和同事，给了我很多的教诲和帮助；感恩父母妻女和家人亲友的相伴相守，支持我在工作的繁忙和生活的磨砺中走到今天。

40 年改革开放成就巨大，进一步深化改革扩大开放前路漫漫，任重道远。发展阶段转换提出了新要求，新一轮技术革命提供了新支撑，经济全球化曲折前行提出了新挑战。我们挥手告别过去波澜壮阔的 40 年，必将迎来又一个更加波澜壮阔的 40 年！

侯云春

2018 年 9 月

目 录

论第三产业及其与物质生产的关系 [①]

（1985 年）

近年来，第三产业在许多国家有了长足的进步，一些发达国家第三产业的就业人数和产值已占全部就业人数和整个国民生产总值的 60% 以上，低收入发展中国家第三产业的产值占国民生产总值的比重，也超过了 30%。与国外相比，我国第三产业十分落后，就业人数在全国就业人数中只占 15%，产值仅占国民生产总值的 20% 左右。第三产业不发展，严重影响了生产的进一步发展，给人民生活也造成了极大的不便。随着经济的发展和人民生活需要构成的变化，第三产业与生产、生活不相适应的矛盾越来越突出。但如何加快我国第三产业的发展，从理论认识到实际工作有一系列问题需要解决。例如，第三产业是生产劳动还是非生产劳动，创造不创造价值，它和基本物质资料生产的关系怎样，在社会再生产中居于什么地位等，对于这些问题，我们必须作出符合实际的回答。对此，我不避浅陋，谈一些不成熟的看法。

一

三次产业的划分是国际上颇为流行的产业结构分类方法。这种分类法把直接以自然资源为劳动对象的物质资料生产称为第一产业，包括农业、林业、渔业、畜牧业和矿业等；以劳动产品为对象的加工工业称为第二产业，包括制造业、建筑业等；其他经济活动则统称为第

---

① 本文原载《理论教育》1985 年。

1

三产业。按照这种划分，第三产业包括的范围相当宽泛，而且在不同的国家，不同的著作中，划分标准与具体内涵也不尽一致。一般说来，第三产业相当于广义的服务业，包括商业、运输、通讯、教育、科研、金融、保险、信息、医疗、旅游、生活服务等。这些行业基本上分为生产服务和生活服务两大类，也有些是跨两类的。

三次产业分类法对于研究经济结构是有一定意义的。第一、第二产业属于物质生产，其中第一产业是初级产品生产，第二产业是加工产品生产；第三产业基本属于非物质生产。从马克思主义的观点来看，物质资料生产是人类社会存在和发展的基础。社会生产总是先有物质资料的生产，然后才有非物质资料的生产。物质生产也是由低级向高级逐步发展，加工程度由浅到深不断提高的，并且随着生产力的发展和科学技术的进步，人类用于直接生产物质资料的劳动将越来越少，用在非物质生产上的劳动越来越多。因此，三次产业在国民经济中所占比重的变化，可以反映出一个国家的生产力发展水平、产品加工深度和社会分工、生产专业化、社会化的程度。就第三产业而言，它既是第一、第二产业即物质生产发展的必然结果，又是物质生产赖以更快发展的重要条件。第三产业的发展，不仅为物质生产提供各种各样的服务，而且还为它们提供了广阔的市场。因此，第三产业的大发展不仅不会影响和削弱物质资料的生产，恰恰相反，它可以大大促进物质生产的发展。

第三产业的发展，还是衡量人民生活水平的重要标志。马克思曾高度概括地指出人类有三种形式的需要，即对生存资料、享受资料、发展资料的需要。很明显，这三种需要是阶梯形的，是递进的关系。生存需要是最基本的需要，享受需要是高一级的需要，发展需要是更高一级的需要。与生存资料相比，尽管享受资料和发展资料中物质资料的数量会大大增加，质量也会大大提高，但比重肯定会下降，更多的是来自非物质资料即各种形式的生活服务和文化娱乐、保健、旅游、教育等。要满足这些方面的需要，就必须大力发展第三产业。即便是物质资料，在最终进入人们的消费之前，也要经过许多中间环节，需要社会提供多方面的服务，这也只有大力发展第三产业才能做到。因此，第三产业发展如何，在国民经济中比重大小，也在很大程度上反映了一个国家人民的生活水平和方便程度。我国由于第三产业不发展，生活服务跟不上，家务劳动不能社会化，不仅企事业单位的社会负担很重，到处存在着"企业办社会"的现象，而且职工几乎无例外地陷在繁重的家务劳动中，开门七件事，吃、穿、住、用、行、医疗、文化娱乐，件件感到不方便，牵扯了职工很大的精力，不仅影响了劳动生产率和工作效率的提高，也使得职工无法腾出更多的时间和精力学习、娱乐和从事其他各种社会活动，不能全面发展自己，影响了职工队伍素质和整个民族素质的提高。

三次产业分类法虽有上述积极意义，但就其整个理论体系来说是不科学的。一是这种划分混淆了生产劳动和非生产劳动的界限，有的甚至把行政管理、国防、军队也包括在第三产业之内，也看作是创造国民收入的部门，这是十分荒谬的。二是在三次产业之间，产品究竟如何实现的问题无法解决。因此，确定三次产业之间的合理比例也就失去客观依据。尽管如此，三次产业分类法仍有可资借鉴之处。作为对国民经济结构进行分类的一种辅助方法，作这种划分将有助于我们考察经济增长对产业结构的影响。特别是第三产业目前在我国还没有形成一个统一的概念，更没有形成一个大的产业。由于我们一直对第三产业抱有偏见，把它们看作是非生产劳动，长期不予重视，甚至把国外第三产业的大发展看作是资本主义寄生性、腐朽性的表现，人为地设置了许多障碍，划了许多禁区，严重影响了第三产业的发展，成为国民经济中比较突出的薄弱环节。正像美国著名经济学家刘易斯所评论的那样："中国各个经济环节中，最薄弱、最落后的环节是第三产业，尤其是商业。中国若再不下大力气于改革和发展第三产业，将拖住第一、第二产业的发展，中国经济发展的步子想快也快不起来。"这个意见，是很值得我们重视的。因此，我们有必要运用马克思主义的基本原理，参照国外的某些做法，紧密结合我们的实际，建立起适合中国国情的第三产业概念。我们这样做，不仅仅是为了便于同国外进行对比，更重要的是为了加快第三产业的发展，从而加快社会生产的发展，改善和方便人民生活，更好地实现社会主义生产目的。至于名称怎么叫，是叫第三产业，还是叫非物质产业，还是叫服务性产业或劳务性产业，还可进一步研究。在没有形成统一的公认的叫法之前，我们不妨仍以第三产业暂称。对我们来说，名称并不是十分重要的，重要的是它所代表的实际内容。

二

在我国，第三产业一向不被当作产业来对待，而是当作福利事业，谁办谁赔钱，致使这些行业失去了自我发展的动力和能力，这是我国第三产业发展不起来的重要原因。然而，再深究其根源，这最终和我们的理论指导上视第三产业为非生产劳动、不创造价值有关。对此，我认为有重新认识的必要。

第三产业的情况比较复杂，不能一概而论，不加分析地说它们都是生产劳动或非生产性劳动，都创造价值或都不创造价值，都不免失之于片面。但是，一般地说，第三产业应该看作是生产劳动，是创造价值的。为了说明这一点，我们有必要回顾一下马克思关于这个问题的论述。

马克思关于生产劳动和非生产劳动的学说，比较集中地见于剩余价值学说史和《马克思恩格斯全集》第49卷，特别是在第49卷第六章《直接生产过程的结果》中，马克思对生产劳动有十分精辟的论述。马克思首先指出了资本主义的生产劳动就是生产剩余价值的劳动。他在论述一般意义上的生产劳动时说："从单纯的一般劳动过程的观点出发，实现在产品中的劳动，更确切些说，实现在商品中的劳动，对我们表现为生产劳动。"（《马克思恩格斯全集》第49卷第99页）"如果从较狭窄的意义上来理解生产劳动者和非生产劳动者，那么生产劳动就是一切加入商品生产的劳动（这里所说的生产，包括商品从生产者到消费者所必须经过的一切行为），不管这个劳动是体力劳动还是非体力劳动（科学方面的劳动）；而非生产劳动就是不加入商品生产的劳动，是不以生产商品为目的的劳动。"（《马克思恩格斯全集》第26

卷第 II 册第 476 页）后来，马克思进一步补充和发展了生产劳动和非生产劳动的学说，指出个人的产品一旦转化为社会的产品，生产劳动的定义就扩大了。这时要成为生产劳动者，不一定非要亲自动手接触材料不可，只要成为总体劳动者的一个器官或者完成某一职能就够了（《马克思恩格斯全集》第 49 卷第 204 页）。按照马克思关于生产劳动与非生产劳动的上述定义，第三产业中许多不被我们看作是生产劳动的行业如零售商业、科学研究等都应该成为生产劳动的组成部分。如果我们再进一步分析，就会发现，马克思的生产劳动定义还包括以下几层含义：

（一）一切表现为物的艺术和科学产品，都是物质产品，生产这些产品的劳动都是生产劳动。"一切艺术和科学的产品，书籍、绘画、雕塑等等，只要它们表现为物，就都包括在这些物质产品中。"（《马克思恩格斯全集》第 26 卷第 I 册第 165 页）演员、音乐家的劳动，在当时曾经不被看作生产劳动，因为它们不表现为物，而只能以活动本身的形式卖给观众。但是，现在情况发生了很大的变化。随着电影、电视、录音、录像事业的发展，这些劳动除了以活动本身的形式为观众提供服务外，也可以表现为物，表现为电影拷贝、录音磁带、录像带等。而且，随着科学技术的巨大进步，劳动不仅可以凝结、物化在商品中，有些劳动还可以储存起来。例如，一盒储存计算机软件的软盘，之所以价值万贯，并不是由于物品本身的价值，而是因为储存了大量脑力劳动。有人计算，美国计算机软件储存起来的价值达 5000 亿美元之多。按照上面的定义，这些劳动也应纳入生产劳动之列。

（二）生产、训练、发展、维持、再生产出劳动力的劳动，也是生产劳动。"生产劳动或者是生产商品的劳动，或者是直接把劳动能力本身生产、训练、发展、维持、再生产出来的劳动。"（《马克思恩格斯全集》第 26 卷第 I 册第 164 页）"有一些服务是训练，保持劳动能力，使劳动能力改变形态等等的，总之，是使劳动能力具有专门性，或者仅仅使劳动能力保持下去的，例如学校教师的服务（只要他是'产业上必要的'或有用的）、医生的服务（只要他能保护健康，保持一切价值的源泉即劳动能力本身）——购买这些服务，也就是购买提供'可以出卖的商品等等'，即提供劳动能力本身来代替自己的服务，这些服务应加入劳动能力的生产费用或再生产费用。"（《马克思恩格斯全集》第 26 卷第 I 册第 159 页）如果说那时教育费、医疗保健费等"在工人群众的生产费用中是微不足道的"话，现在，随着科学技术的巨大进步，随着生产和技术发展对职工素质要求的提高，以及随着劳动者政治、经济地位的改变，劳动能力的生产、训练和发展变得日益重要，已经远远不再是"微不足道"的，再也不能忽略不计了，而必须把它们当作生产劳动的一个重要组成部分。

（三）有些家务劳动，如缝制衣服、修理家具、清扫或收拾房子等，被马克思称之为可以把劳动固定在某种物上，能够提高这些物的价值，也可以成为生产劳动。但这些劳动，当时工人阶级都必须自己来进行。现在，不少国家已经实现了家务劳动社会化（当然不可能是全部家务劳动都社会化），许多家务劳动已经由社会独立的职能部门来承担，这些由社会承担的家务劳动，也理所当然地应该成为生产劳动。

（四）对劳动的物化，马克思说过不能像亚当·斯密那样按苏格兰的方式机械地去理解。"如果我们从商品的交换价值来看，说商品是劳动的化身，那仅仅是指商品的一个想象的即纯粹社会的存在形式，这种存在形式和商品的物体实在性毫无关系；商品代表一定量的社会劳动或货币。使商品产生出来的那种具体劳动，在商品上可能不留任何痕迹。……还有这样的产业劳动部门，在那里，劳动的目的绝不是改变物的形式，而仅是改变物的位置。"（《马克思恩格斯全集》第 26 卷第 I 册第 163—164 页）这里所说的物资运输，在我国已被作为生产劳动看待了。此外，还有哪些劳动属于这种性质，还值得进一步研究，不应到此为止。

根据以上分析，我认为，过去传统的生产劳动概念过于狭窄，把许多生产劳动排斥在外了，这是不符合马克思的原意的。现在，我们有必要根据马克思的有关论述，从生产实践发展变化的需要出发，对生产劳动和非生产劳动作出新的解释，生产劳动的范围应该扩大，要把第三产业包括进来。同时，还可考虑对生产劳动作进一步的区分，我建议把生产劳动分为物质生产劳动和非物质生产劳动。那些表现为物、表现为商品的劳动是物质生产劳动，如工农业产品的生产等；而那些不亲手接触材料，只是作为总体劳动者的一个器官或者完成某一职能，其具体劳动在商品上不留任何痕迹的劳动是非物质生产劳动，如教育、科研等。当然，物质生产劳动和非物质生产劳动也有交叉，不可能分得十分清楚。但是，作这样的区分，对我们无疑是会有帮助的。

既然第三产业也是生产劳动，当然也创造价值。这是因为：第一，第三产业的劳动也具有具体劳动和抽象劳动两重属性，也形成使用价值和价值，其价值量也是由社会必要劳动时间决定的。第二，第三产业与物质生产的两大部类之间都存在着交换关系，第Ⅰ部类和第Ⅱ部类的产品并不能在甲乙两部类内部全部实现，有很大一部分要通过交换在第三产业实现，而且这种交换还必须遵循一定的比例（关于这一点，下面还将谈到），这种交换关系的基础，不可能是任何别的东西，只能是价值，是人类一般的无差别的劳动。第三，第三产业为两大部类提供的生产服务，都直接或间接地参加了甲乙两部类产品的价值形成过程，有的作为生产要素，能够使产量成倍增加，价值增大，如科学技术、经济信息等；有的则通过改善生产力要素的素质，提高劳动生产率，如教育、卫生等，可以改善劳动力的质量，等等。因此，我们必须确立这样一个观点，第三产业也和物质生产的两大部类一样，都是生产劳动，都创造价值，它们的价值都分为 c+v+m 三个组成部分，第三产业的生产劳动者也为社会提供剩余劳动，为国家提供积累。那种认为第三产业是非生产劳动，只能消耗国民收入，不能创造国民收入的观点是错误的。

三

在社会再生产中，第三产业与物质生产又是怎样一种关系呢？

必须承认，马克思关于社会生产分为两大部类的划分方法，无疑是十分科学的分类方法。但同时也必须承认，这种分类方法又是高度抽象的方法。在这里，为了研究问题的方便，马克思舍弃了一些东西，考察的是单纯物质资料的生产，第三产业没有包括在内。马克思之所以能够作这样的舍弃，是因为第三产业中有的行业当时在物质生产中还没有独立出来，有的行业分散在千千万万个家庭中，还没有形成社会性生产，还有不少行业当时还没有产生，即使已经产生并独立出来的行业，在整个社会生产中也是微不足道的，舍去它并不影响对社会再生产的研究。现在，情况发生了很大的变化，原来分散在各个物质生产部门和千家万户的生产生活服务业，随着生产的发展和社会的进步，正在越来越多地分离出来，由独立的社会职能部门来承担。一些新的行业也应运而生，并且还在继续不断地大量涌现出来，第三产业已经占了国民收入和就业人数的很大比重，在有些国家已经取代物质生产而居于首要地位，而且比重还有继续提高的趋势。这种情况说明，在研究社会总劳动在国民经济各部门之间合理分配和社会再生产的产品实现问题时，对第三产业不能不加以认真考虑。因此，我认为有必要把第三产业与物质生产两大部类之间的交换关系和平衡条件引入马克思的再生产公式（严格地说，第三产业中有不少行业应分别并入物质资料生产和消费资料生产）。不如此，社会再生产就不是一个完整的系统，其实现问题就不可能真正得到解决。

如果把第三产业引入再生产公式，那么，简单再生产的图式就是：

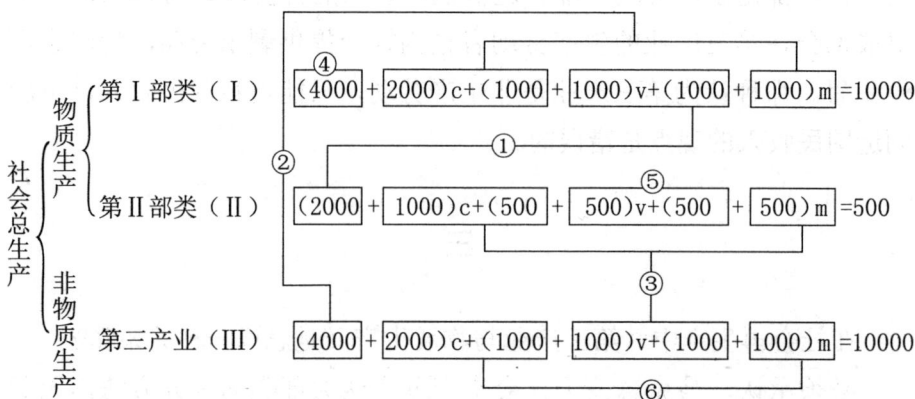

社会总生产
- 物质生产
  - 第 I 部类（I）④ $(4000 + 2000)c + (1000 + 1000)v + (1000 + 1000)m = 10000$ ①
  - 第 II 部类（II）② $(2000 + 1000)c + (500 + 500)v + (500 + 500)m = 500$ ⑤
- 非物质生产
  - 第三产业（III）③ $(4000 + 2000)c + (1000 + 1000)v + (1000 + 1000)m = 10000$ ⑥

图式中，①表示物质生产两大部类之间的交换，第Ⅰ部类的 $1000v+1000m$ 与第Ⅱ部类的 $2000c$ 相交换，第Ⅰ部类得到了职工所需要的消费资料，第Ⅱ部类物质形态的不变资金得到了补偿；②表示第Ⅰ部类与第三产业之间的交换，其中 $2000c$ 与第三产业的生产服务相交换，$1000v+1000m$ 与生活服务相交换，第Ⅰ部类得到了第三产业的生产服务和生活服务，第三产业的 $4000c$ 得到了物质补偿；③表示第Ⅱ部类与第三产业之间的交换，其中 $1000c$ 与第三产业的生产服务交换，$500v+500m$ 与生活服务相交换，第Ⅱ部类得到了第三产业的生产服务和生活服务，第三产业得到了职工所需要的生活资料；④表示第Ⅰ部类内部的交换，$4000c$ 靠自己内部提供生产资料；⑤表示第Ⅱ部类内部的交换，$500v+500m$ 由本部类提供消费资料；⑥表示第三产业内部的交换，其中 $2000c$ 由第三产业内部提供生产服务，$1000v+1000m$ 需要提供生活服务。

通过上述六大交换，两大部类和第三产业的产品都得到了实现，在价值上和物质形态上（或服务、劳务上）都得到了相应的补偿，这样，社会再生产就可以继续进行了。

从上面的图式可以看出，由于第三产业的加入，两大部类和第三产业的 c 都要分为两个部分，一部分是物质生产资料，要由第Ⅰ部类提供，我们称它为 c_1，另一部分是生产服务，由第三产业提供，我们称它为 c_2，同样，v 和 m 也都分为两个部分，一部分需要由第Ⅱ部类提供物质形态的消费资料，我们称它为 v_1 和 m_1，另一部分需要与第三产业的生活服务相交换，我们称它为 v_2 和 m_2，这样一来，原来两大部类之间的平衡条件 Ⅰ $(v+m) =$ Ⅱ c 也相应地发生了变化。变为 Ⅰ $(c_2+v+m) =$ Ⅱ c_1+ Ⅲ c_1，两大部类平衡条件的另外两种表达形式 Ⅰ $(c+v+m) =$ Ⅰ c+ Ⅱ c 和 Ⅱ $(c+v+m) =$ Ⅰ $(v+m) +$ Ⅱ $(v+m)$，相应地变为 Ⅰ $(c+v+m) =$ Ⅰ c_1+ Ⅱ c_1+ Ⅲ c_1 和 Ⅱ $(c+v+m) =$ Ⅰ $(c_1+m_1) +$ Ⅱ $(v_1+m_1) +$ Ⅲ (v_1+m_1)，此外，我们还可以引申出下面这个公式。

Ⅱ $(c+v+m) =$ Ⅰ $(c_2+v_2+m_2) +$ Ⅱ $(c_2+v_2+m_1) +$ Ⅲ $(c_2+v_2+m_2)$。

在扩大再生产的条件下，会是怎样一种情况呢？请看下面的图式。

现在，我们假定社会总产品是由下列各部分组成的：

Ⅰ（4000+2000）c+（1000+1000）v+（1000+1000）m=10000

Ⅱ（1500+500）c+（750+750）v+（750+750）m=5000

Ⅲ（3500+1500）c+（1250+1250）v+（1250+1250）m=10000

我们进而假定Ⅰ的剩余劳动中，有半数即1000m用于积累，假定资金有机构成不变，按照原来3:1的比例，就有750追加到不变资金上，这里我们假定所追加的不变资金的50%由本部类内部提供，另外50%需要第三产业提供生产服务，各为375c；追加到可变资金上的250v，各有50%即125v分别要由第Ⅱ部类提供消费资料和由第三产业提供生活服务。那么，第Ⅰ部类第一年生产出来的全部产品，按照它们的用途就分解为以下几个部分：

Ⅰ（4375+2375）c+（1125+1125）v+（500+500）m=10000

与第Ⅰ部类的这种分解相联系，第Ⅱ部类和第三产业的分解情况是：

Ⅱ（1625+625）c+（375+875）v+（500+500）m=5000

Ⅲ（4000+2000）c+（1500+1500）v+（500+500）m=10000

那么，在扩大再生产的情况下，社会总产品就按照下列图式相交换：

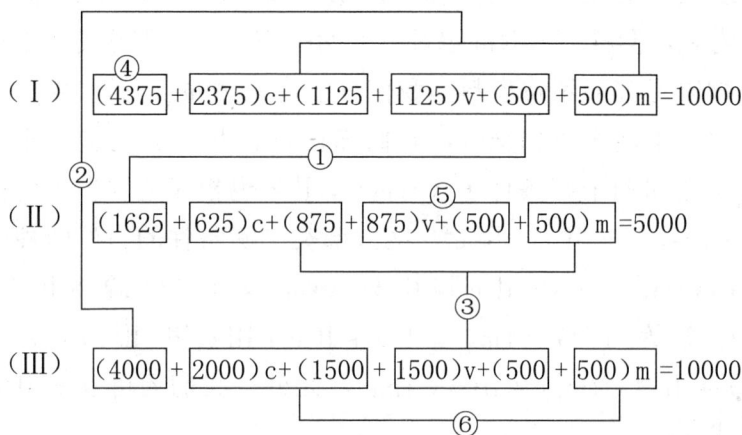

（Ⅰ）（4375+2375）c+（1125+1125）v+（500+500）m=10000

（Ⅱ）（1625+625）c+（875+875）v+（500+500）m=5000

（Ⅲ）（4000+2000）c+（1500+1500）v+（500+500）m=10000

通过以上交换，两大部类和第三产业的产品或服务都得到实现，它们新追加的不变资金包括生产资料和生产服务都得以买进，新增职工需要的消费资料和生活服务也都得以保证，这样，社会再生产便能够在扩大的规模上得以继续进行了。以后各个年度生产扩大和产品实现的情况，从理论上讲都可以按照上面的方法加以类推。但实际上，第Ⅰ部类、第Ⅱ部类和第三产业内部各种要素的变化不可能是完全同步的，因此，为了保持社会生产的正常比例，它们的资金和劳动力是会发生互相转移的。

上述简单再生产和扩大再生产的图式告诉我们，引入第三产业之后，第三产业与物质生产两大部类一定比例的交换关系，便成为社会再生产的重要平衡条件之一。第Ⅰ部类、第Ⅱ部类、第三产业之间存在着相互联系相互制约的关系，任何一部分都不能离开另外两部分而孤立地存在和发展，否则，社会再生产就不可能按照最佳比例，以最快的速度发展。

在纯粹外延扩大再生产的条件下，两大部类和第三产业生产规模的扩大，都必须以对方提供相应的产品和服务为前提，在价值上必须相等，这是社会再生产能够顺利进行的必要条件。在技术进步的条件下，各个行业不仅需要第Ⅰ部类提供硬设备，也需要第三产业提供软技术，所以，不仅生产资料生产会增长得更快些，第三产业也会增长得快。在不同的时期，谁比谁增长的更快些，也不是固定不变的。一般说来，在机器生产代替手工操作期间，在机器设备更新高潮时期，生产资料增长的快些；在运用先进技术改造老设备和搞活市场流通，扩大信息交流的情况下，第三产业要增长得快些。第Ⅱ部类和第三产业的关系则表现为，当社会生产主要是满足人民的生存需要，消费品供不应求时，第Ⅱ部类要增长得快些；当人民对生存资料需要得到一定程度的满足，社会生产转向满足人民对享受资料和发展资料的需要，消费品由卖方市场变为买方市场时，第三产业应该增长得快些。

在实际经济工作中，把第三产业引入社会再生产，自觉保持第三产业与社会生产其他各部门的合理比例更为重要。因为两大部类是理论上的抽象，在实际工作中，我们是以农轻重的关系近似地反映两大部类关系的。但实际上，农业、轻工业、重工业只是社会生产的一部

分，并不能代表全部社会生产。在社会分工日益细密、第三产业飞速
发展的今天，如果我们仍然把第三产业排斥在社会生产之外，是根本
行不通的。因此，我们必须十分注意研究第三产业和社会经济各部门
之间的比例关系，加快第三产业的发展，使之适应物质生产发展和人
民生活提高的要求，保证社会再生产以最佳的比例、最快的速度向前
发展。

引进先进技术　改造现有企业^①

（1985 年 7 月）

中央领导同志在谈到我国技术发展的战略目标时指出，到本世纪末，我们要把经济发达国家在 70 年代或 80 年代初已经普遍采用了的、适合我国需要的、先进的生产技术，在我国厂矿企业中基本普及，并形成具有我国特色的技术体系。要实现这一目标，就必须大大加快我国现有企业技术改造的步伐，提高现有企业的生产技术水平。

加快现有企业技术进步的捷径

经过 30 多年的建设，我国已经拥有近 40 万个企业、6000 多亿元的固定资产，形成了一个门类比较齐全、具有一定技术水平的独立完整的工业体系。这是我国经济发展的基础，是向"四化"进军、实现"翻两番"目标的主力。但是，现有企业中当前十分突出的问题是设备陈旧、工艺落后，技术水平很低。据调查，全国多数行业的装备大体上是五六十年代的水平，冶金、石油、化工、电力、机械、纺织、轻工、食品等行业多数设备严重老化，性能差、消耗高、效率低。全国拥有 300 万台机床，绝大部分是结构陈旧、性能极差的通用机床，半数以上要报废或降级使用。国际上早已淘汰的热轧叠板轧机、明治维新时代的丰田式纺织机，我们至今还在沿用。年产 6000 吨饼干的北京市义利食品厂使用的饼干机还是光绪三十二年（1906 年）开始使用的老掉牙的机器。工艺落后的情况也十分严重。统配煤矿中，手工作

---

① 本文原载《经济问题探索》1985 年第 7 期。

业占 60%，平板玻璃用 30 年代的垂直引上和平拉法工艺的产量还占 80%；水泥生产中落后的湿法工艺占 60%；食品生产中，目前国外已经广泛应用的超高温杀菌技术、酶技术、辐射保藏技术、隔膜超滤技术、食品无菌包装技术和复合包装材料制造技术，还大部分没有采用，等等。由于设备陈旧、工艺落后，能源和原材料消耗高，产品质量低，环境污染严重。以机械产品为例，国产机械产品的品种有 14% 需要淘汰，42% 需要更新。所有这些都充分表明，现有企业已经到了不改造就没有出路，不改造就难以为继的地步。

改造现有企业，绝不是原样翻新、复制古董，在原来的技术水平上踏步不前，也不是关起门来自己搞，沿着别人走过的道路亦步亦趋地从头搞起，而必须充分利用世界上先进的科学技术成果，跨越一切可以跨越的发展阶段。这方面，日本的经验很值得我们重视。日本非常善于采用别国的先进技术来发展自己的经济，"博采众长，为我所用"。他们在引进技术方面舍得投资，50 年代日本共引进技术 2300 余项，到 60 年代末，每年就接近 2000 项。日本对外贸易长期出大于进，唯独在技术贸易中，至今仍是进大于出。由于日本十分重视引进先进技术，并把引进和独创结合起来，成功地运用到自己的企业中去，大大增强了企业的竞争能力，从而使得日本后来居上，在资本主义各国中成为发展速度最快的佼佼者。这方面我们自己也有十分成功的经验。广东佛山市对外开放前，原有工业设备的老化相当严重，58.71% 是国内 40 年代到 60 年代的产品，80 年代的只占 0.73%。经过几年来的引进，企业的技术改造取得了显著成果。佛山市纺织行业原来只有一头一尾，而且 90% 的织机都是 50 年代的窄幅机。现在已彻底进行了改造，不仅达到了整个纺织印染配套成龙，而且引进了较先进的无梭织布设备，从而大大提高了企业的生产技术水平。近几年来，北京已先后引进投产 200 多台成套及单项设备和 10 多条食品生产流水线，使食品生产技术水平有了新的开端。前年，国家决定在上海、天津进行引进技术、改造现有企业的扩权试点，短短一年多时间，就已取得了明显的效果，涌现了一批花钱少、见效快、经济效益好的典型。总之，国内国外的实践都证明，引进技术，改造现有企业，是加快现有企业技术进步步伐，提高现有企业生产技术水平的一条捷径，是加快实现我国技术发展战略目标的必由之路。

坚持先进、适用、经济、合理的原则

引进技术，改造现有企业，一定要结合我国的具体情况，不能照抄照搬，生吞活剥。既要坚持引进技术的先进性，又必须十分注意引进技术的适用性；既要放手大量引进，又必须十分注意在消化吸收的基础上，不断创新、提高。

要坚持引进技术的先进性。这首先是因为，只有引进先进技术，才能使我们跨越一些可以跨越的阶段，尽快实现传统工业向现代化工业的转变，把现有企业建立在一个高起点上。其次是因为，引进技术，改造现有企业，要有一个过程，而在世界新的技术革命中，技术发展日新月异，新技术层出不穷，设备和工艺的淘汰率很高，引进技术经过立项、论证、审批、询价、考察、谈判、要约、引进、实施，到投入生产，发挥效益，这中间往往需要快则几个月，慢则一两年甚至更长的时间，即使引进先进技术，等到改造完毕，往往也变得不那么先进了。再是，由于管理水平、职工文化技术素质等各种原因，我们引进技术，改造老企业，除一部分企业能达到国外的设计能力和产品标准外，相当多的企业还做不到这一点。所以，我们必须把引进技术的着眼点放在技术的先进性上，宁可多花点钱，也要千方百计把先进技术弄到手。

要十分注意引进技术的适用性。我们强调引进技术的先进性，也并不是说越先进越好。我国现有企业几十万个，技术水平参差不齐，这种立体型、多层次的技术结构就决定了引进技术也只能是多层次的，有先进的，有比较先进的，也有一般技术。不管引进哪种技术，都必须切合自己的实际，不能脱离原有的基础。不顾企业内部和外部的客观条件，一味追求高精尖，把那些在经济发达国家也难以大量实际应用的技术也引进来，效果并不好。我们要争取跨越一些可以跨越的阶段，但绝不是说，可以违背经济和技术发展的规律，任意跨越那些必须经过不能超越的阶段。有些技术，尽管在国外算不上最先进的，但由于我们有一定基础，容易消化吸收，引进来后能很快发挥作用。相反，有些技术，虽然很先进，但由于我们的管理水平、技术力量跟不上，与之相配套的外部条件配合不上，脱离了我们现有的经济技术基础，这样的技术还是发挥不了作用。这方面，我们尝到过甜头，也吃过不少苦头，应该认真加以总结。

要遵循经济合理的原则，注重经济效益。引进技术，改造现有企业，是符合国家和企业的根本利益的。既要舍得在引进技术上花点本钱，又不能不讲经济效益，不讲投入产出，花冤枉钱。目前，我国对引进技术，改造老企业实行贷款办法，这有助于企业精打细算，节约资金。但从企业来讲，引进技术，搞更新改造，一定要算大账，不仅要算本企业的经济效益账，也要算社会经济效益账；不仅要看到眼前的效益，争取尽可能快地收回投资，更要看到长远的效益，看到技术进步对企业的发展带来的好处。切不可胸无大志，目光短浅，得过且过，患得患失，斤斤计较眼前的一点利益，坐失技术进步的良机。

引进技术不是目的，而是达到目的的手段。我们引进技术的目的，是为了取人之长，为我所用，走出一条中国式的技术发展的新路子。因此，必须在消化吸收的基础上，把引进和独创结合起来。没有独创精神，就只能老是跟在别人后面"等距离赶超"。日本引进技术之所以搞得比较成功，很重要的一个原因，就是他们十分强调对引进技术的消化吸收、改进、创新，经过改进创新后的新技术的效率平均超过原引进技术的30%。当然，要改进、创新，必须首先搞好引进技术的消化吸收。常常看到这样的情况：同样的设备，我们不少企业在经济技术指标上却与国外相差一大截，生产能力、产品质量、能源和原材料消耗长期达不到国外同类企业的水平。对这些企业来说，首先是要把消化吸收工作搞好。那种以为只要引进现成的设备和技术，就能不费气力地达到国外先进水平的想法，显然是不正确的。只有把引进技术真正掌握了，吃透了，得心应手，运用自如，才能融会贯通，有所创新，有所前进。

方式要灵活多样

引进国外技术，应当不拘一格，灵活多样。花钱直接买进技术，这固然很好，也是我们应当尽量争取多采用的理想方式，哪怕多花点钱，也是值得的。但是，买一般技术容易，买先进技术特别是关键技术就比较困难。我们除了尽可能利用国外企业之间的竞争和给予适当的优惠，力争多买一些技术外，为了争取时间，见效快，特别是为了把先进技术、关键技术引进来，应当重视采取以下方式：一是买设备。我们强调引进要以软件为主，尽量多买软件，少买硬件，这是正确的。但是，这绝不能理解为只准买技术，不准买设备。现在，有一种说法，认为买设备不是买技术。这是不全面的。设备是凝固了物化了的技术，许多先进技术是物化在设备里面的，买进设备同时也就买进了它的使用技术。因此，买设备也就是买技术，是引进技术的重要方式之一。特别是轻工等行业，企业规模小，用汇不多，现有的设备和工艺又十分落后，引进设备和现成的生产线后，技术水平很快就能提高，见效很快。二是技贸结合。把引进技术与对外贸易结合起来，以进口商品为筹码，把制造技术买进来，这是许多国家普遍采用的方式，这对于引进国外那些垄断性强的技术，是很有效的。现在，我们每年都进口几百亿美元的商品，这是引进技术很好的筹码。过去由于技贸脱节，各干各的，对这个筹码利用得很不够，失去了不少好机会。今后，我们应当充分利用这个筹码，在进口设备的同时，把制造技术引进来。为此，需要加强国内工贸双方的协作配合，团结一致，共同对外。三是中外合资。外商从自己的利益出发，害怕培养竞争对手，往往不愿卖给我们关键技术。要改变这种状况，实行中外合资，让外商从我们改造企业的收益中得到一定的利益，有利于争取外商转让先进技术和关键技术。因此，凡是有条件争取外资合作改造的老企业，都应当在双方都有利的原则下，争取国外先进企业的合作。

采取鼓励、扶持的政策

为了调动企业和职工对引进技术、搞好老企业更新改造的积极性，需要区别企业的不同情况，制定一系列鼓励、扶持的政策。这方面，要做的工作很多，这里只能论及其中的主要之点。

贷款和还款政策。目前，国家对企业引进技术搞更新改造实行贷款办法，并规定只能用改造后的新增利润归还贷款，和国内配套部分要有10%—30%的自有资金。这对那些扩大生产能力、利润能大幅度增长的企业，问题不是很大，贷款大都还得起，自有资金也拿得出。但是，那些提高产品质量、增加花色品种、开发新产品的企业；那些设备严重老化，改造主要是为了维持简单再生产，没有多大新增生产能力的企业；那些产品虽为生产和市场所急需，但由于价格不合理，赚钱不多甚至发生政策性亏损的企业，他们一般都没有多少新增利润，往往害怕背上还款还息的包袱，在引进、改造面前望而却步，踌躇不前。而这些企业恰恰又是最迫切需要改造的。对于这些企业，应当区别情况，网开一面，分别采取给予低息、无息和贴息优惠；核销淘汰设备的生产能力，并相应调整利润基数，或允许用改造后的总利润而不是新增利润归还贷款；适当降低减免技改资金中的自有资金；对特别困难的企业适当减一点税和给予一定的补贴等办法，调动这些企业的积极性。

引进技术的有偿转让政策。为了避免多头重复对外谈判、重复引进，节约外汇，使引进技术起到"种子"的作用，需要实行引进技术的国内有偿转让，使转让技术的企业得到合理补偿，调动他们转让技术的积极性，除引进条件中规定不准转让的技术外，都应提倡采取这种方式。

物资分配政策。引进技术改造企业所需要的能源、原材料等，应当和基本建设项目一样对待，给予充分保证。

奖励政策。为了奖励那些在引进技术、更新改造中作出突出贡献的单位和个人，鼓励更多的单位和个人积极搞好这项工作，建议设立引进技术改造现有企业成果奖，并定期举办引进技术改造现有企业成果展览，总结和交流经验。

加强管理和指导

引进技术，改造现有企业涉及面广，工作难度比较大，时间性很强。为了促进这项工作的健康发展，领导机关和各有关部门必须加强对于引进技术、改造现有企业的指导和管理，为企业创造各种有利条件。这方面，主要是做好四件事：一是制订行业规划和总体规划，合理确定引进、改造的规模、方向和重点，哪些需要搞，哪些不需要搞，哪些先搞，哪些后搞，必须统筹考虑，合理安排，防止一哄而上，避免低效和无效投资。二是要简化手续，减少层次，提高效率，不搞繁文缛节，不互相推诿扯皮，不乱用否决权。天津市为提高效率，成立了由市长挂帅的技术改造领导小组，采取39个图章一起盖，大图章要管小图章的办法，加快了进度，提高了效率，企业无不拍手称快。三是搞好可行性研究，严格把关，"优生优育"。实践证明，由企业自己编制可行性报告，再由上级机关层层审批的办法，很不可靠，关很难把住，让一些不该"出生"的项目"生了出来"。这个办法亟须改进。应当逐步建立引进、改造项目的咨询机构，凡是引进、改造项目，都必须经过领导机关指定的权威性咨询机构咨询论证，对引进技术的必要性、先进性、适用性、可靠性、合理性、产品销路、能源供应等进行分析，同时对国内配套设备、原料供应、技术力量、经济效益等作出评价，以减少失误，减轻领导机关的负担，使领导机关从事务堆中解放出来，集中精力，考虑规划、政策问题。四是办好引进、改造培训班，搞好引进、改造的信息通报，为企业引进技术、更新改造创造各种便利条件。

工业企业物质消耗的现状和对策 [①]

（1986 年 2 月 19 日）

　　"七五"期间，我国经济发展面临着许多矛盾。突出表现之一是：一方面，国家财政收入要保证，企业留利要提高，职工工资也要增加；另一方面，生产成本在工业总产值中的比重很高，职工新创造的价值不多，能够为社会为企业提供的剩余劳动有限。由于物质消耗在生产成本中占了很大比重，职工工资难以大幅度提高。要开辟国家财源，增强企业自我改造自我发展的实力，改善职工生活，就必须在提高产品质量的同时，把过高的物质消耗降下来，逐步提高净产值在总产值中所占的比重。同时，改变成本构成，降低物化劳动的比重，适当提高活劳动的比重，在生产成本不增加甚或有所下降的情况下，增加职工工资。这是今后我国经济发展的一条根本出路，是增强企业活力的一个重要环节。

物质消耗高，降低消耗潜力很大

　　首先从纵向对比来看。1970 年我国物质消耗占工业总产值的比重为 62.9%，1984 年上升到 67.9%，从而使工业净产值减少 300 多亿元。这里虽有一些客观因素，如产业结构、产品结构的调整，产品价格的变化，以及资金有机构成的提高等，但消耗高、浪费大、经济效益差无疑是一个很重要的原因。在全国工业有历史最好纪录的 81 项燃料、电力、材料等实物消耗指标中，1984 年有 52 项高于

---

① 本文原载《经济日报》1986 年 2 月 19 日。

历史最好纪录，占 64.2%；下降或持平的只有 29 项，仅占 35.8%。1984 年我国机械工业重点企业的铸铁件废品率达 7.81%，而 1965 年为 6.7%；铸钢件废品率为 6.31%，而 1965 年为 3.25%。1985 年与上年同期相比，又有三分之一以上的物耗指标上升。

其次从横向对比来看。各地区、各单位物耗水平很不平衡，落后与先进的差距很大。以能源消耗为例，亿元产值能耗低的上海只用 2 万多吨标准煤，而耗能高的地区却高达 25 万吨，相差 10 倍多。这里虽有不少不可比的因素，但差距之大则是十分明显的。

再次从国内外对比来看。如果与世界上发达国家相比，差距就更加明显。从能源消耗情况看，我国每亿美元国民生产总值耗能高达 20 多万吨标准煤，相当于日本的 6.1 倍，美国的 2.3 倍，比经济并不发达的印度也高出 1.7 倍。据有关资料分析，我国能源综合利用效率只有 25% 多一点，比欧洲国家的平均值低 26%。我国主要工业产品的单位能源消耗约比发达国家平均水平高 30%，14 类主要耗能设备的效率比发达国家平均水平低 20% 左右，我国发电厂的线路损失和厂自用电率达 14.5%，要比经济发达国家高出 5% 左右。再从原材料消耗和废品损失来看，我国机械工业重点企业的钢材利用率只有 60% 多一点，而日本在 80% 以上。我国造纸厂每年耗碱 80 多万吨，目前除了回收 20 万吨以外，其余全部排入江河，既浪费资源，又污染环境，而国外造纸用碱回收率高的已达 95% 以上。

物质消耗高的四个原因

我国工业生产物质消耗高，原因是多方面的。首先是管理落后，企业基础工作薄弱。近几年，经过企业整顿，企业基础工作有所加强，企业管理水平有所提高。但是，企业基础工作仍很薄弱，企业管理水平仍然比较低，特别是缺乏严格的消耗管理。不少企业没有建立原材料、能源消耗定额或定额不合理、不齐全，计量手段落后，计量不严格，原始记录变成了"回忆录"，物质消耗中的"估堆"、"统计加估计"、"假账真算"现象十分严重。据上海市对 1839 个企业的调查，原始记录比较齐全的企业只占43%，原材料消耗定额比较齐全合理的只占61%。上海是全国企业管理比较好的地区，情况尚且如此，其他地区可想而知。

其次是生产技术水平低，设备陈旧，工艺落后。据调查，全国多数行业的装备大体上还是五六十年代的水平。全国拥有300万台机床，绝大部分是结构陈旧、性能极差的通用机床，半数以上要报废或降级使用。国际上早已淘汰的热轧叠板轧机、明治维新时代的丰田式纺织机，我们至今还在沿用。工艺落后的情况也十分严重。平板玻璃生产中，用30年代的垂直引上和平拉法工艺的产量还占80%。水泥生产中落后的湿法工艺占60%。由于设备陈旧，工艺落后，常常使我们付出成倍乃至数倍的物质消耗。

第三是产业结构、产品结构不合理。我国工业结构中能源、原材料消耗高的传统产业、粗加工产品占的比重过大，精细加工、深度利用不够，新兴产业、高技术产品比重过低。同时，近几年工业生产物耗上升，与小型工业企业、乡镇企业发展较快也不无关系。这些企业产品一般比较落后，物质消耗占工业总产值的比重平均比大中型工业企业要高出10%左右。1985年年初以来，各地又恢复和新办了小铁厂。这些小高炉多数用土焦、土烧结矿或吃块矿，入炉焦比达800公斤以上，一般比中型高炉高200公斤左右，造成了能源的很大浪费。

第四是原材料、能源等中间产品的质量不高，增大了生产过程中的物质消耗。

此外，还有许多政策上的原因。例如，在分配方面，物质消耗与企业职工的切身利益挂钩不够紧密；在价格方面，能源、原材料价格长期过低，企业使用廉价的能源、原材料，大手大脚；在税收方面，现行的产品税只对成品征税，是产后税，对生产过程的物质消耗和废品起不到直接的督促作用；等等。所有这些，都是导致我国工业物质消耗居高不下的原因。

降低物耗靠管理、政策和科学

要把过高的物质消耗降下来，节约物化劳动，提高净产值在工业总产值中的比重，必须一靠管理，二靠政策，三靠科学，进行综合治理。

（一）国家要加强对物质消耗的宏观管理，像制定产品质量标准那样，按行业制定产品的物质消耗标准。目前，能源、交通、原材料仍是我国国民经济的制约因素，经过前几年调整缩短的加工工业战线，近两年来又有过快发展，超过了现有能源（特别是电力）、交通（特别是铁路运输）、原材料（特别是钢材和基本化工原料）供应的可能。消耗高的落后企业与消耗低的先进企业争原料、争电力、争运力的矛盾十分突出。为了有利于全社会经济效益的提高，当前亟须制定各种主要工业产品的物质消耗标准，并作为衡量企业是否具有生产条件的标准之一对现有企业进行适当整顿。凡达不到标准的，要限期达到或停产转产。今后，新办企业凡达不到物耗标准的，不准开办。

（二）大力推进全面质量管理，努力提高产品质量和工作质量。提高质量与降低消耗，既存在着一定的矛盾，又有着必然的联系，处理得好，二者可以相互促进，相得益彰。

（三）加强企业基础工作，建立健全物质消耗经济责任制，制定平均先进定额，严格检斤计量，节约有奖，超耗必罚。

（四）要把降低物质消耗与企业、与职工的物质利益更紧密地挂起钩来。目前，我国工业生产成本中物化劳动比重一般占85%—90%，活劳动只占10%左右，而国外一般占50%—60%。为了调动企业和职工降低物耗的积极性，可以考虑，今后在企业上缴国家的税利不减少，或生产成本不增加的情况下，把降低物耗所增加的部分收益用来增加企业留利和提高职工工资，或者把节约价值的一部分用于奖励职工。

（五）广泛开展资源综合利用、节约代用和回收再用。目前，工业企业中可供综合利用的废渣、废气、废液、废水、余热、压差等资源很多，只要企业加强这方面的工作，就可以做到变无用为有用，变小用为大用，变一用为多用，以尽可能少的物质消耗，生产更多的物质产品。

（六）进一步改革税收、价格体系。在充分考虑企业、国家和社会承受能力的前提下，有步骤地提高原材料、能源价格，逐步改变能源、原材料和加工产品比价不合理的状况，对于降低物质消耗是有促进作用的。从长期看，必须这样做。同时，为了在税收方面鞭策企业降低物耗，有必要把目前在生产过程之后征收产品税的方法，改为在生产过程之前征收能源、原材料税。这样，企业就无法再"免税"多耗用物质，"免税"生产废品。这对消耗低的企业是一种鼓励，而对消耗高的企业无疑是一种惩罚。

价值规律是社会主义经济的基本规律^①

（1986 年 7 月 5 日）

随着经济体制改革的深入发展，我们对价值规律的认识也在不断深化。但是，问题还远未完全解决。许多传统的偏见在阻碍着我们对价值规律伟大作用的认识和运用，例如，决定社会主义商品生产和商品交换的根本原因是什么，是所有制决定的，还是生产力发展水平以及反映生产力发展水平的社会分工所决定的？价值规律是不是社会主义有计划的商品经济的基本规律，它和社会主义特有经济规律如社会主义基本经济规律、有计划发展规律、按劳分配规律的关系怎样，等等。这些问题不解决，不仅使我们在理论上陷于迷途，不能自圆其说，而且给实际经济工作也带来许多问题。我认为，我国经济体制改革能否成功，新的经济体制能否建立，经济运行机制能否由直接的行政干预转换为间接的宏观控制，将在很大程度上取决于我们对价值规律的认识和运用。因此，继续研究和探讨价值规律，具有十分重要的意义。

社会主义经济是有计划的商品经济　价值规律是社会主义经济内在的最基本的经济规律

价值规律是商品经济的基本规律，对价值规律的正确认识来源于对商品经济的正确认识。因此，这里有必要首先谈谈社会主义商品经济问题。

社会主义和商品经济的关系问题，一直是社会主义建设的重大理

---

① 本文原载《理论教育》1986 年第 7 期。

25

论问题和实践问题。在这个问题上，实践是不断发展的，马克思主义关于这个问题的理论也是不断发展的。马克思、恩格斯在他们所创立的科学社会主义理论中，曾经提出过对未来社会主义基本经济特征的一些构想。他们预言，在生产资料公有制的条件下，联合劳动将代替雇佣劳动，每个人的劳动将直接体现为社会劳动，私人劳动与社会劳动的矛盾将不复存在，劳动产品将不再表现为商品，产品的劳动消耗也不再迂回曲折地表现为价值，而是以劳动时间为尺度来衡量，是可以直接计算的。这样，商品货币关系自然也就不存在了。后来，社会主义实践的发展超出了马克思、恩格斯的预料。社会主义不是在资本主义最发达的国家同时建成，而是首先在资本主义并不发达的俄国取得了突破，继而又在包括中国在内的一些资本主义很不发达的社会主义国家取得了胜利。开始，社会主义的建设者们试图按照马克思、恩格斯的设想，在社会主义经济中取消商品货币，实践证明这样做是行不通的。从列宁的"新经济政策"，斯大林的《苏联社会主义经济问题》，毛泽东同志的"一部分生产资料也是商品，可以卖给农民"，"价值规律是一个伟大的学校"，直到近几年来社会主义各国普遍进行的经济体制改革，反映出人们对社会主义制度下存在商品、货币客观必然性的认识在不断深入，正在逐步地接近客观实际。但是，社会主义经济到底是不是商品经济这个问题，在半个多世纪中一直没有从根本上得到解决。传统的社会主义理论虽然承认商品货币的客观存在，但否认商品经济是社会主义经济固有的属性，而是把它看作从旧社会遗留下来的，和旧社会差不多的东西，看作是非社会主义的因素，对其一直处于欲取消不能，欲发展又不容的矛盾之中。

　　党的十一届三中全会以来，在社会主义商品经济问题上，我们有了一系列新的突破。在理论上，我们承认生产资料也是商品，承认价值规律对于生产具有调节作用。在实践中，把大力发展社会主义商品生产和商品交换放在重要地位，采取了一系列放宽搞活的政策措施，极大地促进了社会主义商品经济的发展。党的十二届三中全会明确指出社会主义经济是在公有制基础之上的有计划的商品经济。这是对十一届三中全会五年多来实践经验的高度总结，是对社会主义商品经济理论的最好概括。这个总结和概括，彻底冲破了把社会主义和商品经济对立起来的传统观念，大大加深了人们对社会主义的科学理解。它标志着人们对于社会主义商品经济问题的认识进入了一个崭新的阶段。理论认识上的这个新飞跃，必将极大地推进我国的社会主义现代化建设事业。

传统的社会主义理论之所以在商品经济问题上彷徨徘徊，不能取得重大突破，其根源还不完全在于科学社会主义创始人对未来社会主义的一些描述和构想。大家都知道，马克思恩格斯所设想的社会主义是以生产力的高度发展为前提的，和我们今天所建设的社会主义是不相同的。传统的理论在商品经济问题上一个最大的迷误在于把社会主义存在商品货币关系的原因归结为所有制，甚至把它作为唯一的原因。这正是人们对社会主义商品经济产生种种误解和采取各种不切合实际的错误做法的根源所在。因为，按照这种解释，商品生产和商品交换只能存在于不同的所有制之间，而不可能存在于全民所有制内部，这是其一。其二，既然不同所有制是存在商品货币关系的原因，那么，只要实行单一的所有制，也就消灭了商品存在的客观基础。所有制"升级"、"过渡"之风屡刮不息的风源也就在这里。

"所有制决定论"是十分错误的。所有制只是商品经济产生和存在的条件，而不是它产生和发展的根本原因。商品经济产生和发展的根本原因是反映生产力发展水平的社会分工。"社会分工是商品经济的基础"（《列宁选集》第1卷第161页），"商品经济随着社会分工的发展而发展"（《列宁全集》第2卷第191页）。而社会分工的存亡兴衰又是与生产力的发展水平相联系的。社会分工是生产力一定发展水平的产物，并随着生产力的发展而发展。只有在生产力高度发展之后，反映脑力劳动与体力劳动、城市与乡村、工业与农业之间对立和本质差别的社会分工才能走向衰微和消失（这并不排除反映生产专业化的社会分工的继续存在）。与社会分工的这种产生、发展、衰微和消失的过程相联系，商品经济必然也要经历这样一个产生、发展、衰落和消亡的过程。在社会分工和商品经济消亡之前，它们必然要经历一个大发展的鼎盛时期，一个为其消亡创造物质的技术的条件的时期，这个阶段是不可逾越的。在马克思恩格斯的理论中，这个社会分工和商品经济高度发展的任务是由资本主义来完成的，资本主义将为社会主义准备好商品消亡的物质条件和技术手段。但是在资本主义很不发达，商品经济很不成熟的条件下建设社会主义的国家，必须补上补好发展商品经济这一课。这就是为什么发达的资本主义阶段可以超越，而发达的商品经济阶段却不能逾越的根本原因。

我们把商品经济产生、发展和消亡的根本原因归结为社会分工，并不是说可以不考虑所有制这个必要条件。但与社会分工相比，所有制毕竟是第二位的、派生的原因。因为，归根结底，所有制也是由反映生产力发展水平的社会分工所决定的。正如马克思恩格斯在《德意志意识形态》中说的那样："其实，分工和私有制是两个同义语，讲的是同一件事，一个是就活动而言，另一个是就活动的产品而言。"（《马克思恩格斯全集》第3卷第37页）这里所谓活动是指分工，所谓活动的产品指的是私有制。显然，活动是根源，而活动的产品只能是由活动派生的。正是由于我国目前生产力水平很低，社会分工很不发达，复杂劳动和简单劳动、脑力劳动和体力劳动之间不仅存在着量的差别，也存在着质的差别，而且各个生产单位和劳动者的物质利益还必须取决于这种差别。同时，我国虽然实现了生产资料的公有化（还有一部分个人所有和外资所有），但并没有消除社会分工以及由此而引起的个别劳动和社会劳动的矛盾。无论劳动者个人的劳动还是劳动者集体的劳动，其劳动的社会性都必须以价值的形式，通过交换才能表现出来。这就决定了我国目前的社会主义经济必然还是商品经济，我国的生产关系也必然要采取能够反映商品经济要求和促进商品经济发展的形式，不承认或企图人为地改变这种关系和形式，都是错误的。

价值规律是商品经济内在的基本的经济规律。既然社会主义经济从本质上说还是商品经济（是不同于资本主义的、有计划的商品经济），那么，作为商品经济内在的基本规律的价值规律，也就必然是社会主义经济的内在的基本的经济规律。关于这一点，我们在后面分析价值规律与社会主义特有经济规律的关系时还将谈到。

所谓价值规律，实际上就是社会必要劳动时间的规律，是社会必要劳动时间决定商品价值并以价值为基础相交换的规律。这里所说的社会必要劳动时间，有两重含义，一重含义是生产同一种商品所需要的必要劳动时间，即"在现有的社会正常的生产条件下，在社会平均的劳动熟练程度和劳动强度下制造某种使用价值所需要的劳动时间。"（《马克思恩格斯全集》第23卷第52页）另一重含义是说，在社会总劳动中，生产每一种商品所需要的必要劳动时间，"价值规律决定社会在它所支配的全部劳动时间中能够用多少时间去生产每一种特殊商品。"（《马克思恩格斯全集》第23卷第394页）如果我们抽去商品价值等这些历史的范畴，不是从形式上，而是从实质内容上看，那么，价值规律对社会必要劳动时间的要求，在一切社会经济形态中都是存在的，到共产主义社会也还会存在。所不同的，只是在商品经济的条件下，社会必要劳动时间采取了价值和价值规律的形式罢了。即使将来实现了共产主义，商品消亡了，"不须'价值'插手其间"了，人们的劳动可以直接用劳动时间来计量了，这个劳动时间也只能是社会必要劳动时间，而不可能是各个劳动者的个别劳动时间。至于这个社会必要劳动时间是怎样计算的，是事先就周密计划好的，还是事后精确计算出来的，那我们就不得而知了，只能由将来的共产主义建设者们去回答了。但在目前情况下，在人们的劳动还存在着质的差别，存在着不同的所有制，存在着生产单位和劳动者相对独立的物质利益，以及还存在着个别的局部的劳动与社会劳动的矛盾的情况下，社会必要劳动时间只能以价值的形式来表现，只有通过交换，才能把千差万别的不同劳动，还原为同质的劳动，才能使极其不同的劳动产品相互处于同等的条件下。

价值规律在社会主义经济中有着巨大的，任何其他规律所不可能替代的作用。价值规律以社会必要劳动时间为尺度，所有生产者的生产经营成果，都要无例外地接受这个尺度的检验。价值规律恰如一个铁面无私的裁判，它公正的评判像一道无声的命令，时刻鞭策着生产者不断前进。第一，它推动着各个商品生产者改进生产技术，提高劳动生产率，节约物化劳动和活劳动，严格经济核算，讲求经济效益。第二，它促使各个商品生产者按照社会需要的比例去分配社会劳动时间，及时向商品生产者发出市场变化的信息，督促商品生产者按需生产。同时，它也为有计划地在各个生产部门之间分配社会劳动提供了依据和工具。第三，它鼓励竞争，奖优汰劣，推动着社会生产的改组联合。过去，我们习惯于用行政手段关停并转落后企业。但并没有从根本上解决问题，像割韭菜一样，割掉一茬又冒出一茬。而且考核企业办法也只是进行纵比，排斥横比，先进企业与落后企业尽管经济效益相差许多倍，也可以相安无事，共存共荣。价值规律则不同。价值规律把横比放在首位，用社会必要劳动时间这把统一的社会尺度衡量一切生产经营成果，对低于社会必要劳动时间的给以较多的物质利益，作为奖赏；对于高于社会必要劳动时间的，给以较少的物质利益，以示惩罚；对于生产经营特别不善，大大高于社会必要劳动时间的，则让其收不回成本，以加速这些企业的淘汰过程。这就从根本上改变了一潭死水、没有竞争的局面，克服了传统办法所造成的那种"鞭打快牛"、先进吃亏，保护落后的矛盾，使先进企业和优质产品充分发展，落后企业和劣质产品奋力追赶，赶不上的则在竞争中淘汰，自动地实现改组联合，在新的基础上开展新的一轮竞争，从而使我们的社会主义经济始终保持旺盛的生命力。

价值规律是社会主义特有经济规律的基础 社会主义特有规律是价值规律在社会主义 商品经济中的具体形式

与不承认社会主义经济还是商品经济相联系，传统的理论一直把价值规律看作是社会主义经济中异己的力量。从不承认价值规律的存在，到企图消灭价值规律、改造价值规律和限制价值规律作用的种种说法和做法，反映出人们对价值规律的偏见是根深蒂固的。现在，上述这些说法已没人再提了。价值规律对生产和流通的调节作用，也为大家所公认了。但并不是所有的问题都解决了。当前，有一个很大的问题还在阻碍着我们对价值规律的正确认识和自觉运用，这就是社会主义特有经济规律与价值规律的关系问题。多年来形成的把价值规律与社会主义特有经济规律对立起来，"计划第一，价值规律第二"，价值规律要服从特有规律，价值规律不起决定作用等观点，还在禁锢着人们的头脑。这个问题不解决，我们还会走弯路。

价值规律与社会主义特有经济规律到底是什么关系？它们是对立的，矛盾的，还是统一的？我个人的看法是这样的：社会必要劳动时间规律是一切社会经济形态中都存在的，在商品经济条件下，社会必要劳动时间规律是以价值规律的形式出现并发挥作用的。但是商品经济在不同的社会制度下所具有的特性是不相同的，因此价值规律在不同的商品经济中的作用形式也是不一样的。与商品和商品经济存在着一般和特殊两种形式一样，价值和价值规律也存在着一般和特殊两种不同的形式。在小商品经济中，价值规律是以其本来的一般的形式起作用的，商品价格随着价值的变化自由涨落。在资本主义商品经济中，价值规律除了在一些场合仍以一般形式发挥作用外，更多地是采取了剩余价值规律、资本平均利润率规律等特殊形式，商品价格是围绕生产价格上下波动的。价值规律在社会主义经济中发生作用的形式，除了在某些场合、某些商品中仍以它一般的形式出现外，从主体上讲，价值规律采取了基本经济规律、有计划规律和按劳分配规律等社会主义特有经济规律的形式，通过对价值规律的自觉运用，来调节生产、流通、分配和消费。

我们先来看价值规律与社会主义基本经济规律的关系。明确提出基本经济规律的概念，并把生产的目的和达到这一目的的手段作为基本经济规律的内容，这是斯大林同志对马克思主义的贡献。但是，斯大林同志在对社会主义基本经济规律的表述上，以及人们在对这个规律的理解和具体运用上，都存在很大的片面性。这个规律是作为剩余价值规律的对立物提出来的，它在否定剩余价值规律所反映的资本主义生产关系的同时，也否定了剩余价值规律所反映的价值规律对社会必要劳动时间的客观要求。这是与当时斯大林同志否认社会主义经济还是商品经济，不承认生产资料也是商品，不承认价值规律对生产的调节作用相联系的。社会主义生产的目的是为了满足社会的需要，这当然是对的，这正是社会主义生产根本区别于资本主义的标志。在资本主义生产中，满足社会需要是资本活动的客观结果，而绝不可能成为资本家生产经营的动机和愿望。与资本主义生产相比，社会主义生产就是要倒果为因，把满足社会需要作为直接的目的。但是，要实现这一目的，离开了对价值规律的正确认识和自觉运用是不可能做到的。首先，在商品经济条件下，社会需要表现为对商品的需要，满足需要并不是可以不讲经济核算，不计盈亏；其次，满足社会需要也绝不能以社会的绝对需要为极限，各种商品必须符合社会总劳动按比例分配的要求；第三，满足需要也不能违背等价交换的原则，不顾生产者的利益。理论分析和实践经验证明，社会主义基本经济规律只有建立在价值规律的基础上，正确地反映价值规律的客观要求才有实际意义，才能为包括国营企业在内的商品生产者和商品经营者所遵循。否则，基本经济规律就会变成一句空话，不可能成为企业自觉依据的准绳。我认为，根据社会主义经济实践和理论的发展，对社会主义基本经济规律应当作出进一步的概括。

再看价值规律与社会主义有计划发展规律的关系。价值规律和有计划发展规律都是要按比例地分配社会劳动。所不同的，前者要通过自发的、间接的、事后的调节来实现，价值规律是一只"看不见的手"。后者则力图通过自觉的、直接的、事前的调节去完成，把"看不见的手"变为看得见的手。社会主义公有制的实现，为计划调节提供了某种可能性。但是，这种可能性并不等于现实性。要完成从看不见的手到看得见的手的转变，还需要许多其他方面的条件。在目前情况下，有计划发展规律并不能作为价值规律的对立物，取代价值规律而发挥作用，而必须以价值、价格、货币为工具，通过认识和运用价值规律发挥其作用。有计划发展规律能否发挥作用和作用的大小，完全取决于它能否正确地反映价值规律的客观要求。可以这样说，在社会主义有计划的商品经济条件下，有计划发展规律实际上就是自觉利用价值规律的规律。有计划发展规律只有符合价值规律的要求，才能保证国民经济协调地发展。如果违背了价值规律的要求，即使计划订得再周密，也会导致国民经济比例失调。

最后再来看价值规律和按劳分配规律的关系。社会主义按劳分配，用马克思的话说，"这里通行的就是调节商品交换（就它是等价的交换而言）的同一原则"。（《马克思恩格斯全集》第19卷第21页）如果说，由于马克思设想的按劳分配是直接以劳动为尺度，与商品等价交换要以价值为尺度还有形式上的差别的话，那么，在社会主义经济必然还是商品经济的条件下，这种形式上的差别也不存在了。按劳分配规律实际上就是价值规律在个人消费品分配领域里的具体表现形式。按劳分配的"劳"，指的是劳动的数量和质量，不是自然劳动时间，不同种、不同质的劳动要化为同质的可以比较的量，就要借助于价值，把每个人的劳动表现为一定的价值量。这个价值量是通过两个层次表现出来的：一个层次是在企业内部，每个职工付出的劳动都表现为一定价值的劳动成果，职工所得的报酬必须与他们的劳动成果挂钩。另一层次是在企业之间，职工的按劳分配是与企业的生产经营成果紧密相联系的。企业是相对独立的商品生产者和商品经营者，有自己相对独立的经济利益，企业生产经营得好，个别劳动时间低于社会必要劳动时间，理应得到与之相应的物质利益（级差收益除外），其中有一部分要变成企业中个人的收入和福利。在这两个层次的分配中，所遵循的都是价值规律的要求，如果违背价值规律，必然造成"吃大锅饭"的弊端。

正确认识价值规律与社会主义特有经济规律的关系，是正确认识社会主义经济规律，正确处理社会主义经济中各种复杂关系的枢纽点。理顺了这个关系，发展社会主义经济的许多理论问题和实际问题，都可以迎刃而解了。过去，我们把价值规律与社会主义特有经济规律对立起来、割裂开来的结果，曾使我们长时期地陷入迷途，给实践带来了极大的危害，现在已经到了从迷途中走出来的时候了。

自觉利用价值规律　大力发展社会主义商品经济

在社会主义经济中，市场和市场机制仍然是价值规律的运行机制。但是，社会主义市场和市场机制与资本主义是有重大差别的。其区别就在于能否在全社会的规模上自觉地运用价值规律，在于能否自觉地利用社会主义市场和市场机制为充分发挥价值规律的积极作用提供适当的场所。

自觉利用价值规律，首先必须改进国民经济计划工作，彻底摒弃把计划与市场对立起来的观点，把计划建立在价值规律的基础上。今后，国民经济计划的重点应逐步由目前的管产品，管物资，管各项经济技术指标转到综合利用经济杠杆，安排国民经济重大比例关系，合理配置生产力，搞好生产力布局上来。指令性计划应该缩小到最必要的范围。越是紧缺短线产品，越应该放开。国家实行指令性计划，严格控制的产品，计划价格的确定尤其要注意符合社会必要劳动时间的要求，产品的收购与调拨一定要遵循等价交换的原则。为了检验、校正计划价格，对指令性计划控制的产品，也应划出一块来在市场上由价值规律自发地进行调节，以及时掌握市场信息。

其次，要重视市场调节的作用，扩大市场调节的范围。允许一部分商品完全通过市场，由价值规律自发地进行调节，实际上也是对价值规律的自觉运用。因为调节的范围和要达到的目的，都是事先由国家计划确定的，并不是漫无限制、不可控制的。哪些商品由市场自发调节，哪些商品在一定时期由市场自发调节，都是由国家来掌握，并可以根据情况不断做出调整的。这正是自觉利用价值规律的表现。如果不是这样，企图把那些品种千差万别，供求千变万化的商品统统包罗到一个囊括一切、天衣无缝的计划中来，那是根本办不到的。

第三，要处理好限制和扩大商品范围的关系，掌握好价值规律作用范围的适度点。一方面，社会主义商品范围与资本主义无所不包的情况不同，是受到一定限制的，如河流、铁路、矿山等不是商品。另一方面，我国又面临着扩大商品范围，在更大范围内适用价值规律的问题。它们之间并不矛盾。只要处理得当，是完全可以解决的。对那些不允许成为商品的，必须通过法律的、行政的手段，严禁把它们变成商品。而对那些应该成为商品的，就应该坚决放开，允许价值规律进行调节。如科学技术、知识等脑力劳动产品和住宅等物质产品，以及许多被当作福利事业、"慈善"事业来办的第三产业，都应该坚决实行商品化，开放科技市场、知识市场，把第三产业真正作为产业来办，让价值规律进入这些领域。事实上，由于我们不承认这些产品是商品，不按价值规律的要求办事，已经受到了价值规律的惩罚。

最后，要真正按价值规律办事，还必须承认社会主义的资金平均利润率规律，积极而又稳妥地改革不合理的价格体系。实践证明，在社会主义经济中，客观上也存在着一个不管投在哪个部门的资金都必须带来大致相等的平均利润率的规律。哪些行业的利润率过高，哪些行业就会出现盲目发展；哪些行业利润过低，哪些行业就成为国民经济的薄弱环节。即使一些行业由于各种原因存在着不可竞争性，如果利润长期过高，也不利于这些企业改善经营管理。至于那些得不到平均利润甚至发生政策性亏损的行业，尽管国家采取了各种补贴措施，也还是严重压抑了这些企业的积极性。平均利润率的问题，在社会主义经济中本来早已存在，特别是在搞活经济，全民、集体、个体经济一起上，承认所有权和经营权可以分离，承认国有企业是相对独立的商品生产者和商品经营者，并把企业和职工的物质利益与他们的经济效益挂起钩来的情况下，这个问题越发重要了。要解决这个问题，就必须改革目前不合理的价格体系，合理确定各类产品的比价。同时，还要合理确定因技术装备、资源等物质生产条件的差异而带来的级差收益的分配问题，使各个不同的企业在大致差不多的起点上开展竞争。限于篇幅，关于价格体系的改革问题，这里就不再展开论述了。

毛泽东同志指出："价值法则是一个伟大的学校，只有利用它，才有可能教会我们的几千万干部和几万万人民……"要做一名这个学校的合格毕业生是不容易的，也许我们这一代人、几代人永远要在这所学校里学习而毕不了业，但我们的成绩会逐渐好起来的。价值规律恰如一匹难以驯服的烈马，弄得不好，就有可能从马背上跌下来，而一旦能成功地驾驭它，就可一日千里，在发展社会主义商品经济的大道上向前迅跑。

承包经营责任制若干问题的思考 ①

（1987 年 7 月 30 日）

选择承包经营责任制处理国家与企业的关系，使之契约化、合同化，在目前情况下，这样做有利有弊。其利也大，其弊也显。如何择其利而去共弊，推动承包经营责任制的健康发展，不仅关系到承包经营责任制的成败，也关系到整个改革的进程和国民经济的发展。这里，本文仅就其中的几个问题谈点管见。

一、如何解决讨价还价问题

吵基数，争比例，上下"钓鱼"，讨价还价，是承包中的普遍现象。有时，即使经过努力可以完成的指标，企业也不愿接受。但实际执行下来，大多数企业往往又大大超过原定承包目标，有的超过很多，包得很"肥"，不仅影响实现利润的合理分配，同时也影响左邻右舍。重要产品包产量的，往往还影响相关产品的协作配套和生产能力的综合平衡，造成浪费。实行招标承包，虽然可以在一定程度上解决讨价还价、压低基数的问题，但是，往往又容易引起职工与承包者的对立情绪，从而采取消极的不合作态度。怎样解决这个问题，使企业经营者和全体职工能够主动提高"横竿"，同时又可避免不切实际的高指标，以免影响计划和生产能力的综合平衡？我曾就改进短线统配产品超计划分成办法问题，写过一篇短文，其中提到的计划内超基数高比例分成、超计划低比例分成办法，可以达到这个目的。

---

① 本文原载《经济工作通讯》1987 年第 14 期。

现行的承包办法，大都实行超基数分成或超目标分成，即企业完成上交任务后，超基数或超目标部分，企业按高于现行利改税办法的比例分成。有的为鼓励企业多超，还采取了分档分成，超过部分越大，分成比例越高。这个办法的好处是可以鼓励企业多超；毛病是基数和目标定得越低，企业的好处越大。因此，企业极力想把基数和目标搞得低一些。所谓计划内超基数高比例分成、超计划低比例分成，即以企业上年实际完成数或前三年的平均值为基数（有特殊因素的应酌予调整），由企业自定增长计划或奋斗目标（利润计划或重要产品产量计划、创汇计划等），计划（目标）内超基数部分，给企业高比例分成；超计划（目标）部分，企业的分成比例适当降低；完不成计划（目标），企业不得分成或把分成比例降得更低。实行这个办法有三点好处，一是计划（目标）内超基数高比例分成，能够鼓励企业充分挖掘潜力，在力所能及的范围内尽可能多地接受承包任务，变主管部门压指标为经营者主动要指标，避免讨价还价；二是超计划（目标）低比例分成，既可以防止计划（目标）内外一个样，企业为少担风险，人为地压低计划（目标），又能够鼓励那些完成计划（目标）后仍有增长余地的企业继续增长；三是完不成计划（目标）不准分成或更低比例分成，可以提醒企业在确定承包目标时留有必要的余地，不要追求不切实际的高指标。

二、怎样进行承包合同的调整

既要"包死"，又要进行必要的调整，这是一对矛盾。一般说来，基数、目标和分成比例一经确定，就要"包死"，不能轻易改变，以维护承包合同的严肃性，避免企业产生依赖心理。以往的教训，就在于包而不死，以致出现包盈不包亏。但是，另一方面，企业的外部条件是经常变动的，国家的政策也在不断调整，特别是在双重体制并存、新旧体制交替时期，很难把承包企业的外部条件固定下来。重大价格改革和调整，税制改革和税种税率的变化，国家采取的宏观调控措施及进出口政策、投资政策、产业政策、信贷政策、消费政策等，都会对企业的损益带来很大影响。实行承包经营的企业，最担心的也正是外部条件吃不准。当外部条件发生重大变化时，承包合同如不作相应调整，就会造成严重的苦乐不均，或者影响其他改革措施的出台。不赞成承包的同志大都以此为理由，对承包投反对票。因此，又不能包得很"死"，该调整的必须调整。只有妥善处理"包死"与调整的矛盾，承包才能顺利进行。我认为采用行业平均资金利润率作为调整依据，可以解决这个问题。因为，所有带有共性的外部变动因素，其影响最终都将反映到行业资金利润率上来。当受外部因素影响，行业资金利润率变动超过一定幅度（上升和下降）时，应当适当调整承包合同。未超过一定幅度，虽有影响也不予调整。利润率下降的，其增支减收因素由企业通过主观努力来消化、弥补；利润率上升的，其好处也按合同规定留给企业。实行这个办法要注意三点：一是必须以全国同行业（或产品）的平均利润率为依据，不能只看承包企业的个别利润率。二是要选好行业资金利润率的参照系。一般可有两个选择：一个是确定承包基数时基期的行业资金利润率；另一个是行业资金利润率当年在全国工业总资金利润率中的变化情况。三是要合理确定调整承包合同所需要的行业资金利润率变动幅度以及二者之间的比例。实行这个办法，既能够避免外部条件变动较大时对承包企业收益带来的影响，解决"包不下去"和"包冒了"的问题，又可以排除承包企业经营管理不善等主观因素的影响，还能够避免调整承包合同时的主观随意性，有了比较公正、客观的标准。有关调整的条文可以写进承包合同，也可按此原则临时调整。不管预先约定还是临时调整，只要有了按行业平均利润率的变化相应调整承包合同这个办法，企业就吃了"定心丸"，各级政府有关部门的担心也可以大大减轻，各项改革措施与承包经营责任制如何衔接的问题也就比较容易解决了。

三、选择谁作承包主体比较合适

目前，就承包主体来说，有个人承包、全员承包和承包组承包等多种形式。这些形式各有利弊。个人承包，承包人的责任感强，风险大，动力也大，经营者敢抓敢管，理直气壮。但对于大中型全民所有制企业来说，个人承包有不少问题难以解决。因为个人的知识、能力、时间、精力毕竟有限，难以独立承担管理大中型企业的重任，也不易取得企业各级管理人员和广大工人的全力支持，不利于充分发挥他们的积极性。全员承包的好处是可以进一步增强全体职工的主人翁责任感，有利于激发他们的积极性，但旧体制下"大锅饭"无人负责的老毛病难以彻底克服。相比较而言，由承包组集体承包可以避免以上两种承包形式的缺点，处理得好，还可以同时兼有两者的长处。承包组由经营管理人员、专业技术人员和政工干部等各方面的人才组成，文武相济，长短互补，可以充分发挥群体优势。承包组应该自愿组合，通过招标答辩（前述计划内超基数分成办法并不排斥招标竞争），由代表所有权一方的政府有关部门遴选，任命承包组成员分别担任企业的领导职务。承包组与工厂管理委员会一身二任，是企业的决策机构。在企业内部，则实行由承包组成员牵头的内部承包经营体系，把承包组的承包目标化为全厂职工的奋斗目标，实行责权利相结合。这样，既可以分散个人承包的风险，减少失误，又可以充分发挥全体职工的积极性，同时也能够避免大锅饭、无人负责的现象。这种形式，经过不断补充完善，很可能发展成为大中型企业实行承包经营责任制的一种较好形式。

四、关于防止消费基金膨胀问题

从以往实行承包的经验看，防止消费基金膨胀，需要把好几个关口：一是对经营者（承包人或承包组）的利益分配，不能采取直接参与利润超收分成的办法，承包收入只能与利润增长比例挂钩，而与增长额脱钩，实行企业利润、承包者收入双基数、两条线，避免承包者或承租人所得过多。二是严格规定福利基金、奖励基金在企业留利中的比例，加强财务监督，不准突破，不准侵占、挪用生产发展基金。三是可以考虑出台一些鼓励企业内部积累、限制消费的配套政策和措施，对用企业自有资金投资增加的利润（可通过企业投资在企业总资产中的比重相应确定其在企业总利润中的数额），适当降低税率或提高企业分成比例，以改变目前企业投资负收益（即企业投资形成收入的大头被国家拿走，企业实得低于企业投资额）的问题；对企业的福利支出适当征收公共消费税；把奖金税的课税对象由企业改为个人；降低个人所得税起征点，提高累进率，作为过渡措施，可以考虑在承包企业中建立奖金储备金制度或临时征收工资（包括奖金）调节税，等等。

需要强调指出的是，孤立地解决承包企业的消费基金问题是不可能奏效的。当前，要有效地控制承包企业的消费基金，需要三个前提条件：一是解决社会成员分配不合理问题。可以这样说，当前消费基金膨胀，从全社会看，主要矛盾不在国家职工，而在于非公有制；在公有经济中，主要矛盾不在生产领域，而在于非生产领域（包括流通、服务、金融等领域）；在生产领域中，主要矛盾不在大中企业，而在于小企业、集体企业、乡镇企业；在大中型企业中，主要矛盾不在承包企业（个别企业除外），而在于非承包企业。从某种意义上说，大中型企业增加一些奖金，是对社会成员分配不合理和物价上涨过快的一种保护性反应，不如此，职工队伍也难以稳定。只有综合治理，才能从根本上解决问题。二是要解决企业与国家关系上的大锅饭。目前实行的利改税办法，利益和风险的大头由国家承担，企业仍然可以吃国家的大锅饭。在这种格局下，企业只有得利更大才肯承包，否则不包；包了的，一旦感到吃亏，中途也以种种借口要求退出来。只有全面承包，才能斩断企业的退路。三是要保持政策的稳定性、连续性。朝令夕改，政策变幻不定，容易助长企业的投机心理和"能捞快捞"的思想，这也是企业发生短期行为，缺乏长远打算的重要原因。

五、怎样解决包盈不包亏、包肥不包瘦问题

包盈不包亏、包肥不包瘦的情况确实存在，根子恰恰不在于承包，而在于承包不彻底，企业吃国家大锅饭的"脐带"没有剪断。解决的办法：（1）在包的范围上，必须全面包，不能有的包，有的不包；（2）在包的时间上，最好一包几年，尽量避免一年一定；（3）在包的内容上，必须既包上交，又包后劲，不能单打一；（4）在包的松紧程度上，必须既要"包死"，又要合理调整，确因外部变化，包亏的要增

加"营养"，包得太肥的，也要"减肥"。关键是第一条，赢利的，亏损的，肥的，瘦的，都要实行承包。否则，只要还有大锅饭可吃，包盈不包亏、包肥不包瘦的现象就不可避免。

六、要注意解决承包带来的不平等竞争问题

基数难定，比例难调，包盈不包亏等问题，虽然比较普遍，但解决起来并不算太复杂。最复杂、最难解决、对国民经济健康发展危害最大的，是企业的不平等竞争问题。遗憾的是，这个问题还没有引起足够的注意。

追根溯源，企业不平等竞争的根子不能归之于承包经营责任制。但毋庸讳言，实行承包经营责任制的确加剧了这个矛盾，并使之复杂化了。这是因为，承包是在现行财政分灶吃饭的体制下进行的，按照目前由地方财政"自费改革"和"收支两条线"（即承包企业的利润先列财政收入，然后从地方财政的分成收入中按承包合同列支出返还给企业）的办法，那些中央分成比例比较大的地区，搞起来有困难。而这些地区恰恰是比较先进，经济效益比较好，经营管理水平和生产技术水平比较高，关系国计民生的大中型骨干企业比较集中，亟须休养生息更新改造的老企业也比较多的地区。从社会经济效益的角度看，这些地区的企业应当先搞活。但由于承包经营责任制目前只能在现行财政分配的格局下展开，地方财政能给予企业的承包条件，不仅受制于地方财力，同时也受制于地方的积极性，特别是对那些面向全国的大型、特大型企业，尤其是这样。

实行承包经营责任制，包死基数，确保上交，超收分成，欠收自补，从企业这一头看，承包的第一年主要是解决了压力和动力问题；第二、第三年就可以解决企业自我积累、自我改造，进行再投资的实力问题；第四、第五年就可以解决企业自我发展的后劲问题，搞得快的，还可提前。因此，同行业企业中，包与不包就出现了不平等竞争问题，而且随着时间的推移，矛盾越来越突出。不平等竞争的结果，实行承包的后进企业赶上去，当然是好事，但可怕的是没有实行承包

的先进企业要被拖下来。这里，有必要回顾一下几年来改革所走过的道路。八年改革的成绩是巨大的。但是，就企业改革的路子来说，基本是先从后进企业搞起，先搞活乡镇企业、集体企业、全民小型企业，而大中型企业除少数外，大部分没有活起来，以致造成经济技术构成下降，中低技术繁衍，社会经济效益下降。有的同志形容这是"关住老虎、放开猴子"。如不及时改弦更张，仍按这个路子走下去，我们将付出更大的代价。

要解决承包带来的不平等竞争问题，从认识到行动上都要突破旧的思路和做法，切实把大中型企业、先进企业放开搞活。当前迫切需要做好四件事：

（一）重新构思中央与地方、国家与企业关系的改革方案，在总体方案出台之前，可以考虑先做一些小的调整。可供选择的方案有：（1）维持中央与地方现行分灶吃饭的体制不变，改变自费改革的规定，但各地主要是财政收入比例分成地区必须参照行业制定的承包条件，不开大口子；（2）自费改革的原则不变，对比例分成地区实行上交递增包干，调动他们自费改革的积极性；（3）财政体制和自费改革原则维持不变，选择一批大中型骨干企业实行承包经营责任制，企业超收分成部分由中央和地方按比例分成。

（二）要注意发挥行业管理在承包经营责任制中的作用，制定行业标准，包括产品质量、性能和消耗标准，公布各年度行业资金利润率水平，供各地在实行承包经营责任制时参照执行。国家也要尽快制定、完善产业政策和与之相配套的其他政策。

（三）坚决制止地方保护政策，提倡和保护正当竞争。

（四）加强行业承包的监督、检查，从价格、服务、履行合同等方面采取相应的制约措施，防止行业垄断。实行承包经营的行业，也要加强内部制约，端正生产经营的指导思想。

承包经营责任制正在发展之中，实践将不断丰富我们的认识，同时也将不断提出新的问题。只有不断总结经验，因势利导，存利去弊，才能推动承包经营责任制健康地向前发展。

承包经营责任制不是暂时的过渡性措施 ^①

（1987 年 11 月）

现在，不少同志承认，承包经营责任制在现阶段对于解放生产力、搞活企业具有重要的作用，但同时认为它不过是暂时的过渡性措施。我们一度也曾这样提出和认识问题。但是，实践的发展，丰富和深化了我们的认识。把承包作为权宜之计，是把承包的一般原则与承包的具体形式弄混淆了。

与商品一般和商品特殊一样，承包也有一般和特殊的区别。

所谓承包一般，是指承包的一般原则：（1）国家与企业的关系是资产承托关系，所有权归国家，经营权交企业，企业是自主经营、自负盈亏的商品生产者和经营者；（2）国家作为所有者，要求每个企业按其资产占用额提供一定数量的利润；（3）企业作为经营者，有责任保证所有者的利润，有权利享受超过承包合同利润的全部或一部分；（4）企业与国家的责任、权利和利益关系以合同形式确定下来，并经过公证，具有法律的效力。

所谓承包特殊，是指承包的特殊形态。承包有各种各样的具体形式。按包的内容分，有上交利税承包、成本承包、技术改造承包等；从包的范围看，有部门承包、行业承包、公司承包、企业承包、车间承包等；按包的时间分，有长期承包、短期承包等；从分配形式看，有上交利税定额包干、递增包干、超收分成、亏损包干等。如果撇开这些具体形式，从承包的性质和战略发展阶段来划分，我认为，承包大体上要经历初级形式（或承包的初级阶段）、中级形式（或承包的中

---

① 本文原载《企业管理》1987 年第 11 期。

43

级阶段）和高级形式（或承包的高级阶段）三种形式或三个大的战略发展阶段。

初级形式，是1981年前后旧体制占主导地位时的单目标短期承包。这一阶段的承包，就包的内容看，比较单一，主要是为解决财政困难而实行的上交利润包干，没有考虑企业的后劲，对消费基金也控制得不够严；从包的时间看，大都是一年一定的短期承包，从包的松紧程度看，基本上是软约束，包而不死；从包的范围看，包得不彻底，搞承包的都是有油水的企业，而没有油水的仍由国家"背"着。应该说，即使存在这些弊病，这一时期的承包，效果还是显著的。但是，由于缺乏经验，出现的问题也不少，由于种种原因，承包没有继续进行下去。

中级形式，是指目前在双重体制并存、新旧体制转换时期进行的多目标的长期承包。这一时期的承包，是在总结了前一阶段承包的经验教训的基础上进行的，较之初级承包有着质的不同。一是在包的内容上，既包上交，又包企业发展的后劲，并把消费基金与企业的劳动生产率、实现利税、产品质量等指标挂起钩来，避免了单打一；二是在包的时间上，主要实行一定几年的长期承包，对一年一定的短期承包，也对企业易于发生的短期行为采取了必要的防范制约措施；三是在包的松紧程度上，强调了包死基数，确保上交，超收分成，欠收自补的原则，堵死了企业的退路，硬化了预算约束。但是，这一时期的承包，由于市场环境还没有根本改善，企业自主经营的外部条件还不具备，价格、税收、分配等关系尚未理顺，企业承包条件的确定不很科学，带有很大的主观随意性。加之经济体制正处在改革、转换的过程之中，存在着承包需要外部环境相对稳定而继续深化改革必将使外部环境经常处于变动之中的矛盾。这些都给现阶段的承包经营责任制带来了许多难以完全克服的困难。这也是一些同志对承包持怀疑、否定态度的原因。我们曾认为承包是过渡形式，主要也是基于这种考虑。

高级形式，是指经济体制改革基本完成之后的较为规范的承包。那时，价格基本理顺，社会平均利润率大体形成，市场环境大为改善，税收制度臻于完备，现阶段承包中的许多问题那时都可以避免，承包条件也比较科学、规范。

　　承包一般和承包特殊，作这样的区分十分重要：第一，承包的一般原则，不仅现在适用，将来也是适用的。改变的只是承包的特殊形态。第二，必须坚持进一步改革，才能把承包不断引向深入。因此，既不能把承包作为过渡措施而急急忙忙地加以否定、取消，也不要把现阶段的承包作为僵化的模式而抱残守缺，拒绝作进一步的改革。只有在实践中不断发展完善，坚持改革，逐步创造条件，把承包由目前的中级形式推向高级形式，才是唯一正确的态度。

应当重视和鼓励个人积累 ①

（1988 年 2 月）

改革开放以来，我国分配格局发生了很大变化，个人收入增长很快，在国民收入中的比重明显提高。但是，由于我国目前还没有建立起有效的个人收入控制和调节体系，过快增长的个人收入过于集中在消费上，同时也由于我国个人消费的狭窄性，急剧膨胀的消费集中在吃穿用商品上，对消费市场形成巨大压力。几年来，我国工农业生产、外贸进口和相当一部分建设都围绕着满足过分膨胀的消费需求来进行，有限的财力、物力、运力和外汇疲于应付当前消费。即使这样，消费需求仍然大大超过供给，不仅给社会生产造成巨大压力，同时也拉动物价上涨，带来了一系列经济问题和社会问题。另一方面，我国真正能够用于生产、企业技术进步和国家重点建设的资金又感不足。

当前筹集建设资金的途径，无非是内资和外资两条渠道。举借外债、引进外资，要受到我国还债能力和国际资金市场变化等多种因素的制约。社会主义现代化建设的资金的主要部分仍然要靠内部积累。但是，国内积累资金存在着不同的途径。过去采取压低个人收入、主要由国家承担积累的做法，这对广大人民群众来说是被动积累，效果并不好。另一条途径是藏富于企业，使企业走自我积累自我发展的路子。这是方向，但目前这样做有不少困难。再一条途径是个人积累。这在当前分配格局变化，个人收入增长过快，而控制与调节手段又不健全的复杂情况下，具有特别重要的意义。

长期以来，我们习惯于把个人收入等同于消费基金，对当年形成

---

① 本文原载《经济研究》1988 年第 4 期。

的城乡居民收入，总认为应当拿出等额的消费品（包括一部分农业生产资料和非商品性服务）全部收回来。在这种思想指导下，城乡居民储蓄一直被当作结余购买力，看成是没上锁的"笼中虎"，总担心说不定哪一天猛虎出笼冲击市场。其实，这是误解。个人收入与个人消费基金并不是同一概念。个人收入实际上是分为消费与积累两部分的。而且随着个人收入水平的提高，积累所占的比重呈逐渐上升的趋势。

从国外经验看，高储蓄率是一些国家（如日本、联邦德国等）经济高速发展的一个重要条件。1960年，日本个人储蓄率高达17%，联邦德国为15%，而英国只有6.5%，美国不到5%；1970年，日本提高到20%，联邦德国仍为15%，但仍比英、美的9%高出6个百分点。从我国目前情况看，因势利导，鼓励个人积累，不仅能够适应改革开放以来国民收入分配新格局的要求，缓解消费基金的压力，有利于稳定物价，并使我国现代化建设和国民经济的持续稳定发展获得充足的资金来源，而且与过去主要由国家履行积累职能的传统积累模式相比，更有利于增强人民群众的主人翁意识，有利于使高收入者和低收入者的实际消费差距小于收入差距。

从我国当前实际情况出发，鼓励个人积累应采取以下对策：

第一，对用于积累的个人收入免征所得税。一些国家为鼓励个人积累，对储蓄、购买债券、股票等采取免征个人所得税的优惠。目前，我国存款利率低于物价上涨率，不利于鼓励个人积累，但提高利息又受到投资效益的制约。可行的办法是对个人积累免税。其前提是降低现行的个人所得税的起征点，提高累进率，使缴纳个人所得税成为绝大多数公民的义务（应配合工资等个人收入政策调整，使中等及其以下收入者税后实际收入不降低），同时开征遗产税和赠与税，使个人所得税既能起到调节个人实际收入，又能引导个人收入投向的杠杆作用，改变目前形同虚设的状态。

第二，对非生活必需品征收消费税。根据我国目前经济发展水平，在保证生存资料的前提下，发展资料只能量力增加，享受资料如奢侈消费品、高档烟酒等应当开征消费税。同时，对于城乡个人的消费性积累如建房等，也应按建筑标准或人均住房面积征收超标准建筑税，以引导他们把资金用到生产性积累上来。

第三，大力开展直接融资活动，开放有价证券市场。与银行储蓄这种间接融资方式相比，股票、债券等直接融资方式具有更大的吸引力。可以考虑选择一些企业和建设项目向社会公开发行股票，并允许股票上市。有价证券市场开放后，可以分散消费品市场的压力，国家实行宏观调控的回旋余地也相应扩大，有利于维持市场物价的稳定。

第四，对个体户、私营经济实行个人收入和生产发展资金分账管理。对其生产发展基金免征个人所得税，鼓励他们再投资。还可考虑区别不同情况，对个体户、私营企业总收入中用于生产发展基金和个人收入的比例作出一些原则性规定，并加强监督，把更多的资金自愿地和强制性地留在生产领域。

第五，改革消费结构，拓宽消费领域，逐步把个人消费性积累的职能转给消费者直接承担。目前我国消费过分集中于吃、穿、用，而住、行、医等还带有半供给制和社会福利性质。应当通过住房制度和医疗制度改革，把目前由国家承担的用于个人消费的积累职能转交给消费者直接承担，通过开展住房储蓄、预购住房、集资建房、房租改革和医疗保险、医药费改革等办法，把相当一部分个人收入吸引过来，使这些行业形成自我积累自我发展的良性循环，缓解国家和各级政府、企事业单位的压力，使其积累资金更多地用到生产性积累和公共消费性积累上来。

对承包责任制的再认识 [①]

（1988 年 2 月）

实行承包经营责任制，是我国城市改革经过几年探索作出的重大战略选择。如何从改革的总体战略上认识这一选择，它在整个改革中的地位怎样，是过渡措施还是长远大计，是为今后改革设置了障碍还是推动、深化了改革，承包经营责任制将向何处去，如何在实践中不断发展完善，等等，这些问题，需要广大理论工作者和实际工作者从理论和实践的结合上作出回答。

一、承包经营责任制是搞活企业的正确道路

中共中央关于经济体制改革的决定把搞活企业，特别是搞活全民所有制大中型企业作为经济体制改革的中心环节，抓住了中国经济体制改革的根本问题。这不仅是因为国营企业在我国经济中占了绝大比重，也不仅是因为国营企业，特别是大中型企业的处境相当困难，更重要的，是迄今为止所有国家都还没有找到一条解决国营企业经营机制的有效途径。目前，西方国家解决国营企业的问题，走的是私营化、改变所有制的路子。显然，这条路子，我们不能走。如何解决国营企业经营机制问题，所有的社会主义国家都在进行苦苦的探索。几年来，我们也进行了各种尝试。简要回顾一下企业改革走过的道路，有助于加深我们对承包经营责任制的认识。

开始，我们从扩权入手，经过利润留成等形式，最后确定以利改

---

① 本文原载《理论教育》1988 年第 2 期。

税的形式来处理国家与企业的关系。这种形式有不少好处，但也存在许多缺点。主要是没有打破大锅饭的局面，先进吃亏、鞭打快牛的问题没有解决，国家是企业收益和风险的主要承担者，对企业的压力不大，动力也不大，没有达到搞活企业的初衷。

前一时期，不少同志主张从改革所有制入手，解决企业经营机制问题，出现了各种关于所有制改革的设想，其中议论最多的是企业所有制和股份制。我是主张在大部分企业中实行企业所有制，主张在企业这个层次上把所有权与经营权统一起来的。但是，第一，这需要一个相当长的时间过程，不是几年、十几年就可以做到的；第二，实现这个过程，也需要一定形式，这种形式，最为理想的也是承包经营责任制（本文后面还将谈到）；第三，即使将来实现了企业所有制，也不是唯一的形式，一些关系国计民生的大型骨干企业和其他不允许、不适应非国有形式的企业，仍然要采取全民所有的形式。看来，企业所有制只能是一项长期的改革目标，并不能解决近期内如何搞活企业的问题。至于股份制，尽管其对于促进生产要素流动、发展横向经济联合，有不容忽视的积极意义，但股份制本身并不是一种独立的所有制形式，只有首先明确财产的所有权，然后才能实现产权的多元化。没有企业所有制这个发展过程，而在现行体制下，人为地去组织股份企业，只能是换汤不换药。以此作为搞活企业的主要途径，显然是不切实际的幻想。

经过几年的探索和几种改革思路的比较，实践证明，搞活企业，特别是搞活全民所有制大中型企业，还是要走承包经营责任制、所有权与经营权适度分离的路子。这是几年来企业改革的经验总结，是从实际出发作出的重大战略选择。与现行的处理国家与企业关系的做法相比较，承包经营责任制是中国社会主义企业经营模式的转变，是生产关系方面带有革命性意义的根本变革。

首先，承包经营责任制有利于确立企业相对独立的商品生产者和经营者的地位，较好地实现了经营权与所有权的适度分离。

其次，承包经营责任制打破了大锅饭的旧格局，既硬化了预算约束，又强化了企业的动力机制。

再次，承包经营责任制为医治投资饥饿症，走以内涵扩大再生产为主的道路创造了前提。

又次，承包经营责任制适合中国企业千差万别的国情，同目前我国企业的管理水平、技术水平、人员素质相适应，易于为企业领导干部和职工群众理解和掌握。

最后，承包经营责任制还能够较好地处理改革和发展的关系，使之互相结合、互相促进。

总之，承包经营责任制是适应我国社会主义初级阶段生产力水平的，尽管其在实践中还需要不断发展完善，但实践已经证明并将继续进一步证明，我们的选择是对的。承包经营责任制是社会主义国家在两权分离、政企分开，完善企业经营机制方面的一个具有深远意义的创举，是符合中国国情的，很可能成为搞活企业，发展中国经济的一条道路。

二、承包经营责任制不是暂时的过渡性措施

不少同志承认承包经营责任制在现阶段对于解放生产力、搞活企业的积极作用，但同时认为它不过是暂时的过渡性措施。我们一度也曾这样提出和认识问题。但是，实践的发展，丰富和深化了我们的认识。我们发现，把承包作为权宜之计，是把承包的一般原则与承包的具体形式弄混淆了。

与商品一般和商品特殊一样，承包也有一般和特殊的区别。

所谓承包一般，是指承包的一般原则：（1）国家与企业的关系是资产承托关系，所有权归国家，经营权交企业，企业是自主经营、自负盈亏的商品生产者和经营者；（2）国家作为所有者，要求每个企业按其资产占用额提供一定数量的利润；（3）企业作为经营者，有责任保证所有者的利润，有权利享受超过承包合同利润的全部或一部分；（4）企业与国家的责任、权利和利益关系以合同形式确定下来，并经过公证，具有法律的效力。

所谓承包特殊，是指承包的特殊形态。承包有各种各样的具体形

式。按包的内容分，有上交利税承包、成本承包、技术改造承包等；从包的范围看，有部门承包、行业承包、公司承包、企业承包、车间承包等；按包的时间分，有长期承包、短期承包等；从分配形式看，有上交利税定额包干、递增包干、超收分成、亏损包干等。如果撇开这些具体形式，从承包的性质和战略发展阶段来划分，我认为，承包大体上要经历初级形式（或承包的初级阶段）、中级形式（或承包的中级阶段）和高级形式（或承包的高级阶段）三种形式或三个大的战略发展阶段。

初级形式，是 1981 年前后旧体制占主导地位时的单目标短期承包。这一阶段的承包，就包的内容看，比较单一，主要是为解决财政困难而实行的上交利润包干，没有考虑企业的后劲，对消费基金也控制得不够严；从包的时间看，大都是一年一定的短期承包；从包的松紧程度看，基本上是软约束，包而不死；从包的范围看，包得不彻底，搞承包的都是有油水的企业，而没有油水的仍由国家"背"着。应该说，即使存在这些弊病，这一时期的承包，效果还是显著的。但是，由于缺乏经验，出现的问题也不少，由于种种原因，承包没有继续进行下去。

中级形式，是指目前在双重体制并存、新旧体制转换时期进行的多目标的长期承包。这一时期的承包，是在总结了前一阶段承包的经验教训的基础上进行的，较之初级承包有着质的不同：一是在包的内容上，既包上交，又包企业发展的后劲，并把消费基金与企业的劳动生产率、实现利税、产品质量等指标挂起钩来，避免了单打一；二是在包的时间上，主要实行一定几年的长期承包，对一年一定的短期承包，也对企业易于发生的短期行为采取了必要的防范制约措施；三是在包的松紧程度上，强调了包死基数，确保上交，超收分成，欠收自补的原则，堵死了企业的退路，硬化了预算约束。但是，这一时期的承包，由于市场环境还没有根本改善，企业自主经营的外部条件还不具备，价格、税收、分配等关系尚未理顺，企业承包条件的确定不很科学，带有很大的主观随意性。加之经济体制正处在改革、转换的过程之中，存在着承包需要外部环境相对稳定而继续深化改革必将使外部环境经常处于变动之中的矛盾。这些都给现阶段的承包经营责任制带来了许多难以完全克服的困难。这也是一些同志对承包持怀疑、否定态度的原因。我们曾认为承包是过渡形式，主要也是基于这种考虑。

高级形式，是指经济体制改革基本完成之后的较为规范的承包。那时，价格基本理顺，社会平均利润率大体形成，市场环境大为改善，税收制度臻于完备，现阶段承包中的许多问题那时都可以避免，承包条件也比较科学、规范。

承包一般和承包特殊，作这样的区分十分重要：第一，承包的一般原则，不仅现在适用，将来也是适用的。改变的只是承包的特殊形态。第二，必须坚持进一步改革，才能把承包不断引向深入。因此，既不能把承包作为过渡措施而急急忙忙地加以否定、取消，也不要把现阶段的承包作为僵化的模式而抱残守缺，拒绝作进一步的改革。只有在实践中不断发展完善，坚持改革，逐步创造条件，把承包由目前的中级形式推向高级形式，才是唯一正确的态度。

三、承包经营责任制是城市改革的一把钥匙

承包经营责任制并不是像有些同志所担心的那样，是为今后的改革设置了新的障碍。恰恰相反，承包经营责任制向其他各项改革提出了新的要求，要求各项改革紧紧围绕搞活企业这个中心环节，加快改革的步伐，并使各项改革成为有的之矢。

首先，承包经营责任制将引起所有制结构的合理调整和适度变革。搞活企业的关键，是要增强企业自我积累、自我改造、自我发展的能力和动力。按照目前的办法，承包经营责任制并没有完全解决这个问题。因为用企业留利或税后还贷增加的固定资产，仍然是国家的财产，新增的利润大部分上交国家。这种从企业来看的投资负效益，是导致企业重消费、轻积累，影响再投入积极性的重要原因。解决这个问题，除采用行政办法规定企业留利的使用方向和比例，并严格实行财务监督外，从根本上说，是要解决企业积累和再投入的动力机制问题。

其次，必须改革不合理的价格体系。价格不合理，是企业承包基

数难以科学合理地确定、企业间不具备可比性的主要因素。现阶段的中级承包要向高级承包过渡,由一户一率逐步实现规范化,必须进行价格体系的改革。只有价格基本理顺,大体形成社会平均利润率之后,企业承包才能在新的基础上进行,不同行业、不同企业才能在大致相等的条件下展开竞争。

第三,承包经营责任制必然引起财政税收体制的改革。例如,目前,承包经营责任制已经与分灶吃饭、比例分成的财政体制发生了矛盾。按照地方自费改革的规定,那些上缴比例大的地区实行企业承包困难较大,而这些地区恰恰是经济技术比较先进、经济效益比较好、关系国计民生的大中型骨干企业和亟待更新改造的老企业比较多的地区。再如,实行承包经营责任制后,如何鼓励企业增加内部积累、引导消费,也需要在税收上采取新的措施。因此,承包经营责任制要求进一步改革财税体制:第一步,适当调整财政分配体制,对于上缴比例大的地区的大中型企业承包,变地方自费改革为中央、地方"两家抬",或对这些地区实行上缴递增包干,提高地方超收分成比例等;第二步,走分税制的道路,按税种划分中央与地方的收入;第三步,变利改税为税利并存,国家与企业按其在全部资产中的比重实行利润分红,或征收国有固定资产占用税;第四步,逐步降低企业的税率,实行低起点、高累进的个人所得税,同时对企业的集体福利开征集体消费税,以鼓励企业积累和再投入,适当引导和限制消费。

第四,承包经营责任制也必将带来分配制度的变化。企业职工收入的多少,应该取决于企业经营的好坏。随着承包经营责任制的发展和其他方面的配套改革,企业工资制必将最终取代统一工资制,彻底打破工资制度上的大锅饭。

第五,承包经营责任制要求改变现行投资体制,逐步实现投资主体换位。实行承包经营责任制后,企业的内涵性扩大再生产投资应该主要以企业为主体,自不待言。随着企业经济实力的增强,一些外延性扩大再生产投资,在加强审批和管理的前提下,也应该由企业自筹资金和贷款来进行。国家和各级地方政府集中的资金应当主要用于兴办少数具有战略意义的能源、矿产、交通、新技术产业以及文教、卫生、城市生活设施和社会福利事业。

第六，承包经营责任制要求改变国家对企业的管理职能，实现两权分离、政企分开。企业实行承包后，应当享有充分的经营自主权，各级管理部门应当从大量管不好、管不了的经营事务性工作中解脱出来，加强宏观管理的职能。

四、在改革中不断完善承包经营责任制

实践是在不断发展的，城市改革不能停顿，承包经营责任制也需要在实践中不断发展、完善，需要与正在进行的各项改革衔接起来。这是当前实行承包经营责任制需要解决的最重要的课题。

首先是要解决既要包死又要根据情况变化对承包合同进行必要调整的矛盾。承包需要稳定的外部环境，但在体制转换和改革过程中，外部环境是不可能一成不变的。重大价格改革和调整，税制改革和税种税率的变化，国家采取的宏观调控措施及进出口政策、投资政策、产业政策、信贷政策、消费政策，等等，都会对企业的损益带来很大的影响，包亏了和包冒了的情况，都可能发生。如不及时进行必要的调整，显然是不合理的。我们一方面要努力为企业承包创造较为稳定的外部环境，另一方面又必须找出调整承包合同的客观依据，使承包经营责任制与各项改革衔接起来，能够适应外部条件的变化。如果片面强调外部环境的稳定，是不现实的。解决这个矛盾的办法，我认为，采用行业资金利润率作为确定和调整承包合同的客观依据，较为合适。因为，所有带有共性的外部变动因素，其影响最终都将反映到行业资金利税率上来。当受外部因素影响，行业资金利润率与当初确定承包合同时相比，超过一定幅度（上升和下降）时，应适当调高或调低承包增长比例。未超过一定幅度，不予调整。利润率下降的，其增支减收因素由企业通过主观努力来消化、弥补；利润率上升的，其好处也留给企业。实行这个办法，既解决了外部因素变化对承包合同的影响，国家和企业都不吃亏；又可以排除企业主观因素的影响，比较客观、公正；更重要的是，这样一来，就可以把承包经营责任制由一个闭系

统变成一个开系统。它不仅不排斥其他各项改革,而且与其他改革紧密衔接起来了。

其次是要解决企业行为问题。端正企业行为,使之符合宏观经济发展的需要,有待于前述各项改革的基本完成。端正企业行为的重点,一是防止重消费、轻积累的短期行为;二是防止追求利润最大化的盲目投资现象。解决前一个问题,是要严格规定企业留利使用方向和比例,加强财务监督,严格照章缴纳奖金税,以及建立奖励储备金制度,适当征收集体消费税等。对待后一个问题,首先要解决认识问题。从根本上讲,如何使用本企业的留利,是企业的自主权,企业在法律允许的范围内,应当有自由投资的权利,这是改革最终要达到的目的之一。但是,目前还不能允许这样做。

个人收入调节体系欠完备
财税机关应积极修改对策 [①]

（1988 年 4 月 8 日）

所谓个人收入调节体系，指的是以个人所得税为主要杠杆，对社会成员的全部收入（包括劳动所得和非劳动所得），进行有效调节的互相联系、互相制约的一个有机的整体。它应该包括三方面基本内容：一是相互配套、互为补充的税种、税率，如个人所得税和财产税、遗产继承税、赠与税及相应的税率等；二是灵活的税收减免政策和严厉的逃税、漏税处罚规定，如为了鼓励个人积累，对储蓄等免征个人所得税和对利息收入免税等；三是严密的个人收入申报、登记、统计和税收征管、监督、审核系统等。个人收入调节体系保护低收入，限制高收入，有利于体现公平原则。同时，由于这是对个人收入的事后调节，对边际收入没有硬性的"封顶"限制，对社会成员从事各种生产经营活动的积极性并不产生消极影响。相反，还可以限制那些因唾手可得的高收入而产生的惰性和挥霍性消费等不良影响。

我国目前对个人收入的调节，严格地说，还没有形成一个完整的体系，现有的调节手段存在着严重的缺陷。一是覆盖面太小。我国现行的个人收入调节税，起征点太高，月收入在纳税标准 400 元以上的人极少。二是对个人收入的计算不科学。如对较长时间甚至多年劳动一次收益的非经常性收入，目前采取按每次收入额计征所得税的规定，就不尽合理。三是对个体户、私营经济中的个人收入与生产发展资金未作严格区分，既体现不出对积累的鼓励作用，又体现不出对其高消

---

① 本文原载《经济参考》1988 年 4 月 8 日。

费的限制作用。四是对国营企业和集体企业征收奖金税和工资调节税的课税主体是企业而非职工个人，不仅难以达到控制奖金发放的目的，还容易侵蚀企业生产发展资金。五是个人收入的申报、登记、统计和个人所得税的征管工作十分薄弱，偷税、漏税和徇私舞弊现象非常严重。六是税种单一，不配套。财产税、赠与税和遗产继承税等补充、配套税种尚属空白，即使从严征收个人所得税，个人收入和个人财产转移等合法避税的现象也难以避免。

由于存在上述缺陷，我国现行的个人收入调节体系很不完善，基本上形同虚设，没有发挥应有的作用。

根据我国当前的实际情况，今后几年建立和完善个人收入调节体系的主要任务应该是，实行低起点、高累进的个人所得税，尽快设立财产税等配套税种，加强个人收入全面登记和税收征管工作。

首先是实行低起点、高累进的个人所得税，改革现行的个人收入调节税、工资调节税、奖金税等。这主要有四方面内容：一是统一课税主体，取消对企业课税的工资调节税和奖金税，纳税义务人统一为个人；二是降低个人所得税的起征点，使课征面达到80%左右，使绝大部分有收入的公民直接承担纳税的义务，以利于加强公民的纳税意识；三是缩小个人所得税税率的级差，提高税率，使最高税率达到80%以上；四是改变计征办法，经常性收入按月计征，非经常性收入按年计征。

其次是尽快设立财产税、赠与税、遗产继承税、消费税等配套税种。同时，为了防止一些单位为逃避征税，还应考虑对企业的非生产性建设和集体福利征收集体消费税。

第三是建立严密的个人收入申报、登记、审核制度，大力加强税收征管工作，严惩偷税、漏税行为。

做到这一点需要加快金融体制改革和结算手段的现代化，大力推行信用制度。需要建立会计事务所，加强对个体、私营经济的簿记管理，为准确、真实地反映每个社会成员的收入状况提供科学的依据。加强对个人所得税等税收的征管工作，必须首先加强各级税务部门的自身建设，加强对他们的管理与监督。为了使改革后的个人所得税的征管工作有一个好的开端，为今后打下良好的基础，个人所得税、财产税、赠与税、遗产继承税等实行初期，对偷税、漏税行为应当从严惩处，对瞒报、申报不实的个人，罚金应高于正常罚金，情节严重，抗税不缴的，给予刑事处分；对属于税务部门和扣缴义务人工作疏忽漏征的，除依率补征外，应追究造成失误的有关工作人员的责任。属于徇私枉法和挟嫌报复的，应严加惩处；对公民检举他人瞒报收入和税务人员执法犯法的，应按其检举额给予一定比例的奖励，知情不举的，一经查出，也要给以适当的处罚。

建立和完善个人收入调节体系，是一个复杂的系统工程，不仅这项工作本身有大量的事情要做，而且要与其他方面的改革紧密结合起来，不能孤立地进行。特别是要与改革分配制度、调整职工工资结合起来同步进行。降低个人所得税起征点、提高累进率后，必须使绝大多数人税后实际收入不致因此而下降，最好能有所提高。因此，这项改革也不能草率从事，必须充分考虑国家、社会和人民的经济承受能力和心理承受能力等多种因素，十分审慎地进行。但是，这项改革是势在必行的。从我国目前情况来看，在加强宣传和做好各项必要准备工作的基础上，这项改革搞得越早，越主动。久拖不决，只能越来越被动。

浅谈价格"双轨制"下的物资流通与管理 ①

（1989 年 2 月 20 日）

　　物资价格的"双轨制"作为国家的一项重要经济政策，始于改革初期的企业扩权。1981 年，国务院和有关部门明确规定了允许企业自销产品的范围；1984 年，又进一步规定企业自销计划内产量的 2% 和全部超计划生产部分，价格可以在不高于国家计划价格 20% 的幅度内，由企业定价或供需双方协商定价；1985 年，国家放开了计划外物资价格，同时，对计划分配物资的品种、数量和范围也作了大幅度缩减，提高了市场定价产品的范围和比重。几年来，物资价格的"双轨制"在保证国家重点生产建设、稳定经济、调动企业生产积极性和发育市场方面起了积极作用。但也带来了一定的问题，主要是价差过大，出现了倒卖牟利和企业不愿承担计划任务的现象。如何在今后一个时期，搞好"双轨制"下的物资流通，把价格"双轨制"的弊端减少到最低限度，我认为，可按以下方式加强管理。

　　第一种方式是计划分配。几年来，指令性计划虽有较大幅度缩减，但仍占有相当比重，而且都是关系国计民生的重要物资。从重点生产建设需要与国家手中掌握的资源来看，目前，这部分物资不能再少了，需要相对稳定一个时期。现在的问题是，指令性计划执行不好，企业交次留好、拖交欠交的现象比较严重，合同兑现率逐渐降低；分到订不到、订到拿不到、拿到运不到的情况十分普遍；截留、克扣现象也时有发生。因此，需要强调指令性计划的严肃性，管严一点，管狠一点。承担指令性任务的企业，一定要按规定的数量、品种、规格接受

---

① 本文原载《物资管理》1989 年第 2 期。

订货，严格按合同交货，不许以次充好，不准拖交欠交。不能容许企业一面欠交国家合同，一面又大量自销。对企业承担指令性计划所需的燃料、电力、原材料、运输等生产条件，应给以保证。物资部门和企业主管部门不得克扣指令性计划指标和截留计划内物资，各项费用必须严格按规定执行，不得乱收费用。更不准以各种形式把计划物资转到大大小小的"官倒"、"私倒"那里。

第二种方式是国家专营。在物资紧缺的情况下，对一些极短缺的品种实行国家专营，是一个好办法。要从生产企业管起，对专营单位实行统一分配、统一订货、统一价格。不准生产企业自销，不准非专营单位插手经营，用户用不完的或不对路的，只能退给专营单位或由专营单位负责调剂。企业生产专营品种，在价格上应保证比生产一般品种更有利，以利于调动他们的积极性。

第三种方式是组织产需衔接。主要是由主管部门和物资部门从企业自销产品中划出一定数量，把生产企业和重点用户找到一起，组织产需衔接，实行定点定量供应。价格在国家规定的最高限价范围内，由供需双方协商。组织产需衔接，目的是优先保证重点用户需要，改变目前一些重点企业"吃百家饭"、在市场上乱撞、产品质量得不到保证的混乱状况，也可以避免"倒爷"转手加价。

第四种方式是实行最高限价。这主要是根据物资的重要程度和供求情况，有选择地对一些重要的、供求矛盾大的计划外物资，规定最高限价。实行最高限价，关键在于执行要严，全国必须统一，生产、流通、用户、全民、集体、个人都必须坚决贯彻执行，谁都不能例外。如果突破最高限价，对出高价和卖高价的，都要给予严厉处罚。

第五种方式是自由购销，市场定价。一般物资和供求基本平衡的重要物资，原则上都应按此办理，对它们的流向、价格均由市场自动调节，国家不加干预。但是，一定要按照统一的市场规范进行交易，明码标价，公开销售，提高透明度，严格禁止价外交易。

在以上方式中，计划分配和国家专营这两种方式基本属于计划这一轨，既管流向，又管价格。但在管的程度和范围上有所不同。计划分配产品的价格可能死一些，专营产品的价格可能相对活一点。计划分配产品只是同种产品的一部分，专营品种则是全口径的，既包括计划内的，也包括企业计划外销这一块。后两种方式属于市场这一轨。所不同的，一个限价，一个不限价。第三种方式介于市场轨与计划轨之间而基本属于市场轨，是带有指导性的产需衔接的市场管理形式。区分这五种方式，并相应采取一系列管理措施，把该管的坚决管住，能放的尽量放开，做到管得合理，放得有序，这在目前"双轨制"并存的条件下可能是比较适宜的。

在全面深化改革中培育和发展生产资料市场[①]

（1989 年 3 月 5 日）

培育和发展生产资料市场，是社会主义有计划商品经济的客观要求。但是，生产资料市场的发育，需要具备一系列基本的条件，包括总量平衡和结构优化的市场环境，自主经营、自负盈亏的市场主体，灵活的市场价格形成机制，完备、统一的市场规则，独立、公正的市场管理和市场监督体系，以及重合同、守信用的社会契约观念等。由于我国商品经济很不发达，企业产权关系不清、政企不分、条块分割等历史性和体制性的原因，这些基本条件尚未具备，严重制约着生产资料市场的发展。

当前影响生产资料市场发展的困难和制约因素，决定了我国生产资料市场的性质：它还不是真正意义上的生产资料市场，而是一个先天不足、后天失调的尚处于低级阶段的“市场”或“准市场”。只有克服这些困难，全面深化改革，社会主义生产资料市场才能最终建立起来。同时，解决这些困难和克服这些制约因素的难度，决定了我国生产资料市场的两个突出特点：一个是市场的培育和发展只能是渐进性的，不可能一蹴而就；另一个是市场的性质必须是国家调控下的有组织有领导的市场。初期国家调控的范围必须大一些，力度强一些，行政手段用得多一些。以后，随着改革的深化和经济的发展，再逐步放开。因此，我国生产资料市场的建设只能与全面深化改革配套、同步进行，既不允许滞后，也不可能超前，不可能孤军深入。根据我国经

① 本文原载《中国物资流通》1989 年第 3 期。

济体制改革的目标要求和总进程，我国生产资料市场的培育和发展，要从重要生产资料的价格双轨制短时期内不可能也不应该取消的实际情况出发，创造条件，逐步实现双轨制向单轨制转变。整个转变过程可以按照三个大的战略发展阶段来考虑设计近期有限目标、中期适度目标、长期远景目标，并据以制定各个阶段的政策和策略。

第一阶段，近期的有限目标主要是消胀治乱，强化管理，双轨并行，各行其轨。要坚决贯彻党的十三届三中全会确定的方针，治理经济环境，整顿经济秩序，创造发育生产资料市场的基本经济环境。在治理整顿过程中，要强化管理，在还不可能从机制上解决问题的情况下，必要的行政干预不能取消，在某些方面还需要强化。这一时期要达到的具体目标和需要采取的措施，包括以下几点：（1）坚决压缩社会总需求，包括压缩过大的固定资产投资规模、降低过快的加工工业增长速度和控制过分膨胀的消费需求，缓和生产资料的供需矛盾。（2）抑制通货膨胀，控制货币发行，紧缩财政开支，力争不打赤字预算，并尽可能把流通中超量的货币收回一部分。（3）整顿流通秩序，强化物资管理。主要是制止以权经商，切断权力与市场的不规则联系；制止非法竞争和过度投机活动，提高市场交易的透明度，制定包括《公平竞争法》、《反垄断法》等法规在内的市场基本法规，清理各地自定的与全国统一市场相抵触的政策规定；加强重要物资的宏观管理和宏观调控，在双轨并行的情况下，严格各行其轨。（4）加强市场执法系统和市场监督系统的组织建设和思想、作风建设。（5）利用经济和行政手段，调整产业结构，促进生产要素合理流动，增加短线产品的供给能力。（6）增强物资部门的市场调控能力，建立重要生产资料调控基金，由物资部门委托一两个公司对短期内（譬如两三年）供求变化比较大的重要生产资料进行吞吐调节，其损益单独列账，由国家负责。

这一阶段的主要任务是通过压缩需求改善供求关系，稳定价格，消除混乱现象，还不可能从体制上建立供需制衡机制，因而还不可能从根本上解决问题。这一阶段的目的能否达到，很大程度上取于大环境的治理。考虑到这次社会需求膨胀的原因与过去有所不同，主要不是投资需求而是由于消费需求膨胀引起的，压缩消费需求不像压缩投资需求那样可以依靠行政手段来实现；通货膨胀上去容易下来难，而且矛盾还未充分暴露，三年两载难以治愈。看来，完成这一阶段的任务，两年时间是很紧的，也很有可能出现反复，需要做较长一点时间的思想准备，我认为至少需要5年左右的时间。

第二阶段，中期的适度目标是全面改革，配套进行，缩小轨距，逐步并轨。这一阶段需要着重从体制上解决问题，其具体目标和措施是：（1）通过规范承包经营责任制、股份制、产权明晰化、租赁制等改革，基本确立企业包括物资流通企业相对独立的商品生产者和经营者的市场主体地位，政府从直接的市场活动中退出来，大部分全民所有制单位的经营活动，主要由已经基本实现两权分离的企业自主进行，政府的直接参与干预要大大减少。（2）生产要素包括固定资产、劳动力、技术等的商品化、市场化要有较大的进展，基本消除生产要素市场流动的主要障碍，通过市场流动的生产要素要占有一定的比重。（3）生产资料市场规则进一步完善，交易活动基本做到公开化、货币化、规范化。（4）生产资料市场体系基本形成，现货市场和期货市场都有较大发展，建立功能比较齐全、设施手段现代化的市场网络和信息网络。（5）生产资料价格双轨制的轨距大大缩小，在第一阶段双轨并行的生产资料要有相当一部分转为市场单轨运行，指令性计划的范围和比重进一步缩小，第一阶段同种产品的价格双轨制大部分将被新的双轨制即不同产品的双轨制所代替（即同一种产品或是全部实行国家定价或是全部由市场定价）。（6）国家调控市场的能力进一步增强，在充分竞争的基础上将形成若干全国性和地区性的支柱流通企业。

这一阶段全面深化改革的任务相当繁重，经济体制各主要方面的改革要在这一阶段取得实质性的进展，生产资料市场的"硬件和软件"工程将在各方面配套改革的基础上基本完成。即使进展顺利，实现这一阶段的目标可能也需要10年以上的时间。

第三阶段，长期的远景目标是我国经济体制改革的目标模式，即国家调节市场，市场引导企业。在这个阶段，企业制度的改革将基本完成，企业将成为独立自主、自负盈亏的商品生产者和商品经营者，成为充满生机和活力的社会主义商品经济的市场主体。国家对企业的管理将由直接管理转变为间接管理。包括消费品市场、生产资料市场、劳动力市场、技术市场、信息市场、房地产市场、金融市场、固定资产转让和拍卖市场在内的社会主义市场体系，进一步确立并有机地联系在一起。在这个阶段，生产资料市场发育臻于成熟、完善：（1）生产资料的价格形成机制将完成由国家定价向市场定价的转变，指令性计划将被国家合同订货所代替，一部分保留双轨制和继续由国家定价的重要生产资料，其定价原则将发生质的转变，将在市场价格的基础上制定，国家定价只是作为稳定价格的手段来使用。（2）生产资料市场的地区壁垒将被拆除，条块分割将被统一市场所取代。（3）生产资料交易合同化、规范化、票据化、公开化，以物易物、大宗生意的现金交易大大减少。（4）产品质量、服务、信誉和适度的价格竞争取代各种不正当竞争。（5）物流合理化、服务多样化、配送制等将成为物资流通的普遍形式。（6）有发达的市场网络和信息网络，可以为买卖双方提供极大便利。（7）按照统一市场规则公正执法和有效监督成为生产资料市场的重要功能，政府对市场交易活动的直接监控为市场机制自身的功能所代替。（8）社会分工高度发展，生产与流通，批发业务与零售业务按照经济、合理的原则进一步分离，生产资料市场专业化充分发展。（9）形成重合同、守信用的社会契约观念，商业欺诈行为大大减少。

略论生产资料最高限价 ①

（1989 年 3 月 17 日）

为了加强重要生产资料价格管理，稳定市场，稳定物价，1988 年初以来，国家对计划外重要生产资料实行了全国统一最高限价。从一年来的实践看，效果不太理想，没有达到预期目的，基本上是不成功的。不仅供给方面的企业不欢迎，不少需求单位也认为有名无实，不如干脆取消。理论界不赞成限价，主张放开的更多。最高限价还搞不搞？怎样才能搞好？这个问题，不仅关系到最高限价的存废，更重要的，还关系到双轨制下市场物价的管理，既是个理论问题，也是个实践问题，确实需要认真研究。

一、最高限价的由来

通常认为，最高限价始于 1988 年 1 月 11 日国务院发布的《计划外生产资料全国统一最高限价暂行办法》。实际上，最高限价可以追溯到 1985 年初放开工业生产资料超产自销产品价格之前。可以这样说，从国家明确规定允许企业超产产品自销开始，就相应采取了最高限价措施，即一般不得高于国家定价 20%。如 1984 年 5 月，国务院在《关于进一步扩大国营企业自主权的暂行规定》中确定，工业生产资料属于企业自销（计划产量的 2%）和超计划生产部分，可以在不高于或低于国家计划价格 20% 的幅度内实行企业定价或供需双方协商定价。再早一些，1983 年 7 月，国务院决定，中小企业执行国家定价

---

① 本文原载《中国工业经济研究》1989 年第 2 期。

有困难的，可在不超过国家定价 20％的幅度内制定临时出厂价。更早一些，在 1981 年 6 月，国家物价局对各省市区制定的重要短缺物资的临时价，也作了不超过国家统一定价 20％的规定。这些规定，实际上是对计划外重要生产资料的最高限价。但是，当时市场上还存在另一种价格，即不受上述规定约束的市场价格。这部分生产资料来路比较复杂，去向也不明，交易的透明度极低，几近于黑市，国家对它们的交易活动和价格实际上管不住，加上流通秩序混乱，企业计划外自销产品与市场价格之间的价差成为一些单位和个人争相追逐的目标。

市场物资的这种价格双轨制带来两个问题：一方面，企业自销生产资料进入流通时的初始价格不高，但退出流通时的最终价格并不低，用户没少付，但国家和生产企业并没得到多少好处，绝大部分在流通领域渗漏了，肥了个人，肥了小集体；另一方面，由于原材料、能源、运输等涨价，自销产品不得高于国家定价 20％的规定对企业好处不大，仍然限制企业增产的积极性，企业要求突破最高限价的呼声很高。改变这种状况，出路只能是变市场物资的价格双轨制为单轨制，但如何双轨合一，可以有两种选择：一种选择是扩大限价范围，同一种生产资料在同一时间、同一市场上实行同一价格，一视同仁，严格管理，同时对限价办法和限价幅度进行适当修订和调整。另一种选择是放开企业自销产品价格，由市场定价。在当时的条件下，我们选择了后者。1985 年 1 月，国家物价局和国家物资局联合发出《关于放开工业生产资料超产自销产品价格的通知》，取消了企业自销工业生产资料的价格限制。

计划外生产资料价格放开以后，由于过去长期压抑的价格向价值靠拢甚至反高于价值，同时由于经济过热、社会需求过大的拉动，从 1985 年初到 1985 第三季度经济超高速增长的这段时间内，市场价格大幅度上升。在此之后，从 1985 年第四季度开始，国家采取的一系列宏观措施陆续生效，供求矛盾有所缓和，计划外生产资料价格一度比较平稳，有些品种如钢材价格稳中有降。但是，由于长期存在的需求膨胀未得到根治，受经济再度过热和进口物资减少等影响，供求矛盾加剧，流通秩序混乱的局面日益严重，经济生活中开始出现的通货膨胀与流通中的投机倒卖活动互相推动，互相助长，生产资料乱涨价、乱加价，使企业不堪其苦。为了保护正常的生产、流通，经过较长时间酝酿，1988年初，国家决定对计划外生产资料实行最高限价。

二、最高限价不成功的原因

实行最高限价，意在控制生产资料价格上涨，保护正常生产和流通。但实际结果却大出意料，价格不但没有限住，反而扶摇直上；正常生产和流通不仅没得到保证，市场秩序混乱状况反而进一步加剧，各种对策五花八门，正常生产和流通大受影响，给各种大大小小的"倒爷"以可乘之机。最高限价之所以名存实亡，事与愿违，究其原因，既有限价办法本身的缺陷，也有贯彻执行中的问题。同时，与宏观经济环境也不无关系。

从限价办法本身来看，主要是不切合实际，存在着低、粗、死、不同步和比价不合理的问题。一是低。大部分限价品种的最高限价大大低于当时的市场价，有的还低于生产成本。二是粗。没有合理的质量差价。三是死。最高限价确定之后，没有根据市场供求变化和相关产品市场价格的变动情况适时进行调整，使最高限价脱离实际的情况越来越严重。四是不同步，比价不合理。限价产品大都是中间产品，它们相对于加工工业是原材料，相对于采掘工业和电力、运输等基础设施又是成品，而限价办法只限中间，不限两头，对限价产品的上游产品价格没有相应的约束措施，给生产限价产品的企业留下一大堆无法消化的增支减收因素，影响了它们的积极性。同时，由于系列产品中有的品种限价，有的没限，限价品种与不限价品种的比价差距很大，企业转而生产不限价品种。因此，最高限价影响了企业的积极性，对产品结构起了逆向调节的作用，进一步加剧了供求矛盾。

执行方面的问题更大。作为强制性的价格管理措施，最高限价的有效性就在于它的严肃性和强制性，包括所有国营、集体、私营和个体经济在内的一切生产、流通和用户单位，都必须严格遵守全国统一最高限价的规定，任何人都不得违反。否则，有的执行，有的不执行，最高限价的长堤就要崩溃，不仅流于形式，起不到积极作用，甚至它的反作用要比没有最高限价更为严重。由于最高限价脱离实际，查处力量不足，手段落后和局部利益作怪，各有关方面对大量违反最高限价的行为眼睁眼闭，默认默许，有的甚至包庇纵容，最高限价形同虚设，限住了守法户，便宜了大小"倒爷"，最高限价反而成为那些"手段"灵活的"倒爷"与正常生产流通企业进行不平等竞争的有力武器，两票交易（发票加现金）、多付款少发货等各种对策无奇不有，而规规矩矩按最高限价办事的，却组织不到货源。实践证明，计划外生产资料在实际上存在两个市场（受国家管制的市场和不受国家管制的自由市场）、两种价格（限价和市价）的情况下，最高限价是注定行不通的。

这次最高限价出师不利与宏观经济环境关系也很大。一是供求矛盾十分尖锐。1988 年头十个月，经济超高速增长，固定资产投资规模过大，进口资源锐减和国内资源盲目出口，加上三中全会之前几个月中，普遍对于价格改革的恐慌心理，纷纷抢购和囤积原材料，"官倒"、"私倒"推波助澜，多种因素交互作用，使钢材、有色金属等重要生产资料出现了近年来少有的紧张局面，市场价格如脱缰野马，难以抑制。二是政策不统一。各地为争货源、争市场，从各自利益出发，竞相放宽政策，"政策"、"手段"竞争日甚一日。这些"政策"、"手段"虽然有利于搞活地区经济，但不利全国统一市场形成，不利社会主义正当竞争，造成老实人吃亏，谁不执行最高限价谁占便宜、得实惠的反常局面。三是国际市场初级产品价格上扬，带动国内物价上升。近几年，我国外贸依存率上升，进出口总额占国民生产总值的比重不断提高，国际市场价格波动对国内市场的影响越来越大。1988 年，国际市场初级产品价格上涨，从进口价格提高、数量减少和出口增加三个方面带动了国内紧缺生产资料的价格上升。这对最高限价未能奏效也是一个不可忽视的因素。

三、实行最高限价的客观必要性

最高限价还要不要坚持，首先必须解决认识问题。许多同志不赞成限价，一个重要理由是限价不利于发挥价格杠杆对于优化资源配置的调节作用，影响生产要素的合理流动，只能是越限越少。认为只有放开价格，才是唯一出路。撇开最高限价如何完善不讲，这里所涉及的，实际上是对价格在我国现行体制下作用的认识问题。不解决这个问题，对于限价的认识是不可能统一的。

关于价格改革，我觉得一直存在着一种过高估计价格、市场作用和过分期待价格改革能够给我国带来奇迹的思想，把解决诸多经济问题的希望过分寄托在没有多少把握和短期内并不具备条件的价格改革上。这种认识，或多或少地影响了一些紧迫问题的解决，影响了双轨制下市场价格的调控与管理，似乎只有放开才能解决问题，价格放不开，就难以有所作为。从改革的长远目标看，这也许不错，但与我国现在情况却相去甚远。我认为，在我国现行的投资体制、财税体制、财产制度、企业制度、劳动就业制度和利益格局以及政治体制下，"看不见的脚"踩住了"看不见的手"，价格信号的灵敏度、真实性、作用方向和作用力大打折扣，市场对于资源的配置作用十分有限，不可与典型商品经济下价格、市场的作用相提并论。物质商品的市场化不可能脱离金融商品、劳动力商品和固定资产的商品化、市场化而孤立发展。以为放开生产资料价格，通过价格的自发涨落，就可以自动调节生产和需求，就可以实现产业结构、产品结构和消费结构的合理化，这种想法，显然过于理想化了。

在我国现行体制下，价格对于重要生产资料的调节作用受到很大限制。首先，从需求这头看，对投资需求和生产需求的控制都不大可能通过生产资料价格的涨落来解决。对于大多数企业来说，对付涨价的办法无非是两条：一条是通过产品提价转嫁负担，有的甚至趁水下面，浑水摸鱼，产出品涨价幅度还高于投入品涨价幅度；另一条是向上级和财政部门讨价还价，要求减税让利或增加补贴，降低承包基数，真正通过降低消耗、提高质量、提高劳动生产率自行消化的，比重很小。涨价的承受者最终要落到国家和消费者身上。再从供给这头看，生产资料涨价，企业真正得到的好处并不多，即使企业得到一部分好处，由于种种原因，真正能够用到扩大再生产上的也很少。可见，价格对于资产增量的调节作用十分有限，对资产存量的调节更是力不从心。此外，重要生产资料本身固有的生产特点和垄断性，也决定了价格放开的复杂性。与消费资料和一般生产资料不同，重要生产资料所需要的投资大、建设周期长、生产和技术水平要求高，同时还受到自然资源和许多相关生产条件的约束，其他企业难以进入，生产能力短期内难以增加。过去许多同志信奉的"一放就涨，一涨就多，一多就稳，一稳就降"的"价改效应"在生产资料中一直没有出现，原因就在这里。在这种情况下，放开重要生产资料，势必引起价格猛涨和推动物价轮番上涨。因此，重要生产资料价格双轨制短期内还不可能也不应该取消。同时，对市场轨的重要生产资料价格和配置方式也必须进行必要的指导和管理。

今后一个时期，重要生产资料的流通，可以设想按照以下 5 个层次从配置方式和价格两个方面加以组织和管理：一是对计划物资按计划分配办法严格管理，管严一点，管狠一点，不准生产企业和物资部门拿去卖高价，更不准以各种形式流到各种"官倒"、"私倒"手上。二是对极短缺生产资料实行国家专营，从生产企业管起，产品由国家统一分配、统一订货、统一价格，不准生产企业自销和非专营单位经营，价格按利润率高于生产成本的原则确定。三是对部分计划外重要生产资料实行定点定量供应，以优先保证重点用户需要。价格在国家规定的最高限价范围内由供需双方商定。四是有选择地对一些重要生产资料的市场价格规定最高限价或最低限价，在不超过最高限价或最低限价的范围内自由购销。如果突破最高限价或最低限价，对买卖双方都要给予严厉处罚。五是对一般生产资料和供求平衡的重要生产资料实行自由购销，市场定价，但要按照统一的市场规范进行交易，严格禁止价外交易等不正当竞争。作为国家调节市场的一项重要措施，应该说，最高限价在理论上是站得住脚的。

再从我国当前的实际情况看，对计划外重要生产资料实行最高限价更有其必要性和迫切性。目前，我国重要生产资料供需严重不平衡，若干年内也难望根本缓和，市场秩序十分混乱，通货膨胀比较严重，物价上涨与投机活动互相助长。如果对重要生产资料价格不加以节制，正常生产和流通难以保证，反过来又会进一步影响有效供给的增加。在这种险峻、复杂的形势下，为了保证社会再生产的顺利进行，整治流通秩序，实行最高限价尤为必要。正因为如此，难度也就更大。这种做法，不独我国，一些资本主义国家在非常时期也采用过。如日本政府在1977年针对物价上涨而引起的抢购、囤积现象制定了有关法律，指定24种商品为特定物资，强制囤积者按规定价格出售存货。另外，对其他4种商品规定了标准价格。此举对保持日本国内物价和国民经济的基本稳定，发挥了重要作用。即使在平时，许多国家也采取最高限价或最低限价，对市场价格加以指导和管理。因此，无论从理论上还是从实际情况上来看，对计划外重要生产资料实行最高限价，都是有利于稳定市场、稳定经济的，是保护正常生产和流通的一项重要措施，必须继续坚持，并在实践中不断加以改进和完善。不能简单以"走回头路"、"重新管死"而匆匆忙忙地加以否定，也不能因噎废食，因这次最高限价不成功而弃之不用。

这里，也顺便说一下最低限价。与最高限价相联系，最低限价也是国家调控市场、对市场价格加以引导的重要手段。在西方国家，最低限价主要是用来保护中小企业利益，防止大企业以低价为手段垄断市场、垄断价格。当前，这不是我国经济中的主要矛盾，从这个意义上讲，可以不采取最低限价。但是，我国目前存在另外两种情况：一种是一些企业以其税率低、免税和"手段"灵活的"优势"，低价推销劣质产品；一些地区也从自己的局部利益出发，采取减税让利、封锁原料和市场等方式，扶植一些地方小厂与消耗低、产品质量好的国营大企业竞争。这些小厂的产品虽然严重浪费资源，但因价格较低，大企业难以与之竞争。另一种情况是不少企业利用市场价与计划调拨价的价差，用平价产品串换生活物资，分给职工，钻价格双轨制的空子，逃避征税。避免上述两种情况，除进行行政干预外，还应该考虑对长线加工产品和企业用于串换生活物资、拉关系的自销紧俏产品规定最低限价。

四、最高限价的实施原则及实施要点

最高限价不应该是对价值规律的否定，而是在充分肯定价值规律基础上对价格运动方式的引导。是尊重价值规律，还是违背价值规律，这是确定最高限价的关键之点。

有人可能会这样提出问题，要尊重价值规律，就不能限价；要限价，就必然违背价值规律。能不能在尊重价值规律的前提下实行最高限价，我认为不仅是完全应该的，也是完全可能的。关键是要搞清楚最高限价不是限生产，也不是限正常流通，而是限制投机倒卖活动。基于这样的认识，最高限价大体可以确定以下一些原则：

第一，最高出厂限价不能太低。制定最高出厂限价的原则，要有利于保护生产，促进生产，保证企业生产限价品种的利润率高于非限价品种。

第二，最高销售限价不能太高。限价的目的在于限制流通中的暴利，防止多次转手倒卖和加重用户负担。因此，最高销售限价应该在正常流通费用加适当利润的基础上制定，以达到既能保护正常流通又能制止多次转手倒卖的目的。

第三，限价的范围要适当。限价范围不能太宽，也不宜过窄。太宽，不利于搞活流通；过窄，又往往限不住，达不到限价的目的。因此，限价范围一定要考虑纵向和横向两个方面合理确定。纵向要考虑限价产品的上游产品，如原材料、电力、运输等；横向要考虑相近产品和替代产品，对它们的价格，也要限价或采取其他措施。否则，就要根据这些生产条件和相关产品的价格变动情况，相应调整限价产品的最高限价。

第四，要有合理的质量差价和规格差价。

第五，最高限价确定之后，既要相对稳定，又要根据供求变化和相关产品市场价格变动情况适时予以调整。

在实施最高限价的过程中，我们至少应把握住以下几个方面：

首先，要进一步改进和完善限价办法。限价办法必须严密、科学、切合实际。要按照前述各项原则，在对产品成本、利润、流通费用进行认真测算和市场调查的基础上，合理确定限价产品范围、最高出厂限价、最高销售限价和质量差价，并根据实际执行情况和市场变化不断予以修正和调整。

其次，要严格执行限价规定，一视同仁，严厉惩罚和打击违反最高限价的行为。凡国家规定最高限价的产品，原已下放地方定价和临时作价的规定应随全国统一最高限价的颁布而自动中止，各地包括沿海开放地区和经济特区不得以任何借口拒不执行最高限价；各级物价管理机构和工商行政管理机构必须从全局利益出发，排除干扰，严于执法，对于违反最高限价和价外交易、弄虚作假的违法乱纪行为必须严加惩处，绝不能手软。

第三，坚决压缩社会需求，努力增加和改善供给，缓和供求矛盾。压缩社会需求包括：（1）压缩固定资产投资规模；（2）压缩过长的加工工业战线，特别是消耗高、质量差的加工企业；（3）限制紧缺生产资料的不合理消费，对铜火锅、铝门窗、不锈钢厨房设备等资源使用方向不合理的产品，要严格限产禁产、限用禁用，把紧缺原材料用于最佳用途，缓和资源供求矛盾；（4）鼓励节约代用、综合利用和回收再利用。同时，大力鼓励限价产品增加生产（首先是限价办法要合理），要在电力、原材料、运输等生产条件方面优先满足它们的需要。

第四，加强关税调节，适当控制出口，鼓励进口。对国内实行最高限价的紧缺原材料及其附加价值不高的初加工产品，要适当提高出口关税，以控制计划外出口；适当降低进口关税，以鼓励地方和企业进口。通过进出口调节，以增加或不减少国内资源，缓和或不加剧国内供需矛盾。

第五，采取反通货膨胀措施，打击抢购和囤积活动。一方面，要积极治理通货膨胀，改变企业对生产资料价格上涨的心理预期。另一方面，在通货膨胀短期难以治愈的情况下，要加强市场管理，采取反囤积措施，制止和打击抢购和囤积现象。包括核定企业物资库存、强令囤积者低价出售囤积物资等，稳定重要生产资料最高限价。

略论短缺经济下的生产资料市场 ①

（1989 年 4 月 20 日）

建立生产资料市场，是发展社会主义有计划商品经济的必然要求。当前，如何对待和克服短缺现象，是推进我国生产资料市场化的难题。

一、当前短缺现象的成因和特征

短缺既是个绝对的概念，也是个相对的概念。绝对短缺是从使用价值来说的，是实物量供需之间的不平衡。但短缺在更多的情况下则是一个相对的概念，是针对价值形态而言的，是商品价格总水平与货币流通量之间的不平衡。

短缺只是经济生活中的一种表面现象，深层原因在于体制、制度和政策。当前，我国出现的社会总供给相对于社会总需求严重短缺的现象，既有过去反复出现的传统成因和特征，又有一些新的情况，从而给克服短缺增加了新的困难。一是过去出现的严重短缺，大都是由于投资饥饿造成的，解决起来比较容易。而这次严重短缺是投资、消费双膨胀引起的，而且主要出在消费需求膨胀上。由于消费刚性的影响，消费基金基本上是一个不可调的参数，解决起来困难很大。二是权力与利益格局发生了重大变化。过去中央高度集权，地方、部门、企业利益很少、压缩需求容易见效。放权让利后，调整工作受到各种形式的抵制，压缩需求难度大。三是新旧体制交替使得旧体制行政约束大为减弱，而新体制的自动约束机制又未形成，而新旧体制所固有

---

① 本文原载《物资管理》1989 年第 4 期。

的投资冲动和消费饥渴却同时并发。这种体制改革造成的真空给解决短缺带来了很大的困难。四是过去出现的短缺，货币超发量有限，价格控制很死，可以靠推迟消费、隐性通货膨胀维持经济稳定和社会安定，这在目前已不可能做到。显性通货膨胀随时可能诱发挤兑和抢购风潮，造成经济震荡和社会动乱。

对当前我国经济严重短缺的成因和特征，我们必须有清醒的认识，对解决问题的难度也必须有充分的估计。而且，当前矛盾还未充分暴露，更困难、更复杂的局面可能还在后头。前几年，消费基金增长过快，人民生活水平的提高超过了国民经济有效增长的幅度，除了主要依靠经济的正常发展外，还靠了过去几十年高积累发挥的潜能和消费超支。现在，潜力将尽，而且能源、交通运输和原材料工业需要增加投入，几年来特别是去年超发货币影响经济和物价的时滞已过，内外债还债高峰日近。今后几年，经济生活中确实存在不少险象。

总量平衡难度大，结构平衡难度更大。由于我国城乡居民的收入和消费水平比较平均，消费资料商品化、货币化的程度很低，加上集团消费和相互攀比等因素的影响，消费需求呈现排浪式、爆发式的特征。热浪冲来时，生产能力再大，进口再多，也难以满足。如果勉强去满足这种需求，一旦热浪消退，就会使大量生产能力闲置。如此循环往复，将会造成社会生产力的巨大浪费。

二、发展生产资料市场的前提与重点

发展生产资料市场，需要许多前提条件。从我国目前情况看，突出的是两大前提，一是改善市场环境，一是重新构造市场主体。

社会主义国家发展市场，不可能在供大于求的环境下起步，也并不等于不可以在严重短缺的情况下搞市场；传统体制和新旧交替的混合体制不可能从根本上消除短缺现象，但并不等于对需求不能抑制、引导，在短缺面前束手无策。因此，国家要在现有体制和制度的容量内，通过宏观经济政策，综合运用计划、财政、税收、信贷、投资、进出口和行政干预等手段，加强需求管理和供给调节，努力缓和供需矛盾，改善市场环境，力争现实供需总量的大体平衡，为市场发育尽可能创造比较宽松的前提条件。目前正在进行的治理整顿，就是为了达到这个目的。

市场发育的另一个重要前提，是重新构造市场主体，使企业具备自主经营、自负盈亏的功能，这是市场运行的微观基础。如果市场主体对市场信号不能作出积极反应，即使供求平衡甚或供过于求，市场机制的积极作用还是不可能得到发挥。所不同的，只不过是把短缺物资购销中的混乱现象转移到长线产品推销上。前几年，我国部分产品出现的买方市场，正是这样。

市场环境与市场主体两相比较，前者的作用体现在市场价格上，解决的是防止价格结构性暴涨和价格总水平上升问题。后者的作用体现在结构调整上，解决的是优胜劣汰及产业结构、产品结构和企业结构的合理化问题。相比较而言，市场主体的重新构造更为重要，是市场发育的根本条件。但就目前我国的现实情况来说，由于市场环境的矛盾特别突出，治理整顿的任务特别紧迫，因而成为市场发育的主要矛盾。但是，随着市场环境的逐步改善，主要矛盾将换位到市场主体上来。因此，深化企业改革，完善包括破产、兼并、淘汰机制在内的企业经营机制，是培育市场、增加供给、根治短缺的成功之本。

这里，需要强调的是评价市场的标准，在于能否通过市场有效地配置资源，促使企业节约社会劳动，自动调整产业结构，而不在于价格是否稳定。在结构调整时期，不允许价格波动，实际上是不允许市场机制发挥作用。问题在于，企业必须具备市场主体的功能。如果企业对市场信号能够作出正确反应．结构能够得到调整，价格的结构性上升就是一种正常现象，就能走上良性循环。如果不是这样，结构得不到调整，价格又上去了，就会出现恶性循环。当然，市场对于产业结构的调整是有限的，且带有很大的盲目性。特别是产业结构的大调整，不宜由市场自发进行，这个任务更多地要靠包括产业政策在内的宏观经济政策来完成。但是，市场可以通过社会必要劳动时间这把尺子，衡量一切经济活动，促使企业降低生产成本，提高产品质量，促进科技进步，使企业结构、产业结构处于不断的微调之中。

由此可见，培育生产资料市场，当前的主要矛盾是供求严重不平衡。宏观经济政策的重点是加强需求调节，改善市场环境。但要从根本上解决问题，还必须通过深化改革，构造市场运行的微观基础，培育自主经营、自负盈亏的市场主体。市场环境的彻底改善和市场主体的加快构造是与市场的发育有机地结合在一起的，它们互为条件，共同寓于改革的发展过程中，舍一，生产资料市场都是不可能最终建成的。

三、我国生产资料市场的性质和国家调控的重点

我国以公有制企业为主的不完全市场主体、按劳分配为主收入比较平均的平台型消费结构、求过于供的短缺市场环境，以及商品经济不发达等特殊的国情，决定了我国生产资料市场的性质必须是国家调控下的市场。这个市场有以下几个明显的特点：

一是市场结构的层次性。根据不同生产资料的供求情况、重要程度和市场发育的不同阶段，市场的开放度和资源配置、价格形成的自由度是不同的。供略大于求或供求基本平衡的，可以全部放开，自由购销，自由定价；供求严重不平衡的，只能部分放开或全部由国家垄断经营，国家对这些资源的配置和价格要实行不同程度的指导和控制。

二是市场发育的渐进性和阶段性。我国生产资料市场的发育是一个与整个经济改革和经济建设协调发展的渐进过程，既不可能超前，也不允许滞后。市场的发育是与企业制度的改革及金融、劳动力、技术、产权等要素市场的发育紧密结合在一起的。根据各方面配套改革的进展情况，生产资料市场将呈现若干既相联系又相区别的阶段，各阶段国家调控的方式、范围和力度都有所不同。市场发育初期，国家调控的范围要大一些，力度强一些，直接调控手段用的多一些。随着市场的不断发育，逐步有所改变。

三是市场运行的有计划性。我国生产资料市场的运行要始终处于国家宏观经济政策的指导之下。国家需要综合运用计划、财政、信贷、税收、产业政策、进出口管理、市场管理与市场监督等经济、法律、

行政手段，对市场参数、市场主体、市场活动等进行宏观调控，使市场能够沿着宏观经济要求的方向运行，不能盲目、自发地运行。特别是市场发育初期，指令性、指导性计划是市场运行的重要依据和国家调控市场的重要手段。

四是市场机制作用的局限性。所有制结构和消费结构、产业结构决定了市场机制的作用在我国不可能也不应该与资本主义国家相同。特别是大规模产业结构调整，不能指望市场自发完成；也不能听任排浪式消费不受任何指导和约束地影响生产资料市场。

我国生产资料市场还有一个很重要的特征，就是地区封锁造成的市场分割与有计划商品经济要求建立全国统一市场的矛盾。由于各级政府身兼所有者、管理者、经营者三种职能，政企不分，财政包干、外贸包干、行业承包等政策强化了地区、部门利益，地区封锁、条块分割与商品经济的内在要求发生尖锐冲突。这个矛盾短时期内还难以解决。但是，不解决这个矛盾，市场不可能健康地发育。

根据上述我国生产资料市场的性质和特征，近期国家调控和培育市场的主要任务，应围绕消胀治乱、强化管理，整治和巩固已放开的市场，并随着环境的改善不失时机地进一步放开供需平衡的产品，扩大生产资料市场，重点做好以下几方面工作：

改善市场环境。要搞好需求和供给双向调节，近两年以需求调节为主，后几年以供给调节为主。重点是压缩投资需求，降低加工工业增长速度，控制消费基金过快增长，制定限制紧缺物资消费政策，减少货币发行和财政赤字，调整产业结构，增加有效供给和加强进出口管理等，缓和供需矛盾，创造较为宽松的市场环境。

优化资源配置。主要是严肃指令性计划，改进计划分配办法；组织计划外物资定点定量不定价的产需衔接（采取相应的吸引和约束措施），对极短缺物资实行专营等，扶优限劣，保证重点。

加强价格管理。根据不同情况，调、放、控、管相结合，管好生产资料价格。对部分重要生产资料继续实行"双轨制"，合理调整计划内价格，缩小轨距，控制短缺产品的市场价格，实行最高限价和最低限价，放开供需平衡产品价格，规定流通环节收费标准，加强管理，制止擅自加价加费现象。

加强市场制度建设和市场组织建设。市场制度建设方面，主要是清理经营单位，审查经营资格；制定和完善市场规则；公开交易，明码标价，提高交易透明度；保护正当竞争，制止非法交易活动。市场组织建设方面，主要是发挥物资企业主渠道作用，培育竞争性的大型流通企业。加强市场网络、信息网络和物流设施建设。

培育市场主体。关键是深化企业改革，政企分开，两权分离，完善承包制、租赁制，试行股份制，责权利真正统一，建立兼并、淘汰机制，使企业逐步具备自主经营、自负盈亏的功能。

强化宏观调控。主要是强化中央调控能力，弱化地方和部门对市场的直接干预，拆除行政壁垒，逐步打破地区封锁，建立统一市场。

生产资料价格双轨制面临的选择与对策 [①]

（1989 年 10 月 25 日）

生产资料价格双轨制不仅是个理论问题，更是个实践问题。当前，大家说得比较多的是如何尽快取消它。但是，能不能取消，取消不了又应该怎么办，这方面似乎说得不够。本文想主要就此谈几点不成熟的意见。

一、生产资料价格双轨制的客观必然性

生产资料价格双轨制利弊互见，其利也大，其弊也显。它所造成的混乱越来越严重地困扰着我们，使我们伤透了脑筋，大家指责它，诅咒它，是可以理解的。但是，为什么要实行双轨制，有没有别的选择，能不能取消，则需要进行冷静的思考，不可感情用事。搞清楚这一点，是讨论问题和确定对策的基本出发点和前提条件，否则，不可能得出正确的结论。

生产资料价格双轨制，并不仅仅是价格的双轨制，也是资源配置方式的双轨制。价格的双轨制是由资源配置方式的双轨制所决定的，而资源配置方式又是由资源配置效益所决定的。我国之所以同时选择计划配置资源和市场配置资源这两种方式，并不取决于我们的主观愿望，而取决于我国的企业制度和市场发育程度。因为，市场机制作用的充分发挥要以自由企业制度（自主经营、自负盈亏）和比较完善的市场环境为前提。我国目前不具备这两个条件。在市场不可能给出正

---

① 本文原载《成本与价格资料》1989 年第 20 期。

确的信号和企业对市场信号不可能做出正确反应的情况下，市场配置资源的效果不可能是最佳的，并常常发生逆向调节的现象，使产业结构更趋恶化，社会经济效益下降。显然，全部放开，由市场自发调节是不行的。另一方面，我国的企业制度又需要改革，事实上也正处在经常不断的改革之中，几年来已扩大了企业不少自主权利，企业开始搞活以后，需要市场，而且企业也只有借助市场这个舞台，才能逐步完成由行政机关附属物向相对独立的商品生产者和经营者的转变。更何况还有大量非全民所有制企业，它们需要的资源本来就是通过市场配置的，更离不开市场。同时，市场也需要发育，其发育过程只能是逐步的、渐进的，不可能一蹴而就。不放开部分产品的分配和价格，市场就永远也不可能发育起来。因此，还像过去那样统得很死，只守着计划分配这一条渠道，也不行。这种进退不得、放统两难的局面，就决定了我们只能实行双轨制，别无其他选择。

我国生产资料价格双轨制始于何时，倾向性的看法是从 1984 年企业扩权，允许计划内产品 2% 和超产部分自销、价格上浮 20% 以及此后的取消限价、随行就市开始的。这样说也对，但不准确。应该说，在此之前，双轨制事实上已经存在了。只不过那时是以黑市、灰市的形式存在的。1984 年、1985 年，国家放开企业自销产品价格，只是使原已存在的地下市场和双轨价格合法化并将市场部分加以扩大而已。说清这一点，可以澄清一些模糊认识，双轨制并不完全是政策上的选择，也不完全是价格改革不彻底、不到位造成的，而是因为社会主义经济客观上就一直存在着两种价格、两个市场，不唯我国如是，其他社会主义国家亦然。

生产资料价格双轨制，不能简单理解为一物两价或一物多价。其实，由于时间、空间和信息等因素的影响，价格不一、多变正是市场价格的常态。如果一个价，反倒是不正常的。价格双轨制指的是两种不同的价格形成机制，即政府定价制度和市场自由定价制度同时并存，都参与生产资料的价格形成过程。这两种价格形成机制服从于并服务于两种资源配置方式，两种资源配置方式又服从于并服务于我国的二元经济结构。从我国当前情况看，这两种资源配置方式，取消哪一种都不行。取消市场，就会重新搞死，还会造成黑市猖獗。取消计划分配，就会搞乱，资源配置效益下降，产业结构进一步恶化。因此，两种资源配置方式还必须长期并存下去，谁也不可能取代谁。而只要存在两种资源配置方式，就不能不实行两种定价制度；只要存在两种定价制度，两种价格也就不可避免。

二、双轨制将走向何处

我国生产资料配置方式和价格双轨制的局面将是长期的。但是，双轨并行的时间到底有多长，有没有双轨合一的办法，双轨制将来究竟走向何处？在有的同志看来，一个决定，把分配和价格全部放开，问题不就解决了。但是，事情并不那么简单。全部放开，虽然能解决双轨制的问题，但解决不了资源配置效益的问题。资源配置方式的改革只是手段而不是目的，目的是为了合理配置资源，发展生产力。只追求手段的自我完善，为放开而放开，为改革而改革，就是舍本逐末，本末倒置。

当然，这样说，并不意味着双轨制永远无法改变。作为目标模式和努力方向，对双轨制的改革可以作这样的设想：一种办法是逐步把绝大部分生产资料推向市场，把市场作为配置资源的主渠道，绝大多数企业所需要的资源和生产的产品，都通过市场来流通，自由购销，等价交换。对少数重点生产建设单位所需要的资源，国家采取在市场价格的基础上实行合同定货和合同供货的方式进行组织和调节，改变目前这种以行政指令低价调拨的办法。再一种办法是把生产资料全部推到市场上去，把市场作为配置资源的唯一渠道，对重点生产建设单位所需要的资源，则通过税收、投资，信贷等政策性调整，使它们能够以竞争性价格从市场上优先拿到资源。这两个方案，无论实现哪一种，都是非常遥远的，需要创造一系列的前提条件，不能把它匆匆忙忙地拿到今天来办。

三、当前实现双轨合一的障碍在哪里

实现双轨合一，方向是逐步缩小乃至取消指令性计划分配和政府定价，发展生产资料市场，而不是相反。这一点，必须坚持，不能动摇。但是，坚持生产资料流通市场化改革的方向，并不排除国家根据需要适当调整和增加一部分计划分配物资，扩大一些政府定价产品的范围。市场化的步子不可太快太急，双轨合一更需从长计议，择机而行，瓜不熟蒂不落，水不到渠不成。从当前来看，实现双轨合一，主要存在三大障碍：

首先是企业还不具备市场主体的功能，对市场信号难以做出正确的反应。自由企业制度是市场运行的微观基础。企业只有真正成为独立的商品生产者和经营者，按照市场的导向能动地调整产品结构，在市场机制的引导下进行各种生产要素的自由组合和优化配置，市场机制的作用才能得以充分发挥。经过十年改革，我国企业的活力已有很大增强，但是，离市场运行所要求的那种自主经营、自负盈亏的企业制度还相差很远，而且随着地方财政包干和行业承包，企业对条条块块的依附性在某些方面又趋强化了，这对企业市场主体功能的发挥无疑是一个新的障碍。

其次是市场发育程度低，功能不健全。这几年的实践使我们认识到，发展生产资料市场，不仅仅是一个想不想搞快点的问题，还有一个能不能搞快点的问题，这里既有"快变量"（如缩小指令性计划等），又有"慢变量"（如市场发育等），既有"硬件"（如交易场所、设施等），又有"软件"（如市场规则、行为规范等）。正是这些"慢变量"、"软件"制约着生产资料市场化改革的进程。何况，市场是一个完整的体系，在要素市场（资金、劳务、产权市场等）没有充分发育之前，生产资料市场也不能孤军冒进。

再就是物资短缺和通货膨胀。物资短缺和通货膨胀是传统体制的孪生姐妹，只不过过去由于国家对物价控得很死，通货膨胀并没有在价格上明显反映出来，而是表现为物资严重短缺，有钱买不到东西，是一种隐性通货膨胀。放开搞活以后，这种通胀因素就通过双轨价格暴露了出来。加上近几年货币大量超发、总需求大大超过总供给和供需结构不平衡的矛盾，通货膨胀加剧，重要生产资料价格大幅度上涨。即使今后不再发生新的通货膨胀因素，三年两载也难以治愈，重要生产资料供求矛盾也难望根本缓和。在这种情况下，放开重要生产资料的分配和价格，双轨合一，势必造成价格全面上涨，推动生产成本进一步上升，重点生产建设单位将更加困难，资源配置就会更加向非重点企业倾斜，社会经济效益将进一步下降。

在上述三大障碍（还有其他许多障碍）未消除的情况下，强行取消双轨制，不仅于事无补，还会造成更大的混乱。几年来，我们曾几次试图放开钢材价格，结束双轨并行的局面。实际上这是做不到的。因为，不放开分配，就放不开价格。只要保留计划分配，就必然存在价格双轨制。要取消价格双轨制，就不能保留计划分配。道理很简单，供求关系本来就是决定市场价格的一个重要因素，短缺物资有的能拿到，有的拿不到，本身就包含了供求差价。计划分配调拨，说到底，就是国家运用强制手段把一部分重要的紧缺的资源配置到国民经济最需要的地方去。这是在市场不健全和价格、税收体系不合理以及条块分割的利益格局下，国家干预经济、矫正市场不合理导向的一种强制性手段。去年，我们曾设想按每吨钢材1800元（相当于当时的市场均价）测算放开钢材价格。可以断言，这个方案如果出台，只要不放开分配，这1800元就会变成新的计划调拨价，同时必然还会出现高于1800元的新的市场价，从而形成新的更高价格水平的双轨制。

四、改革和改善双轨制的若干对策

十年改革，经验不少，教训也很多。其中一条很重要的教训，就是我们对某些改革措施的期望值过高，把解决一切问题的希望都寄托在改革上，放松了在原有体制和制度的容量内主动解决问题的努力，从而使问题越积越多，越来越严重。另一方面，对一些局部改革和过渡性的改革措施，又说得很满，什么路子、方向等，只见其利，不见其弊，或者以利大于弊而自我安慰，忽视了补充、完善的工作。出现一些问题后，又把希望寄托在新的等待上。几年来，"根本的出路在于改革"、"改革中出现的问题只有通过进一步改革才能解决"成了回避矛盾、搪塞敷衍的借口。这种情绪一方面导致对改革急于求成，企求一步到位或尽快到位；另一方面在改革难以深入时又感到无所作为，消极等待，影响了一些紧迫问题的解决。这种现象在生产资料价格双轨制问题上表现得十分明显。当前，我们必须跳出这个圈子，从价格双轨制既退不回去又前进不了的现实出发，寻找出一套改进和完善双轨制、存其利限其弊的办法，要有所作为，再也不能无休止地等待、拖延下去了。

怎样限制双轨制的弊病，肯定有不少办法可想，这里试提几点：

（一）加强管理，严格各行其轨。双轨制的价差是一些单位和个人竞相追逐的目标，是产生倒买倒卖等混乱现象的一个重要原因。当前，生产资料流通和价格管理的重点应该是各行其轨，计划内物资严格按计划管理，除国家有计划地放开和扩大投放市场的物资外，要采取严格的防范措施，防止计划内物资无规则地向市场泄漏，把双轨制价格的弊端尽可能减少到最低限度。当前，亟须划清计划内与计划外和计划内外物资调剂串联的政策界限，制定具体规定，并严格监督执行，违者从重处罚。

（二）继续进行计划内物资市场化的试验。石家庄市"同一销价、价差返还、放补结合、扩大市场"的做法，是在双轨制价格不能取消的情况下，使计划内物资市场化、打通计划内外两种价格的成功经验，应继续提倡，并允许各地根据自己的情况，加以改进和完善。实行同一出厂价，由生产厂直接返还价差的办法，还可在简化手续、便于操作的基础继续进行试验。明年，有不少企业的承包期已到，可以考虑结合企业承包指标和地方财政包干基数的调整，在适当给予价值补偿的基础上，取消一些企业的计划分配基数，把这部分计划内物资纳入市场流通，价格随行就市。

（三）缩小轨距，使双轨价格逐步靠拢。实践证明，计划内外价差越大，倒卖现象越严重，计划内物资的供求矛盾也越大；价差越小，供求矛盾越缓和，倒卖现象也比较少。缩小轨距，并不限于提高计划价格一条途径，也可以通过加强市场价格管理和压缩社会需求的办法，把市场价格压下来。目前，后一种办法的难度大一些。为了提高资源利用效益，可以考虑对部分供需矛盾较大的重要生产资料开征和提高资源占用税，促使资源节约和限制资源利用效益差的加工企业发展。

（四）加强对各种"中价"产品和企业自销产品的管理。当前，计划内物资越来越少，分配对象大都有名有姓，管理制度也比较严，三关八卡，把这部分物资倒出去不大容易。问题比较多的是那些既非计划分配又没真正拿到市场上去的"中价"产品和企业自销产品。"倒爷"们竞相追逐的正是这些物资，批条子、走后门等不正之风，大都发生在这里。改进的办法是真正按照市场规则把它们纳入市场流通。一是改变对这部分物资顺加作价的办法，允许直接按市场价出售，真正由市场根据供求关系来定价。二是实行批零差价，企业销给物资企业的按批发价，销给非物资企业按零售价；有最高限价的，销给物资企业的执行最高出厂限价，销给非物资企业的执行最高销售限价。企业自销产品的批零价差和最高出厂价与最高销售价的价差要另行处理，或全部上交，或征收较高的流通税，以防止生产企业不愿利用现有流通组织再搞一套而造成的浪费。三是对企业用紧缺产品集资、协作、串换，制定具体管理办法，适当加以限制和纳入正常管理监督轨道，减少以物易物和盲目扩大建设规模。四是为防止走后门、拉关系等不正之风，对企业自销紧俏产品还应规定最低限价。

（五）实行计划分配资源和计划调拨产品挂钩。现在，计划分配物资是从过去的基数沿袭下来的，与计划调拨产品不挂钩，有的拿到平价原材料不调出产品，有的调出产品又拿不到计划内的原材料，矛盾较多，也不利于国家产业政策的调整，应当改变。可以考虑把计划分配的原材料和计划调拨的产品挂起钩来，调你多少产品，给你多少原材料。这样做，企业易于接受，也有利于国家掌握计划资源，还可以解决计划内物资粥少僧多的矛盾。更重要的是可以提高资源配置效益，发挥物资调节手段的作用，促进产业结构的调整，保证国家产业政策的实施。这虽然是国家与企业之间以物易物的做法，不大符合交易货币化的方向，但在现阶段仍不失为一种比较好的过渡办法，比原来的

"基数法"、"水平法"进了一步。问题是涉及到地方、企业利益的调整，阻力肯定小不了，具体操作起来，工作量是很大的。但从减少双轨制的摩擦，改进计划分配工作看，这件事是应该做的。

（六）清理、整顿双轨制的范围，能并轨的尽量并轨。当前，生产资料价格双轨制，既有不同产品不同定价制度的双轨制，也有同种产品不同定价制度的双轨制，即所谓"大双轨"、"小双轨"。前者可能造成产品比价不合理，而后者则直接表现为一物两价，流通秩序混乱、倒买倒卖严重，毛病主要出在这里。当前，价格双轨制的情况太乱，几乎所有生产资料，包括垄断性很强不宜由市场定价的产品都导入了市场价格，应当进行认真清理、整顿。可以考虑采取要么全放开、要么全管住的办法，尽可能缩小"小双轨"的范围，能全部由市场定价的全部由市场定价，只能小部分由市场定价，大部分要由政府定价的，干脆收回来，全部由政府定价。一些由国家高度垄断、不宜导入市场价格机制的行业如电力和石油产品等，应当取消双轨制，统一由国家定价，类似情况还有镍等由一两个大企业垄断性生产的产品。对仍需保留双轨制的产品，也要桥归桥、路归路，各行其轨，管严一点，管狠一点，把"橡皮图章"换成"钢印"。

（七）允许计划分配资源比重小的地区的自行改革。有些地区计划内资源比重很低，不到10%，分散到企业也是星星点点，企业也并不指望这点东西过日子。完全可以把最后一口奶断掉。但由于地方利益的影响，谁都不愿意放弃这点计划内物资。可以考虑把这部分资源只分配到地方，由地方自行处理，不再按平价分给企业，而由地方物资企业按当地市场价格对企业实行一个价供应，其价差经有关部门同意，作为物资企业开发基金或补充流动资金，也可以用别的方式来处理。

（八）组织产需衔接，实行定点定量不定价供应。产需衔接，优先保证重点用户需要，是介于计划分配和市场自发配置资源之间的一种办法，既可克服两种价格的矛盾，又能按照国家产业政策的要求倾斜配置资源，应当尽可能多地组织一些。现在的问题是由于资源短缺和生产资料交易中价外交易等不正之风，生产企业不愿干。应当在加强市场管理，整顿流通秩序，打击非法竞争活动的同时，对产需衔接采取一些鼓励或约束措施。如对接受国家产需衔接指导的适当减一点流通税,给一点计划内原材料等;对不接受指导而自销的,国家从中收取一定的价差或提高税率、扣减计划内原材料等。

(九)发展国家合同定货,合同供货。这种方式与产需衔接相近,不同之处在于要以国家(受国家委托的物资企业)为中介,不像产需衔接那样由产需双方直接进行。它与现行的计划订货、计划供货也不同,是在市场的基础上进行的,国家以合同方式向一些企业定购产品,再以合同方式供应给另一些企业。由于国家定货比较稳定、信誉好、风险小,又是大宗买卖,企业比较乐意接受。国家合同定货既可以是现货,也可以是期货。运用得好,国家合同定货不仅可以作为有计划配置资源的一种方式,还可以作为国家调控市场的一个强有力的手段。目前,一些物资企业开展的"配套承包"、"包保供应"多少带有这种性质。问题在于仍带有较强的地域性和行政化色彩,包保内容主要限于供货,而当前的关键主要在定货。这件事,应该主要依托类似日本综合商社那样的有雄厚实力和分支机构的全国性大公司来办。目前我国还不具备这种流通组织,需要加紧培育和对原有的流通组织进行改造。

培育有组织有领导的生产资料市场 [1]

（1990 年 3 月）

以市场取向为内容改革生产资料流通体制，是发展社会主义有计划商品经济的客观要求。经过十年改革，我国生产资料市场已初具雏形，在搞活经济、深化改革、促进新旧体制转换中发挥了重要作用。同时，也出现了一些新情况、新问题，主要是市场秩序混乱、资源配置不合理，在一定程度上对产需起了逆向调节的作用。实践证明，在中国完全搞计划经济不行，那样会把经济搞得很死，不能形成真正的市场；同样，实行完全的市场经济也不行，那样也不可能解决中国的问题。当前，摆在我们面前的唯一正确选择，是在总结经验的基础上，努力探索适合中国国情的生产资料市场模式，寓市场发育于治理整顿和深化改革之中，逐步培育有组织有领导的生产资料市场。

一、我国的国情与目标选择

我国生产资料市场选择什么样的模式，取决于我国经济的性质和具体国情。我国是发展中的社会主义大国，生产资料市场建设必须充分考虑以下几个基本的约束条件：

1. 不完全市场主体。以国有国营为主要形式的公有制企业，在我国商品生产者和经营者中占绝大比重。它们作为市场活动的主体和市场调节的受体，目前尚不具备自主经营、自负盈亏的功能，对市场信号难以做出符合市场导向的积极反应。重新构造市场运行的微观基础，

---

① 本文原载《改革》杂志 1990 年第 2 期。

不仅是一个长期、复杂的过程，而且，即使企业改革基本完成之后，公有制企业的经济责任也不可能是无限的，而是有限的。

2. 短缺经济环境。由于旧体制的长期作用，经济短缺一直在我国作为常态存在。近年来又由于新旧体制交替造成的真空和断层，使得旧体制的强制性行政约束大为削弱，新体制的自动约束机制又未形成，而混合体制所固有的投资冲动和消费饥渴却同时并发，供需矛盾有进一步扩大的趋势，实现供需基本平衡的难度也增大了。

3. 畸形需求结构。我国人口众多，加之集团消费和趋同性很强的民族消费习惯，最终需求呈现排浪式、爆发式的特征。这种畸形需求结构对产业结构和生产资料市场形成强大的压力和冲击，使结构性不平衡的矛盾异常尖锐。

4. 分割性市场。条块分割，地区封锁，是当前市场发育面临的一大障碍。这里既有地区发展很不平衡的经济原因，也有深层的体制和制度问题；而且，随着行政分权、经济包干和地区差别的扩大，市场分割有日趋强化之势。

5. 价格双重扭曲。我国生产资料的价格形成机制和比价关系，是在长期的产品经济条件下生成的，既不反映价值，也不反映供求关系。目前实行的重要生产资料的价格双轨制，又使严重扭曲的计划价格演变成计划内外价格的双重扭曲。而实现双价合一、市场定价的主客观条件，在短期内又不具备。

6. 商品经济传统严重缺乏。突出表现在市场制度很不健全，商品经济意识和契约观念十分薄弱。

此外，我国工业品生产资料还有两个突出特点：一是它们一般需要投资大，建设周期长，可替代性差，生产连续性强，供给弹性和需求弹性都比较小；二是与公有制的联系最为紧密，产需双方的动力机制和约束机制都比较薄弱。这两个特点，决定了市场机制对于工业生产资料的调节作用尤为有限。我国的上述国情和生产资料的特点，决定了我国生产资料市场的性质不可能是发达工业国家那种由价格自发调节、国家很少干预的自由市场，而是国家调控下的有组织有领导的市场。无论是市场运行方式、价格形成机制，还是国家调控的方式、范围、力度都与西方国家有重大区别而带有强烈的中国特色。

二、有组织有领导的生产资料市场模式和运行特点

什么是有组织有领导的生产资料市场？可否这样概括：就是在国家宏观经济政策指导下，主要以公有制生产企业为市场主体，以公有制物资企业为流通主渠道，以自由购销、等价交换、平等竞争为基本内容，由国家综合运用经济、法律、行政手段，对资源数量、配置方向和价格进行适度调控的生产资料商品交换体系。这个概括，包括两个基本的含义：首先是要形成生产资料市场，形不成市场，国家调控就无从谈起；其次是国家对这个市场能够有效地进行指导、调控，国家不能指导、调控，市场势必一片混乱。

有组织有领导的生产资料市场，应当具备以下功能：既能够激发微观经济的活力，又有利于宏观经济效益的提高；既能够适应多方面千变万化的需要，又有利于资源优化配置和产业结构的调整；既能够有效地调节供求，又可以保持国民经济和价格的基本稳定，避免价格大涨大落对经济造成的震荡。这个市场在其建立和发展的全过程中，具有四个明显的特点：

一是市场发育的渐进性和阶段性。我国生产资料市场的发育是一个与整个经济改革和经济建设协调发展的渐进过程，既不允许滞后，也不可能超前。随着企业制度改革的进展及要素市场的发育情况，生产资料市场将呈现若干既相联系又相区别的发展阶段，各阶段国家调控的方式、重点和力度都将有所不同。

二是市场结构的层次性。根据不同生产资料的供求情况和重要程度，确定它们各自的市场开放度和购销、价格自由度。供求平衡、竞争性的，可以全部放开，自由购销，市场定价；供不应求的，国家在价格和资源配置上要适当加以指导和控制，组织产需衔接和实行限价；少数极短缺、专用性和垄断性的，国家要实行专营或指令性计划分配。

三是市场供求的非均衡性。在我国，不仅生产资料的结构性不平衡将长期存在，总量不平衡的格局短期内也难以根本改变，卖方市场

将作为常态存在，国家调控和市场管理应紧紧围绕卖方市场的特点来进行。

四是市场机制作用的局限性和市场运行的有计划性。我国生产资料市场的非均衡状态和市场主体经济责任的有限性，决定了价格调节的灵敏度和有效性都将是很不充分的。尤其是大规模数量调节的任务，不可能由市场自发完成，更多地要靠国家的宏观经济政策如投资政策、产业政策、消费政策来实现。因此，市场的运行要始终处于宏观经济政策的指导和控制之下，不能盲目、自发地进行。特别是市场发育初期和结构大调整时期，尤应如此。

这些说明，有组织有领导的生产资料市场，实质上是计划机制与市场机制相结合而生长出来的新的市场模式。它既不像传统的产品经济那样排斥市场机制的作用，也不像通常的市场经济那样由价格充当唯一的调节者，特别是在市场的催生、发育过程中，国家的宏观调控更是绝对必要的。

国家对生产资料市场的调控，主要围绕三个大的层次来进行：一个层次是调控市场参数，改善市场环境。主要是控制货币发行和信贷规模；压缩固定资产投资规模和消费基金，降低过快的加工工业增长速度；制定倾斜的产业政策，调整产业结构和产品结构；加强进出口管理，协调国际市场和国内市场的矛盾等，对社会供需总量和内部结构进行双向调节，缓和供需矛盾，努力创造供求基本平衡的市场环境。另一个层次是调控市场主体，重新构造市场运行的微观基础。主要是深化企业改革，政企分开，两权分离，实现企业经营机制的根本转变，促进企业行为的合理化，提高生产企业对市场的参与意识和对市场信号的接收能力，增强流通企业的服务功能和按国家宏观调控方向吞吐物资、平抑物价的自觉性。再一个层次是调控市场活动，建立正常的市场秩序。主要是制定市场规则，规范市场交易行为，限制垄断和过度竞争，保护正当竞争；组织产需衔接，指导资源流向；制定销售限价和收费标准，组织物资吞吐，平抑市场价格等。前两个层次基本属于市场外的间接调控，后一个层次是对市场本身的直接调控。国家对这三个层次的调控，都要综合运用经济、法律和必要的行政手段。市场建立之初，行政手段使用的多一些；以后，应随着市场的不断发育而逐步减少。当然，即使市场发育初期，行政手段也要少用、慎用；用经济手段、法律手段能够解决问题的，尽可能不用行政手段。

三、培育有组织有领导的生产资料市场的任务

培育有组织有领导的生产资料市场，要做的事情很多，举其要者，有以下几点：

首先，要加强和改善计划管理，逐步转变计划职能。计划作为配置资源的一种方式和宏观调控的依据，既可以为产品经济服务，也可以为商品经济服务，关键在于如何运用。在市场发育初期，指令性计划是国家直接配置资源的重要方式和调控市场的重要手段。随着商品经济的发展，指令性计划将逐步转变为以等价交换为基础的国家合同定货和合同供货，这样既可继续作为国家调控市场的重要手段，又是市场流通的重要形式和有机组成部分。目前，指令性计划对于合理配置资源、确保重点生产建设和人民生活需要，仍具有不可替代的作用，不仅不能取消，也不宜再减少。因此，必须加强计划物资的管理。首先要严肃指令性计划，生产企业对指令性计划规定的数量、品种、规格，必须严格按合同交货。为解决计划完成越来越差的"老大难"问题，应考虑制定计划法。其次是对计划物资的分配要公正，不徇私情，防止擅自把计划内物资倒到计划外。同时，计划管理也必须改善：一是分配办法要进一步完善，要在适当调整企业、地方和部门利益的基础上，改变不合理的分配办法，真正从宏观经济需要出发，按照产业政策的要求，保证重点生产建设和经济效益好的企业需要，不保护落后。可以考虑让指令性投入品与指令性产出品挂钩，国家向企业调多少产品，相应分配多少原材料。二是推行石家庄的计划内外同一销价、价值补偿的做法，或试行从生产厂统一销价的办法，逐步使计划物资市场化。三是在计划分配调拨物资中开展适度竞争，允许用户选择生产厂家定货和由用户选择物资企业委托进货。四是对计划价格适当进行调整，使企业生产指令性计划产品有利可图。通过上述措施，逐步

为实现计划职能的根本转变，用国家合同定货取代计划分配调拨创造条件。

其次，整顿市场秩序，加强市场管理。关键抓三条：一是制定市场规则。《反垄断法》、《反不当竞争法》和市场交易规则、市场进出规则等市场基本法规，要尽快制定。二是清理经营单位。通过经营资格审查，要坚决把那些不承担物资供应责任、不具备经营资格、国家又管不了的经营单位坚决砍掉。三是加强市场管理和监督，严惩行贿索贿受贿、非法交易和偷税漏税等行为，市场交易公开化、票据化、货币化、规范化。为公正执法，当前亟须加强对市场执法系统的监督，建立相应的制约制度。同时，还应考虑把市场执法系统建成不受任何利益集团（包括地方）左右的独立系统，统一由中央领导和控制。

第三，加强政策导向，优化资源配置。我国资源短缺、价格扭曲、市场机制不健全，市场自发配置资源的盲目性很大。解决这个问题，除了国家要掌握一部分计划资源外，需要采取两项大的措施：一是对计划外重要的、专用的生产资料，组织产需衔接，实行定点定量供应，价格由供需双方商定。为使产需双方乐于接受国家指导，需要采取一些鼓励或约束措施，如对接受定点定量合同的生产企业给予优惠，或对不接受指导而自销的部分由国家收取一部分价差等。二是对个别极短缺的品种实行专营。但是，专营并不等于独营，在专营单位内部也要开展适当竞争，如允许专营单位跨地区经营，在每个地区设置两个以上的专营单位，允许企业选择进货单位等。

第四，加强价格管理，逐步理顺生产资料价格。价格问题是市场问题的核心和灵魂。市场机制是通过价格发挥作用的。但目前全面放开生产资料价格的条件还不具备，必须根据企业制度改革、市场发育状况和生产资料供需情况稳步进行，尽量避免价格大变动对国民经济的剧烈震荡，尽可能实现价格形成机制由国家定价向市场定价、由双轨向单轨的平滑过渡。主要应抓好这几个方面：（1）对部分重要生产资料继续实行"双轨制"，严格各行其轨，防止把计划内倒到计划外（有计划地投放和按规定进行串换调剂除外）。（2）合理调整计划价格，缩小轨距，为双价合一创造条件。（3）可以考虑对一部分产品进行并轨,即把目前同种产品的双轨制并轨,以克服一种产品两种价格的弊病。(4)严格控制短缺产品的市场价格,实行最高限价,南北一致。(5)加强企业自销产品的价格管理:一是把物资串换、用产品搞集资等纳入市场流通,严加管理,防止价外交易;二是为防止企业低价竞销劣质产品和用紧缺产品拉关系,对部分企业自销产品规定最低限价。(6)目前,"中价"产品是市场倒卖的主要对象,特别需要加强对这些产品价格的管理。可以考虑允许或规定生产企业和物资企业按市场价出售各种中价产品,其价差国家通过税收或调整承包指标全部或部分收上来,以避免多次转手倒卖和利润渗漏。(7)适时放开供需平衡产品价格。(8)规定流通环节收费标准。(9)加强价格管理和监督,严厉打击非法竞争、囤积居奇等过度投机活动,采取反垄断措施,开展和保护正当竞争。

第五,充分发挥国营物资企业的主渠道作用。一是深化物资企业改革,实行政企分开,两权分离,引进竞争、兼并、淘汰机制,改变物资企业的行政附属物地位,把它们改造成为相对独立的商品经营者,增强它们自我积累、自我发展的能力和动力,提高市场占有率和市场覆盖面。二是在物资系统内部构造竞争性市场,办法是允许跨地区经营,允许兼营和综合经营,对指令性计划物资供应实行招标制和委托制,允许用户选择供货单位。三是端正物资企业的经营思想,改进经营作风,加强自我约束和社会监督。四是在充分竞争的基础上,选择一些办得好的物资贸易中心或物资企业,在现有功能基础上,赋予其开发、加工和进出口的权力,逐步培育成日本综合商社式的大型物资流通企业。

第六,培育市场主体,重新构造市场运行的微观基础。关键是深化企业改革,完善承包制、租赁制,试行股份制,真正实现责权利统一,使企业逐步具备自主经营、自负盈亏的功能。

第七,加强宏观管理,改善市场环境。主要是搞好需求和供给双向调节。包括压缩投资规模,降低加工工业增长速度,控制消费基金过快增长,制定限制紧缺物资消费政策,控制货币发行,减少和消灭财政赤字,贯彻倾斜的产业政策,调整产业结构,增加有效供给和加强进出口管理，缓和供需矛盾，努力创造较为宽松的市场环境。

第八，建立廉洁高效的市场调控系统，增强国家对市场的调控能力。除了政策调控、法律调控外，还应当增强国家对市场的实物调控能力，可以考虑建立重要生产资料市场调节基金，赋予各级物资主管部门短线资源开发权和进出口权，由物资主管部门委托若干物资企业对短期内（譬如两三年）供求变化比较大的重要生产资料进行吞吐调节和进出口调节。

第九，打破地区封锁、条块分割，发展全国统一市场。关键是做到政企分开，减少地方政府的反市场行为。为此，需要改变财政包干、外贸包干和一切以地方政府为利益主体的财政、税收、金融、外贸、就业等各项制度，走中央、地方分税制的道路，弱化地方政府的利益关系。同时，严肃政令、法纪，拆除行政壁垒，纠正日益严重的市场行政化、地方化倾向。

四、培育有组织有领导的生产资料市场的分阶段目标

培育有组织有领导的生产资料市场，从我国的具体情况看，既不能在资源严重短缺、市场主体功能不具备的条件下贸然推进生产资料的市场化，不能企求"一次到位"或"快速到位"，也不能等到供求平衡、企业制度改革完成后再来搞市场。而且，没有市场的逐步发育，这些条件也是永远等不来的。因此，出路只有一条，就是标本兼治，创造条件，坚持市场化的方向，逐步发育生产资料市场。近期主要靠治理整顿缓和供需矛盾，改善市场环境，远期主要靠深化改革，重新构造市场运行的微观基础和调控系统，建立供需制衡机制。有组织有领导的生产资料市场的整个发育过程可以按照三个大的战略发展阶段进行目标设计，并据以制定各个阶段的政策和策略。

第一阶段，近期的有限目标是消胀治乱，改善市场环境、强化市场管理，增强国家调控能力。这一阶段是市场整治、巩固阶段，关键是坚定不移地贯彻治理经济环境、整顿流通秩序、全面深化改革的方针，压缩社会需求，抑制通货膨胀，调整产业结构，增加有效供给。

市场管理的重点是加强价格管理，制止以权经商，搞好市场基本制度建设。考虑到这次需求膨胀的成因与过去有所不同，是投资需求与消费需求双膨胀引起的，压缩消费基金尚未找到有效办法，而且又出现了比较严重的通货膨胀，三年两载难以治愈。因此，除了坚决顶住各种压力，一心一意进行治理整顿外，还要有打持久战的思想准备。三年治理整顿以后，仍然不能松劲，仍需把消胀治乱作为重要任务。

第二阶段，中期的适度目标是全面、配套改革，制度创新，缩小轨距，逐步并轨。这一阶段是改革攻坚阶段。企业制度改革将在这一阶段基本完成，企业经营机制要实现根本转变；各种生产要素的商品化、市场化要有较大进展；大部分生产资料要转为市场单轨运行；生产资料市场的各项"硬件"和"软件"工程将在各方面配套改革的基础上基本完成。完成这个阶段的任务，可能需要10年左右的时间。

第三阶段，长期的远景目标是实现国家调节市场、市场引导企业的目标模式。这是市场的完善阶段。在这个阶段上，企业制度创新基本完成，市场体系基本形成，国家对企业的直接管理转化为通过市场进行间接调控。生产资料市场基本发育成熟，其主要标志是：价格形成机制由国家定价转为市场定价（仍将保留国家定价，但性质已发生改变，是在市场价格基础上制定的，只是作为稳定价格的手段使用）；指令性计划为国家合同定货所代替；各种不正当竞争大大减少，而代之以质量、服务、商誉和适度的价格竞争；形成发达的市场网络和信息网络；市场交易合同化、规范化、货币化、票据化、公开化；形成重合同、守信用的商品经济道德规范和社会契约观念，商业欺诈行为大大减少；国家对市场的调控艺术和操作技巧大大提高；形成统一的国内市场。

培育有组织有领导的生产资料市场，是一个巨大的社会系统工程，是社会主义经济改革开创性的事业。不仅需要倾注巨大的改革热情，需要大胆开拓的决心和勇气，更需要科学的实事求是的态度，做大量艰苦细致的工作。宏观经济管理部门和微观经济单位都负有不可推卸的责任，应当紧密配合，相互促进，为培育有组织有领导的生产资料市场而共同努力。

物资流通中计划与市场相结合的
目标与近期对策 ①

（1990 年 11 月 8 日）

计划经济与市场调节相结合，是指导我国经济改革和经济发展的基本原则。但是，计划与市场如何结合，在理论上和实践中都还有待于进一步解决，特别是在物资流通领域，这个问题显得更为迫切。

一、当前面临的矛盾和问题

从理论上讲，计划与市场是统一的，两者并不矛盾。计划的任务主要是解决社会经济的发展方向、目标，社会供需总量的宏观平衡，重大项目的规划、建设和经济结构、产业结构的重大调整问题；市场的任务主要是解决微观经济活动中的等价交换问题。因此，计划应该是建立在市场基础上的计划，市场必须是计划指导下的市场，计划和市场都是覆盖全社会的。但是，在物资流通中，计划与市场又表现为两个板块，一块由国家指令性计划分配，一块通过市场自由购销。表现在价格上，一块由国家制定，一块由市场自发形成。这种双轨并存的物资流通体制发展到今天，由于两种价格相差悬殊，两种资源形成一定均势，使两个板块激烈碰撞，摩擦系数呈最大值。在这种情况下，两种资源配置方式、两种价格形成机制的积极作用都难以发挥，而它们各自的弊病在相互摩擦中却充分暴露，成为流通秩序混乱、资源配置效益下降、滋生腐败现象的一个重要原因。如何解决这个矛盾，使

---

① 本文原载《理论教育》1990 年第 11 期。

计划与市场在物资流通中有机地结合起来，不仅是当前治理整顿的一个关键问题，也是进一步深化改革，建立社会主义有计划商品经济运行机制的一个重要环节。

二、结合的基础与原则

计划与市场应该结合、必须结合，也是可以结合的。但它们结合的基础只能是价值规律，不可能是任何别的东西。离开了价值规律，它们之间的结合是注定不能成功的。

价值规律是一切商品经济共有的基本规律。这一规律的基本要求有两点；第一，商品的价值量必须由生产商品的社会必要劳动时间来决定；第二，必须按照商品的价值量进行等价交换。这两个基本点，是研究计划与市场能否结合、如何结合的前提条件。

关于何种社会必要劳动时间决定商品价值量的问题，理论界历来存在着争论。因为它关系到计划与市场如何结合和各自的作用方式问题，这里需要略加分析。马克思在《资本论》第一卷分析单个资本的生产过程和第三卷分析社会资本运动的总过程时，分别提到两种社会必要劳动时间，即生产同种商品的社会必要劳动时间（第一种）和生产不同商品的社会必要劳动时间（第二种）。我认为，从社会再生产的总过程而不是单一生产过程，社会总商品而不是某一种商品来考察，商品的价值量并不单纯是由生产同种商品的社会必要劳动时间决定的，而是由生产各种不同商品的社会必要劳动时间决定的。这一点，对于我们分析问题和研究问题至关重要。

商品的价格，都是由这两种社会必要劳动时间的基础上形成的，但是，不管哪一种社会必要劳动时间，都难以人为地测定，更难以主观地加以规定，都需要通过市场来作出判断。因此，同一商品的价格形成和不同商品比价关系的确定，都离不开交换，都必须借助于市场来进行。但是，这两种社会必要劳动时间又有区别。第一种社会必要劳动时间主要是由劳动生产率决定的（影响劳动生产率的有多种因素）；而决定第二种社会必要劳动时间的因素比较复杂，不仅与劳动生产率有关，而且与所有制形式、分配制度、消费方式等都有直接关系。因此，测定第一种社会必要劳动时间，主要通过市场的自由平等交换来进行。对于第二种社会必要劳动时间，则需要更多地发挥计划的作用，即由社会或国家自觉地根据市场提供的信号，根据社会的资源条件、分配制度、消费习惯和消费方式，以及国家的经济政策等各种政治、经济和社会因素，有计划地在社会生产的各个部门、各种产品之间分配社会劳动。第一种社会必要劳动时间如果不通过市场而依靠计划来测定，往往不利于商品生产者和经营者之间的竞争，不利于提高产品质量，降低成本。第二种社会必要劳动时间如果不运用计划而单纯通过市场自发地调节，往往带有很大的盲目性，容易造成社会劳动的巨大浪费。

基于上述分析，计划与市场的结合应当遵循以下原则：第一，计划调节应主要依靠投资、信贷、利息等经济杠杆和法律、行政、政策手段，影响第二种社会必要劳动时间的形成，不宜强制性地规定产品价格。换言之，要进行事前调节，调节商品价值量的形成因素；尽量减少和避免事后调节，不要等商品价值量已经形成之后再来硬性规定商品的价格。第二，不同商品的价格，有的可以根据需要由政府制定，有的由市场自行确定，但同种商品的定价方式应当统一，尽量避免计划一块、市场一块，一种商品两种价格机制的板块结构。第三，即使一种商品两种价格，计划价格也必须在市场价格的基础上制定，两种价格的价差不能过大，计划价格不能长期不变。

三、目标选择

计划经济与市场调节相结合，作为指导我国社会主义经济的总方针和总原则，必须从整个经济运行的角度来把握。计划与市场有着不同的功能和作用层次，计划主要解决长远发展、总量平衡和大的结构调整问题，侧重于在宏观经济方面发挥作用；市场主要解决企业之间的等价交换和效率问题，适于在微观经济活动中发挥作用。它们的这些功能又不是孤立的、互相排斥的，而是相互依赖、相互渗透、相互结合的。这种依赖、渗透和结合，就在于计划必须以市场为基础，能够充分反映价值规律的要求；市场必须以计划为指导，能够按照宏观经济计划所确定的方向和原则运行。计划与市场，市场是客观的，第一性的；计划是主观的，是主观见之于客观的，是第二性的。真正的科学的计划是能够充分反映市场要求、发挥市场功能并经得起市场检验的计划；真正的发育成熟的社会主义市场，也必须是在计划指导下有秩序有组织的市场，而不是盲目的自发的市场。因此，计划与市场是各有侧重、相互融合的统一体，不是两个互相对立的板块，笼统地不加区别地在国民经济的一切领域和经济活动的所有方面，都采取计划管一块、市场放一块的做法，是不恰当的。这样做，不是计划与市场的结合，而是计划与市场关系的简单化。

就物资流通来看，目前这种计划一块、市场一块的双轨并行体制，是不符合计划经济与市场调节相结合的原则的。改革的目标，应该坚持市场取向，发展在国家宏观计划指导与影响下的生产资料市场，逐步形成"国家调节市场参数，市场按价值规律流通，企业自主经营"的运行机制。除极少数放不开的物资外，绝大多数物资要通过市场来流通，其价格也由市场来确定。在市场流通和市场定价的基础上，国家可以利用市场关系，对部分产品的价格水平和配置方向进行适度干预和引导。对于重点生产建设和其他必须由国家给予扶持的产业和建设项目，应当逐步改变目前这种由国家分配低价物资的办法，代之以财政补贴和低息贷款等方式，使其能以竞争性价格从市场上取得资源。即使国家需要继续掌握一定的物资手段，也应该采取国家合同定货的方式，与企业以等价交换的方式来实现。

四、近期对策

我国物资流通中目前这种计划与市场的板块结构模式，是历史形成的。我们必须正视现实，从实际而不是从理想出发，积极寻找限制其弊病、逐步向目标模式过渡的办法，不能在条件还不具备、时机尚不成熟时盲目地加以取消。那样不仅无助于问题的解决，相反，还会造成更大的混乱。

当前，物资流通中计划与市场相结合，优先考虑的目标既不是全面退回到计划管理，也不是全面放开，统统推到市场上去，而是如何使两个板块摩擦系数尽量小一些，结合得尽可能好一些。实现这一目标，办法是控制总量、清理轨类、缩小轨距、加强管理。具体说来，是"控"、"调"、"并"、"放"、"改"、"挂"、"导"、"管"八个字。

"控"，是控制总量，重点是控制需求。实践证明，需求膨胀、物资供不应求，两种价格的摩擦就大；供求缓和，摩擦就小一些。根据多年的经验和体制特征，我国经济的主要矛盾是需求过旺、物资短缺。生产资料市场疲软，东西卖不出去，只是暂时的，相对的。因此，在目前解决因紧缩过度而造成的有效需求不足问题时，一定要把握好宏观调控的力度，不能松得太快太急，要把控制需求作为长期的方针，在适度松动的同时，继续把社会总需求管住。控制总量，除重点控制需求外，还应控制好供给。控制供给有两项任务，一是控制长线物资的生产和进口，东西并不是越多越好；二是对国内不能自给的某些短缺物资，要保持适量进口，不能因一时显得多了就减少进口。控制并不意味着压缩和减少，而是有意识地保持供需的大体平衡。

"调"，是调整价格。计划内外价格相差过大，不利于指令性计划的贯彻执行，单纯靠行政手段压，既不可能奏效，也难以持久。应当在调整相关企业利益的基础上，提高计划内价格，使计划内外价格大体接近。提高计划内价格，当前要注意三个问题，一是要考虑国家、企业和消费者的承受能力，有计划地进行；二是要规范化，企业不能各行其是；三是要处理好各方面的利益关系。

"并"，是适当并轨。原则是能并入市场轨的，尽可能并入市场轨，这主要是那些供求基本平衡、计划内外价差不大、计划内资源比重较小、生产和需求弹性都比较大的物资。少数由国家高度垄断、不宜导入市场价格的产品，应当统一由国家定价。一些仍需国家管理价格，但已形成一定竞争关系的产品，国家可以规定一定幅度和实行价格申报制度。

"放"，是放开价格。要利用当前供求缓和、双轨价差缩小，甚至某些产品出现买方市场，有的市场价还低于计划内高价的有利时机，放开一部分产品的价格。放开价格后的物资，有的可同时放开计划分配，有的可在市场价格的基础上继续保留指令性计划分配。放开价格的另一项内容，是允许计划内物资比重小的地区自行放开计划内物资的销售价格，实行计划内外一个价供应，价差由物资部门用来补充开发基金或流动基金。

"改"，是改革物资分配办法。一是改变按"基数法"、"水平法"分配计划内物资的传统做法，根据国家产业政策的要求，调整一些企业的分配指标，对不符合产业政策要求的企业和产品，不再分配计划内物资。二是继续进行计划内物资市场化的试验，同一销价，价差返还。三是对计划内一物多价的物资，实行计划内均价供应。四是实行招标制、委托制和代理制，在计划内物资经营中导入竞争机制，谁服务好、费用低，就让谁经营；企业拿到分配指标，既可委托专业公司进货，也可委托其他公司代理。

"挂"，是分配资源与调拨产品挂钩。调企业多少指令性计划产品，分配给它多少计划内原材料，换货交易，实物补偿。具体挂钩比例，可由物资部门与生产企业具体协商。

"导"，是导向销售。对市场资源，国家和物资部门可以组织产需衔接，实行定点定量不定价供应，稳定供需关系，保证重点用户需要。这需要有一个较为宽松的经济环境和相对稳定的产业结构，也需要制定一些相应的鼓励与约束办法，促使产需双方在共同利益下建立长期购销关系，发展期货合同。

"管"，是加强管理。对于仍需保留双轨制、价差仍然比较大的物资，当前迫切需要制定一套严格的法规，对指令性计划物资的资源筹集、分配、供应、使用、核销和串换，以及计划合同的管理和处罚等，做出具体、详细的强制性规定，并认真贯彻执行，以改变现行的行政协调、相互扯皮的管理办法，把指令性计划物资管理纳入到法制化的轨道，保证指令性计划资源的落实和有效配置。

努力加快我国物资流通产业化的步伐^①

（1992 年 7 月 25 日）

一、流通产业化是社会化大生产和现代
商品经济发展的必然趋势

所谓流通产业化，是指在社会分工和专业化协作的基础上，流通
与生产相分离而成为独立的行业，形成包括商流、物流、信息流、流
通加工和配送服务等在内的现代化、社会化流通体系。

流通产业化，从根本上说，是由流通在社会化大生产和现代商品
经济中的地位和作用所决定的。早期，流通与生产是结合在一起的，
企业前店后厂，自产自销，流通只是作为生产活动的附属，没有成为
独立的行业，更没有取得产业的地位。随着社会分工和商品经济的发
展，流通从生产中逐渐分离出来，日益发展成为一个相对独立的重要
行业。在资金平均利润率规律的作用下，流通行业以产业的形态，在
自我积累中不断发展壮大。

流通产业包括的内容很多，范围很广。具体包括：产品价值实现
过程的商流活动，如批发与零售、现货交易与期货交易，以及与商流
活动相关的簿记、广告、交易场所和设施等；产品使用价值转移、让
渡过程的物流活动，如产品的运输、保管、装卸、包装、储存、配送、
流通加工及其相应的储运、加工设施等；与商流、物流活动相联系的
信息业务，如商品供求信息、价格信息和传递手段、设施等。流通产
业还包括废旧物资的回收再生，流通技术的研究与开发，以及大量的

<hr>

① 本文原载《上海物资经济》1992 年第 4 期。

售前、售中、售后服务等。

流通产业在世界各国被普遍作为第三产业，是第三产业中的主导行业。与其他行业相比，流通产业与第一产业、第二产业这些物资生产行业的联系更为紧密，贴近度更大。它直接参与产品价值的创造和实现，使用价值的保管、运输、加工，成本、费用的节约和利润的发掘等，为生产提供全方位、深层次、高水平的服务，分散市场风险，引导、调节生产和消费，在社会再生产和国民经济中发挥越来越重要的作用，甚至在一些国家成为带头产业。这主要表现在以下几个方面：

流通加工空前发展。在许多发达国家，建立在先进技术基础上的现代化流通，大大突破了传统的购销储运的狭隘概念，根据用户的需要，进行大量的剪切、套裁、改制、包装等流通加工业务，既方便了用户，节约了物化劳动，也取代了生产企业的相当一部分生产劳动，给产品增加了新的价值。

物资配送普遍开展。近年来，在一些国家迅速发展起来的物资配送业务，使流通成为企业生产过程的一道重要工序。配送制要求流通部门把生产企业所需的原材料定时、定量、定位、配套地送到车间、机台，从而减少和取代了生产企业的仓库，实现了无库存生产，大大减少了多次搬倒造成的损失和浪费，节约了社会劳动，提高了生产效率。

流通信息功能大大增强。当今商品经济中，最重要、最大量的信息来自市场。反映市场供求变化和潜在需求的信息，可以引导企业按市场的需要生产适销对路产品，使价值得以实现，完成"惊险的跳跃"。由于流通在连接产需双方中的特殊地位和每时每刻与市场打交道的特殊环境，使流通在收集市场信息、预测市场变化趋势、开发市场潜在需求、掌握物资资源和用户等方面具有得天独厚的条件，信息功能也就日益成为流通的基本功能甚至主导功能。流通信息功能的开发和日趋强化，不仅使流通部门成为生产企业须臾不可或离的商业伙伴，也使流通与生产日益结为高度专业化分工协作的有机整体。

流通与生产相互渗透。从世界范围的商品经济发展来看，流通与生产在经历了一定的分离过程之后，又呈现出相互渗透、相互融合的趋势。这种渗透与融合不是早期那种产供销不分模式的简单复归，而是在高度社会化、专业化基础上的有机结合。其主要标志有两个，一个是流通企业对生产企业的主动参与程度越来越深，另一个是一些流通企业纷纷涉足生产活动，办实业、搞开发，特别是兴办高技术产业和新兴产业，涌现出一批以产品销售和新产品开发为龙头，以流通为主体的新型企业。这种流通主导型的综合经营和企业集团，是流通产业化的又一重要特征。

推销功能日益强化。在现代商品经济条件下，由于买方市场的存在和生产效率空前提高等原因，使得产品的实现即流通越来越成为经济运行中的主要矛盾。为了开拓市场，争取用户，推销业务和推销技术越来越发展，许多企业的推销工作是委托代理商进行的，广告、宣传、咨询、送货、安装、调试、维修，甚至培训用户等售前、售中和售后服务，成为流通的重要组成部分。从这个意义上说，产品生产的最后一道工序，往往是由流通来完成的。

"第三利润源泉"陆续发掘。在发达国家，随着经济发展由数量型、外延型向质量型、内涵型的转变，增加利润的途径正由过去的增加产量、提高劳动生产率（即所谓第一利润源泉）和开拓市场、强化销售（即所谓第二利润源泉）转向降低流通成本、节约流通费用，特别是降低物流费用。据有关材料介绍，在日本，流通成本占总成本的50%以上。在生产相对过剩、市场趋于饱和，依靠增产和促销增加利润难度越来越大的情况下，许多企业纷纷把功夫下在了开展物流合理化、降低物流成本上。这方面搞得比较好的企业，由此而节约下来的费用一般能占销售额的10%左右。节约流通费用，与增产和扩销不同，实际上等于增加了净利润。

流通的组织、协调、调节功能越来越突出。在商品经济条件下，产业之间、企业之间的专业化分工协作和其他经济联系都要通过流通这个枢纽。流通企业把大量的分散的需求集中起来，向生产企业组织订货，生产企业的计划就是按照订单来安排的。期货市场的出现和发展，不仅为生产企业分散风险，也提高了企业的计划性和预见性。后进国赶超先进国，也要通过流通引进新产品和新技术，经过国产化和进口替代，再把产品打到世界市场上去，这个产业移植过程是始于流通又完成于流通的。在现代商品经济中，流通的作用已不再仅仅局限于桥梁和纽带作用，而是生产和消费的调节器与组织者。前者所能起的只是被动的连接作用，而后者所发挥的则是能动的调节作用。流通的这种新功能、新作用，表现在它既能够引导并组织企业按需生产，根据市场供求状况调节生产的数量与结构，优化企业结构，又可以引导消费，根据生产技术、生产成本的变化调节消费结构，开发潜在需求，使生产与消费相互适应、相互促进，从而提高整个国民经济的素质和效益，促进经济发展。

二、实现我国物资流通产业化面临的主要障碍

一是理论落后。长期以来，我国存在着重生产轻流通的观念，视流通为可有可无，把流通利润看作是对生产的"盘剥"。从新中国成立初期的"无流通论"、改革开放前的"生产资料非商品论"到目前颇为流行的"产供销一体化"观念，都否认流通的产业地位，使流通难以实现与生产的合理分离，更谈不上作为独立产业而发展。理论上认识上的另一个缺陷，是往往把纯粹的商品流通即商品买卖与流通业混为一谈。流通业是国民经济的一个重要领域，是包括许多子产业在内的产业群。长期以来，我们对流通产业缺乏系统的理论研究和对策研究，造成流通一直依附于生产，流通业长期得不到应有的发展，成为国民经济中一个突出的薄弱环节，严重影响了我国有计划商品经济的发展。

二是政策偏差。理论认识上的这些缺陷，反映在政策上和工作中，造成了很多偏差，不少至今仍未纠正过来。如国家用于增加和改善物资流通设施的投资很少，物资企业的技术改造排不上队，等等。而最大的失误，莫过于违背价值规律和流通规律，否定资金平均利润率规律在物资流通中的作用，对物资流通企业长期采取以收抵支、收支平衡的政策，不允许有盈利。这种状况近年来虽有改变，但对盈利水平仍作了种种限制，而且利润大部分上交各级财政，上交比重最高的占实现利税的百分之八九十，企业所剩无几，难以实现自我积累、自我

改造、自我发展。由于种种原因，特别是我国现行的投资、税收、价格、信贷政策考虑物资流通企业的特点不够，使物资企业的经营遇到很大困难。物资企业是资金密集型企业，用人少，固定资产比重低，与工业企业、商业企业很不相同。但人们习惯于按人均留利来衡量物资企业的留利水平，物资企业能够提取的固定资产折旧费也十分有限。一些生产资料价格并轨之后也没有制定合理的批量差价。

三是体制障碍。流通产业化需要一个良好的体制环境。我国目前实际存在的地区、部门所有制，形成了大大小小的条块割据局面。各级财政对生产企业的软约束和企业共同面临的就业压力，使就业刚性大于利润刚性，不少企业为了安置富余人员，"消化"职工待业子女，都把自办流通作为一条就业门路。同时，在我国现行利税政策上，对不同的流通主体也存在事实上的差别，物资企业上交利税比重大，生产企业的商业利润则与生产利润混在一起，税负较轻。由于这些原因，使生产企业难以按照比较成本和社会经济效益的原则选择专业化、社会化的流通方式，千家万户自办流通、自成体系的局面越来越严重，造成流通格局、流通结构很不合理，社会化、专业化、集约化流通很难发展，物资流通的规模效益难以形成，以致出现现有的社会流通能力大量闲置，而生产企业的流通能力又在盲目发展的情况。

四是素质不高。这主要表现在，现有的物资流通企业单纯买卖思想严重，缺乏产业意识；业务范围狭窄，功能单一，流通加工、物资配送、信息反馈等功能十分薄弱；企业结构不合理，规模狭小，组织程度低，有机性差，力量分散，难以与大企业的生产规模和流通需求相匹配；人员素质低，管理水平差，设施装备陈旧简陋、数量不足、技术落后，等等。这些也是物资流通难以作为独立产业而发展的一个重要原因。

三、转变观念，深化改革，加快我国物资流通产业化的步伐

首先，冲破传统流通理论的束缚，确立流通产业意识。发展社会

主义有计划商品经济的实践，呼唤新的流通理论。我们要在实践中继承和发展马克思主义流通理论，摒弃任何轻视流通的传统观念和对流通的种种不正确看法，把流通业作为发展社会主义商品经济的带头产业。要充分认识到，流通的产业地位是流通在国民经济中的地位和作用所决定的，流通作为带头产业加快发展是经济发展到一定阶段的客观要求，在我国经济运行机制转换时期，尤其是这样。加快物资流通产业化步伐，对于深化社会分工，发展社会化大生产、大流通，对于发展社会主义商品经济，对于加速我国产业结构的调整与改造，都具有极为重要的意义。从目前情况看，重生产轻流通的传统观念尽管在不少人的头脑中还是根深蒂固的，但随着我国商品经济的发展和社会的进步，它的市场毕竟越来越小了。值得注意的倒是另外一种情况，即以重视流通、加强供销工作为名，盲目发展生产企业的流通能力，阻碍流通与生产的合理分离，把多年来业已形成的流通与生产的产销协作关系又退回到部门、企业自供自产自销的封闭状态，这看起来是重视流通，实际上是与商品经济的发展趋势相悖的。

其次，依托现有流通企业，充分发挥现有流通要素的作用，积极推进流通社会化。流通社会化还是产供销一体化，不是简单的概念之争，也不是部门利益之争，而是两种不同的经济发展战略思想和流通改革思路，也是我国流通向何处发展所面临的现实选择。这里既有认识问题、指导思想问题，也有体制、政策和工作上的问题。从发达国家流通发展所走过的道路看，从产销合一到产销分离，在专业化分工协作的基础上实现社会化大流通，是流通发展的总趋势。尽管各国实现流通社会化的具体途径不一样，如日本是在综合商社、专业商社等流通企业的基础上发展的，美国是通过大企业的供销机构的改造来实现的，但流通社会化的大趋势是不可改变的。我国流通企业与生产企业的关系，基本上也是按照这个原则分工的。经过几十年的努力，我国已经建立起一支专业流通队伍，有了一个不小的基础。这是发展流通产业，推进流通社会化、现代化可以依托的前进阵地，应该很好地加以利用。但是，这种分工过去主要是通过行政手段实现的，不完全是经济自然发展的结果，有很多矛盾。要随着企业商品交换关系的深化而不断调整、改造和重组，以形成新型分工协作关系和利益关系。解决矛盾的办法，是理顺关系，提高流通社会化、现代化水平，把产销关系建立在互惠互利、经济合理的基础上，绝不是另起炉灶，推倒重来，置已经形成的流通能力与渠道于不顾，重新从产销合一搞起。应该看到，在我国现存的利益格局、经济环境和体制基础之下，产供销一体化对生产主管部门和生产紧缺产品、垄断性产品的企业有更大的吸引力。而且，一部分企业实行产供销一体化，也确有一定的经济合理性，在未来的社会化流通格局中，也不排除有的企业如某些专用品生产企业的产供销一体化模式。但是，总的看来，产供销一体化不符合商品经济发展和流通体制改革的方向。正确的选择，应当是进一步深化改革，改革不合理的经济体制和利益格局，改变产供销一体化赖以存在和发展的客观基础，而不应当提倡和发展产供销一体化，去适应和强化不合理的经济体制和利益格局。因此，要依托现有流通企业，壮大他们的实力。流通社会化还是产供销一体化，在很大程度上也取决于专业流通企业保供促销的能力、服务水平和收费水平。只要专业流通企业的工作做好了，把社会化流通本身所具有的优越性真正发挥出来了，即使生产企业走一阵子自办流通的弯路，最终也会回到社会化流通的路子上来的。

第三，深化流通体制和经济体制改革，为物资流通产业化创造良好的体制环境。特别是要通过进一步深化财政税收体制改革和企业改革，逐步实现政企分离，转换企业经营机制，使企业能够按照比较成本的原则选择经济合理的流通方式，把流通费用的节约与企业利益更紧密地结合起来。减少行政条块对流通的干预，反对地方保护和地区封锁，大力培育全国统一的生产资料市场，打破条块分割、自成体系的封闭式流通格局。逐步理顺流通关系，加速流通与生产的合理分离过程，发展社会化、专业化物资流通，发挥规模流通、集约流通的优势，使物资流通的社会化、现代化相互推动、相互促进。

第四，真正把物资流通当作产业来办，把物资企业当作企业来办。要尊重价值规律和流通规律，充分发挥资金平均利润率规律的作用，真正把物资流通当作产业来办；要努力改变物资企业的行政机关附属物的地位，真正把物资企业当作企业来办，尊重和扩大他们的经营自主权，特别是要逐步改变对物资企业的收费、定价和财政税收办法，允许他们合理收费、合理盈利，逐步提高物资企业的留利水平，提高自有资金比重，增强他们的实力。

第五，调整、改造流通布局和组织结构，提高物资企业素质。改造生产主管部门和生产企业的供销机构，促进他们的流通设施向社会开放，使他们由单纯自我服务型转入产业化发展。大力开展物资企业的平等竞争，鼓励和扶持优势企业发展，建立物资企业的兼并、淘汰机制，发展大型骨干流通企业，广泛开展物资企业之间，物资企业与生产企业、交通运输企业以及其他企业之间的联合与协作，实现流通要素的优化组合，建立物资流通企业集团，大力发展流通加工、物资配送、信息反馈业务，加强流通企业与生产企业的相互渗透，使物资企业成为以物资流通为主导的多功能企业，使他们在发展物资流通产业同时，深化物资企业内部改革，转变经营观念和作风，强化服务意识，提高服务质量和档次，使物资企业真正成为生产企业信得过、靠得住、离不开的合作伙伴，把分散在千家万户的流通业务吸引过来，不断壮大流通产业。

认清形势　抓住机遇
加快物资流通市场化和产业发展进程 [1]

（1992 年 12 月）

在 1993 年全国物资工作会议召开前夕，《中国物资报通讯》记者就这次会议的有关问题采访了物资部政策体制法规司副司长侯云春。

问：请您向本刊读者简要介绍一下这次会议的主要议题。

答：部里已初步确定，1993 年全国物资工作会议于今年 12 月 20 日在天津召开。这次会议之所以要定在党的第十四次全国代表大会、全国加快第三产业发展工作会议和全国计划会议结束后不久召开，目的是要及时贯彻落实十四大精神和国务院关于明年工作的部署，在认真总结 1992 年各项工作的基础上，分析当前面临的形势，交流各地改革开放、发展物资流通产业的经验，安排明年的工作，重点研究如何抓住有利时机，加快改革开放步伐，促进物资流通市场化和流通产业的发展。

问：1993 年物资工作的基本任务是什么？

答：部里决定，这次会议改变以往传统的开法，先由代表作大会发言讨论，然后由柳部长作工作报告，布置明年的物资工作。因此，明年物资工作基本任务的具体提法，还需会议开起之后，根据代表的意见，最后确定。但是，按照十四大建立社会主义市场经济体制的总

---

[1]　本文原载《中国物资报通讯》1992 年第 12 期，为《中国物资报通讯》记者采访作者的文章。

ww 要求和国务院加快第三产业发展的总体部署，根据对明年国民经济形势和物资形势的预测分析，我认为明年和今后一个相当长的时期内，物资工作的中心任务应该是，深化改革，扩大开放，加速物资流通市场化和产业发展进程，为促进国民经济的发展作出更大的贡献。

问：为什么要把加速物资流通市场化和产业发展进程作为今后物资工作的中心任务？

答：物资流通产业是第三产业的重要组成部分，它的加快发展是经济发展到一定阶段的必然趋势。加快物资流通产业的发展步伐，充分发挥其在国民经济中的作用，对建立社会主义市场经济新体制具有特别重要的意义。而物资流通市场化是物资流通产业发展的前提，因此，要加快物资流通产业的发展，就必须大力推进物资流通的市场化。在新中国成立以来的头 30 年里，由于我国在理论指导、思想认识和体制设计等方面的原因，我国的物资流通没能进入产业序列，这对国民经济的整体发展都产生了十分不利的影响。改革开放以来，在邓小平同志倡导的建立有中国特色的社会主义理论的指导下，我国物资流通领域的改革与发展，沿着商品化、市场化、产业化的方向稳步推进。改革首先从确立生产资料也是商品，也要按照价值规律的要求，通过市场进行等价交换开始，突破了生产资料不是商品，只能进行指令性计划分配的传统理论和体制的束缚，为物资流通体制的改革奠定了理论基石。

物资部组建后，按照加强物资流通的宏观管理和培育生产资料市场的要求，物资流通的商品化、市场化改革不断向纵深发展。几年来，我部先后提出了搞活流通、发展市场的一些政策问题；提出了建立高效、通畅、可调控的物资流通体系；提出了深化物资体制改革的基本思路，推进物资流通社会化、现代化、合理化。针对物资行业长期不被作为产业对待和物资企业缺乏自我积累、自我发展能力的问题，我部比较早地提出了物资流通产业化的理论，提出了依托流通、背靠金融、兴办实业、全方位发展的发展战略，建立了包括上海金属交易所等在内的国家级批发市场、期货贸易市场和区域性、地方性的各类生产资料市场，制定了一系列生产资料市场管理规则、法规等。经过 14

年的努力，我国生产资料市场已经有了中等程度的发育，物资流通沿着产业化方向已经迈出了坚实的一步，有了一个良好的开端，发展势头很好。但是，我们还必须清醒地认识到，我国的生产资料市场还很不完善，符合社会主义市场经济要求的生产资料流通体制还没有真正建立起来，在资源配置方式、价格形成机制等方面，呈现出双轨并存、利弊交织的复杂局面。市场法规很不健全，交易行为很不规范，存在着严重的不平等竞争。我国的物资流通产业还处于起步阶段，其积累增殖和扩张能力还不强，还有许多因素在制约着它的发展。在这种情况下，抓住当前有利时机，加快物资流通产业的发展，就越发显得重要和紧迫了。

问：前面您多次提到要抓住当前的有利时机，能否对此稍作一些解释？

答：我认为，当前我国物资流通产业的发展面临着前所未有过的机遇，这主要体现在以下几点。第一，党的十四大确立了社会主义市场经济的理论和目标，我国建立社会主义市场经济新体制将会迈出重要一步，经济的市场化进程将大大加快，不仅生产资料市场将进一步发育，过去苦于与生产资料市场不配套的金融、劳动等要素市场也将加快发育，这反过来又必将促进生产资料市场的更快发展。第二，中共中央、国务院关于加快第三产业发展的决定和刚刚闭幕的全国加快第三产业发展工作会议，为第三产业的发展指明了前进的方向，创造了良好的环境。我国第三产业的发展步伐将大大加快。这将为物资企业的经营和发展提供更多的途径和机遇。第三，各级领导和社会各界对发展物资流通的重要性有了更加深刻的认识，大家越来越重视物资流通，国家和各地政府已经制定而且还将制定一些有利于发展物资流通产业的好政策。第四，我国物资流通产业的基本生长点——国营物资企业，正在积极转换经营机制，转变发展模式，已开始摆脱单纯购销型的传统模式，在更加广阔的业务领域寻求发展空间，走一条依托流通、背靠金融、全方位发展的道路。这几年他们的实力进一步增强，为进一步发展物资流通产业奠定了良好的基础。第五，随着我国对外开放的进一步扩大，国内外市场联系越来越紧密，我国将恢复关税贸易总协定缔约国地位，国内外两个市场将进一步接轨，特别是国营大中型物资企业进出口权落实后，利用两个市场、两种资源调节国内物资供求的余地将进一步增大，物资流通的国际化将迈出新的一步。为物资流通产业的发展将提供更为广阔的活动空间。上面几点充分说明，当前物资流通产业的发展面临着最好的机遇。

问：明年物资系统重点要抓好哪几项工作？

答：明年，重点要抓好以下几项工作：一是采取有力措施，加快发展步伐。要在认真总结这几年物资流通产业发展方面各种行之有效的经验的基础上，进一步拓展经营领域和范围，大胆地向一切有利于自身发展壮大的产业渗透和延伸，尤其要采取多种方式加紧向运输业拓展。要继续大力发展经营网点，加强网点建设。要增强风险意识，敢于负债经营。同时，要大力推进物资企业的股份制改造。二是要突出重点，加快改革步伐。主要是继续大力推进流通社会化，加快生产资料市场体系的建设，进一步转换企业经营机制等。三是要加强联合，大力推进集团化经营。在这个问题上，首先是要解决思想认识问题，既要看到流通从生产中分离出来，又在新的基础上与其他相关产业融合，形成以流通为主导的新型关系，是现代经济发展的一大趋势，物资系统必须自觉认识和顺应这种趋势，主动发展与生产、金融、交通运输、科技、商业、外贸企业等的联合；也要认识到，现代市场经济的竞争，不完全是单体的竞争，而且是群体的竞争，不完全是国内的竞争，而且是国际的竞争，流通对生产的组织和调节功能，连接国内外两个市场的纽带作用，需要由大型流通企业来承担，因此必须尽快改变物资企业小而散的状况，改造企业组织结构，加快培育大公司和集团化步伐。其次是要处理好利益关系，要以利益为纽带，开展联合与集团化经营，使大家从中都得到实实在在的好处。四是要进一步扩大开放，推动物资流通国际化。这方面的任务，主要包括：继续落实物资企业的进出口权，在进出口权问题解决前，不等不靠，想方设法积极发展对外贸易，力争全系统进出口贸易跃上一个新台阶；抓住我们即将"入关"的机遇，主动出击，大力开展代理业务，继续搞好三资企业物资供应；积极采取多种形式，广泛吸收外资，大力兴办一批非贸易型的中外合资、合作企业，同时积极争取进行物资流通企业中外合资试点；大胆走出国门，实现国际化经营，等等。五是要精兵简政，加速物资部门的职能转变。

问：现在大家都很关心机构问题，您能就此谈点看法吗？

答：这个问题，我也谈不好。按照十四大精神，政府机构将要进行大的改组，这是肯定的。但是，机构不管怎么动，物资流通产业发展的规划与指导，生产资料市场的建设与完善，物资流通的宏观管理与调控等工作，都是不可少的，只能加强。当前的机遇很好，要做的工作很多，正是大干一番的好时候，如果因为机构变动而放松工作，使大好机遇失之交臂，无论如何是交代不过去的。所以，我认为，与推进物资流通市场化进程，加快流通产业发展，搞好物资经营等工作相比，机构的变动并不是最重要的。即使变，也是为了把关系理得更顺一些，使政府的行政管理更有效，而不是相反。当然，大家关心这个问题，是可以理解的，但不能因此而影响当前的工作和正常经营。

谢谢您接受我们的采访。

重视商德商誉　不说"服务忌语" ^①

（1995 年 8 月 16 日）

　　不说服务忌语，提倡文明用语，开展文明经商、礼貌待客，在不少企业中早有开展。大连百货大楼股份有限公司就在全国首创推出"营业员柜台禁语 50 句"，在此之后，又推出了"文明用语 300 句"，在全公司全面实施"净化语言工程"，引起了巨大的社会反响，取得了良好的社会效益和经济效益，在公众心目中确立了文明经商、文明服务的良好形象。内贸行业是面向亿万消费者的主要窗口行业，从质量管理的角度讲，内贸企业是直接同消费者打交道的，与生产企业通过生产产品为消费者提供原始质量不同，内贸职工提供的服务属于最终质量。开门七件事，柴米油盐酱醋茶，人们哪天都要同商店打交道。内贸职工的服务态度如何，该说什么话，不该说什么话，对消费者的情绪甚至社会的安定都有直接的影响。良言一句三冬暖，恶语伤人七月寒。人民群众往往都是通过身边日常生活的小事来感知社会，体察形势，外国朋友更是通过窗口行业的服务来认识我们的党、我们的国家和我们的人民的。因此，在全国几十万内贸企业和 1000 多万内贸职工中普遍开展不说服务忌语活动，使内贸企业中涌现出更多像大连百货大楼那样文明经商、文明服务的优秀企业，是搞好内贸行业精神文明建设、提高职工队伍素质的重要内容和迫切要求，也是整个社会主义精神文明建设的重要组成部分。每个内贸企业、每位内贸职工，都要视商德商誉为生命，把该说什么，不该说什么，该怎样说，不该怎样说，当作一件大事郑重对待，乐业敬业，尽其全力而为之。

---

　　① 本文为在全国商业系统文明用语推荐会上讲话的主要内容。

八单位提出的50句服务忌语，是一些窗口行业比较典型的忌语。对于内贸行业来说，一方面，要在全行业中普遍开展这项活动，变成每个内贸职工的自觉行动，不是一件容易的事情，难度不小，需要下极大的功夫，贵在自觉，难在坚持，重在普及，不能掉以轻心；另一方面，不说50句忌语，只是在文明经商、文明服务上迈出的一步，仅仅不说50句忌语，还是远远不够的。各个企业都应该像大连百货大楼那样，紧密结合自己的实际情况，丰富、完善这项活动的内容，制定包括有声语、表情语、手势语、操作语、禁忌语等在内的文明服务语言，把该说什么，不该说什么，该怎样说，不该怎样说，作为贯彻服务业质量标准的重要内容，当作一项系统工程来抓，并制定相应的奖惩措施，切实抓出成效。

在内贸行业推行"服务忌语"，作为行业、企业、职工自律和舆论监督、群众监督的商规商约，是十分必要的。但是问题的关键，还在于真正实现企业经营机制的转换，按照现代企业制度的要求，进一步深化改革，真正把内贸企业改造成为自主经营、自负盈亏的法人实体和市场竞争主体，彻底端掉两个"大锅饭"，把职工的服务态度、服务质量同职工的饭碗紧紧挂在一起，把能不能文明经商以及由此而带来的经济效益差异同企业的兴衰成败紧紧挂在一起，从机制上根本解决文明经商的问题。使商无信不立、人无笑脸莫开店这些传统的商业美德与现代企业制度建设和社会主义市场竞争紧密结合起来。只有这样，不说服务忌语才有坚实可靠的保证，文明经商、文明服务才有经久不衰的动力。

能不能不说"服务忌语"，与市场环境也有很大的关系。改革开放十几年来，内贸各行业都打破了独家垄断、一统天下的局面，绝大多数商品也由卖方市场转化为买方市场，出现了万商竞争、多渠道竞相发展的新格局，这为促使内贸企业告别传统的营销方式和冷面售货的服务态度，提供了良好的市场环境。这是内贸行业经营作风发生很大变化、一大批文明企业脱颖而出的重要条件。但是，也应该看到，我国商品市场虽然发育较早，发展较快，市场化程度较高，但还远远没有发育成熟，部分商品供不应求的现象时有发生，商业网点分布不均，也使有些商店不愁客户不上门，一些名店大店和市口好、位置优越的商店，客流多，如果不加注意，也容易出现店大欺客、怠慢顾客的问题。因此，不说服务忌语，开展文明经商、优质服务，既要依靠改善供求关系、促进市场竞争充分化来解决问题，同时又不能完全依赖竞争。有头脑有眼光的商家，特别是那些日子过得还不错，在设施、商品、位置等方面有优势的企业，应该有强烈的忧患意识和竞争意识，居安思危，警钟长鸣，在任何情况下都不能忘记顾客这个上帝。只有这样，才能把不说服务忌语与企业的竞争力、经营力，与企业的兴衰成败，与职工的饭碗联系起来，文明经商、文明服务才能持久，不为形势所左右，服务质量和服务水平才能不断提高。

当然，不说服务忌语，礼貌待客、文明经商，从根本上说，还有赖于全民素质的提高。在我们的社会里，服务对象与被服务对象在人格上是平等的，人们的服务与被服务也是相互的，只有相互尊重对方的人格，平等地交换各自的劳动，把为别人、为社会提供某种服务看作是自己应尽的一份神圣职责和义务。被服务者充分尊重别人的劳动，才能换来更好的服务和更多的尊重。只有这样，不说服务忌语才能由被迫的行为升华成自觉的意识。但从目前来说，在服务与被服务的一对矛盾中，服务方一般处于矛盾的主要方面，应当负主要的责任。因此，内贸职工首先应该从我做起，严于律己，为社会、为消费者献上一份厚爱。只要人人都献上一份爱，人人都献上一份理解和尊重，我们这个世界就能变成美好的明天。

态度生硬，说话不文明，可以说是内贸企业的常见病、多发病。忌语难忌，的确是个老大难问题。大连百货大楼有句名言：老大难，老大难，老大一抓就不难。关键在于管理，在于企业领导班子、一把手是不是真正下决心、下功夫去真抓、去实干，敢于动真碰硬。治沉疴，疗痼疾，必须下猛药。不说服务忌语，也必须晓之以理，动之以利，纠之以猛，才能收到实效。大连百货大楼的经验充分证明，只要有一个好机制，一个好班子，一支好队伍，一套好制度，不说服务忌语，文明经商，文明服务，就一定能落到实处。

"高楼喜见一花开，便觉春风扑面来"。我们相信，乘八单位联合在全社会窗口行业中普遍推行服务忌语的东风，大连百货大楼这枝首创"服务忌语"的文明经商之花，一定能迎来整个内贸行业姹紫嫣红、万花竞芳的满园春色。不说服务忌语，提倡文明用语的文明经商之风一定能够吹遍神州大地。

解决国有企业困难的根本出路：深化改革 [①]

(1997 年 4 月)

近年来，特别是 1996 年以来，在国民经济保持良好发展势头，宏观经济环境得到进一步改善的同时，出现了企业经济效益下滑，亏损增加，部分企业特别是国有企业困难加剧的情况，引起国内外广泛关注，以致引发了国有企业"越改越困难"的议论。如何认识当前国有企业的形势，怎样看待和解决国有企业的困难，的确是当前我国改革与发展的一个重要课题。

国有企业总的形势是好的

首先应当肯定，经过十几年的改革，国有企业的整体素质和活力得到了明显的提高，在为整个国民经济发展和社会进步作出重要贡献的同时，自身也得到了很大发展，国有企业总的形势是好的。突出表现在：一是总体实力进一步增强。1995 年，全国经营性国有资产总量达到 41320 亿元，比 1990 年增长 1.5 倍。二是继续在国民经济中占据主导地位。国家财政收入的 60% 来源于国有企业，城镇职工 70% 以上是由国有企业或其他国有单位安置的。在全国工业企业中，国有工业企业的资产总额、销售收入、增加值和实现利税都占一半以上。三是综合经济效益得到提高。国有工业企业利税总额，1995 年比 1990 年增长近 1 倍，年均增长 14.8%；国有独立核算工业企业的增加值 1995 年比 1990 年增长 1.37 倍，年均增长 18.9%。四

---

① 本文原载《中国经贸画报》1997 年 4 月。

是涌现出一批充满生机与活力的优势企业。国有企业的经济实力和效益正在向优势企业集中，规模经济和规模效益开始形成，产业集中度不断提高，在各个行业中都出现了一批颇具实力、在国内外市场上具有较强竞争能力的大企业和企业集团。与此同时，国有企业和职工在观念上也发生了很大变化，培养和造就出一大批高素质的创业经营者和管理者；国有企业还承担了自身改革和宏观经济改革的主要成本，为国民经济和其他经济成分的改革提供了大量的能源、原材料和技术装备等基本生产条件。所有这一切都充分说明，国有企业改革的成效是显著的。国有企业尽管遇到了很大的困难，仍然是国有经济的支柱，继续在整个国民经济中发挥主导作用。如果没有国有企业的支撑，我国国民经济的快速发展和社会的全面进步是根本不可能的。

当前国有企业改革正处在一个非常关键的时刻

在充分肯定国有企业的巨大成就和贡献的同时，也必须看到国有企业存在的问题和困难。不可否认，近年来特别是 1996 年以来，国有企业盈利水平下降，亏损增加，部分企业生产经营困难程度加重。1996 年头四个月国有工业企业出现了净亏损，这是多年来从未有过的。虽然后几个月情况有所缓解，但问题仍然很严重。全国独立核算国有工业企业去年利润总额 417.49 亿元，比上年下降 42.5%；亏损企业亏损额 726.69 亿元，比上年上升 37.53%。6.95 万户企业中有 2.62 万户亏损。不少企业处于停产半停产状态，有的连职工工资也发不出去。出现这种情况，原因是多方面的。既有市场变化较大、需求拉动减弱的原因，如生产资料需求不旺、消费品没有形成新的热点、出口下降和进口冲击等，减少了企业的账面利润。也有企业初次分配关系发生变化，经济效益转移的因素，如利息、税金和各类基金增加，折旧提高，原材料和能源、交通提价影响等。同时也有市场环境的影响，如国外强有力的竞争对手不断涌入，加剧了市场竞争；过量进口、走私和变相走私，对国内生产造成不小冲击；

国内市场发育不成熟，竞争不规范，国有企业在与其他经济成分竞争中处于不利地位，等等。但从根本上说，还是国有企业不能适应发展社会主义市场经济新形势的要求，企业自身改革不到位，外部改革不配套。目前，国有企业改革所遇到的矛盾，大都是深层次的重点难点问题，解决起来难度很大。除企业自身经营和管理方面的问题外，最为突出的，一是由于长期以来国有企业只生不死，积淀了一批资不抵债、扭亏无望的企业，需要通过建立优胜劣汰机制，加大兼并破产力度，使其在资产重组和结构优化中获得新生。二是国有企业普遍存在人多、债多、办社会负担重的问题，要改变这种局面，有待于建立社会保障体系，分离企业富余人员和办社会职能，建立企业资本金注入机制，逐步降低国有企业负债率。三是政企不分、政资不分的问题还没有真正的解决，要使国有企业真正成为法人实体和市场竞争主体，需要加快政府职能转换与政府机构改革，理顺国有企业的责权利关系，建立有效的激励机制和监督约束机制。这些问题绕不过去也拖不下去，同时又不是一朝一夕能够解决的，国有企业改革目前正处在一个非常关键的时刻。

解决国有企业困难的根本出路在于进一步深化改革

客观地说，国有企业目前所遇到的困难，不是改革造成的。从一定意义上说，这种困难是改革过程中难以完全避免的，也是改革深化的一种必然反映。要解决这些困难，根本出路还在于进一步深化改革，包括进一步深化企业改革，切实转换企业经营机制，同步推进配套改革，为企业营造良好的外部环境和创造必要的条件。从这个意义上说，国有企业不是"越改越困难"，而是越改越想要改革。只有进一步深化改革，才能使国有企业摆脱困境，实现良性循环，走上健康发展的轨道。

经过十几年的努力，国有企业改革在许多方面进行了有效的探索，走出了一些路子，也积累了不少宝贵的经验。从许多地区和企业的实践看，加大国有企业改革的力度，加快改革步伐，需要在以下五个方面做出努力。

一是着眼于搞好整个国有经济，坚持搞好大的，放活小的。根据大企业与小企业的地位、作用和不同特点，重点搞好大企业，使其在稳定经济、稳定市场等方面发挥骨干作用；放开放活小企业，使之充分发挥繁荣市场、为民服务和增加就业等方面的积极作用，这是对国有经济实施战略性改组，更好地发挥其主导作用的重要措施。国家已经确定重点抓好1000户重点企业，同时，采取改组、联合、兼并、股份合作、租赁、承包经营和出售等多种形式，进一步放开放活小企业。

二是着眼于提高企业整体素质，坚持"三改一加强"。邯钢等许多企业把改革、改组、改造与加强管理有机结合起来，通过改革建立新机制，通过改组优化企业结构，通过改造推动企业技术进步，通过加强管理发挥各种生产要素的作用，收到了很好的效果，必须长期坚持，推动更多的企业做到"三改一加强"，全面提高企业的整体素质。

三是着眼于建立优胜劣汰机制，进一步加大减人增效、兼并破产的力度。国有企业情况千差万别，在市场经济条件下，要把每一个国有企业都搞好，是不可能的，也是不必要的。目前，国有企业人浮于事，影响企业加强管理，提高经济效益。实行减人增效、兼并破产，可以使企业以产定人，以岗定员，提高效率，可以使优势企业迅速扩张，实现规模效益，也可以使劣势企业在重组中获得新生，实现资源优化配置。全国已在58个城市进行了"优化资本结构"试点，分流富余人员几十万人，有几百家企业被兼并破产。今年，试点城市已扩大到110个。同时，确定一些新的政策措施，推动减人增效、兼并破产工作。

四是着眼于减轻企业负担，进一步加快分离分流、增资减债步伐。要使国有企业轻装进入市场，与其他经济成分在市场上平等地进行竞争，必须通过多种途径，减轻冗员和离退休人员负担，分离企业办社会的职能，减轻债务负担，降低资产负债率。这方面，虽然做了大量工作，取得初步成效，但离市场经济对于国有企业的要求还有很大差距，需要进一步加快步伐。

五是着眼于创造良好的外部环境，坚持配套改革，整体推进，相互衔接，形成合力。国有企业改革必须与其他方面改革同步推进、配套进行这一点，改革愈是深入就显得愈发重要。因此，在进一步深化国有企业改革的同时，必须大力推进政府机构改革，加速政府职能转变，加快建立社会保障体系，促进市场发育，为国有企业参与市场竞争创造必要的条件和良好的环境。完全可以有理由相信，国有企业经过努力，是可以搞好的。国有企业改革是一定能够取得成功的。

着力减轻国有企业非税负担 [①]

（1997 年 4 月）

国有企业非税负担情况种种

　　企业非税负担分为企业办社会负担和对外非税负担。前者包括企业办学校、办医院和其他公益事业，负担离退休职工医疗费、工资等；后者包括各种收费、基金、集资、摊派、赞助和捐献等。其中收费、基金和集资可分为政策性和非政策性两类：政策性项目是指经中央和省市两级政府批准设置的收费、基金和集资项目，除此以外的则为非政策性项目。

　　对国有企业非税负担不断加重问题，特别是对乱收费、乱摊派，党中央、国务院非常重视。1988 年、1990 年分别发布了《禁止向企业摊派暂行条例》（以下简称《条例》）和《中共中央、国务院关于坚决制止乱收费、乱罚款和各种摊派的决定》（以下简称《决定》）。近年来，为减轻企业非税负担也做了不少工作。但总的看，《条例》和《决定》还没有得到很好的贯彻落实。乱收滥摊不但没有得到有效抑制，而且愈演愈烈，呈发展、蔓延之势，各种基金、集资也不断增多，企业办社会负担有增无减，国有企业非税负担还在不断加重。

　　通过对 45 户典型企业抽样调查数据的处理和分析可以看出，目前我国国有企业非税负担的情况大致如下：一是非税负担与税负担相比，1995 年 45 户企业各种非税负担占销售收入的比例为 8.9%，与同期全国预算内国有工业企业税金占销售收入的比例 9.2% 大体相当；二是企

---

　　① 本文原载《求是》1997 年第 7 期，侯云春、唐元执笔。

128

业办社会负担占销售收入的 4.5% 左右，占非税负担的一半左右。由于非国有企业这部分负担较少，使国有企业与非国有企业在市场竞争中处于不平等地位；三是在对外非税负担中，政策性的占 41.8%，非政策性的占 58.2%。非政策性的对外非税负担主要是企业对乱收费、摊派、赞助、捐献和非政策性基金、集资等项目的支出。45 户企业这些项目占销售收入的 2.4%。照此推算，1995 年全国预算内国有工业企业承担的非政策性对外非税负担约 600 亿元左右，占当年实现利税的 21%，比亏损企业亏损额 541 亿元还多；四是在对外非税负担中，收费、基金、集资和摊派三部分占的比例分别为 48%、41% 和 11%，分别占销售收入的 2%、1.7% 和 0.45%。

调查分析还表明，在收费项目中，政策性收费占小部分，只有 17.6%，主要是中央和各省统一征收的项目，如教育费附加等，而非政策性收费占了 82.4%，占销售收入的 1.65%。在基金项目中，政策性基金占的份额为 85%，非政策性基金占 15%。在政策性基金中，用于建立社会保障体系的各种基金大致占 80% 左右。按此比例推算，估计 1995 年全国预算内国有工业企业承担的各种基金约为 360 亿元，其中政策性基金有 306 亿元，用于建立社会保障体系的基金（净上缴额）约为 245 亿元，占销售收入的 1.08%。可见，国有企业为建立社会保障体系付出了较大成本。企业用于集资、摊派、赞助、捐赠方面的支出占对外非税负担的 11%。占销售收入的 0.45%，这里面的问题不少，企业的意见很大，需要下大力气整治。

通过对上述国有企业非税负担种种情况的分析，我们发现，企业办社会支出的增长幅度与企业销售收入的增长幅度大致持平，这部分支出占企业各种非税负担支出的份额呈下降趋势；而国有企业对外非税负担以远高于销售收入的速度增长。某省对 21 个典型企业进行抽样调查，发现这些企业 1995 年销售收入增长 25.6%，而对外非税负担则增长了 49.33%，增幅几乎高出 1 倍。在各种非税负担中，增长最快、影响最大的是收费和摊派项目，呈蔓延、扩大趋势。一是名目多，河北某城市 1995 年对国有工业企业收费项目达 1145 项，还有一个城市达 1098 项；二是渠道乱，向企业收费、摊派的源头有各级政府、行业管理部门、行政执法部门、各种群众组织、学术团体、中介机构、各类事业单位以及街道办事处，等等，大大小小、方方面面共涉及约600多个单位；三是数目大，湖北省宜昌市反映，企业修职工宿舍，每平方米各种收费高达310元，而每平方米的建筑费用才430元，相当于建筑费用的72%。

国有企业非税负担加重事出有因

国有企业非税负担重，特别是乱收费、乱摊派屡禁不止的主要原因有：

（一）改革不到位。主要是政府职能转变没有到位。国有企业仍处于改革过程之中。政府与企业的经济利益关系尚未按市场经济要求理顺，政府仍让企业承担大部分全社会改革和发展的成本，企业的自主经营机制还没有真正建立起来，缺乏自我保护意识和对乱收费、摊派的抵制机制，使国有企业成了谁都能吃一口的"唐僧肉"。

（二）分配失衡。改革开放以来，财政收入占国民生产总值和中央财政收入占财政总收入两个比重不断下降。预算内财政收入占国民生产总值份额由1980年的23.3%下降到1995年的10.7%。由于政府财力越来越弱，中央政府与地方政府之间、政府内各个部门之间财权与事权不清。政府特别是中央政府对经济和社会发展的调控能力不断弱化，许多本该由中央做的事或政府财政做的事往往因为财力不足而难以承担，出现了诸如政府部门行政事业经费普遍短缺1/3—1/2、教育经费严重短缺、公益事业、基础设施建设资金投入不足等现象。为了解决这一矛盾，各级政府一方面通过设立一些政策性收费项目来专项解决，如征收教育费附加等；另一方面更多地通过上级政府向下级政府、政府财政部门向其他部门转移事权来消化，通过"给政策"的方式将财权、事权向下分散转移，允许下级政府、非财政部门、各种事业单位向企业收费、拉赞助、募捐、集资等，这是形成目前向企业收费和摊派的依据和借口，也是乱收费、乱摊派屡禁不止、使国有企业非税负担不断加重的一个深层次的原因。

（三）利益驱动。向企业收费与征税同样是对企业效益的分割，二者此消彼长。收费实际上是企业效益在中央政府、地方政府、企业和收费部门四个经济主体之间的一种分配形式。地方政府及收费单位收费越多，地区经济的发展就越快，收费部门职工的待遇就越高。这种利益驱动机制，导致各地、各部门、各单位向企业收费、摊派攀比成风，甚至出现"软税硬费"的状况。

（四）监管不严。一是对政策性收费项目的审批和对收费标准的确定缺乏统一标准，随意性很强，收费标准和收费科目层层放大。二是非政策性收费项目大都由地方政府、行业垄断部门、企业主管部门以及中介机构自定，基本不受约束，几乎处于失控状态。三是对收费支出的监察、审计不严，从地方利益出发，一些地方的监察和审计部门对乱收费、乱摊派眼睁眼闭，甚至为其保驾护航。四是企业缺乏有效的自我约束和内部监督机制，部分企业的领导人为了讨好上级，获得升迁，慷国家和企业之慨，对乱收费、乱摊派根本不去抵制。

国有企业非税负担的不断加重，特别是乱收费、乱摊派的不断增加，不仅严重蚕食了企业利润，使企业困难加剧，成为影响企业经济效益的一个重要因素，更严重的是扰乱了经济运行秩序，弱化了政府、特别是中央政府对国民经济和社会发展的调控能力，导致国有资产流失，给以权谋私、不正之风以可乘之机，滋长了腐败现象，污染了社会风气。这个问题不再是一个单纯的经济问题，而是一个关系改革与发展乃至社会稳定的政治问题、社会问题，已经到了非下决心解决不可的时候了。

减轻国有企业非税负担势在必行

针对国有企业非税负担日趋加重问题，一些省市都很重视，制定了许多治理"三乱"、减轻企业负担的规定、条例。近两年，湖北、河北、四川、黑龙江分别组成了由省领导挂帅的调查组，制定了适合本省实际的减轻国有企业负担的有关地方法规、条例，积累了不少好经验，摸索出了一些行之有效的做法。

一是聘请企业负担监督员。从工会负责人或职代会代表中推荐监督员，按照分级负责的原则，由各级纪检、监察部门会同企业主管部门共同审核聘任，对企业的各种收费、集资、摊派进行监督，制止执法部门和执法工作人员违反规定的行为；监督企业按时如数缴纳应承担的收费，并及时向各级纪检、监察部门和企业主管部门反映企业负担情况。

二是实行企业负担登记制度。向国有企业发放《企业负担登记簿》，要求凡向企业进行的各种收费、摊派，都由企业监督员按《企业负担登记簿》中的要求进行登记，不登记属违法行为。企业支付的每一项政策性收费的项目名称、文件依据、征收比例和数量、征收部门等要逐一登记上报，进行严格审查，不符合规定的，坚决予以清退。企业有权要求执法人员出示执行公务的证明，提供收费的政策依据。行政执法人员必须主动出示执行公务介绍信、收费许可证、本人工作证，说明政策依据，并在《企业负担登记簿》上的有关栏目签字，履行登记手续后，方可执行公务，否则企业可不予接待。对拒不接受监督的，则由各级纪检、监察部门和企业主管部门出面制止，企业可拒绝交款。

三是对部分企业实行挂牌重点保护。重庆市、乐山市根据实际情况，选择一批国家或省、市建立现代企业制度试点企业和产品有市场、效益好的企业，实行挂牌重点保护。给被保护企业悬挂《企业合法权益重点保护单位》的牌匾，张贴有关规定，由同级纪委、监察部门进行日常的监督监察，收到了较好效果。

从根本上看，减轻国有企业非税负担，特别是制止向国有企业乱收费和各种摊派，必须在全党形成共识，进行综合治理，像抓减轻农民负担一样抓减轻国有企业不合理负担的工作，层层落实目标责任制，力争在"九五"期间能基本解决国有企业非税负担过重的问题。从现在起到今年底，以治标为主，要尽快遏制国有企业非税负担不断加重，特别是乱收费和各种摊派扩大的势头，制定和完善必要的法规和制度，为从根本上治理做准备。1998—2000年，以治本为主，要理顺收入分配关系，划清各级政府的财权、事权，合理确定国有企业可承受的负担水平，建立健全并切实执行必要的政策法规，将企业负担的管理纳入法制化和规范化的轨道，从根本上解决国有企业非税负担过重的问题。从近期看，应做好以下几件事情：

第一，要从全局的高度重视减轻国有企业负担问题，将其作为企业改革与发展和反腐败的一件大事来抓。加强舆论宣传，充分认识到负担过重是严重制约国有企业改革和发展的突出问题，把完成减轻国有企业负担工作的好坏与各级党政领导的政绩挂钩，作为重要的考核指标。各级党政领导和有关部门，要认真执行中央有关政策，廉洁自律，不能向企业乱伸手，不能不顾企业承受能力，乱收滥摊，竭泽而渔。同时，要充分发挥舆论的监督作用，对违反党中央、国务院《决定》精神，巧立名目、数额较大、影响很坏、情节严重的乱收滥摊典型事例，公开进行曝光。即使符合规定的各种行政事业性收费标准和收费情况，也要按年度定期向社会公布，增加透明度，主动接受企业和群众的监督。

第二，国家要下决心对收费、摊派进行一次全面清理，并尽快制定出减轻国有企业非税负担的实施方案。国家应明令凡是国务院和省级政府明文规定之外的各种收费、集资、基金等项目一律停止执行；要求各地区、各部门限期严格按照中央下发的《条例》和《决定》精神，对近几年来行政事业性收费情况进行自查自纠；由有关部门对自查自纠情况进行抽查，并对收费项目进行认真清理，重新审定发布。

第三，进一步完善法规，加大执法检查力度，严格政策性收费管理。要进一步制定和完善向企业收费的有关规定，使减轻企业非税负担的工作有更明确的法规可循。建立健全收费管理制度，特别要建立健全收费财务单独列账制度，严格列收列支，不准挪作他用，并将其纳入每年财税大检查的内容。各级监察、审计部门应加大对企业收费的监察、审计工作，定期审核各种收费项目和收费标准以及监察各种收费的收支情况。

加快实施大公司战略是我国
经济改革与发展的关键^①

（1997 年 6 月 2 日）

  随着我国改革开放的进一步深入和全球经济一体化趋势的增强，实施大公司战略，加速培育一批核心业务和运作能力强的大企业，使之在促进我国经济结构调整，推动产业升级，实现资源优化配置和生产力合理布局等方面，发挥大企业效应，并在与强大国际竞争对手的争衡中，发挥"国家队"的作用，越来越成为我国经济改革与发展的一项紧迫任务。带着这个问题，国家经贸委研究室组织培训班于 2 月 25 日至 3 月 23 日赴美，着重了解了美国大企业的有关情况，并结合当今世界经济发展的趋势，对我国实施大公司战略进行了思考，建议像 80 年代初期搞特区那样，采取非常措施，搞若干规模大、机制新、包袱轻的"特企"。现将有关情况和具体意见汇报如下。

一

  大企业一直是美国经济的支柱，在汽车、航空、军工、冶金、石油、通讯、流通等行业中，都有几个国际知名的大企业，在政治和经济生活中发挥着巨大的作用。在美国的 2000 多万个工商企业中，5% 左右的大企业占全美企业生产总额的 50%—60%；国民生产总值的一半以上是由大企业创造的，联邦政府财政收入中也有一半以上是大企业提供的。《幸福》杂志公布的 1995 年世界 500 家最大公司中，美国

---

① 本文原载《领导参阅》1997 年第 4 期，侯云春、彭华岗执笔。

占了 153 家，比 1994 年又增加了 2 家。美国最大的工业企业通用汽车公司，1995 年销售额达到 1688 亿美元，比 1994 年增长 9%；利润 68.8 亿美元，增长 40.4%。最大的流通企业沃尔玛公司，有 3000 多家分店，去年的销售额达到 960 亿美元，今年将突破 1000 亿美元。

美国的大企业，是按照规模效益和专业化的原则，在一次又一次的企业合并与购并中发展起来的。美国历史上先后出现五次企业兼并收购浪潮。第一次发生在 1893—1904 年，基本特点是同业合并，2864 起企业购并涉及资产 63 亿美元，使 100 家最大公司的总规模扩大了 4 倍，控制了全国 40% 的工业资本。第二次发生在 1915—1929 年，购并形式开始多样化，纵向购并增多，一些行业特别是汽车制造业、石油工业、冶金工业及食品加工业，在这期间完成了集中的过程。第三次发生在 1954—1969 年，混合兼并数目大增，1280 家百万美元以上资本的企业被兼并，200 家最大企业的资产在兼并中增加了 15.6%，产生了许多大型跨行业公司。第四次发生在 1975—1991 年，大量的公开上市公司被兼并。1994 年以来出现的第五次浪潮，目前仍在继续发展之中。这次大规模的企业购并，带有明显的国际竞争色彩，是以世界市场为舞台，以国际跨国公司为对手而进行的，特点是强强联合，强手联体，一些被兼并企业本来就是全美甚至是全世界数得上的大企业。如名列美国银行第四的化学银行和第六的大通曼哈顿银行合二为一，组成拥有约 3000 亿美元资产的全美最大银行；美国电话电报公司以 126 亿美元收购麦考移动通信公司；洛克西德公司和马丁公司两家最大的国防工业公司合并，涉及金额 100 亿美元；波音公司以 133 亿美元收购了拥有世界民用客机 15% 市场份额的麦道公司。去年，在美国的企业购并中，对外宣布的成交项目 6107 个，涉及资产 4950 亿美元。

据美国权威人士分析，由于各种原因，不对外宣布的购并项目估计为对外宣布的 5—7 倍，也就是说，去年全美有三四万起企业购并行为发生，是美国历史上企业购并最为活跃的一年。新一轮的企业购并热潮使美国大企业在国际竞争格局中的位置和角度得到很快调整，提高了竞争能力。这几次大的购并，资本、技术、人才和市场份额，迅速向优势企业集中，既使已有的社会生产能力得到有效利用，又大大缩短了优势企业大型化、巨型化的过程。正如美国经济学家概括的那样：几乎没有一家美国的大公司，不是通过某种方式、某种程度的兼并或合并成长起来的，几乎没有一家大公司是主要靠内部扩张成长起来的。

在长期的市场竞争中，美国企业在组织形式、内部管理与运作等方面，形成了一些明显的特点，这在大企业身上表现得最为集中、最为突出。

一是建立在广泛社会协作基础上的专业化生产与经营。美国的大企业虽然规模巨大，但并不搞大而全，而是把主要力量集中在主导产品的市场开拓、技术开发和生产的组织上，大部分零部件都从中小企业采购。许多大企业决定生产或放弃某种产品，原则是"不做第一，就做第二"，在同行业中处于领先地位，否则就将这部分生产能力和专业工厂卖给做得更好的企业。在扩大主导产品生产时，首先考虑能否购进别人已有的生产能力，而不是自己上项目、新办企业。企业的各种事情，只要别人办得更好，效率更高，费用更省，就决不自己办。不但员工福利交给社会服务机构，企业员工培训、产品市场调查等重大事务也交社会中介机构去做，从而保证大企业把自己的精力集中用于主导产品和核心业务。

二是高度集中管理的单一法人结构。美国的大企业虽然拥有众多的工厂、科研开发和销售机构，但大多数大企业都实行单一的法人结构，只有总公司才是法人，分公司、专业公司虽然不少在财务上实行独立核算，但不是独立的法人。这种结构方式，权力高度集中，便于统一管理，整体性、计划性很强，可以在市场竞争中发挥规模效应和整体优势。

三是体现高效率的扁平化管理方式。为了克服大企业机构臃肿、层次太多、反应迟钝、决策缓慢的毛病，适应日益激烈的市场竞争要求，对市场变化做出灵敏快捷的反应，美国企业特别是大企业出现了管理扁平化的趋势。他们精简机构，使管理"变瘦"；减少层次，使管理"变扁"。大企业比较普遍地采取事业部制，总部的副总裁直接担任事业部的总裁。企业内部机构设置，按项目设部门，按任务定人数。

层次少，人员精，效率高，指挥灵便。

四是管理人员与企业发展利益一体化的分配机制。在美国的企业中，白领阶层一般都拥有本企业的股份。特别是对经理等高级管理人员，更是以多种方式把他们与企业的发展紧紧拴在一起。拥有 120 亿美元资产、10 万员工、年销售额 140 亿美元的联合信号公司，总裁的年收入中，只有 20% 是以薪金形式支付的，其余的 80% 以公司股票的形式付给。其他高级管理人员年收入的相当部分也是以公司股票的形式支付的。而且一般来说，高级管理人员持有的本公司股票，在任职期间是不能出售的。这样一来，企业的长远发展和资产的保值增值，与高级管理人员的切身利益紧密相关，从而激发他们更加精心地从事企业的经营和发展，避免短期行为。

五是着眼国际竞争抢占产业制高点的技术进步体系。美国企业都非常重视技术进步，他们把技术创新能力和现金支付能力作为衡量企业实力和活力的两个最重要标志。这在大企业表现得更为明显。他们在研究开发上下的功夫很大，也舍得花钱。IBM 去年用于网络软件的开发投资高达 42 亿美元，相当于我国全国一年的科研开发经费总和，这还只是该公司科研开发经费的四分之一。

美国大企业的发展与运作，与其特有的社会环境、市场环境是分不开的，政府的作用也不可低估。美国政府虽然不直接干预企业，但对企业的影响是很大的。政府是企业（主要是大企业）的最大客户，政府对大企业的影响，往往通过财政预算来体现。政府一年约消耗 1.5 万亿美元，占国民生产总值（GNP）的 30%，仅国防装备订货去年就达到 2500 亿美元。政府每年还要花巨资支持一批大型研究开发项目，如美国航天计划（NASA）、国家基因工程（NSF），还有信息高速公路（DARPA）等。这些巨额订单和大项目只有大企业才能争取到手。政府往往也通过这种手段，补充大企业的研究开发经费，推动大企业技术进步。因此，大企业非常关注政府年度财政预算的分配方案。在首都华盛顿，几乎所有大企业都有自己的代表处，以保持与政府、国会的密切联系。

美国政府对大企业的影响，特别表现在维护国内竞争格局和提高美国企业的国际竞争能力方面。政府对大企业的方针和原则，在国际竞争和国内竞争中，是有所不同的。在与国际对手的竞争中，随着世界大市场的形成和其他跨国公司的崛起，美国企业遇到了越来越强的挑战。为了保护美国的利益，国会和政府支持大企业的购并，以便与国际竞争对手抗衡。如波音与麦道公司的合并，按美国的反垄断法是不允许的，但出于与欧洲"空中客车"公司竞争的需要，合并得到了政府的默许。再如在对我国三亚机场导航设备的竞标中，美国商务部就曾拿出钱来支持洛克希德公司与法国公司竞争。但在国内竞争中，可能形成垄断时，国会和政府便使用法律和行政手段打破垄断，以鼓励竞争，提高效率，保护消费者利益。最近较典型的例子是 AT&T 公司的分解。过去，这个公司几乎垄断了美国全部电话通讯业务。克林顿政府上台后，以保护竞争为由，强制把 AT&T 公司一分为三，并鼓励其他公司参与国际电话业务的竞争。

还需要提一下的是，在企业大型化的同时，企业小型化的趋势也在发展。小型化是适应生产经营专业化、信息化的趋势，提高经济活力的要求，而大型化则是适应世界经济一体化大趋势，增强全球竞争能力的需要，这种两极化发展的趋势并不矛盾。美国政府支持中小企业，着眼点是增加就业机会，政策偏重点是社会目标。扶持大企业，着眼点是增强竞争能力，政策偏重点在于经济目标。而企业大型化与小型化又都是建立在合理社会分工、相互依存基础上的，两种趋势相辅相成，构成了美国经济发展的总格局和大趋势。

美国与我国制度不同，经济发展处于不同阶段，文化背景也有很大差异，他们的做法，不一定都适合我国的情况，但其中一些带有规律性的东西，值得我们借鉴。

二

冷战结束后，随着全球经济一体化进程的加快，经济组织形式、竞争方式正在发生着深刻的变革。当今世界，国际经济竞争实际上不是在国家之间，而是在大公司之间进行的。目前世界贸易总量中，有一半以上是在 3000 多家大公司之间的交易。从一定意义上讲，大企业就是一个国家的象征，代表了一个国家的实力。看一个国家的经济实力如何，最重要的是看其有多少国际知名的大企业。人们往往通过传媒和生活体验，从产品品牌和企业商誉认识一个国家。通用、福特、波音、IBM、沃尔玛代表的是美国；丰田、松下、日产、三菱象征着日本；提起德国，首先想到的是西门子、奔驰、大众；人们也正是通过现代、大宇、三星掂量出韩国的分量。这次美国之行，使我们对大企业的地位和作用，有了更深刻的感受。美国之所以雄踞世界经济强国之首，靠的就是一批辐射全球的巨型和超巨型企业。

在与美国各方面人士的接触中，我们有一个强烈的感觉，在美国和其他西方国家眼里，中国是一个诱人的大市场，但却很少有人把中国看作是现实的竞争对手。原因就在于，中国没有能与之竞争的大企业。中国 500 家最大工业企业的销售收入之和，还不及通用公司一家的水平。电子行业 100 家企业的销售总额，只相当于 IBM 公司的五分之一。全国零售商业百强企业的总营业额，还不到沃尔玛的十分之一。我国企业不但规模小，技术装备水平、管理水平、产品开发能力等，也有很大差距。当前，我国企业面临着越来越激烈的国际竞争。一方面许多产品的全球市场被国际大公司分割，20 家跨国电脑公司控制了几乎整个世界的计算机市场；10 大跨国化学公司、10 大跨国半导体公司和 20 家跨国汽车公司，垄断了 90% 以上的国际市场。另一方面世界知名大公司如可口可乐、东芝、松下、柯达、爱华、三星电子、摩托罗拉等，通过各种途径战略性地进入了中国市场。他们的着眼点，不是一时的利润，而是抢滩占地。随着我国进一步对外开放，尤其是加入世界贸易组织之后，我们将面临更大的冲击，不再可能依靠非经济手段保护民族工业。只有真正把我们的大企业搞起来，才能实施有效的自我保护。目前虽然中国的某些产品在世界市场上有一定的优势，但主要依靠廉价劳动力和资源的过度消耗，这种优势不可能持久。国际竞争的大格局和大趋势，不可能再允许我国企业如此分散地参与国际竞争。改变我国企业小、散、差的状况，尽快培育能在国际市场上具有竞争能力的"重量级选手"，已是我们非常紧迫、不可回避的选择。

改革开放以来，我们国家从国际竞争的现实和需要中，越来越迫切地感受到提高企业国际竞争力的重要性和必要性。对于培育大企业，国家十分重视，采取了不少措施。在企业的努力和国家的支持下，也涌现出了一批具有较强实力的优势企业。但是，能与国际驰名的大企业相抗衡的，可以说，目前一个也没有。造成这种局面的原因，是多方面的：条块分割，地区和部门利益刚性大，阻碍了企业跨地区、跨行业发展；现行的企业所得税征收办法，固化了由企业隶属关系而形成的利益分配格局，阻碍了企业的联合与兼并；投融资主体错位，不利于企业的自我积累和自我发展；企业特别是国有企业功能定位不清，企业办社会包袱沉重，拖住了企业发展的脚步；思想观念陈旧，宁当鸡头，不当凤尾，影响企业的重组与兼并；管理素质差，水平低，缺乏驾驭、运作大企业的能力，等等。这些都是影响我国大企业发展的重要原因。

我们现有的培育大企业的一些做法，措施力度还不够，有的搞不好还可能带来一些负效应。发展企业集团，主观愿望是要解决企业规模小、经营分散的问题，但效果不明显。集团数量太多且不说，许多集团是在现有条块范围内"归大堆"搞起来的，徒有形式，产权关系不清晰，内部管理不规范，组织过于松散，核心业务和能力不强，没有形成真正意义上的大企业。培育大企业，非常必要，但如果各地甚至市县乡镇都要自己搞，"龙头"太多，力量分散，过度竞争，影响生产要素的积聚和集中，结果是谁也大不起来。鼓励企业兼并，目的是促进结构调整，现行的政策虽然可以解决部分困难企业的问题，对优势企业的扩张也有一定积极作用，但政策的重点是鼓励兼并困难企业，特别是在具体操作中往往拉郎配，使优势企业反而背上一个不轻的包袱。从培育有国际竞争能力的大企业来看，更需要的是鼓励和推动强强联合。结构调整，如果仍然依托条块分割的体制进行，虽然也可以解决一些问题，但不可能从根本上解决地区结构趋同、重复建设的问题，而且有可能给更高层次、更大范围的调整设置新的障碍。

培育我国的大企业，靠单个企业自我发展，在市场上"滚雪球"，虽然不失为一条重要的途径，但是，有几个问题，是不能不考虑的。首先，这种方式发展慢、难度大，需要一个很长的过程，与我国面临的国际竞争形势和加入国际贸易组织的时间表相比，远水难解近渴。而且，目前日子比较好过的国有企业，机制转换问题并没有解决，在减轻企业办社会负担、分流富余人员和离退休人员社会化管理等方面，从职工、企业到政府、社会，遇到的阻力比困难企业更大，企业为此而负担的成本更重，长此下去，这些企业的优势将大大减弱甚至丧失。改革开放以来，不少国有企业好景不长，由盛转衰，这是一个重要原因。其次，在对外开放日益扩大的今天，我国的优势企业和名牌产品，往往是国际战略竞争对手盯着的目标，有的不惜重金购买我们的名牌束之高阁，有的不惜低价倾销，企图挤垮我们的优势企业。在目前这样的国际竞争格局和态势下，我国的优势企业光靠自身努力，是很难成长为世界级大企业的。再者，现行体制也不利于大企业的发展。我国国有企业的"老板"是一个，有利于资本集中和结构调整，在较短时间内组织和培育出有国际竞争力的大企业，这本来应该是我们的优势，但条块分割、各自为政的现行体制，反而成了大企业发育的障碍，连企业通过市场自我发育也难以做到，大企业的发展与现行体制发生越来越激烈的碰撞。在现行体制和经济环境下，我国的大企业是很难生长发育起来的。在这种情况下，按常规培育我国的大企业不仅太慢，而且很难走得通。必须采取非常措施，以强有力的行政手段打破条块分割的格局，促使企业进行战略性重组，尽快营造和培育一批能够称雄于世界经济舞台的大企业。

三

如何实施我国的大公司战略，我们认为，在继续支持鼓励优势企业自我积累、自我发展的同时，有必要采取超常规的办法，像当初创办特区那样，搞一些"特企"。所谓"特企"，一是特在采用资产划拨等办法，强强联合，有效重组，把规模迅速搞大；二是特在让其率先按照市场经济规律和现代企业制度的要求运作，最大限度地实现市场化。可以考虑选择若干实力比较雄厚、市场占有率高、有发展后劲、管理能力强的国有或国有控股企业，让其按照参与国际竞争、发展核心业务的需要，在全国范围内选择企业，扩张实力，由国家给其一定的"粮票"（国有资产扩张额度），涉及到国有企业，划拨资产，龙头企业不必实际出资；涉及到其他经济成分的，在其自愿的基础上，由龙头企业出资收购或组成多元化的股份公司。组织这样的大企业，要把握几个原则：一是以企业为主体，按市场办法来操作，政府只起推动作用；二是购并要按社会化、专业化的原则，强调核心业务的需要，不能搞大而全；三是既要有规模，又要有竞争，如在冶金、汽车、家电等竞争性行业中逐步形成三五家大企业相互竞争的格局。这些企业建立起来之后，在我国社会主义市场经济体制尚未完全建立、各项配套改革还没有到位的情况下，对他们率先采取以下措施：

首先，以效率、效益为目标，优先分离社会职能，分流富余人员。这些企业任务就是抓效益、占市场、抗冲击，功能定位就是追求高效率和高效益，他们的社会职能、富余人员和离退休职工等，要由社会保障体系优先承接下来，使其能够集中精力，轻装上阵，专心致力于企业的经营和发展。

其次，授予国有资产经营权，由国家直接管理。为便于组织、实施大公司战略，理顺各方面的关系，对这些企业实施必要的管理和监督，可以考虑国家成立"大企业促进委员会"，或指定现有的某一机构，代表国家行使所有者职能。包括任命董事会、派出监事会、确定分配原则，等等。任何部门和地方，除像对其他经济成分的企业一样依法行使职能外，不得插手和干预这些企业的各种事务。

第三，率先实现投融资主体的转换，使其能够从资本市场上直接筹集发展资金。对这些企业，在股票上市、发行可转换债券、吸纳机构投资等方面，应当给予优先考虑；技术改造、技术开发、技术引进和优化资本结构等方面的政策，也应向他们重点倾斜。

第四，瞄准国际竞争对手，建立企业技术进步机制。根据这些企业的实际需要，提高技术开发费用的提取比例，使其具有较大的科技投入能力和技术创新能力。

第五，强化和规范内部管理，尽可能采取单一法人结构形式。这些企业不能搞成大而散，应当采取事业部制，实行高度集中的统一管理，提高企业的整体性和计划性，强化核心业务，增强竞争能力。

第六，调整各方面的利益关系，调动地方促大帮大的积极性。这些企业总部及其分支所在地的政府，任务是改善外部环境，为他们提供良好的服务。对于这些企业在组建过程中，由于地方企业划出减少的地方收入，由中央财政给予适当补偿，在这些企业分离、分流过程中增加的负担，由中央和地方合理分担。

营造和培育这样的"特企"，并不是给好处、给优惠，而是先给他们减负担，是在对其他国有企业还做不到这一点的情况下，使其先走一步，能与国内其他经济成分的企业和国际上的大企业公平地进行竞争。做到这一点，也是很不容易的，需要下大决心。有所不为，才能有所为。可以在一两个竞争性行业中先搞几个试点，力争经过几年的努力，培育起几个或十几个支脉遍布全国、伸向世界，有明显核心优势和较强盈利能力，能够跻身世界500强的大企业，使之成为在日趋激烈的国际经济竞争中内抗冲击、外拓市场的"航空母舰"。

坚定不移地走质量效益型发展道路 [①]

（1997 年 12 月 15 日）

　　再过几年我们就要跨入 21 世纪。处在世纪之交的历史关头，我们面临着新的形势、新的机遇、新的挑战。从国内来看，党中央国务院提出要实现带有全局意义的"两个根本性转变"，经济体制改革正处在关键时刻、攻坚阶段，经济发展正处在结构调整和产业升级的转变之中。从国际来看，世界经济正在进入一个以全球化、信息化和企业大型化为显著特征的新增长周期，从体制、结构到企业的组织形式、经营方式，都在发生着深刻的变革。要适应两个根本性转变的要求，适应世界经济发展的新形势、新要求、新潮流，对于企业来说，就必须深化改革，加快技术进步，包括做好质量工作，走质量效益型的道路。从国有企业来看，经过十几年的改革，取得了很大成绩，同时，也遇到了许多新的矛盾、新的问题。当前，在国有企业乃至全国企业中，两极分化现象非常明显，这究竟是好事情，还是坏事情，不能简单地下结论，需要把它放在发展社会主义市场经济的大背景下来观察。应该说，在体制转轨、市场经济发展的过程中，这是迟早要出现的不可避免的现象。这与过去传统体制下谁也活不好，谁也死不了，谁也长不大，那样一种优不胜劣不汰的状况相比，无疑是一种进步。但这个过程毕竟是一个非常痛苦的过程。在这种情况下，许多企业积极转变观念，深化改革，在市场竞争中脱颖而出，在质量效益型发展道路上，取得突出成绩。在新的形势下如何走质量效益型发展道路，如何把创

---

　　① 本文为在"中国质协第十次会员质量管理交流研讨会暨全国质量效益型先进企业表彰大会"上讲话的主要内容，原载《经济工作通讯》1997 年第 23 期。

建质量效益型企业的活动深入开展下去，确实有一个怎么样适应新形势取得新发展的问题，应在以下几方面多下功夫。

首先，新形势下走质量效益型发展道路，必须与发展社会主义市场经济的新要求紧密结合起来。市场经济体制下的质量管理与传统体制下的质量管理是不一样的，买方市场下的质量工作与卖方市场下的质量工作也有很大差别。根据这几年建立社会主义市场经济体制的进程和市场经济的发育程度来看，在新的形势下走质量效益型道路，必须瞄准市场，研究市场，适应市场，开发市场，坚持以市场为导向。这就要求我们注意和处理好三个问题。

一是质量的内涵需要扩展。质量工作的侧重点要由过去的主要抓产品质量向大质量转变。所谓大质量，不仅包括实物质量，也包括服务质量、交货期和售后服务。国内许多产品，实物质量不错，但交货期没保证，售后服务跟不上，往往在市场竞争中处于不利地位。二是质量工作的出发点必须转变。在市场经济条件下，质量工作的动力机制与评判标准有很大不同。过去在传统体制下抓质量主要依靠政府推动、检验把关。在市场经济条件下，更多的是依靠利益驱动，评价标准主要看是否适应市场需求。美国有个例子，很发人深省。美国有家生产箱包的企业倒闭了，什么原因呢？经过专家咨询、诊断，最后原因找到了，是因为他们生产的产品质量太好了，成本太高，价格下不来，产品没有竞争力，失去了用户。搞市场经济讲的是适宜质量，不能不计工本，不考虑市场需求，要讲质量成本价格比。产品质量定在什么档次，要以用户的需要和用户能够接受的价格为条件。三是要从我国现阶段的具体情况出发。在现阶段，质量效益工作还要充分考虑我国市场发育很不成熟、很不规范这样一种情况。一方面，如果只是为了满足一部分畸形的消费需求，动不动就上极品，价格越离谱越有人买，反正是公款消费，当然不行。另一方面，如果完全按照市场需求来生产，只要卖得出去就行，那么，粗制滥造、假冒伪劣也有市场，当然也不行。所以，目前我国的市场发育阶段，是一个很特殊的时期，要适应这样一种形势和要求，有很多特殊的东西需要研究，质量工作的指导思想、方针、思路和管理办法，都有一个怎么样适应新形势转变的问题。

其次，新形势下走质量效益型发展道路，必须与深化改革、建立现代企业制度紧密结合起来。我们不少企业是大而全、小而全。过去大家都这样，也就感觉不到这个问题的存在。现在搞市场经济，情况发生了很大变化。从国内市场来看，很多企业，如乡镇企业、私营企业、三资企业，他们不像国有企业有那么多富余人员和企业办社会的包袱。这样，在国内市场的竞争中国有企业就很难与这些企业竞争，同样的产品，他干得起，你干不起，因为你成本比他高。即使同为国有企业，也有很大差别。这几年有很大一批国有企业，改革走在前头，精干主体、分离辅助、减员增效，这些工作做得很好，这些包袱逐渐卸了下来。还有一些新企业，包袱也比较轻。而那些包袱比较重的企业，在竞争中就处于十分不利的地位。如果从与国外的竞争来看，更是这样。现在，国内市场国际化，我们的产品不出家门，就直接面对着国际上强大的竞争对手。比如饮料直接面对着的就是可口可乐、百事可乐这些最强大的竞争对手。过去，国有企业在国内竞争中靠特殊政策，国家给减税让利，一户一率搞承包，通过这样的办法，使国有企业特别是老企业保持一定的竞争力。在国际市场上，我们靠关税保护，靠税率的双轨制，维持产品出口的竞争力。现在，国内竞争，随着社会主义市场经济体制的建立，老办法不能维持下去了。国际竞争，随着我们加入世贸组织日期的临近，靠关税保护，靠行政办法也不行了。国有企业要与国内非国有企业、包袱轻的企业和国际上的竞争对手平等竞争，就要下决心通过深化改革，把企业身上的包袱减下来、卸下来。否则，人都窝在企业里边，成本不可能下来，效益不可能提高。

第三，新形势下走质量效益型发展道路，必须与结构调整和国有经济战略性改组紧密结合起来。近两年，相当一批国有企业很困难。过去也困难，程度不像现在这么大，很重要的原因是市场形势发生了很大变化，由过去的卖方市场转为买方市场，结构性的矛盾就突出起来。过去，不管什么东西生产出来就可以卖，只要有生产能力，就有市场，上了项目就不愁东西卖不出去。现在情况不一样了，几乎找不出哪个产品是供不应求的。许多产品生产能力严重过剩，最低的生产能力利用率只有百分之十几。在这种情况下，必然有一部分产品卖不出去，你卖得出去，他就卖不出去。解决这个矛盾必须进行结构调整。当然，结构调整不完全是企业自己的事情，大结构的调整不是哪个企业能搞得了的。

从企业来讲，首先要选择自己的比较优势，在"专、精、特、新"上下功夫，有自己的"一招鲜"。到美国去考察，他们有句口号，不做第一，就做第二。如果我在这个行业、这个产品中，质量、数量达不到第一或第二，就自动放弃，让别人去搞。原因很简单，为分散风险，用户除向最大的厂商订货外，也要向排名第二的订一部分货，即使价格高点，质量差点也要订。第三、第四就不一定订了。他们的产业集中度是非常高的，最大的就是做得最好的，前两名往往占很大的市场份额。我们现在到不了这种地步，别说第三、第四，排得再往后点也还有市场。但是，大趋势是清楚的，生产要素和市场份额必然向品牌产品、向优势企业特别是向前两名集中。这个进程，在我国已经开始了，今后几年还会以加速度向优势企业集中。企业只有干自己最具优势的产品才有出路。

与结构调整相结合，还有一层意思，就是要与企业组织结构调整紧密结合起来。我们国家目前企业数量太多，小、散、差是一个突出的矛盾。在国内大家往往还感觉不到，钢铁企业有个几百万吨钢，汽车搞上几十万辆，就是大企业。但与国际市场一比差距就出来了，不是一个数量级的选手。世界排名500强的企业，我国的生产企业一家也没进去。今后，没有规模经济就没有效益，这是看得很清楚的趋势。瑞典只有800多万人口，芬兰只有500万人口，与我们一个中等城市差不多，可是他们都有世界上知名的跨国公司，如沃尔沃、诺基亚、爱立信这几家公司，是很有名的。爱立信公司移动电话的市场占有率，在国际市场上占到25%。他们是小国家、大产品。他有很多产品在世界上也是很有优势的，可是都放弃了，专门干最有优势的，有移动电话这一个产品就行了，别的基本上不用搞了。今后，随着国内市场与国际市场逐步接轨，随着我们对外开放的门越打越大，我们的企业必须在国际市场、国际分工的大背景和大原则下来选择自己的发展方向。现在许多国家对中国很感兴趣，争先恐后与我们打交道。但我们与外国人接触中，有个强烈的感觉，他看中的是你这个大市场，谁也没把你作为一个很强的竞争对手来对待，即使看作竞争对手，也是潜在的，至少现在对他们还构不成威胁，就是因为我们的企业太分散，谁也不成气候。当前，我们上上下下已经感觉到、意识到这个问题，强调要实施大公司、大集团战略，前不久南京五大化工企业联合组建石化产业集团，就是一个重大举措。

第四，新形势下走质量效益型道路，必须与企业的技术进步紧密结合起来。企业在管理上、技术上不断创新，不断开发新产品，才能有生命力。现在，产品更新换代很快，我们有些产品质量很好，过去也获过国家金质奖、银质奖，现在有的却退出市场了，什么原因，就是因为市场变化了，不能适应市场需要了。企业没有新产品不行，大企业没有新产品更不行。有段时间，内地企业在香港上市的股票，只有北大方正的股票是上升的，其他的都往下掉。因为只有北大方正在研究开发五年以后的产品，其他企业都没有研究，没有这个技术储备，他们或是没这个意识，或是没这个能力。香港的股民要比内地的股民清醒得多，水平高得多。他不是看你今天上，明天下，也不是看你这个月的盈利怎么样，报表怎么样，而是分析你的后劲，有没有发展潜力。

第五，在新形势下走质量效益型发展道路，必须与全面提高企业素质结合起来。过去，我们抓某项工作，往往单打一，就某项工作抓某项工作，推动方式、组织手段、检验标准，都是计划经济、行政命令那套东西。企业各项工作之间缺乏有机的联系。这几年，企业工作中的一个重大转变，是从过去抓单项工作转向把"三改一加强"有机结合起来，通过改革转变企业的经营机制，通过改组实现生产要素的优化配置，通过改造推动企业的技术进步，通过加强管理把整体优势发挥出来。其出发点和落脚点都是市场，从市场需要出发，同时又由市场来检验。在新形势下做好质量管理工作，走质量效益型的发展道路，必须从企业是个整体出发。质量工作可以说是整个企业管理工作的一个中心环节，一个纲，但毕竟还不是企业工作的全部内容，效益更是企业各项工作的结果和综合反映。企业要搞好，质量要上去，效益要提高，就必须把质量、效益工作与企业各项工作有机地结合在一起，避免单打一。通过开展创建质量效益型企业这项活动，推动企业各项工作的开展，全面提高企业素质。

围绕主业兼并，建设有中国特色的大企业 ①

（1998 年 6 月）

看了雅安三九材料之后，我第一个很强的印象，就是三九集团在企业并购方面和企业经营方面都大大地向前迈进了一步。雅安三九提供的经验和启示是多方面的，我想讲这么三点：

第一点，从三九集团走过的创业发展道路来观察，雅安三九现象具有里程碑意义。

我对三九集团的了解没有大家多，过去曾经跟三九的同志们讨论过，三九兼并企业最重要的一点是什么？他们讲的是输出三九机制。这一点确实非常重要，因为很多国有企业搞不好，机制问题总是很重要的一个原因。三九这几年发展得很快，很重要的一条是它独创的三九机制。但是，对于雅安三九来说，就不仅仅是一个三九机制，而且是围绕着三九集团的主业搞经营方面的创新，进行技术改造，促进技术进步。如果说三九集团在其他企业并购也很成功的话，那么我认为三九兼并雅安药厂的舞步就跳得更加和谐。

为什么它在三九集团的发展道路上具有里程碑的意义？是因为我们国家的大企业在成长发展中到底走什么路子，到底要经过一些什么阶段，要注意克服一些什么问题，是需要我们在实践中认真加以探索的。雅安三九在这方面进行了有益的尝试。雅安药厂原来是个基础条件不错的企业，只是它在资金、技术、市场方面还差了那么一点，三九一推动，就很快起来了。同时其成功也和地方党委、地方政府的

---

① 本文为在"雅安三九现象"研讨会上发言的主要内容，原载 1998 年 9 月 16 日的《999 集团报》，根据录音整理。

大力支持分不开。特别强调一点，就是三九集团在兼并了雅安药厂之后，是把它纳入了自己的经营体系当中，与三九集团完全是一体化了，不论是在产品方面，还是在经营的机制、管理模式方面。

第二点，从国内国际经济发展的大背景下来观察，雅安三九现象反映了时代潮流的要求。

从国内来讲，我认为现在我们正处在一个非常关键的时期，有几个重大的转折性变化。首先是体制的转变，我们这几年正由过去的计划经济向市场经济体制加速转变；其次，由过去的卖方市场转向了买方市场；第三，我们的国内市场国际化的步伐大大加快了。虽然我们还没有加入 WTO，但这一点大家已经非常强烈地感觉到了。我们的任何产品在国内市场都是在和最强的国际竞争对手竞争。就外贸依存度来讲，我们比美国、日本这些发达国家都要高。在这种情况下，我们国内的企业都面临着非常严峻的挑战，就是怎么样参与国际竞争，怎么样和国际竞争对手一争高低。我们过去有的一些优势，有的现在已经不存在了，有的正在逐步削弱和丧失。比如说原来我们的成本比较低，劳动力比较便宜，国际和国内的价格相比较，国内很多产品和原材料、农产品包括一些制成品的价格都大大地低于国际市场的价格，现在已经不是这样了，一些农产品和原材料的价格国内比国际市场上的还高。尽管我们可以采取一些措施来保护我们自己，但是这个市场一旦打开，你是保不住的。所以，在这种情况下，只在靠企业本身的经营优势，才能够参与国际竞争。

从国际经济发展的大趋势来看，我觉得现在是进入了一种或可称之为世界经济的大企业时代，即由大企业来主导世界经济的时代。现在不仅仅是大型企业，还有一些巨型企业和超巨型企业，他们的生产经营已经跨出了国界，在世界范围内来寻求发展。我认为，现在国际企业发展的趋势，一个是大，一个是专，一个是新，当然这三个方面是相连接的。企业规模不大，没有办法和其他企业竞争。企业虽然相当大，上千亿资产，但是这个企业很专，不是什么都搞，这和过去大企业的概念不一样。企业在规模大、突出主业的情况下，就追求产品创新、技术创新、管理创新。这就对我们国内的企业提出了一些更加迫切的要求，我们再像过去那样参与市场竞争，就处于越来越不利的地位。因此，怎么样加速我们国内大企业的发展，是摆在我们面前很重要的课题。当然，也有的一些同志从这次亚洲金融危机特别是从韩国的教训当中，得出一个反面的结论，就是搞大企业最后的结果很难收拾。也有人比较了一下台湾地区和韩国地区，台湾地区这次表现比较好，是因为台湾地区企业的规模比较小，而韩国吃亏吃在企业规模太大上。我觉得不完全是这样。韩国应该说是成也萧何败也萧何，它之所以能够发展到现在的经济水平，是和它的大企业有关系的；这次它吃亏也吃在大企业上，因为它的负债率太高，它的摊子铺得太大，到处出击。台湾地区也不完全是因为企业规模小，而是因为它经营的产品在世界范围内有一定的优势。所以，面对两个根本性的转变，面对日益激烈的国际竞争，我国企业必须走大、专、新的路子，提高自己的竞争力，形成自己的优势和特色。三九成功的兼并雅安药厂，进一步提高了自己在国内和国际市场上的竞争能力，为今后的发展积聚了新的势能。

第三点，从走出一条有中国特色的大企业发展路子来观察，雅安三九现象提供了有益的尝试。

今后这个路子该怎么走？在我们国家大企业的发展和其他国家不一样，因为我们与他们的体制基础不一样，我们可能通过这样几种形式来产生我们的大企业：一种像石化组建南北集团，由政府给它一个第一推动力，再按照一定的原则大体上划一划，用无偿划拨的形式，把大企业先组建起来。还有一种是企业靠自身的发展，在市场上滚雪球。当然这类企业发展到一定阶段，它也必然要通过并购来加速发展。基本上是两种形式，一种是通过政府推动而实现的，一种是通过企业的自发并购实现的，这两种形式应该说都是需要的，也各有利弊。前一种可能在短时间内就组建起来，但是它的后面整理的工作量比较大。后一种企业在市场上兼并、并购，像三九这样，可能在组建时间上有一定的困难，但是它后面的工作量就相对小一些。

在今后三九的发展当中，我们国家的大企业发展当中，需要注意些什么呢？我觉得可能有这么几个关系需要把它处理好。

第一个关系是一业和多业的关系。现在看起来，国际上凡是竞争能力比较强的企业都是主业相当突出的，而且现在的趋势也是朝着越来越突出主业的方向发展，对过去的一些关联产业，把关联度不很大的甩出去。但是从我们国家的情况看来，一下子还不一定做得到，在现阶段可能要坚持一主多从，一业为主，多种经营，多个产业经营，这样可以回避风险，多寻找一些生长点。当我国经济发展到一定阶段后，大企业要向着越来越突出主业的方向发展，强化核心业务，形成自己独特的优势。特别是像三九所从事的医药行业，机遇可能很多，但是竞争很强，风险也很大，坚持多业并举也是必要的。现阶段要坚持以医药工业为主，其他行业为从，坚持一主多从。在度过这个阶段之后，当我们整个国家经济的发展到一定阶段时，三九再向前发展，可能就要走回来，要向突出主业方面发展。

第二个关系是机制和技术进步的关系。在现阶段这两个方面都很重要，它们应该是并重的。机制问题的确非常重要，因为我们现在遇到的很多都是体制方面的问题，不解决这个问题，企业的活力就无从发挥。但是，光有一个好的机制还是远远不够的，特别是当所有企业都具备这样一个机制的时候，对企业的技术进步的要求就更加突出了。国外的企业大都实行现代企业制度，都具备自主经营、自负盈亏的机制，但每年都有大量企业破产倒闭和被兼并。或者说，当企业经营不下去时，就能被及时淘汰，这也正是现代企业制度的优越性所在，是企业自主经营机制的内在要求。可见，机制问题是企业能不能搞好的前提，尽管很重要，但还不是企业的全部，企业还必须在技术进步上下功夫，才能有持久不衰的竞争力。雅安三九从一开始就很注重处理好这个关系，把这两者摆在并重的位置是很正确的。在新的机制建立起来之后，今后可能需要更多推动企业朝技术进步、开发新产品、占领产业制高点的方面发展。

第三个关系是分权和集权的关系。分权和集权，我不是指公司内部管理，而是指集团和所属企业之间的关系即集团总部干什么，下面企业干什么。我考察过美国的企业，问过他们很多，他们讲美国不管企业多大，都是单一法人制，企业再大，它是一个法人，下面的分公司是采取委托法人制。我们国家企业集团、大公司都是多级法人或者两级法人。不是说我们这种体制不好，但是实践证明，到一定阶段之后，美国的那种单一法人体制在世界竞争当中具有优势，它不管企业多大，都可以作为一个整体，在财务管理、产品开发、广告宣传和产品推销等方面发挥系统的优势，这样可以做到成本最小、费用最低、效率最高。我们现阶段可能是这两者要结合，分权和集权，总公司经营决策和下属公司的经营决策两者结合。但是要想成为真正意义上的大企业，今后要更多地把产品开发、投资决策等战略决策的权力集中到集团总部。

第四个关系是经济效益目标和社会效益目标的关系。因为我们国有企业不是承担单一的经济功能，它同时还负担很多社会功能，这是中国的国情，是中国目前的实际情况。国有企业完全不管这些事情，它一下子做不到，特别是在兼并企业当中，如果不把这些问题处理好，就很难成功。三九在兼并雅安药厂时很好地处理了这些问题，把下岗职工的基本生活保障、再就业和企业的改造、改革发展很好地结合了起来，它在收购其他企业时也是这样做的。在现阶段，企业的效益目标和社会目标要兼顾。要在追求经济效益的同时，妥善解决职工收入分配、富余职工分流安置、下岗职工基本生活保障和再就业等问题。从长远发展来看，大企业就应该以效益为主，就是抓效益，减员增效，追求利润最大化，它与中小企业的功能应该不完全一样。只有这样，大企业才能够和国际上竞争对手抗争。只要你的产品要在世界范围内竞争的，就必须这么做，企业尽可能轻装上阵。

我觉得从三九集团今后的发展来看，从我们国家大企业今后的发展来看，这几个关系要逐步处理好，每个阶段都有每个阶段不同的侧重点，完全理想化不行。三九集团在很多方面是敢为天下先，也能为天下先，在我们国家大企业发展当中，在企业的资产重组、企业经营各个方面都有很多创新，走在前头。也正是因为这样，三九集团不能走别人走过的路，要注意汲取别人的教训，同时三九也不能一直走自己过去走过的路，注定要走新路。我祝三九集团今后的发展越来越成功。

面向全行业发挥桥梁纽带作用 ①

（1998 年 10 月）

中电联是为适应建立社会主义市场经济体制要求成立起来的行业管理组织，在各个行业中是成立比较早的。中电联成立十年来，在原能源部、电力部的领导下，努力为政府和电力企业服务，发挥政府与企业之间的桥梁纽带作用，在电力工业政策调研、规程规范、生产基建、科研教育、信息咨询、国际交流、精神文明建设等方面做了大量卓有成效的工作，积累了许多可贵的经验，为深化电力工业管理体制改革、推动政府职能转变创造了有利的条件，各会员单位都做了大量工作。

党的十五大明确提出，要按照社会主义市场经济的要求，转变政府职能，实现政企分开，把企业生产经营管理的权力交给企业，把综合经济部门改组为宏观调控部门，调整和减少专业经济部门，培育和发展市场中介组织。电力工业管理体制改革搞得比较早，步子也是比较大的。去年初成立了国家电力公司，同时保留中电联作为电力工业行业管理服务的中介组织。这次机构改革，又撤销了电力部，将原电力部的行政职能和水利部承担的电力工业行政职能划入国家经贸委，经贸委相应成立电力司，把政府的管电职能统一承担起来。经过这些改革，在组织上和职能上实现了政企分开。现在，电力工业初步形成了国家宏观调控、企业自主经营、行业协会中介服务的新体制框架。这标志着电力工业管理体制朝着社会主义市场经济的要求迈出了一大

---

① 本文为在中电联全国会员代表大会上讲话的主要内容，原载《中国电力企业管理》1998 年第 11 期。作者时任国家经贸委副秘书长。

步，同时也向我们政府管理部门、企业和行业协会提出了新的任务、新的要求。

中电联这次全国会员代表大会，肩负着承前启后、继往开来的重要使命，会议将认真总结过去十年特别是近五年的工作，根据电力工业管理体制改革的新形势和电力工业发展的实际需要，研究和提出新的改革思路：即从过去的行业协会由政府办、行政办转为电力企事业单位联合办；中电联由过去政府的附属机构转为民政部登记的独立的社团法人；中电联的工作也将转为面向全行业提供服务。会议还要修改联合会章程，选举产生新一届理事会、常务理事会和领导成员。通过这次会议，中电联必将以新的面貌，植根于企业之中，在加强行业自律，为企业和政府提供服务等方面，更好地发挥中介组织的作用。

国家经贸委作为承担电力行政管理职能的国家宏观调控部门，今后在电力行业行政管理和监督工作中，将积极支持中电联开展工作，尽力帮助中电联理顺关系和解决工作中遇到的一些问题。政府的行政管理与中介组织的行业管理和服务的性质不同，职责、手段也有区别。在电力工业的行业管理中，应当坚持政府管理为主，行业协会密切配合的原则，互相支持，各有侧重。这里，我从加强今后工作配合的角度，对如何更好地发挥中电联的作用，谈点不成熟的想法。一是希望中电联坚持深化改革，不断探索新形势下办好行业协会的路子。目前，政府部门、电力企业、行业协会新的定位和新关系虽然初步确立，但离社会主义市场经济的要求还有很大差距，各自都面临着深化改革、不断探索和不断完善的艰巨任务。中电联如何结合电力行业的特点，探索建立行业协会的自律机制，进一步充实和完善服务功能，要做和可做的工作是很多的。二是希望中电联更好地发挥桥梁、纽带作用。随着社会主义市场经济体制建立，政府许多管不了或管不好的事情需要中介组织来完成，单个企业解决不了的行业共性问题，也需要通过行业协会来反映或协调解决；特别是关系到电力行业改革与发展的带全局性的重大热点、难点问题，中电联可以超前组织研究，提出政策建议，既向企业提供信息，为企业排忧解难，成为企业可以信赖的知心朋友，又向政府反映情况，为政府出谋划策，当好政府的参谋和助手。三是希望中电联按照修改后的章程要求，坚持民主办会，面向全行业，为广大电力企事业单位服务，充分体现广泛的代表性。

在跨世纪乡镇企业发展与山区农村
开发学术研讨会上的发言

（1998 年 11 月 7 日）

这次来参加会议，首先是对会议的题目感兴趣。这次会议是研究乡镇企业发展与山区经济开发的，从我们国家经贸委的工作性质来讲，有必要了解这方面的情况。

前不久，国家经贸委向国务院汇报工作，国务院领导同志给经贸委定了这么个位。经贸委工作对象主要是企业，一定把企业作为根本，紧紧围绕企业工作这个中心，抓好三个重点：一是监督国有大中型企业，促进企业扭亏为盈，走出困境；二是指导国有小企业和其他公有制企业按照中央确定的方针、政策进行改革，调整结构；三是促进非公有制企业公平竞争、健康发展。抓住三个重点，要采取三条措施：一是运用经济的、法律的和必要的行政手段，为企业创造一个能够生存发展、公平竞争的外部环境；二是抓质量管理、质量监督，提高产品质量，规范市场，保护消费者利益；三是通过产业政策、行业规划，搞技术进步，实现产业结构、产品结构、技术结构的调整，促进国民经济健康发展。

应该说，国家经贸委不是国有经济贸易委员会，而是国家经济贸易委员会，各种所有制经济成分的发展问题都应该考虑。过去，经贸委的工作重点在国有企业的改革与发展上，今后也仍然是我们的工作重点。但与此同时，随着社会主义市场经济的发展，做经济管理工作的视野应当更开阔一点。根据国家经贸委新的工作职能，应该把各种经济成分的改革与发展问题放在一起考虑，这就有必要了解其他经济

158

成分企业的情况。我过去对乡镇企业与山区经济接触不多，知之甚少，能有这样好的一个学习机会，自然不能放过。这是我参加会的目的，也是我要讲的第一点。

第二，国有企业改革如何从乡镇企业的发展中寻找一点比较和借鉴。过去，国有企业学"老乡"、学"老外"、学"老板"有很多启发，学到不少东西。当然也有很多东西，总是学不到，学不像，一学就走样，因为机制不同。现在，在新形势下，国有企业也有一个如何学"老乡"的问题。

刚刚闭幕的十五届三中全会，对中国农业和农村经济的跨世纪发展问题，作出了重要决定。在学习十五届三中全会文件时，我常考虑这样一个问题，就是在农民土地问题的处理上，对城市、对国有企业应该有一点启示。农村、农民问题中的核心问题是土地。按照我国的法律规定，土地是国家的，国家有终极所有权，乡村集体有实际占有权。实行土地承包特别是这次土地延包30年不变，农民有了土地的长期使用权。从农民从事多种经营、离土离乡和实行土地规模经营的需要出发，土地可以转包，种粮大户有承包经营权。这四个权构成了农村家庭承包经营责任制的基本框架，对生产关系比较恰当地进行了处理。农民事实上拥有了土地，就拥有了最基本的生活条件，自己可以种，也可转包。这也就是乡镇企业职工为什么可以做到能进能出的重要原因。可以说，一份承包土地，就是农民的最基本的生产资料，也是他们的最低生活保障，乡镇企业职工的进退是建立在这个基础上的。

而国有企业目前没有这个东西。国有企业改来改去，改到最后实际是人的问题。以前，经济处于短缺状况，企业发展空间比较大，企业的产品即使质量再差、消耗再多也能卖出去。现在不同了，买方市场形成了，产品卖不出去了。相当一部分企业陷入困境。乡镇企业虽然也困难，但相对来说比较好办，可以关门，职工拿起锤头是工人，拿起锄头是农民。国有企业就不好办了。现在，对我们国家来说，关掉一大批国有企业，从生产供给角度说，一点问题也没有。据国家统计局对900多种工业产品的统计，一半以上产品的生产能力利用率不到60%，最低的只有百分之十几。所以，关一大批企业完全可以。但问题是职工怎么办。这个问题，在国有企业改革中越来越突出。1998年，我到意大利、英国考察，接触了这些国家国有企业中的一些高级管理人员，他们讲的一句话给我印象很深。他们讲企业能不能搞好不完全在于所有制形式，而在于能不能最大限度地实现市场化。国有企业如果能实现最大限度的市场化也能搞好，私有企业如果不能最大限度市场化，也照样搞不好。当然，国有企业最大限度市场化，做起来比较难，与私有企业相比，体制上的障碍大一些。有同志讲，除了社会主义国家过去在法律上是禁止私有制外，国外市场经济国家、资本主义国家从来没有在法律上禁止过公有制，从来没有提出过非公有化，他们只是提非国有化，因为国有制范围太大，现有经济管理的力度和能力难以覆盖，难以施行有效的管理。也就是说，国有企业难以实现最大限度的市场化。但是对于我们国有经济占主导地位的国家来说，走私有化的道路显然是不行的，不仅在经济上走不通，而且在政治上也会带来很大的风险。唯一的出路是改革，使国有企业最大限度地市场化。这里，包括各种生产要素的市场化，其中最关键也是最难的，是企业用工制度市场化。只讲能进能出是远远不够的，还必须建立起一整套机制，解决职工进出中的现实问题。可以说，什么时候，国有企业中人的问题解决了，能最大限度市场化了，国有企业改革也就差不多完成了。因此，从乡镇企业发展经验中吸取一些经验，为国有企业改革所用，也是当前很值得研究的一个课题。

第三，现在，新形势下的工农关系、城乡关系很值得研究。过去，在长期计划经济体制下，我们利用工农产品剪刀差，依靠强制性地从农业扩大积累来发展工业。改革开放以来，通过提高农产品价格，缩小剪刀差，使农业有了很大的发展。农业发展，农民收入提高后，又促进了城市工业的发展。通过20年的改革开放，我们告别了短缺，但同时又遇到了一些新的问题。现在，国内统一的大市场正在形成，国有经济、工业经济、城市经济发展和农村、农业、农民收入等农村经济的发展，关系越来越紧密。发展工业，就要开拓农村市场，工业品下乡；生产农村适销对路的产品，这就要提高农民的收入。而提高农民收入，不能像过去那样依靠提高农产品价格，因为我们许多农产品的价格已高于国际市场价格。如何在新的基础上，实现工农、城乡之间的相互促进、共同发展，这也是我们当前亟须研究解决的重大课题。

这次来安吉，我有一个很强烈的印象，就是一县一品、特色经济、比较优势。安吉是竹乡，他们围绕竹子做文章，在开发竹产业上做文章，确实有特色。目前我国经济发展中遇到的一个突出问题是重复建设，为此付出了很高的代价。安吉在发展社会主义市场经济中，在社会化大生产中，找到了自己的发展路子，形成了特色经济。当前，经济全球化进程大大加快，大到一个国家，小到一个地区、一个企业，只有在形成和发挥自己的比较优势上做文章，才能在激烈的市场竞争中争得一席之地。现在，不少地方在研究本地区的发展战略时，总考虑自己缺什么，上什么。这个思维应倒过来，应该从我有什么出发，把现有的东西做好、做精、做强。当然，搞特色经济，走专业化道路，并不是在一棵树上吊死，这要与整个经济的社会化、专业化保持大体同步。走得太早、太快、太远，有时也容易适得其反，欲速不达。这个度如何把握，需要下一番功夫的。

安吉提出建设杭州、上海的后花园，这一设想很有战略眼光。现在讲可持续发展，讲生态资源的综合利用，从生态、资源这个方面发展可能是一个新的优势。从长远的发展看来，生态资源、旅游资源可能是比竹资源更重要、更有前途的资源，旅游市场可能是比竹产品市场更大的市场。如果在这个战略问题上注重发展，一定大有可为的。

下大力气提高企业素质 ^①

（1999 年 2 月 12 日）

在保持经济快速增长的同时，着力提高经济运行的质量和效益，增强经济发展的后劲，这是今年我国经济发展面临的首要任务。要做到这一点，今年乃至今后一个时期，都必须在提高企业素质、促进产业升级方面下更大的功夫。应当把提高企业素质、促进产业升级，摆到更重要的位置。

一是加强总量控制，坚决淘汰落后的生产能力。我国经济告别短缺、走向买方市场之后，突出矛盾是总量过剩，库存增加，企业竞相降价，导致经济效益下降，落后的生产能力与先进的生产能力争市场的矛盾十分尖锐。而这个矛盾在目前情况下，由于种种原因还难以完全依靠市场机制的作用实现自动调节，必须综合采用经济的、法律的和必要的行政手段来解决。现在几乎每个行业都存在总量过剩的问题，必须像纺织压锭、煤炭关井那样，下决心把落后的生产能力淘汰压缩下来，实现供需总量的基本平衡，为先进的生产能力腾出市场。

二是抓紧培育一批优秀企业和大公司、大集团。在社会主义市场经济条件下，防止重复建设，避免恶性竞争，提高产业水平，增强国际竞争能力，都要依靠大企业行为来实现。应当像石油石化行业那样，在冶金、汽车、家电等一些适合于规模经营的行业，加大企业战略性重组的步伐，在每个行业都形成几家大企业既各有侧重，又保持必要竞争的格局，形成通常所说的寡头竞争格局。

三是加大企业兼并破产力度。一些长期严重亏损、早该淘汰的国

---

① 本文原载《经济日报》1999 年 2 月 12 日。

162

有企业，之所以不能及时退出市场，主要是人的问题、债的问题难以解决，应当在搞好下岗职工的基本生活保障和再就业、按政策核销银行呆坏账的前提下，把一些扭亏无望的企业淘汰出局，从源头上消除亏损。

四是推进企业技术进步。扩大工业加工能力的项目，坚决不能再搞，但推动企业技术进步、提高产业水平的投入应该加大。这一方面关系到企业的发展后劲，关系到我国民族工业的国际竞争能力，同时也有利于扩大中间需求，拉动经济增长。应当在技术改造、设备更新、新产品新技术开发和鼓励以产顶进等方面，对企业在政策上和资金上给予更多的支持。

五是鼓励企业开拓国际市场。今年我国产品出口将面临更大的压力，在提高出口产品退税方面还有一定的政策调整空间，应当根据情况，适时提高部分产品的出口退税率。鼓励企业用带料加工的方式，向境外转移生产能力，带动我国商品出口，拓展企业发展空间。

六是充分发挥中小企业的作用。中小企业在活跃经济、吸纳就业、满足社会多样化需要等方面，具有不可替代的作用。从国际经验看，中小企业在一些新兴产业的开拓发展方面，是一支不可忽视的"轻骑兵"。中小企业作为大企业的支撑体系，在现代化大生产中也是不可缺少的。要发挥我国中小企业应有的作用，必须把中小企业的改革、调整和发展作为三位一体的任务，建立新的机制，按照社会化大生产的要求，发挥比较优势，走"小而专、小而精、小而特"的路子，使中小企业成为最具活力的企业群体。

积极发展大型企业和企业集团 [①]

(1999 年 9 月)

《中共中央关于国有企业改革和发展若干重大问题的决定》提出，要着力培育实力雄厚、竞争力强的大型企业和企业集团，有的可以成为跨地区、跨行业、跨所有制和跨国经营的大企业集团，并对如何发挥这些企业的作用和在发展大型企业和企业集团中需要注意的问题，提出了具体要求。积极发展大型企业和企业集团，是从战略上改组国有企业的重大举措，对于增强国有企业在国内外市场上的竞争力，更好地发挥国有经济在国民经济中的主导作用，促进国民经济的稳定和健康发展，都有着十分重要的意义。

一、积极发展大型企业和企业集团是经济全球化趋势和我国改革与发展的客观要求

随着经济全球化趋势的不断增强，国际竞争日益激烈，大企业在世界经济舞台上扮演着越来越重要的角色，起着举足轻重的作用。目前，世界贸易总量的一半以上是在 3000 多家跨国公司中进行的。全球最大的 20 家电脑企业控制了几乎整个世界的计算机市场，10 大跨国化学公司、10 大跨国半导体公司和 20 大跨国汽车公司，垄断了 90% 以上的世界市场。一些跨国大公司为了抢占国际经济竞争的制高点，正在掀起一轮新的合并浪潮，波音与麦道、大众与克莱斯勒、洛克希

---

① 本文是《〈中共中央关于国有企业改革和发展若干重大问题的决定〉学习辅导讲座》第十二讲，人民出版社、经济科学出版社，1999 年 9 月第 1 版。

德与马丁等巨型公司的合并，都是以在新一轮的国际经济竞争中占据有利地位，重新瓜分和占领市场为目的的。世纪之交，面对经济全球化和科学技术突飞猛进的大趋势，许多国家着眼于下世纪世界经济舞台的激烈角逐，都把鼓励企业之间的兼并、联合和重组，作为一项重要国策，积极培育和发展在世界经济中具有举足轻重地位的大企业，力求在日趋激烈的国际经济竞争中占据一席之地。

随着我国改革开放的进一步深入和经济全球化趋势的增强，我国企业规模小、布局散、水平低、效益差、竞争力弱的矛盾越来越突出地表现出来。加速培育一批核心业务和运作能力强的大企业，使之在促进我国经济结构调整，推动产业升级，实现资源优化配置和生产力合理布局等方面，发挥大企业效应，并在与强大国际竞争对手的争衡中，发挥"国家队"的作用，越来越成为我国经济改革和发展的一项紧迫任务。

第一，发展大型企业和企业集团是参与国际经济竞争的需要。改革开放 20 年来，我国经济与世界市场的联系越来越紧密，国际竞争国内化、国内竞争国际化的格局已经形成。一些世界知名大公司如可口可乐、东芝、松下、柯达等跨国公司战略性地进入了我国市场。它们的着眼点不是一时的利润，而是抢滩占地，国内企业不出国门就面临强有力的国际竞争。这对于我国经济和企业的发展既是一个促进，也是一个挑战。面对激烈的市场竞争，我国企业的状况却不容乐观。我国 500 家最大工业企业销售收入之和，还不及通用公司一家的水平。电子行业前 100 家企业的销售总额，只相当于 IBM 公司的五分之一。全国零售商业百强企业的总营业额，还不到沃尔玛公司的十分之一。我国企业不但规模小，技术装备水平、管理水平、产品开发能力同发达国家相比，也有很大差距。尤其应当看到，随着我国市场的进一步开放和加入世界贸易组织，我们将面临更大的冲击。如果不能把我国的大型企业和企业集团迅速发展壮大起来，在国际经济竞争中势必处于不利地位。

第二，发展大型企业和企业集团是调整经济结构的需要。多年低水平重复建设造成的结构不合理，是国有企业效益不高的重要原因，也是影响国有经济整体素质提高的重要因素。这种不合理，主要表现在：一是总量大，但单个企业规模小，产业集中度低；二是技术档次不高，产品雷同，自主开发能力弱；三是重复建设严重，布局分散，地区结构趋同；四是企业大而全，小而全，专业化分工协作程度低，无论上游企业还是下游企业都要求自我配套、自我延伸，失去了专业化协作的优势。解决这些问题，需要依托一批有实力的大型企业和企业集团，发挥它们在资金、产品、技术和管理上的优势，通过市场机制去联合、收购、兼并和组织带动一大批中小企业，把关联企业纳入到专业化的分工体系中，解决"小而全"的问题，为大企业搞好配套服务，促进企业组织结构调整，实现资源向优势企业集中，使存量资产得到优化重组，提高国有经济的整体素质。

第三，发展大型企业和企业集团是推动产业升级、增强我国经济发展后劲的需要。在现代经济中，大型企业和企业集团已经成为推动产业技术进步、实现科研成果转化的主体。一个国家要形成较强的自主技术创新能力，也主要依靠大型企业和企业集团。同时，大型企业和企业集团的技术创新还具有辐射作用。大企业开发新产品、新技术，可以通过产业协作链条影响大批中小企业，推动和引导这些企业的技术进步和产品更新换代。进入90年代以来，机械、电子、石油化工、汽车等新一代资金、技术密集型产业，已成为我国的支柱产业。这些产业的规模经济要求和技术素质要求都很高，只有大规模生产才能降低成本，只有大规模投入才能形成很强的技术创新能力。这两个方面只有大型企业和企业集团才能做到。只有在这些产业中形成一批国家级和世界级的大型公司和企业集团，才能使它们真正成为支柱产业，我国新的经济增长点才能真正确立，我国经济的长期持续发展才有保证。

总之，正如《决定》所指出的那样，要发挥大型企业和企业集团在资本运营、技术创新、市场开拓等方面的优势，使之成为国民经济的支柱和参与国际竞争的主要力量。能不能尽快培育一批在国际市场上具有较强竞争力的大型企业和企业集团，是加快我国改革开放与发展进程的关键，是衡量社会主义市场经济体制是否建立和我国经济发展是否走向成熟的重要标志。对于我们这样一个发展中的社会主义大国来说，必须从我国经济跨世纪发展和国际政治经济全局的高度，充分认识发展大型企业和企业集团的重要战略意义和现实意义。

二、我国发展大型企业和企业集团取得的进展和存在的主要问题

改革开放以来特别是近几年来，我国对发展大型企业和企业集团十分重视，在采取多种措施放开搞活国有中小企业的同时，把培育一批大型企业和企业集团作为一项战略措施来抓。国家在抓 512 户重点企业的同时，还着重抓了企业集团试点和一些大企业集团的组建工作。早在 1991 年底，国家就选择了 57 户大企业进行企业集团试点，1997年扩大到 120 户。在试点中，国家给予试点企业必要的政策支持。据初步统计，截止到 1997 年底，120 家企业集团中，61 家获得外事审批权；44 家集团成立了财务公司；120 家集团基本享有自营进出口权，其中一部分集团还成立了专业外贸公司；72 家集团享有对外工程承揽和劳务合作权；66 家集团享有对外担保权；49 家集团实行了合并纳税；71 家集团成立了国家级技术中心；120 家集团中共有上市公司 66 家，其中发行 A 股 65 支，B 股 22 支，H 股 35 支。试点企业集团自身的改革与发展也取得了积极进展。一些企业集团按照现代企业制度的要求，进行了公司制改造；通过兼并、重组等形式，实现了低成本扩张，在经济结构调整过程中，发挥了优势企业的主体作用；加强了集团内部制度建设，初步建立起干部能上能下、职工能进能出、工资能高能低、机构能立能撤的动态调节机制。各地也根据情况，抓了一批企业集团，其中相当一部分是比较成功的，在市场竞争中发挥了重要作用。

党的十五大后，对国有经济实施战略性重组，培育和组建大型企业集团的力度加大，步伐加快。1998 年组建起来的中国石油天然气集团和中国石油化工集团，实现了上下游、内外贸和产供销一体化，两集团总资产分别达到 4800 多亿元、3800 多亿元，年销售收入分别达2200 多亿元、2000 多亿元，大大提高了我国石油石化工业的集约化

程度和国际竞争能力。以宝钢为主体的上海钢铁企业联合重组，本着"做高"、"做强"的原则，为发展成为我国冶金行业的重要精品基地奠定了基础。1999 年又组建了十大军工企业集团，有色金属的三大集团也已挂牌运营，信息产业的四大集团正在积极筹建。这些企业集团对于优化产业结构，提高产业素质，增强在国内外市场上的竞争力，将日益显示出重要作用。

与此同时，我国大型企业和企业集团发展中还存在着一些不容忽视的矛盾和问题。在集团的组建和发展过程中，存在着"拉郎配"、"归大堆"现象，行政干预过度。有些地方"为大而大"，提出了许多不切实际的口号；有些行业虽然不宜于规模经营，也不顾条件盲目"抓大"；一些集团片面追求"做大"，没有在"做强"上下功夫，有的不顾条件与可能，盲目追求多元化经营，发展过急，跨度太大，造成资金、技术、人才的分散和管理的失控，企业的规模大了，竞争能力并没有增强，甚至背上了许多包袱；一些大企业的管理还不适应企业规模扩张的要求，经营机制没有转换，内部的管理和制度建设也与现代大公司有很大差距；大部分大企业科技开发、产品开发和市场开发能力不足，缺少自有技术和优势产品，核心能力不强，企业长期稳定发展的基础不牢固；普遍缺乏熟悉市场经济和现代企业制度、能够有效掌控和熟练运作大企业的管理人才，职工队伍的素质也有待进一步提高。这些矛盾和问题，是大型企业和企业集团发展中必须高度重视和着力加以解决的。

三、贯彻《决定》精神，积极发展
大型企业和企业集团

积极发展大型企业和企业集团，从当前来看，要坚决按照《决定》要求，着重做好以下几方面工作。

（一）企业集团的组建和发展要按市场规律办事。《决定》特别强调，发展企业集团，要遵循客观经济规律，以企业为主体，以资本为纽带，通过市场来形成，不能靠行政手段勉强撮合，不能盲目求大求

全。要在突出主业、增强竞争优势上下功夫。在我国，以国有企业为主体组建和发展企业集团，需要企业行为与所有者行为、经济手段与法律手段及必要的行政手段相结合。政府一方面作为国有资产的所有者代表，要对企业包括资产重组在内的重大经营活动进行决策，另一方面作为社会管理者对企业重大购并重组进行必要的推动、调控与干预。但是这些政府行为和所有者行为，都必须建立在客观经济规律的基础上，顺应市场要求，进行适度干预，不能乱干预，不能用"归大堆"、"拉郎配"的方式强拉硬拽，更不能把一些产品无市场的劣势企业归并到优势企业吃"大锅饭"，让优势企业背包袱。

（二）加快大型企业和企业集团的现代企业制度建设。大型企业和企业集团作为社会主义市场经济的重要微观基础，应当按照"产权清晰、权责明确、政企分开、管理科学"的要求，率先建立起现代企业制度，进行规范的公司制改造，建立各负其责、协调运转、有效制衡的法人治理结构。首先要抓好母公司的制度建设，按照《公司法》规范运作，确保所有者的净资产保值增值。其次要在集团内部建立以资本为联结纽带的母子公司体制，子公司要尽量实现投资主体的多元化，进一步拓宽融资渠道。要面向市场深化内部改革，着力转换企业经营机制。

（三）推动大型企业和企业集团建立技术进步机制和营销体系。当今世界成功的有竞争力的大公司大集团，最重要的是具备两大功能：一是技术开发功能；二是市场营销功能。它们靠自己知名的品牌、先进的技术和强大的营销体系，建立起市场竞争的优势。我国大型企业和企业集团中存在的普遍问题是技术创新能力弱、市场营销体系不健全。必须在我国大型企业和企业集团中尽快建立技术创新体系，增强市场营销功能。要加快大型企业和企业集团技术进步步伐，促进"产学研"结合，特别是要把研究开发能力强的科研单位与生产营销能力强的大型企业和企业集团联合起来，迅速提高大型企业和企业集团的技术开发和产品开发能力。大型企业和企业集团要普遍建立技术中心，加大技术开发和新产品开发的投入，尽快形成有自主知识产权的高新技术和适用技术。要引进和采用先进适用技术进行技术改造，提高技术装备水平，提高产品技术含量和附加值，培育一批在国内外具有较高市场占有率的名牌产品。大型企业和企业集团要根据对市场需求的科学分析、预测和自己的实际情况，合理选择市场定位，确定目标市场，重视和加强市场营销体系建设，建立灵敏、准确的信息系统和发达的营销网络，形成相对稳定的客户群。具备条件的大型企业和企业集团，要积极稳妥地推进国际化经营。对于有条件的国有企业发挥比较优势到境外设立企业，开拓国际市场，《决定》提出国家要给予必要的政策支持，并加强监管。

（四）强化大型企业和企业集团的内部管理。许多大型企业和企业集团在迅速的规模扩张以后就开始走下坡路，一个十分重要的原因就是内部管理跟不上。大型企业和企业集团是现代市场经济中一种高度发达的企业组织形式，在管理上必须有新的观念、新的方法和新的制度，形成自己的管理特色和管理优势。必须按照大型企业和企业集团的内在要求，依据企业和集团章程，处理好企业内部管理权限集中与分散的关系，建立新的管理模式和管理制度，实现决策的科学化、民主化，做到重大投资项目都经过科学论证、民主讨论，保证决策正确，减少投资风险。要建立和完善企业内部的激励和约束机制，做到既放得活，能够调动各方面的积极性、主动性和创造性，又管得住，防止出现大的漏洞，减少不必要的损失。

（五）加强大型企业和企业集团经营管理者队伍和职工队伍建设。大型企业和企业集团能不能搞好，关键在于有没有一个好的领导班子。目前，我国大型企业和企业集团中真正懂管理、善经营、能开拓的人才不多，必须尽快培养和造就高素质的经营管理者队伍，培养和造就一批能够掌控和运作大型企业和企业集团的优秀企业家。同时，要采取多种形式加强职工业务和劳动技能培训，加强精神文明建设，培育各具特色的企业文化，全面提高职工队伍素质。

（六）为大型企业和企业集团健康发展创造良好的外部环境。大型企业和企业集团能不能健康发展，首先需要企业自身的努力，同时也离不开政府和社会的支持。当前比较突出的是要打破条块分割，拆除各种明的暗的行政壁垒，形成全国统一的大市场；严厉打击走私贩私和制售假冒伪劣商品等违法犯罪活动，规范市场秩序；分离企业办社会职能，减轻长期形成的历史包袱，使大型企业和企业集团能够公平地与其他经济成分及国际上的跨国公司进行竞争，并在竞争中不断发展壮大。

发展大型企业和企业集团是实现两个根本性转变，提高我国综合国力的一项战略措施。《决定》为促进大型企业和企业集团的发展，确定了正确的方针原则，采取了有力的政策措施。只要我们按照《决定》的要求，积极探索，扎实工作，就一定能培养和发展一批在国内外市场上占有举足轻重地位的"航空母舰"，使它们成为国民经济的支柱和参与国际竞争的重要力量，在与国际竞争对手争雄中发挥"国家队"的作用。

全面加强和改善企业管理 [①]

（1999 年 9 月）

管理是企业永恒的主题。对于我国国有企业来说，加强管理，既是老生常谈的旧话题，也是常讲常新的新课题；既是企业义不容辞的责任，也是政府不能不倍加重视的重要工作；既是企业的日常工作，又是改革和发展的重要内容。在目前社会主义市场经济体制很不完善，国有企业现代企业制度尚未建成的转轨时期，加强管理显得格外重要。为此，《中共中央关于国有企业改革和发展若干重大问题的决定》在第六部分专门强调加强和改善企业管理，指出强化企业管理，提高科学管理水平，是建立现代企业制度的内在要求，也是国有企业扭亏增盈，提高竞争能力的重要途径。要求必须高度重视和切实加强企业管理工作，从严管理企业，实现管理创新，尽快改变相当一部分企业决策随意、制度不严、纪律松弛、管理水平低下的状况。《决定》还对加强和改善企业管理的一些重要方面提出了具体要求。认真落实《决定》精神，全面加强和改善企业管理，对于推进国有企业改革和发展，提高企业的效益和竞争力，具有十分重要的意义。

一、我国企业管理形势严峻，管理工作亟待加强

改革开放以来，如何适应新形势的要求，加强和改善企业管理工作，我们进行了积极的同时也是很艰苦的探索，做了大量工作。

---

① 本文是《〈中共中央关于国有企业改革和发展若干重大问题的决定〉学习辅导讲座》第十七讲，人民出版社、经济科学出版社，1999 年 9 月第 1 版。

"六五"时期,为贯彻国民经济"调整、改革、整顿、提高"的八字方针,对企业进行了全面的整顿,重点是按照"三项建设"和"六好"要求,整顿领导班子、管理制度、劳动纪律和财经纪律等。"七五"时期,随着承包经营责任制的推行,开展了"抓管理、上等级、全面提高企业素质"的活动,促进企业加强管理。"八五"以来,随着社会主义市场经济体制和现代企业制度改革方向的确立,强调企业管理工作同改革、改组、改造相结合,开展了"转机制、抓管理、练内功、增效益"活动,重点是改变封闭式的生产管理,改进人事、用工等项管理,加强基础管理、专业管理,开展管理创新。许多企业根据新形势、新任务的要求,结合各自的实际情况,在走向市场的过程中,积极探索有中国特色的国有企业管理新路子,做了大量扎实有效的工作。

经过多年努力探索和实践,我国国有企业管理发生了积极的变化。一是企业管理的指导思想发生重大改变,由被动执行计划转为面向市场。在传统计划经济体制下,国家对企业实行的是高度集中统一的行政管理办法,企业只是政府的附属物或执行机构,企业管理只是为了完成国家下达的各项计划任务,管理的重点是在企业内部。那时的企业管理是被动型、执行性的管理。随着社会主义市场经济体制和现代企业制度改革方向的确立,企业正在逐步走向市场,成为自主经营、自负盈亏、自我约束、自我发展的法人实体和市场主体。企业管理的指导思想逐步从完成国家下达的计划任务,片面追求产值、速度,轻视经济效益转变到面向市场,以提高产品质量和经济效益为中心的轨道上来。二是经营观念转变,市场观念明显增强。没有先进的经营观念,就没有先进的经营管理,观念落后是管理落后的一个重要根源。迫于市场竞争的压力和生存发展的需要,不少企业的经营观念发生很大改变,市场观念明显增强。市场竞争、自负盈亏、优胜劣汰、以质取胜、用户至上、诚实守信、开拓创新、依法经营、争取最佳经济效益等市场观念正在日益融入企业的经营理念之中。三是管理的内容丰富,管理范围拓展。不少企业认识到,市场经济下的企业管理是开放性的,管理要面向市场,必须十分重视管理内容和管理范围的拓展,把影响企业市场竞争力的各个环节都纳入管理的范畴,努力做到企业围着产品转，产品围着市场转，加强市场预测、发展战略、经营决策、技术开发和营销服务等方面的工作，把企业内部条件与外部环境结合起来，实行全方位全过程的管理。四是企业管理制度不断改进，基础管理工作有所加强。越来越多的企业在实践中体会到，搞好国有企业需要改善外部条件，但外部条件的改善代替不了企业的内部管理。在外部条件相同的情况下，企业经营得好与坏，关键在于内部管理。企业必须把注意力放在企业内部，强化管理制度，加强基础管理，在苦练内功、严格管理上下功夫。不少企业按照加强管理与管理创新的要求，不断改进管理制度，加强与市场相关的各项基础管理，建立健全包括技术标准、质量标准、管理标准和工作标准在内的标准化体系，推行干部聘任制、岗位责任制、成本目标责任制、劳动定额与消耗定额责任制及工资奖金与经济效益挂钩等，严格工艺纪律和劳动纪律，实行优化组合，竞争上岗。五是涌现了一批管理水平较高的企业，培养造就了一批素质较高的经营管理者。管理是源于实践又应用于实践的科学。改革开放以来市场竞争的丰富实践，培育出了一大批市场适应能力强、管理有创新、经济效益好、发展后劲足的优强企业，培养和造就了一批懂业务、善经营、会管理、能开拓的经营管理者。邯钢、吉林化纤、宝钢等就是这方面突出的典型代表。

在充分肯定改革开放以来我国企业管理取得成绩的同时，更要看到还存在的突出问题和不足。从总体上看，我国国有企业的经营机制还没有从根本上转变过来，缺乏自我管理的内在动力和外部压力，尚未真正形成自主管理的机制。目前企业管理现状不适应社会主义市场经济发展要求的问题十分突出。一是经营观念落后，相当一部分企业存在比较严重的"等、靠、要"思想，没有真正面向市场。二是管理松弛，基础工作薄弱，规章制度不健全，无章可循、有章不循、违章不究等现象大量存在。三是弄虚作假现象严重，有的搞"两本账"，做假账，报假数，虚报浮夸和瞒报截留两种现象都程度不同地存在，甚至有的恶意经营，侵犯所有者权益，中饱私囊，"穷庙富方丈"绝非个别现象。四是管理手段、管理方式落后，信息不灵，反应迟钝，难以适应复杂多变的市场经济要求。与国际先进水平相比，我国国有企业技术落后，管理更落后。

目前，国有企业管理呈现出的一个突出特点是两极分化，一些企业主动适应市场要求，更新观念，实现管理创新，在激烈的市场竞争中脱颖而出。但这类企业为数不多。还有相当一部分企业难以适应市场经济要求，管理跟不上形势的变化，这是造成部分企业生产经营困难甚至陷入困境的重要原因。当前严峻的企业管理形势，迫切要求我们采取有力措施，切实加强企业管理工作。

二、从转轨时期企业管理工作的特点出发，
进一步明确企业管理工作的任务和要求

目前，我国正处在一个经济体制转轨和经济增长方式转型时期。社会主义市场经济体制的基本框架正在逐步建立，而又尚待健全；市场机制在资源配置中的作用日益扩大，但许多重要资源特别是劳动力资源既不能又难以完全通过市场来调节和配置；企业正在逐步走向市场，成为市场竞争的主体，但这个主体又是不完全的。这是一个极为特殊的时期。这一时期的企业管理带有明显的过渡和转轨双重特征。它既不同于传统的计划经济时期，也有别于发育成熟的市场经济时期，具有以下几个显著的特点：

（一）国有企业还是一个不完全的管理行为主体。转轨时期，企业正在逐步走向市场，面向市场，成为市场竞争的主体和管理行为的主体。但是，这一时期，国有企业的现代企业制度尚处在逐步建立和完善之中，企业与政府在产权管理、资产经营、劳动力配置、投资收益等方面的权责有待于逐步理清和规范。在这种情况下，国有企业在许多方面还难以实现真正的自主管理，也难以进行严格的自我约束。政府作为国有资产的所有者，对国有资产的投入、运营、收益等负有相当的责任，在一定程度上需要介入国有企业的管理工作，不能撒手不管，但又必须防止过去那种包办和代替企业具体管理事务的做法，不能把企业管死。

（二）企业领导班子特别是企业经营者的素质在企业经营管理中具

有特殊重要的作用。转轨时期，国有企业的经营自主权特别是决策权不断扩大，但相应的约束机制尚未建立起来，既不像过去那样政府依靠行政手段严格管理，也不像成熟的市场经济那样依靠健全的法律法规制度来规范和约束。在这种情况下，企业领导班子特别是经营者的事业心和责任心强不强、政治素质和业务素质高不高、工作扎实不扎实、领导班子成员之间团结搞得好不好等，都直接关系到企业的兴衰成败。一个人能使有些濒临倒闭的企业起死回生，一个人也能把一个好端端的企业搞垮。

（三）经济的、法律的和必要的行政管理手段必须有机结合，不可偏废。转轨时期，在企业管理中，必须重视和越来越多地运用经济的、法律的管理手段和方式，但同时又离不开必要的行政手段，特别是在某些行业和企业，如垄断性行业和管理很差的企业，在特定条件下采取行政管理手段和方法仍具有不可替代的作用。行政管理手段和方法的弱化与减少，要以经济的、法律的管理手段和方法的加强与完备为前提，否则就会出现管理真空。

（四）管理与改革、改组、改造必须有机结合。管理不是万能的。像改革不能代替一切一样，管理也不可能解决企业的全部问题。转轨时期，国有企业遇到的矛盾和问题错综复杂、相互交织，必须着眼于提高企业的整体素质，坚持"三改一加强"，把加强管理与企业的改革、改组、改造这四个方面的工作有机地紧密结合起来。通过改革建立充满生机和活力的新机制，通过改组优化组织结构，通过改造推进企业技术进步，通过加强管理合理组织和调动各种生产要素，协调和保证生产经营全过程各环节的有序、协调、连续、高效运行。邯钢等一大批企业的实践证明，坚持"三改一加强"是从根本上搞好国有企业的有效途径。

（五）宏观政策调整对企业管理工作影响很大。国家宏观经济政策变化较快，政策调整力度也比较大，是转轨时期一个突出的特点。宏观经济政策的调整变化，必然影响到企业的管理。在这种情况下，企业的管理工作，必须一只眼睛盯住市场，一只眼睛盯着国家宏观经济政策的调整，切实加强内部管理，扎实做好各项基础工作，主动适应市场和宏观经济环境变化。同时，政府也要努力提高调控艺术，尽量避免力度过大和过于频繁的政策调整，避免给企业管理工作造成困难。

总而言之，转轨时期的国有企业管理，是一个特殊的过渡时期。需要针对这一时期的具体情况和企业的不同特点，灵活运用多种管理方法，需要内部和外部一起努力。这个时期加强和改进企业管理的基本任务，是从管理思想、管理组织、管理人才、管理方法、管理手段等方面进行改革创新，积极推进企业管理现代化，逐步建立起适应社会主义市场经济和现代企业制度要求的、具有中国特色的科学管理体系。坚持以市场为导向、管改结合、以人为本、集约增效的原则，把加强和改进企业管理贯穿于改革、改组、改造的始终，管理创新与制度创新、技术创新并举，在实践中积极探索和丰富管理科学的内涵。所有国有企业都要真正面向市场，更新观念，摒弃"等、靠、要"的思想，切实加强自身管理，不断提高管理水平。

三、突出重点，加大力度，有针对性地加强和改善企业管理

在新形势下加强和改善企业管理，要做的工作很多，《决定》针对国有企业当前在企业管理中普遍存在的突出问题，着重强调了四个方面：

（一）加强对企业发展战略的研究和管理。市场经济条件下的企业管理，战略管理是最重要的管理。企业在市场中如何定位，如何发展，对企业的生存和发展具有决定性、全局性和长远性的影响，是企业必须首先要认真加以研究的。企业要根据对市场的科学分析预测和自己的具体情况，合理制定和实施明确的发展战略、技术创新战略和市场营销战略，并根据市场的不断变化适时进行调整。企业在传统计划经济体制下长期形成的管理模式，已经不能适应发展社会主义市场经济的要求，必须面向市场，实现由偏重生产管理到重视技术开发和市场营销的转变。也就是我们常讲的要从"橄榄型"变为"哑铃型"。改革

开放以来许多企业正反两方面的经验证明，企业决策的失误是最大的失误。企业要在投资开发、改组联合、技术改造等关系企业发展方向的重大问题上，实行决策民主化、科学化，避免出现大的失误。随着市场竞争的日趋激烈，不确定因素增多，企业必须重视和加强风险管理。既要敢于冒风险，开拓进取，抓住市场机会，又要千方百计规避风险、分散风险，把风险带来的损失减少到最低限度，并从中得到尽可能大的回报。

（二）健全和完善各项规章制度，强化基础工作。没有规矩，不成方圆。企业管理说起来也并不复杂，关键是要照章办事，从严治企。目前国有企业在管理中存在的突出问题是不敢"较真"，该严的严不起来。严格管理，必须严而有据，让制度说话。企业的各个层次、各个环节都要订立制度，实行严格的责任制，加强考核和督促检查，确保各项工作都有人负责，真正做到令出法随，奖罚分明，彻底改变无章可循、有章不循、违章不究、规章制度形如虚设的现象。市场经济是法制经济，企业无论是对内管理，还是对外经营，都必须依法进行，知法、懂法、守法、用法。当前不少企业法律意识淡薄，对有关的法律规定不了解、不熟悉，常常出现违规违纪经营，给国家、用户和企业自身造成不应有的损失。有的不善于运用法律武器保护自己的正当权益，在经济纠纷中吃亏不少。也有的明知故犯，以身试法，酿成恶果。针对这些问题，《决定》强调要增强法制意识，建立健全企业法律顾问制度，依法经营管理。

（三）狠抓管理薄弱环节，重点搞好成本管理、资金管理和质量管理。市场经济下，企业的资产负债表、损益表和现金流量表最能反映企业的生产经营状况和企业管理水平。这三张表要及时真实地编制。产品、工程和服务质量关系用户和消费者的利益乃至生命安全，必须引起高度重视。目前，质量方面问题不少，假冒伪劣横行，因质量问题造成重大事故的例子不胜枚举。必须坚持质量第一的方针，以向用户和消费者高度负责的精神，加强全员全过程的质量管理，全面提高产品、工程和服务质量，迅速扭转质量管理不严、产品质量不高、不良品损失严重的状况。我国质量管理水平低与采用的管理和技术标准偏低、不规范有直接关系，需要加强标准化管理，积极贯彻 GB/T1900—ISO9000 系列标准。重大事故频发，安全生产状况不好，是当前企业管理中的一个突出问题。据不完全统计，我国工矿企业每年发生各类伤亡事故 1.5 万多起，死亡约 1.5 万人。今年上半年，国有企业发生一次死亡 10 人以上特大事故 21 起，死亡361 人，比去年同期分别上升 162% 和 87%，必须通过落实安全生产责任制、加强安全生产培训等，尽快改变这种状况。《决定》要求，坚持预防为主，落实安全生产措施，确保安全生产。随着市场经济的发展和对外经济联系增多，重视企业无形资产管理、保护和合理利用的问题提上了企业管理的日程。有些企业技术、品牌和管理诀窍等无形资产高达上百亿元，是一笔可观的财富。但是，许多企业对无形资产保护、利用不够，国有企业驰名商标被盗用、仿冒、抢注现象屡有发生，使企业和国家蒙受重大损失。这方面的工作必须引起企业的高度重视。企业管理混乱，往往是与各种腐败现象联系在一起的。《决定》强调，要把加强管理和反腐倡廉结合起来，加强对企业经营活动的审计和监督，坚决制止和严肃查处做假账、违反财经纪律、徇私舞弊、挥霍浪费等行为。

（四）广泛采用现代管理技术、方法和手段，学习和借鉴先进经验。国有企业在长期的实践中有许多发明创造，在企业管理方面有许多好的东西，如"两参三改一结合"等，在国际企业管理界都是有影响的，要认真总结，并不断赋予其新的内涵。邯钢等先进企业在走向市场中创造了许多很好的管理经验，要认真推广。国外企业的现代管理方法，要认真借鉴。信息是现代企业的神经系统，是企业科学决策和及时应变的依据。《决定》要求企业加强现代信息技术的运用，建立灵活、准确的信息系统。目前，国外许多企业正由过去的叠床架屋式的多层管理向层次少、管理灵活的"扁平化"管理方式转变。如何适应国际企业管理的新潮流，按照市场经济的要求，合理设置企业内部机构，改变管理机构庞大、管理人员过多的状况，是国有企业管理中需要着力解决的重要问题。企业要按照精减、效能的原则，通过深化内部改革，实现企业内部机构设置的合理化、科学化，降低管理成本，提高管理效率。

　　许多企业管理专家断言，管理是一座金矿。对于我国绝大多数国有企业来说，管理更是一座尚待开挖的金矿，蕴藏着极大的潜力。向管理要效益，应该成为国有企业改革和发展的一个重要的着力点。

加快国有企业战略性改组步伐 ①

（1999 年 12 月）

我国国有企业除机制、管理方面的问题外，目前存在的一个突出矛盾是结构不合理。按照十五届四中全会《决定》确定的有进有退、有所为有所不为的原则，应该根据国有企业的不同情况，在加速经营机制转换，探索公有制多种实现形式，加强和改善企业管理的基础上采取不同的措施，加快战略性改组的步伐。

需要做大的做大

我国经济的跨世纪发展和参与国际竞争，都需要加速培育一些大公司和大的企业集团。要按照企业自愿的原则，主要通过市场运作，组建若干个跨所有制、跨地区、跨行业甚至跨国经营的大企业集团。

我国目前所谓的大型企业和特大型企业，与国际上的大跨国公司相比，根本不可同日而语，差距很大，不是一个数量级的。随着经济全球化的进一步加快，一个国家在世界经济格局中地位如何，有没有竞争力，在很大程度上取决于有没有这样有竞争力的大企业。我国现在的经济总量在世界上排第七，但没有真正在国际上叫得响的大企业。我们所拥有的大企业及其数量是与我们的大国地位不相称的。

芬兰是个很小的国家，但它有诺基亚这样世界知名的大企业。中国要想在国际竞争中立于不败之地，要想在下个世纪全球经济发展中

---

① 本文原载 1999 年 12 月的《中外管理》，刊登时编辑曾将标题改为《国企跑起来》。

占据有利地位，必须建造自己的"航空母舰"。但在中国，单纯依靠市场，有些事情是办不成的，需要所有者行为和企业行为相结合，政府行为和市场行为相结合，在市场发育、企业自愿的基础上，政府从所有者的角度给予必要的推动。

现在我国内地进入全球五百强的企业有五家，还有三家资产和销售总额具备了进入五百强的条件。但这些企业与国外的大企业不同的是，我们的企业大多是二级法人甚至多级法人，集团总部是管理部门，生产经营都是下属企业搞的，难以形成整体优势。国外的企业即使规模再大，往往也是单一法人，实行事业部制，投资、开发、营销高度集中统一，总部是决策中心、投资中心，事业部是利润中心，生产厂是生产中心、成本中心，这样的企业整体优势很强。

去年我国组建了南北石油石化两大集团，实现了上下游、产供销和内外贸一体化，对开展规模经营、有序竞争、提高行业的经济效益发挥了很大作用。去年还组建了宝钢集团，对我国钢铁精品基地的形成打下了基础。今年又先后组建了十大军工集团和三大有色金属集团，组建四大信息产业集团的工作正在进行。当然，已经组建起来的企业集团，内部关系怎么理顺，怎么走到一体化经营，在"做大"的基础上进一步"做强"，还有很长的路要走。

前一段时间在"抓大"过程中，一些地方也出现了"拉郎配"、"归大堆"现象，值得注意。组建和培育大公司、大集团，必须按市场经济的规律办事，不能为大而大。

能够救活的救活

这主要是指一些产品有市场，发展有前景，只是由于债务过重而造成亏损的企业。如过去由于实行拨改贷全部依靠贷款建成，没有资本金的企业。救活，不能谁都救，只能救其可救者，恢复和增强"造血"功能。救而不活、只能靠输血的，就不能救、不要救，对它们应该实行另一种办法，让它们"安乐死"。对能救活的企业，采取的主要措施是实施债转股。办法是通过银行成立金融资产管理公司，把银行对企业的部分债权转为金融资产管理公司的股权。企业债务负担减轻后，缓一口气，经营状况改善了，再通过股权转让、本企业回购或企业上市等形式，实行股变现，银行收回资金。以此解决银行的不良资产和企业的不良债务问题。

现在，债转股已经进入实质性操作阶段，北京水泥厂等一批企业已与金融资产管理公司签订了债转股协议。拟实施债转股的600家左右企业，今年底可完成名单的推荐工作。明年重点是搞好组织实施，真正使债转股发挥国有大中型亏损企业三年脱困"撒手锏"的作用。

必须提高的提高

我国目前的买方市场还是低水平的，突出特点是结构性过剩与有效供给不足并存。一方面，产品大量积压，生产能力闲置；另一方面，很多产品我们又做不了，大量依靠进口，一年进口上千亿美元。我们出口的产品附加值也很低，卖不出好价钱。因此，不是没有市场，而是没有好产品，生产技术水平上不去。必须围绕质量、品种、效益和扩大出口，本着"做高"、"做强"的原则，有重点地进行技术改造，实现技术创新，提高企业的生产技术水平。特别是要搞出一批能代表行业水平、促进产业升级的标志性项目。

国家从今年发行的财政债券中拿出一部分用于重点技术改造的贴息，重点是支持一批企业进行技术改造。首先是从520户国家重点企业中选择项目。今年已经安排了三批项目，明年还将继续安排。同时，以企业为中心，建立技术创新体系，加大技术开发投入。通过有重点地推动一批国有企业的技术进步，使它们占领行业制高点，成为推动产业升级的"带头羊"。

应该淘汰的淘汰

90年代以来，国有企业改革在理论上、实践上和工作指导上有一个很大的变化，就是从以前力求搞好每一个国有企业，转为从整体上搞好国有经济。抓大放小就是十四届三中全会提出来的。想把每一个企业都搞好、都发展，愿望是好的，但不现实。本来，企业有生有死，优胜劣汰，这是客观经济规律的必然要求，是市场经济的常态。但是，由于几十年来国有企业只生不死，积淀了一大批早已失去竞争能力、应该淘汰出局的企业。把这些企业都搞好，既无必要，也不可能，国家也没有这么大的力量。同时，我国经济环境也发生了很大变化。改革初期，那时是卖方市场，短缺经济，市场发展空间大，企业不管生产什么产品都能卖得出去，企业虽有优劣之分，但尚无生死之别。现在是买方市场，产品过剩，用户和消费者用货币选票来选择产品和企业，市场份额和生产要素加速向优势企业集中。劣势企业失去了市场，就只能退出市场。

从整体上搞好国有经济，它的内在含义就是，企业能搞好的搞好，搞不好的就要淘汰出局。在市场经济发育比较成熟的国家，企业的优胜劣汰是通过市场机制自动进行的。而在我国，由于市场经济发育还很不成熟，国有企业的很多问题又是历史遗留下来的，靠市场自发淘汰很难进行，容易引发一些社会问题。这几年，一方面加快社会保障体系建设，建立了三条社会保障线，另一方面是给一些鼓励政策，推动企业兼并破产。

从1996年开始，国家通过核销银行呆坏账准备金的办法，推动国有企业的兼并破产。三年共核销900亿元。今年又安排了400多个兼并破产项目，加上去年结转到今年的1600多个项目，共需核销500多亿元呆坏账准备金。通过这个政策的推动，解决了一些企业的问题，消灭了一批亏损源。明年还将加大这方面的实施力度。

可以退出的退出

加大国有经济战略性调整力度，加快国有企业战略性改组步伐，必然有进有退。进，大家好理解。说到退，不少人还难以接受。破产、关闭，淘汰出局，是一种退，是被动地退，不退不行。还有一种退，是主动地退。国有经济这么大的摊子，国有企业数量这么多，不可能都维持。有所不为才能有所为。无论是从建立社会主义市场经济体制，促进多种经济成分发展，还是从整体上搞好国有经济，更好地发挥国有经济的主导作用，都需要适当退出一部分。现在，不必讳言退，十五届四中全会《决定》已经明确提出了有进有退。退的形式很多，企业出售、减持一部分国有股等，都是可以操作的。但哪些退，何时退，怎么退，退多少，这要根据多方面因素来考虑，需要有选择、分步骤地进行，特别是要视资本市场的发育情况而定，不能刮风。

适合放开的放开

放开搞活国有中小企业，这是十五届四中全会《决定》的一个新的提法。过去，中央文件只讲放开搞活国有小企业。按照通常的国际划分标准，我们很多中型企业只能算小企业。国有中小企业量大面广，情况千差万别，生产经营和服务各具特色，国家对它们不可能像对大企业那样来管理。应当采取多种形式，把它们放开搞活，使它们找到适合自己特点的经营和管理方式。当然，放开并不等于放弃，特别是涉及产权变动的，必须规范操作，防止国有资产流失。

"三改一加强"是农资打假创名牌的一项根本性措施^①

（2000 年 5 月 27 日）

　　举办这次"中国农资打假扶优创名牌高层论坛"很有意义。近年来，我们告别了短缺经济，绝大多数产品出现供求平衡或供大于求。随着市场竞争格局的逐步形成和竞争程度的日趋激烈，包括农业生产资料在内的产品质量整体上有很大提高，但问题仍很突出，产品质量形势不容乐观。假冒伪劣屡打不绝，充斥市场，仍是农资生产和流通中的一个突出问题。新闻媒体披露的大量坑农害农的典型案例，触目惊心，令人发指。打防结合，标本兼治，提高农资产品质量，规范农资市场秩序，净化农资流通领域，保护农民利益，把假冒伪劣农资赶出市场，的确是当前经济和社会生活中的一件大事。

　　农资打假扶优创名牌，加大打击力度，无疑是十分必要的。但是，产品是企业生产的，也是企业销售的，要从根子上解决问题，关键是要把企业搞好，全面提高企业素质，根本的途径是切实搞好"三改一加强"。

　　"三改一加强"是多年来企业改革与发展实践经验的总结。十五届四中全会已经把它作为国有企业改革与发展的一条重要指导方针写入中央决议。"三改一加强"不仅是搞好国有企业的指导方针，也是搞好其他所有制企业的指导方针。坚持"三改一加强"，对于农资企业提高产品质量，防止乃至杜绝"假冒伪劣"，特别是农资创名牌具有非常重要的意义。

---

　　① 本文为在"中国农资打假扶优创名牌高层论坛"上的发言。

186

改革，就是要以建立现代企业制度为方向，深化企业改革，转换企业经营机制，真正使企业成为自主经营、自负盈亏的法人实体和市场主体。现代企业制度实际上就是有限责任制度。这包括两个方面的含义：一方面是出资人以出资额为限对企业债券负有限责任；另一方面是企业以出资人投资形成的企业法人财产，对自己的生产经营行为承担责任。从这个意义讲，不仅国有企业需要建立现代企业制度，其他所有制企业同样也有理清产权关系，建立有限责任制度的问题。只有产权边界清晰，责权利明确、统一，企业才能具备对自己的生产经营负责的内在动力和行为能力。中央提出建立现代企业制度以来，按照四句话十六字的要求，在实行政企分开，建立法人治理结构，分离企业办社会职能，建立职工社会保障体系等方面，做了大量工作，取得了重要进展。但仍有大量工作要做，需要加大力度，加快建立现代企业制度的进程。

改组，就是要按照社会化大生产的要求对企业进行战略性重组，逐步形成以大企业为主导，大中小企业合理分工、有机联系、协调发展的格局。企业结构不合理，"散"、"乱"、"差"是当前的一个突出矛盾。随着社会主义市场经济体制的初步确立和市场的不断发育，随着我国市场格局的发展变化，随着中国加入 WTO 后面临的冲击和挑战，今后几年，我国企业特别是国有企业不可避免地进入一个大分化、大改组的历史进程。国家将通过抓大放小和加大兼并破产政策实施力度，推动和促进这一进程。在抓大方面，通过重组、上市、联合、兼并等措施做大做强一批企业。国家已经先后组建了中石油、中石化、宝钢等一批大型企业集团。今后将经过持续不懈的努力，逐步培育出一批主业突出、核心能力强的大企业和企业集团，培育若干我们自己的跨国公司。在放小方面，要继续通过多种形式，进一步放开放活国有中小企业。与此同时，加大对各种所有制中小企业的扶持力度，促使它们向"专精特新"的方向发展，使它们与大企业建立起配套协作等多种形式的有机联系。90 年代中期以来，为了加快企业优胜劣汰的进程，国家采取了核销银行呆坏账准备金支持部分企业实施兼并破产的政策，初步建立起了国有企业的退出机制，使一大批早该淘汰的企业退出了市场。今后，将进一步加快劣势企业退出市场的步伐，依法关闭质量低劣、浪费资源、污染严重、不具备安全生产条件的小厂小矿，继续破产一批产品没市场、长期亏损、资不抵债、扭亏无望的企业。为了积极稳妥地关闭资源枯竭的矿山，有关方面专门组织力量进行了深入的调查研究，制定了相关的政策措施。

改造，就是用先进适用技术和高新技术改造传统产业，提高企业生产技术水平，促进产业升级。据对 16 个主要行业调查，我国大中型企业关键技术的掌握和应用水平比国际先进水平落后 10—15 年，新产品开发的技术 75% 靠引进。我国目前一方面许多产品过剩，285 种主要产品生产能力利用率只有 58.9%；另一方面，又有许多产品大量进口，主要是一些技术含量高、附加值高的产品。这反映出我国企业现有生产技术水平难以适应市场需求的变化，我国加入 WTO 后，矛盾会更加尖锐，必须加快技术改造的步伐。农资的生产和流通是一个很重要的领域。传统的认为农资产品技术含量低的观念必须改变。要加快现有农资企业技术改造步伐，淘汰落后的工艺、设备和技术，加大新产品开发力度，在农业生物工程、农业信息化等领域实现跨越式发展，尽快改变农资生产技术水平低、产品质量差、升级换代慢的状况。去年以来，国家把加快现有企业技术改造作为扩大内需、促进经济增长的重要方面。去年国家从财政债券中拿出 90 亿元用于技改贴息，全年共分三批安排了 647 个重点技术改造项目，总投资 1700 多亿元。去年一年的贴息量相当于过去 10 年的总和。加快企业技术进步，固然需要国家的政策支持，更重要的是企业要形成技术进步机制，建立技术创新体系。国家要求大中型企业都要建立技术开发机构，重点企业都要成立技术中心，同时建立一批面向中小企业的"孵化器"，为他们提供所需要的技术。农资企业只有尽快用先进适用技术和高新技术武装起来，才能加快产品升级换代，从技术结构上为打假创名牌奠定基础。

加强管理，就是要按照发展社会主义市场经济的要求，加强企业自身管理，全面提高企业素质。管理是企业永恒的主题，是搞好企业的基础和基本功。管理水平低，管理混乱，是我国企业的通病和突出问题，国有企业由于制度上和体制上的原因，问题就更为突出。从农资打假扶优创名牌的角度来看，加强和改善企业管理，突出要抓好三个方面：一是要加强质量管理，树立大质量、大服务的观念，搞好全员全过程的质量管理，切实提高产品质量。二是要把依法治企作为加强管理的重要内容，增强法律意识，强化法制观念，知法、守法，依法生产，依法经营。三是增强社会主义市场经济道德观念，重然诺，守信用，遵守商德商誉，树立正确的义利观，自觉杜绝造假售假行为。

服务观的飞跃和升华 [1]

（2000 年 6 月 13 日）

　　春兰首创的"物尽所需、物极所能、物超所值、物无所忧"的大服务观，把对用户和消费者的服务从企业经营的终端提前到前端，从产品的售后延伸到产品设计、制造、销售和使用消费的全过程，令人耳目一新。它标志着我国厂家商家的服务从被动到主动、从浅层到深层的深刻转变，标志着企业经营理念的成熟和市场发育进入了新的阶段，是服务观的质的飞跃和升华，的确称得上一场"服务革命"。

　　春兰的"大服务"从哪里来？我认为最重要的是来自三个方面：

　　首先是有全新的市场经济观念。改革开放以来，我国经历了由计划经济到市场经济、由短缺经济到商品供应充裕的发展变化过程。与此相伴随，我国众多的厂家和商家都经历了由产品不愁卖、推出门不管到重视售后以维护为主的服务，再到重在为用户和消费者提供质优价廉的放心产品的转变。目前这后一个转变尚未完成，还在进行之中。这种转变是发展社会主义市场经济的必然要求，也是激烈的市场竞争逼出来的。特别是家电市场，竞争十分激烈。市场向厂家商家提出的要求是产品"零缺陷"，用户"零抱怨"。在这样的要求面前，有的企业觉悟早，转变快，转得自觉，赢得了主动；有的觉悟迟，转变慢，被动应付，被市场拖着走；还有的不觉悟，不转变，只能被市场淘汰。在这场转变中，春兰是主动适应市场的先觉者和先行者。

　　其次是有严格而科学的内部管理。管理是企业做好一切工作的基础。春兰的管理是很有特色的。从综合管理层面讲，他们以总部为投

---

　　① 本文为在春兰"大服务"研讨会上的发言，原载《经济日报》2000 年 6 月 13 日。

资中心，产业集团为利润中心，制造厂和业务公司为成本中心的统分结合的管理体系，保证了集团的高效运转。从具体管理层面讲，他们从产品设计、制造、销售和原材料采购等各个环节，都进行严格而科学的管理，精益求精，精打细算。这是春兰能为消费者提供质优价廉产品的基础。

再就是有强有力的技术支撑体系。家电产品更新换代很快，科技含量很高。春兰建有自己的研究院和学院，形成了从总部研究院、产业集团研究所和各制造厂技术、工艺科室的技术开发体系，在全球范围内吸引了一批科技精英。春兰博士后工作站先后有20多名博士后进站工作；春兰高科技咨询委员会聘请了100多位专家，其中两院院士有60多人。春兰各类科技人员3000多人，占职工总数的比例高达30%。依靠这支力量，他们先后开发出了上百项拥有自主知识产权的"春兰核心技术"。这是春兰能够保持领先地位，产品让用户和消费者信得过的坚实支撑。

正是因为这样，春兰能够推出"大服务"的经营理念，并成功地付诸实践，而不是流于空洞的口号和追求轰动效应。相信春兰会在"大服务"的道路上越走越扎实，同时也相信会有越来越多的企业走到"大服务"的道路上来。"高楼喜见一花开，便觉春风扑面来"。春兰"大服务"这枝报春花，必将迎来姹紫嫣红的满园春色。

进一步加强交通和能源建设 ①

（2000 年 10 月）

《中共中央关于制定国民经济和社会发展第十个五年计划的建议》（以下简称《建议》）明确指出，加强基础设施建设是今后五至十年一项十分重要的任务。交通和能源建设作为基础设施建设，"十五"期间要按照《建议》的要求，优化结构，调整布局，提高工程质量，拓宽投资渠道，注重投资效益，为加快经济发展和结构调整创造有利条件。

一、我国交通和能源发展取得显著成绩

交通和能源是国民经济和社会发展的基础与保证。改革开放以来，特别是"八五"和"九五"期间，为适应国民经济和社会发展，缓解或消除长期困扰我们的"瓶颈"制约，国家采取了一系列重大举措，加大了以交通和能源为重点的基础设施的政策支持和投入的力度，交通和能源建设取得了长足的进展，有力地支撑了国民经济的发展。

（一）交通运输落后被动的局面初步扭转。经过改革开放 20 多年、特别是近年来的建设，我国的交通运输基础设施已经具备相当规模，技术装备水平明显提高，综合经济运输体系逐步形成，运输紧张状况明显改善。预计到 2000 年末，全国铁路营运里程可达 6.8 万公里，比1995 年增加 6000 公里，其中复线里程 2.16 万公里，电气化里程 1.5万公里，分别比 1995 年增加 3200 公里和 3900 公里；公路通车里程

---

① 本文是《〈中共中央关于制定国民经济和社会发展第十个五年计划的建议〉学习辅导讲座》第九讲，人民出版社，2000 年 10 月第 1 版。

140 万公里，比 1995 年增加 24 万公里，其中高速公路 1.5 万公里，比 1995 年增加 1.29 万公里。我国 1988 年出现第一条高速公路，现在已居世界第三位，与居第二位的加拿大相差无几并可望很快超过。我国公路已通达 99% 的乡镇和 90% 的行政村，分别比 1995 年提高 1.9 和 10 个百分点；民航机场 129 个，比 1995 年增加 11 个，航线 1120 条，比 1995 年增加 323 条，航线里程 151 万公里，比 1995 年增加 39 万公里；输油（气）管道 2.04 万公里；内河千吨级以上航道 2855 公里，比 1995 年增加 1140 公里；沿海港口万吨以上泊位 646 个，比 1995 年增加 180 个。从"八五"开始着手建设的全国综合运输大通道骨架已经初步形成，由铁路、公路、内河和沿海港口组成的煤炭运输通道，以沿海主要港口为龙头、后方多种运输方式为集疏运的外贸货物运输通道，以沿海和长江港口为重点的原油、铁矿、石油运输通道，以北京、上海、广州航空港为中心的客运通道的运输能力大幅度提高。预计 2000 年全社会货运总量可达 135 亿吨，比 1995 年增加 11 亿吨，货物周转量 41000 亿吨公里，比 1995 年增加 5270 亿吨公里；全社会旅客运输总量 146 亿人，比 1995 年增加 29 亿人，旅客周转量 12230 亿人公里，比 1995 年增加 3228 亿人公里。客货运输结构也发生了很大变化。2000 年与 1980 年相比，货物周转量中，铁路比重由 48% 降为 32%，公路比重由 6% 上升为 15%，水运比重由 42% 上升为 52%，管道比重为 1%；旅客周转量中，铁路比重由 60% 降为 33%，公路比重由 32% 上升为 59%，水运比重由 6% 降为 1%，民航比重由 2% 上升为 7%。随着交通运输能力的扩大和运输结构的调整优化，我国交通运输的紧张状况已有较大程度的缓解。与此同时，交通运输体制改革和市场化进程也取得了重大进展，投资主体和投资渠道多元化、运输市场开放和竞争的格局正在逐步形成。

（二）能源短缺状况已告结束。为缓解能源供需矛盾，我们坚持能源开发与节约并举、把节约放在首位的方针，经过长期不懈的努力，终于在"九五"期间告别了能源短缺的局面，部分能源品种实现了由卖方市场向买方市场的转变，使我国能源供需的总体形势发生了巨大而深刻的变化。全国能源生产总量 1997 年达到 13.24 亿吨，扭转了长期以来能源供不应求的局面。随着产业结构调整和节能工作的开展，能源生产由过去增加产量、扩大供给为主，转入总量调控、结构优化为主，按照市场需求，1999年能源生产总量调整到10.4亿吨。经过多年的发展，我国煤炭产量已居世界第一位，1996年煤炭生产创下13.97亿吨的最高纪录，煤炭供求形势发生转折性变化，由长期严重短缺开始出现过剩。近几年，根据煤炭供需的新形势，按照市场需求，进行总量调控，调整生产结构，关闭小煤矿，压缩过剩生产能力，预计2000年煤炭产量将控制在9亿吨以内。原油产量居世界第四位，1995年达到1.5亿吨，预计今年将超过1.6亿吨，比1995年增长7%以上。天然气产量，1995年为179.5亿立方米，预计今年约为250亿立方米，比1995年增加70.5亿立方米，增长39.3%。我国电力装机容量"九五"期间保持了7.86%的较高增长速度，到2000年4月，全国电力装机容量达到3亿千瓦，1999年发电12331亿千瓦时，装机容量和发电量均居世界第二位。已形成华北、东北、华中、西北、川渝和南方互联等7个跨省电网和5个独立的省级电网，500千伏主网架已开始逐步取代220千伏电网。我国长期以来存在的电力严重短缺问题已得到基本缓解。节能成效显著。1981—1998年，我国累计节约和少用能源8.34亿吨标准煤，价值约788447万元，一次能源消费以年均4.87%的增长率支撑了国民经济年均9.87%的增长速度，实现了能源开发与节约并重，经济发展所需能源一半靠开发、一半靠节约的宏伟目标。结构调整迈出步伐。到2000年10月，煤炭行业已取缔和关闭非法及不合理的各类小煤矿3.6万处，压减产量3亿吨。1997—1999年，全国共关停小火电机组574万千瓦，2000年计划关停420万千瓦。能源体制改革和法规建设也取得了积极进展。

二、我国交通、能源面临的矛盾和问题

我国交通、能源有较快发展，供需状况有了很大改善，但与国民经济和社会发展的要求相比，仍然存在不小的差距，面临着一系列突出的矛盾和问题。

一是人均水平低。我国运输总量不足，按国土面积及人均水平比较，我国现有的运网密度在世界上仍然处于落后地位，无法与发达国家相比，甚至低于与我国幅员相似的印度、巴西等发展中国家。我国一次能源消费量虽已超过俄罗斯居世界第三位，但人均能耗水平很低。据世界银行统计，90年代中期，世界人均能耗1433千克油当量，我国人均能耗只有664千克当量，仅为高收入国家的13.3%，中等收入国家的46%，不足世界平均消费量的一半。1998年我国人均电力装机仅0.222千瓦，人均发电量只有928千瓦时，仅为世界平均水平的一半。随着我国经济的发展和人民生活水平达到小康水平并向更加宽裕的小康生活迈进，对交通、能源的需求还会进一步增加，我国现有的运输能力和能源特别是洁净、高效能源供应还难以适应形势的需要。

二是结构矛盾突出。从交通运输来看，各种运输方式之间和运输方式内部都存在严重的结构性矛盾。各种运输方式基本处于各自为政状态，缺乏有效衔接和协调配合，综合交通运输体系尚未形成。各种运输方式内部的结构性矛盾也很突出。铁路网络结构不尽合理，主要铁路干线运输强度大、负荷重，繁忙线路客货混行影响了速度的提高和效率的发挥；民航干线、大中型与小型飞机比例失调，支线机场和支线飞机数量明显不足；公路国道主干线建设虽有加快，但广大农村公路交通条件仍然比较落后，全国尚有600多个乡镇、8000多个行政村不通公路；港口集装箱及大型散货泊位能力不足，一般杂货码头利用率下降，一些地区液体化工和液化石油气码头能力富余较多。西部地区交通运输更为落后，运输网的密度只有全国平均水平的三分之一左右。我国能源供需总量已基本平衡，但结构性矛盾十分突出。主要是洁净、高效能源比重太低。世界主要产煤国基本全部实现了洗选加工，我国煤炭洗选率仅为25%左右。国内油气资源不足，1996年起我国成为原油进口国，1997年进口原油超过3000万吨，今年预计将进口5000万—7000万吨。石油储采比国际平均为42，我国则维持在低水平的14左右，资源接替矛盾比较突出。在能源结构中，天然气的生产和消费水平较低。天然气在全国一次能源消费结构中的比例，我国为2.2%，远低于世界平均23.6%和亚洲平均8.8%的水平。我国电能在终端能源消费中的比例为11%，远低于17%的世界平均水平。

三是技术水平低。与国际先进水平相比，我国交通运输总体技术水平仍然很低。铁路复线和电气化率不高，三级及以下标准的公路比重接近90%，内河航道基本处于自然通行状态，沿海大型、深水、高效的专业化泊位仍然不足，民航空管及通信导航技术装备落后，交通运输工具总体技术水平大致相当于发达国家70年代水平。我国交通运输软件建设比较落后，尚不能为用户提供更为安全、快捷、方便、舒适、全方位的服务。我国能源工业技术装备水平也很落后。煤炭行业的大部分为非机械化采煤，机械化程度只有35%左右，而美、德、俄等国都在100%或接近100%。在电力装机总量中，消耗高、效率低的小火电机组约占三分之一，总量高达3000万千瓦左右。

四是安全环保状况差。由于技术落后，管理松弛，交通和煤矿事故频繁，成为我国非正常死亡的高发行业。1998年我国民用机动车拥有量还不到世界的3.5%，而公路交通事故死亡人数却占20%，居世界之首；1998年我国煤矿百万吨死亡率达5.02人，全国煤矿死亡6000多人，而1996年世界主要产煤国的百万吨死亡率，澳大利亚仅为0.02人，美国为0.04人，俄罗斯为0.7人，南非为0.23人。由于我国能源消费结构的主体是煤炭和能源消耗高、浪费大，由此而造成严重的环境污染。

五是体制改革相对滞后。由于传统观念的束缚以及行业的自身特点，交通运输和能源行业的改革进展较慢，交通运输中的铁路、民航、港口和能源中的电力至今仍未实行真正的政企分开，垄断经营的弊端未能根本消除。

由于上述原因，造成我国运输效率和能源效率低下。我国综合交通运输体系建设进展缓慢，各种运输方式各自为政，缺乏有效衔接，使现有运输设施和运输装备难以得到有效利用，运输潜力不能充分发挥。以集装箱为例，由于集装箱多式联运系统发展滞后，在同样运距的情况下，我国的运输周转时间要比发达国家长2—5倍。我国能源加工、转换、储运和终端利用的总效率，1997年虽提高到31.2%，但比世界先进水平仍低10个百分点左右。如考虑能源开采效率，我国能源系统的总效率只有 10% 多一点。这也就是说，90% 的能源在开采、加工、转换、储运和终端利用过程中损失和浪费掉了。这种状况如不尽快改变，必将严重制约我国经济的发展，也会对环境造成严重破坏。因此，按照社会主义市场经济的要求，加大交通和能源的体制改革力度和发展步伐，是"十五"及今后一个时期的重要任务。

三、进一步加快交通和能源建设

加快交通和能源建设，既是我国进行经济结构战略性调整的重要组成部分，也是顺利进行经济结构战略性调整、加快经济和社会发展的重要支撑条件。"十五"期间，要按照《建议》要求，进一步加快交通和能源的建设和改革步伐。

交通建设要统筹规划，合理安排，加强公路、铁路、港口、机场、管道系统建设，健全畅通、安全、便捷的现代化综合运输体系。

——公路。加强国道主干线建设，以"三纵七横"（同江至三亚、北京至珠海、重庆至湛江、上海至成都、连云港至霍尔果斯、北京至福州、二连浩特至河口、绥芬河至满洲里、丹东至拉萨、青岛至银川、上海至瑞丽、衡阳至昆明）国道主干线为重点，全面贯通"三纵两横两条重要路段"（同江至三亚、北京至珠海、重庆至湛江、上海至成都、连云港至霍尔果斯国道主干线和北京至上海、北京至沈阳公路），起步建设西部省际公路通道，加快公路网的建设与改造，进一步完善路网结构，扩大路网通达深度，改善农村及贫困地区道路情况。

——铁路。加强主要通道建设，重点建设和强化改造"八纵八横"（京哈通道、京沪通道、京广通道、大湛通道、包柳通道、兰昆通道、煤运北通道、煤运中通道、煤运南通道、陆桥通道、沿江通道、沪昆通道和西南出海通道）铁路主通道，加强区域内铁路建设，完善路网布局。改造既有线路，重点提高主要干线的装备水平，抓紧建成一批电气化改造项目。提高列车运输速度，建成京沈快速客运铁路，适时建设京沈高速铁路，建设一批城市轨道交通工程，重点建设北京、上海、广州、深圳、南京、武汉、重庆、成都、沈阳、天津等大城市的地铁、轻轨和城市铁路。

——水运。加强沿海枢纽港口建设，以优化港口布局和调整泊位结构为主，加强沿海主枢纽港口大型集装箱运输系统，大宗散货运输系统及主要港口出海航道建设，建设上海国际航运中心深水港，相应发展支线港、喂给港。加强长江、珠江三角洲航道网建设，治理内河航道，发展水路运输。

——航空。突出支线机场建设并向西部地区倾斜，完善提高北京、上海、广州等枢纽机场和省会机场，调整优化机队结构，积极支持使用国产支线飞机，提高空中交通管理的技术水平、自动化程度和保障能力。

——管道运输。加强输油气管道建设，形成管道运输网。继续加强既有输油气干线运输系统配套设施建设，提高现有输油气管道运输能力，结合国内油气资源开发与进口油气需要，规划、建设新的输油气管道，重点建设新疆塔里木轮南至上海的"西气东输"工程，完善全国输油气干线运输网络。

能源建设要发挥资源优势，优化能源结构，提高利用效率，加强环境保护。

——煤炭。调整煤炭生产结构，提高优质煤和洁净煤比重，淘汰落后生产能力。进一步搞好煤炭产量的总量调控，优化煤炭生产布局，坚决关闭浪费资源、技术落后、质量低劣、污染环境和不具备安全生产条件的小煤矿，淘汰单井生产能力低的矿井。大力推广洁净煤技术，提高原煤入洗率，开发煤层气资源，建设煤液化和气化示范工程。

——石油和天然气。实行油气并举，加快石油天然气勘探、开发和利用。增加石油天然气后备储量和已探明储量的动用程度，保持合理的储采结构。统筹天然气生产基地、输送管线和用气工程建设，大幅度增加天然气产量和消费量。积极开拓国际市场，通过合作开发等方式，建立海外油气基地，逐步扩大在国外占有份额油和份额气的比例，实现石油天然气进口的多元化。

——电力。调整电源结构，充分利用现有发电能力，积极发展水电、坑口大机组火电，压缩小火电，适度发展核电。深化电力体制改革，逐步实行厂网分开，竞价上网，健全合理的电价形成机制。重点加强主网架和受端网架建设，积极推进跨区送电、跨区联网，建设北、中、南"西电东送"三条大通道，继续进行城乡电网建设和改造。

——新能源和可再生能源。积极发展风力发电和利用太阳能、地热、潮汐能、生物能等，推动并网风力发电，发展高效太阳能热利用和太阳能电池，开发利用地热采暖和地热发电，开发生物质能高效利用特别是大中型沼气工程技术，积极开发利用氢能、生物酒精等替代能源。

——节能和综合利用。广泛推广能源节约和综合利用技术。在社会生产和生活的各个领域、各个环节，深入开展节能工作，突出抓好煤炭、石化、电力、钢铁、有色、建材、化工、轻工、纺织、铁道、交通 11 个耗能行业的系统节能，降低能源消耗，提高能源利用效率。

努力做好新形势下的经贸法制工作 [①]

（2001 年 4 月 9 日）

一、当前经贸形势和任务对经贸法制
工作提出了新的要求

社会主义市场经济从根本上来说是公平竞争经济，是法治经济，是信用经济。我国改革开放的过程，就是不断加强和完善法制的过程。做好经贸法制工作，是发展社会主义市场经济的必然要求。特别是从当前经贸工作面临的形势和任务看，迫切要求我们切实加强经贸法制建设。

（一）今年经济形势不容乐观，要度过今年可能发生的经济困难，保持经济发展的良好势头，必须加强经贸法制建设。去年，在中央连续 3 年采取以扩大内需为主的积极财政政策和稳健的货币政策拉动下，在全球经济快速增长的带动下，我国经济改变了连续 7 年减速增长的局面，国民经济发展出现了重要转机。今年一季度经济发展继续保持了良好的势头。从工业情况看，1—2 月，全国工业生产继续保持快速增长，累计完成工业增加值 3629 亿元，比去年同期增长 10.2%，开局不错。但是，经济运行中存在一些不确定因素，特别是外部经济环境恶化，将会给我国今年乃至明年经济发展带来不小的影响，形势不容乐观，需要引起密切关注和高度重视。

---

① 本文为在全国经贸委系统法制工作会议暨"三五"普法总结表彰大会上总结讲话的主要内容。

改革开放 20 多年来，我国经济发生了重大变化，经济增长由供给约束转变为需求约束，对外依存度提高。国际经济形势如何，对我国经济增长的影响很大。近三年的情况很能说明问题。1997 年虽然开始出现亚洲金融危机，但尚未对我国的出口造成太大影响，这一年并没有感到困难。真正受影响的是 1998 年，全年出口基本上是零增长。中央采取积极财政政策，扩大内需，虽然挺了过来，但经济增长幅度和经济效益下降。去年经济形势出现重要转机，工业利润成倍增加，除了中央连续采取积极财政政策和稳健的货币政策，深化改革，加大结构调整力度外，一个十分重要的因素是全球经济快速增长，我国出口大幅度增加。但是，近一个时期以来，国际经济和金融市场阴云密布，几乎看不到什么亮点。美国股市暴跌，日本经济停滞，欧盟经济增长乏力，东南亚一些国家因政局动荡，经济复苏受阻，南美经济也危机四伏。去年上半年美国经济增长 6%，第四季度降到 1.1%，现在是零增长。对于美国经济发展前景的看法，大体上有三种：有人预计美国经济将呈 V 字形变化，很快会走出低谷；有人预言为 U 字形，将在低谷中徘徊一段时间；有人甚至断言为 L 形，像进入 90 年代后的日本那样，短时期内将很难从低谷中走出来。现在，持第一种看法的在减少，持第二种看法的在增加，持第三种看法的也大有人在。不管如何预测和描述，美国经济在经历长达 120 个月的繁荣后，呈衰退之势已成定局。道琼斯指数和纳斯达克指数一路狂跌，资产市值大幅缩水。日本经济泡沫破灭后，长期不景气，货币贬值，通货紧缩愈益严重。今年 1 月份日本工矿业生产指数比上个月减少了 4.2%，跌幅创历史最高纪录，全国破产企业的负债总额比上年同期增加 60.6%，失业率达 4.9%，为二战后最高水平。受美国和日本经济的影响，世界经济低迷状态有可能持续较长时间。这样的国际经济环境，必将对我国经济产生重大影响。从今年 1—2 月我国工业产品出口交货值完成情况看，增速比去年同期减慢 13.8 个百分点，其中对美国出口回落 26.7 个百分点。对外依存度最高的广东省，头两个月由去年同期增长 50.6% 变为下降 1.2%。受此影响，广东前两个月工业增加值仅增长 7%，为全国最低水平。在这种情况下，我们必须在努力增加出口的同时，把着力点放在扩大内需上，立足于国内。而立足国内的一个重要方面，是依法整顿和规范市场经济秩序，创造良好的市场环境，提高人民群众的消费意愿，增强大家的信心。

（二）经济结构调整任务繁重，要促进产业结构优化和升级，提高国民经济整体素质和竞争力，必须加强经贸法制建设。以提高经济效益为中心，对经济结构进行战略性调整，是"十五"时期我国经济发展的主线。这是中央基于对国际国内经济形势的深刻分析和战略判断做出的正确结论。经过新中国成立50多年来特别是改革开放20多年来的发展，我国经济跨上了一个大台阶，在经济总量的矛盾基本解决之后，结构性矛盾突出起来。面对市场供求关系出现的历史性变化，面对经济全球化加速发展的趋势，面对世界范围的经济结构调整，我国经济已经进入了以调整求发展的阶段，不调整就不能继续前进，不调整就不能健康发展。九届全国人大四次会议刚刚通过的"十五"计划纲要，实际上就是一个结构调整的规划。根据"十五"计划的要求，国家经贸委正在制定工业结构调整的规划。进行结构调整，淘汰落后生产能力，搞好总量调控，制止低水平重复建设，加快新技术、新产品的开发和应用，增加有效供给，必须综合运用经济的、法律的和必要的行政手段，而经济手段和必要的行政手段的运用，也必须建立在法律的基础上。如何充分发挥法律手段在结构调整中的促进、引导、规范和保障作用，这也是新形势向经贸法制建设提出的一个新课题。

（三）国有企业改革正处于攻坚阶段，要巩固和发展三年改革与脱困成果，进而从根本上搞好国有企业，必须加强经贸法制建设。"十五"期间，国有企业改革仍然是整个经济体制改革的中心环节，也是我们经贸委系统需要全力做好的中心工作。经过各方面的共同努力，我们如期基本实现了国有企业改革与脱困的三年目标，大多数国有大中型企业摆脱了困境，大多数国有大中型骨干企业初步建立起现代企业制度。但这只是一个阶段性的成果，企业脱困的基础还很脆弱，机制并未真正转变过来。国有企业改革仍然处于攻坚阶段，发展处于关键时期，今后的任务还十分艰巨。推进国有企业改革与发展，特别是对国有经济进行有进有退的调整，对国有企业进行规范的公司制改革，建立规范的法人治理结构，对企业经营者试行年薪制和期权制，以及对一些失去竞争力的企业进行破产关闭等，都需要在试点的基础上加以总结和规范，这样才能做到既大胆探索，勇于创新，又实事求是，防止"刮风"，避免一哄而起，少走弯路。因此，如何运用法律手段保障、促进和规范国有企业改革与发展，是我们经贸法制工作的重要任务。

（四）我国即将加入WTO，要积极应对加入WTO的机遇和挑战，进一步提高我国对外开放水平，必须加强经贸法制建设。中国加入WTO的谈判一波三折，历经磨难，目前仍然存在很多变数。但是，中国需要世贸组织，世贸组织也同样需要中国。中国加入WTO，不是发达国家给我们的恩赐，而是互利双赢的必然选择。不管出现什么情况，中国或早或迟总要加入WTO，这个大趋势是谁也改变不了的。加入WTO，对我国来说，既是机遇，也是挑战；既是对企业的挑战，也是向政府提出的挑战。许多有识之士指出，中国加入WTO，首当其冲的不是企业，而是政府。WTO规则是各成员间开展国际经贸合作与竞争的通行规则，是国际经济贸易法律体系的核心组成部分。加入WTO，也就意味着我们要适应WTO的规则，完善有关涉外经贸法律法规和规章，要求政府部门必须加快改革现行的管理体制、方式、手段，更新理念，转变职能。在这方面，去年国家经贸委按照国务院的统一部署，对现行的有关涉外经贸法律法规和部门规章进行了全面清理，提出了建议。今后这方面的事情肯定少不了的。同时，还要指导企业有针对性地采取应对措施，尽快提高适应能力和竞争能力。并利用WTO的有关条款和争端解决机制，依法保护国内产业和经济安全。去年，国家经贸委按照中央要求，还就工商领域如何应对WTO问题进行了专题研究，深感目前我国工业的某些行业和领域与发达国家的水平相比还有很大差距。要做到我国有比较优势的能打出去，有一定差距的能顶得住，差距较大的能冲不垮，需要采取包括法律法规在内的综合性对策。这方面，经贸法制工作有大量事情要做。

（五）市场秩序混乱是制约我国经济健康发展的突出矛盾，要依法整顿和规范市场经济秩序，创造良好经济环境，尤其需要加强经贸法制建设。目前，市场经济秩序混乱已经成为我国社会经济生活中的突出问题。从各方面反映的情况看，问题之严重，性质之恶劣，触目惊心，令人发指。如果任其泛滥和蔓延，不仅严重影响国民经济的健康运行，给国家、企业和人民群众的利益造成重大损害，而且会导致投资环境的恶化，败坏国家信誉和改革开放的形象。因此，中央要求，要全面展开，突出重点，边整边改，标本兼治，综合治理，下大决心，花大力气，整顿和规范市场经济秩序。我国前两年靠积极的财政政策，成功地抵御了亚洲金融危机对我们的冲击。这次要靠整顿和规范市场经济秩序，度过今年可能发生的经济困难。根据国务院的部署，全国整顿和规范市场经济秩序办公室设在国家经贸委，各地经贸委也将相应承担这项工作。这是对我们各级经贸委的信任，我们应当挑起这副重担。这次整顿和规范市场经济秩序，指导思想十分明确，就是要高举改革和法制的旗帜。深化改革，综合治理，强化法制。强调要加强法制队伍建设，提高执法水平，切实解决有法不依、执法不严的问题。要修订和完善有关法律法规，抓紧立法工作。在这方面，我们经贸委系统的法制工作同志肩负着义不容辞的历史责任。

保持经济良好发展势头、加快结构调整、推进国有企业改革与发展、做好加入 WTO 的应对工作、整顿和规范市场经济秩序，都是当前我们各级经贸委的重点工作，是我们经贸工作面临的新形势和新任务。这些工作，都与我们经贸法制工作息息相关，也都给经贸法制工作提出了新的课题和新的要求。

二、当前经贸法制工作中需要着力做好的两项工作

做好新时期的经贸法制工作，要做的事情很多，归结起来，是两个大的方面，一是政府依法行政，一是企业依法治企。这里，我就下一步工作中需要切实抓好的这两个方面，再强调一下。

（一）关于加强依法行政问题。近年来，国家在加强法制建设，走依法治国道路方面做了大量工作。依法治国，建设社会主义法治国家，是党的十五大提出的治国基本方略，并载入了我国宪法。目前，全国人大及其常委会已制定了 390 多件法律和有关法律问题的决定，国务

院制定了 830 多件行政法规，地方人大及其常委会制定了 8000 多件地方性法规，国务院各部门和地方人民政府制定了 3 万多件规章。可以说，以宪法为核心的法律体系的框架已基本形成。

依法治国，最重要的是建立健全法律的实施制度和机制，真正做到有法必依，执法必严，违法必究。"令在必信，法在必行。""有法不行，与无法同。"改革开放以来，我们制定的法律法规和规章数量已经不少。当然，还有一些急需的法律法规和规章需要抓紧制定，有大量的法律法规和规章因形势发展变化需要修改和完善，经贸立法工作仍然是我们的繁重任务，需要进一步加强。但是，相比较而言，执法的任务更为繁重，矛盾更为突出。我们需要在行政执法方面投入更大的精力。依法治国，对于政府部门来说，最重要的莫过于依法行政。依法行政是政府转变职能的内容和方式，也是政府转变职能的方向和目标。随着改革深化和市场配置资源基础性作用的逐步增强，社会经济活动中各种重大关系正在发生深刻变化，政府要调整和处理好这些关系，只有把各种经济手段、行政手段纳入法制的轨道，坚持依法行政，才能从根本上提高行政效率和质量。否则，仍靠行政手段一事一办、一事一批，只会事倍功半，甚至会阻碍改革和发展。各级经贸委要充分认识依法行政、依法管理经济的重要性和紧迫性，尽快转变观念，学会运用法律手段管理经济，切实推进经贸委系统依法行政。这方面，当前特别需要注意抓好两点：

一是抓好行政审批制度的改革工作。进一步转变政府职能，加快政府审批制度改革，大幅度减少行政性审批，规范审批行为，强化监督机制，这是今年国务院提出的一项重要工作。目前国家经贸委正在根据国务院的统一部署，抓紧做好委机关现有审批制度的清理和改革工作。根据委党组的要求，成立了一个领导小组，具体工作由法规司负责。4 月 5 日，在北京召开的各省市经贸委主任座谈会上，法规司专门为会议提供了一个这方面的参阅材料。各地经贸委也有这项任务。请大家根据统一部署和要求，按照谁设立的行政审批谁负责清理，对上级设立的行政审批积极提出清理建议的原则，务必认真做好这项工作。

二是不断提高行政执法与执法监督水平。行政执法与执法监督既是依法行政的重要内容，也是依法行政的关键。9个委管国家局撤销和各地经贸委机构改革后，行业法规职能并入经贸委，行政执法和执法监督的任务大大增加。如何履行好这项职责，对我们来说是一个新课题。从各地反映的情况看，目前这方面还存在不少问题，需要好好研究，尽快理顺关系，明确职能，健全责任，规范程序，强化监督。同时要做好经贸委系统的行政复议与应诉工作。

（二）关于企业法制工作。企业法制工作既是经贸法制工作的重要组成部分，也是企业工作的重要内容。做好这项工作对于深化国有企业改革，提高企业现代化管理水平，加快企业发展，增强企业竞争力都具有重要意义。目前企业存在的许多问题都与管理不严有关，而企业管理问题实际上又往往表现为企业法制是否健全，表现为企业的法律意识强不强，能否依法维护自己的合法权益。1999年，国家经贸委根据国务院领导同志的批示，对国有企业在经济纠纷中败诉原因进行了调研，结果发现败诉的企业大多是由于在产品购销、对外担保、对外合资合作过程中，缺乏充分的法律审查和论证。有不少是对方有意设置的法律"陷阱"，由于企业法律意识淡薄，而导致吃亏上当。由此引发的经济纠纷不仅影响了企业的正常生产经营，而且造成了国有资产的严重流失。从近几年企业法制工作情况看，凡是企业法制及企业法律顾问工作搞得好的企业，这方面的失误就可以大大减少。企业法制及法律顾问工作好坏，已经成为衡量企业竞争力的一个重要因素。随着社会主义市场经济的发展，随着对外开放的进一步扩大，这个因素显得越来越重要。几年来，各地经贸委在指导企业法制及企业法律顾问方面做了大量工作，取得了显著成绩，有很多好的做法，积累了宝贵的经验。在讨论中，大家还反映目前企业法律顾问工作中还存在一些问题，如地位、待遇等。解决这些问题固然需要一定的条件，需要企业领导的高度重视，我们也要多服务、多指导、多呼吁。但解决的根本途径还在于企业法律顾问不断提高自身素质，有为才能有位。面对新世纪、新形势、新任务，企业法律顾问的用武之地将越来越广阔。为了进一步推动这项工作，今年我们准备选择适当时机召开一个企业法制及企业法律顾问经验交流会，用实践经验和典型事例来指导和推动这项工作，请各地经贸委做好准备。

三、关于进一步加强经贸法制工作的几点要求

根据当前我们面临的形势和任务，为了做好今年和"十五"时期的经贸法制工作，提出几点要求：

（一）进一步加强对经贸法制工作的领导，狠抓落实。经贸法制工作开展得好不好，关键在于领导特别是主管法制工作的领导同志。各级经贸委要把法制工作真正提上领导的议事日程。这次机构改革，国家经贸委重新组建了经济法规司。大部分省市经贸委也成立了法规处或政策法规处。经贸法制工作是整个经贸工作的重要组成部分，随着社会主义市场经济的发展，这项工作将会越来越重要。希望各地经贸委高度重视经贸法制工作，努力做到认识到位、领导到位、组织到位、措施到位。

（二）从事经贸法制工作的同志要多了解和熟悉业务工作，不断提高自身素质。经贸委系统的法制工作，一个最大的特点就是根植于经贸工作之中。经贸法制工作必须与经贸业务工作紧密结合起来，只有了解和熟悉经贸业务工作，才能真正做好经贸法制工作，为业务工作提供法律手段和保障；也只有熟悉和掌握法律知识，以法制工作为指导，才能更好地做好各项经贸业务工作，提高经贸部门的依法行政水平。否则，经贸法制工作要么流于形式，要么变成无水之源，或者搞成"两张皮"，经贸业务工作也不可能真正做好。一定要紧紧围绕委的中心任务开展法制工作，把两者紧密结合起来，使之相辅相成、相得益彰。

经贸法制工作是综合性很强的工作。经贸委的法规处，实际上是法规综合处，经贸委的法制工作，不只法规处在做，全委都在做，是全委的共同职责。从事经贸法制工作的同志有两大任务，一大任务是在学好法律法规的同时，必须向其他业务部门学习，要了解经济运行动态，掌握国有企业改革与发展的政策，熟悉行业知识和结构调整情

况，把握外经外贸的变化态势，这是我们做好经贸法制工作的基础。还有一大任务是当好法制工作的宣传员、服务员、辅导员、监督员，帮助和督促全委同志包括领导同志学法用法守法，把经贸工作的各个环节纳入法制轨道，全面提高全委依法行政的能力和水平。

经贸法制工作是一项很有前途的事业，也是一项很辛苦的工作。经贸法制工作的重要性，目前还没有完全被大家所认识，工作中难免会遇到这样或那样的困难，也不像有些热门工作那样有人找有人求。"热爱是成功的一半。"从事经贸法制工作的同志要热爱这项工作，要坐得住"冷板凳"，耐得住寂寞，敬业、精业、勤业，在平凡的法制工作岗位上作出应有的贡献。同时，也希望各地经贸委为从事法制工作的同志在培养、使用、选拔和轮岗等方面创造必要的条件。

这次机构改革后，不少法规处长是新上来的，还有从其他岗位转过来的。这个岗位，对干部素质要求是很高的。法规处长应该既是专才，也是通才。人生做事逼迫始，有压力才有动力。希望大家加倍努力，尽快适应新角色，在实践中学习，在工作中提高，使这个岗位能够多出人才，快出人才，出高素质的人才。

（三）进一步提高经贸立法的质量。今年国务院立法工作的意见和安排中，交给国家经贸委牵头起草、联合起草和抓紧研究起草的法律、行政法规草案有 12 件。国家经贸委也制定了今年立法工作计划，仅各司局提出需要制定的部门规章就达 61 件。各地经贸委也承担了大量的立法工作，而且任务在不断加重。这就要求我们必须适应形势的要求，加快立法工作步伐。搞好经贸立法工作，重在提高立法质量。一要认真贯彻《立法法》，严格立法程序，规范立法行为，以改革的精神立法，充分体现推进行政管理体制改革的精神，切实减少行政性审批，防止把过去惯用的审批手段再固化在立法中，使之"合法化"。国家经贸委正在修订委机关的立法工作规则，这是经贸委的"立法法"。各地经贸委也要制定一个办法，以保证立法工作的程序化、规范化。二要做好立法工作的统一协调和规划，多为业务部门着想，多为业务部门服务，多听业务部门的意见，努力提高立法内容的合理性、可行性和有效性。

（四）进一步加强对企业改革与发展中的法律问题研究，依法促进和保障企业改革与发展。国有企业改革与脱困三年目标虽已基本实现，但并不意味着国有企业的深层次矛盾和突出问题都已解决。当前国有经济布局战略性调整和国有企业的深化改革中，有许多问题需要认真研究，其中不少问题涉及到法律法规问题，都要依法进行，依法规范。我们要把认识进一步统一到十五届四中全会的《决定》精神上来，按照中央的部署，抓好《国有大中型企业建立现代企业制度和加强管理的基本规范》的贯彻落实，抓紧起草有关法规和规章，使各项试点工作规范推进。要继续推进企业依法经营管理工作。各级经贸委要通过指导企业建立和完善企业法律顾问制度，抓好企业法律顾问队伍建设。要按照"四五"普法的要求，提高企业经营者的法律意识和法律素质，建立健全规章制度，为企业依法经营管理和维护自身合法权益创造必要的法制环境和条件。

（五）经贸法制工作要立足新起点，开拓新领域，开创新局面。立足新起点，就是要在经贸法制工作取得成绩的基础上，紧紧围绕经贸委的中心任务和重点工作，再接再厉，不自满，不停步，站在新世纪的起点上，把经贸法制工作进一步推向前进。开拓新领域，就是要根据当前国际国内经济和社会变化的新趋势，研究国有企业改革与发展、结构调整、加入 WTO 等领域的新问题，加强行业法规建设，完善有关法律法规，健全执法监督体系，增强法律意识和法律素质。法规司提出的今后要着力研究好三个新课题，我很赞成。希望法规司与地方经贸委的同志一起，好好研究这几个题目，力争有所突破和创新，搞出点新东西，为领导决策提供参考和依据。开创新局面，就是要在认真总结各级经贸委开展经贸法制工作经验的基础上，全面推进经贸法制建设，不断提高经贸法制工作水平，切实做到依法行政。

社会主义市场经济条件下的
公有制实现形式研究 ①

（2001 年 4 月）

引言

公有制特别是国有制的实现形式问题，是公有制与市场经济能否实现有效结合的关键。认真总结新中国成立以来特别是改革开放以来正反两方面的实践经验，吸收和借鉴人类社会的优秀文明成果，包括资本主义国家特别是发达市场经济国家一切反映现代经济规律的资本组织形式和经营管理方式，努力寻找适应市场经济要求的能够极大促进生产力发展的公有制实现形式，对于坚持我国社会主义初级阶段的基本经济制度，建立和完善社会主义市场经济体制，大力发展社会主义市场经济，积极参与经济全球化进程，把我国社会主义现代化建设的伟大事业在新世纪不断推向前进，进而顺利实现第三步战略目标，都具有极为重要的意义。这也是我们在新形势下研究和实施治国方略一个十分重要的课题。

一、公有制实现形式问题是社会主义
市场经济的基本问题

公有制与市场经济能否成功地结合在一起，这是在全球范围内迄

---

① 本文为作者在中共中央党校函授学院党员领导干部在职研究生班的毕业论文。

今为止仍然没有得到很好解决的历史性难题。在世界发展史上，私有制与市场经济的结合，不乏成功的先例，如欧美等发达资本主义国家那样，这种结合曾极大地促进了生产力的发展，目前仍然显示着很强的生命力。公有制与传统计划经济的结合，在战争年代和备战时期也曾取得过很大的成功，像我国和其他社会主义国家那样，这种结合也在历史上发挥过不可磨灭的作用，在特定的历史时期和一定的经济发展阶段促进了社会生产力的快速发展。但是，在进入以和平与发展为主题的时代，公有制与市场经济的结合，还没有成功的先例。许多人曾经断言，公有制与市场经济是无法结合的。如果结合，只能是两者缺陷的结合，而绝非它们各自优势的结合①。我国改革开放以来特别是1992年党的十四大提出建立社会主义市场经济体制以来，我们开始了公有制与市场经济相结合的伟大实践，进行了艰苦的探索，取得了重大进展，积累了宝贵的经验，但公有制与市场经济的有机结合，还不能说已经解决或基本解决，仍然处于探索阶段，还有很长的路要走。我们既不能因为坚持市场取向的改革而走上私有化的道路，也不能因为坚持公有制为主体而回到计划经济的旧模式，唯一正确的选择是通过矢志不渝的艰苦探索，寻找到能够适应市场经济要求的极大促进生产力发展的公有制实现形式。

公有制为主体、多种所有制经济共同发展，是我国社会主义初级阶段的一项基本经济制度。建立社会主义市场经济体制，是我国经济体制改革的目标模式。坚持社会主义道路，坚持公有制为主体，必须研究和解决社会主义市场经济条件下的公有制实现形式问题。实现形式并非公有制所特有，无论何种形式的所有制，都有一个实现形式问题。所谓公有制的实现形式，是指在社会主义市场经济条件下生产资料公有制企业采取何种具体的资本组织形式，以及由此而决定的经营管理方式，使之能够适应市场经济的普遍原则和基本要求，成为自主经营、自负盈亏的法人实体和市场主体，充当社会主义市场经济体制的微观基础。要探索社会主义市场经济条件下的公有制的有效实现形

---

① 张五常:《经济解释——张五常经济论文选》, 商务印书馆, 2000 年, 427—432 页。

式,首先必须了解公有制自身的特点。公有制是指生产资料为一定范围内的社会公众所有,以及在此基础上产生的关于生产资料的占有、支配、使用等诸方面的经济关系。在社会主义市场经济条件下,公有制实现形式具有以下几个主要特点:一是客观性。社会主义公有制实现形式不是主观臆造出来的,而是客观存在的,它是公有制存在形式的客观反映。二是多样性。公有制实现形式的多样性是在我国生产力水平比较低和发展不平衡的条件下,由生产关系必须适应生产力发展的规律决定的。三是发展性。公有制实现形式不是一成不变的,随着社会生产力的不断发展及生产关系的不断调整,公有制实现形式也会不断地调整和完善。在社会主义市场经济条件下,公有制实现形式的客观性、多样性、发展性是相互联系、辩证统一的。否定其客观性,就容易犯唯心主义错误,否定其多样性和发展性,就会犯形而上学的错误。只有既坚持其客观性,又坚持多样性和发展性,把三者当作一个不可分割的有机整体,才是辩证唯物主义和历史唯物主义应有的态度。

社会主义公有制是社会主义制度的核心和基础。寻找公有制的实现形式,就是要探索和建立公有生产资料在社会再生产过程中更有效的组织方式、经营方式、交换方式、分配方式等。公有制的实现形式如何,怎样寻找和选择公有制多种有效实现形式,直接关系到公有制的生存和发展,关系到社会主义经济体制能否建立、巩固和完善。因此,公有制的实现形式问题,在我国社会主义市场经济体制建立和发育过程中,居于基础性、前提性和枢纽性的地位,是社会主义市场经济的基本问题。这个问题不解决,社会主义市场经济就无从谈起。

第一,这是我国经济的现实状况决定的。我们坚持以市场为取向的改革,建立社会主义市场经济体制,是在我国公有制占绝对优势的基础上进行的。以工业为例,改革开放之初,在我国工业总产值中,公有制比重几乎占百分之百。经过20多年的改革开放,非公有制经济有了很大发展,但在工业总产值中,公有制比重仍占三分之二。我们进行改革的任务,是要使这些公有制经济中的成千上万个企业进入市场,成为社会主义市场经济的微观基础。市场经济既可以与私有制结合在一起,也可以与公有制结合在一起。我们没有必要也不可能把公有制私有化，而是应当通过深化改革，选择适当形式，将其改造为社会主义市场经济的法人实体和市场主体。

第二，这是我国社会主义初级阶段的基本经济制度决定的。党的十五大提出，以公有制为主体、多种所有制共同发展，是我国社会主义初级阶段的一项基本经济制度，并载入了我国的宪法。只有坚持这项基本经济制度，才能保证我国社会生产力的快速发展，保证实现全国人民的共同富裕。坚持基本经济制度，也就必须解决作为主体的公有制在社会主义市场经济中的生存和发展问题，即解决公有制与市场经济相结合的具体实现形式问题。

第三，这也是世界经济发展和我国改革开放的大趋势决定的。市场在配置资源、沟通产需中具有不可替代的作用，建立社会主义市场经济体制，发展社会主义市场经济，让市场在资源配置中发挥基础性作用，是我国经济体制改革的目标选择，是我国扩大对外开放、适应经济全球化发展趋势的客观需要。随着我国对外开放的不断扩大，特别是即将加入WTO，我国经济将在更大范围内和更深程度上融入全球经济。科学技术日新月异的迅猛发展和世界范围内产业结构的加速调整，大大加快了经济全球化的进程。我国公有制经济要在国内外市场上与其他所有制企业特别是外国企业开展竞争，并不断提高自己的竞争力，就必须努力寻找适应市场要求的具体实现形式。

最后，这也是公有制实现形式必须进行制度创新所决定的。我国在传统计划经济体制下形成的公有制实现形式，特别是作为全民所有制的国有企业，国家直接经营，这种形式根本无法适应市场经济的要求，必须进行制度创新，使之成为自主经营、自负盈亏的法人实体和市场主体，才能在社会主义市场经济中得以生存和发展，才能在国内外市场上与其他企业展开竞争并形成自己的优势。

因此，破解公有制与市场经济相结合的历史性难题，实际上是要破解公有制的实现形式这个难题。而这个难题，只有认真总结我国改革开放20多年来的实践经验，借鉴发达市场经济国家某些成功做法，通过不断改革不断探索才能破解。

最近20多年来，有关公有制实现形式问题，无论是从理论还是实践方面，国内众多专家学者、经济体制改革部门以及宏观经济管理部门、管理人员和企业经营管理者都进行了积极探索[1]；国外一些关心中国经济改革的人士特别是华人专家学者，也进行了有益探索[2]。但由于这方面研究开展的时间不长，至今尚未见到比较专门系统的研究，本文试就这方面的问题做一些尝试。

二、我国公有制实现形式的理论与实践

新中国成立以来特别是改革开放以来，我国从理论和实践两方面对公有制实现形式进行了不懈的探索[3]。既取得了一些重大而富有开拓性的进展，也有过一些严重的曲折与失误。鉴于我国国有制是公有制的主体，是我国传统公有制实现形式中的典型形式，是探索公有制实现形式的重点和难点，因此在本章及以后的讨论中，很多时候将主要涉及国有制实现形式方面的问题。

（一）我国公有制的传统理论与公有制的形成。我国传统的公有制实现形式，是与传统的排斥市场机制的高度集中的计划经济体制相联系的。我国在新中国成立后选择这样的经济体制，有其深刻的社会历史背景。这一方面是由于在当时的国际环境和政治经济格局下，我国要实现工业化并走上现代经济发展的轨道，已不可能沿袭资本主义国家几百年发展一步一步走过的老路。另一方面也与我们对科学社会主义理论的理解和苏联模式的影响有很大关系。在马克思、恩格斯对未来社会主义的构想中，商品货币将要消亡，市场机制配置资源的作用将被社会的统一计划分配所取代，整个社会生产就是一座大工厂。在这里，后人忽略了两个重要的前提条件：一是生产资料由社会共同占有的单一所有制已经建立；二是每个人的个别劳动一开始就直接表现为社会劳动。现实的社会主义并不具备这两个前提条件。因此，不能

---

① 王洛林：《面向 21 世纪的思考——中国经济体制改革和对外开放 20 周年：回顾与前瞻》，中国社会科学出版社，1999 年，158—169 页。

② 参见：汤敏、茅于轼：《现代经济学前沿（1—3 集）》，商务印书馆，1999 年。

③ 参见：齐桂珍：《中国所有制改革 20 年》，中州古籍出版社，1998 年。

那样简单地对待公有制的实现形式。后来许多社会主义国家的实践证明，事情并不像我们原来所理解所认识的那样简单。从建国之初到改革开放前的 30 年中，我们对公有制实现形式作了一系列探索，形成了特定历史环境下的公有制实现形式，在曾经使以公有制为主要代表的社会生产力得到很大发展的同时，也暴露出许多问题。在"左"的思想指导下，我们不仅没有根据生产力发展的客观要求对其进行改革，反而在错误的道路上越走越远，最终使传统的公有制实现形式演化成生产力发展的桎梏。

新中国成立之初，我国刚刚结束十多年的战争和动荡局面，经济百废待兴，工业基础十分薄弱，迫切需要集中力量发展国民经济，为我国的工业化打下一个较为稳固的基础。在公有制理论方面，受当时国际政治经济环境的影响，特别是受意识形态的支配，我国直接借用了当时苏联的计划经济体制和公有制理论。这一理论的基础是斯大林在 1937 年提出的社会主义公有制理论，即全民所有制经济是社会主义公有制经济的高级形式，劳动群众集体所有制经济是公有制的低级形式，低级形式要向高级形式过渡。鉴于当时特殊的国际国内政治经济形势，加上对马克思主义的教条式、简单化理解以及实践经验的缺乏，在相当长的一个时期特别是"文化大革命"时期，我国公有制理论坚持认为社会主义所有制越"公"越好，越"大"越优越，越"纯"越先进，坚持社会主义就是要坚持计划经济，计划经济才是社会主义的基本特征，崇尚一种超越社会生产力发展现实阶段、纯而又纯的单一公有制实现形式。

在这种传统公有制理论的指导下，从新中国成立到改革开放前，我国用指令性计划和行政控制来代替和限制市场机制的作用，排斥和限制各种非公有制经济形式，公有制实现形式经历了由相对多样到单一、由初级到"高级"的过程。在 1949 年至 1952 年的国民经济恢复时期，通过没收外国资本和官僚资本转为国家所有、土地制度改革等，初步形成了国家所有制。1953 年至 1956 年的社会主义改造时期，对个体手工业、个体商业、个体建筑业、个体运输以及民族资本主义工商业等进行了多种形式的集体化、国有化改造，同时，国家进行了以

156 项重大工业项目为主的大规模国有工业建设，初步形成了国民经济各主要部门均以公有制为主，工业部门以国有制为主，国有制又以中央与地方政府直接管理的大中型企业为主的新的公有制结构。此后到改革开放前特别是"文革"时期，由于盲目追求"一大二公"，否定商品和市场的作用，国有经济分布太广、比重过高、包揽过多，许多城乡个体、私营经济和集贸市场被作为"资本主义尾巴"割掉，不少集体合作经济被脱离实际地"升级"为"小全民"，把公有制的实现形式推向纯而又纯的国有制的极致①。

（二）传统计划经济时期的公有制实现形式。受传统公有制理论指导，计划经济体制下我国公有制实现形式基本上是两大类：一是国有独资、国家直接经营的国营企业，也就是当时的"全民所有制企业"。这类企业的生产经营都由国家直接控制，人、财、物和产、供、销都由国家指令性计划统一分配，全国的生产经营就像一个大工厂，企业像是一个一个的生产车间。另一类是由若干生产者联合或组织起来的集体企业，即"集体所有制企业"。这类企业本该实行独立核算、自主经营、自负盈亏和民主管理的，但在计划经济年代，也被打上国有企业的烙印，实际上成为一种"二全民"性质的企业。

传统计划经济时期的公有制实现形式主要有以下几个特点：一是实现形式比较单一，难以适应不同生产力发展水平的要求；二是管理过于集中，企业作为行政机关的附属物，缺乏生产经营的自主权；三是排斥竞争，资源配置主要依靠政府的指令性计划进行；四是企业内部机制僵化，职工吃企业的"大锅饭"，企业吃国家的"大锅饭"，缺乏应有的激励和约束机制。

计划经济时期的传统公有制实现形式是在特定的历史条件下形成的。这种形式曾经对于集中力量恢复经济，医治战争创伤，迅速建立我国的工业基础，有过不可否认的贡献，也有其产生和发展的客观必然性。但随着社会生产力的发展，这种传统的公有制实现形式的弊端越来越明显地暴露出来。改革传统的公有制实现形式，使生产关系能

---

① 刘仲藜：《奠基——新中国经济 50 年》，中国财政经济出版社，1999 年，第 103—123 页。

够适应生产力发展的要求，就成为我国实现从计划经济体制向社会主义市场经济体制转变的一项十分重要而艰巨的任务。

（三）改革开放以来公有制实现形式的探索。改革开放以来，无论是从经济理论研究还是从经济体制改革实践看，对公有制及其实现形式的研究探索都是一个至为关键的问题。这一时期，我们坚持解放思想、实事求是的思想路线，在总结以往经验教训的基础上，从理论和实践两方面对公有制实现形式进行了大胆探索。在理论上，把马克思主义基本原理同我国的具体实际相结合，进一步发展了马克思主义公有制理论；在实践上，以"三个有利于"为根本标准，尊重实践，尊重群众的首创精神，探索出一些新的公有制实现形式。这一时期的探索大体可以分为两个阶段：

第一阶段：公有制实现形式旧模式的突破阶段。这一阶段大致是从 1978 年至 1992 年，即党的十一届三中全会至党的十四大召开。这一阶段在理论上的主要进展是：1978 年底召开的党的十一届三中全会对传统的公有制及其实现形式的弊端进行了初步揭露和批判，为以后研究探索公有制及其有效实现形式的理论开辟了前进的道路。1982 年党的十二大提出了社会主义初级阶段理论，明确我国在很长时期内需要多种经济形式同时并存，1984 年党的十二届三中全会进一步打破了不同所有制经济的界限不能混淆的观点，提出了应当鼓励不同所有制经济之间的合作、合资、联合的理论。1987 年党的十三大打破了公有制要纯而又纯的观点，提出了公有制本身也是多种形式的，全民所有制和集体所有制可以联合组建公有制企业，各地区、各部门、各企业可以组建相互参股的公有制企业的理论；打破了股份制是资本主义所有制的观点，提出了国家控股和部门、地区、企业相互参股以及个人入股是社会主义企业财产的一种组织方式的理论。

与理论上的发展和突破相联系，在对公有制特别是对国有制实现形式的实践探索方面，进行了积极的尝试。根据改革的内容和侧重点，这一阶段可划分为两个小的阶段。从 1978 年党的十一届三中全会到 20 世纪 80 年代中期，主要是着眼于扩权让利和围绕政府与企业间利益关系的调整而展开的。这一阶段先是扩权让利，给企业更多的经营自主权，同时实行利润分成制度，将企业绩效与利益挂钩。继之实行两步利改税，调整国家与企业间的利益分配关系，此后，分两步从利税并存逐步过渡到以税代利。这一阶段公有制的主要实现形式虽然基本上保持了原有的国有国营模式，与传统的国有制工厂没有实质性差别，只是在企业经营自主权与利益分配方面有了一些改进。但初步解决了国家对国有企业管得过死的问题，拉开了对传统公有制实现形式进行变革的序幕。

80年代后期到90年代初，着力转换企业经营机制，进行企业经营方式改革，把企业推向市场。这一阶段主要是按照政企分开、两权分离的原则，实行多种形式的经济责任制，转换企业经营机制。相继引入和推行了租赁制、承包制、资产经营责任制、股份制（试点）等一些新的公有制实现形式，开始触及旧体制下国有制实现形式的基本框架。这一时期的公有制实现形式虽然还未发生根本性变化，但有了一些新的特点，开始突破传统的国有国营的旧模式，以推行多种经济责任制为主要手段，在政企分开、所有权与经营权分离、探索国有制新的实现形式方面迈出了重要的步伐。

第二阶段：公有制实现形式制度创新的探索阶段。这一阶段大致是从1992年党的十四大至今。党的十四大特别是十四届三中全会和十五大以来，我们对公有制及其实现形式的理论探索有了新的重大突破，主要体现在以下几方面：进一步突破了姓"社"姓"资"的争论，明确提出股份制有促进政企分开、转换企业经营机制和积聚社会资金的三大积极作用的理论；提出了公有制实现形式要通过制度创新得以实现的理论；打破公有制是建立社会主义的基本特征的理论，明确提出公有制为主体、多种所有制经济共同发展，是我国社会主义初级阶段的一项基本制度；打破了公有制经济形式单一化的理论，提出了公有制实现形式可以而且应当多样化，一切反映社会化生产规律的组织形式和经营方式都可以大胆利用，要努力寻找能够极大促进生产力发展的公有制实现形式的理论。我们在理论上的这些发展和重大突破，为探索社会主义市场经济条件下的公有制实现形式，寻找公有制与市场经济有效结合的具体途径，提供了理论指导。

在实践方面，这一阶段根据十四大提出的建立社会主义市场经济体制的目标，按照"产权清晰、责权明确、政企分开、管理科学"的现代企业制度的改革方向和"抓大放小"的改革思路，国有企业实现形式开始在制度创新方面进行积极的探索，主要在两个层面上展开，一是国有大中型企业进行公司制改革，二是国有小企业采取多种方式放开搞活。在国有大中型企业公司制改革方面，1994 年国务院选择了 100 户不同类型的国有大中型企业进行现代企业制度试点，各地区、各部门也选择了一批企业进行试点，共 2700 多户。这些试点企业大多数是重点骨干国有企业，其改革和发展状况在国营企业中有很强的代表性。据国家统计局跟踪调查，到 1999 年底，试点企业有 81.5% 改为公司，在改制企业中近 30% 改为有限责任公司，35% 改为股份有限公司，还有 35% 的企业改为国有独资公司[①]。

在国有小企业放开搞活方面，采取改组、联合、兼并、租赁、承包经营和股份合作制等方式进行改革，探索公有制的多种实现形式。据对 20 个省区市初步统计，1996 年在册的 4.2 万户国有小型工业企业，到 2000 年底已有 3.2 万户通过多种形式进行了改革，占 76.5%。其中改组占 12.7%；联合占 4.4%；兼并占 8.5%；租赁占 12.8%；承包经营占 8.5%；股份合作制占 22%；其他形式如合资嫁接等占 14%[②]。

（四）现阶段公有制实现形式的基本状况及其发展趋势。经过改革开放 20 多年特别是确立社会主义市场经济体制目标以来的积极探索，我国传统的公有制实现形式发生了带有根本性质的变化，改变了过去政府直接管理、形式单一的状况，呈现出现代化、多样化的发展趋势，为实现公有制与市场经济的有效结合创造了必要的条件。目前我国公有制的实现形式，大体上可分为以下两大类：

按照资本组织形式划分，我国公有制经济的实现形式可分为国有独资企业和公有控股、参股的有限责任公司、股份公司及股份合作制企业。

（1）国有独资企业。它是由国家全额出资的企业。可分为国有独

---

① 《2000 中国经济统计年鉴》，2000 年，729 页。
② 《2000 中国经济统计年鉴》，2000 年，734 页。

资工厂制企业与国有独资公司制企业两种。随着规范的公司制改革的进一步深化，国有独资企业特别是工厂制企业所占比重正逐步减少。目前我国现有的国有独资企业，主要分布在少数垄断行业、军工行业以及能源、交通、原材料等基础产业。

（2）有限责任公司。它是由公有资本与非公有资本两个以上出资者共同出资，各出资人以其出资额对公司承担有限责任，公司以其全部资产对其债务承担有限责任的企业法人。包括公有控股公司和公有参股公司，还有多元公有经济主体共同持股的公司三种。公有控股公司又可分为绝对控股与相对控股两种。有限责任公司适用于众多的工商业领域，包括竞争性领域和一些非竞争性领域。对那些关系国民经济命脉的行业和领域，需要由公有控股；而对那些非关键性领域特别是一般竞争性领域，公有资本不一定控股。

（3）股份公司。是指注册资本包括公有资本与其他资本均由细分的等额股份构成，通过在资本市场发行股票筹集资金的公司。股份制是现代企业的一种资本组织形式，也是与社会化大生产相适应的企业组织和资本运营方式。公有制通过采用股份制这一实现形式，可以吸引和组织更多的社会资本，放大公有资本的功能，促进企业所有权与经营权的分离，提高国营资本的运作效率。这一实现形式同样适用于众多工商业领域，尤其对那些经营机制转换已有一定基础，管理水平比较高、效益比较好的国有大中型企业，应当尽量采用这一形式。

（4）股份合作制企业。是指将股份制与合作制相结合而形成的资本联合与劳动联合有机统一的一种新型资本组织形式。其主要特点是：组织形式上是劳动者的劳动联合与资本联合相结合；企业治理结构上是股东大会与职工大会合一；分配制度上是按劳分配与按资分配相结合。它是我国改革实践中出现的新事物，是公有制实现形式上的一个制度创新，主要适于集体企业和国有小企业采用。

按照经营管理方式来分，我国公有制实现形式可分为承包经营制和租赁经营制等形式。

（1）承包经营制。是指在坚持公有制的基础上，按照所有权与经营权相分离的原则，以承包经营合同形式，确定所有者与企业间的责、权、利关系，企业自主经营、自负盈亏的一种经营管理方式。承包制既保持了公有制性质，又使企业成为具有商品经济属性的经济主体，把坚持公有制与发展商品经济结合起来，在改革初期是一个历史性的进步。但承包制也有很大的局限性，承发包双方的关系很难规范，承包经营的指标难以合理确定，容易产生短期行为等。

（2）租赁经营制。是指作为资本所有者的国家或集体经济组织，把企业以契约形式定期有偿地租给集体或个人经营。它是把租赁与经营有机结合，在不改变所有制性质前提下实现所有权与经营权的分离，由租赁者行使企业经营权的一种经营方式。租赁经营制主要适用于集体企业和国有小企业。

（3）国家直接经营。是指国家作为出资人和经营者，对企业的人财物和产供销实行指令性计划分配的形式。这与我国传统体制下的国营企业极为相似。这种形式主要适用于造币等极少数应由国家垄断经营的企业。

需要指出的是，经营管理方式是从属于资本组织形式的。这里所谈的承包经营制和租赁经营制等形式，主要是就传统公有资本组织形式基础而言的。在公有资本组织形式创新如股份制形式下，其经营管理方式也可以采取不同的具体形式。

随着我国改革的深化和对外开放的进一步扩大，今后混合经济比重将逐渐扩大，公有经济将会更多地体现在混合经济中，公有经济特别是国有经济将更多地以股份制形式出现。关于股份制问题，马克思也早在《资本论》中就曾多次谈到[①]：股份制加快了资本的积聚和集中速度，扩大了生产的规模，提高了资本集中的效益；股份制优化了资本的所有制关系，产生了资本的所有权与经营权相分离的资本所有制结构，促进了企业经营者队伍的形成；股份制为人类社会从私人占有制向社会共同所有制的转变提供了新的途径。党的十五大明确提出要把实行规范的公司制作为国有企业改革的方向，有条件的国有企业要进行股份制改革，实现投资主体多元化。江泽民同志在十五大报告中

---

① 《马克思恩格斯全集》，第 25 卷，人民出版社，1972 年，493—498 页。

指出:"股份制是现代企业的一种资本组织形式,有利于所有权和经营权的分离,有利于提高企业和资本的运作效率,资本主义可以用,社会主义也可以用。"[①] 从实践上看,我国国有企业的股份制改革时间虽不长,但股份制的优势已经十分明显地表现出来:它有利于企业筹集资金,把分散的个别资本集中为巨额的社会资本,为企业发展提供所需资金;有利于企业转换经营机制,实现政企分开,促进所有权与经营权的分离;有利于强化企业的营利意识和自我约束机制,促使企业面向市场追求资产增值和经济效益的提高。随着我国公有制及国有制内涵的进一步扩大,其实现形式将呈多样化的发展趋势。公有资本不仅可以采取国有独资、集体资本形式,而且可以采取国有控股、参股和集团或机构持股形式;国有资本既可以采取独资形态,也可以采取股份形态,既可以采取生产、商业形态,也可以采取福利资本形态。今后公有制经济发展的突出特征将是独资型公有资本和股份型公有资本相结合,股份型公有资本在整个公有资本中所占份额将随着股份经济的发展而不断扩大。股份制将成为我国公有制实现形式的发展主流,并成为未来国有经济的一种主要实现形式。

通过上述分析,还可以大体看出以下趋势:我国公有制实现形式的发展趋势将呈现融多种所有制经济于一体、股份化程度逐步提高的混合经济形态。我国国有制实现形式未来的发展方向,将由国有独资企业、国有控股企业和国有参股企业相结合的产权多元化、经营组织形态多样化的新型国有经济体系。这反映了社会主义市场经济发展的内在要求,是公有制实现形式发展演化和日渐成熟的必然选择。

在充分肯定我国公有制实现形式的探索取得重大进展的同时,也要看到,在我国公有制实现形式的发展和演变过程中还存在一些不够完善的地方,公有制实现形式中仍然存在着内容与形式不统一的问题,主要表现为:国有资产管理体制不够完善,国有出资人缺位问题没有得到有效解决,不少企业存在"内部人控制"问题;政企

① 《中国共产党第十五次全国代表大会文件汇编》,人民出版社,1997年,22页。

不分、政资不分仍很严重，政府角色错位的状况尚未根本改变，国有企业难以成为真正的市场主体；企业法人治理结构不完善，还没有建立起各负其责、协调运转、相互制衡的机制，缺乏必要的约束和激励机制；国有企业历史遗留下来的冗员多和企业办社会问题仍然相当严重；市场法制不够健全，有法不依、无法可依、执法不严的情况仍然比较严重。这些问题是在计划经济体制下长期积累起来的，妨碍了公有制实现形式的有效性和多样化发展，需要我们在实践中不断探索，包括借鉴国外一些有益经验和做法，并通过制度创新逐步加以解决。

三、西方国家公有制实现形式的经验和做法

世界上几乎所有国家都有国有经济，也都存在公有制的实现形式问题[1]。本章着重讨论一些市场经济比较发达的西方国家在公有制有效实现形式方面的主要做法和经验，探索一些带有规律性的东西，以为我国的公有制实现形式提供有益的借鉴。

（一）西方公有经济的产生背景及其实现形式。近代西方国有经济的产生，既有其理论背景，也有其经济发展的现实需要，它是这两种因素共同作用的结果。随着 20 世纪 20—30 年代西方经济大危机的发生，国家干预主义学说及思潮开始在西方主流经济学中占据一席之地，凯恩斯在《就业利息与货币通论》中，比较系统地提出了国家干预经济的一系列理论观点和政策主张[2]。国家干预主义的主张，为近代西方国有企业的建立和发展提供了厚实的理论和政策土壤。特别是二战后，多数经济学家认同了混合经济的积极作用，赞成国家实行混合经济的有关政策，其政策主张形成气候并逐渐为一些国家执政当局所接受，结果使不少西方国家有选择地在部分行业和领域发展国有经济。特别是两次世界大战后，由于战后特定时期的特殊动因以及社会经济运行的客观需要，国有企业在西方各国得到很大发展。国有经济为整

---

① 宋劲松：《现代企业理论与实践》，中国经济出版社，2000 年，136—148 页。

② 金硕仁：《政府经济调控与市场运行机制》，经济管理出版社，2000，44—49 页。

个经济增长提供了重要基础服务，在经济增长中承担了许多特殊功能，在西方各国国民经济发展中扮演了重要角色。西方国家发展国有经济，其核心取向是把公营部门、国有企业作为调节经济的杠杆和市场有序竞争的制衡力量。

经过 30 多年的发展，到 20 世纪 70 年代末，西方国家国有经济在 GDP 中平均占 10% 左右，而在工业总产值中占 20% 左右。西方国有制实现形式主要有以下几种类型：

1. 从资产组织形式看，国有企业可根据其法律地位、与国家的关系、投资来源，分为国营企业、国家兴办企业和国家参与企业三种。第一，国营企业。指由政府部门或类似国家机构直接经营的国有企业，包括地方政府直接经营的公用事业性企业。这类企业的财务和会计账目至少是部分地与政府预算直接联系。如意大利的国有铁路自治公司和邮政电话电报公司，美国的原子能委员会、邮政管理局等。第二，国家兴办企业。也可称作国有企业，指按照国家制订的特殊法律条款创办和经营的国有企业。这类企业具有特殊的法律地位，隶属于某一政府部门管理，拥有相当大的经营自主权。如奥地利国家控股公司、英格兰银行、荷兰国家矿业公司等。第三，国家参与企业。又称国有公司，指按照普通公司法（即私法）创办和经营的国有企业。这类公司与私营企业有相同的法律地位，并享有独立的经营自主权，一般采用股份公司形式。可能是国家独资，也可能是国家参股、控股。上述三类企业中，国营企业数量较少，国家参与企业较多，且有越来越多地采用国有公司形式的发展趋势。

2. 按国有企业在市场中是否具有竞争性、行业是否存在明显规模效应、是否需要大量基础性投资，分为垄断性企业和竞争性企业。第一，垄断性企业。主要集中在能源、交通、邮电通信等基础产业领域。政府的管理采取直接与间接相结合的方式，控制程度较高，企业自主权较少。第二，竞争性企业。指所处行业中存在大量私人企业，国际国内市场上有众多竞争者的国有企业。如加工业、建筑业、商业等行业中的国有企业，其拥有较大经营自主权。

3. 根据行政隶属关系不同，分为中央政府所属企业和地方政府所属企业。一般来说，中央政府所属企业数量较少，规模较大。地方政府所属企业包括省、州、市、区、县等所属企业，其数量较多，主要从事与地方利益密切相关、带有社会福利性质的经济活动。此外，还有一些中央与地方政府合资兴办的公有企业。

（二）西方国有企业的治理结构与运营机制。由于西方国家的国有企业是在市场经济条件下产生和发展起来的，因此不同类型国有企业的治理结构和运营机制也明显不同，这与社会主义国家在传统计划经济条件下，对所有国有企业都采取同样的治理结构和形式相同的运营机制的情况是有很大差别的 [①]。

从国有企业的内部治理结构看，目前西方国家采用的大都是董事会领导下的经理负责制。具体又可分为单一委员会和双重委员会两种治理结构。单一委员会企业领导体制即董事会领导体制。董事会享有最充分的权力，代表企业从事经营管理活动。企业的日常经营活动由董事长负责，董事长可以任命总经理协助进行管理工作，如美、英、法等国的大多数国有企业都采用这种领导体制。在意大利，负责日常经营活动的则是执行董事或执行委员会。双重委员会是由企业监事会和企业管理委员会（也称之为董事会或执行委员会）组成。德国、奥地利的国有企业大都采用这种类型的企业领导体制。根据德国公司法规定，监事会由股东大会和职工大会选举产生，它不能参与企业的实际管理，也不能代表公司，其主要职责是：选任管理委员会成员，监督管理委员会的活动，决定管理委员会成员的酬金，决定企业的经营方针，在认为必要时召集股东大会。企业的日常经营活动由管理委员会负责。管理委员会的活动不受股东大会的约束，但必须定期向监事会报告关于企业的经营方针、盈利能力、资金周转等重要经营活动情况，因而在一定程度上受制于监事会的决议。这两种治理结构的区别主要体现在企业战略决策权与日常经营决策的权力分配不同。单一委员会制把两者都集中在董事会，由董事长负责；双重委员会则把两者分离，把经营战略决策权交给监事会，把日常经营决策权交给管理委

---

① 王树林：《国外国有企业经营管理比较》，华文出版社，2001 年，79—88 页。

员会。

从国有企业的外部治理结构，即政府对国有企业的监管、法律环境等方面看，主要有三种类型：一是以控股公司为中心的多部门治理。这方面以意大利为典型代表，其主要特点是国家控股制度，即"国家参与制"，企业的股份由国家组建的各级控股公司逐级控制。政府机构中专设"国家参与部"，它通过控股公司全面管理各领域中的国有股份；任命所属各控股公司的领导人；向控股公司下达总的指导方针，保障政府经济政策的实施和各项社会经济目标的实现。二是以财政部为核心的多部门治理。德国是这方面的典型代表，与之类似的有法、英、美、日等国。在这里，财政部处于国有资产管理的核心地位，负责审批国有企业的成立、解散、合并、股份购入与出售等重大资产经营决策，规定国有企业必须向政府提交包括销售、投资、财务、人事计划在内的资产经营计划，以股东身份负责选聘联邦一级的监事会的所有者代表，管理有关企业资金供给方面的事务。三是设立综合协调机构的多部门治理。以印度为典型代表，政府结构中设有专门的"公营企业局"，这是一个兼有咨询、服务和监督性质的国有资产管理机构。这个局并不行使国家所有者职能，只是一个为政府主管部门行使国家所有者管理职能提供服务的辅助性机构。主管部门通过下达计划指令对所属国有企业进行全面控制，负责任命企业董事长和总经理，安排议会、审议长以及其他政府机构与企业之间的对话。

通过对部分市场经济国家国有企业的外部治理结构进行分析和汇总，可以看出他们的分类特征（见表1）。

表1　8个国家国有企业的管理模式比较

国家	政府管理机构	主要法律依据	有否控股公司	分权程度	市场作用	特殊报告要求	审计
英国	各主管部和财政部	商法	无综合控股公司	分权，但受财政部指标及专业公司的控制	较高	预算，定期向政府主管部门和财政部报告	国家审计师
法国	监察部和财政部、中央审计局等	商法	没有主要控股公司	分权，但影响较强	高	预算，定期向政府报告	国家审计师

国家	政府管理机构	主要法律依据	有否控股公司	分权程度	市场作用	特殊报告要求	审计
奥地利	主管部门是工业和交通部	商法为主	有综合控股公司	分权,但控股公司受政府影响较大	高	预算,向综合控股公司提交月度报告	独立审计师和国家审计师
挪威	工业部门下属的一个机构	商法	没有主要控股公司	董事会和企业管理层高度分权决策	很高	没有	独立审计师
瑞典	主管工业部下属的一个小机构	商法	有一个管理中等企业的控股公司	董事会和企业管理层高度分权决策	很高	没有	独立审计师
新加坡	主管工业部下属的一些机构	商法	有若干管理下属企业的控股公司	政府与企业分权	很高	没有	国家审计师和独立审计师
印度	规模庞大的政府机构	商法	没有控股公司	政府集权	低	预算,向政府提交月度报告	国家审计师
巴西	财政部和计划部	公法、商法兼用	有一家主要控股公司	政府与企业分权	较高	预算,向职能部门和政府定期提交	政府审计师和独立审计师

从总体上看,西方各国国有企业的运营机制比较趋向于一致,其主要方面是:(1)领导体制。除德国设监事会外,西方国有企业一般实行董事会领导下的总经理负责制,企业的大政方针由董事会根据主管部门意图决定,总经理负责实施,多数国家中的董事会成员、董事长、总经理由政府直接任命。(2)经营机制。除少数军工企业外,国有企业自行确定生产经营计划,围绕政府的总体目标确定自己的经营目标,面向市场及用户开展生产经营活动。政府与企业的关系主要表现为合同关系,政府一般不向企业下达生产经营指标和国有资产保值增值指标。有的国家曾为国有企业确定最低利润指标,但只是一种总体要求,不作为考核奖惩制度。(3)分配机制。近年来,一些西方国家政府开始扩大企业经营自主权,要求企业自负盈亏,盈余归企业自行支配;在个人分配方面,除少数实行公务员工资制度的企业外,职工工资由雇员与企业协商确定。(4)用工制度。国有企业与职工的关系受私法管辖,部分高层管理人员由政府任命,普通员工的聘用按照一般商业合同法执行。

（三）近年西方国有企业改革的新趋向。自70年代末以来，西方国家对其国有经济进行了一系列改革。到最近几年，所谓"第三条道路"在欧美十分流行，其主旨是试图通过在私有制企业、国有制企业及混合所有制企业之间重新确立一个适当的比例，建立经济运行一种新的均衡[①]。体现在政策上就是主张减少政府对国有企业的直接干预和参与，增强政府的宏观调控能力和服务功能；鼓励国有企业面向市场转换经营机制，调整组织形式；强化市场机制作用，促进各种所有制企业平等竞争，目的是达成"政府调控与市场机制的平衡"。

受上述思潮的影响，近年来，西方国有企业改革呈现出以下几个趋向：一是企业经营的市场化趋向。通过在经营方式、组织形态、产权形式以及管理手段方面的改革，把大量竞争领域的国有企业推向市场，促使其成为独立的市场竞争主体。二是产权结构的多元化趋向。普遍实行的是将国有企业改制为股份公司。将国有资产折股进入股份公司，转让国有股和公共股权，再通过上市吸引社会资金入股，达到产权多元化的目的。三是企业制度的现代化趋向。在对竞争领域国有企业进行公司化改革的同时，在公共领域引入竞争，促使公共领域的国有企业转换经营机制。四是公共部门的非垄断化趋向。引入非公经济进入公共部门参与竞争，以提高整个公共部门的运营效率及经济效益。即使是对一些完全由国有企业经营的领域，也实行多家国有企业相互竞争，打破垄断的政策。

虽然西方国家的基本经济制度、国有企业产生背景及运营环境与我国有很大不同，但西方国家在国有经济有效实现形式方面的一些做法是值得我们借鉴的。一是在国有企业的运营机制方面，西方国家大都有这样一种趋势，即能够市场化的尽量通过市场来解决；能够按照市场方式运作的，尽量减少国家的直接干预，使企业尽可能按普通公司的机制运营。二是在国有企业的监管方面，大多数西方国家都有一个共同的特点，即对竞争性领域的国有企业不采取政府直接监管与运营的体制，而是在政府与国有或国有控股、参股企业之间设立一个中

---

① 罗红波、戎殿新：《西欧公有企业大变革》，对外经济贸易大学出版社，2000年，116—122页。

间层次——控股公司，政府只对这个中间层次的控股公司进行监管。总之，在西方国家，无论是国有经济的资本组织形式还是经营管理方式，都是在尽可能发挥市场对资源的基础性配置作用基础上，由市场化的方式选择国有经济的实现形式。

四、我国公有制实现形式需要解决的几个深层次问题

根据我国对公有制实现形式多年的探索及国外有关公有制实现形式的经验，公有制与市场经济相结合的形式，主要是建立在现代企业制度基础上的公司制，特别是股份制。适应我国进一步对外开放以及加入世贸组织的要求，必须进一步深化改革，完善公有制实现形式，使其真正成为实现公有制与市场经济相结合的有效形式，促进社会生产力的发展和公有制的不断壮大，提高公有经济整体素质和竞争力。从目前影响我国公有制特别是国有制实现形式发挥应有功能的突出问题来看，今后需要在以下几个方面加大改革力度，力争取得突破性进展。

（一）深化国有资产管理体制改革，实现政资分离、政企分开。当前制约国有企业在建立现代企业制度的基础上探索有效实现形式的最重要因素，依然是政资不分，政企不分，其深层原因是国有资产管理体制没有理顺。探索国有制多种有效实现形式，实现国有制同市场经济的有效结合，必须深化国有资产管理体制的改革。从近年来的实践看，国有资产管理体制改革的方向，应当是通过建立出资人制度，确保出资人到位，真正实现政资分离、政企分开，即把政府作为宏观经济调控者的身份与作为国有资产所有者代表的身份相分离。国家要经营的不应是国有企业本身，而应是国有资本。也就是说，要在国营企业已经转变为国有企业的基础上，进而转变为"国资企业"。现行的国有资产管理体制责权不清，国家对国有企业仍然负无限责任。改变这种状况，有两种思路可供选择。一种思路是依托现有的行政体制把国有制从国家所有、分级管理，改为由国家和各级政府分级所有、分级管理。对于地方各级政府在实行分税制以后投资形成的资产，应当归

各级地方政府所有,以利清晰产权关系,明晰国家公有和地方公有的边界,促进多元投资主体的形成。还有一种思路是建立全国统一的国有资产管理体系,实行国家所有、分层管理。在国家国有资产管理机构之下,设立若干资产经营公司或控股公司,分别经营全国的国有资产。这两种思路相比较,后一种比较理想,前一种比较实际。采用前一种思路,较为现实可行。

在国有资产分级所有、分级管理或国家统一所有、分层管理的体制框架基础上,建立适应社会主义市场经济的国有资产运营和监督体系。对符合条件的大型企业集团母公司,可由国有资产管理机构授权经营本级及其下属公司的国有资产,作为下属公司国有资产的出资人,代行所有者职能;对不具备直接授权经营的企业,分别组建若干以盈利为目的、对国有资产保值增值负责的国有资产经营公司或控股公司,作为独立法人,由中央或地方的国有资产管理机构授权其经营。通过这些形式建立起国有资本出资人制度。同时加强对它们的监管,使其依法运作和经营国有资产,确保国有资产的经营安全和保值增值,并由有资质的专业中介组织对这些公司的投资决策、经营状况、发展前景等作出公正评价。

(二)推进企业进行规范的公司制改造。建立现代企业制度是国有企业改革的方向,也是包括集体企业在内的其他多种所有制企业的共同任务。我国国有大中型企业大多数已进行过公司制改造,但是很不规范,使得这种公有制实现形式难以发挥应有的作用。一是国有独资企业过多;二是多元投资主体的公司中,国有比重或大国有股东的股比太高;三是公司法人治理结构不完善,等等。要使公司制这种公有制实现形式真正成为公有制企业特别是国有企业与市场经济相结合的有效途径,就必须依照《公司法》的规定和国际规范的要求,对国有企业进行规范的公司制改造,使国有企业真正成为"产权清晰,权责明确,政企分开,管理科学"的现代公司,而不是徒具形式的"翻牌"公司。根据国有企业所在的行业、领域和担负的功能,除极少数企业改为国有独资公司或保留工厂制形式外,要按照党的十五届五中全会的要求,"鼓励国有大中型企业通过规范上市、中外合资和相互持股等形式，实行股份制"。对一般国有企业，可由国家控股或参股，吸收社会法人入股，改组为投资主体多元化的有限责任公司。对资产规模较大、经济效益较高、有发展前景的国有大中型企业，可采取发起设立的方式改组为股份有限公司。具备条件的，视市场情况，择机到境外上市。实践证明，投资主体多元化特别是股票上市，有利于国有企业调整产权结构，转换经营机制，减少行政部门对企业生产经营活动的干预，使企业真正成为自主经营、自负盈亏的法人实体和市场主体，也有利于放大国有资本的功能，增强国有资本的控制力、影响力和带动力。应当积极推进国有企业进行投资主体多元化的公司制改造，通过产权转让、收购兼并、境内外上市、增资扩股等形式，吸引外资、个体私营、集体等各种经济成分到国有企业参股和社会公众持股，改变国有企业股权单一的状况。对于国有小企业，除通过出售等形式使一部分国有小企业从国有经济中退出外，可继续采取改组、联合、兼并、租赁、承包经营和股份合作制等方式进行改革，探索公有制的多种实现形式。

（三）分离企业办社会职能。企业办社会，是传统计划经济体制留给公有制企业特别是国有企业沉重的历史包袱，严重制约了企业的发展，也严重影响和制约了公有制实现形式探索的进程。为了给国有企业走向市场，探索有效实现形式创造必要条件，使之与其他所有制企业能够平等竞争，必须把企业承担的社会职能分离出去。考虑到各级政府的财政承受能力和其他方面的原因，分离企业办社会职能需要一个过程，可以分步实施，但进程必须加快。位于城市的企业，要把自办的中小学校、医院和其他社会服务机构移交地方政府统筹管理；远离城市和独立工矿区的企业要创造条件实现社会服务机构与企业分离。所需费用，有能力的地区由政府承担，财力弱的地区可在一定期限内由企业和政府共同承担，并逐步过渡到由政府承担。从企业分离出去的社会服务机构要尽量转为企业化经营，自负盈亏，不能变相让企业再背起来。

（四）培育企业家市场。在市场经济条件下，企业家是最重要的社会生产要素。探索公有制的多种有效实现形式，解决公有制与市场经济的有机结合这个难题，更离不开企业家的改革创新意识、拼搏进取精神和高度责任感。企业家的政治素质和业务素质如何，对于国有企业能否搞好关系极大。解决这个问题，关键是要把党管干部原则与培育企业家市场结合起来，推进企业经营管理者的市场化、社会化、职业化，形成一个高素质的、无行政依附和单位依附的企业家阶层。一要确立企业家在社会生活中的政治地位和经济地位，形成重视与尊重企业家，鼓励和保护竞争，适合企业家成长的社会氛围。二要体现市场经济的开放性，打破用人上的区域分割和单位、部门"所有制"，从全社会引进人才。三要体现市场经济的效率优先原则，打破论资排辈的旧观念，根据实绩进行企业经营人才资源配置。四要根据现代企业制度法人治理结构的相互制衡原则，依照有关程序合理选配有关人员。五要正确理解和把握党管干部原则的科学内涵，从实际出发，合理选择对国有企业领导人员的任免方式，逐步完善委任制。总之，对于国有企业的经营管理者要逐步扩大市场选择的范围，按照市场经济要求实行优胜劣汰，在不断的调整中保持企业经营者队伍的优化，增强国有企业组织领导机制的生机与活力。

（五）建立健全企业经营管理者的激励机制和约束机制。与企业经营者选择任用相联系，如何建立健全企业经营管理者的激励机制和约束机制，也是探索公有制实现形式需要解决的关键环节之一。要在加强指导和规范的基础上，积极探索企业经营者年薪制、持有股权、股票期权等分配方式，将企业家工作的风险性、责任性与其经济报酬直接挂钩。同时，实行国有资产经营责任制和企业领导人员任期经济责任审计，对由于企业领导人员失职、渎职造成重大损失的，要依法追究其责任。当前及今后一个时期，在国有企业探索建立公有制多种实现形式过程中，应当通过分配制度改革，充分地和正确地发挥企业经营者的积极性，着重在以下几个方面有所突破：一是提高国有企业分配制度的市场化水平，增强国有企业对于人力资源的竞争力。目前国有企业经营管理者和专业技术人员的薪酬总体上远低于市场平均水平，面临来自各类其他所有制企业争夺人才的压力，必须尽快将国有企业经营管理者和专业技术人员的薪酬提高到适当水平。二是改变国有企业经营管理者自己决定薪酬的状况，建立由出资人决定薪酬的制度。应参照市场经济国家的做法，向董事会派出代表政府出资人利益的外部董事，组成企业薪酬委员会，负责提出企业经营管理者的薪酬方案，并由国有资产管理部门予以核定。三是建立规范合理的企业经营管理者薪酬结构，避免巧立名目发放奖金和补贴，规范和适当限制职务消费，薪酬结构要有利于长期激励机制的建立。

（六）加快社会保障体系建设。社会保障体系建设滞后，造成大量富余人员滞留在国有企业，离退休人员也要企业供养，同时还造成企业在职职工难以合理流动，企业难以根据生产经营的要求和市场变化合理用工。这也是制约企业特别是国有企业发展和探索有效实现形式的重要因素。这一问题如不加以妥善解决，国有制实现形式探索就缺少了必要的外部支撑条件。当前要在做好"三条保障线"衔接的基础上，逐步规范城市居民最低生活保障制度，完善统一的城镇居民社会救济体系，创造条件积极稳妥地实现下岗职工基本生活由再就业服务中心保障转为失业保险保障。通过财政投入、国有资产变现、发行特种国债、开征社会保障税等多种方式，筹集社会保障资金。加大社会保障的覆盖面，使养老、医疗、失业等社会保障覆盖城镇所有用人单位及职工，尽快在企业之外建立独立的社会保障体系，实现各种保险管理和服务社会化。

（七）加强市场法制环境建设。在社会主义市场经济条件下，探索公有制的多种有效实现形式，离不开市场法制建设。改革开放以来我国市场法制建设取得了重大进展，以宪法为核心的法律体系的框架已基本形成，但有法不依，执法不严，甚至无法可依的现象仍比较严重，市场法制环境方面还有不少问题亟待解决。当前主要是制定和完善国有资产经营管理、国有企业产权交易（重组）、建立国有控股公司、社会保障、反对垄断等方面的法律法规。同时，要加强公平执法的力度，规范企业行为，建立正常的市场经济秩序，保证各类所有制经济公平竞争，为探索公有制有效实现形式创造良好的市场法制环境。

五、继续努力探索公有制多种有效实现形式

经过多年的大胆探索和实践，我国公有制实现形式取得了一些突破，并呈多样化的发展趋势，初步解决了公有制特别是国有制与市场经济相结合的问题，有力地促进了社会生产力的发展，特别是党的十五大和十五届五中全会提出的国有企业改革与脱困三年目标的如期基本实现，充分证明了国有企业是可以搞好的，公有制与市场经济是能够结合的。但是，由于公有制与市场经济相结合是一个世界性的难题，没有现成的模式可循，加之我们对公有制多种实现形式的探索时间还比较短，经验还比较缺乏，公有制实现形式还很不完善，也有不少未被我们认知的领域。因此，我们必须根据社会主义市场经济的内在要求，根据我国社会主义初级阶段生产力的发展现状，继续认真实践，推动公有制实现形式不断向前发展。当前及今后一个时期，需要着重从以下三个方面作出努力。

第一，进一步完善已有的公有制实现形式。我国现有的股份制、股份合作制、国有独资等公有制实现形式，虽然在一定程度上解决了公有制与市场经济相结合的问题，但目前这些形式仍未能充分发挥应有的作用。其原因已如前述，既有微观层面公司法人治理结构不规范，激励机制和约束不完善，经营管理水平低等方面的原因，也有宏观层面国有资产管理体制不健全，政企不分的状况尚未根本改变，社会保障体系有待建立，市场法制环境需要进一步完善等方面的原因。实践证明，探索公有制与市场经济相结合的实现形式，是一项复杂的社会系统工程，涉及经济、政治、社会的方方面面，涉及微观、宏观的各个层次，需要配套改革，整体推进。探索公有制与市场经济相结合的实现形式，实际上是一场深刻的变革，是企业制度的创新，千万不能使公有制实现形式的探索流于"形式"、徒具"形式"。探索公有制与市场经济相结合的实现形式，把原来的国有企业改为公司，仅仅是朝着正确的方向迈出了第一步，尽管这是具有革命性意义的第一步，但仅仅迈出这一步是很不够的，此后还有大量的工作要做。要通过进一步深化改革，建立现代企业制度，使已有的公有制实现形式发挥应有

的功能和作用。

第二，坚持公有制实现形式的多样化。我国公有制企业数量众多，分布在各个领域，所担负的功能也不一样；我国的生产力发展水平不一，东中西部存在很大差别；各地改革开放的程度和市场发育的程度也有很大差距。因此，其实现形式也不可能都是一个模式，必须综合考虑各种因素，努力探索公有制的多种有效实现形式。一要立足于我国还处于社会主义初级阶段的现实，从我国生产力总体水平还比较低、发展很不平衡的实际出发，寻找与之相适应的公有制实现形式；二要立足于我国所有制的结构现状与趋势，从多种经济成分相互渗透和融合的发展趋势出发，大力发展混合经济。三要立足于公有制企业的历史与现状，从企业规模、技术装备和管理水平出发，因企制宜，采取不同的资产组织形式和经营管理方式；四要立足于社会主义市场经济的发育程度。从生产的社会化分工与专业化协作程度出发，努力探索适合企业自身特点的公有制实现形式。现代企业制度是符合社会化大生产要求和适应现代市场经济规律需要的企业制度，股份公司、有限责任公司是现代企业制度的典型形式。可以把股份公司、有限责任公司作为国有企业特别是国有大中型企业建立现代企业制度的主要形式。适合我国国情的作为有限责任公司特殊类型的国有独资公司，也是现代企业制度的一种形式，可以在一些负有特殊功能和任务的国有企业中采用。我国劳动人民在实践中创造的股份合作制，则是一种主要适合国有小企业和集体企业的新型企业制度形式。总之，公有制实现形式可以也应该多样化，不能强求一律。

第三，积极探索新的公有制实现形式。社会主义市场经济在发展，公有制实现形式的理论探索和实践探索也在不断发展，远远没有完结。随着科学技术的迅猛发展和经济全球化进程的不断加快，资本组织形式和企业经营管理方式也在发生着深刻的变化，一些新的能够促进生产力更快发展的实现形式将会不断涌现。这就要求我们必须坚持借鉴与创新相结合的原则，借鉴西方市场经济国家现代企业的新的资本组织形式，在有利于巩固和完善社会主义政治制度和经济制度要求的基本前提下，遵循社会主义市场经济规律，进一步探索能够极大促进生产力发展的新的公有制实现形式。总结我国改革开放以来多年的理论研究和实践探索，借鉴国外有关国有经济发展的经验和做法，可以得出这样一个十分重要的结论：在社会主义市场经济条件下，公有制企业要真正成为自主经营、自负盈亏的法人实体和市场主体，根本出路在于做到最大限度的市场化，本着这样的原则，一切适用的实现形式都可以采取，所有新的能够极大促进生产力发展的实现形式都应该积极探索。

通过前几部分的分析研究，可以进一步得出以下结论与启示：

——传统公有制实现形式普遍存在政企不分、责任不明、目标泛化、缺乏竞争、激励不足等问题，阻碍了公有制与市场经济的结合。造成这些问题的深层原因是国有企业的所有者模糊、功能定位不准、经营责任软化。探索公有制有效的实现形式，首先必须从解决这一问题入手。

——从行政性的资产管理转向商业性的资本经营，是近年世界各国国有经济改革的主要方向。政府越来越重视国有经济的经营绩效与投资收益，通过调整投资方式，使国有资本与民间资本越来越紧密地结合和融合，以产生颇具效率和竞争力的公有制实现形式。

——市场经济国家特别是发达市场经济国家，随着股份制的深入发展，资本的社会化进程在很大程度上正在逐步取代资本国有化过程，这种趋势是全球科技进步、生产力发展的必然结果，但这并不否认公有经济存在的必要性，而是说明公有制将进一步与其他非公有经济融合，越来越多地以股份制这一混合经济形态出现。

——公有制实现形式不仅不同类型国家不同，即使同一国家经济发展的不同时期也不同。我们强调了解和把握世界范围内公有制实现形式变革的一般趋向或规律，但绝非主张机械地照搬别国经验，那种脱离本国自身的具体环境和条件，试图寻求一种普遍适用的公有制实现形式的想法和做法是不现实的。

——长期以来传统社会主义国家根本不承认国有资产是资本，把资本政治化、意识形态化，把资本与资本主义等同起来。资本经营的观念淡薄，是公有制实现形式探索中的一个严重障碍，也是国有企业经营机制转换难的一个重要原因。树立国有资本经营观念，创建国有资本经营机制，这是在社会主义市场经济条件下，打破公有制与其他所有制界限，拓展公有制实现范围，进而探索出公有制多种有效实现形式的一个重要前提。

——进一步发挥国有经济在国民经济中的主导作用是我们探索公有制多种有效实现形式的一个重要宗旨。要立足于增强国有资本对社会资本的带动力、影响力和控制力，按照极大地促进生产力发展的要求，大胆探索公有制的多种有效实现形式。

——随着社会主义市场经济的发展，国有经济将从实物形态、企业形态向资本形态变化，将呈现国营企业（国家直接拥有且直接经营企业）→国有企业→（国家虽不再直接经营但仍拥有企业）国资企业（国家既不直接经营也不再拥有企业，所拥有的只是企业的全部或部分资本）的变化，国家作为所有者与企业只是出资关系，企业作为独立法人在市场上自主经营、自负盈亏。公有制与非公有制的实现形式将会逐步趋同化。

在我国 20 多年的改革实践中，我们对公有制实现形式进行了多种有益的探索和尝试，经过了许多艰难曲折，走过了不少弯路，也取得了重大进展，成败得失有待历史检验。我们应当清醒地认识到，在传统计划经济体制形成的公有制基础上，建立社会主义市场经济体制，解决公有制与市场经济相结合这个历史性难题，是前无古人的伟大实践。在社会主义市场经济条件下，寻找能够极大促进生产力发展的比较成熟的公有制实现形式，是一个长期的、持续的、动态的改革发展过程，不可能一蹴而就。这样一场深刻的变革，涉及微观经济与宏观经济、经济体制与政治体制的各个方面，必须注意方法的科学性和操作的系统性；既要着力重点突破，又要注意整体推进；既要积极地试，大胆地闯，勇于实践，又要稳步推进，规范操作，力求不出大的问题。如今，探索公有制有效实现形式的方向已经基本明确，道路已经开通。在今后相当长一个时期内乃至整个社会主义初级阶段，我们都要继续以"三个有利于"为根本标准，遵循市场经济规律，大胆利用反映社会化生产规律、符合市场经济要求的各种经营方式和组织形式，不断探索能够极大促进生产力发展的公有制多种有效实现形式，以提高公有制经济的整体素质，增强国有经济对社会经济发展的控制力、影响力、带动力，推动国民经济持续快速健康发展。

依法完善烟草专卖专营制度 [1]

(2001 年 6 月 29 日)

　　10 年前颁布的《中华人民共和国烟草专卖法》(以下简称《烟草卖法》),是我国社会主义市场经济法制框架中的一部重要法律。它为烟草行业有计划地组织生产经营,提高烟草制品质量,维护消费者合法权益,保证国家财政收入,提供了坚强的法律后盾。

　　我国实行烟草专卖制度 20 年和《烟草专卖法》公布 10 年来,烟草行业在党中央、国务院的正确领导下,在各有关部门的大力支持、配合下,在 50 万烟草职工的共同努力下,深化改革,强化管理,严格专卖,努力搞好生产经营,大力推进科技进步,取得了巨大成就。烟叶生产稳定发展,品质明显提高;卷烟产销实现基本平衡,产品结构得到优化;实施科教兴烟战略,改进工艺,烟草制品质量明显提高,消耗进一步降低;积极深化改革,卷烟销售网络建设和企业组织结构调整取得明显进展;经济效益显著提高,工商税利持续增长。烟草行业实现利税从 1990 年的 270 亿元增加到 2000 年的 1050 亿元,10 年共为国家财政积累 6974 亿元。实践证明,实行烟草专卖制度是成功的,烟草专卖法维护了烟草企业正常的生产、经营秩序,保证了国家财政收入的稳定增长。

　　烟草制品是一种特殊商品,对人体有一定的危害,因此烟草制品不能任意生产、经营。国家制定《烟草专卖法》的目的,正是要通过立法的形式,对烟草制品的生产、经营实行严格的管理和监督,体现了既考虑现实吸烟者的消费习惯,又限制吸烟,保护人民健康,特别

---

[1]　本文为在纪念烟草专卖法公布十周年座谈会上发言的主要内容。

是保护青少年身体健康的科学态度。《烟草专卖法》公布 10 年来，各级烟草专卖行政主管部门，依法加强专卖行政管理，对烟草制品的生产和经营实行严格的管理和监督，打击违反烟草专卖法律法规的行为。特别是近年来，烟草专卖执法部门与海关、公安、工商、技术监督等执法部门密切配合，对卷烟走私贩私、制售假冒商标卷烟等违法活动进行了重点打击，对于依法净化烟草市场，完善烟草专卖专营制度起到了很好的作用。

在世界科学技术飞速发展、经济全球化进程加快和我国社会主义市场经济不断完善的新形势下，继续深入学习、宣传和严格贯彻《烟草专卖法》，不仅具有同样重要的意义，而且随着形势的发展，显得越来越紧迫了。

首先，学习、宣传和贯彻《烟草专卖法》，是依法治企、依法行政、整顿和规范烟草专卖专营市场秩序的需要。《烟草专卖法》公布 10 年来，烟草专卖法制工作不断加强，专卖执法队伍也在不断壮大。目前，全国烟草专卖执法人员已达 3 万人，各级专卖执法部门的执法力度在加大，执法和管理水平也在不断提高。专卖执法队伍扩大，迫切需要加强对专卖执法人员的培训，提高专卖执法人员的素质和水平。一个时期以来，一些不法分子制售假冒卷烟，严重地侵害了消费者的利益，致使国家财政收入大量流失，迫切需要加强治理与整顿。目前正在全国范围内深入开展的整顿和规范市场经济秩序工作，是我国经济生活中的一件大事。依法净化烟草市场，完善烟草专卖专营制度，是整顿和规范市场经济秩序的一个十分重要的方面。各级烟草专卖执法机关要与有关行政主管部门密切配合，切实负起责任，严格执行法律规定的职责，以法律为武器，严厉打击制售假冒卷烟行为，规范卷烟生产经营行为，为建立良好的社会主义市场经济秩序作出自己应有的贡献。

其次，学习、宣传和贯彻《烟草专卖法》，是迎接入世挑战，提高我国烟草行业抗冲击能力和国际竞争力的需要。经过长期持续不懈的努力和旷日持久的谈判，我们已经来到了世贸组织的门口。加入世贸组织，在给我国各行各业和广大企业带来难得机遇的同时，也带来了严峻的挑战。严格贯彻《烟草专卖法》，完善烟草专卖制度，规范烟草专卖市场秩序，构筑烟草营销网络，是应对入世后全球市场激烈竞争的新形势，提高我国烟草行业抗冲击能力和国际竞争力的重要举措。有备才能有为，我们必须充分利用入世前的有限时间和短暂的过渡期，抓紧作好准备。

第三，学习、宣传和贯彻《烟草专卖法》，也是推动烟草行业科技进步，妥善处理经济效益与社会效益矛盾的需要。"吸烟与健康"，是人类社会当今仍未解决的一大难题。如何把烟草行业发展，为国家增加税利，提高经济效益，与维护人民健康，提高社会效益统一起来，根本途径在于依靠科技进步，积极开发和应用降低烟草危害的新技术。通过实施名牌战略和依法狠狠打击"假、私、非、超"行为，把严重危害人民健康的劣质产品赶出市场。

继续深入学习、宣传和贯彻《烟草专卖法》，对烟草行业的持续、稳定、健康发展十分重要。烟草行业要认真学习好专卖法，用好专卖法，按照专卖法的要求，全面加强烟草专卖的法制建设和专卖管理工作，努力提高专卖执法人员的素质和水平；要依法治企，依法行政，不断巩固和完善我国烟草专卖制度。同时，继续深入学习、宣传和贯彻《烟草专卖法》，也是全社会的共同责任。各有关方面和消费者要给予烟草行业更大的支持、帮助和监督，自觉遵守《烟草专卖法》，与各种违反《烟草专卖法》的行为作斗争，共同维护法律的尊严，维护烟草专卖专营的良好市场秩序。

发挥产业政策导向作用
推动西部工业结构调整①

（2001 年 9 月 4 日）

实施西部大开发战略，加快西部地区发展，是党中央、国务院加快我国经济结构战略性调整、促进地区经济协调发展的重要部署，是扩大国内需求、促进国民经济持续快速健康发展的重大举措，是增进民族团结、保持社会稳定和巩固边防的根本保证。实施这个战略决策，不仅对于振兴西部地区经济，而且对于促进全国经济的持续发展、实现第三步战略目标，都将起到极大的促进作用。

改革开放以来，通过西部地区自身的努力和国家政策的扶持，西部工业取得了长足发展，积累了可观的存量资产和技术力量，建立了较为完备的工业体系，形成了机械、电子、航天航空、电力、有色金属、石油石化等一批优势产业，涌现出一批全国闻名的优强企业，为西部地区进一步快速发展打下了较好的基础。但是，随着宏观经济环境的变化和经济体制改革的深入，西部地区工业结构与市场需求不相适应的矛盾也越来越突出，主要表现为：西部地区初级产品比重过高，资源利用程度较低；企业组织结构不合理，专业化协作水平较低，缺乏竞争力强的大企业和企业集团；技术设备水平不高，科技人才相对匮乏，企业开发能力较弱；所有制结构不合理，企业机制转换慢，冗员多，负担重；等等。这些矛盾严重制约了西部地区比较优势的发挥和工业经济的进一步发展。

---

① 本文为在西安召开的"2001·中国西部论坛"上的致辞。

一、推进西部地区工业结构调整

为适应西部大开发的要求，西部地区必须立足自身的比较优势，以市场为导向，积极发挥产业结构政策、产业组织政策、产业技术政策的导向作用，大力推进工业结构调整，促进结构优化和产业升级。

（一）以产业结构政策为导向，加大西部工业结构调整力度。西部工业结构调整是一项长期、艰巨的任务。要实现这个目标，西部地区必须在国家产业政策、行业发展规划和西部开发的总体政策框架下，认真研究本地区的优势和劣势，制定出符合本地区实际情况的产业结构调整规划并用以指导本地工业结构调整的实践。

为了推动西部地区的开发，国家出台了一系列政策措施。去年以来，国家经贸委会同有关部门先后制定了《中西部地区外商投资优势产业目录》、《西北地区工业结构调整指导意见》、《关于禁止向西部地区转移污染的紧急通知》等。前不久，我们根据党的十五届五中全会精神和"十五"计划纲要的要求，在广泛征求各方面意见的基础上，编制了全国《"十五"工业结构调整规划纲要》和13个行业规划。这个规划是战略性、宏观性、政策性的总体规划，通过对国内外发展环境、市场需求、发展态势的分析，指出了各行业"十五"期间的发展方向，对西部地区制定产业结构调整规划和推动工业结构调整都具有重要的指导意义。

从西部地区资源、劳动力成本、区位和市场潜力等方面优势考虑，西部地区应在以下几方面加大工业结构调整力度。

集中力量扶持优势行业发展。西部地区具有丰富的电力、石油天然气、煤炭、有色金属、化学矿产、中药材和旅游等资源，应集中力量，支持这些具有比较优势的行业尽快做大做强，使之成为支撑西部地区经济发展的支柱。

用高新技术和先进适用技术改造和提升传统产业。现阶段传统产业仍然是西部工业经济的主体，要抓住信息化带动工业化这个机遇，通过微电子、计算机、网络技术的应用，推动传统产业研究开发、设计、制造及工艺技术的变革。西部地区要把机械工业、轻纺工业、建材工业、钢铁工业和煤炭工业作为重组、改造和提高的重点，尽快提高这些行业的整体水平，实现跨越式发展。

有重点地发展高新技术产业。高新技术产业发展水平是衡量产业结构优化的一个重要标志。西部地区要充分发挥中心城市和部分原"三线"基地的技术优势，把电子及信息设备制造业、机电一体化产品制造业、航天航空业和医药及生物工程业作为高新技术行业发展的重点，要根据有限目标、量力而行的原则，逐步形成西部地区高技术产业的群体优势和局部强势。

（二）以产业组织政策为导向，加快西部地区国有经济战略性重组步伐。当前，在西部工业结构问题中，产业集中度低、低水平重复建设严重、缺乏规模经济的矛盾十分突出，没有形成一个合理的产业内适度集中、企业间充分竞争、大企业为主导、大中小企业协调发展的组织结构。要尽快改变这种状况，必须加大企业组织结构调整的力度。

要大力扶持优强企业发展，对符合国家产业政策、有较好发展前景的重点企业，通过"三改一加强"以及兼并、联合、重组等形式，使资源向这些优势企业集中，使之尽快成为拥有自主知识产权、主业突出、核心竞争力强、具有国际竞争力的大公司和企业集团。同时，充分发挥优强企业在结构调整中的带动作用，通过优强企业之间的联合协作和优强企业对劣势企业改组、兼并，提高西部地区工业的集中度和竞争能力。

要积极扶持中小企业发展，通过广泛建立小企业同大中型企业合理的分工协作关系，形成小企业对大中型企业的专业化配套和专业化服务，提高生产的社会化水平，努力促使它们走上"专、精、特、新"发展之路。

要通过兼并、出售、拍卖、租赁、股票上市等途径，加快国有经济战略性调整与重组步伐。要按照"有进有退"的原则，加大劣势企业的退出力度，尤其对于那些不符合国家产业政策、技术水平低、产品质量差、浪费资源、污染严重、不具备安全生产条件、产品没有市场的企业，以及因生产能力过剩而纳入全国总量控制范围的企业，要坚决予以淘汰。

要加快劣势企业退出市场步伐，拓宽退出市场的通道。一是继续实行核销银行呆坏账准备金和其他政策，保持核销呆坏账准备金政策的连续性。二是继续积极探索银行与企业之间、资产管理公司与企业之间不良债务的处置途径。三是加大依法破产的力度，有条件的要尽量依据《破产法》实施破产。加快劣势企业退出一定要把工作做深做细，妥善安置好职工，确保社会稳定。

（三）以产业技术政策为导向，加快企业技术进步和产业升级。科技进步是西部工业结构调整的根本动力。要充分发挥老工业基地、军工企业、科研机构和高等院校现有科技力量的作用，积极引进和推广国内外高新技术和先进适用技术。紧紧围绕增加品种、改善质量、节能降耗、防治污染和优化进出口商品结构，加大对西部地区技术改造的支持力度。

支持西部地区建立和完善以企业为中心的技术创新体系，加快建立大企业技术开发中心和依托中心城市面向中小企业的技术服务体系。进一步加强产学研合作，优化科技资源配置，加强技术集成，解决科技与经济脱节的问题。要适当集中相关资源，发挥政府产业政策在发展高新技术产业方面的导向作用，在信贷、财政、税收、外贸等方面给予相应的支持。

二、改善西部地区投资软环境

为切实发挥产业政策的导向作用，推动西部地区工业结构的调整，西部各省区市政府还应在改善投资软环境方面做出更多的努力。

（一）加快政府职能转变。实施西部大开发，加快西部工业结构调整，必须努力为国内和国外、国有和非国有的投资主体创造一个好的投资与经营环境。要进一步清理和废止不符合市场经济体制要求的法律、法规、规章。要打破地区行政分割和地区封锁，逐步形成统一开放、竞争有序的市场体系。要坚决规范各类收费，切实减轻企业负担。要精简机构，改进工作作风，提高办事效率，增强政策的稳定性和透明度。工作重点要从过去的行政性审批向协调、服务转变，通过制定政策、编制规划、颁布法律法规、发布市场供求信息等方式，对结构调整给予宏观指导和提供良好的服务。

（二）发挥市场机制的基础调节作用。以市场为导向是西部地区工业结构调整的基本方向。要适应发展社会主义市场经济的新形势，按照市场经济规律，发挥市场机制的作用。充分利用国际国内两种资源、两个市场，促进结构调整。

要进一步深化国有企业改革，加快建立现代企业制度，转换企业经营机制。除少数必须由国家垄断经营的领域外，国有企业的公司制改革都要尽可能实现股权多元化，特别要吸引非公有制经济参与持股；按照公司法的要求，建立分工明确的董事会、监事会，形成规范有效的法人治理结构；积极推进以企业人事、劳动、分配三项制度改革为重点的内部改革。

要引导企业狠抓管理薄弱环节，推进企业管理信息化。企业财务管理信息化要狠抓财务预算管理、建立内部资金结算中心、完善财务监督三个环节，对中小企业要抓住采购、分销、成本核算、仓储等关键环节，实施财务管理的信息集成。

企业间的联合重组要遵循市场经济规律，充分发挥企业的主体作用。根据企业发展的需要，以资本为纽带，通过市场来运作，政府不能用行政手段搞"拉郎配"，不能盲目求大求全。

（三）进一步扩大对外开放，广泛开展东西合作。对外对内开放是加快西部工业结构调整的重要举措。要抓住国家西部大开发的历史机遇，采取有效措施，积极引进国外资金、技术、管理和品牌，加快产品升级换代，促进产业结构调整。同时，要为生产要素的跨地区合理流动创造好的环境和条件，广泛开展多种形式的东西合作，引导东部企业特别是民营企业参与西部结构调整，促进东部地区劳动密集和占地多的产业以及先进适用的产业技术向西部转移，建立优势互补、各展所长、共同发展的东西分工与合作体系，使东西部合作与推动资产重组、加快结构调整、开拓国内国外市场紧密结合起来。

（四）重视人才引进和人才培养。培养和吸引人才是加快西部工业结构调整的重要措施。要改革企业管理人员的选拔任用方式，拓宽选拔渠道，加快培育人才市场，逐步向公开招聘、择优使用过渡。在加强对企业经营者监督管理的同时，通过对符合条件的企业实行年薪制和股票期权等措施，强化对经营者的激励。

改革科技人才收入分配制度，适当拉开收入差距，提高人才的待遇，改善工作环境，千方百计培养人才，引入人才，留住人才，使用人才。

贯彻《典当行管理办法》
促进典当业健康发展 [1]

（2001 年 9 月 7 日）

一、充分认识贯彻落实《典当行管理办法》、
促进典当业健康发展的重要意义

在我国，典当业是一个既古老又年轻的行业。典当业作为金融业的鼻祖，发轫于封建生产关系的土壤之中，随着商品交换关系的发展应运而生，催生了资本主义的萌芽，促进了社会经济的发展，在历史上有不可磨灭的功绩，至今在方便人们的生产和生活等方面仍然发挥着重要的作用。我国的典当业，始于南朝，兴于唐宋，盛于明清，至今已有上千年的历史，特别是清朝中期，典当行曾盛极一时，许多文学作品对此都有细致形象的描写。据史料记载，乾隆九年（1744年），京城的大小当铺有六七百座，嘉庆十七年（1812 年），全国有当铺 23139 座。清末至解放前，社会变迁，连年战乱，典当业日渐式微。解放后到"文革"，典当业被限制、改造、禁止，在大陆上销声匿迹。改革开放后，随着社会主义市场经济的发展，到 80 年代末期，典当业这个古老的行业才又获得新生。

典当业是一个特殊的行业。典当作为一种辅助性的融资手段，对于方便人民生活、促进经济发展、保持社会稳定具有积极的作用。1987 年我国典当业恢复以后，发展十分迅速，到 1996 年，全国典当

---

① 本文为在全国典当工作会议上讲话的主要内容。

行家数达到 3013 家。但是由于初期没有进行行业立法，各部门职责不明确，多头审批，监管不力，典当业在发展中出现许多问题，非法经营机构盛行，一些典当行违规操作、超范围经营，少数典当行非法集资、高息揽储，极个别典当行与社会黑恶势力勾结，销赃窝赃，高息放贷，强迫当户赎当，等等，不仅扰乱了正常的经济金融秩序，而且造成了恶劣的社会影响。1996 年 4 月，中国人民银行发布《典当行管理暂行办法》，并据此对典当业进行了清理整顿，典当行家数由 3013 家调整到 1304 家，到中国人民银行与国家经贸委进行这项工作交接时，全国典当行还有 1180 家。

市场经济是法治经济。没有规矩不成方圆。规范、有序对于特殊行业的发展尤其重要。可以说，依法依规经营，依法依规监管，是促进典当业健康发展的关键。1996 年 4 月的《暂行办法》，对于规范典当行行为，维护典当经营秩序发挥了积极的作用，但由于出台时间仓促，《暂行办法》与典当行业的发展还有不少不相适应的问题，如对注册资本以及股本结构限制过严，导致典当行股东虚假出资、注册后又抽逃资本；规定绝当物无论价值大小一律通过拍卖行处理，不符合典当经营实际，不少典当行往往绕过规定自行处理，等等。从典当业几年来的实践和目前存在的问题看，进一步完善典当行业的管理办法，规范其行为，促进其健康发展，是做好典当工作的当务之急。典当行业监管职责移交国家经贸委以后，在人民银行《暂行办法》的基础上，总结我国典当业发展的经验教训，借鉴国外的成功做法，针对当前我国典当业的现实状况，适应发展社会主义市场经济特别是加入 WTO 新形势的要求，制定并颁布了《典当行管理办法》。贯彻落实这个《办法》，对于规范典当行行为，促进典当业的健康发展，必将起到重要的作用。

首先，《办法》大大拓展了典当行的发展空间。与人民银行 1996 年颁布的《暂行办法》相比，《典当行管理办法》有继承，也有突破。《办法》减少了审批环节，简化了审批程序，降低了注册资本最低限额，取消了股本结构限制，允许负债经营，允许设立分支机构，等等。对典当行来讲，最重要的变化有三个方面：一是经营范围扩大。以往典当行只能经营动产典当，现在还可以经营财产权利和房地产典当业务。在现阶段典当行传统业务增长缓慢甚至在个别地区出现萎缩的情况下，经营范围的扩大无疑为典当行发展提供了一次重大机遇。二是允许典当行负债经营。按照人民银行的《暂行办法》，典当行只能运用自有资金从事动产典当业务，而现行《办法》规定，典当行可以从银行贷款。允许典当行负债经营，有利于典当行利用财务杠杆，扩大经营规模，增加股东的投资收益。三是允许典当行设立分支机构。这将进一步促进典当行扩大经营规模，促进实力强、信誉好的典当行迅速占领市场，扩大服务范围，促进典当业通过竞争实现优胜劣汰。尽管目前还有不得跨省区市设立分支机构的限制，但与过去相比，前进了一大步，这是一个带有根本性的重大变化。这三个方面，对于典当行的发展具有重大意义，受到了业内人士的广泛好评。如有的讲，《办法》的出台标志着典当行发展的春天来了；还有的讲，《办法》为典当行发展插上了翅膀。

其次，《办法》加强了对典当行主体行为和经营行为的规范。随着现代银行业的发展，典当业逐步演变为金融业中的边缘行业，很容易被忽视，也很容易出问题。世界各国对典当业均实行严格监管。在我国，对于典当业这样一个特许行业，对于典当行这类经营质押贷款和抵押贷款业务的特殊工商企业来说，既要积极扶持其发展，更要依法规范其行为，依法实施有效监管。在《办法》的制定过程中，我们始终坚持强化监管的原则，不仅规定了典当行的主体行为规则，如典当行设立的条件及程序、变更与终止的程序等，而且规定了典当行的经营行为规则，如可以做什么、不许做什么以及违规所要承担的法律责任等。总体上讲，《办法》为典当行的设立、变更、终止以及典当行如何开展经营活动确定了基本的规则，从而为典当业的规范与发展提供了重要的法律保证。

第三，《办法》为加强监管工作提供了明确的法律依据。国内外典当监管的实践表明，要发挥典当行的积极作用，向社会提供方便快捷的融资服务，满足人们小额、短期、多样化的资金需求，为生产建设和人民生活提供便利，促进典当业健康发展，就必须依据相关的法律法规加强对典当业的监管，否则就容易出现问题。《办法》规定了典当监管工作的基本原则和基本制度，是当前和今后一段时间经贸委系统开展典当监管工作的基本依据。《办法》的出台，对于保证各级经贸委依法实施监管，规范监管行为，进而促进典当业健康发展具有重要意义。各级经贸委的同志要认真学习、深入领会《办法》的精神实质，正确处理好加强监管与热情服务、促进典当业发展与维护典当经营秩序、防范典当行经营风险与防范典当行社会信用风险的关系。在典当监管工作实践中，全面、准确领会《办法》的精神实质，严格按照《办法》规定行使各项监管职权，认真总结经验，把握政策界限，避免出现失误和偏差。

二、深入贯彻落实《办法》，切实做好典当监管的各项工作

贯彻落实《办法》，切实做好监管工作，当前重点要抓好五个方面的工作：

（一）严格实行市场准入管理。市场准入管理是典当监管工作的首要环节，市场准入管理工作做得好不好，直接影响后续监管工作的效果。市场准入管理绝不仅仅是单一的对典当行及分支机构数量的管理，它还包括对典当业总体发展规模的调控、对典当机构网点合理布局的规划、对典当机构变更事项的管理等多项内容。实行准入管理，首先要控制数量，合理布局，防止盲目发展。这就要求各地经贸委要结合本地社会经济以及典当业发展的实际，认真制订典当行业发展规划。各地的规划要报国家经贸委批准。国家经贸委将根据全国典当业的发展实际以及国民经济的总体发展情况，在综合平衡的基础上，对各地的典当行业发展规划作出调整，进而对各省区市的典当行数量及布局进行调控。通过制定、调整和实施规划，实现合理布局、适度竞争、规范发展的目标，确保典当业与社会经济协调发展。其次要努力提高典当行业的整体素质，特别是典当机构的经营管理水平和服务水平。要引入必要的竞争机制，吸引优秀的人才到典当行工作。

当前，实行准入管理，还要正确处理好增设分支机构与增设典当行的关系。允许实力强、信誉好、运作规范的典当行增设分支机构，可以大大降低监管成本。在同等条件下，应当鼓励典当行设立分支机构。批设分支机构要严格按照《办法》的规定进行，批设新的典当行更要做好调查研究和可行性论证工作。

严格实行准入管理的目的，是为了创造条件让优秀的运动员上场。这次会议召开之前，国家经贸委与公安部已经联合发文，决定从2001年9月10日开始对全国典当业进行一次全面的清理整顿。目的是打击非法经营，保护合法经营，加强典当业监督管理，规范典当行的主体行为和经营行为，维护正常的典当经营秩序，促进典当业健康发展。一方面，要通过清理整顿，取缔非法"典当行"，查处擅自经营典当业务的其他经营机构，比如寄卖行、信托商店等，规范典当经营秩序；另一方面，要通过清理整顿，规范现有典当行的经营行为，促进公平竞争。同时，要通过调查摸底和重新登记，摸清现有典当行的底数。各地一定要统一思想，积极行动起来，切实把清理整顿工作作为典当行市场准入管理的基础性工作抓紧抓好。

（二）实行动态的监督管理。实行动态监管是典当监管工作的重要环节，也是典当监管的一项重要原则。作为监管者，政府部门不仅要制定公平的竞争规则，依法履行市场准入管理职责，而且要时刻监督被监管者的行为，及时加以规范。要通过多种形式、多条渠道，及时了解典当行乃至整个典当业的情况，对于重大问题，要及时研究，及时解决，防微杜渐，防患于未然。对于那些违规违法的经营行为，必须通过严格有效的执法及时予以纠正。实行动态监管，要求各级经贸委切实按照国务院整顿与规范市场经济秩序工作会议的精神，加大监管力度，标本兼治，重在治本，下大力气规范典当经营秩序，整治典当市场环境，锲而不舍，常抓不懈，务求实效。要尽快建立健全各项管理制度，努力探索多种有效的监管方式，不断总结和推广行之有效的监管经验。对于重大问题、重大事件，要及时向国家经贸委报告。各地要以清理整顿为契机，全面加强典当行的动态监管工作。

（三）建立和完善退出机制。典当行监管面临的问题是不仅准入管理需要加强，退出机制也亟待建立和完善。实现典当机构的有序退出十分重要，有序退出与严格市场准入管理互为条件，退出机制不完善、不健全，准入管理也很难做好。有的地方反映，在典当行业监管职责交接中，发现了不少问题。有的典当行没有经营场所，有的已关门歇业，甚至有的连法定代表人也不知去向。这既反映市场准入的标准把握不严，也说明现有的监管和退出机制存在严重问题。对于那些注册资本不实、有人员无场所或有场所无人员、不具备基本经营条件以及惨淡经营、连年亏损的典当行，要尽快使其退出市场。至于那些违规经营、屡教不改，甚至顶风作案、违法乱纪、以身试法的，尤其是那些为了蝇头小利收赃销赃，非法集资，扰乱金融秩序的典当行，要坚决依法清除，决不姑息，不仅要强制其退出市场，还要追究有关当事人的责任包括刑事责任，并对其重新涉足典当行业作出严格规定，比如禁止其经营管理人员再到典当行从业、禁止其出资人再投资设立典当机构，等等。同时，对于守法经营者的合理退出，也要给予必要的支持和帮助。

（四）注意加强引导。对典当行经营以及典当业发展加以引导，是政府部门监管工作的一项重要内容，也是各级经贸委义不容辞的责任。首先要把典当行和典当业的市场定位搞清楚、搞准确。典当是一种辅助性的融资手段，典当业是边缘性的金融行业，典当行作为特殊工商企业在金融体系特别是货币市场中发挥着拾遗补缺的作用。对于这样的定位，负责典当监管工作的同志要清楚，典当行的出资人、经理也要清楚。不要因为典当行经营一部分金融业务，就将其与银行相提并论。典当行的市场定位搞不清楚，就很容易出问题。去年8月在交接过程中暴露出的河北邢台、唐山、河南汝州等地，把典当行办成信用社、银行，非法集资，高息揽储，不仅扰乱了正常的经济和金融秩序，而且成为影响当地社会稳定的重大隐患。这些前车之鉴，必须引以为戒。对于典当行的市场定位以及经营方向问题，必须坚持正确的政策和舆论导向，加强引导，加强舆论宣传，引导企业守法经营，防止发生方向性的错误。

（五）充分发挥行业协会的作用。实施典当业监管工作，不仅要靠政府部门，靠各级经贸委，也要靠行业协会等中介组织。随着政府机构的精简、职能的转变，行业协会的地位和作用日益突出。典当监管工作也要充分发挥行业协会的作用，利用行业协会为政府部门开展典当监管工作服务。要通过行业协会，传达政府部门的政策意图，反映典当行的意见和要求，在政府部门与典当行之间架起沟通的桥梁。同时，要发挥行业协会对于行业内部的协调、指导和自律作用。为此，有必要通过委托和授权的方式，逐步把一些不宜由政府部门做、事实上政府部门也做不好的工作交给行业协会去承办。目前，湖北省和重庆市已经成立了典当行业协会，工作开展得有声有色，其他一些省市也在筹组地方性行业协会。有的城市如成都、哈尔滨、温州等也建立了典当协会，工作开展得也不错。国家经贸委将抓紧筹备成立全国性典当行业协会。充分发挥行业协会的作用，搞好行业自律，配合政府部门做好监管工作，这是今后加强典当监管工作、促进典当业健康发展十分重要的一环。

归结起来，贯彻落实《办法》，核心是抓好"整顿、规范、发展"六个字。整顿，就是要坚决取缔非法"典当行"，清除违法违规经营和不具备条件的经营机构，建立和完善典当行的市场退出机制；规范，就是要严格市场准入管理，依法规范典当行主体行为和经营行为，依法加强典当监管工作；发展，就是要拓展典当行发展空间，搞好典当行业发展规划，改善典当业经营环境，建立良好的典当经营秩序，促进典当业更快更好更健康地发展。

贯彻落实《办法》，搞好典当监管工作，要求各级监管部门明确分工，各司其职，密切协作。重大政策的协调与制定、行业立法、宏观管理与指导，由国家经贸委负责；中观层面的监督、管理、协调与指导工作，由省级监管部门负责；省级以下监管部门按照《办法》以及上级监管部门委托或授权，承担具体的监管职责。在《办法》确立的监督体制中，省级监管部门承担着重要的监管职责，要切实负起责任来。在准入管理方面，各地要严格按照规划执行，典当经营许可证要有序发放。各级监管部门还要密切与有关部门的联系，加强交流与合作，努力形成一种分工协作、齐抓共管的局面，促进典当业在规范中加快发展，在发展中逐步规范。

三、不断总结经验，努力提高监管水平

贯彻落实《办法》，搞好典当行业监管工作，要求我们本着与时俱进的精神，在实践中不断探索，不断研究新情况，解决新问题，总结新经验，努力提高监管工作水平。

一要勇于探索。在发展社会主义市场经济的新形势下，如何发挥典当行的积极作用，对于我们来说还是一个新课题，我们的经验不够，许多问题还处于探索、试验阶段，需要我们勇于实践，勇于探索。对于那些暂时还拿不准的事情，如中外合资兴办典当行等，可以先在小范围内进行试点，积累和总结经验，条件成熟了，再向全国推广。对典当行经营模式、具体监管模式也可以有组织地搞一些试点，通过试点抓一批典型，通过推广典型经验，以点带面，实现面上的突破。

二要逐步完善。从目前情况看，《典当行管理办法》是能够基本适应典当行业发展和典当业监管工作需要的。但是，事物总是不断发展的，实践总是不断前进的。随着时间的推移，随着经济金融形势的变化和典当业的发展，这个《办法》也需要不断修订和完善。各地在贯彻实施《办法》中遇到的问题，希望大家及时向国家经贸委反映。我们也要深入下去多搞一些调查研究工作，特别是要搞一些具有前瞻性的研究工作，根据实际情况及时调整有关政策。从长远来看，典当业的发展需要一部比较系统、完备的法规，希望大家与我们一起，从现在就开始着手做一些立法调研等前期工作，为早日诞生一部《典当法》做好准备。

三要加强交流。在典当业发展和典当监管工作中，肯定会遇到不少新情况、新问题，各地在实践中也肯定会有不少好经验、好做法，希望大家及时沟通情况，通过研讨会、座谈会、走出去请进来等形式，借鉴好的经验，引进好的做法。各地与国家经贸委也要加强沟通，及时反映情况。我们也将在加强调研工作的基础上，抓住几个典型，推广好的经验和做法，指导典当监管工作更好地开展。

积极稳步发展企业电子商务 ①

（2001 年 12 月 19 日）

今天，国家经贸委举行新闻发布会，向新闻界发布"中国企业互联网应用和电子商务发展水平调查"的成果。这次调查，是国家经贸委对部分大中型企业进行的。这是国内第一次由国务院职能部门组织开展的、专门针对企业互联网应用和电子商务发展水平进行的综合调查。进行这次调查的目的，是为了掌握我国企业互联网应用和电子商务发展的情况，实事求是地判断企业电子商务所处的发展阶段，分析存在的问题和制约因素，更好地推进企业互联网应用和电子商务的发展。

本次调查采取问卷调查和案例调查相结合的方式，共向各地经贸主管部门、中央管理企业、520 户国家重点企业和地方骨干企业发放约 1300 份问卷。截至 6 月底，收回 648 份，其中有效问卷 638 份，覆盖全国 30 个省、自治区、直辖市（不含西藏），涉及冶金、石油、石化、机械电子、轻工纺织、内外贸等 30 个重点行业，其中国有及国有控股企业占 87%，特大型及大型企业占 78%。在问卷调查的同时，我委贸易市场局还委托北京大学网络经济研究中心对中国五矿集团、中国石化集团、华北电力集团、联想集团、上海宝钢集团、上海联华超市股份有限公司、小天鹅集团、华北制药集团、东风汽车集团、大连瓦轴集团、保定天鹅化纤集团共 11 家分布在不同地区、不同行业的企业开展了案例调查。调查汇聚了大量宝贵的第一手访谈资料与数据

---

① 本文为在"中国企业互联网应用和电子商务发展水平调查"新闻发布会上的发言。

指标，并通过借鉴国外的研究手段，采用定量与定性相结合的研究方法，得到了一系列有意义的成果，如企业互联网应用和电子商务开展情况的完整数据库，包括企业基本情况统计、企业财务管理信息化状况、企业信息化建设情况、企业电子商务及互联网应用等方面情况以及评价企业信息化状况的指标体系等，其中许多成果为国内首次获取和公布。

638家企业的调查数据表明，大多数企业对信息化建设比较重视，普遍看好电子商务的未来，做了大量基础工作，建立在网络基础上的企业内部信息化建设取得了积极进展，正在由信息孤岛向信息集成跨越，建立在网络应用基础上的电子商务建设也取得了一定进展，一些企业已经通过电子商务开展采购业务和网上销售。在被调查的企业中，有86.7%的企业接入了互联网，69.1%的企业建立了网站，21.6%的企业开展了电子商务。总的看，在企业互联网应用和开展电子商务方面，东部地区的企业好于中部地区，中部好于西部；所在地在大城市的企业好于地处偏远的企业，新企业好于老企业。经济实力强、利润空间大的企业，信息化建设和电子商务开展得比较好。

调查结果还表明，企业互联网应用和电子商务的开展，给企业带来了许多好处。一是提高了企业的经营管理水平；二是促进了企业经营管理观念和制度的变革；三是培养和锻炼了一大批人才；四是改善了企业形象，提高了企业的市场认知程度。互联网应用水平较高的企业，其市场开拓能力、成本控制能力、业务流程的重组及企业管理的观念与制度，均得到了不同程度的提高和优化。中石化集团通过网上采购，对采购全过程进行实时监控，使采购过程公开化、规范化，实现了"阳光作业"，在很大程度上杜绝了暗箱操作，大大降低了采购成本。在2000年8月15日物资采购系统正式投入运行使用后的8个月中，上网供应商1700多家，网上累计成交金额34.8亿元，节约采购资金1.87亿元，节约5%。联想集团通过实施资源管理计划（ERP），规范和优化了77个业务流程，加强了财务、销售、生产制造、采购等子系统之间的协同性。联想集团实现信息化后，产成品库存的周转天数从72天降为22天；产品积压损失从2%降到0.19%，年降低成本 3.62 亿元；应收账款周转天数从 28 天降到 14 天，年降低成本 4700 万元；应收账款坏账占总收入的比例从 0.3％降为 0.05％，年降低成本 5000 万元。这几项加起来，年节约费用 6 亿元，效益相当可观。许多企业在实施信息化和电子商务建设中，企业领导的观念发生了很大变化，深化了企业内部管理制度的改革，也培养和锻炼了一大批既懂业务又懂信息技术的综合性人才。

同时，调查结果也表明，我国企业互联网应用总体水平还比较低，目前尚处于信息发布与交流的初级阶段。企业互联网和电子商务发展存在着许多制约因素，在网络安全、网络基础设施建设、社会信用、法制环境、网络支付等方面还有很大差距，网络市场规模尚未形成，资金投入不足，综合性人才缺乏，大多数企业缺乏清晰的互联网应用和电子商务发展的战略规划。进一步推进企业信息化建设，微观层面和宏观层面，企业内部和外部，都有大量工作要做。

从这次调查的结果可以看出，大力推进企业信息化建设，促进电子商务与传统实体经济的结合，逐步取代和改造我国企业传统的商务模式，重组业务流程，降低交易成本，加速流通过程，是我国企业提高市场竞争力的客观要求和有效途径。我们要从我国企业互联网应用和电子商务发展的实际情况出发，打基础，抓试点，搞培训，扎扎实实地做好企业信息化建设的各项基础工作，搞好人才培训，选择具备条件的企业发展电子商务，培育一批示范企业，与有关部门一起有针对性地解决电子商务发展的制约因素，推动我国企业互联网应用和电子商务积极稳步地向前发展。

应当重视和发挥企业法律顾问
在企业信用管理中的作用 [①]

（2001 年 12 月 29 日）

　　市场经济是法制经济，也是契约经济、信用经济。信用，古已有之，重诺守信，"人无信不立"是千百年来形成的优良传统。只是到了近代，随着高度发达的市场交换关系的空前发展，信用成为对各经济行为主体最普遍的、最根本的要求，成为维系市场经济各种错综复杂的交换关系和正常市场秩序的基本准则。信用成为市场经济的一个本质性的规定和要求。市场经济越发达，对信用要求的程度就越高。因此，市场经济实际上是建立在健全和完善的法制基础上，依靠法制来规范和保证的信用经济。企业作为市场经济的基本单元和行为主体，在整个社会信用体系中居于基础的主体的地位。加强全社会的信用管理，必须首先加强企业的信用管理。

　　由于种种复杂的原因，我国在建立市场经济体制过程中，企业信用缺失的矛盾十分突出。主要表现在企业不讲信用、有约不遵、拖欠货款、逃废债务，甚至造假仿冒、恶意欺诈。据统计，我国国有企业相互拖欠货款超过 1.6 万亿元。据有关单位的一项调查估算，我国造假经济的规模高达 1270 多亿元，国家为此每年损失税收 250 多亿元。据有关部门调查，全国 283 家名优企业的 650 多种产品被假冒产品侵权伪造。合同欺诈等违法犯罪案件急剧增多，去年上半年全国工商管理系统共查处这类案件 5338 起，比前年同期上升 61%。

---

　　① 本文为在中国企业全程信用管理促进工程暨企业信用管理改革与发展高层研讨会上发言的主要内容，后刊于《中国工业经济联合会通讯》2001 年第 105 期。

在企业信用缺失的恶性循环中，许多企业既是受害者，又是害人者。目前这种企业信用缺失甚或信用危机的严峻局面，不仅降低交易效率，提高交易成本，影响企业效益，也严重损害了消费者的权益和信心，造成社会信用链条的中断和破坏，导致市场经济秩序混乱，败坏我国改革开放的形象，危及我国加入WTO政府承诺的履行，其害无穷。尽快改变这种状况，加强企业信用管理，不仅是企业创立品牌和信誉，扩大市场份额，提高企业效益和竞争力的内在要求，也是整顿和规范市场经济秩序的治本之策，是应对加入WTO与国际接轨的重要举措。

有效地加强企业信用管理，一个十分重要的方面是高度重视和充分发挥企业法律顾问的作用。企业法律顾问是指具有企业法律顾问职业资格，由企业聘任从事企业法律事务工作的企业内部专业人员。据统计，目前全国各地从事企业法律事务工作的约有10万多人，其中已有2.3万多人通过全国统一考试并取得了职业证书。这支队伍在促进企业依法诚信经营，加强企业信用管理方面正在发挥着越来越重要的作用，主要表现在以下几个方面：

一是健全企业合同管理制度，全面提高企业合同履约率。在市场经济条件下，企业作为市场主体，企业之间的横向联系是最基本的经济关系，这种横向联系是以契约和信用为基础的，最常见的表现形式就是订立合同，而合同的执行率、履约率被视为衡量企业信用的一个基本依据。企业法律顾问通过参加合同谈判、参与合同起草、审查合同条文、监督合同履行等企业合同的全过程管理，强化企业的合同信用，同时通过对企业合同的审查，防范企业合同风险。如上海通用汽车有限公司从企业成立伊始，企业法律顾问就为公司建立了一整套合同管理规范制度，有力地保障了企业的生产经营活动，该公司近年来主动合同履约率始终保持在100%，连续几年被工商部门评为"重合同、守信用"模范企业；山东胜利油田近年来每年签订各类经济合同2万多份，总标的额200多亿元，通过企业法律顾问对合同全过程管理，16年共节约资金、挽回损失9亿多元。

二是通过保护企业知识产权，维护企业市场信誉。市场信誉是企业一般信用的升华。诚实守信能够使企业在市场竞争中赢得极高的声誉，这种声誉会形成无形资产，是现代市场经济运行中一种重要的新的资本形态，它包括企业的品牌、商标、专利、商业秘密在内的系列的企业知识产权。企业法律顾问通过运用法律手段主动出击、积极协调配合有关执法部门依法维护企业的市场信誉、商业信誉。如中国国际信托投资总公司法律顾问部门始终把保护公司无形资产作为一项重要任务，1993 年中信公司法律部就对"中信"字样和"CITIC"徽标进行了商标注册，至 1996 年"中信"和"CITIC"商标已陆续取得国际商标分类全部 42 类的注册证书，并对侵犯中信名称权和商标专用权的问题进行调查，在工商部门的协助下，对涉及 8 省 12 市的 30 多家企业侵犯中信名称权和商标权的行为进行了纠正。联想集团法律部针对高科技企业人员流动大的特点，在我国商业秘密保护法尚未出台的情况下，根据本企业经营和发展的需要，制定了公司内部的商业秘密保护办法，有效地实现了企业知识产权的保护。

三是积极参与打击制售假冒伪劣商品活动，维护市场经济秩序。目前，假冒伪劣横行不仅严重损害了消费者的权益和信心，也使许多企业特别是名优企业深受其害。针对这一情况，不少企业特别是商业信用高的知名企业法律顾问，为维护企业的合法权益，建立有序的市场经济秩序，积极拿起法律武器，参与打击制假售假活动，维护企业的商业信誉，同时也增加了企业的经济效益。如 1998 年，华北、东北等地假冒北京"红星牌"二锅头活动猖獗，致使北京红星酿酒公司效益大幅度下滑。该企业法律顾问克服重重困难，行程六省市 7000 多公里，配合当地工商、质检等执法部门一举端掉制售假酒黑窝点 14 个，维护了企业信誉，使企业经济效益有了明显回升。

四是通过普法宣传教育，强化企业守法经营观念和信用价值观念。社会主义市场经济的信用关系既需要用法律来规范，靠法律来保证，同时也需要依靠道德伦理的力量。从根本上讲，信用是扎根于人们内心的观念和意识。要培养这种观念和意识，必须加强诚实守信的道德教育，在企业乃至全社会形成"信用至上"的道德观念。近年来，许多企业法律顾问在国家实行的第三个五年普法教育活动中，积极带头宣讲《合同法》、《公司法》、《担保法》、《商标法》、《专利法》等促进企业加强信用管理的法律法规，还在企业经营中运用典型案例开展了企业违法失信的警示教育，既堵塞了企业的管理漏洞，又增强了企业遵守法纪、重诺守信的法制观念和信用观念，为加强企业信用管理打下了坚实的基础。

近年来，随着我国对外经济交往日益密切，涉外经济纠纷也日渐增多。由于我国企业信用意识淡薄，信用水平低下，影响了我国企业的国际形象，也造成了极大的经济损失。一些国家和外国厂商利用我国企业法律知识缺乏，自我保护意识不强，应诉不积极，对我国出口产品频频发起反倾销指控，我国已成为世界上遭受反倾销指控最多的国家。还有的国外厂商故意设置法律"陷阱"，使我国企业蒙受不应有的巨额损失。这种情况，随着我国加入WTO，进一步实行对外开放，将会越来越增加。一些企业如宝钢等，充分发挥企业法律顾问的作用，以国际法律为武器，积极进行反倾销应诉，进行有理有利有节的斗争，频频胜诉，为企业为国家挽回了损失，赢得了市场份额和荣誉。

总之，许多企业的成功实践证明，企业法律顾问在加强企业信用管理中的作用不可低估。高度重视和充分发挥企业法律顾问的作用，是加强企业信用管理，提高企业信用水平的重要环节。企业和有关方面应当为培养和造就企业法律顾问队伍，为进一步发挥企业法律顾问应有的作用创造必要的条件。企业法律顾问也应当努力提高自身素质，当好企业领导人在企业法律事务方面的参谋和得力助手，当好企业合法权益和经营安全的保护神，当好维护企业良好信用的身体力行者和宣传教育者，与企业领导和广大员工一道，共同为加强企业信用管理，提高企业信用水平，建立良好市场经济秩序作出积极贡献。

加快形成我国大中小企业协调发展格局 [①]

（2001 年 12 月 31 日）

企业的大型化和小型化，是当今世界企业发展中两个并行不悖的趋势。顺应世界经济发展潮流，因势利导，综合运用经济、法律和必要的行政手段，大力调整企业组织结构，抓紧培育一批具有国际竞争力的大公司和企业集团，积极扶持中小企业发展，加快形成大中小企业合理分工、有机联系、协调发展的格局，从整体上提高我国企业的竞争力，是摆在我们面前一项重要而紧迫的任务，也是我们入世后把握机遇、迎接挑战的重要应对之策。

一

我们今天生活在一个科学技术飞速发展的时代，以信息技术为代表的新技术革命，给人类的社会生产和生活带来了极为深刻的变化。科学技术的发展极大地促进了经济全球化的进程，各个国家之间经济的开放度、贸易的自由度和依存度、资本的融合度，以及市场的集中度都大大提高。现代科技与现代金融体系日益紧密的结合，使资本以更快的速度和更大的规模在国际市场上流动，现代交通运输工具和物流方式的发展，大大缩短了生产要素和货物流通的空间距离，从而使得国家和企业都需要并且可以在世界范围内配置资源，以全球市场为舞台的激烈竞争使得生产要素和市场份额加速向优势企业集中。

同样重要的是，科学技术的发展进一步促进了专业化分工与协作，

---

① 本文原载《人民日报》2001 年 12 月 31 日。

使社会分工更加精细。中小企业以其灵活、专精和成本更低、质量更优、服务更好的优势，代替了原本属于大企业的内部分工，提高了生产经营的专业化、社会化水平。众多的从事高度专业化生产的中小企业聚集在大企业周围，为他们提供低成本、高质量、多方面的配套和服务，同时也为自己争得了更为广阔的生存和发展空间。人们生活的不断丰富和需求的多样性，也需要不同类型不同规模的小企业提供各种价廉、物美、适用的产品和舒适、快捷、便利、周到的服务。同时，网络技术的发展把包括小企业在内的各类企业更加紧密地联系在一起，为他们提供了更为便利的生存环境。

所有这一切，使企业的发展出现了两种明显的趋势：

一种趋势是企业的大型化和巨型化，大企业在推动全球范围内的结构调整和科技进步，提高所在国经济的国际竞争力中发挥着越来越重要的作用。近年来，大企业的并购活动越来越频繁，并购的规模越来越大。1996 年全球企业购并规模为 1.14 万亿美元，1999 年升至 3.4 万亿美元。2000 年上半年购并总额以 26％的增幅创下在 6 个月中达到 1.88 万亿美元的历史新高。受全球经济增长放缓特别是"9·11"事件及其后美国对阿富汗实施的军事打击的影响，世界经济发展的不确定因素增多，企业并购活动近来相对沉寂，但这一趋势不会改变。可以预言，随着全球经济增长或迟或早走出低谷，企业并购必然转趋活跃。新一轮的企业并购必然会在更大的规模、更大的跨度和更大的范围内进行。大规模购并使企业迅速向超大型化、巨型化发展，产生了并将继续产生一批跨国经营的"巨无霸"企业。《财富》杂志最新公布的 2000 年世界 500 强前两位都是通过收购、兼并做大做强的。埃克森 1997 年以 828 亿美元收购美孚石油公司，使埃克森－美孚成为全球最大的石油天然气公司，2000 年以 2100 亿美元的年收入跃居世界 500 强之首；美国沃尔玛公司通过收购英国 ADSA 公司，2000 年销售收入达到 1913 亿美元，超过了通用汽车公司，名列世界 500 强次席。大企业在当今世界日新月异的技术进步中担当着十分重要的角色。目前，世界 500 强企业研究开发费用占全球的比重接近 70％，全世界每年产生的新技术、新工艺 70％以上为 500 强所拥有。据联合国贸发会议的最新统计，目前全球跨国公司的总数已达 6.3 万家，产值占全球总产值的 25% 左右。大企业成为衡量一个国家经济实力和国际竞争力的重要标志。正是因为这样，不管是发达国家还是发展中国家，都把培育有竞争力的大企业作为自己的一个重要政策取向。在一些以国际大公司为竞争对手的领域，发达国家普遍放宽了反垄断的限制，对原本禁止和限制的企业同业并购活动，转而采取默许、鼓励和支持的态度。一些发展中国家也利用多种手段，充分动员和利用各方面的资源，加紧打造自己的"航空母舰"。

另一种趋势是企业的小型化和微型化，小企业在社会经济生活中发挥着越来越重要的作用。美国是以大企业为主导的国家，不到 1% 的大企业在经济生活中占据支配地位。但美国的小企业在结构转变、技术创新、增加就业、减轻经济周期波动带来的影响等方面都发挥着举足轻重的作用。美国经济之所以能在 20 世纪 90 年代持续增长，中小企业是一个重要支柱。美国国内生产总值的 40%、产品销售额的 54%、私营企业产值的 50%、就业的 60% 以及科技创新项目的 70% 都是由小企业提供和实现的。约有 45% 的中小企业为大企业提供零部件和各种各样的服务。以通用汽车公司为例，它每年从 3.7 万家小企业购买商品和劳务，其中四分之三是雇员不足百人的小企业。此外，它还依靠 14 万个推销商和 12.8 万个各种其他零售店为其推销产品。日本丰田汽车公司在众多中小企业支持下，成功地施行"精益"生产，在生产过程中严格控制零部件到位时间，把中小企业的产品直接送到装配中心。大量中小企业的存在，使大企业深受其益。在众多适于分散生产经营的领域和风险性创新领域，更是活跃着大量中小企业。他们以灵活、创新、快速应变赢得了许多市场机会。在社会化服务体系的支撑下生长起来的大量"袖珍型"企业，使这些领域更是充满了蓬勃发展的活力。

二

企业大型化与小型化这种并行不悖的发展趋势在中国也不例外。

中国改革开放以来特别是近年来，一方面，通过联合兼并形成了一批大公司和企业集团，在资本运营、技术创新和市场开拓方面发挥着越来越重要的作用。一些重要行业的产业集中度提高，规模经济和规模效益开始形成。另一方面，量大面广的中小企业在激烈的竞争中也有了长足的发展，活力进一步增强。1999年全国工商注册登记的中小企业已超过1000万家，中小企业工业总产值和实现的利税分别占全国总数的60%和40%左右，中小企业提供了大约75%的城镇就业机会。

与此同时，我们也要看到，在日趋激烈的市场竞争中，我国企业结构不合理的问题也越来越明显地暴露了出来。一是大而全、小而全。由于传统经济体制下追求单个企业的完整性，中国的企业大多工艺十分完整，不管大企业还是小企业，辅助生产、各种修配和生活服务都由企业自己配套，所有的汽车厂都是从铸造开始，小型钢铁厂也都是从炼焦开始。这种状况近年虽有好转，但并未根本改变，特别是一些老的国有企业，矛盾仍然比较突出。二是缺少有竞争力的大企业。2000年世界500强中，中国企业有9家，大多数属于金融和贸易企业。我国的大企业与世界同类企业比，存在很大的差距。中国石油天然气集团是在境外上市最大的公司，与埃克森公司相比，石油天然气集团上市前的资产是埃克森的66%，销售收入是埃克森的32%，而净利润和人均净利润仅分别为埃克森的1.7%和0.21%。宝钢集团是我国最有竞争力的钢铁企业，但与韩国浦项制铁相比各项指标都有较大的差距，1999年人均产钢浦项为1397吨，宝钢为786吨；吨钢售价浦项为352美元，宝钢为305美元；年销售收入浦项为106亿美元，宝钢为82.6亿美元；实现利润浦项为13亿美元，宝钢只有0.52亿美元。三是企业规模不经济。由于长期的短缺经济和地区经济高度自给，多年来在一些需要规模化生产的行业和领域，兴建了一批中小企业，这些企业规模不经济，严重缺乏竞争力。比较典型的是汽车。中国汽车整车生产企业达120多家，但年产万辆以上的只有12家，劳动生产率和生产成本都没有竞争力。大量的"五小"企业严重浪费资源、破坏环境，甚至危及人们的生命安全。与此同时，还有很多适合小企业发展的行业和领域，小企业成长发育得很不充分，给社会生产和人民生活带来种种不便。总体来看，中国企业结构中"大企业不强、小企业不活"的矛盾十分突出，严重制约着中国经济发展和国际竞争力的提高。这种状况，需要尽快改变。

三

加入 WTO，中国经济将在更大范围内和更深层次上参与经济全球化进程，面对科技革命迅猛发展，产业结构调整步伐加快，国际竞争更加激烈的新形势。我们要努力提高我国企业的整体素质和国际竞争力，按照专业化分工协作和规模经济原则，加快企业组织结构调整，在抓大做强和放小扶小两方面同时努力。在国家宏观调控下，充分发挥市场机制的作用，逐步形成大企业为主导、大中小企业合理分工、有机联系、协调发展的格局。

一方面，要加快培育一批拥有自主知识产权、主业突出、核心能力强的大公司和企业集团。一是支持企业通过兼并、联合、重组等形式，组建企业集团，进一步做大做强。在这个过程中，坚持以企业为主体，以资本为纽带，通过市场来形成，不搞拉郎配，不搞行政撮合。二是鼓励和支持符合条件的大公司和企业集团到境外上市。加快大企业的现代企业制度建设，按照境外资本市场对上市公司的要求，规范行为，健全制度，完善法人治理结构，深化劳动、人事、分配制度改革，促进企业转换机制。三是通过国债贴息支持技术改造和建立技术开发中心等途径，推动企业技术进步，提高企业产品开发能力，增强发展后劲。四是鼓励企业"走出去"，支持有竞争力的大企业跨国经营，到境外开展加工贸易或开发资源，并在信贷、保险等方面给予帮助。五是按照建立社会主义市场经济体制的原则和政企分开的要求，进一步转变政府职能，改进管理方式，减少行政审批，帮助企业分离办社会职能，分流富余人员，使大公司和企业集团拥有和他们的国际竞争对手同样的发展条件和自主权。在国有企业改革与脱困三年目标实现之后，我们要把加快形成和发展一批有国际竞争力的大公司和企业集团，作为一项重大的战略任务。力争经过努力，在国民经济的关键领域和重点行业，形成 30—50 个这样的大公司和企业集团，使其真正成为国民经济的骨干和参与国际竞争的主力军。

另一方面，积极扶持中小企业特别是科技型企业，促进中小企业向"专、精、特、新"的方向发展。一是加快推进中小企业的改革步伐。继续采取改组、联合、兼并、租赁、承包经营和股份合作制、出售等多种形式，放开搞活国有小企业。引导各类中小企业完善内部运营机制，规范经营行为，加强科学管理。二是加大结构调整力度，培育新的经济增长点。按照国家产业政策的总体要求，研究制定鼓励和适合中小企业发展的产品指导目录，重点扶持科技型、劳动密集型、出口创汇型和社区服务型中小企业。采取有力措施，淘汰落后工艺和装备，对质量低劣、污染环境、浪费资源以及不符合基本安全生产条件的小厂小矿实施关闭破产。三是加强以信用担保为重点的社会化服务体系建设，为中小企业提供多方面的服务。支持建立中小企业发展基金和风险投资基金，逐步建立和完善中小企业信用评价体系，更好地为中小企业提供各类信贷和融资服务，促进中小企业的发展。四是创造平等竞争环境，促进各种所有制企业共同发展。非公有制企业绝大多数是中小企业，要在市场准入等方面，对他们一视同仁。五是推进中小企业信用制度建设，通过建立中小企业信用档案等形式，促进中小企业重合同、守信用，提高中小企业信用水平。

企业大型化和企业小型化这两种现代企业发展趋势，是经济发展和市场竞争的客观要求。我们要顺应这种趋势，努力创造条件，优化企业结构，加快形成大中小企业协调发展的格局，全面提高我国企业的整体素质和竞争能力。

《中国重塑世贸：WTO 总干事解读入世》序言^①

(2002 年 1 月 2 日)

我国先是复关继为入世的谈判走了 15 年的漫漫长路，终于叩开了世界贸易组织的大门，成为世贸组织的第 143 名正式成员。这对于中国和世贸组织无疑都具有里程碑的意义。

加入世贸组织，标志着我国改革开放和现代化建设进入了一个新的阶段，使我国得以在更大范围、更广领域和更高层次参与全球经济合作与竞争。我国作为世贸组织的成员，可以利用世贸组织所有成员提供的最惠国待遇和国民待遇，充分发挥我们的比较优势，发展同各成员国的经贸往来与合作；可以利用直接参与多边贸易新规则制定和获得多边贸易机制保障的权利，充分发挥我国应有的作用，最大限度地维护我国的正当权益。同时我们也要履行相应的义务，兑现所有经过谈判达成的协议和承诺，降低关税，开放市场，废除和停止实施与世贸组织规则相抵触的法律法规和规章。入世在给我们带来前所未有的机遇的同时，也带来了空前严峻的挑战。如何正确认识和应对这些机遇与挑战，趋利避害，化险为夷，这是对我们的一场真正的考验。

作为拥有 13 亿人口、上万亿美元国内生产总值的第七大经济体，中国的加入不仅使世贸组织变得完整，也给其增添了新的生命力。中国这块发展最快同时也最具有潜力的新兴市场，将给全世界特别是亚洲地区经济发展带来无限商机，也为地区经济和全球经济的繁荣与稳

---

① 本文为《中国重塑世贸：WTO 总干事解读入世》一书的序言，该书由（泰）素帕猜·巴尼巴滴、（美）马克·L.克利福德著，刘崇献、王红利译，机械工业出版社 2002 年 1 月第 1 版。

定增添新的力量。20世纪90年代末，当亚洲爆发金融危机并波及全球时，正在积极争取入世的中国在国内经济也面临巨大困难的压力下，坚持人民币不贬值，为阻止金融危机的蔓延、稳定地区经济乃至全球经济作出积极贡献，就是有力的证明。如何消除一些成员对中国入世的担心和疑虑，进一步加强中国与世界各国特别是亚洲邻国的合作，同样是我们应该特别给予关注的。

世贸组织候任总干事素帕猜·巴尼巴滴先生是中国人民的老朋友，多年来对中国的改革开放和经济发展给予了特别的关注，在很多场合发表了中国将成为世界经济强国的预言。在这本题为《中国重塑世贸：WTO总干事解读入世》的新书中，素帕猜先生集多年研究成果，对中国入世面临的机遇和挑战，中国将如何改革以适应世贸组织规则，中国入世对世界特别是亚洲的影响，以及世贸组织的发展等，作了精辟独到的分析和论述。"旁观者清"，尤其是作为著名国际贸易问题专家、候任世贸组织总干事的素帕猜先生，他的见解肯定会给我们以许多启迪。当然，对于作者的一些观点，也需要我们作出自己的判断。

在入世第一年岁首之际，机械工业出版社获准出版素帕猜先生此书的中文版，王文斌社长嘱我为序，作为先睹为快的读者，我不揣浅陋，谈以上浅见。谨以此向素帕猜先生表达祝贺和敬意，并向各位读者推荐这本好书。

加强企业战略研究与战略管理 ①

（2002 年 1 月 27 日）

一、企业战略研究和战略管理
关系现代企业的兴衰成败

关于什么是企业战略，目前尚无定论。不同学者和实际工作者由于自身的认识角度和经历不同，他们赋予企业战略的含义也有差异。从大的方面说有广义和狭义之分。我主张对企业战略作更为宽泛的解释。因为企业战略是一个系统，涵盖企业工作的许多方面，应当从宏观与微观、内部与外部、当前与长远、"硬件"与"软件"、务虚与务实的结合上来研究来把握。企业战略是企业的灵魂，是管总的。按照这样的理解，可以认为：企业战略表现为企业在综合内部资源和外部环境因素的条件下，为实现特定目标而进行的一系列连续的有预见性、有意识的行动。它包括企业经营宗旨和奋斗目标的确定以及相应采取的政策措施，并作为一种观念被企业全体成员所共享共遵，构成企业文化的一部分，指导企业成员的意图和行动。企业战略规定着企业在市场环境中的位置和生存状态，在很大程度上决定着企业的兴衰成败。特别是按照现代企业制度组织起来的大型公司制企业，有无明晰的正确的企业战略，对于企业的规范协调运作和长远持续发展尤为重要。正是由于这些原因，企业战略研究和战略管理引起越来越多的企业，特别是大企业的高度重视。西方管理学界一直将其置于学术研究和企

---

① 本文原载国家经贸委经研中心《研究报告》2002 年第 1 期。

业实践的前沿地位。

企业战略研究和战略管理是一种不同于传统职能管理的崭新管理思想和管理模式。传统的企业管理内容仅局限于对不同职能活动进行管理，如生产管理、成本管理等。由职能管理走向战略管理是现代企业管理的一次飞跃。1970 年美国学者桑恩和豪斯历时 7 年对 6 个不同行业的 18 对大中型企业运用战略管理的情况进行过考察，每一对企业都由一家运用了正式战略规划系统的企业与一家没有运用正式战略规划系统的企业组成。经过比较研究发现，在石油、食品、医药、钢铁、化工和机械行业中，运用了正式战略规划的企业在投资收益率、股权资本收益率和每股收益等财务指标上都明显好于没有正式战略规划的企业。同时发现，企业采用正式战略规划以后，其经济效益要比没有战略规划的年代的效益有较大幅度的改善。哈罗德又用了 4 年时间，对医药和化工行业进行了专题研究，不仅再一次证明了这一结论的正确性，而且指出企业有无正式战略规划，其经济效益差距在不断扩大。

从国外企业进行战略研究和战略管理的实践来看，随着经济全球化进程的加快和市场竞争的日趋激烈，加强企业战略研究和战略管理正在成为现代企业求生存谋发展的必然选择。在 20 世纪 70 年代以前，企业面临的经营环境比较简单，企业的经营活动主要集中在提高生产效率，企业发展的战略性问题尚未引起足够的重视。到了 70 年代，由于企业经营环境剧烈动荡，对企业长期目标的管理成为重点，因此形成了战略管理的热潮。70 年代初，美国最大的 500 家公司中 85% 的企业建立了战略计划部门。70 年代末，美国从事企业战略管理咨询的收入高达 3 亿多美元。90 年代，随着企业的规模日益扩大，管理层次越来越多，管理幅度越来越大，使大企业管理的有效性和效率问题变得非常重要，企业能否灵活有效地综合利用内部资源以适应外部环境的变化，成为企业成败的关键因素。企业面临的环境更加复杂多变，预测行业前景也变得更为必要，战略管理的重要性显得十分突出。很多大的跨国公司不断调整发展战略，放弃纵向一体化和多元化的经营战略，强调培育和突出自己的核心竞争力；采用横向一体化战略，与其他厂商甚至竞争对手建立战略联盟，分工协作，共同开发市场。许多企业不断加强研究力量，增加研究投入。日本经济尽管目前处于衰退状态，但日本企业 2001 年度的研究开发预算仍高达 700 多亿美元，比 2000 年增加了 5.5％。随着经济全球化进程的不断加快，国际上许多知名大公司合纵连横、并购重组的大手笔、大制作接连发生。有的名不见经传的企业迅速崛起，也有的赫赫有名的老牌巨人轰然倒下，市场竞争空前惨烈。在新的形势下，企业战略显得比任何时候都格外重要。

二、加强战略研究和战略管理是新形势 对我国企业的迫切要求

改革开放特别是建立社会主义市场经济体制以来，我国企业开始重视战略研究和战略管理工作，一些有远见的大企业纷纷成立企业研究机构，配备相应的研究力量，增加了这方面的投入。中国电信、联想、海尔、宝钢、兖矿、万向、春兰、胜利油田等企业还成立了研究院。也有不少企业聘请国外著名的咨询公司帮助企业制定发展战略。但从总体上看，我国企业在战略研究和战略管理工作方面尚处于起步阶段，与国外企业相比还存在较大的差距。许多企业重"硬件"轻"软件"，重战术轻战略，重眼前轻长远，重规划轻实施，对战略研究和战略管理工作缺乏足够的重视，在时间、精力、知识与费用上投入不够，企业高层管理者忙于日常事务。即使已经开展这方面工作的企业，也大都程度不同地存在以下几个突出问题：一是主观随意，缺乏对本企业实际情况的准确把握，对外部环境不作详尽的调研与分析，凭想当然办事，有的战略多变，缺乏连贯；二是大而无当，过于粗放，缺乏可操作性，难以具体实施；三是"千人一面"，缺乏个性，有的不顾本企业具体情况，一成众效，照搬照套别人模式；四是停留在口号上、文件上，束之高阁，流于形式，缺乏落实；五是把战略研究和战略管理只是看作少数管理者和研究人员的事情，缺乏群众基础，没有成为企业全体成员的理念和自觉行动。这种状况，严重制约着企业经营管理水平的提高和长远发展。尽快改变这种状况，加强战略研究和

战略管理工作，是新形势对我国企业的迫切要求。

首先，加强战略研究和战略管理是适应发展社会主义市场经济和企业加快走向市场的需要。随着社会主义市场经济体制的逐步确立，我国企业特别是国有企业全面走向市场，企业的发展更多地有赖于自我定位、自我组织资源、自我寻找商机。企业必须有自己清晰的切实可行的发展战略，才能最终完成由行政机关附属物向自主经营、自负盈亏的法人实体和市场主体的转变。

其次，加强战略研究和战略管理是进行经济结构战略性调整、加快形成企业合理格局的需要。由于长期以来条块分割的影响，我国地区结构趋同，重复建设严重，企业结构很不合理。优化企业组织结构，加快形成大中小企业合理分工、有机联系、协调发展的格局，是我国进行经济结构战略性调整的重要内容，也是我国社会主义市场经济发展的客观要求和必然趋势。今后几年，企业的联合、兼并、重组将会以前所未有的规模加速进行。在这种趋势下，企业如何进行恰当的市场定位，如何选择自己的发展方向和道路，不仅关系到每个企业的自身发展，也关系到企业结构的整体优化和社会资源的合理配置。企业只有在内部与外部、微观与宏观、局部与全局的结合上，正确确定自己的战略，顺势而为，才能求得新的发展。

第三，加强战略研究和战略管理是适应加入世贸组织、加快提高企业国际竞争力的需要。当前，经济全球化进程大大加快，加入世贸组织，标志着我国企业在更大范围、更宽领域和更高层次上参与国际经济合作与竞争。我们在获得更多进入别国市场机会的同时，也面临国际竞争对手大举涌入的严峻挑战。能否抗得住冲击，在国内市场上站稳脚跟，能否成功地跨出国门，到国际市场上参与竞争，这对于长期囿于本土经营的我国企业是生死攸关的考验。入世之后，企业更应该强化战略意识，加强战略研究，提高战略管理能力，及时把握环境与未来的变化，不断调整自己，提高应变能力。

第四，加强战略研究和战略管理也是适应全球性产业结构调整、加快培育我国企业比较优势的需要。在经济全球化和科技革命的带动下，当前全球经济进入了一个重要的调整期。发达国家加大对高新技术产业的投入，同时加快对传统产业的改造和向发展中国家转移。中国经济如何在未来的国际分工体系中争得比较有利的位置，关键在于我国企业能否主动适应这种分工趋势，抓住机遇，正确定位，在全球性产业结构调整中承接一部分我国有一定基础的加工制造业，形成新的比较优势。这是许多企业特别是已经具有一定规模和竞争力的大企业应当给予认真考虑的。

三、更新观念，拓宽视野，积极推进
企业战略研究和战略管理

党的十五届四中全会《关于国有企业改革和发展若干重大问题的决定》指出："加强企业发展战略研究。企业要适应市场，制定和实施明确的发展战略、技术创新战略和市场营销战略，并根据市场变化适时调整。实行科学决策、民主决策，提高决策水平。"为了进一步加强企业战略研究和战略管理，提高企业科学决策和科学管理水平，需要从以下几方面作出切实努力。

一是要进一步提高对企业战略研究和战略管理重要性的认识。国内外许多企业正反两方面的经验充分证明，战略研究和战略管理是企业研究与企业管理的核心和灵魂，是构成企业核心竞争力的重要组成部分。市场经济条件下的企业管理，战略管理是最重要的管理。企业的战略研究和战略管理如何，对企业的生存和发展具有决定性、全局性和长远性的影响。在日趋激烈的市场竞争中，在经济全球化进程加速发展的大背景下，没有明晰的正确的发展战略，缺乏长远谋划的企业，是很难站得住、走得远的，战略失误对于企业的影响更是致命性的。企业的经营管理层必须高度重视这项工作，把战略研究和战略管理摆上重要位置，作为企业发展的一件大事来抓。

二是要切实加强企业战略的研究、制定和组织实施。企业战略的研究、制定和组织实施是一项复杂的系统工程。企业在对国内外市场环境、行业发展状况、目标市场和竞争对手情况进行详尽调研和分析预测的基础上，要根据自己的具体情况，按照远虚近实的原则，合理制定和实施明确的发展战略，并随着企业内外部环境的变化，适时作出必要的调整。

三是要健全研究机构，充实必要的力量。一些企业的实践证明，用于企业战略研究和战略管理方面的人力、物力和财力投入，是值得的，可以从企业的长远持续发展中获得丰厚的回报。

四是要正确处理好几个关系。一要处理好技术研究与管理研究的关系。有资料表明，经济发展50%靠技术，而技术发挥的程度80%取决于管理。要在高度重视技术研究的同时，十分重视包括战略研究和战略管理在内的企业管理方面的研究，并把两者紧密地结合起来，克服重技术轻管理，重"硬件"轻"软件"的偏向。二要处理好制定战略规划与组织实施的关系。制定一个好的战略规划是十分重要的，但更重要的在于组织实施。要克服企业战略说归说、做归做，规划和实施两层皮的现象，把战略规划的研究、制定与组织实施有机地统一起来，把更大的精力放在抓实施、抓落实上。企业研究部门也要花相当大的精力研究战略管理与战略控制中的有关问题，使企业战略更具可操作性。三要处理好借鉴与创新的关系。企业战略研究与战略管理应当攻玉他山，注意学习和借鉴其他企业成功的经验，也要注意吸取其他企业失败的教训，以免重蹈覆辙。但是，无论多么成功的企业战略模式，都不能照搬照套。企业战略的重要特点之一是区别于任何其他同类企业。任何成功的企业战略，都只能来自在借鉴基础上的创新。四要处理好决策者、专业研究人员与全体员工的关系。加强企业战略研究和战略管理，首先需要企业的经营管理层特别是决策者的高度重视，需要专门的机构和人员进行系统地研究。但是，企业战略的研究制定特别是战略的组织实施绝不是少数人的事，而必须成为企业全体员工的行为准则，成为企业文化的重要组成部分。企业战略只有深入渗透到全体员工的意识和理念之中，成为他们的自觉行动，才能付之于企业生产经营活动的具体实践，才能取得圆满成功。

五是要及时总结经验，加强合作与交流。我国企业战略研究和战略管理工作目前尚处于起步阶段，需要各个企业大胆探索，勇于创新，在实践中不断总结，不断提高，不断完善。我们要认真学习和借鉴国外企业的成功经验，更要注意总结发掘和珍视我们自己的经验，加强企业之间的合作与交流，取长补短，共同提高。要坚决按照"三个代表"的要求，坚持与时俱进，充分反映先进生产力发展的要求，把企业研究工作更好地开展起来，为我国企业的健康发展和竞争力的提高作出积极贡献。

搞好食品安全 加快食品企业发展 [①]

（2002 年 6 月）

食品工业是人类的生命工业，是我国的重要支柱产业。我国有近 13 亿人口，为食品工业提供了巨大市场。2000 年，全国国有和规模以上非国有食品工业企业的总产值、利税分别达到 8434 亿元和 1458 亿元，占全国工业总产值、利税的 9.8％和 15.3％。食品工业企业就业人数 403.7 万人，占全国工业企业就业总人数的 7.3％。随着人民生活水平的不断提高，食品工业有着广阔的发展空间。我国是食品生产大国和食品消费大国，但还不是食品生产强国，食品工业的国际竞争力不强，一些主要指标与发达国家相比差距很大。我国食品工业产值占农业产值的比值在（0.3—0.4）：1 之间，远远低于发达国家（2—3）：1 的水平；我国粮食、油料、水果、豆类、肉类、蛋类、水产品等产量均居世界第一位，但加工程度低。发达国家农产品产后加工能力都在 70％以上，加工食品约占饮食消费品的 90％，而我国仅为 25％左右。加入世贸组织，为我国食品工业扩大出口，提高世界市场份额提供了有利的条件。无论从国内市场，还是从国际市场来看，我国食品工业都面临着难得的机遇，同时，也面临着严峻的挑战。

当前影响我国食品工业发展的最大问题，是食品质量特别是食品安全问题。民以食为天。食品安全关乎每个消费者的健康乃至生命安全，是一件天大的事情，容不得半点马虎。我国长期处于食品匮乏的短缺经济状态，解决温饱问题一直是我们的主要矛盾，食品质量问题没有引起足够的重视。近年来，由于种种原因，食品市场秩序混乱，

---

① 本文为在"中国食品安全行动暨中国食品名牌发展论坛"上发言的主要内容。

假冒伪劣横行，毒大米、注水肉等有害食品严重危害人民生命健康的事件屡屡见诸新闻报道，人们几乎到了谈食色变、吃什么都不放心的地步，也严重制约了食品工业和食品企业的发展。我国食品出口受阻，既有西方发达国家格外重视食品安全，食品标准定得高、查得严，形成技术贸易壁垒这方面的原因。同时也不可否认，与我国食品质量低、食品安全不能达标有很大关系。可以说，食品质量问题特别是食品安全问题，已经成为影响我国从食品大国向食品强国转变的一大关键。我国食品工业能否抓住机遇，迎接挑战，加快发展，提高食品质量特别是解决食品安全问题，已经成为当务之急。这个问题，已引起了有关方面的高度重视。国家计委等部门发布了《食品工业"十五"发展规划》，把食品安全问题作为一项非常重要的内容。去年以来，国家经贸委会同有关部门专门实施以"开辟绿色通道、培育绿色市场、提倡绿色消费"的"三绿工程"。农业部也于近期发出了"农业食品生产安全的指导意见"。国家把食品安全作为整顿和规范市场经济秩序的重中之重，开展了专项整治。现在，食品市场秩序混乱的情况有所好转，但问题仍很严重。要从根本上扭转食品安全状况不佳的局面，打消消费者的顾虑，增强消费信心，需要各个方面特别是食品企业做出艰苦努力，重塑让国内外消费者信得过的良好形象，这是与食品工业和食品企业生死攸关的头等大事。

首先，要把食品安全当作企业的生命。食品企业的产品是特殊商品。食品企业要以对消费者负责的高度使命感，牢固树立质量第一、安全至上的观念，树立企业诚实守信、值得信赖的良好形象。坚决反对坑骗欺诈，损害消费者利益，视消费者健康和生命安全为儿戏的行为。

其次，要大力推动技术进步。我国食品质量之所以普遍不高，安全问题突出，与我国食品生产企业生产设备落后有很大关系。要积极推动食品企业技术进步，加快产品更新改造步伐，用先进的装备、工艺和技术保障食品生产过程的卫生安全要求。食品机械工业要积极研发食品自动化生产设备，尽快缩短与发达国家的差距，为食品工业发展提供先进适用的装备。

第三，要建立严格的质量管理体系。食品质量要过得硬，管理必须要严格、科学，要一丝不苟，从严治企。企业要建立健全质量管理制度，加强食品生产全过程的质量控制、检测和监督，严格按照标准生产，把好影响食品安全的每一个关口。

第四，要搞好食品市场体系和物流配送体系建设。食品具有时效性强的特点，有实力的食品企业要搞好产运销等市场体系建设，缩短从生产到消费的时间和路径。要搞好物流配送体系的建设，用现代流通带动和发展食品工业。牛奶行业的一些企业在这方面的成功实践，应当总结和推广。

第五，严格市场准入，维护食品市场秩序。一方面政府有关部门需要加强食品市场管理，严格食品生产企业的市场准入，打击种种违法犯罪活动，整顿和规范食品市场秩序。另一方面，食品企业要善于运用法律武器，增强自我保护意识，维护企业的正当权益，同种种侵犯企业商标商誉的违法犯罪行为作坚决的斗争。

第六，加快培育大公司和企业集团。提高产业集中度，培育具有自主知识产权、核心竞争力强的龙头企业，是提高我国食品质量，解决食品安全问题，加快食品工业发展的重要措施。我国食品行业还缺乏美国可口可乐公司这样的大企业，这与我国食品大国的地位是不相称的。当前和今后一个时期，食品企业应当通过兼并联合和自我发展，尽快形成若干在国内外市场站得住、叫得响、信得过的大企业和知名品牌，从根本上树立起国内外消费者对我国食品的信心，提高我国食品在国内外市场上的占有率。

努力打造国内知名品牌 ①

（2002 年 6 月）

品牌特别是知名品牌不仅是产品的标志和企业的形象，也是一个国家在国际市场上的经济名片。当今世界，经济全球化的重要标志和推动力之一，是跨国公司、明星企业在全球范围内的角逐，而代表这些企业在市场上进行激烈竞争的是那些几乎人人耳熟能详的著名品牌。加入世界贸易组织，意味着我国将在更大范围、更广领域、更高层次上参与国际经济合作和竞争。能否与国际强手对话，关键在于我们要拥有自己具有国际竞争力的企业和知名品牌。与我国目前的经济总量在全球所占的分量相比，我国企业和品牌所处的地位很不相称。虽然经过多年努力，我国企业和品牌有了很大发展，形成了一批优势企业和知名品牌，但差距仍然相当巨大。与沃尔玛、通用这些"巨无霸"相比，我国企业难以望其项背。我国的品牌也无法与可口可乐等国际著名品牌相抗衡。在 1996 年世界权威机构评出的 364 个国际著名品牌中，竟然没有一个中国品牌。值得注意的是，国际战略投资者通过多种形式进入一国市场，往往以技术、规模、资金和营销网络等优势压制乃至消灭东道国国产品牌，并高筑进入壁垒，阻止当地潜在进入者，以达到抢占市场的目的。这种情况，在许多国家所在多有，在我国也不乏其例。随着经济全球化进程的加快，跨国并购已成为国际直接投资的主要形式。入世后如何有效地保护和发展自己，对"红塔"等一批已经形成的国产知名品牌，无疑是一场严峻的考验；如何加快培育和壮大国产知名品牌，在日趋激烈的国际竞争中做到冲不垮、顶得住、

---

① 本文为在"红塔品牌文化研讨会"上书面发言的主要内容。

打出去，这副重担也历史地落在了"红塔"、"海尔"等中国最有价值品牌的肩上。

"红塔"已连续 7 年雄踞中国最有价值品牌之首，这是红塔人努力奋斗和各方支持的结果。在新形势下，"红塔"要充分发挥品牌优势，巩固和发扬已有成绩，再创新的辉煌，成为中国的国际知名品牌。我认为可以按照"强本固基、同业兼并、纵向延伸、跨业拓展"的思路，把"红塔"品牌进一步做强做高做大。

"强本固基"，就是要巩固现有阵地，搞好红塔集团的生产经营与管理，加快技术进步，提高产品质量和科技含量，增强核心竞争力。进一步培育和丰富"红塔"品牌文化的内涵，提高企业的凝聚力和品牌的号召力。强化品牌保护意识，善于运用法律武器维护"红塔"的合法权益，主动配合与争取有关部门，同种种危害"红塔"品牌的侵权行为作斗争。

"同业兼并"，就是以并购求主业发展。卷烟生产是"红塔"品牌的立身之本和优势所在，由于总量控制等因素的制约，生产难有大的增加。但是，实行同业兼并，对"红塔"来说，具有广阔的市场空间。目前，我国烟草生产企业多达 155 家，商业企业 2000 多家，卷烟牌号 2000 多个。"红塔山"虽为中国烟草第一品牌，市场集中度只有 2%，而世界第一品牌"万宝路"在美国的市场集中度达 61%。世界三大烟草公司的卷烟产量占世界卷烟总量的比重达 41%，比中国卷烟总量所占份额高近 10 个百分点。中国目前卷烟生产小而散的局面是难以持久的，随着全国统一市场的逐步形成和经济全球化进程的加快，这种局面或迟或早、或主动或被迫地总要发生改变，我国加入世贸组织，必将大大加快这一进程。在可以预见的将来，中国烟草行业不可避免地将上演一幕同业购并的活剧。"红塔"应当充分发挥自己的优势，在这场同业购并中有大的作为，既为自己主业的发展赢得空间，也为提高我国烟草行业的集中度和竞争力作出贡献。

"纵向延伸"，就是向上下游发展关联业务。"红塔"成功地创造了把烟叶种植作为第一车间的成功经验。以卷烟生产为核心，向上下游纵向延伸，成功概率较高，对于烟草企业来说，在生产受到控制的情况下，不仅有利于拓展企业的发展空间，也有利于保证原辅材料的品质，提高卷烟的质量和等级。这里的关键，是处理好社会化与一体化的关系，应从比较成本、比较效益的角度，因时因势因地制宜，寻找出最佳方案。

"跨业拓展"，就是有选择地向非烟产业发展。跨业发展、多元经营是国外大企业通行的战略选择，不少企业做得都很成功。关键取决于企业的研发和经营管理能力。"红塔"在目前企业具有拓展实力、主业发展又受限的情况下，应当把进一步跨业拓展纳入企业的战略思考。这里有几点需要提请注意：一是要严格选择项目。跨业不可太多，跨度不可太大，不能到处出击。做得少才能做得好，做得专才能做得精。不仅新的跨业项目要十分慎重，对原有的跨业项目也要进行清理和适当收缩，力争使跨业形成第二主业。二是少铺新摊子。我国几乎所有行业都已饱和，产能大量过剩。跨业拓展，不管做什么行当，都应力避铺新摊子、上新项目，应当尽可能地利用现有企业，走企业购并之路。这样，可以减少企业投入，实现低成本扩张；也可以利用原有企业的人才、市场等资源，减少现有生产能力的闲置和浪费，盘活存量资源，对社会来说也是一种节约。尤其要选择收购已具一定实力、发展潜力大的企业和产品，依托原有企业的研发、管理力量和市场网络，提高跨业发展的起点。三是方式要多样。可以资本介入，实行合资收购或控股、参股等；也可以特许加盟，有偿使用"红塔"品牌；还可以实行管理输出等。

最后，还想强调一点，这几个方面都应该紧紧围绕做强做高做大"红塔"品牌来进行，不管是同业兼并，还是发展关联业务和跨业经营，都应该充分利用"红塔"品牌，形成"红塔"品牌系列，使"红塔"各种产品互为依托，互相倚重，提高"红塔"知名度，使之逐步成为享誉国内外市场的国产知名品牌。

树立企业良好形象　打造国内知名品牌 [①]

（2002 年 6 月）

加入世界贸易组织，意味着我国将在更大范围、更广领域、更高层次上参与国际经济合作和竞争。能否与国际强手对话，关键在于我们要拥有自己具有国际竞争力的企业和知名品牌。与我国目前的经济总量在全球所占的分量相比，我国企业和品牌所处的地位很不相称。虽然经过多年努力，我国企业和品牌有了很大发展，形成了一批优势企业和知名品牌，但差距仍然相当巨大。与沃尔玛、通用这些"巨无霸"相比，我国企业难以望其项背。我国的品牌也无法与可口可乐等国际著名品牌相抗衡。在 1996 年世界权威机构评出的 364 个国际著名品牌中，竟然没有一个中国品牌。当前，提高产业集中度，培育具有自主知识产权、核心竞争力强的龙头企业，是提高我国经济竞争力，应对进入 WTO 挑战的十分紧迫的任务。利用 CI（企业形象识别系统），塑造我国企业良好形象，打造国内知名品牌，是培育我国知名企业的最有效途径，这是国际经验也是我国一大批企业的成功经验。

CI 进入中国已经多年，取得了很大成绩，红塔、长虹、海尔、联想、康佳、格力、金利来等知名企业的成长都无不与引进 CI 有关。更有一大批国有企业如邯钢、国航、中国电信、嘉陵等，利用 CI 重塑企业形象，创造了新的辉煌。但是，CI 在中国的应用还远没有达到普及的程度，不少企业对 CI 甚至还带有偏见。这说明 CI 在我国的普及推广还有大量的工作要做，同时也为 CI 在中国的应用提供了广阔的市场

[①] 本文为在中国 CI 国际化论坛暨第五届中国（国际）企业 CI 与品牌战略高层研讨会上发言的主要内容。

空间。如何建立"中国型 CI",我认为应从以下几方面作出努力。

一是要加大宣传力度,让更多的企业导入 CI,重视 CI。要综合利用设计界、新闻界和有关社会组织的力量,加大对 CI 基础知识的宣传,尤其要认真总结企业利用 CI 的成功范例,发挥这些成功例子的示范效应,使更多的企业自觉接受 CI、导入 CI。

二是要由浅入深地把 CI 变成企业的理念和行为。一个 CI 在企业的成功应用,既要符合 CI 理论的一般要求,更要符合企业实际;切忌追求形式、千篇一律地搞一个模式,摆花架子,步入表象化、形式化的 CI 误区。要讲究理论与实际的结合,讲求实用,在企业决胜市场中真正发挥作用。从内容上,我认为要重点把握四个方面。首先要研究企业发展战略。要从企业产品开发创新、产品市场定位、产品生产质量保证,到企业组织结构设计、企业生产经营机制,以及企业文化建设等方面,对企业进行全面设计。其次,要着力打造企业的信誉形象。要形成企业的良好商誉。第三,要树立良好的质量形象。除了产品自身品质达标外,还要着重构建良好的产品售后服务体系。第四,要树立企业文化的良好形象。要构造企业的形象标识、品牌标识等,打造企业精神,增强企业凝聚力和向心力。要把 CI 策划贯穿于企业的经营理念和日常生产经营活动之中,成为企业自觉的行动。

三是要借鉴国外经验,立足我国实际,创造"中国型 CI"。CI 最先由美国发明,其他国家的企业要导入 CI,必须与当地实际相结合才能发挥作用,这是世界一些著名企业利用 CI 的基本经验。所以,现在有"欧美型 CI"和"日本型 CI"。我国也应当借鉴国外经验,要积极创造"中国型 CI",要将 CI 理论与中国传统文化、企业经营理念结合起来,创造具有中国特色的企业形象,打造中国品牌,提高企业竞争力。

四是中国 CI 自身要走产业化、专业化的路子。以 CI 策划为代表的中介服务业在中国具有广阔的发展空间和巨大的市场,我国加入世界贸易组织以后,世界著名中介机构看好中国市场,按照我国加入世贸组织的承诺,中介行业的对外开放无过渡期。随着国际著名 CI 策划机构的大举进入,国内 CI 策划机构将面对非常激烈的竞争环境。要规范行为，提高从业人员素质，加强行业自律，维护好自身形象，用良好的服务水平和业务能力赢得用户，赢得市场，在与国际著名咨询公司竞争中经受磨炼，努力发展壮大，为中国咨询业的发展作出贡献。

抓住机遇，顺势而为，
加快我国制造业发展步伐^①

（2002 年 7 月 27 日）

一、制造业在我国现代化建设中具有
极为重要的地位与作用

制造业是国民经济和社会发展的物质基础，是国家科技水平和综合实力的重要标志和集中体现。制造业发展对一国经济的整体发展具有十分重要的意义和作用。新中国成立 50 多年特别是改革开放 20 多年来，经过持续不懈的艰苦努力，我国制造业不断发展壮大，形成了较为完整的具有相当规模和一定水平的制造业体系。目前，我国制造业的工业增加值已居世界第四位。制造业在我国经济社会发展中的重要地位与作用，突出表现在三个方面：

首先，制造业作为我国的产业主体，对整个经济发展的影响巨大。2000 年，我国制造业的增加值为 30291 亿元，占 GDP 的 33.9%；提供的税收收入为 3987 亿元，占全国税收收入的 37.2%；制造业产品的出口，占全国出口总额的 90%。制造业的发展速度，在很大程度上决定着我国 GDP 的增长速度。

其次，制造业是整个产业结构调整和优化升级的主要推动力。制造业特别是装备制造业不仅产业链条长、影响系数大、技术含量高，还承担着为国民经济各个部门提供先进技术和装备的任务。我国目前

---

① 本文为在"'世界工厂'与中国经济展望"论坛上演讲的主要内容。

正处于工业化过程中期阶段，面临工业化和现代化的双重任务，必须搞好产业结构的调整和优化升级。制造业是产业结构调整和优化升级的基础和主体，只有加快制造业特别是装备制造业的发展，提高制造水平，才能带动和促进整个经济的发展和素质的提高。

第三，发展制造业对扩大就业具有根本性的影响。2000年我国制造业从业人员为8043万人，占全国从业人员的11.3%，占全国工业从业人员的90%以上。随着农业现代化和城镇化的推进，大批农村劳动力需要转移，其中相当大部分要转向城市转向二三产业。改革开放以来，我国乡镇企业已经吸纳了几千万农村剩余劳动力。制造业今后仍然是吸纳城乡劳动就业的重要领域。

二、我国制造业正面临加快发展的大好机遇

经过20多年的改革开放，我国经济实力大大增强，市场供求格局发生重大变化，各类产品由供不应求变为相对充裕，由卖方市场变为买方市场。我国产业面临结构调整优化和改造升级的繁重任务，这为制造业的大发展提出了更高的要求提供了广阔的市场。与此同时，随着科学技术的巨大进步和经济全球化的发展，全球范围的产业结构调整正在加速进行，国际产业分工正在"重新洗牌"。特别是世界制造业出现了全球化、信息化、绿色化和服务化的发展趋势，发达国家的一些制造业加快向发展中国家转移。我国是最大的发展中国家，拥有世界上最丰富的劳动力资源和最广阔的国内市场，拥有较为完备的制造业和工业发展基础，许多发达国家和跨国公司看好中国市场，也看到我国制造业劳动力成本低廉并具有一定技能素质的优势，纷纷将一部分制造业转移到我国，这对我国是一次极好的历史机遇。但是我们也要看到，目前发达国家和地区转移到我国来的大都是来料加工和组装装配，加工深度不高，真正技术含量高的高端产品转过来的并不多。我们承接的基本上是国际分工中的劳动密集部分。我国制造业虽已名列世界第四，但总体规模仅相当于美国的五分之一，日本的四分之一。我们能否抓住当前难得的机遇，大力吸引国际工业资本进入我国，积

极承接发达国家转移过来的制造业，大大提升我国制造业在世界制造业中的地位，还需要付出极大的努力。

三、抓住机遇，顺势而为，加快我国制造业发展

顺应当前经济全球化、国际产业分工"重新洗牌"和我国产业结构优化升级的发展趋势，抓住当前难得的历史发展机遇，加快发展我国的制造业，使我国真正成为世界工厂，需要在深化体制改革，改善市场环境，提高企业和职工素质等许多方面作出艰苦的努力。当前特别需要注意做好以下几个方面工作。

一是在全球产业结构大调整中找准自己的定位。关键是要正确估计我国制造业在世界制造业中的实际地位，充分认清我们与发达国家的差距，坚持有所为、有所不为的发展方针，在重要产业、产品和技术的发展方面，在资金、人才和物力的使用方面，作出科学合理的取舍。只有这样，我们才能真正形成自己的优势，缩短与发达国家的差距。

二是立足于用高新技术产业改造传统产业，用信息化带动工业化。我国的制造业主要是传统制造业，关键生产技术落后，技术装备水平低。改变这种状况，必须在努力发展高技术产业和新兴产业的同时，坚持自主创新与引进相结合，加快用高新技术和先进适用技术改造传统产业的步伐，特别是要用现代信息技术武装制造业，全面提高我国制造业和整个工业的技术水平。国外许多企业的经验表明，最有希望获得成功的，既不是单纯的高技术产业，也不是单纯的传统产业，而是把这两方面有机结合起来的产业。哪个国家哪个企业在这方面下的力量最大，做得最好，哪个国家哪个企业就最有竞争力。

三是注意充分发挥我们的比较优势。我国人口众多、劳动力丰富的国情，决定了我们必须继续大力发展劳动密集型制造业。这不仅是为了解决就业问题，也是为了充分发挥我国劳动力成本低并具有一定技能素质的比较优势。与此同时，我们还要注意两点：一是要大力推动劳动密集型产业的技术改造和技术创新，把劳动密集型产业的发展

建立在技术进步的基础上。二是根据不同地区、不同行业和不同企业的情况，在有优势的领域集中力量有重点有选择地发展技术密集型和资本密集型的产业和企业，使我国整体的比较优势和局部的比较优势，都能够得到充分发挥和发展。

四是深化企业组织结构调整，努力形成大中小企业协调发展的格局。大公司大集团是参与国际竞争的骨干和中坚，其作用在制造业的国际分工合作与竞争中尤为突出。我们必须加快培育大公司大集团的步伐。坚持以市场为导向，在自愿的基础上形成和发展一批拥有著名品牌和自主知识产权、主业突出、核心能力强和具有国际竞争力的大公司大集团，力争在不远的将来有若干家企业进入世界制造业优强企业的行列。特别是要尽快培育一批具有系统设计、系统成套和工程总承包能力的工程公司、大供应商和装备成套集团。另一方面，广大中小企业在我国制造业特别是零配件加工方面的作用不可低估。我们要在培育大公司大集团的同时，大力发展中小企业，促进其向"专、精、特、新"的方向发展，提高他们与大企业的配套能力，加快形成大中小企业合理分工、有机联系、协调发展的格局，充分发挥中国企业的群体优势。

五是进一步提高职工队伍的素质。我国劳动力的成本素质之比，在国际上是有一定优势的。但从总体上说，我国职工队伍的整体素质不高，劳动力技能结构重心偏低，技术工人从数量上看并不少，但初级工占了60%，高级技工只占3.5%，与发达国家高级技工占技工总数的40%的比例相差甚远。许多新增劳动力未经任何培训就上岗操作，大量农村剩余劳动力转移出来从事二三产业，也大都未经培训。一线工人技术水平低，是导致我国企业产品质量不高、安全事故频发的重要原因。这种状况，远远不能适应新形势的要求。必须加强职业教育和职业培训，通过学校培养、岗位培训、师傅带徒等多种形式，努力提高我国职工队伍的职业技能和整体素质，特别是加快培养适合承接发达国家制造业向中国转移要求的一批技术精湛、技能高超的技师、高级技师和复合型技术工人。

六是深化企业改革和工业管理体制改革。要按照建立现代企业制度的要求，深化国有企业改革，加快公司制改造步伐。要改变传统的工业经济管理方式，打破不适应制造业规模化、自动化发展的各种束缚，建立适应市场经济发展需要、特别是符合 WTO 规则的新型工业管理体制。要创造良好的市场环境，消除资本、技术、人才和劳动力自由流动的体制性障碍，促进各种生产要素的合理流动和优化配置。

信用是企业文化的集中体现
和最大的竞争力 ①

（2002 年 12 月 1 日）

　　信用，是企业的无形品牌和无形资产，是企业文化的集中体现和最大的竞争力。我认为，在我国目前企业信用严重缺失，国家、企业和消费者深受其害的情况下，在美国这样最发达的市场经济国家接连爆发"安然"、"世通"等信用丑闻的情况下，这样来认识信用问题，显得尤为必要。据 IBM 咨询公司对世界 500 强企业的调查，这些企业的技术创新、体制创新和管理创新都根植于其优秀而独特的企业文化。而 500 强的企业文化的共同特点是诚信为本、以人为本、服务社会。国内最近进行的中国企业家调查系统在全国范围内组织的第九次全国企业经营者问卷调查也表明，大多数企业经营者已经认识到企业信用的重要性，在商务活动中开始重视信用管理，认为"诚实守信"是企业经营者最重要的职业道德素质，认为企业家的品格、制度环境和企业文化对企业信用有着重要的影响。诺贝尔经济学奖得主诺思说过一段话："自由市场经济制度本身并不能保证效率，一个有效率的自由市场制度，除了需要有效的产权和法律制度相配合之外，还需要在诚实、正直、公正、正义等方面有良好道德的人去操作这个市场。"市场经济是信用经济，企业要在激烈的市场竞争中取得成功必须建立信用文化，这是世界 500 强和国内许多优强企业成功的关键。

　　我国古代就有讲信用、重然诺的优良传统。货真价实、童叟无欺、

---

① 本文为在首届（2002）中国企业文化年会开幕时发言的主要内容。

292

一诺千金、人无信不立等诚信格言，千古传诵，是古人先贤经商、处世、为政、治学必须遵循的重要道德规范。山西商号、北京同仁堂等一批企业百年不衰，靠的就是"诚信为本"。可以说，诚信是中华民族优秀传统文化基因，是华夏文明最珍贵的文化遗产之一。

现代信用与古代信用，既有内在联系，也有质的区别。古代信用主要表现为行为主体的道德修养和信念，更多属于主观的自律性的软约束。现代信用则更多地表现为客观的、他律的、强制的，是对行为主体践约能力的评价，既是软约束，更是硬约束。在现代市场经济条件下，信用采取了最广泛、最基本、最普遍的制度化形式，成为企业生存发展之本，信用好坏成为企业竞争力强弱的重要标志。

然而，遗憾的是，目前我国企业对信用问题缺乏应有的重视，信用缺失成为较为普遍存在的突出问题。制售假冒伪劣产品屡禁不止，偷税、漏税、走私、骗税猖獗，合同违约、商业欺诈、欠债不还、三角债、多角债、逃废银行债务、财务失真、做假账现象相当普遍。财政部公布的会计信息质量抽查公告显示，在抽查的157家企业中，有155家有虚报利润现象。证券市场上相继出现的"郑百文"、"猴王"等造假事件，严重失信于股民。另据工商部门不完全统计，目前我国每年订立的合同有40亿份左右，合同标的140万亿元，平均合同履约率只有50%左右，企业应收账款占流动资金的比例一般都在30%以上。由于信用缺失，企业间合同纠纷不断，最近的企业经营者调查问卷显示，91.4%的企业存在着合同纠纷，20%的企业的合同纠纷在5起以上，严重影响企业的正常生产经营活动。

企业信用缺失带来的后果是相当严重的。它不仅严重破坏市场经济秩序，恶化投资和消费环境，对企业的正常生产经营和发展也带来了直接的损害，削弱了企业的国际竞争力，成为制约我国企业走向世界和我国经济健康发展的严重障碍。

造成企业信用缺失的原因是多方面的。从外部环境来看，一是体制障碍。我国经济体制处于新旧交替时期，政府对市场经济条件下弥补市场失灵的调控机制还没有形成，条块分割、地方保护主义严重，使一些企业的失信行为得到保护。二是执法不严。对违法犯罪惩处力度不够，使企业失信赖账等行为得不到应有的惩处和打击。三是信用体系建设滞后。从企业自身来看：一是我国国有企业改革不到位，所有者维权意识不强；二是法制观念淡薄，道德水准不高；三是短期行为严重；四是部分企业金钱至上，见利忘义，违法犯罪。

在加入世贸组织、企业日益走上国际市场的新形势下，我国企业既面临难得的机遇，也面临着严峻的挑战。要抓住机遇战胜挑战，必须高度重视信用问题。企业信用不但是企业文化的核心内容，也是企业求生存谋发展的关键因素。当前，加强企业信用建设，提高企业信用水平具有特殊的重要性和紧迫性。

首先，这是促进我国社会主义市场经济健康发展的迫切需要。诚信是市场经济的黄金规则。企业只有讲诚信才可能有品牌形象的树立，才可能获得持续发展。信用是资本，是财富，也是竞争力。一个企业，缺少资金可以借贷，而缺少信用，最终将会失去一切。不讲信用，可能得利于一时，但最终要吃大亏。在经济全球化的背景下，一个地区、一个国家其实也是一个市场主体。信用不仅决定着企业的兴衰成败，甚至决定着一个国家、一个地区的竞争力和可持续发展。

其次，这是我国应对加入 WTO 挑战的根本对策。入世后，我们要做的应对工作很多，而最为根本的一项工作是加强信用建设。没有信用的企业和市场，是无法与国际接轨的。我国入世对其他成员最重要的承诺有两项，一是遵守规则，二是开放市场。今后，我国企业在WTO 的平台上与国际贸易伙伴和竞争对手开展合作和竞争，谁违背了游戏规则，谁就会失去朋友，谁就可能引发贸易争端，受到规则的惩罚，甚至被淘汰出局。

第三，这是企业不断发展壮大的基本条件。我国无数企业成功与失败的例子，都向我们揭示了建立"诚信"的企业文化对一个企业良性发展的极端重要性，它是企业生存发展必备的基本条件，也是企业建立现代化企业管理制度的重要内容。

加强企业信用建设必须内外兼修、标本兼治。从企业自身来说，要做的事情很多。首先是要提高认识，树立诚信观念、规则意识。把诚实守信看作是企业精神第一要义，要使诚实守信渗透到企业经营的各个环节，树立信用至上的良好职业道德。其次是要把信用作为企业文化和竞争力核心内容来精心培育。国内外许多著名企业的成功实践证明，做久促进了做大和做强，而做强、做大又反过来使企业做得更久，形成良性循环。我国企业要在国际国内市场经济竞争中占据优势，必须注意培育和形成信用文化，逐步形成企业特有的以信用为核心的品牌文化，不断提高企业的整体素质和在市场中的竞争力。第三是要重视和加强企业法律顾问在企业信用文化建设中的作用。在企业经营的各个环节加强法律管理，重合同、守信用，依法履行义务，依法维护企业的正当权益。

同时，要加强社会信用体系建设，改善企业的外部环境。（1）加快信用立法进程。制定法律法规，规范信用征信、信用评级、信用信息使用与管理，正确区分政府信用信息密与非密、企业信用信息中公开信息与商业秘密、个人信用信息中公开信息与个人隐私的界限，依法向社会，特别是信用中介机构公开披露信用信息，使可以公开公用的信用信息最大限度地为社会所用，同时对政府的国家秘密、企业的商业秘密和公民的个人隐私施以有效的保护。（2）加快建立征信体系。推动部门、地区之间各种信用信息的联合采集和信用信息网络的互联互通，做到信用信息资源共享，减少重复建设，提高信用信息的利用率，加快信用市场主体的培育，建立权威的评级机构。要在借鉴国际经验的基础上，结合我国具体国情，尽快形成若干符合现代企业制度要求的权威性的信用评级公司。改善信用产品的市场环境，加快信用产品市场化的步伐。努力提高信用产品的质量，增加信用产品的品种，开发和拓宽信用产品的市场需求。（3）加大执法力度，公正执法。建立对失信者的惩戒机制。对于市场上各类主体来讲，道德的约束是必要的，但是对于那些见利忘义的不法之徒，仅靠道德约束是远远不够的。必须把德治与法治结合起来，把软约束与硬约束结合起来，加大对失信行为的惩治力度，大幅度提高失信的社会成本与经济成本，让失信者付出沉痛的代价。这样，才能使每个市场主体讲信用、重操守，提高整个国家整个民族的信用水准。

国有企业改革取得重要进展 ①

（2003 年 3 月）

　　国有企业改革是整个经济体制改革的中心环节。根据党的十五大和十五届一中全会的要求，1998 年新一届中央政府组成之后，即把国有企业改革与脱困作为本届政府最重要的任期目标之一，攻坚克难，敢于碰硬，采取切实有效措施，打了一场深化国有企业改革的攻坚战。在如期实现国有企业三年改革与脱困目标的基础上，继续乘势而进，巩固和扩大改革与脱困的成果，国有企业改革取得了新的进展。对此朱镕基同志在《政府工作报告》中以十分简洁的语言，作了全面概括和阐述。回顾五年来国有企业改革走过的历程和取得的重要进展，对于我们坚定搞好国有企业的信心，进一步深化国有企业改革具有重要意义。

一、国有企业三年改革与脱困目标基本实现

　　本届政府成立之初，国有企业改革与发展正处于攻坚阶段和关键时期。由于受传统计划经济体制、历史形成的人多债多社会负担重、多年以来的重复建设和市场环境急剧变化等因素的影响，相当一部分国有企业生产经营艰难，陷入困境。针对这一严峻形势，1997 年底党的十五大和十五届一中全会提出：用三年左右的时间，通过改革、改组、改造和加强管理，使大多数国有大中型亏损企业摆脱困

---

　　① 本文原载《十届全国人大一次会议〈政府工作报告〉辅导读本》，人民出版社、中国言实出版社，2003 年 3 月第 1 版。

境，力争到 2000 年底大多数国有大中型骨干企业初步建立现代企业制度。党的十五届四中全会强调，要尽最大努力实现这一目标。九届全国人大一次、二次和三次会议都对实现三年目标提出了明确要求。围绕国有企业改革与脱困，国家采取了兼并破产、债权转股权、技术改造贷款贴息等一系列政策措施，对国有经济布局和国有企业进行战略性调整和改组，应该淘汰的淘汰，能够救活的救活，需要做大的做大，必须提高的提高。各地区、各部门和广大企业认真落实中央的各项方针和政策措施，经过艰苦努力，基本实现了国有企业改革与脱困的三年目标。

大多数国有大中型亏损企业摆脱困境的主要标志：一是国有及国有控股工业企业实现利润大幅度增长，2000 年达到 2408 亿元，比 1997 年的 806.5 亿元增长 1.99 倍，创历史最高水平。二是大多数行业实现整体扭亏或继续增盈，在重点监测的 14 个行业中，整体亏损的行业由 1997 年的 4 个减少到 2000 年的 2 个。三是 31 个省、自治区、直辖市由 1997 年的 12 个省区市整体亏损转为全部实现整体盈利。四是 1997 年亏损的 6599 户国有及国有控股大中型企业，通过多种形式，到 2000 年底，减少了 4799 户，占 72.72%。在减少的这些亏损企业中，有的实现了扭亏为盈，有的通过关闭破产退出了市场，有的被兼并或进行了改制。大多数国有大中型骨干企业初步建立现代企业制度的目标也基本实现。列入 520 户国家重点企业的 514 户国有及国有控股企业中，2000 年底有 430 户进行了公司制改革，占 83.7%。其中 282 户企业整体或部分改制为有限责任公司或股份有限公司，实现了投资主体多元化。改制企业初步建立起了现代企业制度的框架，基本形成了公司法人治理结构，在实现政企分开、转换经营机制、加强科学管理等方面，迈出了重要步伐。

国有企业三年改革与脱困目标的基本实现，不仅大大改善了企业的生产经营状况，提高了经济效益，更重要的是为新世纪推进国有企业改革与发展积累了经验，探索了路子，奠定了基础。

二、国有经济整体实力和控制力明显增强

在社会主义市场经济条件下，如何实现国有经济与其他所有制经济的共同发展，如何在国民经济中更好地发挥国有经济的主导作用，是我们面临的一个重要课题。五年来，我们坚持有进有退、有所为有所不为，大力推进国有经济战略性结构调整，优化国有经济布局，使国有经济分布过宽、整体素质不高、资源配置不尽合理的状况有所改善，整体实力和控制力得到增强，国有经济的数量、质量和经济效益进一步提高，主导作用得到了更好的发挥。

国有经济总体实力显著增强。近几年，国有经济在改革调整中不断发展壮大，资产总量和所有者权益有较大增长。2001 年全国国有企业资产总计为 154584 亿元，比 1997 年的 124975 亿元增长 23.7%；所有者权益 56116 亿元，比 1997 年的 46164 亿元增长 21.5%。

国有经济整体素质明显提高。国有及国有控股工业企业户数虽然从 1998 年的 64737 户减少到 2001 年的 46767 户，但经营状况明显改善，盈利能力大幅提高。国有及国有控股工业企业盈亏相抵后实现利润占全部工业企业实现利润的比重，从 1998 年的 36% 提高到 2001 年的 50%。

国有经济控制力大大增强。2001 年底，我国境内国有控股上市公司 903 家，其控制和带动的社会资本约 6300 亿元；境外国有控股 H 股公司 52 家，加上国有控股红筹股公司，其控制和带动境外资本约 380 亿美元。不少国有骨干企业还依靠自身资本和技术优势，通过合资、合作等参股形式，支配和引导了一大批社会企业或社会资产。国有经济在关系国民经济命脉的重要行业和关键领域中一直占有支配地位。2001 年，国有经济在国防、金融、邮电、航空航天、铁路等关键部门中的比重在 95% 以上，在电力、石油、石化、冶金等基础行业中的比重在 85% 以上。在资金和技术密集型的一些竞争性产业中，国有经济也占据主导地位。2001 年国有经济在机械、电子等行业中的比重达 60% 左右。

三、现代企业制度建设取得积极进展

国有企业改革的根本任务是积极探索公有制特别是国有制的多种有效实现形式，实现国有制与市场经济的有机结合。改革的方向和目标是建立现代企业制度，使国有企业真正成为自主经营、自负盈亏的法人实体和市场主体。几年来，按照"产权清晰、权责明确、政企分开、管理科学"的基本要求，我们加快了国有企业建立现代企业制度的步伐，在转换经营机制上狠下功夫，主要在以下几个方面取得了进展。

一是推进政企分开。通过改革政府机构，转变政府职能，取消企业行政隶属关系，从管理体制上解决政企不分的问题。五年来，政府机构进行了重大改革和调整，国务院部委由 40 个减少到 29 个，将 200 多项原有国务院各部门承担的职能转交给企业、中介组织。6408 户军队、武警、政法机关所办的经营性企业和 297 户军队保障性企业移交地方，军队、武警、政法机关不再从事经商活动。530 个中央党政机关所办经济实体和管理的直属企业与其脱钩，党政机关不再直接管理企业。这为建立现代企业制度创造了良好的外部环境。

二是积极探索国有资产管理有效方式。推进现代企业制度建设，必然要求建立有效的国有资产管理体制。几年来，我们按照国家所有、分级管理、授权经营、分工监督的原则，在建立国有资产管理、监督、营运体系和机制，建立与健全严格的责任制度等方面进行了积极探索。国务院批准 27 户中央直接管理的基础较好的国有大型企业和企业集团作为国家授权投资机构。允许和鼓励地方进行建立国有资产管理体制和机制的试点，上海、深圳、武汉等地积极探索建立国有资产管理、监督和运营体系，取得了一些经验。1998 年国务院决定，向一批国有重点企业派出稽察特派员，加强对企业的财务监督，取得了初步效果。根据修改后的《公司法》，2000 年 3 月国务院发布《国有企业监事会暂行条例》，稽察特派员制度过渡到外派监事会制度，从体制上、机制上加强对国有企业的稽查和监管，维护了国有资产所有者权益。

三是大力实施规范的公司制改革。公司制是现代企业制度的一种有效组织形式。通过鼓励国有大中型企业规范上市、中外合资和相互参股，实行股份制，一大批企业进行了公司制改革，实现投资主体多元化，促进了企业经营机制的转换。据国家统计局统计调查，截至2001年底，占全国国有及国有控股企业净资产70%的4371家国有大中型骨干企业中，已有3322家企业实行了公司制改革，改制面达到76%。在已经改制的国有大中型骨干企业中，有限责任公司和股份有限公司占69%，以多元股东为主体的公司制企业格局逐步形成。改制企业都依法设立了股东会、董事会、监事会和经理层，并明确了各自的职责，初步构建了公司法人治理结构。2000年9月，《国有大中型企业建立现代企业制度和加强管理的基本规范（试行）》经国务院同意发布施行，标志着我国企业建立现代企业制度由过去的试点探索，进入比较规范的推广实施阶段。2002年初，中国证监会和国家经贸委共同发布了《上市公司治理准则》，要求加强董事会建设，规范控股股东的行为和上市公司的运作，并组织开展了上市公司建立现代企业制度检查工作。这对上市公司完善治理结构、加快制度建设起到了积极促进作用，并带动了面上企业的规范化改革。

四、国有经济战略性调整步伐加快，涌现出一批优强企业

党的十五大提出，要把国有企业改革同改组、改造和加强管理结合起来，着眼于搞好整个国有经济，对国有企业实施战略性改组。几年来，国有企业实施战略性改组步伐明显加快。

国有企业组织结构明显优化。传统体制下，国有企业组织结构不合理，"小而全"、"大而全"，没有形成专业化生产和合理规模，这是长期影响国有企业竞争力的一个重要原因。这些年来，区别不同情况，有针对性地采取措施，对国有经济布局和国有企业结构进行有进有退的调整。对极少数必须由国家垄断经营的企业，在努力适应市场经济要求的同时，国家给予必要支持，使其更好地发挥应有的功能；对竞争性领域中具有一定实力的企业，通过吸引多方投资加快发

展；对产品有市场但负担过重、经营困难的企业，通过兼并、联合等形式进行资产重组和结构调整，盘活存量资产；对产品没有市场、长期亏损、扭亏无望和资源枯竭的企业，以及浪费资源、技术落后、质量低劣、污染严重的小煤矿、小炼油、小水泥、小玻璃、小火电等，实行破产、关闭。国有企业组织结构明显优化，不合理的状况得到明显改善。列入 520 户国家重点企业的国有及国有控股工业企业，虽然企业数只占全国工业企业总数的 0.3%，但 2001 年其资产总额占全部工业的 59.2%，销售收入占 41.9%，实现利税占 47.6%，实现利润占49.4%。2001 年，跻身世界 500 强的内地国有企业由 1998 年的 5 家增加到 11 家。

培育发展大公司和企业集团是我国企业改革的一项战略举措。党中央、国务院非常重视大公司和企业集团发展问题。五年来，结合行业性结构调整，通过兼并、联合、重组，按照现代企业制度的要求，探索建立以资本为纽带的母子公司体制，培育了一批具有一定竞争力的具有战略意义的大公司和大企业集团。经国务院批准，在原中国石油化工总公司、中国石油天然气总公司的基础上，1998 年重组的中国石油化工集团公司和中国石油天然气集团公司，资产总额都在 4000 亿元以上，实现了上下游、内外贸和产供销一体化，大大提高了我国石油石化工业的集约化程度和国际竞争能力。以宝钢为主体的上海钢铁企业联合重组，本着"做高"、"做强"的原则，为发展成为我国冶金行业的精品基地奠定了基础。1999 年组建了军工十大集团。2000 年，组建中国电信、中国移动通信、中国联合通信、中国卫星通信四大企业集团。2002 年，改革黄金管理体制，组建中国黄金集团公司；对航空运输企业和民航服务保障企业进行联合重组，组建六大集团；电力行业实行厂网分开，重组发电和电网企业，成立了两家电网公司、5家发电集团公司和 4 家电力辅业集团公司。同时加快了大型企业重组上市的步伐。中国移动、中石油、中石化、中海油、中国联通等企业到境外资本市场上市，筹集了资金，引进了新的管理机制，增强了企业的国际竞争力。

五、国有中小企业进一步放开搞活

党的十五大明确提出要采取改组、联合、兼并、租赁、承包经营、股份合作制和出售等形式，放开搞活国有小型企业。十五届四中全会进一步提出，放开搞活国有中小企业。近年来，各地从实际出发，大胆探索，稳步推进，因地制宜，因企施策，采取多种形式，放开搞活国有中小企业。大力提倡与推动大公司大集团与中小企业之间建立比较稳定的协作配套关系，鼓励中小企业向"专、精、特、新"方向发展，形成与大公司大集团分工协作、专业互补的关联产业群体。到2002年底，全国国有小型工业企业的改制面已达86%。通过改制，一大批企业寻找到适合自身发展的具体形式，促进了经营机制的转换，增强了市场竞争力。在坚持多种形式放开搞活国有中小企业的同时，针对部分地区改制中出现的一些倾向性问题，有关部门及时出台了《关于制止出售国有小型企业成风有关问题的通知》、《关于出售国有小型企业中若干问题意见的通知》，明确了出售中的关键环节和政策重点，对国有小企业出售起到了重要的规范作用。

为进一步鼓励和促进中小企业发展，国家有关部门制定了《鼓励和促进中小企业发展的若干政策意见》，加快了中小企业信息咨询、技术服务、人才培训等服务体系的建设。通过试点，逐步探索建立具有中国特色的中小企业信用担保体系。据不完全统计，目前全国中小企业信用担保机构已发展到507家，累计担保企业达17897户。顺应市场经济需要，政府对中小企业工作的管理职能实现"三个转变"，即从微观经济管理转为宏观经济管理、从直接管理转为间接管理、从单纯面向国有企业转为面向城乡各类所有制企业，中小企业服务体系建设试点工作积极推进。中小企业科技创新工作不断加强，建成了一批生产力促进中心、高科技企业"孵化器"、大学科技园、留学生创业园，为中小企业科技创新与科技成果转化提供了有力支撑和载体。2002年6月，《中华人民共和国中小企业促进法》公布，2003年1月1日起实施，为中小企业的发展奠定了法律基础。

六、垄断行业管理体制改革迈出实质性步伐

垄断行业是我国国有经济最集中的领域，长期以来我国垄断行业保持着传统计划经济的色彩，缺乏有效的市场竞争，效率较低。推进垄断行业改革，积极引入市场竞争机制，已经成为深化国有企业改革一个极其重要的方面。近几年，通过采取政企分开、改进政府监管和推进企业重组等措施，我国电力、电信、民航等垄断行业的改革取得了积极进展，行业垄断局面有所改变，初步形成了多家竞争的格局。

（一）电力行业改革。我国电力行业改革的主要内容包括：实施厂网分开，重组发电和电网企业；实行竞价上网，建立电力市场运行规则和政府监管体系，初步建立竞争、开放的区域电力市场，实行新的电价机制；制定发电排放的环境评价标准，形成激励清洁电源发展的新机制等。总体目标是：打破垄断，引入竞争，提高效率，降低成本，健全电价机制，优化资源配置，促进电力发展，推进全国联网，构建政府监管下的政企分开、公平竞争、开放有序、健康发展的电力市场体系。1998 年，撤销电力部，将电力行业行政管理职能转到国家经贸委和国家计委，实现了政企分开。2002 年底，成立国家电力监管委员会，负责对电力企业及电力市场进行监管。改组国家电力公司，新组建（改组）国家电网公司、中国南方电网有限公司、中国华能集团公司、中国大唐集团公司、中国华电集团公司、中国国电集团公司、中国电力投资集团公司、中国电力工程顾问集团公司、中国水电工程顾问集团公司、中国水利水电建设集团公司和中国葛洲坝集团公司等 11 家公司。这标志着电力工业在建立社会主义市场经济体制，加快社会主义现代化建设的宏伟事业中，进入了一个新的发展时期。

（二）通讯（电信）行业改革。我国电信市场过去基本上由中国电信独家垄断。为打破垄断，引入竞争，1999 年 2 月，将中国电信拆分为新的中国电信、中国移动和中国卫星通信公司等 3 个公司，并将寻呼业务并入联通公司。此后，为强化竞争，政府又给网通公司、吉通

公司和铁通公司颁发了电信运营许可证，初步形成了电信市场分层竞争的格局。但由于分层市场上垄断力量依然较强，新运营商并没有给电信业带来有效竞争。2001年12月，国务院正式批准了电信体制改革方案。中国电信既有资源被划分为南、北两个部分，北方部分与网通、吉通重组为中国网络通信集团公司；南方部分则保留"中国电信集团公司"名称，继续拥有"中国电信"的商誉和无形资产。这样，重组后的中国电信业就形成了包括网通、中国电信、中国移动、联通、铁通以及2001年12月19日在京挂牌的中国卫星通信集团在内的"5+1"的市场格局。重组后的两大集团公司不仅拥有中国电信已有的业务经营范围，还可以在对方区域内建设本地电话网和经营本地固定电话等业务，并相互提供平等接入等互惠服务。南北两部分按光纤数和信道容量分别拥有中国电信全国干线传输网70%和30%的产权，以及所属辖区内的全部本地电话网。经过这几年的改革，在电信市场独家垄断的局面被打破之后，长期以来一家公司在某一主要电信业务拥有的市场垄断地位也发生了改变，市场竞争的机制基本形成，这对我国电信业的健康发展将产生深远的影响。

（三）交通（民航）行业改革。民航改革的主要目标是：政企分开，转变职能；资产重组，优化配置；打破垄断，适度竞争；加强监管，保证安全；机场下放，属地管理；提高效益，改善服务。民航总局直属的9家航空公司进行联合重组，实行政企分开，形成3个大型航空集团。以中国国际航空公司为主体，联合中国航空总公司和中国西南航空公司，组建中国航空集团公司；以中国东方航空公司为主体，兼并中国西北航空公司，联合中国云南航空公司，组建中国东方航空集团公司；以中国南方航空集团公司为主体，联合北方航空公司和新疆航空公司，组建中国南方航空集团公司。政府鼓励其他航空公司在自愿的基础上，根据现代企业制度的要求，联合重组为新的航空集团公司，或进入三大航空集团，也可以独立自主发展。民用机场管理体制也进行了改革。除首都机场和西藏自治区内的民用机场仍由民航总局管理外，其他民航总局直接管理的机场下放所在省区市管理，相关资产、负债和人员一并划转。现行的民航三级行政管理，改为民航总局、地区管理局两级管理。民航总局成为国务院进行民用航空行业管理的机构,不再代行国有资产所有者职能。民航服务保障企业组建航油、航材和航信三个公司。这样,民航业政企分开,航空市场多家竞争格局基本形成。

夺取抗击非典斗争重大胜利 ①

（2004 年 3 月）

2003 年春天，我们遭遇了一场非典型肺炎疫情重大灾害。面对这场突如其来的灾害，党中央、国务院始终把人民群众的身体健康和生命安全放在第一位，领导全国人民同非典疫情进行了惊心动魄的斗争，夺取了抗击非典斗争的重大胜利。温家宝同志在《政府工作报告》中，用十分简洁、准确的语言，对这场斗争进行了总结，对各个方面作出的努力特别是医务工作者的突出贡献，给予了高度评价。刚刚经历的这场斗争，人们至今记忆犹新。重温党和政府领导人民抗击非典所走过的非凡历程，对于我们认真学习《政府工作报告》，倍加珍惜过去一年取得的显著成就，巩固和发展来之不易的好形势，对于我们认真总结经验教训，促进经济社会协调发展，全面建设小康社会，具有极为重要的意义。

一、抗击非典的基本情况

非典型肺炎是一种尚未被人类认识的新发传染病，世界卫生组织（WHO）将这种有较强传染性的急性呼吸系统疾病称之为"SARS"（Severe Acute Respiratory Syndrome），即严重急性呼吸综合征。我国首例非典型肺炎病例于 2002 年 11 月发生在广东省佛山市，这是事后追溯发现的。2003 年 2 月中下旬疫情在广东局部地区流行。3 月上

---

① 本文原载《十届全国人大二次会议〈政府工作报告〉辅导读本》，人民出版社、中国言实出版社，2004 年 3 月第 1 版。

旬传入山西、北京，开始在华北地区传播和蔓延，并逐步向全国扩散。到 4 月中下旬，疫情波及到全国 26 个省、自治区、直辖市。广东省和华北地区疫情一度相当严重。除我国内地外，全球有 30 多个国家和地区也陆续发生了非典疫情。非典疫情不仅对人民群众身体健康和生命安全构成严重威胁，也给我国经济和社会发展带来严重冲击。

疫情发生后，党中央、国务院高度重视，及时研究和部署防治非典工作。根据《中华人民共和国传染病防治法》，将非典列为法定传染病管理，如实公布疫情，在全国范围内实行群防群控。成立各级防治非典指挥机构，统一调度物力、人力、财力，充分发挥城乡基层组织的作用，确保预防、救治工作紧张有序进行。组织科研攻关，在诊断、治疗、防疫等方面取得重要进展。对农民非典患者实行免费治疗等措施，严防疫情向农村扩散。迅速制定《突发公共卫生事件应急条例》，进一步把非典防治工作纳入法制化轨道。在抗击非典斗争的最艰难时刻，各级领导干部深入第一线，全国人民万众一心，社会各界同舟共济，广大医务工作者临危不惧，按照"沉着应对、措施果断、依靠科学、有效防治、加强合作、完善机制"的总要求，全力以赴开展防治工作。经过坚持不懈的奋斗，逐步有效地控制了疫情。从 5 月中旬开始，全国日发病人数、日死亡人数大幅下降，治愈出院人数大幅上升，疫情趋于平缓。从 6 月初开始，全国日发病人数达到零报告或个位数报告。6 月 24 日，世界卫生组织宣布解除对我国内地最后一个省份北京市的旅游限制，并从疫区名单中删除。以此为标志，全国抗击非典取得阶段性的重大胜利。这是党中央、国务院贯彻"三个代表"重要思想，果断决策、坚强领导的结果；是各地区、各部门密切配合、军民团结、共同奋斗的结果；是广大医护人员和科技工作者临危不惧、无私奉献、顽强拼搏的结果；是全国人民万众一心、众志成城、敢于胜利的结果。实践再次证明，我们党具有应对任何风险和挑战的能力，我国社会主义制度具有巨大的优越性，中华民族具有强大的凝聚力。

二、抗击非典的主要做法

非典型肺炎疫情的发生和蔓延，是对我们党和人民的严峻考验。在党中央、国务院的坚强领导下，各地区、各有关部门，组织动员社会各方面力量，开展了大量卓有成效的工作，为夺取抗击非典斗争的重大胜利奠定了基础。

（一）加强组织领导，统一指挥协调。为加强对防治工作的统一领导、统一指挥和统一协调，党中央、国务院决定，建立以国务院领导同志为总指挥、副总指挥，由30多个中央国家机关部门的160多位同志组成的全国防治非典型肺炎指挥部。各地区也成立了相应的领导机构，形成了从中央到地方的防治工作指挥体系，建立了覆盖全国的疫情信息快速报告网络，针对疫情变化，及时制定应对措施，作出工作部署。国务院先后向31个省区市派出5批20个督查组，检查督促各地的防治工作。

（二）坚决切断传染源，控制疫情扩散。及时掌握疫情信息是做好防治工作的重要前提。全国建立了严格的疫情报告制度，要求各地区、各部门及时准确地掌握和上报疫情，绝不允许缓报、瞒报和漏报，做到早发现、早报告、早隔离、早治疗。4月1日开始，我国每天向世界卫生组织报告疫情；4月21日起，国内也由五天向社会公布一次疫情改为每天公布。针对4月下旬部分疫情较重地区大量农民工离城、学生离校的情况，重点加强了人口流动管理，要求坚决贯彻就地隔离、就地观察、就地治疗的"三就地"原则，动员城市农民工和学生就地务工、学习，落实各项防治措施。加强卫生检疫，实行健康申报制度，对机场、火车站、长途汽车站等公共场所和交通工具进行消毒。设立并规范发热门诊，确定定点医院集中收治确诊病人和疑似病人，高度重视医务人员的身体健康和安全保护，对一线医务人员采取安全保护措施，配备有效的防护设备，切断医院内感染传播途径。医院对非典患者和疑似病人先救治、后结算费用，简化入院手续，避免部分病人因费用问题不能及时入院治疗而造成疫情传播。

（三）抓住重点，打好华北和农村防治两大战役。华北地区疫情严重，农村防疫能力薄弱。华北地区和广大农村的防治工作事关全局。4月下旬，根据防治工作的需要，及时在华北五省区市建立了联席会议制度，实行联合检疫，互通疫情监测信息，开展防治技术合作与经验交流，加强物资供应调剂，形成了联防联控机制，有效控制了疫情扩散。为了防止疫情向广大农村蔓延，5月6日，国务院召开全国农村防治非典型肺炎电视电话会议，对农村防治工作进行了部署。各地区认真贯彻会议精神，结合实际制定群防群控措施。构建农村疫情监测网络和防疫体系，建立覆盖全国的农村流动人口监测报告系统，及时掌握农民工的流量和流向。督促落实农民患者免费治疗政策。各地区大力宣传普及有关法律法规和防治知识，中央有关部门和单位向农村免费发放300万张宣传挂图、75万张宣传画、55万册书籍和2.3万张光盘，形成了"乡自为防、村自为防、人自为防"的农村群防群控体系，有效防止了疫情向广大农村扩散和蔓延。

（四）全力组织救治，努力提高治愈率。坚持分散接诊、集中收治的原则，确定以高水平的综合性大医院为定点医院，充分发挥综合性医院的技术优势，提高重症救护水平。规范临床诊治标准，推广中西医结合治疗办法。制定非典临床诊断标准、推荐治疗方案、出院参考标准以及公众防护、医学留观和消毒防疫等方面的指导性意见。各地组成临床医疗专家组，负责会诊和鉴别诊断，不断提高临床诊断质量，减少误诊、漏诊。大力开展防治技术指导与培训。全国防治非典指挥部通过电视电话会议等形式，12次组织全国性或部分地区的防治工作经验交流和技术培训；及时组织11个医疗技术督导组到19个省区市进行指导，协调广东、上海、浙江、江苏、山东等省市组织医疗队支援疫情较重的北京、河北、山西、内蒙古等地的防治工作。这些措施有效提高了治愈率，降低了病死率。

（五）整合科研力量，开展联合攻关。科学技术是战胜非典的最有力武器。组织卫生、教育、科技以及军队系统各学科专家，加强非典流行病学、临床、药物和防护等方面的科技攻关。对攻关所需要的人力、物力和财力，有关部门给予了大力支持。先后启动了95项科研攻关项目，投入经费1.19亿元。对疫病流行规律的认识取得了重要进展，成功分离出冠状病毒，排除了肺炭疽等 20 多种疾病；初步掌握了病毒体外存活规律，建立了疫情流行预测分析方法，初步确定出院患者无传染性以及密切接触者无隐性感染；研究提出了临床效果明显的中西医结合治疗方案；间接免疫荧光检测法，以及酶联免疫检测试剂、PCR 检测试剂、基因工程检测试剂等一批诊断、预防和治疗药物进入临床试验，疫苗也开始进行临床试验。科研工作取得的重要进展为非典防治工作提供了有力的技术支持。

（六）保障物资供应和交通畅通，维护正常经济社会秩序。建立物资保障工作网络，积极组织生产和采购，启动应急运输系统，做好防治医药用品后勤保障工作，是抗击非典的重要环节和重要保障。坚持全国一盘棋，统筹调剂医疗用品和其他重点物资，重点保障华北等疫情较重地区的物资需求。加强重点部位、重要环节的消毒和人员检疫，保证道路畅通，保障正常的人员流动和物资流通，及时纠正少数地方擅自设立关卡、阻断交通运输、随意限制人身自由等错误做法。加强价格监管，查处哄抬物价、制售假冒伪劣商品等扰乱市场秩序行为。全国防治资金投入达 110 亿元。其中，中央财政安排 20 亿元设立了非典型肺炎防治基金，发改委、财政部又拨付 9.7 亿元，地方投入约 80 亿元。此外，全国接受捐赠款物 35 亿元。

（七）坚持依法防治，加强宣传教育工作。依法防治是抗击非典的一个重要特点。在依照传染病法积极开展防治工作的基础上，根据全国抗击非典的需要，国务院紧急发布《突发公共卫生事件应急条例》，提出建立公共卫生事件应急处理机制，在全国完善疾病信息网络体系、预防控制体系和应急救治体系，提高控制疫情的应急处理能力。为了加快全国疾病预防控制基础设施建设，国务院决定在 2002 年投入专项资金 8 亿元、2003 年已安排 12 亿元的基础上，再增加 9 亿元，支持中西部地区疾病预防控制机构建设，并要求东部地区安排自有财力建设疾病预防控制机构。各地区和有关部门十分重视宣传教育和舆论工作，大力宣传国家的有关法律法规和防治方针政策，弘扬先进事迹和奉献精神，普及科学防护知识和法律知识，帮助部分群众克服恐慌心理，营造万众一心、众志成城抗非典的舆论氛围。

（八）加强国际和地区间的合作与交流。在抗击非典期间，我国领导人出访俄罗斯、哈萨克斯坦、蒙古等国家，出席南北领导人非正式对话会议、中国—东盟领导人非典型肺炎问题特别会议和第56届世界卫生大会等国际会议，广泛介绍我国开展非典防治工作的情况，阐明我国对疫情控制的立场和态度，提出加强国际交流与合作的意见，有力地维护了我国国际形象，为抗击非典创造了良好的国际环境。我国与世界卫生组织进行了良好的合作。建立了内地与香港、澳门非典型肺炎防治工作联动机制。以民间形式举办海峡两岸防治非典型肺炎研讨活动。高度关注并协助做好各国驻华使领馆和商务机构及留学生的防治工作。所有这一切，都为夺取抗击非典斗争的重大胜利提供了支持，创造了条件，成为团结一切力量、共同抗击非典的重要组成部分。

三、抗击非典的基本经验

在抗击非典斗争中，我们采取了一系列政策措施，摸索出了一整套工作机制和方法，积累了应对突发事件的重要经验。

第一，党中央、国务院的坚强领导和正确决策是夺取抗击非典胜利的根本保证。党中央、国务院始终把人民群众的身体健康和生命安全放在第一位。非典疫情发生后，党中央及时、果断、科学地对全国抗击非典斗争作出一系列重大决策，向全党和全国发出坚持一手抓防治非典这件大事不放松，一手抓经济建设这个中心不动摇，齐心协力夺取抗击非典和促进发展双胜利的号召，为防治非典工作指明了方向。党中央、国务院心系人民，务实高效，指挥若定，领导全国人民万众一心抗非典，迎难而上促发展，极大鼓舞了全国人民的斗志。各级党委和政府坚决贯彻中央的决策和部署，雷厉风行，狠抓落实，明确责任，严格措施，保证了各地防治非典和其他各项工作的顺利开展。各级干部深入防治工作第一线，身先士卒，指导工作，坚定了人民群众战胜困难的决心和信心。各地区、各部门、各单位，党政军群和社会各界，团结一致，齐心协力，一方有难、八方支援，形成了共克时艰的强大合力，充分发挥出我国社会主义制度可以集中力量办大事的巨大优越性。

第二，全民动员，群防群控是夺取抗击非典胜利的坚实基础。充分发动群众、依靠群众，是我党在革命和建设时期不断取得胜利的一大法宝。防治非典斗争，也是一场声势浩大的人民战争，如果没有广大人民的广泛参与、积极行动，就不可能取得这场斗争的胜利。坚持群众路线，一切依靠群众，一切为了群众，防治工作才能得到包括患者、密切接触者及其家属以及社会各界群众的理解、配合和支持，成为做好防治工作的制胜武器。抗击非典斗争中，广大医务工作者临危不惧、舍生忘死，恪尽职守、敬业奉献，用心血、汗水甚至生命挽救患者的生命，建立了不可磨灭的功绩；广大防疫人员特别是流行病调查人员不畏艰难、辛勤工作，为摸清传染链、控制疫情扩散作出了突出贡献；广大新闻工作者深入防治非典第一线，不辞辛劳、忘我工作，及时传播党和政府的声音，大力宣传先进模范事迹，普及科学防护知识，为鼓舞斗志、稳定人心发挥了重要作用；广大干部职工坚守岗位，辛勤工作，保证了社会生产秩序的稳定；广大人民群众表现出高度的政治觉悟，积极支持各项防治措施的落实，形成了社区为防、村庄为防、人自为防的局面，以实际行动有力地支援了防治非典工作。

第三，依靠科学、依靠法制是夺取抗击非典胜利的有力武器。非典型肺炎是一种至今尚未被完全认识的传染病，预防、控制、治疗直到最终战胜它，都必须依靠科学。在抗击非典斗争中，注意尊重科学、依靠科学，广泛听取专家意见，集中各方面智慧，充分发挥科研和医疗机构的主力军作用，加强国内外交流和合作，及时总结实践经验，逐步掌握了非典疫病的一般流行规律，形成了以"收治、隔离、治疗确诊病人和疑似病人，认真查找、隔离、观察密切接触者"为主要内容的综合防治措施，摸索出一套中医治疗和西医治疗、生理治疗和心理治疗相结合的科学救治方法。通过广泛宣传科学防护知识，形成了全社会依靠科学防治非典的意识，提高了人民群众自我保护的能力，增强了人民群众战胜疫病的信心。各级政府和有关部门认真履行法律法规赋予的职责，依法行政、依法办事，保证了各项防治工作紧张而有序地进行。加大执法力度，严厉打击各种扰乱社会秩序和市场秩序的违法犯罪活动，为做好防治工作创造了良好的社会环境。广大人民群众增强依法防疫意识，正确行使权利，自觉承担义务，积极投身非典防治，以实际行动支持、配合有关方面的工作，为依法治疫提供了强大的群众基础。

第四，弘扬民族精神、凝聚精神力量是夺取抗击非典胜利的强大动力。面对非典的挑战，全国各族人民大力发扬万众一心、众志成城、团结互助、和衷共济、迎难而上、敢于胜利的精神，生动地体现了我们伟大民族精神的强大力量，为我们战胜非典提供了强大动力。特别是广大基层党组织和广大党员干部充分发挥战斗堡垒作用和先锋模范作用，用实际行动展现了新时期基层党组织和共产党员的光辉形象。在抗击非典斗争中，涌现出一大批优秀基层党组织和优秀共产党员，他们是实践"三个代表"重要思想的典范，是全党全国人民学习的榜样。

四、抗击非典的重要启示

这次非典疫情的发生和蔓延，也集中地暴露出我们存在的问题和不足，主要是：我国的经济发展和社会发展、城市发展和农村发展还不够协调；公共卫生事业发展滞后，公共卫生体系存在缺陷；突发事件应急机制不健全，处理和管理危机能力不强；一些地方和部门缺乏应对突发事件的准备和能力。我们要高度重视存在的问题，采取切实措施加以解决，真正使这次防治非典斗争成为我们改进工作、更好地推动事业发展的一个重要契机。

第一，大力促进经济社会协调发展。促进经济社会协调发展，是建设中国特色社会主义的必然要求，也是全面建设小康社会的必然要求。改革开放以来，我国在经济快速发展的同时，各项社会事业也取得明显进步。但社会发展滞后于经济发展，存在着"一头重、一头轻"、"一条腿长、一条腿短"的问题。我们必须树立全面、协调、可持续的发展观，把促进经济社会协调发展摆到更加突出的位置。当前的重点，就是要加快社会事业的发展。大力发展教育、科学、卫生等事业。建设现代国民教育体系，优化教育结构和教育资源配置，特别是发展义务教育、农村教育。加强科学基础设施建设，推进科学事业发展。加快公共卫生体系建设，尽快建成覆盖城乡、功能完善的疾病预防控制和医疗救治体系。注重改善农村医疗卫生条件。大力发展社会主义先进文化，积极发展文化事业，加强精神文明建设。较大幅度增加对社会发展的投入，加快社会领域改革和体制创新，增强社会事业发展的活力和能力。还要实行鼓励、引导的政策措施，调动企业和社会各方面参与社会事业发展的积极性、主动性。

第二，切实提高政府的社会管理和公共服务水平。经济调节、市场监管、社会管理和公共服务，是社会主义市场经济条件下政府的四项主要职能。非典疫情的发生和蔓延，启示我们要在继续加强经济调节和市场监管职能的同时，更加重视政府的社会管理和公共服务职能，切实提高各级政府的社会管理和公共服务水平，改善公共服务质量。要加强公共设施建设，健全公共服务系统，向人民群众提供更多更好的公共服务；抓紧建设处理新形势下人民内部矛盾和各种社会矛盾的有效机制、社会治安综合治理机制、城乡社区管理机制等社会管理体制，形成对全社会进行有效覆盖和全面管理的体系。

第三，全面提高人民的物质文化生活和健康水平。全面建设小康社会，不仅要提高人民的物质文化生活水平，还要提高人民的健康水平。要坚持以人为本，着眼于人的全面发展。继续广泛开展讲文明、讲卫生、讲科学、树新风的活动和群众性爱国卫生运动，大力推进创建卫生文明城市、文明社区、文明村镇活动，教育和培养群众养成爱清洁、讲文明的生活习惯和保护环境卫生的良好行为。大力发展医疗卫生事业，普及宣传科学防病知识，增强全社会自觉维护公共卫生意识，引导人民群众革除陋习，养成良好的生活卫生习惯，崇尚科学、文明、健康的生活方式。大力实施《全民健身计划纲要》，以社区、乡镇、学校为主要立足点，更多地向群众开放体育场馆和设施，组织群众参加集体体育活动，开展全民健身活动，提高城乡居民的健康水平。

第四，抓紧建立健全各种应急机制。应急机制是我们应付突发事件的制度保障。目前，我们在一些方面已经形成了应急机制，并在实践中发挥了很好的作用。但从全社会来看，预警和应急机制还很不健全。应进一步深入研究、统筹考虑，注意借鉴国外在这方面的有益经验，切实加强我国的应急机制和能力建设。现有的应急机制该完善的要进一步完善，亟待建立的应急机制要抓紧建立，同时要加强各种应急机制的协调配合，使它们能在应对各种突发事件中形成合力。通过一段时间的努力，建设一套集中领导、统一指挥，结构完整、功能全面，反应灵敏、运转高效的应急机制，提高我国应对各种突发事件特别是突发公共卫生事件的能力。

合力打造中国的世界级企业和世界级品牌 ^①

（2004 年 3 月 9 日）

今天，我想以"合力打造中国的世界级企业和世界级名牌"为题，谈点个人意见。触动我谈这个话题的主要原因，有这样相互联系的几点：

一是非典和今年的禽流感表明，市场呼唤值得信赖的企业和品牌。去年发生的非典和今年发生的禽流感这两次疫情，暴露出我们很多问题，给了我们许多深刻的教训和警示。其中一个十分重要的方面是，维护市场稳定和消费者权益，迫切需要具有强烈社会责任感的大企业和消费者信得过的知名品牌。抗击非典期间，维护市场秩序，保障市场供应，稳定市场价格，主要依靠政府调控，这在今后遭遇突发事件等非常时期，仍然是需要的。但更重要的是要加快培育一批具有强烈社会责任感、能够承担稳定市场功能的大企业，包括大型连锁公司在内的大生产企业和流通企业，通过大企业行为实现市场的稳定。禽流感疫情期间，人们谈禽色变，销售骤降，给消费和生产、流通环节都带来很大冲击，除消费者存在认识误区之外，很大程度上是因为这些产品缺乏消费者信赖的知名品牌。这个问题，平时就早已存在，在发生突发事件和非常时期，市场的感受更为强烈。

二是我国企业和产品竞争力状况表明，迫切需要加快培育世界级企业和世界级名牌。我国入世已经两年，看起来波澜不惊，平稳度过，实际上真正的挑战还在后面。现在过渡期所剩的时间不多，由于总体上看世界经济仍很不景气，市场竞争空前激烈，我国已成为遭受反倾

---

① 本文为在"3·15"论坛上发言的主要内容。

316

销起诉最多的国家。客观原因是贸易保护主义抬头、主观上也有我国产品以量取胜的原因，自相残杀，低价竞争，缺少知名品牌。我国去年进出口总额达8215亿美元，由上年居世界第五位上升到第四位。其中出口达到4384亿美元，增长34.6%。中国正在成为世界工厂。但是这里有两个数字我们必须清楚：一个是我国出口中外国在华企业的产品所占比重高达54%，而韩国则为15%，新加坡、墨西哥等国约为30%。二是在我国出口产品中，加工贸易占55%，加工贸易是贴牌生产，我们只赚取很少的加工费。这两个数字说明一个问题，中国自己的品牌不多，大部分依靠外资企业和外国品牌。虽然这在今后相当长的时间，仍然是我国出口的主导形式，是我国出口成长的必经阶段，总体上对我国出口、就业等是有好处的。但我们不能陶醉于人家称我们是世界工厂，不能甘于做初级产品加工厂。必须精心打造自主的知名品牌。最近，世界品牌实验室排出世界最具影响力的100个品牌，海尔作为唯一入选的中国本土品牌，排在第95名。看到这个消息，一则以喜，一则以忧。喜的是全球前100个品牌中，终于有了中国自己的品牌，忧的是这种状况与我国的经济总量和国际贸易地位太不相称了。而英国最大的品牌顾问机构Interbrand列出的100个世界最高价值的品牌中，美国占了62席，日本占7席，法国7席，德国6席，英国5席半，瑞士3席，荷兰两个半，瑞典、意大利各两席，芬兰、韩国和百慕大各一个，偌大中国竟没有一个。网上的一篇文章观点也很尖锐——"品牌成欧美经济侵略武器"，发人深省。在经济全球化的今天，在日益激烈的国际竞争中。中国没有世界级的企业和世界级的品牌，就谈不上真正的国际竞争力，也就不可能成为真正的经济大国和经济强国。

三是我国经济发展实现新的跨越，迫切需要加快培育世界级企业和世界级品牌。2003年，我国人均GDP达到1090美元，首次超过1000美元。这是一个十分重要的门槛。从全球许多国家的发展进程看，人均1000美元是一个重要的分水岭，存在两种可能：一种是搞得好，经济社会可以持续向前发展，顺利实现工业化、现代化；另一种是搞得不好，往往出现贫富悬殊，失业人口增多，城乡和地区差距拉大，社会矛盾加剧、生态环境恶化等问题。即所谓有增长、无发展，大多数人享受不到现代化成果的"拉美陷阱"。最近，看到一个材料上讲，当今世界，有28个国家、8.47亿人口人均国民收入高于1.5万美元，有169个国家、50亿人口人均国民收入低于7500美元，而介于这两者之间的，只有11个国家、1.3亿人口。也就是说，一个国家要么富裕，要么贫穷。出现这两种结果，固然有政治、经济、社会、历史、地理、人口、资源等多方面的原因。如果稍加分析，就会发现，这与一个国家有没有大企业和知名品牌有关。瑞典、芬兰虽然是只有几百万人的北欧小国，但却拥有爱立信、诺基亚这样的世界级企业和品牌。韩国的大公司战略虽然出现了一些偏差，但总体上是成功的，可谓成也萧何，败也萧何，兴也萧何，三星、浦项这些企业成为韩国的重要支柱和象征，这是一些国家能够成功地跨上经济发展新台阶，实现工业化、现代化的重要途径。反观那些经济长期徘徊，甚至倒退的国家，未能跨上这个台阶，也无不与此相关。这些情况说明，我国目前正处于经济发展的关键阶段，存在着两种可能、两种前途、两种结果。我们要实现到2020年经济翻两番，人均国民收入达到3000美元的目标，必须在作出多方面努力的同时，把加快培育世界级企业和世界级品牌放在更加突出的位置。

世界级企业和世界级品牌，它们是相互联系、相互依赖，密不可分的。世界经理人资讯有限公司CEO丁海森先生认为，世界级企业在全世界范围内的市场占有率要达到10%以上，在此基础上，该品牌在全世界用户中的认知度要达到10%以上，才能称得上世界级品牌。在我国，培育这样的企业和品牌，必须依靠企业、政府、社会等各个方面的努力。

（一）通过资产重组、结构调整和市场竞争，加快资本积聚和集中，在主要经济领域形成若干家优强企业垄断性竞争的格局，发展具有国际竞争力的大公司大企业集团。

（二）强化品牌意识，加大投资和研发，加强品牌管理，培植企业文化，精心培育和做大做强具有知识产权的品牌。

（三）大力整顿和规范市场秩序，严厉打击制假售假行为，为企业和品牌健康成长创造良好环境，形成全社会关心国产品牌、支持国产品牌的良好氛围。

四、鼓励和支持优势企业和知名品牌走出去，拓展发展空间。

我的发言，归结起来就是：我们需要拥有世界级企业和世界级品牌，我们需要尽可能快尽可能多地拥有世界级企业和世界级品牌，我们应当合力打造或加快培育世界级企业和世界级品牌。

全面建设小康社会和完善社会主义市场经济体制需要更加重视发挥民营经济的作用 [1]

（2004 年 6 月 16 日）

民营经济作为改革开放催生的一支重要经济力量，是伴随社会主义市场经济发育的历史进程而发展的；同时，社会主义市场经济的发育和逐步成熟，也是以民营经济的发展壮大为重要标志的。改革开放 20 多年来，民营经济的崛起和发展为我国经济发展和社会进步，为社会主义市场经济体制的建立，作出了不可磨灭的巨大贡献。在全面建设小康社会和完善社会主义市场经济体制的新形势下，需要更加重视和发挥民营经济的重要作用。

民营经济是约定俗成的概念，在党和国家重要文件中较少使用，统计体系也无此项指标，其范畴大致相当于个体和私营经济。民营经济的快速发展，是我国改革开放以来的一个突出现象。我国国民经济改革开放以来年均增长 9.5%，而同期民营经济的年增长速度达到 20% 以上。党的十六大确立了全面建设小康社会的宏伟目标，党的十六届三中全会作出了关于完善社会主义市场经济体制若干问题的决定。民营经济和民营企业作为最具活力最有希望的重要经济力量和市场经济一般的企业组织形式，迎来了可以大有作为的新的历史机遇。我们要倍加珍惜、高度重视和充分发挥民营经济在全面建设小康社会和完善社会主义市场经济体制中的重要作用，采取更加有力的措施，促进民营经济加速发展。

---

① 本文为在《中国民营经济发展报告》出版座谈暨学术研讨会上发言的主要内容。

一、充分发挥民营经济发展潜力大的优势，为全面建设小康社会，实现国内生产总值再翻两番作出更大贡献

民营经济已经成为国民经济发展的强劲稳定动力。个体、私营经济创造的国内生产总值，已占全部国内生产总值的30%，东部沿海部分省市更是高达60%以上。在过去10年间，个体、私营经济对GDP的贡献率已从不到1%提高到20%以上，平均每年提高近2个百分点。要实现全面建设小康社会的战略目标，确保我国国内生产总值到2020年力争比2000年翻两番的战略任务，必须加快民营经济发展，进一步提高民营经济在国民经济中的比重，提高民营经济对经济增长的贡献率。我们要认真贯彻党的十六大精神，始终坚持"两个毫不动摇"的战略方针，在巩固和发展公有经济的同时，更好地发展民营经济，为早日实现全面建设小康社会的宏伟目标作出更大的贡献。

二、充分发挥民营企业机制活的优势，为完善社会主义市场经济体制作出更大贡献

近年来的实践证明，以股份制为基础的混合经济不仅是公有制的有效实现形式，也是民营经济实现规模经营和低成本扩张的有效途径。特别是在我国市场格局由卖方市场变为买方市场，绝大多数产品生产能力过剩的情况下，民营经济的发展应当从过去办新企业、上新项目、铺新摊子的外延型数量扩张转到内涵型扩大再生产上来。其中一个重要的途径是积极参与国有企业改组改造。这样做，有利于国有经济的战略性调整和深化国有企业改革，有利于国民经济的健康发展，有利于生产要素的合理配置和社会经济效益的提高，也有利于社会主义市场经济体制的进一步完善。近年来，民营企业通过兼并、收购、承包、重组等方式，参与国有经济战略性调整和国有企业重组，推动了国有企业职工身份的置换和部分国有企业产权

的置换，促进了国有经济有进有退的战略性调整和国有企业产权多元化的改革，同时也加快了民营企业的发展步伐。据全国工商联2002 年对全国私营企业的调查，分别有 8.0％和 13.9％的私营企业已经和准备兼并收购国有企业，有 25.7％的私营企业是由原来的国有企业、集体企业改制而成的。今后一个时期，国有经济战略性调整的步伐将逐步加快，这必将为民营经济提供更加广阔的发展空间。民营企业要抓住这一难得的历史机遇，积极参与国有企业的改组改造，充分利用国有企业的人才、技术和管理优势，实现低成本扩张和跨越式发展。

三、充分发挥民营经济吸纳劳动力多的优势，为促进社会就业和下岗失业人员再就业作出更大贡献

我国人口多，劳动力供大于求，就业是伴随整个现代化进程的一项长期而艰巨的任务。创造更多的就业机会，千方百计扩大就业和再就业，已经成为当前和今后一个时期我国经济和社会发展的重要目标。民营经济大多分布在吸纳就业多的第三产业，民营企业大多是就业容量大的中小企业。民营经济的发展对于吸收城镇新成长劳动力、农村富余劳动力就业和国有企业下岗失业人员再就业发挥了重要作用。目前，中央和地方政府为扩大就业，特别是促进下岗失业人员再就业，出台了一系列扶持政策，采取了许多力度很大的措施。充分利用现有政策，吸纳更多的劳动力，重视发展劳动密集型产业，不仅可以缓解我国就业矛盾，也有利于形成民营经济，特别是出口企业的竞争优势。

四、大力推进体制、技术和管理创新，做大做高做强，提高民营企业的市场竞争能力

体制、技术和管理创新，既是当前民营企业进一步发展面临的突出问题，更是增强民营企业市场竞争能力的关键所在。民营企业应充

分利用机制灵活、富于创新的内在动力，大力推进技术进步，加速结构调整和产业升级；进行公司组织结构的改革和创新，改革传统的家族式管理体制，探索建立现代企业制度；建立健全科学的组织管理体系和经营管理制度，以成本、资金、质量管理为重点加强管理，千方百计提高经营管理水平。

五、转变政府职能，改善公共服务，
为民营经济发展营造良好环境

当前，我国民营经济发展还存在一些亟待解决的矛盾和问题。如民间投资在市场准入方面还存在许多限制，行政前置审查和审批仍然较多，占民营经济绝大多数的中小企业缺乏通畅的融资渠道，私有财产权的保护还不充分，等等。各级政府和有关部门，应当切实转变职能，改革审批制度和管理方式，为民营经济的发展提供更加快捷、便利、高效的服务。要拓宽民间投资领域，减少市场准入限制，加快投融资体制改革，进一步为民间投资营造公平的市场竞争环境。要通过建立担保基金、担保机构，创新金融产品，发展为中小企业服务的金融机构，开拓民营企业的融资渠道，允许具备条件的民营企业通过发行债券和股票上市进行直接融资，提高民间投资能力。要更加重视私有财产权的法律保护，严厉查处侵害民营企业权益的违法行为。

我国民营经济发展正面临着难得的大好机遇，也面临着一系列亟待解决的重要课题。可以相信，在党的十六大精神指引下，经过各方面的共同努力，我国民营经济必将迎来一个大发展，在全面建设小康社会和完善社会主义市场经济体制中发挥更为重要的作用。

应当把社会责任作为创新企业文化建设和推进 CI 的重要内容 [1]

（2004 年 9 月 16 日）

文化是软实力，是一个国家、一个企业综合实力的重要组成部分和最高表现形式。有人说，19 世纪是军事征服世界的世纪，20 世纪是经济征服世界的世纪，21 世纪是文化创造新世界的世纪。19 世纪比的是军事实力，看谁的军事实力最强；20 世纪比的是经济实力，看谁最有钱；21 世纪比的是文化实力，看谁的文化最强。企业管理在经历了经验管理、科学管理两大阶段之后，从 20 世纪 80 年代开始，已经进入了文化管理阶段。任何成功的企业，无不把确立企业正确的价值观和加强企业文化建设作为企业管理的核心内容，通过将企业的价值灌输到每个员工的思想意识中，为他们提供宽松的发展空间，激发他们的主观能动性、对工作的热情和创造力，来实现超越传统制度管理的飞跃，形成各具特色的企业文化。当今世界，随着市场的国际化、人才的国际化和资本的国际化，企业已从传统的产品竞争、人才竞争、资源竞争走向文化竞争。谁拥有了自己的企业文化，谁就能扩展文化对品牌的影响力和扩张力，提高产品的文化附加值，谁就能获得竞争的主动权和制胜力量。文化力越来越成为 21 世纪企业成功的入场券。

企业文化建设重在创新、贵在自觉。创新文化建设，必须适应全球经济社会发展和现代企业管理的新潮流和大趋势，不断丰富企业文化建设的内涵，提升企业文化建设的层次。这里，我想特别强调的是，当今世界，自觉履行社会责任已经成为企业发展的大趋势，成为企业

---

① 本文为在第六届中国 CIS 论坛上发言的主要内容。

文化的重要内容。履行社会责任有助于提升企业形象，有助于增强企业的核心竞争能力，有助于实现企业和社会的可持续发展。企业和企业家肩负着发展经济和促进社会进步的双重历史重任，在适应经济全球化要求，更大范围地参与国际经济技术合作与竞争的过程中，在全面建设小康社会，加快推进我国现代化建设的历史进程中，我国企业应审时度势，登高望远，牢固树立和认真落实科学发展观，不断强化社会责任意识，自觉履行社会责任，创新企业文化建设，全面提升自身素质和竞争力。这应当成为创新文化建设的重要方面和重要内容，也应当成为推进 CI 事业、导入 CI 战略的一个着力点。

企业自觉履行社会责任，是企业发展史乃至人类社会发展史上具有里程碑意义的一件大事。随着经济的快速发展、社会的不断进步以及文明程度的不断提高，人们的社会关注意识逐步增强。社会公众在关注自己需求满足的同时，还进一步关心整个人类社会的进步、发展和长远的利益。他们对企业提出了更高的要求，要求企业在生产时不仅考虑到眼前的效益，还应承担一定的社会责任。这标志着人类社会从只重视资本、科技的发展，转到了以人为本、以社会责任为己任的发展上来，要求企业在获取利润的同时必须承担起对环境和利益相关者的责任。这无疑是人类社会发展史上的一大进步。

世界经济论坛认为，社会责任感的高低是企业能否在全球化运作中取得成功的决定性因素之一。2000 年里斯本欧盟首脑会议认为，推行社会责任是增强企业竞争力的重要手段。当前，社会责任感的强弱已成为衡量一个企业是否成功的公认指标。企业在市场竞争中自觉承担相应的社会责任，就容易在公众中获得更高的信任度，从而形成一笔可观的无形资产，使其产品和服务对消费者具有更大的吸引力。公众的行动也表明，如果企业无视消费者的呼声，无视公众的社会关注意识，就必然会受到消费者的"惩罚"，对企业的生存与发展造成巨大影响。美国 Brain Reserve 咨询公司调查显示：消费者更乐于购买"绿色产品"和具有社会责任感的公司的产品，而那些无责任感的公司的产品往往是他们抵制的对象。

面对社会公众已将是否履行社会责任作为衡量企业形象的主要标

准的新形势，世界上许多企业已经把注重社会责任作为新的企业价值观，作为企业文化的重要组成部分，以自觉履行保障劳动者权益、促进社会进步、遵守环保及可持续发展原则等社会责任为荣。法国外贸中心建立了国际贸易伦理俱乐部，对企业经济行为的伦理道德进行思考。家乐福、法国电信、雷诺等数家大公司接受联合国秘书长安南在1999年提议的"全球契约"。该契约鼓励企业接受人权、社会权和环境权的几项基本原则。意大利认为，企业应当为他的生产经营活动对经济、社会和环境等方面产生的后果承担责任。履行企业社会责任已被越来越多的意大利企业看作是保持可持续发展的竞争优势，八成以上的企业希望能够通过加强社会责任管理在市场上树立好形象。美国星巴克公司CEO奥林·史密斯认为，星巴克的最大成就之一，就是说服顾客支付3美元的高价购买一杯"有社会责任的咖啡"。德国梅赛德斯—奔驰公司将首创的三滤催化系统作为欧洲车型的标准配备，推动了汽车环保事业的发展。他们还不断采用新材料、新工艺降低汽车对人类环境的破坏程度。芬兰诺基亚公司树立"以人为本"的企业文化，致力环境保护，努力做优秀的企业公民，向客户、消费者和公众展现其强烈的社会责任感，大大提升了其社会形象，获得了良好的社会赞誉。

对我国广大企业来说，增强社会责任意识，自觉履行社会责任，是坚持以人为本，落实科学发展观的必然要求，是提升企业形象，提高企业竞争力，实现可持续发展的重要途径，同时，也是企业和产品走向世界，参与国际市场激烈竞争的迫切需要。当前，在我国对外贸易中，有一个值得注意的新情况，就是随着我国产品市场占有率的不断提高，我国企业在遭遇越来越多的反倾销起诉等贸易摩擦的同时，欧美一些国家可能对我国出口产品强制推行企业社会责任标准，即SA8000标准。这是继ISO9000即质量标准和ISO14000即环境标准之后，又一项重要的国际贸易的游戏规则。

早在克林顿政府时期，美国就要求美国企业在进口中必须与相关企业签订SA8000标准。全球最大零售企业沃尔玛将其全球采购总部迁至中国深圳，要求成为其供应商的中国企业必须遵守所在国的法律和美国法律，并在深圳、东莞等地设立了专门的劳工监督小组。全球有 200 家跨国公司已经制定并推行了公司社会责任守则，其中家乐福、通用电气等 50 家公司已经在我国开展社会责任审核。这对我国许多企业特别是劳动密集型出口企业，无疑是一个严峻的挑战。应当承认，我国一些企业在劳动用工、劳动安全以及环境保护等方面存在不少问题，实行 SA8000 标准，无疑将会影响我国一些商品的出口，降低我国一部分企业的国际竞争力。这里，确有一些国家对我国出口产品实行贸易壁垒的因素。但是，我们在看到挑战、看到不利因素的同时，也要看到事情的另一面，变压力为动力，变挑战为机遇，直面竞争，迎接挑战，把 SA8000 标准这根"大棒"变成推动企业发展的杠杆，以此为契机，采取有力措施，创新具有社会责任价值的企业文化建设，顺应企业发展的潮流，增强企业的竞争力，努力实现企业和社会的可持续发展。可喜的是，在我国已经有不少企业、组织和有识之士，充分认识到企业社会责任的重要性和紧迫性，正在致力于企业社会责任管理。据有关资料，到 2002 年 8 月，全世界有 27 个国家的 150 家组织获得了 SA8000 认证证书，其中我国在 10 个行业中有 34 个组织获得认证，率先拿到了走向世界的"通行证"，有关部门也正在加快将国际标准转化为国家标准的工作。

自觉履行社会责任、创新企业文化建设，需要企业、社会、政府等多方面的共同努力。首先，企业要坚持以人为本，把保障劳动者权益、保护环境和促进社会进步，作为企业的基本职责来加以重视。一要塑造企业的道德价值，自觉地严格遵守法律、现存规则以及国际标准；二要履行对人的责任，实现员工生产安全、就业机会均等和薪酬公平等；三要履行对环境的责任，维护环境质量，使用清洁能源，共同应对气候变化和保护生物多样性等；四要关注社会事业，对社会发展作出贡献。其次，政府应帮助企业树立社会责任的理念，帮助企业建立与国际接轨的社会责任管理体系，推进企业社会责任法制建设，使企业社会责任管理法制化、制度化、规范化，加强对企业社会责任的监督。对认真履行企业社会责任的企业进行表彰，对那些严重违反劳动法、生产安全法和环境保护法的企业提出批评或进行惩戒，引导企业朝着积极履行社会责任的方向发展。第三，动员全社会都来关注企业社会责任，加大对企业社会责任的宣传，让社会各方面参与到推动企业社会责任的运动中来，营造推进企业增强社会责任意识、自觉履行社会责任的社会氛围。在这方面，中国 CI 推进委员会负有重要使命，有大量事情可做，也是可以大有作为的。

自觉履行社会责任
全面提高企业素质和竞争力 ①

（2004 年 12 月 5 日）

伴随经济全球化而日益兴起的企业社会责任运动，使我国企业特别是出口企业面临新的考验。如何变压力为动力，化挑战为机遇，增强我国企业的社会责任意识，对于全面提升我国企业的素质和竞争力，对于维护企业员工和社会公众的合法权益，对于促进我国经济社会的健康发展，都具有极为重要的意义。

一、高度重视全球企业社会责任运动的发展趋势，增强应对新一轮国际竞争的紧迫感

企业社会责任是自 20 世纪 80 年代经济全球化以来兴起的一场社会运动。随着经济的快速发展、社会的不断进步以及文明程度的不断提高，人们的社会关注意识逐步增强。社会公众在关注自己需求满足的同时，还进一步关心整个人类社会的进步、发展和长远的利益。他们对企业提出了更高的要求，企业在创造利润、对股东利益负责的同时，还必须承担起对员工、对消费者、对社区和环境的社会责任，包括遵守商业道德、生产安全、职业健康、保护劳动者的合法权益、保护环境、支持慈善事业、捐助社会公益、保护弱势群体等。这标志着人类社会对企业发展的要求发生了重大的变化，要求企业从过去只重视资本、科技的发展，转到以人为本、以社会责任为己任的发展上来。

---

① 本文为在中国企业社会责任与竞争力论坛上的发言。

这无疑是人类社会和企业发展史上的一大进步。

适应这种变化，自觉履行社会责任已经成为企业发展的大趋势，社会责任感的强弱已成为衡量一个企业是否成功的公认指标。企业在市场竞争中自觉承担相应的社会责任，就容易在公众中获得更高的信任度，从而形成一笔可观的无形资产，使其产品和服务对消费者具有更大的吸引力。如果企业无视消费者的呼声，无视公众的社会关注意识，就必然会受到消费者的"惩罚"，对企业的生存与发展造成巨大影响。美国 Brain Reserve 咨询公司调查显示：消费者更乐于购买"绿色产品"和具有社会责任感的公司的产品，而那些无责任感的公司的产品往往是他们抵制的对象。

面对社会公众已将是否履行社会责任作为衡量企业形象的主要标准的新形势，世界上许多企业已经把注重社会责任作为新的企业价值观，作为企业文化的重要组成部分，以自觉履行保障劳动者权益、促进社会进步、遵守环保及可持续发展原则等社会责任为荣。履行企业社会责任已被越来越多的企业看作是保持可持续发展的竞争优势，许多企业希望能够通过加强社会责任管理在市场上树立好形象。芬兰诺基亚公司树立"以人为本"的企业文化，致力环境保护，努力做优秀的企业公民，向客户、消费者和公众展现其强烈的社会责任感，大大提升了其社会形象，获得了良好的社会赞誉。

为了推动社会责任运动的发展，许多国家从立法、政策和监督等方面采取了一系列措施。继美国 1997 年 8 月发起并实施 SA8000 社会责任标准之后，英国、德国等发达国家和巴西等经济快速成长的国家都相继采用了 SA8000 标准。值得高度重视的是，近年来越来越多的跨国公司将供货商的社会责任与订单挂起钩来，要求供货商必须接受并通过社会责任审核才能进入跨国公司的电子订单系统，有的跨国公司买家甚至明确提出供应商须取得 SA8000 证书才能获得订单。种种迹象表明，企业能否履行社会责任正在开始成为新一轮国际竞争的重要标志。我国一些出口企业和一些承担为跨国公司供货的企业，已经发生因不符合社会责任标准而取消订货的现象。出口是拉动我国经济增长的重要力量。去年我国出口额为与全球第四位，今年可望跃升到第三位，已经成为名副其实的出口大国。但在我国出口产品中，劳动密集型产品和大量消耗资源的粗加工产品占相当大的比重，受SA8000标准的影响很大。我们必须高度重视和密切关注全球社会责任运动的发展，增强紧迫感，在新一轮国际竞争中争取主动。

二、充分认识我国企业存在的问题和差距，提高坚持科学发展观的自觉性

企业社会责任不仅是国际潮流，从根本上说，也是与我们践行"三个代表"重要思想，坚持以人为本、全面协调可持续的科学发展观相一致的。企业承担社会责任就是要坚持以人为本，它将促进入的全面发展为目标的实现，企业在自身发展的同时，要不断满足人民群众日益增长的物质文化健康安全需求，把发展的成果惠及全体职工和人民群众。企业承担社会责任是坚持科学发展观的客观要求和具体体现。国内外的实践证明，在工业化的进程中，企业在取得巨大的经济利益的同时，往往也对自然环境造成了巨大的破坏，对生态环境造成了严重污染，最终影响了人类自身的生存发展和经济社会的进步。我们坚持科学的发展观，就是要促进经济社会、人与自然的协调发展。这就要求企业发展不能以破坏自然和生态环境、牺牲公众利益、阻碍和破坏社会进步为代价。企业承担社会责任也是落实"三个代表"重要思想的具体实践。社会责任管理既是先进的企业管理，也是先进企业文化的重要内容。劳动者是生产力中最活跃的因素，企业尊重职工、善待职工，促进社会就业，就是保护和解放生产力。企业充分意识到自己的行为对各方面造成的影响，充分尊重和维护包括顾客、合作伙伴、承包商、供货商、邻里单位等各相关单位的利益，在日常生产经营活动中采取有效的措施实现资源的最佳化利用，实现社会和环境发展的可持续性，就是维护最广大人民群众的利益。如果企业都能自觉履行社会责任，我国企业与社会的现代文明水平就能够向前跨进一大步。

应该说，我国对企业社会责任工作一直是十分重视的。在保护用工条件、规定劳工标准、保护劳工权益、保护知识产权、保护自然和

生态环境等方面，我们已经建立了相对比较完善的法律法规体系和制度。我们提出坚持以人为本、全面协调可持续的科学发展观，更加突出了对公民权利的尊重和关心，体现了对社会发展的关注。我国许多企业积极履行社会责任，严格遵守国家的有关法律、法规，自觉维护职工合法权益和相关者利益，捐助社会公益事业，节约使用资源，保护生态环境，为社区、为国家经济社会发展作出了积极贡献。但是，我们存在的问题也是很突出的。一方面，我国企业主要是国有企业直接承担了过多过重的社会责任，企业兴办了大量的学校、医院、幼儿园等，成为沉重的社会负担，严重影响了企业竞争力。另一方面，我国相当一部分企业对自己应当承担的社会责任的意识还比较薄弱，企业社会责任缺失相当严重，特别是在劳动用工、劳动安全以及环境保护等方面存在不少问题，有的忽视职工权益，克扣工人工资，强制工人超时超负荷劳动，缺少必要的劳动保护，逃避社保缴费，有的甚至使用童工，严重影响儿童的身心健康。有的破坏生态，污染环境，浪费资源。有的制售假冒伪劣商品，严重侵犯消费者利益，影响消费者身心健康甚至生命安全，等等。对于这些问题，必须引起各方面的高度重视。

三、辩证看待企业社会责任标准的实施和认证，打好趋利避害、应对挑战的主动仗

随着企业社会责任运动的发展和国际间产业转移，SA8000 社会责任标准认证正在引起许多国家和企业的重视。有关资料显示，截至 2004 年 5 月 20 日，全球共有 400 家组织机构获得认证，涉及 40 个国家、40 个行业，近 26 万名雇员。虽然目前 SA8000 尚未转化成国际标准，但已经得到不少国家的认可，很多跨国公司要求其供货商在一定时期内达到 SA8000 标准的要求。对此我们要辩证地加以看待，并采取正确的对策。一方面，我们应该看到，企业承担更多的社会责任，是社会发展趋势的要求，是社会进步的表现，我们应当积极加以推进。SA8000 将社会责任与企业管理相结合，有助于规范企业的道德行为，

改善劳动条件，保障职工权益，提高企业声誉，并且可以减少企业重复接受审核的麻烦。我们应当在我国企业特别是出口企业中积极开展SA8000社会责任管理和认证工作。到今年5月，我国已有53家组织机构获得SA8000认证，占全球获得认证组织的13.25%，居第二位，这些企业率先拿到了通往国际市场的又一张"通行证"。另一方面，我们也应看到SA8000标准的推广和实施在全球范围是不平衡的。发达国家企业由于其社会、经济发展程度较高，他们实施SA8000标准的难度较小。而发展中国家企业要严格履行与发达国家企业一样的社会责任，由于发展程度的不同，经济水平和实力差距甚大，实施起来势必要增加企业成本，这对不处于同一起跑线的发展中国家企业来说，则很可能会削弱其竞争力，延缓其发展步伐。

特别需要引起重视的是，在关税和一般非关税壁垒不断被削减的今天，SA8000很容易被贸易保护主义者所利用，成为限制发展中国家劳动密集型产品出口的有力工具。种种迹象表明，发达国家将利用SA8000来提高我出口产品成本，达到贸易保护的目的。因此，在我国推进企业社会责任工作，一定不能照搬国外做法，要结合国情，坚持从实际出发，因企制宜，实事求是，趋利避害、稳步推进。特别要坚决反对发达国家将贸易与劳工标准挂钩，防止其将SA8000作为限制我产品出口的一种新的贸易壁垒方式。

四、坚持政府推动、社会监督、行业自律相结合，促进我国企业社会责任工作健康发展

面对全球企业社会责任运动蓬勃发展的新形势和推广实施SA8000标准的挑战，面对新世纪新阶段我国全面建设小康社会的新要求，我们应充分认识到，企业和企业家肩负着发展经济和促进社会进步的双重历史重任。履行社会责任有助于提升企业形象，有助于增强企业的核心竞争能力，有助于实现企业和社会的可持续发展。在适应经济全球化要求，加快推进我国现代化建设的历史进程中，我们应审时度势，登高望远，牢固树立和认真落实科学发展观，自觉履行社会责任，全

面提升我国企业的素质和竞争力。坚持政府推动、社会监督、行业自律相结合，共同促进我国企业社会责任工作健康向上发展。第一，加大执法力度。应当进一步完善企业社会责任立法，进一步促进《劳动法》、《环境保护法》、《安全生产法》等相关法律法规的贯彻落实，加大执法力度，坚决纠正和严厉打击各种违法违规行为。第二，加强企业管理。要坚持以人为本，把保障劳动者权益、保护环境和促进社会进步，作为企业的基本职责和企业管理的重要内容来加以重视，强化社会责任意识，加强社会责任管理。要塑造企业良好的道德价值，自觉地严格遵守法律、现存规则以及国际标准；切实履行对人的责任，实现员工生产安全、就业机会均等和薪酬公平等；切实履行对环境的责任，保护生态环境，节约使用资源；要热心社会事业，积极为社会发展作出应有的贡献。第三，加强引导和监督。政府和行业组织应帮助企业树立社会责任的理念，帮助企业建立与国际接轨的社会责任管理体系。加强对企业社会责任的监督。对认真履行企业社会责任的企业进行表彰，对那些严重违反《劳动法》、《生产安全法》和《环境保护法》的企业提出批评或进行惩戒，引导企业朝着积极履行社会责任的方向发展。同时，有关部门应加快将国际标准转化国家标准工作。第四，加大政策支持。要增加必要的投入，积极改善企业的生产条件，对企业在安全生产，职业卫生和改善劳动条件等方面的投入应当给予适当的政策支持。第五，加强培训和调研。要采取多种形式，积极开展企业社会责任方面的培训，普及有关知识。同时要密切关注国际社会责任运动的发展，及时研究应对之策。第六，形成良好的社会氛围。企业社会责任是个系统工程。是我国企业、政府和社会都必须面对的问题，需要方方面面的共同努力。应当动员全社会都来关注企业社会责任，加大对企业社会责任的宣传，让社会各方面参与到推动企业社会责任的运动中来，营造推进企业增强社会责任意识、自觉履行社会责任的社会氛围。

政策支持与自身努力相结合
促进非公有制经济健康发展 ①

（2005 年 1 月 31 日）

改革开放以来，党和国家制定了一系列促进非公有制经济发展的方针政策。党的十五大确立了公有制为主体、多种所有制经济共同发展的基本经济制度；十六大提出了"两个毫不动摇"的重要方针。去年 3 月十届全国人大二次会议通过的宪法修正案，作出了保护私有财产权，保护个体、私营等非公有制经济合法权益的规定。在党的方针政策指引下，我国个体、私营等非公有制经济不断发展壮大，在促进经济发展、吸纳城乡就业、增加财政收入和扩大对外开放等方面发挥了重要作用。非公有制经济已成为我国社会主义市场经济的重要组成部分，成为促进我国社会生产力发展的重要力量。同时应该看到，我国非公有制经济的发展也面临观念转变滞后，市场准入限制较多，企业融资渠道窄、贷款难，社会化服务体系不健全，部分企业行为不规范等问题，必须引起我们的高度重视。

在全面建设小康社会和推进社会主义现代化建设的进程中，必须毫不动摇地巩固和发展公有制经济，必须毫不动摇地鼓励、支持和引导非公有制经济发展，使之相互促进，共同发展。1 月 12 日，国务院常务会讨论并原则通过了《关于鼓励、支持和引导非公有制经济发展的若干意见》。我们应当充分利用当前的有利时机，把政策支持和企业自身努力结合起来，促进非公有制经济更快更健康地向前发展。

---

① 本文为在"非公有制经济政策研究高层研讨会"上发言的主要内容。

一、努力营造公平竞争的良好环境

各类市场主体平等竞争是社会主义市场经济的基本要求，但目前个体、私营等非公有制经济在市场准入、税费负担、适用法律等方面，与其他所有制经济还存在一些不公平的地方。促进非公有制经济发展，最重要的是为非公有制经济创造平等竞争、一视同仁的法治环境、政策环境和市场环境。应当允许非公有资本进入法律法规未禁入的行业和领域；对于允许外资进入的行业和领域，也应当允许国内非公有资本进入。要使非公有制企业在投资核准、融资服务、财税支持、土地使用和外贸经营等方面，与其他各类企业享受同等待遇。

二、加大对非公有制经济的政策扶持力度

目前，我国个体、私营等非公有制经济中，95%的企业属于中小企业；中小企业中，95%以上属于非公有制经济。我国目前这种非公有制经济与中小企业高度重合的现实状况，决定了我们在促进非公有制经济发展时，必须加大对中小企业的扶持力度。中小企业大量吸纳就业、活跃城乡经济、方便人民生活，在经济社会发展中发挥着不可替代的重要作用。同时，中小企业规模较小，实力较弱，在与大企业的竞争中处于不利地位。中小企业的发展离不开政府的扶持和社会各方面的支持。美国、英国、日本等发达国家在财政税收、金融信贷、市场信息、社会服务等方面，都对中小企业采取许多扶持政策。我们应当从多方面采取政策措施，加大对中小企业的扶持力度。要加大财税支持力度，逐步扩大国家有关促进中小企业发展专项资金规模，加快设立国家中小企业发展基金，完善有利于中小企业发展的税收政策。要加大融资支持力度，采取多种形式拓宽融资渠道，创新金融产品，完善金融服务，健全信用担保体系，切实解决中小企业融资难问题。加大服务支持力度，建立健全面向中小企业的创业辅导、筹资融资、市场开拓、技术支持、认证认可、信息服务、管理咨询、人才培训等

内容的社会化服务体系，为各类人员创业和中小企业发展提供良好的条件。

三、加快非公有制经济结构调整步伐

结构不合理是制约我国经济可持续发展的深层次矛盾。大力推进结构调整，促进经济增长方式转变，是当前和今后一个时期经济工作的一项主要任务。当前，加强和改善宏观经济调控、加快产业结构优化升级、承接新一轮国际产业转移、走新型工业化道路，都对包括非公有制经济在内的我国企业提出了新的要求。要加快结构调整步伐，尽快解决非公有制企业中存在的产业结构趋同、低水平重复建设、技术含量较低、企业规模偏小等问题。当前应突出抓好两个方面：一是要更多地从加工制造业转向服务业。我国加工制造业比重较高，服务业发展又严重滞后。近几年，发达国家国际直接投资的75%投向服务业，而我国吸收国外直接投资的80%以上集中在加工制造业。这种状况既加剧了能源、原材料和交通运输的紧张状况，超出了资源和环境的承载能力，也加剧了国际贸易矛盾，致使国外对我国出口产品反倾销起诉案件大量增加。我们应当加快发展服务业特别是现代服务业，积极承接国际服务业转移，提高我国服务业的比重。二要从规模经济要求较高的领域更多地转向适合中小企业经营的领域。矿业、采掘业、原材料加工业等行业投资大、安全和环境条件要求高、规模效益明显，不太适合中小企业生产经营。应当按照国家加强和改善宏观调控的要求，加大对不符合产业政策、达不到经济技术标准的小厂小矿的调整力度，使中小企业转到更能发挥自身比较优势的产业和领域中来。

四、推进非公有制企业深化改革加强管理

按照现代企业制度的要求，改革企业组织形式，完善内部治理，采用现代管理方式和方法，提高企业管理水平，是现代市场经济的必

然要求，是我国企业面临的共同课题。非公有制企业是伴随着我国改革开放和社会主义市场经济不断发育的进程成长起来的，在市场竞争中既涌现出许多制度先进、机制灵活、管理水平较高的优势企业，同时也有相当部分企业在组织形式、治理结构、经营管理等方面存在不少问题，与市场经济的要求还有很大差距。有些企业做大后，没有成功实现企业制度和经营管理的转型，严重制约企业进一步发展壮大。非公有制企业应当适应经济全球化和完善社会主义市场经济体制的要求，加快建立现代企业制度，改善公司治理，正确处理所有权与经营权的关系，把集权与分权、经验管理与科学管理有机结合起来，特别是家族制企业，尤其应当努力做到集权有道、分权有序、授权有章、用权有度，逐步建立符合现代市场经济要求的企业制度和管理模式。

五、大力推动非公有制企业技术进步

我国非公有制企业总体上产品档次和技术水平低，自主开发能力弱，能源原材料消耗高，环境污染严重，核心技术和关键零部件主要依靠进口，生产的产品处于全球产业链条中低端。提高非公有制企业素质，增强竞争力，逐步把"中国制造"变为"中国创造"，关键是要大力推进非公有制企业技术进步。要根据非公有制企业的不同需求，积极开展多种形式的培训，提高企业员工素质；要引导和支持企业从事专业化生产和特色经营，向"专、精、特、新"方向发展；要加大对非公有制企业科技创新活动的支持，加快建立适应非公有制中小企业特点的信息和共性技术服务平台；要积极培育技术市场，促进科技成果转化和技术转让；要引导和支持科研院所、高等院校与非公有制企业开展多种形式的产学研联合，支持非公有制经济创办科技型中小企业和科研开发机构，鼓励有专长的离退休人员为非公有制企业提供技术服务。总之，要通过企业、政府、社会等多方面的共同努力，逐步形成我国非公有制企业技术进步的机制和体系。

六、高度重视并积极承担企业社会责任

企业在创造利润、对股东利益负责的同时，还必须承担起对员工、对消费者、对社区和环境的社会责任，这是当前国际企业发展的大趋势。SA8000标准正在成为又一张通往国际市场特别是进入跨国公司全球采购系统的通行证。增强企业社会责任意识，自觉履行企业社会责任，从根本上说，也是我们实践"三个代表"重要思想，坚持以人为本、全面协调可持续的科学发展观的必然要求和具体体现。值得注意的是，我国相当一部分非公有制企业社会责任意识比较薄弱，企业社会责任缺失相当严重，特别是在劳动用工、劳动安全和环境保护等方面存在不少问题。非公有制企业应当从关心职工、社会和利益相关者的要求，从适应国际竞争的需要出发，坚持以人为本，把保障劳动者权益、保护环境和促进社会进步，作为企业的基本职责和企业管理的重要内容，强化社会责任意识，加强社会责任管理，自觉履行企业社会责任。政府和行业组织应加强引导和监督，帮助企业树立社会责任的理念，帮助企业建立与国际接轨的社会责任管理体系，加强对企业社会责任的监督。同时，要注意结合我国的具体国情，坚持从实际出发，稳步推进企业社会责任工作，特别是在国际贸易中，要坚持我国发展中国家的权利和义务，防止发达国家把企业社会责任标准作为它们实施贸易保护主义的工具。

积极推进区域协调发展 ①

（2005 年 3 月）

　　温家宝同志在十届全国人大三次会议所作的《政府工作报告》中，简要总结回顾了 2004 年区域发展情况，对 2005 年工作提出了明确要求。2004 年，各地区和各有关方面认真贯彻中央的战略部署，积极进取，扎实工作，区域经济社会发展取得显著成绩。西部大开发继续推进，东北地区等老工业基地振兴开局良好，中部地区发展提速，东部地区发展继续走在全国前列，"老、少、边、穷"等欠发达地区发展呈现良好势头，区域合作进一步加强。在新的一年中，我们要充分认识区域协调发展的重要意义，用科学发展观统领区域发展全局，认真贯彻落实党中央、国务院确定的各项方针政策，充分发挥各地区的积极性，努力实现东中西互动、优势互补、相互促进、共同发展。

一、用科学发展观统领区域发展全局

　　党中央在邓小平理论和"三个代表"重要思想指导下，按照党的十六大精神，根据新的形势和任务，明确提出了坚持以人为本，全面、协调、可持续的科学发展观。科学发展观是我们党对社会主义现代化建设指导思想的新发展。树立和落实科学发展观，是全面建设小康社会宏伟目标和实现我国现代化建设的必然要求。积极推进区域协调发展，就要始终坚持科学发展观，并贯彻落实到实际工作的各个方面。

---

　　① 本文原载《十届全国人大三次会议〈政府工作报告〉辅导读本》，人民出版社、中国言实出版社，2005 年 3 月第 1 版。

坚持科学发展观，促进区域协调发展，必须认真分析我国区域发展的现实状况。我国幅员辽阔，地区发展很不平衡。改革开放以来，各地区有了很大发展，但地区差距也在扩大，地区结构趋同问题十分突出。区域协调发展不仅是经济问题，也是政治问题。区域发展的不协调，影响我国生产力的进一步解放和发展、生产力布局的优化、国际竞争能力和综合国力的进一步增强。如果地区差距进一步扩大，还会影响社会稳定和民族团结。因此，我们要以"三个代表"重要思想为指导，全面贯彻党的十六大和十六届三中、四中全会精神，认真贯彻落实科学发展观，坚持以结构调整为主线，以改革开放为动力，以科技进步为支撑，突出重点，分步实施，注重实效，开创区域协调发展的新局面。

坚持科学发展观，促进区域协调发展，必须努力构建我国区域发展的新格局。实施西部大开发，振兴东北地区等老工业基地，促进中部地区崛起，鼓励东部地区加快发展，是党中央从全面建设小康社会和加快现代化建设全局出发作出的整体战略部署。统筹区域发展，实行符合各地特点、发挥比较优势、各有侧重又紧密联系的区域发展战略，是加快全面建设小康社会进程和实现第三步战略目标的重要基础。我们要充分发挥各地区的积极性，坚持科学发展观，努力构建东中西互动、优势互补、相互促进、共同发展的区域发展新格局。

坚持科学发展观，促进区域协调发展，必须重视发挥市场机制的作用。在区域发展中，要正确处理政府引导与市场机制的关系。上新项目、建新企业、生产要素的组合和集聚，应主要依靠市场选择决定。通过发挥市场配置资源的基础性作用，加强东、中、西部经济交流与合作，形成若干各具特色的经济区和经济带，实现优势互补和共同发展。政府主要是加强对区域经济发展的协调和指导，在财税、金融、投资、产业扶持方面加大对中西部地区的扶持力度，增加对中西部地区的转移支付。采取多种形式，大力推进区域经济与技术合作，特别是推进企业间的合作，形成地区之间互惠互利的经济发展新格局。

坚持科学发展观，促进区域协调发展，必须积极推进区域经济结构战略性调整。我国区域发展不协调，一个重要表现是经济结构性矛盾突出。尤其是中西部地区经济结构不合理。积极推进区域经济协调发展，一项十分重要的任务就是要大力推进区域经济结构调整和优化，实现资源全国范围内的合理配置。中西部地区可以通过多种形式的经济技术合作，充分利用东部的科技、人才和资金优势，对石油、天然气、稀土、有色金属、生物、农业等资源进行开发利用，提高产品附加值。东部地区应当加快产业升级，向中西部地区转移部分产业、输出产品、拓宽市场。

坚持科学发展观，促进区域协调发展，必须充分发挥区域比较优势。制定发展规划，应当遵循社会生产区域分工的客观规律，充分发挥各地区的比较优势，建立与区域特点相适应的区域分工协作关系。在选择发展产业时，应当坚持依托各地区的资源优势。中部地区资源静态比较优势明显，资源存量丰富，应以资源型产业为依托，发展能源和原材料优势产业；东部地区资源动态比较优势明显，应重点发展高附加值、高技术含量、外向型的产业；西部地区特色资源优势明显，应主要抓好特色产业的发展。

坚持科学发展观，促进区域协调发展，必须立足各地实际。区域协调发展，应当坚持从实际出发，按自然规律和经济规律办事，走一条经济持续发展、社会全面进步、资源永续利用、环境不断改善、生态良性循环的发展道路。要树立全局观念，不应追求自成体系，防止不合理的重复建设。要在统一规划下，因地制宜，合理分工，各展所长，优势互补，共同发展。中西部地区既要借鉴东部地区加快发展的经验，又不能完全走东部地区发展的老路。

二、继续坚定不移地推进西部大开发战略的实施

西部大开发战略实施5年来，各方面工作取得重要进展，城乡面貌有了很大变化。一是经济增长速度加快。2000—2004年，西部地区生产总值分别增长8.5%、8.8%、10.0%、11.3%和12%，高于前些年的增长速度。结构调整步伐加快，特色产业发展开始起步，财政收入逐年增长，经济效益逐步提高，人民生活不断改善。二是基础设施建

设取得较大进展。5年间，西部地区固定资产投资年均增长20%以上，明显高于全国平均水平。陆续新开工60个重大建设工程，投资总规模约8500亿元。交通干线、水利枢纽、西电东送、西气东输、通信网络等重大基础设施建设进展顺利。农村基础设施建设逐步推进，农村生产生活条件得到改善。生态环境保护和建设显著加强。西部退耕还林7350多万亩，荒山荒地造林9570多万亩，退牧还草1.9亿亩。天然林保护、京津风沙源治理、三峡库区国土整治及水污染治理、江河源头生态保护等重点工程全面展开，取得明显成效。三是科技教育等社会事业加快发展。科技体制创新不断推进，科技成果转化能力增强。科研基地和高技术产业化示范项目建设取得初步成果。重点高校基础设施建设和学科建设步伐加快。农村义务教育得到加强，7000多所中小学危房得到改造。农村医疗卫生条件有所改善。四是西部大开发促进了其他地区的发展。西部地区重点工程建设所需的设备、技术等，很多来自于东部和中部地区，有效地扩大了这些地区的市场空间，促进了产业结构调整，增加了就业岗位。同时，西部地区还输出大量能源、原材料等资源，保证了其他地区经济发展的需要。

西部大开发5年来取得的成绩，使全国各族人民特别是西部地区人民看到了西部发展的希望和前景，进一步增强了全面建设小康社会的信心和决心。但西部开发仍面临着不少困难和问题，任务依然十分艰巨。继续推进西部大开发，要牢固树立科学发展观，认真落实党中央、国务院的战略部署，总结经验，完善政策，以更大的决心、更有力的措施、更扎实的工作，努力走出一条加快西部地区发展的新路子，不断开创西部大开发的新局面。

（一）加大解决"三农"问题的力度。西部大开发必须坚持以农业为基础，把解决农业、农民和农村问题放在突出位置。按照统筹城乡经济社会发展的要求，以增加农民收入为中心，加快西部地区农业和农村经济的发展。高度重视粮食生产，依法加强耕地管理，严格保护和建设基本农田，稳定和提高粮食综合生产能力。积极推进农业产业化经营，大力发展农产品加工业，提高农业综合效益。认真落实中央关于取消农业特产税、减免农牧业税的政策，使农牧民休养生息，调动他们的生产积极性。发挥西部地区气候和生物多样性的优势，加快农业结构调整，大力发展特色农业，搞好棉花、糖料、水果、肉类、奶类等特色农产品生产。拓宽农民参与公共工程建设、外出打工等增收渠道，促进农村富余劳动力向非农领域和城镇转移就业。加大对农业和农村的资金投入力度，改善农民的生产生活条件。继续推进扶贫攻坚，力争在2007年以前基本解决现有贫困人口的温饱问题。

（二）认真搞好生态环境保护和建设。加强生态环境保护和建设是西部大开发的重要任务。要扎扎实实搞好退耕还林、退牧还草、天然林保护、风沙源和石漠化治理等重点生态工程。当前要把退耕还林工作的重点放在巩固成果上，根据实际情况的变化，适当调减规模。抓紧研究完善退耕还林政策，把退耕还林、退牧还草与基本农田建设、农村能源建设、生态移民、后续产业发展、封山禁牧舍饲等配套保障措施有机结合起来，妥善解决农牧民长远生计问题，确保退得下、稳得住、能致富、不反弹。加强重点城市、三峡库区和重点矿区的环境治理和国土整治工作。

（三）继续加强基础设施建设。基础设施建设必须坚持统筹规划，突出重点，分步实施。一方面抓好重大工程项目，另一方面抓好与群众利益密切相关的中小项目。集中力量搞好交通、电力、水利、通信等重大项目建设。加强西部地区水资源开发利用、交通运输网络和能源开发体系建设，发挥基础设施建设综合效益。合理安排各种水利工程，大力推广节水技术，建设节水型社会。加快公路国道主干线西部路段建设。抓紧落实全国铁路网建设规划西部项目的施工。加强长江上游等内河航运基础设施建设。推进西部地区信息通道和网络建设。继续搞好农村小型公共设施和农田水利建设。实施县际公路和县城电网改造工程。支持西部地区农村广播电视网络建设。

（四）积极发展特色经济和优势产业。调整优化产业结构，大力发展特色经济和优势产业，促进资源优势向产业优势、经济优势转化。依托各类资源和产业优势，大力发展能源、矿业、机械装备、旅游、特色农业、中药材加工等优势产业。大力改造提升传统产业，发展高新技术产业，发挥国防科技工业的作用，走出一条符合西部地区特点的新型工业化道路。要贯彻以线串点、以点带面的方针，把现有经济基础较好，区位优势明显，人口较为密集，沿交通干线和城市枢纽的一些地区，作为西部开发的重点区域，发展一批中心城市，形成新的经济增长极。发展特色产业要以市场为导向、企业为主体，充分发挥市场机制在资源配置中的基础性作用，防止盲目投资和重复建设，严格控制落后的生产工艺、设备转移到西部地区。

（五）大力发展教育、卫生等各项社会事业。西部大开发，关键在教育、在人才、在提高劳动者素质。国务院决定用 5 年时间在西部地区基本普及九年义务教育，基本扫除青壮年文盲。要研究采取特殊政策，吸引更多的大学毕业生、国内外人才到西部工作和创业。加强公共卫生设施建设，加快建设疾病预防控制体系和医疗救治体系。逐步建立和完善新型农村合作医疗制度和贫困农民家庭医疗救助制度。建立健全县、乡、村三级卫生服务网络，重点支持以乡镇卫生院为主体的农村医疗设施建设。加强人口和计划生育工作，建立农村部分计划生育家庭奖励扶助制度，鼓励贫困地区农民家庭"少生快富"，提高农村特别是偏远地区和少数民族的人口素质。

（六）加快改革开放步伐。西部地区要积极推动国有企业改革、改组和改造，振兴老工业基地，充分发挥他们的主导作用。要鼓励、支持和引导个体私营等非公有制经济发展，充分发挥其在调整结构、开拓市场、增加财政收入、扩大就业中的重要作用。完善市场体系，打破地方保护和地区封锁。优化投资环境，切实保护好各类投资者的合法权益。围绕优势资源开发、重点工程建设和重点区域发展，积极引进境内外资金和技术。放宽西部地区金融、旅游、运输等公共服务领域以及基础设施建设的准入条件。推动西部地区与周边国家开展边境贸易和经济合作。加快行政管理体制改革，切实把政府管理经济职能转变到主要为市场主体服务和创造良好发展环境上来。

三、全面落实中央关于振兴东北地区等 老工业基地的各项政策措施

加快东北地区等老工业基地的调整、改造和振兴，是党中央、国务院统筹区域协调发展作出的重要战略部署，是推进我国现代化建设的一项战略性任务。东北地区等老工业基地振兴战略实施以来，在各方面的共同努力下取得良好开局。一是通过广泛宣传中央的决策和部署，初步形成了人心凝聚、共谋振兴的良好氛围。振兴东北老工业基地已经成为我国经济发展的一个新热点和新亮点。二是认真研究制定振兴工作总体规划和专项规划，工作思路更加明确。三省都制定了振兴总体规划，东北地区公路、水路建设总体规划、东北电力发展专项规划等也在制定中。三是中央确定的支持政策措施相继施行。中央决定，2004年在黑龙江、吉林两省实行全面免征农业税政策，扩大东北地区粮食生产补贴范围和规模，中央财政对东北三省农村税费改革转移支付、粮食直接补贴、良种补贴等达53.1亿元。继辽宁之后在黑龙江、吉林两省推开完善城镇社会保障体系试点工作，中央财政对落实个人账户需要补贴约18亿元，对下岗职工解除劳动关系补助金补助将近55亿元。为支持国有企业改革，已支付三省60多户破产企业补助金163亿元，占全国用于这方面资金的23.3%。在部分中央企业启动了分离办社会试点工作。在东北三省8个行业实行增值税转型试点的政策措施已经出台。同时，对具备条件的部分矿山、油田适当降低了资源税税额标准；给予了三省企业所得税优惠政策。在金融方面，允许有关银行按照政策自主减免贷款企业表外欠息，处置不良贷款。四是国家加大了重点建设资金支持力度。国债资金向东北老工业基地重点倾斜。继2003年第一批100个工业结构调整改造国债项目批准立项后，又安排了第二批197个国债项目立项。安排国债投资20亿元用于农村公路改造工程；安排国债投资33亿元用于13个采煤沉陷区治理项目。组织实施了高技术产业发展专项。为提高东北三省粮食综合生产能力，2003年以来安排中央预算内资金1.2亿元，支持大型商品粮基地建设。五是中央有关部门根据各自职能范围，出台了一些支持

的政策措施。例如，科技部制定了《振兴东北老工业基地科技行动方案》，设立并启动了振兴东北科技专项。商务部、财政部在中央外贸发展基金中安排了东北地区外贸发展专项资金。中央其他有关部门也都积极行动，通过多种形式和途径支持东北老工业基地振兴。

在实施振兴战略的推动下，2004年东北地区经济快速发展。农业喜获丰收，黑、吉、辽三省粮食产量同比增长17.8%，三省农民人均纯收入分别增长20%、17%、13%；工业增速加快，1月至10月，黑、吉、辽三省规模以上企业完成工业增加值同比提高18.5%、20.8%、29.7%，分别高于全国平均水平2.8、5.1和14个百分点；利用外资增长迅猛，1月至10月，三省实际使用外资41.95亿美元，同比增长84.8%，增幅高于全国平均水平61个百分点；国企改革取得进展，黑龙江省全部完成对75户大中型国有企业的改革，辽宁省对69户国有大型工业企业按现代企业制度进行了公司制改造。但也应看到，制约东北地区经济持续发展的一些根本矛盾远没有解决。2005年继续推进振兴东北地区等老工业基地的工作，要以改革为动力，注重转换体制和机制，注重优化经济结构，注重转变经济增长方式，注重提升经济整体素质和竞争力，注重经济社会全面协调可持续发展，继续落实《中共中央国务院关于实施东北地区等老工业基地振兴战略的若干意见》（中发〔2003〕11号）提出的各项任务和政策措施，坚持统筹规划、分步实施、夯实基础、讲求实效、扎实推进，真正抓住和用好战略机遇期，努力走出一条在市场经济和对外开放条件下老工业基地振兴的新路子。

（一）大力发展现代农业，统筹协调城乡发展。振兴东北老工业基地，必须始终高度重视农业，进一步加强农业特别是搞好粮食生产。大力发展现代农业，巩固国家商品粮基地战略地位，着力提高粮食综合生产能力，努力走出一条粮食稳定增产、农民持续增收、地方经济实力不断增强的路子。进一步增加农业科技投入。在保证粮食稳定增产的前提下，努力发展现代化、高效益的大农业。大力发展畜牧业。积极推进农业产业化经营，发挥农垦系统优势，壮大农业产业化龙头企业。加强农产品市场体系建设。继续做好农村税费改革工作。坚持统筹城乡经济社会发展，实现工业与农业、城市与农村发展的良性互动，逐步缩小城乡差距。鼓励有条件的资源枯竭企业职工从事农业生产。支持农民外出打工增加收入，组织引导农村富余劳动力向非农领域和城镇转移就业。

（二）坚持以市场为导向，大力推进产业结构优化升级。按照走新型工业化道路的要求，围绕提高自主开发能力和市场竞争力，结合研究制定"十一五"规划，加强对东北三省产业结构调整的研究和规划工作，搞好重大建设和技改项目的布局，加快培育优势产业和支柱产业。积极发展和提升现代装备制造业，以提高技术水平和国际竞争力为目标，以重大项目为依托，以重大装备国产化为突破口，重点发展数控机床、输变电设备、轨道车辆、发电设备、重型机械等产品，努力建设具有国际先进水平的船舶和汽车生产基地。大力发展高新技术产业，在初步形成的电子及通信设备制造业、软件开发、生物技术、航空航天、医疗设备等高技术产业的基础上，加快科技成果产业化，在优势领域形成规模。加强基础产业和基础设施建设，抓紧编制和实施东北地区铁路、公路、水路交通规划，加快建设大型煤炭生产基地，促进煤电联营和综合开发，加大对老油田的勘探力度，延缓产量递减速度，鼓励骨干钢铁企业联合重组，建设具有国际一流水平的精品钢材生产基地。加快发展第三产业特别是现代服务业，进一步发展和提升传统服务业，逐步提高服务业在国民经济中的比重，积极推广现代流通方式，大力发展旅游业。

（三）加快体制机制创新，用改革的方法解决发展中的矛盾和问题。加快国有企业股份制改造，推行投资主体多元化，着力发展国有资本、集体资本和非公有资本相互参股的混合所有制经济；加快建立现代企业制度，完善公司治理结构，切实转换经营机制。继续推进国有经济布局的战略性调整，推动国有资本向关系国民经济命脉的重要行业、关键领域和优势产业集中。主要运用市场手段，推动钢铁、汽车、石化和重型装备制造等重点行业重组，加快具有国际竞争力的大公司和大企业集团建设。积极解决国有企业遗留问题，加快减轻企业历史负担。继续搞好主辅分离、辅业改制，分流安置富余人员工作。

以明晰产权为重点，推进集体企业改革。鼓励、支持和引导个体、私营等非公有制经济发展，充分发挥他们在调整结构、发展经济、增加就业中的重要作用。进一步推进政企分开，深化投资、财税、金融等领域改革，更大程度地发挥市场配置资源的基础性作用。

（四）继续扩大对内对外开放，构建全面开放的新格局。继续扩大利用外资规模，注重提高利用外资质量和水平。积极吸收外资参与老工业基地调整改造，鼓励外资以并购、参股等多种方式参与国有企业改革和不良资产处置。扩大金融、商贸、保险、旅游等服务业的开放。鼓励跨国公司在东北地区设立研发中心，鼓励外商投资建立培养各类职业技术人才、国际商务人才的高级职业技术培训机构。充分发挥东北地区的地缘优势，扩大与周边国家及地区的经贸合作。鼓励有条件的各类所有制企业进行跨国经营与投资，建立海外能源、原材料和生产制造基地，扩大资源供应，带动商品、技术和劳务出口。大力推进对内开放，积极吸引国内其他地区的各类生产要素进入东北市场，支持大型企业跨地区重组。

（五）统筹人与自然和谐发展，坚持走可持续发展之路。加快推进资源型城市经济转型。明确各级政府和相关企业的责任，调动多方面的积极性，优先把解决好矿山关闭破产、职工安置、沉陷区居民搬迁等紧迫问题的政策措施真正落实到位。支持转型城市原有产业的可持续发展。增加对找矿前景好的资源枯竭地区地质勘探经费投入，加大勘探深度，尽可能寻找和充分开发潜在资源。鼓励资源的二次回采，搞好现有资源的综合利用和精深加工，支持发展有市场的接续产业。研究对特别困难的转型城市给予特殊的支持政策。抓紧研究建立资源开发补偿机制和衰退产业援助机制。大力发展循环经济，保护生态环境，建立资源节约型社会。

四、抓紧研究制定促进中部地区崛起的规划和措施

促进中部地区崛起是贯彻落实科学发展观，促进区域协调发展的重大课题。安徽、江西、河南、湖北、湖南、山西等中部六省地

处内陆腹地，土地面积102.7万平方公里，占全国的10.7%；人口总数3.61亿，占全国的28.1%；生产总值占全国的1/5左右。中部地区是我国区域关联度最强的地区，承东启西、接南近北，吸引四面、辐射八方，发挥着独特的东西互动的桥梁纽带作用。中部地区是全国著名的农产品生产基地，粮棉油总产量分别占全国的30.6%、35%和41%，除山西外，其余五省的产量均在前10位左右，肉类总产量占全国的28.8%，茶叶、蔬菜、水果和水产品等在全国也占有重要份额。中部地区是我国重要的能源原材料工业基地，传统工业集聚，产业基础较为完备，原煤产量和电力生产量分别占全国的31.9%和20.9%。中部地区旅游资源得天独厚，全国119个重点风景名胜区、99座历史文化名城、751处重点文物保护单位，中部六省分别占了27个、20座、187处。黄山、庐山等享誉海内外。中部地区拥有丰富的人力资源，聚集了全国1/4的高等院校，武汉东湖是全国第二大智力密集区，合肥是全国四大科教基地之一。中部地区是促进生产要素合理配置的战略支点，东南北三面分别与长三角、珠三角、环渤海地区三个中国经济最活跃的区域接壤，西面与西南、西北相通，拥有承接东部沿海发达地区产业转移的优势。特别是改革开放以来，中部各省在交通通讯、基础设施等方面有了突飞猛进的发展，城市化、工业化水平不断提高，与东南沿海的产业关联度越来越大，互补性和配套性日益增强。这种独特的中枢区位，决定了沿海发达地区的产业转移必然把中部作为拓展发展空间首选的最佳平台和最直接的产业承接地，从而使中部成为促进资金、技术、信息、商品、人才等要素合理配置的战略支点，在全国地域分工中占据重要地位。近几年，中部已经承接了沿海部分产业和企业，来自海外和沿海发达地区的资本已经大踏步进入中部地区，中部正在成为国内外发达地区产业转移的热土。

改革开放以来，中部六省经济总量持续增长，但与沿海发达地区相比，经济比重明显下降，1978年中部六省GDP相当于东部地区的43%，2003年下降到33.37%；西部大开发战略实施以来，2000—2003年，东中西部地区GDP年均增速分别为13.29%、10.53%和11.89%，中部六省成为三大地带中发展最慢的地区；中部六省产业低度化特征十分明显，农业仍以种植业为主，工业仍以采掘业和资源加工业为主。主要原因，一是由于市场经济的极化效应，使资金、技术和人才向要素配置效率较高的东部沿海地区流动，内陆地区与东部沿海地区经济差距日益扩大。二是对外开放相对落后。中部六省进出口及利用外资水平均较低，2002年六省进出口总额仅占全国的2.9%，实际利用外资占全国的8.4%。三是能源、矿产等主导产业的经济效益明显衰落，同时自身结构调整缓慢制约了经济进一步繁荣发展。四是"三农"问题十分突出，农民增收困难，农村基础薄弱。2004年中央提出促进中部崛起以后，中部六省经济发展呈现良好势头，六省GDP增速超过西部地区，固定资产投资增速位居三大地带之首，全社会商品零售总额增速仅次于东部地区。

促进中部崛起，要充分发挥中部地区的区位优势和综合经济优势，加强现代农业特别是粮食主产区建设，加强综合交通运输体系和能源、重要原材料基地建设，加快发展有竞争力的制造业和高新技术产业，开拓中部地区大市场，发展大流通。

（一）加强现代农业特别是粮食主产区建设。实施优质粮食产业工程，提高耕地质量，加强粮食生产能力建设。加大对粮食主产区的投入力度，保障国家粮食安全，促进解决"三农"问题。支持农产品生产基地和农业产业化体系的建设，加大对农田水利基础设施建设的投入，保证粮食产量的稳定和提高，加快取消粮食主产区的农业税，适当增加对粮食主产区粮食风险基金补助。支持粮食批发市场建设。

（二）以中心城市和交通要道为依托，加快发展城市群和经济带等经济密集区。目前郑州、武汉、长沙、株洲、湘潭等城市以及长江、京广线、京九线、陇海线等干线通道一带已具备了较好的发展条件。应当发挥中部六省大城市的优势，依托长江、京广线、京九线、陇海线等干线通道，重点培育大武汉、合肥皖江、昌九走廊、中原城市群、"长株潭"都市圈，构建若干个增长极。中部发展思路要与国家的重点区域发展战略密切结合起来，融为一体。

（三）加快结构调整，培育地区特色产业。结构调整是中部地区经济带建设的主线。针对区域内部经济结构不合理和产业结构雷同的问题，继续推进结构调整，立足于中部各省的资源，与项目、市场、资金、技术、管理有机结合，把调整优化区域内部结构作为中部经济带建设的主要目标。积极鼓励和引导生产要素流动，因地制宜，加快发展与中部各省的比较优势相适应的区域特色产业和支柱产业。加速对传统产业的改造，积极发展产业集聚区，实现产品到企业、企业到行业的深化，实现产品、企业到工业园区和区域性主导产业的深化。进一步提高科技含量和经济效益，优化生产力布局，促进区内经济结构和产业布局的合理化，不断增强中部经济自主增长的能力。

（四）东拓西进，联手发展。坚持对内对外开放并举，进一步提高贸易和投资的自由、便利程度，外引内联，促进中部区域产业结构升级。中部具有承东启西的区位优势，要保持和发挥这种区位优势，必须东拓西进，联手发展，共同构建中部经济带。在继续吸引东部乃至国外的资金、技术、人力、信息和管理，进一步发展与东部各省市的经济技术等方面合作的同时，立足内地，积极参与西部大开发，进军广阔的西部大市场，拓展中部经济发展的空间。进一步打破地方保护和地区封锁，从中部经济发展的长远着眼，加强区内协调，实现区域内部的市场开放和要素的自由流动，促进区内以及与区外之间的交流合作。

五、鼓励东部地区率先发展和加快发展

改革开放以来，我国东部沿海地区经济状况发生了深刻的变化，继长三角、珠三角这两个经济圈之后，环渤海地区成为我国的第三个经济隆起带，东部经济的发展对全国经济的发展起到了巨大的示范、带动作用。在全面建设小康社会、加快实现现代化的进程中，东部地区肩负着率先发展、加快发展、协调发展的重大历史使命，任务艰巨而光荣。东部地区实现新跨越，再攀新高峰，继续走在我国改革开放和现代化建设的前列，率先基本实现现代化，有利于增强国家实力和竞争力，也有利于支持和带动其他地区发展。东部地区要在优化经济结构、深化体制改革、转变增长方式等方面走在前面，更加注重提高经济整体素质和国际竞争力，进一步发展外向型经济，更加注重促进城乡、经济社会协调发展，切实加强耕地保护、资源节约和生态与环境建设。

（一）进一步推进经济体制和运行机制的创新。要大力调整所有制结构，提高国有经济的集中度，增强规模经济的比较优势。加快发展个体、私营等非公有制经济，培育壮大民营科技企业。要鼓励经济特区和上海浦东新区在制度创新方面走在前列。营造宽松的创业氛围，保护一切合法收入，让一切劳动、知识、技术、管理和资本的活力竞相迸发，让一切创造社会财富的源泉充分涌流，进一步释放民间资本的巨大潜力。

（二）实现开放型经济的新跨越。要按照世贸组织的基本规则，加快经济运行机制与国际的接轨，加强环境保护与建设，使东部地区成为具有竞争力的投资热土。努力提高对外开放的水平，掌握发展外向型经济的主动权。实施以质取胜战略，提高出口商品质量，优化出口商品结构。深化外贸体制改革，推进出口主体多元化、出口市场多元化和出口渠道多元化。发挥外商投资的积极带动效应，把利用外资与推动国内产业结构调整、促进国有企业改组、加快科技进步等结合起来。密切关注外资流入的新动向，合理引导外资投向，在提高制造业利用外资质量效益的同时，注意加大农业、服务业的开发，使之成为扩大开放的新领域、利用外资的新增长点。

（三）进一步加快调整区域经济结构。面对世界经济结构加速重组的趋势，调整经济结构，把各方面的主要精力引导到提高经济增长质量与效益上来，是今后东部发达地区经济发展一个长期的战略任务。要抓住国际新一轮产业分工和制造业转移的历史机遇，积极主动地参与国际产业分工，提高承接国际产业转移的能力，形成更为完整的产业链和产业配套体系。加快产业结构优化升级，形成以高新技术为先导、基础产业和制造业为支撑、服务业全面发展的产业格局。产业政策向现代农业、高新技术、信息产业等倾斜。正确处理工业与农业、高新技术产业和传统产业、资金技术密集型产业和劳动密集型产业、虚拟经济和实体经济的关系。充分发挥市场机制和政策导向的双重作用，在比较利益的基础上，构建和协调区域经济的关系。政府应将注意力转移到引导、规范、监督、服务上来，尽快形成适应市场经济发展要求的结构调整新机制。

（四）积极支持和帮助中西部地区发展。推进东、中、西部地区开展以市场为导向、以企业为主体、以效益为中心的经济技术合作，加强对口支援，带动中西部地区发挥资源、劳动力优势，增加发展后劲。不断开拓合作的新领域、新途径，促进区域间资源的有效利用和合理共享，加快形成东中西地区间互惠互利的经济发展新格局。

（五）有条件的地方率先基本实现现代化。东部地区一些有条件的地方，要高起点、高水平地加快发展。要率先进一步完善社会主义市场经济体制，建设更具活力、更加开放的经济体系；率先提高对外开放水平，提升区域经济竞争力；率先推动产业结构升级，走新型工业化道路；率先促进经济社会协调发展，加快城乡一体化进程，为支持西部大开发、东北地区等老工业基地振兴，带动中部发展，加快全面建设小康社会和实现现代化作出更大贡献。

与此同时，还要采取更加有力的措施，支持革命老区、少数民族地区、边疆地区和贫困地区等欠发达地区加快经济社会发展。由于特殊的历史和地理原因，在全国经济持续快速发展的同时，这些地区发展相对较慢，面临的经济社会问题日益突出。我们必须从维护民族团结、社会稳定和边疆巩固的大局出发，充分认识加快这些地区发展的重要意义。按照中央的部署，增加国家和各级财政的转移支付以及各方面的资金投入，组织经济发达地区与革命老区、少数民族地区和贫困地区开展对口支援，促进经济、技术、人才的交流合作，推动经济和各项事业加快发展，努力提高当地人民生活水平和生活质量。

把握新的历史机遇
促进非公经济更好更快发展 ①

（2005 年 3 月 26 日）

一、非公有制经济已经成为我国社会主义市场经济的
重要组成部分和促进社会生产力发展的重要力量

改革开放以来，党中央、国务院高度重视个体、私营等非公有制经济的发展，制定了一系列促进非公有制经济发展的方针政策。特别是党的十五大确立了以公有制为主体、多种所有制经济共同发展的基本经济制度。党的十六大提出了"两个毫不动摇"的基本方针，即必须毫不动摇地巩固和发展公有制经济，必须毫不动摇地鼓励、支持和引导非公有制经济发展。党的十六届三中、四中全会再次明确强调要大力发展和积极引导非公有制经济。十届全国人大二次会议通过的新的宪法修正案，完善了保护私有财产的法律制度。在党和国家一系列方针政策的正确引导下，个体私营经济等非公有制经济从无到有，从小到大，从弱到强，不断壮大，已成为我国社会主义市场经济的重要组成部分，成为发展生产力和完善社会主义市场经济体制的重要力量，在推动国民经济持续快速健康发展中发挥了重要作用，显示出旺盛的生机和活力。

——非公有制经济已经成为经济增长的重要推动力量。1978—2003 年，国民经济年均增长率达到 9.4%，其中非公有制经济创造的

增加值年均增长率达到 20% 以上。非公有制经济增长对整个经济增长的贡献率不断提高。非公有制经济占国民经济的比重已从改革开放初的不到 1% 提高到目前的 1/3 左右。在 40 个工业行业中，已有 27 个行业非公有制经济所占的比重超过 50%。非公有制经济已经成为不少县、市经济的主体，成为这些地方财政收入的主要来源。沿海地区一些省份非公有制经济发展更快，浙江省非公有制经济所占的比重超过 70%，其中温州市占到 80% 以上。

——非公有制经济已经成为社会就业的主要渠道。目前，城镇不属于国有、集体单位的就业人员达到 1.78 亿人，约占城镇就业人员的 70%；其中，个体、私营企业就业人员 8000 多万人，约占城镇就业人员的 1/3。1992 年以来，个体、私营企业平均每年新增就业岗位近 600 万个，约占同期城镇新增就业岗位的 4/5。据有关部门 2002 年底对 66 个城市就业状况的调查，国有企业下岗职工到个体、私营等非公有制企业实现再就业的约占 65%。

——非公有制经济已成为财政收入的重要来源。2003 年全国个体私营企业各项税收总额为 2532 亿元，占全国税收总额的 12.3%。其中，私营企业 1485 亿元，比 2002 年增长 53.7%，高于全国税收增长速度 33.4 个百分点。2004 年 1—10 月，私营企业税收达 1643 亿元，同比增长 34.4%，高于全国税收增长速度 7.3% 个百分点。

——非公有制经济在对外开放中的作用日益显现。随着外贸体制改革的不断推进，私营企业的进出口贸易逐年增长。2003 年，全国私营企业进出口总额达到 593 亿美元，其中出口额 348 亿美元，比上年增长 1.5 倍。广东省获得进出口经营权的私营企业有 1.4 万多家，占全省拥有进出口经营权企业总数的 76%。一批有实力的非公有制企业已经走出国门，到境外投资兴业，成为实施"走出去"战略的新生力量。

——非公有制经济发展呈现出新的面貌。目前，在产业分布上，非公有制企业从主要集中于商业、餐饮、建筑、运输、轻工、纺织等行业，开始向原材料、机械装备、基础设施、公用事业等领域拓展，特别是在计算机服务、软件设计等一些高技术领域里发展很快。在组织结构上，非公有制企业从主要是劳动密集型企业、中小企业，开始涌现出一批资金密集、技术密集型的企业，产生了一些以华为、万向等为代表的大企业、大集团，在一些地区还形成了以专业化、规模化经营为特征的产业集群和"块状经济"。在企业制度上，非公有制经济从过去多为个人企业、家族式企业，正在向多元投资主体的公司制企业发展。2002 年，以有限责任公司形式注册的私营企业已占全国私营企业的 46%。在区域分布上，非公有制企业过去从主要集中于沿海地区，开始扩展到内地，中西部地区非公有制经济发展迅速。

二、《若干意见》为非公有制经济发展提供了新的历史机遇

党的十五大特别是十六大以来，非公有制经济发展的外部环境日益改善。但非公有制经济发展仍面临一些困难和问题，主要是：部分地方、部门观念转变滞后，相关法律法规不完善；市场准入方面还存在一些不适当的限制，企业融资渠道窄；社会服务体系不健全，政府监管和服务不到位；部分企业行为不规范，自身素质有待提高。为了进一步贯彻落实中央方针政策和宪法修正案要求，切实解决非公有制经济发展面临的困难和问题，促进非公经济更好更快发展，国务院决定制定《鼓励支持和引导个体私营等非公有制经济发展的若干意见》（以下简称《若干意见》）。这个文件的起草工作从去年 2 月开始启动，经过深入调研、反复讨论、反复修改，于今年 2 月 19 日正式下发，24 日向社会公开发布。

国务院对制定这个文件十分重视，列入 2004 年国务院工作要点。国务院领导同志对文件起草工作作出重要批示，对促进非公有制经济发展提出了明确要求，并在浙江温州和山东青岛召开促进非公有制经济发展专题座谈会，听取有关方面意见。国务院领导同志指出，关于贯彻落实十六届三中全会精神，促进非公有制经济发展，应有个通盘考虑，着手研究一些重大的政策性问题，最好能够形成一个指导性的文件。

为起草好这个文件，由发改委、国研室牵头，成立了"促进非公

有制经济发展重大政策专题研究"工作小组,成员包括国防科工委、财政部、劳动保障部、人民银行、证监会、银监会、全国总工会等20多个部门和单位,共同研究有关重大政策性问题。从去年3月开始,文件起草组多次召开专题会议,邀请有关部门、地方、企业和专家学者进行座谈,还先后赴浙江、福建、江西、重庆等地进行调研。文件稿形成后三次正式征求有关部门和单位的意见,每次涉及的部门和单位都多达30多个。文件还注重吸收各地经验,对各地的做法和政策措施进行了认真研究,并加以总结和吸收。可以说,《若干意见》的制定,是总结各地实践经验和做法,广泛征求和吸收各方面意见,科学决策、民主决策的过程,是集体智慧的结晶。

《若干意见》由前言、七个部分,共36条组成。前言阐述了发展非公有制经济的重大战略意义,提出今后一段时期发展非公有制经济的总体要求。七个部分针对促进非公有制经济发展中存在的突出问题,提出了政策性意见。这些政策性意见兼顾了指导性和可操作性两个方面。一方面,文件内容能具体的尽量具体,可以明确的尽量明确,使政策措施具有可操作性,便于贯彻执行。另一方面,突出文件的指导性,着重就发展非公有制经济的重大政策性问题提出方向性、原则性意见,为部门和地方制定相应的配套办法和开展工作提供政策依据,留下足够的空间。这七个部分、36条政策措施,可概括为以下四个方面。

(一)创造公平竞争条件。各类市场主体平等竞争是社会主义市场经济的基本要求。促进非公有制经济发展,首先就是要使非公有制企业在投资核准、融资服务、财税支持、土地使用和外贸经营等方面,与其他各类所有制企业享受同等待遇。这方面,当前反映比较突出的是非公有制经济的市场准入问题,其中既有一些"显性"限制,也有一些"隐性"障碍。虽然国家明确要求,凡法律法规没有禁止非公有制经济进入的行业和领域,非公有制经济均可进入。但是,现实经济生活中市场准入限制和歧视现象依然存在,某些领域的政策待遇还不一致。即便在准入政策上对非公有制经济无公开限制的一些行业和领域,实际进入的隐形限制条件仍然比较多,人们将这种"名义开放、实际限制"现象称为"玻璃门",看着是敞开的,实际进不去,一进就碰壁。与其他所有制企业相比，非公有制企业还面临前置性审批复杂等问题。另外，即使在允许非公有资本进入的行业和领域，在要素分配、投资融资、对外贸易和对外经济技术合作等方面，政策待遇还不平等。

放宽市场准入的核心是要消除行业准入歧视，允许非公有资本进入法律法规未禁止的基础设施、公用事业以及其他行业和领域。允许外资进入的行业和领域，也允许国内非公有资本进入，并放宽股权比例限制等方面的条件要求。对非公有制企业与其他所有制企业一视同仁，实行同等待遇。对需要审批、核准和备案的事项，政府部门必须公开相应的制度、条件和程序。同时，组织专门力量限期清理限制非公有制经济发展的法律法规和部门规章，该废止的立即废止，该修订的抓紧修订，该制定的及时制定。

《若干意见》在放宽市场准入方面提出了以下政策规定：一是加快垄断行业改革，在电力、电信、铁路、民航、石油等行业和领域，引入竞争机制，对其中的自然垄断业务，积极推进投资主体多元化，非公有资本可以参股等方式进入；对其他业务，非公有资本可以独资、合资、合作、项目融资等方式进入。二是加快完善政府特许经营制度，规范招投标行为，支持非公有资本积极参与各类公用事业和基础设施的投资、建设和运营。三是支持、引导和规范非公有资本投资教育、科研、卫生、文化、体育等领域中的社会事业，包括非营利性社会事业，也包括营利性社会事业。四是在加强立法、严格监管、有效防范金融风险的前提下，允许非公有资本进入区域性股份制银行和合作性金融机构，允许非公资本进入金融服务业。五是允许非公有资本进入国防科技工业建设领域，按有关规定参与军工科研生产任务的竞争。六是鼓励非公有制企业通过兼并收购和控股参股等多种方式，参与国有企业和集体企业的改制改组改造，支持非公有资本参与西部大开发、东北地区等老工业基地振兴和中部地区崛起。《若干意见》关于放宽非公有制经济市场准入的这些规定，加上去年颁布的《行政许可法》和《国务院关于投资体制改革的决定》及配套文件的实施，为非公有制经济发展提供了更大的投资便利和发展空间。

（二）加大政策扶持力度。按照市场经济的要求，对各种所有制经济的政策应该一视同仁。一般来说，对一种所有制经济的政策支持，也就是对其他所有制经济的政策歧视。专门针对一种所有制经济的优惠政策有悖于市场经济的一般准则。但是，我国个体、私营等非公有制经济中，95%的企业是中小企业；中小企业中，95%以上属于非公有制经济。中小企业规模较小、实力较弱、在与大企业竞争中处于不利地位，需要政府的扶持和社会各方面的支持，这也是国际通行做法。如美国对雇员在25人以下的企业依照个人所得税税率纳税，而不依照企业所得税税率纳税；对投资500万美元以下的小企业永久性减免投资税；1997年通过的"纳税人免税法"每年为小企业减免税额数亿美元。英国1999年将中小企业适用税率由33%降为20%；2003年又将应税所得在5万英镑到30万英镑的小企业税率从20%调为19%。法国从1996年起，对营业额不超过5000万法郎的中小企业，在课征公司所得税时，对企业新增资本带来的利润使用19%的低税率（正常税率为36.7%）。德国将中小企业折旧率从10%提高到20%。加拿大允许中小企业研发支出的第一个200万加元的35%可以用来抵扣当年的应纳税款（一般企业的抵扣比例为20%）。美国《小企业法》授权小企业局为小企业贷款担保人，允许其提供各种不同形式的贷款担保，帮助小企业获得私人商业银行贷款。最高担保比例可达贷款额的95%，最高贷款额度为125万美元。基于这种考虑，《若干意见》主要从扶持中小企业发展的角度对个体、私营等非公有制经济提供了一些支持。当然，这些支持政策，对其他所有制的中小企业也是同样适用的。

当前在中小企业财税金融方面遇到的问题和困难最为突出，主要包括：一是中小企业融资难问题。我国银行体系总体上是为大企业、大项目服务的，中小企业、特别是小企业的融资渠道非常狭窄，贷款十分困难。据统计，2003年全国乡镇企业、个体私营企业和三资企业的短期贷款只占银行全部贷款的14.4%；中小企业股票、公司债券发行等直接融资只占全部直接融资的13%；全国300多万户私营企业获得银行信贷支持的仅占10%。这与中小企业在国民经济中的地位极不相称。二是个体私营企业税负较重。我国外资企业有税收优惠政策，内资企业税负明显高于外资。内资企业税制名义上是统一的，但国家对国有企业有各种支持政策，相比之下个体私营企业税负较重。2003年重点税源监管企业的平均营业税税负为3.85%，所得税税负为11.89%，私营企业为4.31%和13.11%。加之，个体私营企业多为小规模纳税人，进项增值税难以抵扣，实际税负高。不仅如此，许多地方还对非公有制企业进行名目繁多、数额巨大的收费，如个别省份在年检年审时搭车收费和变相收费达30多项，有的地区企业交费已经大于税收，有的地方把私营企业作为主要摊派对象，在地方财政收支难以平衡时，往往以各种名义将部分行政事业费转嫁给企业。

《若干意见》从以下几个方面加大对非公有制经济的财税和金融支持：一是继续加大公共财政支持力度。继续扩大中小企业发展专项资金的规模，支持中小企业服务体系建设，提升各类中介组织的综合服务能力。国家国债资金和预算内资金也将按照公平原则，配置给符合国家产业政策的各类所有制企业。二是改善金融服务，拓宽融资渠道。深化金融体制改革，建立和完善与非公有制经济发展相适应的金融组织体系。改进信贷考核和奖惩方式，鼓励国有银行和股份制银行提高对非公有制企业的贷款比重。针对非公有制经济的特点开展金融创新，开发满足非公有制企业需求的金融产品和服务。推进多层次资本市场建设，在股票债券市场上市、发行等方面，使非公有制企业与公有制企业享受同等待遇；加快完善中小企业板块，分步推进创业板市场；健全证券公司代办股份转让系统功能，为非公有制企业更好地利用资本市场创造条件；规范发展产权交易市场，健全创业投资机制，鼓励非公有制经济以股权和债权方式融资。建立和完善信用担保机构的行业准入、风险控制和补偿机制，加强对信用担保机构的监管，促进担保行业健康发展。三是研究税收扶持政策措施。这在《若干意见》只是写了这么一句话。但这句话的含金量是很大的。依据这句话，下一步要研究的政策措施包括：研究合并现行内外资企业所得税制；研究解决非公有制企业投资者的双重纳税问题；研究合理界定一般纳税人的标准，降低小规模纳税人征收率等问题，同时还在研究通过税收等相关政策鼓励非公有制经济捐资捐赠社会事业，等等。所有这些，都是中小企业、个体私营等非公有制企业十分关心和热切盼望的。

（三）营造良好发展环境。营造良好发展环境，是非公有制经济健康发展的重要前提，也是市场经济条件下政府的基本职能。当前非公有制经济发展环境存在的主要问题，一是与私有财产保护有关的法律法规还比较滞后，对各类财产权的保护还不够。在市场主体制度方面，还没有建立一套以《公司法》为核心的企业法律制度。二是面向中小企业的公共服务缺失。不少政府部门仍习惯于以公有制经济为主要服务对象，尚未真正做到社会公共管理。中小企业特别需要的创业辅导、企业诊断、技术支持、信息咨询、法律帮助、员工培训、对外经济合作等政府服务和社会服务，或是基本没有，或是尚处于起步阶段。已建立的少数专门为中小企业服务的中介机构，因缺乏国家的必要政策扶持，运营困难、步履维艰。目前，相当部分中小企业深感创业难、经营难、有了问题解决难，处于无助地位。三是政府职能转变滞后。有些政府部门，还沿用计划经济体制下的管理方式，为各类企业创造公平竞争的环境做得很不到位。如我国新设立企业程序复杂、周期长、成本高，从提出申请到领取执照平均需要 92 天，而国际上只需要 47 天。据调查，创办一般小企业费用平均为 5000 元左右，若有卫生、安全、环保等许可要求的，则需 1 万—2 万元。

针对这些问题，《若干意见》主要从三个方面提出了政策意见和要求，为非公有制经济营造良好环境。一是改善政府管理和加强权益保护。《若干意见》要求各级政府强化服务意识，创新服务手段，改进监管方式，提高管理和服务水平，进一步完善法律法规，依法保护非公有制企业主的名誉、人身和财产等各项合法权益。二是完善社会服务。《若干意见》要求完善对非公有制经济的社会服务，积极开展创业服务，加大对自主创业的政策扶持，鼓励创办小企业，开发新岗位。支持建立面向非公有制企业的共性技术服务平台，加强科技创新服务。鼓励高等院校和各类培训机构开展对非公有制企业经营者和员工的教育培训。支持非公有制企业到境外投资兴业，开拓国际市场。加快建立适合非公有制中小企业特点的信用征集体系、评级发布制度以及失信惩戒机制，推进企业信用制度建设。三是加强舆论宣传。《若干意见》强调加强舆论宣传，努力形成促进非公有制经济发展的良好社会舆论环境。

（四）提高企业自身素质。非公有制企业是伴随着我国改革开放和社会主义市场经济不断发育的进程成长起来的，在市场竞争中涌现出许多制度先进、机制灵活、技术和管理水平较高的优势企业，但从总体看，非公有制企业素质总体水平仍然较低。一是有相当部分企业在组织形式、治理结构、经营管理等方面存在不少问题，与市场经济的要求还有很大差距。有些企业做大后，没有成功实现企业制度和经营管理的转型，严重制约企业进一步发展壮大。二是非公有制企业总体上产品档次和技术水平低，自主开发能力弱，能源原材料消耗高，环境污染严重，核心技术和关键零部件主要依靠进口，生产的产品处于全球产业链条中低端。三是相当一部分非公有制企业社会责任意识比较薄弱，企业社会责任缺失相当严重，特别是在劳动用工、劳动安全和环境保护等方面存在不少问题。

提高非公有制企业自身素质，一是要适应经济全球化和完善社会主义市场经济体制的要求，加快建立现代企业制度，改善公司治理，正确处理所有权与经营权的关系，把集权与分权、经验管理与科学管理有机结合起来，特别是家族制企业，尤其应当努力做到集权有道、分权有序、授权有章、用权有度，逐步建立符合现代市场经济要求的企业制度和管理模式。二是要通过企业、政府、社会等多方面的共同努力，逐步形成我国非公有制企业技术进步的机制和体系。根据非公有制企业的不同需求，积极开展多种形式的培训，提高企业员工素质；要引导和支持企业从事专业化生产和特色经营，向"专、精、特、新"方向发展；加大对非公有制企业科技创新活动的支持，加快建立适应非公有制中小企业特点的信息和共性技术服务平台；积极培育技术市场，促进科技成果转化和技术转让；引导和支持科研院所、高等院校与非公有制企业开展多种形式的产学研联合，支持非公有制经济创办科技型中小企业和科研开发机构。三是要坚持以人为本，把保障劳动者权益、保护环境和促进社会进步，作为企业的基本职责和企业管理的重要内容，强化社会责任意识，加强社会责任管理，自觉履行企业社会责任。政府和行业组织应加强引导和监督，帮助企业树立社会责任的理念，帮助企业建立与国际接轨的社会责任管理体系，加强对企业社会责任的监督。

为此，《若干意见》强调，个体、私营等非公有制企业要贯彻执行国家法律法规和政策规定，规范企业管理行为，完善企业组织制度，建立健全各项规章制度，完善企业法人治理结构，提高企业经营管理者素质，加强诚信建设，鼓励有条件的非公有制企业做强做大，发展成为主业突出、市场竞争力强的大公司大集团。通过提高专业化协作水平，培育骨干企业和知名品牌，创新市场组织形式，发展专业化市场，推进公共资源共享，促进产业集群健康发展。同时，特别强调非公有制企业要依法尊重和维护企业职工的各项合法权益。从根本上说，非公有制企业能否做大做强，能否走好走长走远，关键是取决于自身素质。

三、把握机遇，顺应形势，促进非公有制经济更快更好地发展

《若干意见》发布后，引起了强烈的社会反响，受到了个体、私营等非公有制经济的衷心拥护和热烈欢迎，也受到了社会其他方面乃至国际社会的高度重视和广泛关注。许多非公人士说非公有制经济发展的又一个春天到了。随着《若干意见》的贯彻实施和相关配套措施办法的陆续出台，非公有制经济迎来了新的发展机遇。非公有制经济应当紧紧抓住这一难得的历史机遇，乘势而上，把非公有制经济发展提高到一个新水平。如何把握新的历史机遇，促进非公有制经济健康发展，当前一个十分重要的方面，是要正确处理与国家宏观调控的关系。2003 年以来，针对我国经济运行中出现的一些新问题，党中央、国务院审时度势，及时作出了加强宏观调控的决策和部署，按照果断有力、适时适度、区别对待、注重实效的原则，综合运用经济、法律手段和必要的行政手段，着力解决影响经济平稳较快发展的突出问题。经过全国上下共同努力，宏观调控取得明显成效。经济运行中不稳定不健康因素得到抑制，薄弱环节得到加强，避免了经济大的起落。前一时期，有一种观点认为，这次宏观调控是拿非公有制企业"开刀"，"打

压民营经济"。这种看法是不正确的。宏观调控实施区别对待、有保有压的方针，不是以所有制划线，并不是针对非公有制经济的。随着《若干意见》的出台，这种误解正在逐渐得到澄清。

但在客观上，这次宏观调控也确使一部分非公有制企业感到很大压力，有些也受到一定的影响。之所以非公有制经济感到宏观调控的影响较大，主要原因，一是固定资产投资膨胀，是这次宏观调控的重点，而非公有制经济投资所占比重较大。目前，全国固定资产投资中来自非公有制经济的有近60%，上海、江苏、浙江等地超过三分之二。2004年1—9月，私营企业投资同比增长59.4%，高于国有企业投资47.5个百分点；私营企业投资占全部投资的比重同比由7.9%上升为9.7%，提高了1.8个百分点。二是宏观调控的另一个重点，是控制高耗能行业过快增长，而部分非公有制经济盲目投资高耗能行业的现象比较突出。由于不了解经济全局发展和市场长远变化趋势，近年来新上钢铁、电解铝项目中相当部分是民间投资，其中不少资金是靠银行贷款。这部分投资受局部和眼前利益驱动，带有很大的市场盲目性。三是一些非公有制经济投资项目存在违规行为。项目违规审批问题，土地非法征用、占用问题，违反环境保护有关规定问题，偷漏税问题，违规贷款问题比较严重。四是以中小企业为主的非公有制企业对国家收缩银根反应明显。由于中小企业在经营实力、资金来源、管理水平低、信用程度和行业结构等方面与大企业有差距，在信贷资金收缩时，流动资金就更加紧张。由于这些原因，非公有制经济在这次宏观调控中感受的压力和受到的影响比较大。

从根本上说，中央采取的宏观调控措施，不仅有利于整个国民经济的健康发展，对于非公有制经济的健康发展也是有利的。根据当前经济运行情况，中央决定今年要继续坚持加强和改善宏观调控，巩固和发展宏观调控成果。从今年一二月份的经济运行情况看，固定资产投资膨胀、原材料价格上涨、煤电油运紧张的情况不仅没有得到缓解，有些方面又有新的发展，宏观调控的力度还要加大。在这种情况下，非公有制企业一方面要适应国家宏观形势的要求，坚持树立科学的发展观，主动调整发展思路和发展模式，自觉遵守国家法律法规和产业政策，严格执行国家行业规划和相关技术法规，积极投资国家鼓励、支持的行业和领域；另一方面要以结构调整为主线，以改革开放和科技进步为动力，大力发展高新技术产业，用先进技术改造提升传统产业，优化产业、产品结构，提高产业层次，走集约化经营的新路子，按照统筹人与自然和谐发展的要求，注重节约使用各种资源，降低资源消耗，减少环境污染，积极发展循环经济。总之，非公有制经济要抓住《若干意见》贯彻实施的机遇，通过自身努力，在宏观调控中实现健康发展。

内外结合　多方努力
促进农膜行业健康发展①

（2005 年 5 月 20 日）

　　当前农膜行业发展既面临着国家继续加大对"三农"支持力度的大好机遇，也面临着原材料涨价、成本上升、产品销售困难的严峻挑战。把握机遇，应对挑战，提高企业自身素质，谋求国家政策支持，通过内外结合、多方努力，共同促进农膜行业健康发展，是农膜企业和农膜专委会十分重要而紧迫的任务。我认为促进农膜行业健康发展，重点是六个"加强"。

　　（一）加强自主创新，促进产品和产业升级。技术进步特别是自主创新是实现企业持续较快发展的不懈动力。与发达国家相比，我国企业总体上技术创新能力薄弱，企业研发投入占销售额比重较低，拥有技术开发机构和研发活动的企业较少，核心技术和装备大量依赖进口。有资料显示，2003 年，我国大中型企业中有技术开发机构的占 1/4，其中有实际研发活动的占 1/3，科技开发投入占企业销售收入的比重仅为 0.75％。多年来，我国企业引进技术与消化、吸收、创新的投入之比为 1:0.07，日本、韩国则为 1:8。这种现象，在农膜行业也很突出。当务之急，是要积极采用先进适用技术改造现有企业，努力降低企业能耗、物耗和原材料消耗，降低企业生产成本；加大新产品开发力度，努力提高功能膜等技术含量高的产品比重，不断改进产品性能；加大企业科研和技术开发投入，提高自主创新能力，努力形成具有自主知

---

　　① 本文为在中国塑料加工工业协会农用薄膜专业委员会第三届二次会员代表大会上发言的主要内容。

识产权的技术和品牌；积极推动废弃农膜的回收利用，大力发展循环经济。

（二）加强经营管理，提高现代化管理水平。相比较而言，我国企业技术落后，管理更落后。农膜企业要克服能源、原材料涨价、成本上升等不利因素的影响，成功化解当前遇到的各种矛盾和困难，最重要最现实的途径是加强经营管理，节能降耗，降低成本，提高质量。这方面大有潜力、大有可为。

（三）加快企业重组步伐，提高产业集中度。规模小、产业集中度低已经成为制约农膜企业竞争能力的关键因素。我国是农地膜生产和使用最多的国家，是其他所有国家总和的1.6倍。但是，我国农膜生产企业近千家，年产量120万吨左右，平均每户企业年产仅1200吨，前60家企业的集中度仅有60%，农膜企业小、散、差现象十分突出。这在发育成熟的市场经济中是不可能存在的。随着我国社会主义市场经济的逐步发育，农膜行业也必然要走上产业集聚和集中的道路，经过市场竞争和筛选，大浪淘沙、优胜劣汰，农膜生产将最终集中到几家优势大企业和几个知名品牌上。这是必然的趋势。我们应当适应这种趋势的发展和促进这种格局的形成。因此，要鼓励和促进农膜企业跨行业、跨地区的资产重组、联合并购，实现优势互补和资源合理配置，培育大公司和企业集团，增强企业竞争能力，提高产业集中度，将农膜行业做大、做强。众多的农膜企业在市场竞争的分化重组中，应当争取主动，合理确定自己的市场定位。

（四）加大整治力度，建立正常的农膜市场秩序。当前，农膜市场秩序混乱，大量假冒伪劣农膜充斥市场，挤压优质农膜市场空间，偷逃国家税收，严重损害了农民利益。应当把整治农用薄膜市场秩序作为整顿市场经济秩序的一项重要内容，加大整治力度，打击假冒伪劣，完善市场准入，建立健全产品标准，加强行业自律，保护和培育名牌产品。

（五）加强行业组织协调，提高市场组织化程度。改变农膜行业小、乱、差的状况，目前十分需要加强行业组织协调工作。农用薄膜在原材料采购和产品生产、销售、售后服务以及回收利用等方面，都有必要加强企业间的协调与合作。近期可考虑在原材料采购方面多做些工作。我国农膜生产原料一半靠进口，但由于多头采购、相互掣肘，炒得国外报价越来越高，严重损害了国内生产企业利益。这方面，可考虑借鉴我国钢铁企业铁矿石国外联合采购的做法，改变农膜原材料国外采购策略，使"中国需求"全面组织化，尽快缩小现货市场，加大长期合同比重，建立首席谈判制，实施集中谈判等，在原材料采购掌握价格主动权。

（六）加强调查研究，争取政策支持。农膜应用广泛，关系千家万户农民的切身利益。同时，农膜行业在发展中有遇到许多亟待解决的政策性问题。在企业和行业自身努力的同时，需要加强调查研究，向有关方面反映真实情况，争取政策支持。去年，我们和农膜专委会一道，积极反映农膜行业发展面临的困难，得到领导同志和有关部门高度重视，线性低密度聚乙烯进口关税进行了下调，对缓解行业困难起到一定作用。今后，还可继续就农膜产品与化肥、农药等农用工业品享受同等政策待遇，鼓励和强制废旧农膜回收利用等方面进行研究，提出有关政策建议。

在发展社会主义市场经济和扩大对外开放的条件下，行业协会在促进行业交流、推动技术进步、加强行业自律、争取政策支持、维护合法权益、发挥桥梁纽带作用等方面，存在着广阔的活动空间，也发挥着越来越重要的作用。有为才能有位。农膜专委会在服务农膜生产企业和用户、促进农膜行业发展方面做了许多有益的工作，会员单位对农膜专委会的工作也给予了很大支持。希望农膜专委会在会员单位的支持下，更好地发挥功能作用，拓展服务领域，促进农膜行业健康发展，为会员单位提供更多优质高效周到的服务，为广大农民提供更多优质高效价廉的产品。

大力推进企业集团创新与发展 ①

（2005 年 9 月 24 日）

　　大企业是一个国家经济的灵魂，是国家综合实力的重要表现。改革开放以来，我国大企业、企业集团规模不断扩大，管理有所突破，国际化经营水平不断提升，竞争力明显提高。同时应该看到，我国企业与我国在世界经济中的地位很不相称。2004 年我国国民生产总值位居世界第六位，进出口总额位居世界第四位，许多重要工业产品产量位居第一，但我国内地企业入围世界 500 强的数量只有 15 家，与世界级企业相比仍存在较大差距。我国企业 500 强的营业收入总额、利润总额与资产总额分别只相当于世界 500 强同类指标的 8.4%、7.0%、6.0% 和美国 500 强的 17.2%、12.5%、18.2%。更应看到的是，这些财务指标差距的背后是体制、技术、管理和综合竞争力的差距。

　　在当前世界科技日新月异，经济全球化加速推进的情况下，如何发展我们的跨国公司，打造经济航空母舰，是企业、社会和政府共同关注并致力解决的重大问题。今天，我想讲的是，要通过"实现三个创新、加强一个责任"，把中国企业集团做大、做强、做实、做久、做远。实现三个创新就是要加速推进大企业集团的体制、技术和管理创新，加强一个责任就是大企业集团要积极承担社会责任。做大就是要使企业集团达到一定的经济规模，做强就是增强企业的市场竞争能力，做实就是指要打造企业的核心技术能力，做久就是要实现企业的可持续发展，做远就是要走出去发展中国自己的跨国公司。

---

　　① 本文为在中国大企业集团信息发布会上发言的主要内容。

一、大力推进大企业集团制度创新

制度创新是提升企业竞争力的重要保障。当前，制度性或体制性问题，仍然是制约大企业集团竞争力培育和提升的重要因素。良好的企业制度是取得投资者信赖的基石，是走向资本市场的通行证。据麦肯锡企业顾问公司对亚洲的调查，对同等盈利水平的公司，投资者愿为治理机制良好的公司股票多支付20%以上的溢价；在亚洲金融危机后，投资者在评估亚洲投资潜力时，认为董事会行为质量比财务问题更重要的和同等重要的占75%。

改革开放以来，我国大企业集团在制度建设和公司治理方面，进行了不断探索，取得了一定进展，但也有一部分企业在组织形式、治理结构等方面存在不少问题。要适应经济全球化和完善社会主义市场经济体制的要求，加快企业体制创新，就必须加快建立现代企业制度，改善公司治理，正确处理所有权与经营权的关系，把集权与分权有机结合起来，形成以董事会治理为核心，出资人、董事会、监事会、经理层各负其责、协调运转、有效制衡的公司治理结构，在此基础上形成科学高效的决策机制、激励机制和约束机制。

二、大力推动企业集团技术创新

技术创新是提升企业竞争力的重要途径，是实现企业可持续发展的不懈动力。现代的产业垄断，已经从资本垄断向着技术垄断的时代迈进。目前，世界研究开发的80%、技术创新的71%，均由500强企业所创造和拥有，62%的技术转移也是在500强企业内进行。发达国家90%的跨国公司把技术创新作为企业战略的主体内容，80%建立了研发中心，大多数企业研究开发投入占销售额的5%以上。与此相比，我国规模以上工业企业研究开发投入占销售额的比重仅为0.78%，拥有技术开发机构的企业仅占25%，其中有研发活动的企业只有30%，许多企业的核心技术和装备基本上依赖进口。在许多领域，尽管我国企业的生产规模不断扩大，但由于缺乏核心技术和自主知识产权，往往不得不把绝大部分利润拱手让人。

大企业、企业集团要从自身长远发展高度思考技术创新战略，把提升自主创新能力放到十分重要的地位。一是要制订长远的技术创新战略。二是加快企业技术开发中心建设。三是用先进技术改造现有企业，走嫁接创新之路。四是狠抓技术引进，走借鉴创新之路，在消化、吸收的基础上实现进一步创新。五是加强对外协作，大力推进产学研一体化建设，走联合创新之路。

三、大力推进企业集团管理创新

随着我国经济的发展、市场经济体制的逐步确立和国际化程度的提高，企业要在市场竞争中得以生存和发展，就必须要不断提高现代化管理水平，增强管理创新能力。大公司、大企业集团作为现代管理的先行者，应该把握当今国际企业管理趋势。一是以创造、使用、保存、转让知识和智力为核心的知识管理正在兴起；二是以批量化为核心的"产品中心主义"企业经营模式将被以个性化为核心的"客户中心主义"企业经营模式所替代；三是企业与企业之间的竞争正逐步演变成不同价值链之间的竞争；四是企业组织结构扁平化、网络化、虚拟化；五是企业再造将成为一个动态、持续变化的长期过程；六是战略联盟成为企业之间竞争合作的重要组织形式；七是企业的市场半径由国内扩展到全球范围，从大而全转向业务外包，从重视有形资产转向更重视无形资产，等等。

推进管理创新，就要适应国际企业管理趋势，结合企业产业、区域和文化特点，探索适合自己的管理模式和管理方式。一是不断更新观念，树立现代经营理念。二是适应经济全球化和加入世贸组织的新形势，积极运用国际企业管理标准。三是推进企业组织结构的调整、重建，实现企业组织规模结构的适度化和虚拟化，管理组织结构的网络化、柔性化和扁平化，生产业务组织的再造和结构的柔性化。四是加强风险管理，防范和化解经营风险。五是实施人本管理，大力开发人力资源。六是加速企业管理信息化建设，推进企业管理跨越式发展。七是树立诚信经营理念，重视企业道德建设和企业文化建设，塑造良好企业形象。

四、高度重视并积极承担企业社会责任

企业社会责任是自 20 世纪 80 年代经济全球化以来兴起的一场社会运动。自觉履行社会责任已经成为企业发展的大趋势，社会责任感的强弱已成为衡量一个企业是否成功的公认指标。美国 Brain Reserve 咨询公司调查显示：消费者更乐于购买"绿色产品"和具有社会责任感的公司的产品，而那些无责任感的公司的产品往往是他们抵制的对象。世界上许多大企业已经把注重社会责任作为新的企业价值观，作为企业文化的重要组成部分，以自觉履行保障劳动者权益、促进社会进步、遵守环保及可持续发展原则等社会责任为荣。履行企业社会责任已被越来越多的企业看作是保持可持续发展的竞争优势，许多企业希望能够通过加强社会责任管理在市场上树立好形象。

增强企业社会责任意识，自觉履行企业社会责任，从根本上说，也是我们实践"三个代表"重要思想，坚持以人为本、全面协调可持续的科学发展观的必然要求和具体体现。我国的大企业、企业集团应该做自觉履行社会责任的表率。应当从关心职工、社会和利益相关者的要求，从适应国际竞争的需要出发，坚持以人为本，把保障劳动者权益、保护环境和促进社会进步，作为企业的基本职责和企业管理的重要内容，强化社会责任意识，加强社会责任管理，做合格的企业公民。

调研工作需要注意把握好几个关系 [①]

（2005 年 10 月）

做好调研工作，需要注意把握好这样几个关系。

一、调查研究与服务决策的关系

调查研究固然重要，但调查研究本身不是目的，而是手段。什么是目的，调查研究是用来干什么的，对于党政领导机关的研究机构来说答案很明确：调查研究是为决策服务的，正确地决策才是目的。我们室是为国务院领导同志服务的国务院办事机构，承担着综合性政策研究和决策咨询任务，这个定位是很明确的。这也是我们与一般研究咨询机构不同的地方。没有这个职能定位，就没有国务院研究室存在的必要。党政机关的研究室应该成为领导机关和领导同志的耳目和外脑，充分发挥参谋助手作用，为领导机关和领导同志正确地进行决策以及决策的实施服务。多谋才能善断，谋之深才能断之准。我们做的就是"多谋"、"深谋"的工作。我们的工作做好了，就能为领导同志"善断"、"慎断"提供科学的依据和参考。所以，我们室调研工作的目的性十分明确，就是为领导决策服务，调研成果要尽可能进入领导决策。怎样才能做到这一点，就是要做到我们常讲的围绕中心、服务大局，紧紧围绕党中央、国务院的中心任务，围绕党的路线、方针、政策和中央重大决策、重大工作部署的贯彻落实，围绕改革发展稳定中的突出问题和群众普遍关心的热点、难点问题的解决，有针对性地开

---

① 本文为 2005 年 10 月在国务院研究室提高调研工作质量培训班上的发言。

374

展调查研究。努力做到想领导之所想，急领导之所急。如果标准定得再高一些，还要想领导之将想，想领导之未想，进行一些超前性研究。这样，我们的调研工作才能上层次、上水平；我们的调研成果才能有的放矢，富有成效。

二、调查与研究的关系

调查研究包括调查和研究两个方面。"调，算度也；查，指寻检、查究、考查；研，有细磨、审查之意；究，就是穷尽、追根究底"。调查以"求实"，研究以"求是"。只有把调查与研究、"求实"与"求是"结合起来，在"求实"的基础上"求是"，在"求是"的思维中把握"实事"，才能正确认识事物的本质和规律性，把握事物的发展趋势。调查是研究的基础，必须全面系统，"没有调查就没有发言权"。研究是调查的升华，必须深入细致。事物是现象与本质的统一，要把握客观事物，就必须透过现象把握本质，实现由感性认识到理性认识的飞跃。所以说，既认真调查，又注重研究，构成了完整的调研过程和认识过程，有助于把零散的系统化，把粗浅的深刻化，抓住关键，找到规律，从而提高调查研究的质量和效果。只有调查没有研究，等于只收回了一堆原材料，不成其为产品，即使形成材料，充其量也是素材的码堆、现象的罗列。不注意调查的研究则是无源之水、无本之木，其结论很难切合实际，不可能揭示出事物的规律性。调查，必须两眼向下，深入实际，通过自己敏锐的观察和艰苦细致的工作，去发掘、获取所需的比较真实、全面、系统的素材；研究则是一个"去粗取精、去伪存真、由此及彼、由表及里"进行加工提炼升华的过程，需要我们熟练地运用逻辑思维甚至包括逆向思维、延伸思维，从一大堆素材中透过现象抽出本质的东西、带规律性的东西来。这些都功非一日，没有捷径，关键在于多实践，多下苦功。

从我们调研工作的实际情况来看，有调查不够的问题，也有研究不够的问题。这在不同的时期、不同的问题上，有着不同的表现，两个方面都需要加强。调查与研究的关系，也是手段与目的的关系。调查是手段，研究是目的，调查是为研究服务的。要搞好研究必须注重把握两个环节。一是要有解放思想、实事求是、坚持真理的勇气。要勇于研究新情况，解决新问题。敢于听真话、说真话，敢于坚持经研究得来的正确观点，把解放思想、实事求是的思想路线真正落实到各项调研活动中去。二是学会和使用科学的思想方法和工作方法。要用马克思主义理论和各种现代科学知识指导自己的研究，不断提高理论思维能力，坚持"不唯上、不唯书、只唯实"，"交换、比较、反复"的研究原则。

三、直接调研与间接调研的关系

我认为，调查研究有直接调研和间接调研两种方式。这两种调研，既有区别，又有联系，很难分得十分清楚。一般来说，到现场看，个别谈，是直接调研；看材料、听汇报是间接调研；召开座谈会，则介于直接调研与间接调研之间。这两种调研方式各有优势，也都有一定局限，应该互为补充。直接调研，深入实际，深入基层，深入群众，实时、实地、实事地收集第一手资料，通过与被调查对象进行直接的近距离、零距离接触，查实情、听真话，倾听群众的呼声，增加感性认识，是绝对必要、不可替代的。身临其境、深入其境的那种现场感，与坐在房子里听汇报、看材料，感受是绝对不一样的。我们应该尽可能多地挤时间到改革开放和经济社会发展的第一线多走走、多看看，多了解一些生动活泼的真实情况，多收集一些原汁原味的生动素材。

相比较而言，我们更多的工作是间接调研。我们每天阅读大量的文件、材料，浏览互联网、报纸、刊物，参加各种各样的会议，从多种渠道获得大量信息。特别是随着信息技术的广泛应用，办公自动化水平大大提高，我们获取的信息越来越丰富、越来越快捷。从各种渠道间接得来的这些信息是十分宝贵的，是别人经过调查思考和加工整理的，可以使我们节省大量的时间和劳动，同时可以大大提高我们研究工作的起点和效率。任何人、任何工作、任何一项研究，都是在前人、在别人工作的基础上前进的，站在前人、别人特别是巨人的肩膀上，才能看得更高、更远。谁都不可能、也没有必要对每件事、每个问题从头开始重新调查一遍。但我们也应注意，间接调研得来的信息毕竟是第二手的，有的还经过多次转手，与事物的本来面目可能有差别，难免在其中加入了信息收集整理者的主观偏好，有的是正确的，经过加工提炼得到了升华；有的则失真走样，甚至走向事物的反面；还有许多假信息、垃圾信息。这就需要我们在分析、归纳、鉴别、提高上下功夫。一要善查真伪。"夫得言不可以不察"。对于那些数传而"白为黑、黑为白"的错误信息，要保持警惕，打个问号，不要盲目轻信。所谓"流言止于智者"，说明智者动脑筋，知识、经验丰富，鉴别力强。二要善于取舍。现在是信息社会，是信息爆炸的时代，对于大量的信息，要根据我们调查研究工作的需要，区分有用无用、重要次要。有用的、重要的精读细研，次要的快速浏览，无用的及早舍弃。三要重视积累。一个有成就的调研人员，首先是一个信息员、资料员。对于来自各方面的信息、意见和调研成果，要善于归纳，分门别类进行整理，存储备用，厚积薄发。古人讲学富五车，今人如建立一个丰富的信息资料库，几张盘就够了。这也是一笔巨大的财富。四要进行再研究。直接调研和间接调研得来的成果和信息，目的在于运用，或呈之于领导，或用之于文稿。别人加工提炼的东西，有些直接可用，但要注明出处，不能掠人之美。"天下文章一大抄，看你会抄不会抄，抄来抄去有提高"。当然，抄有抄的技巧，也是功夫，有的人抄得好，有的人抄不好。运用之妙，存乎一心，需要实践中慢慢体会。我觉得特别需要下功夫的，是要对间接调研得来的成果、信息进行再研究、再创造。据说现在有门新的边缘学科叫再研究学。这方面，有个比较典型的例子，讲的是美国关于日本问题的研究。二战期间，美国著名文化人类学家鲁思·本尼迪克特曾受美国战时情报局委托，对日本问题进行研究，向情报局提交了一份研究报告，这就是那本有名的《菊与刀》。这个报告对日本人的文化性格作了深刻的揭示，但如何用之于美国政府的对日决策，还是过于抽象、笼统，不得要领。美国政府又组织人对这个报告进行再研究，他们从《菊与刀》所揭示日本人的国民性、民族性出发，作出了日本投降后保留天皇制，以利美对日统治和利用的决策。这虽然给亚洲、给世界留下了无穷的后患，日本侵略罪行至今未得到彻底清算，但却给美国带来了最大的利益。我理解，所谓再研究，就是对已有的基础性研究成果，进行再认识、再发掘，从中得出新的结论，或从抽象、笼统的论述和描绘中概括提炼出具体可操作的意见和建议，为现实应用和决策服务。这是一种综合性、兼容性、边缘性的再研究、再认识、再创造、再利用工作。我们做研究室工作的，应当更多地在这方面多做一些努力。

四、调查研究与文稿起草的关系

党政机关的研究室，一般都承担着文稿起草任务，是主要领导同志的写作班子。只要文稿起草这项工作放在研究室，文稿起草就是研究室的主要职能。为领导同志起草讲话、报告等重要文稿，就是第一位的任务，所有工作都要为文稿起草让路。我在物资部、国家经贸委研究室工作多年，也做过研究室主任，苦衷之一是文稿压身、随时听命，自主支配的时间很少，没有多少时间出去调查，也没有多少精力研究。而要做好文稿起草工作，又必须采取多种形式进行调查研究，从多种渠道获取和收集信息，从多方面汲取营养，扩充知识面，拓宽信息源。因此，调研工作对于研究室特别是我们国务院研究室来说具有特殊的重要性，工作越忙、任务越重，越要重视调查研究。另一方面，做研究室工作也的确有一个如何处理文稿起草与调查研究的关系问题。处理好这个关系，一是合理分配时间，尽可能多挤出点时间深入实际、深入基层做调研；二是合理安排工作，对主要从事文稿起草的同志，要给一定时间搞调查研究；三是加强相互交流，做调研工作和从事文稿起草的同志要多沟通、多交流。文稿起草要更多地利用我们的调研成果，调研工作要更好地为文稿起草工作服务。负责文稿起草的同志，对室里相关的调研报告要认真阅读，主动找做过这方面调研的同志虚心问一问；做过相关题目调研的同志，要把有关研究成果、积累的资料和信息渠道，介绍给文稿起草的同志，主动帮一帮。这样有利于发挥我们室的整体优势，依靠集体的力量，高质量地完成文稿起草任务，同时也使我们的调研工作更有针对性，调研成果得到更充分的利用。

五、调查研究与基本功的关系

调查研究是研究室工作的基本功。调研工作本身也需要基本功。有些题目，有的同志抓得住，有的同志抓不住；同样的素材、信息，有的同志就能总结概括出好的成果，有的就写不出来。说到底是素质、悟性和功力问题。做好调研工作，必须练好基本功。一要善于学习。我们需要学习的东西很多，学习的机会和渠道也很多。我们研究室应该成为学习型组织，每个同志都应该成为学习型成员。要学习理论，学习业务，学习搞调研、写文章的技巧。二要敏于观察。密切关注国内外形势和分工领域的发展变化，随时掌握新动向、新情况，善于发现和抓住重要调研线索，做有心人、用心人。三要敢于实践。实践出真知，只有深入基层、深入实际、深入现场，掌握第一手材料，增强真实感受，才能写出有血有肉的东西，提出有胆有识的见解来。四要勤于思考。学而不思则罔，思而不学则殆。要把学习调查和研究思考问题有机结合起来，脑子里要经常装着几个问题。五要长于归纳。一个好的调研报告，不能只是现象的描述和素材的罗列，必须经过加工、提炼，抽象概括，反复修改。文不厌改，文不胜改。好文章都是改出来、磨出来的。六要勇于创新。搞好一次调研，写好一篇报告，从提出问题、分析问题，到提出解决问题的意见和建议，都必须有新角度、新立意，甚至新语言，不落俗套。"立片言而居要，乃一篇之警策"。文章不管长短，报告不管大小，总要有点新东西，才能给人以启发，才能让人记得住。

在环渤海区域经济发展中更好地
发挥民营经济作用 ①

（2005 年 11 月 10 日）

改革开放以来，党中央、国务院对个体、私营等非公有制经济发展高度重视，制定了一系列方针政策。我国个体、私营等非公有制经济不断发展壮大，已成为社会主义市场经济的重要组成部分和社会生产力发展的重要力量。个体、私营等非公有制经济占 GDP 的比重，已从改革开放初期的不到 1% 提高到目前的三分之一左右。为促进非公经济更好更快发展，今年 2 月 19 日国务院下发了《鼓励支持和引导个体私营等非公有制经济发展的若干意见》（以下简称《若干意见》）。这一文件，针对促进非公有制经济发展中存在的突出问题，提出了政策性意见。文件颁布半年多来，各地区、各部门认真贯彻落实文件精神，做了大量工作，民营经济发展呈现良好势头。

国家有关部门积极行动，出台了一系列配套文件和措施。国家发改委牵头制定了关于贯彻落实《若干意见》的分工方案，经国务院同意后印发到 59 个相关部门和单位，提出具体贯彻意见。国防科工委、铁道部、文化部、民航总局、国家工商总局、银监会、中国出口信用保险公司等制定了配套的政策措施。中央统战部、广电总局草拟了落实《若干意见》的具体实施办法。国家发改委、国土资源部和中石油、中石化、中海油等正在研究制定有关各类所有制资本进入石油等矿产资源开采领域的具体办法。中央统战部还会同中编办、国家发改委、民政部、国务院研究室、全国工商联等部门和单位，就落实有关

---

① 本文为在"第二届民营经济发展·天津论坛"上发言的主要内容。

发挥工商联在协助政府管理非公有制经济中的助手作用问题进行了专题调研。

各地区也高度重视《若干意见》的贯彻落实工作。河北省、天津市、上海市等10多个省市相继出台了贯彻落实文件的实施意见，大连市、青岛市在《若干意见》下发不久即出台了促进非公有制经济发展的政策性文件。北京、江西、福建、黑龙江、安徽、贵州、内蒙古、湖南、甘肃等地也在抓紧制定贯彻落实《若干意见》的政策性文件，还有部分已出台过促进非公有制经济发展文件的省份，也正在组织力量进行调研，准备出台新的政策措施。

此外，各地区、各部门、各单位采取多种形式，积极宣传文件精神。各新闻媒体对促进非公有制经济发展的意义，非公有制发展的作用、贡献等作了大量深度报道。中宣部主办了"鼓励支持和引导非公有制经济发展"网上座谈会。中宣部、国家发改委还就做好《若干意见》的宣传报道作了具体安排，加大舆论宣传的力度。各级工商联也通过召开座谈会、举办专题讲座等形式，积极宣传《若干意见》。全国上下初步形成了促进非公有制经济发展的良好舆论氛围。

改革开放特别是近年来，环渤海地区民营经济和全国民营经济一样，发展迅速，有力地促进经济的持续快速健康发展和社会进步。与此同时，民营经济作为一支重要经济力量，在促进环渤海区域资源整合、优势互补、结构优化和区域经济协调发展中也发挥着越来越重要的作用。但相比较而言，环渤海地区民营经济发展相对缓慢。2004年全国民营经济工业增加值占全社会工业增加值56.7%。环渤海地区除山东省（61.37%）高于全国平均水平、天津市（56.25%）接近全国平均水平外，北京（45.83%）、河北（52.79%）、山西（38.51%）、内蒙古（40.47%）、辽宁（39.48%）均低于全国平均水平。若与广东、浙江、江苏、福建70%—80%的比例相比，则差距更大。因此，在"十一五"时期，鼓励、支持和引导个体、私营等非公有制经济发展，大力促进民营经济的改革与创新，对于增强环渤海地区经济发展活力和竞争能力具有十分重要的意义。

第一，大力促进民营经济转变增长方式。近几年来，我国民营经济的发展模式有所改变，增长质量有所提高，但由于宏观环境和本身的特点，不少企业仍处于粗放式发展阶段，主要依靠扩大投资和各种资源的过度消耗来实现快速增长，经济效益不高，技术水平较低，环境污染严重。转变民营经济增长方式是转变经济增长方式的重要方面。民营经济应转变发展观念，创新发展模式，提高发展质量，在推动技术进步、深化体制改革、加强科学管理等方面采取更加有力的措施，努力提高资源利用效率、降低物质消耗、保护生态环境。

第二，积极推进民营企业深化改革、加强管理。民营企业是伴随着我国改革开放和社会主义市场经济不断发育的进程成长起来的。在市场竞争中既涌现出一些制度先进、机制灵活、管理水平较高的优势企业，也有相当部分企业在组织形式、治理结构、经营管理等方面存在不少问题。加快制度创新，加强企业管理，是民营企业发展必须面对的重大课题。民营企业应当适应经济全球化和完善社会主义市场经济体制的要求，加快建立现代企业制度，改善公司治理，正确处理所有权与经营权的关系，把集权与分权、经验管理与科学管理有机结合起来，特别是家族制企业，尤其应当努力做到集权有道、分权有序、授权有章、用权有度，逐步建立符合现代市场经济要求的企业制度和管理模式。

第三，努力加快民营经济结构调整步伐。结构不合理是我国经济发展中的突出矛盾，近年来在某些方面有加重的趋势，出现新的结构失衡现象。这也是造成民营经济整体素质和效益不高的一个重要原因。促进民营经济健康发展，就要尽快解决产业结构趋同、低水平重复建设、技术含量较低、企业规模偏小等问题。当前应突出抓好三个方面：一要更多地从加工制造业转向服务业。民营经济应当加快发展服务业特别是现代服务业，积极承接国际服务业转移。二要从规模经济要求较高的领域更多地转向适合中小企业经营的领域。民营经济大多是中小企业，应当按照国家加强和改善宏观调控的要求，转到更能发挥自身比较优势的产业和领域中来。三要积极参与国有企业的改革。鼓励民营企业兼并重组国有企业，兼并那些失去经营优势的企业。同时，要大力发展以股份制为基础的混合经济，使民营经济与包括国有经济在内的公有经济相互渗透、共生共长、混合发展。

第四，进一步加大对外开放力度。2005 年上半年京津冀地区进出口总额，仅为长三角的 37.8%，珠三角的 48.5%；实际利用外商直接投资为长三角的 32.8%，珠三角的 86.4%。总的来看，这一区域对外开放程度还比较低。这一地区地理位置优越，紧邻经济发达的日本、韩国，具有得天独厚的区位优势。目前，我国已经成为日本、韩国的最大投资国，相互合作前景广阔。因此，应充分发挥这一地区的地缘优势，加强与周边国家的交流与合作，积极吸引国外资金、资本、技术和人才，特别是要吸引国际跨国公司投资落户。同时大力推进对内开放，彻底打破地区封锁和市场分割，广泛吸引国内其他地区的各类企业、各类生产要素进入环渤海地区市场。

第五，全面提高民营企业整体素质。这是增强民营企业竞争力的根本途径。政府应加强对民营企业的服务与监管。民营企业要贯彻执行国家法律法规和政策规定，规范企业行为，提高企业经营管理者素质，加强诚信建设，形成各具特色的企业文化。特别强调的是，民营企业应强化"企业公民"意识，高度重视并积极承担企业社会责任。企业在创造利润、对股东利益负责的同时，还必须承担起对员工、对消费者、对社区和环境的社会责任，这是当前国际企业发展的大趋势。许多民营企业坚持以人为本、关爱员工，回报社会，热心社会公益事业，成为优秀的企业公民，受到各方面的好评。希望更多的民营企业关心职工、社会和利益相关者的要求，从适应国际竞争的需要出发，坚持以人为本，把保障劳动者权益、保护环境和促进社会进步，作为企业的基本职责和企业管理的重要内容，强化社会责任意识，加强社会责任管理，自觉履行企业社会责任。

推进产业结构调整和优化升级 [①]

（2006 年 3 月）

温家宝同志在《政府工作报告》中指出，推进产业结构调整和优化升级，是转变经济增长方式、提高经济增长质量的重要途径和迫切任务。并强调今年要重点抓好两个方面：一是着力提高产业层次和技术水平，一是推进部分产能过剩行业调整。认真学习和贯彻落实这些论述和要求，对于调整和优化产业结构，促进产业升级，加快经济增长方式转变，提高我国产业竞争力和可持续发展能力，具有十分重要的意义。

一、促进产业结构优化升级是一项重要而紧迫的任务

目前总的来看，我国产业结构调整和优化升级既取得了长足进展，也存在许多突出的问题；既遇到严峻挑战和重重困难，也面临着大好的机遇。充分肯定成绩，认清差距，抓住机遇，加大力度，在产业结构调整和优化升级方面迈出新的步伐，是今年和今后时期摆在我们面前的重要而紧迫的任务。

（一）产业结构优化升级是产业发展演进规律的必然要求。从世界各国产业发展的演进规律看，产业结构总是从低水平状态向高水平状态发展。产业结构的发展总是沿着第一、二、三产业，劳动密集型、资本密集型、技术（知识）型产业，低附加值、高附加值产业，低加

[①] 本文原载《十届全国人大四次会议〈政府工作报告〉辅导读本》，人民出版社、中国言实出版社，2006 年 3 月第 1 版。

工度、高加工度产业分别占优势地位的方向演进。改革开放以来，我国经济在持续快速增长的同时，产业结构不断优化升级。第一产业比重持续下降，第二和第三产业比重逐步上升，资本密集型产业、技术（知识）型产业快速发展，高附加值产业比重不断提高。但目前仍然存在三次产业结构不相协调、产业升级比较缓慢、增长方式粗放、技术创新能力弱、高技术产业规模偏小等一些问题。"十一五"及今后较长时间将是我国产业结构转换升级的重要时期。我们要通过扎实的工作，积极推进产业结构优化升级，促进第一、二、三产业健康协调发展，逐步形成农业为基础、高新技术产业为先导、基础产业和制造业为支撑、服务业全面发展的产业格局，坚持节约发展、清洁发展、安全发展，实现可持续发展。这对于我国转变经济增长方式、全面建设小康社会、建成社会主义现代化强国至为关键。

（二）产业结构优化升级是缓解资源环境约束矛盾的迫切需要。我国产业结构调整和优化升级虽然取得了很大成绩，但长期以来，我国经济发展过多地依靠扩大投资规模和增加物质投入，这种粗放型的经济增长方式，与资源、环境的矛盾越来越尖锐，已经不能再继续下去了。人口数量多、人均资源少、环境压力大，是我国的基本国情。我国许多重要资源的人均占有量远远低于世界平均水平，人均耕地仅 0.1 公顷，只相当于世界平均水平的 42%；人均淡水资源量仅 2257 立方米，为世界人均水平的 27%；人均森林面积仅 0.12 公顷，为世界人均水平的 20%；大多数矿产资源人均占有量不到世界人均水平的一半。在我国推进工业化的过程中，环境污染日益严重，日排污水量在 1.3 亿吨左右，七大水系近一半河段严重污染；许多城市空气污染严重，酸雨面积已占全国面积的 1/3；全国水土流失面积达 3.6 亿公顷，约占国土面积的 38%；沙漠化面积达 1.7 亿公顷，占国土面积的 18.2%。能源消费强度大大高于发达国家及世界平均水平，约为美国的 3 倍，日本的 7.2 倍。按现行汇率计算，我国目前单位资源的产出水平相当于美国的 1/10、日本的 1/20、德国的 1/6。我们只有坚定不移地走新型工业化道路，大力调整产业结构，促进资源消耗低、环境污染少的高技术产业、服务业快速发展，逐步建立起低消耗、高产出、少污染的节约型、环保型产业结构，才能缓解经济发展面临的人口、资源和环境等方面的压力，把我国经济平稳较快发展的良好势头长期保持下去。

（三）产业结构优化升级正面临着承接国际产业转移的大好历史机遇。发挥后发优势，积极承接国际产业转移，促进国内产业发展，是许多后发展国家走过的道路。过去 20 多年，我国抓住国际制造业转移的机遇，积极吸收外资，促进了加工制造业的快速发展。但我国承接的大都是劳动密集型的生产或装配活动，即使是技术或资本密集型的产品，我国从事的也多为劳动密集型的工序，基本上处于国际分工产业链的中低端。这有一定的客观必然性，是不得不经历的产业发展演进过程，我们在付出一定代价的同时，促进了国内产业的发展，也为实现产业升级和承接更高水平的国际产业转移奠定了基础，创造了条件。当前和今后一个时期，随着科技进步和经济全球化的发展，发达国家在继续转移钢铁、化工、汽车、造船等重化工产业的同时，高技术产业和各类服务业的国际转移速度也大大加快，这种趋势将同我国通过促进重化工业内部升级与服务业加快发展进而实现产业结构的全面升级趋势正相吻合。我国正面临着通过进一步吸纳国际生产要素实现跨越式发展的重大机遇。我们要紧紧抓住这一机遇，积极承接新一轮国际产业转移，加快产业结构调整和优化升级，努力实现我国产业结构从资源型产品加工向高附加值产品加工转变，从中国制造向中国创造转变，从加工贸易向自主知识产权转变，从发展第二产业为主向更多地发展第三产业特别是现代服务业转变。

二、着力提升产业层次和技术水平

这是我国产业结构调整的主要着力点，要抓紧进行并付出长期持续不懈的努力。当前重点要在以下领域和环节大力推进。

（一）加快发展先进制造业、高新技术产业和现代服务业。坚持以信息化带动工业化，广泛应用高新技术和先进适用技术改造提升制造业，形成更多拥有自主知识产权的知名品牌，发挥制造业对经济发展的重要支撑作用。依托重点建设工程，坚持自主创新与技术引进相结合，强化政策支持，提高重大技术装备国产化水平，特别是在高效清洁发电和输变电、大型石油化工、先进适用运输装备、高档数控机床、自动化控制、集成电路设备和先进动力装置等领域实现突破，提高研发设计、核心元器件配套、加工制造和系统集成的整体水平。按照产业化、集聚化、国际化的方向，加快从加工装配为主向自主研发制造延伸，努力形成一批拥有自主产权的技术、产品和标准，形成一批集聚效应突出的高技术产业基地。积极培育软件、集成电路、数字电视、下一代网络和新一代移动通信等产业。以生物医药、生物能源、生物制造等领域为重点推进生物产业局部领域的新突破。加快新支线飞机的研制能力建设，加强大型飞机、发动机的自主研制，建设广播电视直播卫星工程和民用通信卫星工程，促进民用航空航天产业快速发展。加速新材料、新能源和环保等领域自主知识产权重大科技成果的产业化，形成一批新兴产业。坚持市场化、产业化、社会化、国际化方向，提高服务业比重，增加服务品种，提高服务水平。大力发展金融、保险、信息、现代物流和知识产权、技术、法律、会计服务等现代服务业，积极发展文化、旅游、社区服务、教育培训、体育健身等需求潜力大的产业，运用现代经营方式和信息技术改造提升传统服务业，提高服务业的比重和水平。大城市应把发展服务业放在优先位置，有条件的要逐步形成以服务经济为主的产业结构。

（二）继续加强交通、能源、水利等基础产业和基础设施建设。强化节约和高效利用的政策导向，坚持节约优先、立足国内、煤为基础、多元发展，构筑稳定、经济、清洁的能源供应体系。建设大型煤炭基地，调整改造中小煤矿，开发利用煤层气，鼓励煤电联营。以大型高效机组为重点优化发展煤电，在保护生态基础上有序开发水电，积极发展核电，加强电网建设，扩大西电东送规模。实行油气并举，加强国内石油天然气勘探开发，扩大境外合作开发，增强石油战略储备能力，稳步发展石油替代产品。加快发展风能、太阳能、生物质能等可再生能源。加强大江大河治理，统筹上下游、地表地下水调配，控制地下水开采，积极开展海水淡化，强化对水资源开发利用的管理，提高防洪抗旱能力。合理布局，做好各种运输方式的相互衔接，发挥组合效率和整体优势，形成便捷、通畅、高效、安全的综合交通运输体系。加快发展铁路、城市轨道交通，进一步完善公路网络，发展航空、水运和管道运输。加强宽带通信网、数字电视网和下一代互联网等信息基础设施建设，推进"三网融合"，健全信息安全保障体系。加强重要矿产资源的地质勘察，增加资源地质储量，规范开发秩序，实行合理开采和综合利用，健全资源有偿使用制度，推进资源开发和利用技术的国际合作。加强对重大基础设施、基础产业建设的统筹规划、科学论证和信息引导，防止盲目重复建设和资源浪费。

（三）推进国民经济和社会信息化。近年来，我国信息化建设取得了重要进展，但我国信息化进程与发达国家相比仍然存在较大差距，信息化建设中还存在一些不容忽视的问题。主要是信息技术开发应用与国民经济和社会发展的结合不够紧密、也不够广泛，信息资源开发利用明显滞后，信息安全保障能力有待提高。我们应立足于信息化和工业化相互促进的实际需要，抓紧在经济和社会发展的重要领域和关键环节率先应用信息技术。一是加快企业信息化步伐，提高企业管理水平、技术创新能力和市场竞争力。二是积极促进金融、财税、商贸等领域信息化，积极推进电子商务，着力抓好信用体系、支付手段、法律保障等关键环节的建设。三是推进社会信息化，在科技教育、医疗卫生、社会保障、文化体育、新闻媒体等领域，大力推广应用信息技术，提高信息化水平和服务能力。四是加快农业信息化步伐，充分利用各类网络资源，面向农业、农村、农民，提供农业技术、市场信息，开展农村远程教育，为增加农民收入、推进农业产业化和提高农民素质服务，为逐步缩小城乡之间的"数字鸿沟"创造条件。五是大力发展互联网，提高互联网应用水平。推进第三代移动通信系统和数字电视等技术的开发和研究，加快形成具有自主知识产权的高新技术产业。六是加快发展信息产业，特别要加快发展微电子和软件产业，努力实现我国信息产业的跨越式发展。

（四）提高自主创新能力。这是推进结构调整的中心环节。各国的发展实践表明，产业结构调整的过程，实质上也是科技进步与创新及产业化的过程。经过这些年的发展，我们已经在科学技术领域初步具备了支撑经济社会发展、参与国际竞争的较强实力。但是，由于自主创新能力不足，缺乏具有自主知识产权的核心技术，相当多的企业和产业面临进一步发展的困难。目前，我国对外技术依存度高达50%以上，特别是航空设备、精密仪器、医疗设备、工程机械等具有战略意义的高技术含量产品，80%以上依赖进口；重大装备制造业中，70%的数控机床、76%的石油化工装备、80%以上的集成电路芯片制造装备、100%的光纤制造装备为国外产品所占领。高新技术产业，外国公司拥有的知识产权占有绝对优势；通讯、半导体、生物、医药和计算机等行业，外国公司获得授权的专利数占60%—90%。彩电、手机和微机的CPU，也都掌握在别人手里。历史与现实已反复证明，真正的核心技术是买不来的。只有大力提高原始创新能力、关键技术创新能力和系统集成能力，拥有大批的专有技术和大量的自主知识产权，才能在国家间的科技竞争中，在国际产业分工和全球经济格局中占据战略制高点，才能牢牢把握经济发展的主动权，把握经济结构调整与增长方式转变的主动权。提高自主创新能力，应着力抓好以下几点：一要加快建立以企业为主体、市场为导向、产学研相结合的技术创新体系；二要大力实施品牌战略，鼓励开发具有自主知识产权的知名品牌；三要改善技术创新的市场环境，加快发展创业风险投资，加强技术咨询、技术转让等中介服务，支持中小企业提升自主创新能力；四要实行支持自主创新的财税、金融和政府采购等政策，完善自主创新的激励机制；五要利用好全球科技资源，继续引进国外先进技术，积极参与国际科技交流与合作；六要建立健全知识产权保护体系，加大保护知识产权的执法力度。

三、推进部分产能过剩行业结构调整

这是当前产业结构调整中需要努力解决好的一个突出问题。近年来，随着我国工业化、城镇化进程加快和消费结构不断升级，带动相关产业快速增长。但由于体制机制不完善，经济增长方式粗放，部分行业盲目投资，低水平扩张，钢铁、电解铝、铁合金、焦炭、电石、汽车、铜冶炼等行业生产能力不同程度地出现过剩现象。据统计，钢铁行业目前生产能力已大于市场需求 1.2 亿吨，还有在建能力 7000 万吨、拟建能力 8000 万吨；电解铝行业目前产能已经高达 1030 万吨，闲置能力 260 万吨；铁合金行业现有生产能力 2213 万吨，企业开工率仅有 40% 左右；电石行业现有生产能力 1600 万吨，有一半能力放空；焦炭行业产能超出需求 1 亿吨，目前还有在建和拟建能力各 3000 万吨；汽车行业目前产能已经过剩 200 万辆，在建能力 220 万辆，正在酝酿和筹划的新上能力 800 万辆。水泥、电力、煤炭、纺织行业也存在潜在的产能过剩问题。

针对部分行业出现的产能过剩问题，国家及时采取一系列宏观调控措施，初步遏制了这些行业盲目扩张的势头，但问题尚未得到根本解决。目前，部分行业产能过剩的不良后果已经显现，产品价格下跌，库存上升，企业利润增幅下降，亏损增加，如果任其发展下去，必将对我国经济发展带来更为不利的影响。我们要切实树立和落实科学发展观，提高加快推进产业结构优化升级重要性和紧迫性的认识，增强主动性和自觉性。坚持因势利导，区别对待，合理利用，控制增能，扶优汰劣，优化结构，综合运用经济、法律和必要的行政手段，充分发挥市场机制的作用，积极稳妥地推进过剩行业结构调整。

（一）认真贯彻产业政策，严格市场准入标准，控制新增产能。继续贯彻中央关于宏观调控的政策，严把土地、信贷两个闸门，严格控制固定资产投资规模。认真贯彻落实国务院关于促进产业结构调整的有关规定，强化落实钢铁、电解铝、煤炭、汽车等行业发展规划和产业政策。根据法律法规，制定更加严格的环境、安全、能耗、水耗、资源综合利用和质量技术、规模等标准，提高准入门槛。对在建和拟建项目区别情况继续进行清理整顿，对不符合国家有关规划、产业政策、供地政策和环境保护、安全生产等市场准入条件的项目，依法停止建设。原则上不批准建设新的钢厂；提高煤炭生产领域的井型标准；新建汽车整车生产企业和现有企业跨产品类别的生产投资项目，除满足产业政策要求外，还要满足自主品牌、自主开发产品的条件；调整外商投资目录，禁止技术安全水平低、能耗物耗高、污染严重的外资项目进入。

（二）推动企业并购、重组、联合，支持优势企业做强做大，提高产业集中度。按照市场原则，鼓励有实力的大企业和企业集团，以资产、资源、品牌和市场为纽带，实施跨地区、跨行业的兼并重组，促进产能过剩行业生产要素的积聚和集中。推动优势大型钢铁企业与区域内其他钢铁企业联合重组，形成若干年产3000万吨以上的钢铁企业集团。鼓励大型水泥厂对中小水泥厂实施兼并、重组、联合，增强在区域市场上的影响力。突破现有焦化企业的生产经营格局，实施与钢铁企业、化工企业的兼并联合，向生产使用一体化、经营规模化、产品多样化、资源利用综合化方向发展。支持大型煤炭企业收购、兼并、重组和改造一批小煤矿，实现资源整合，提高回采率和安全生产水平。推动中小企业与大企业形成合理、紧密的分工协作关系，提高生产专业化水平，促进中小企业技术进步和产业升级。充分发挥比较优势，积极推动生产要素合理流动和优化配置，引导产业集群化发展。

（三）依法关闭那些破坏资源、污染环境和不符合安全生产条件的企业，淘汰落后生产能力。在主要依靠市场优胜劣汰的同时，依法关闭那些破坏资源、污染环境和不具备安全生产条件的企业和落后生产能力。包括立窑水泥产能、土焦和改良的炼焦设施、小炼铁高炉、小电石炉，以及达不到规模和安全标准、不具备整改条件的小煤矿；对消耗高、污染重、危及安全生产、技术落后的工艺和产品实施强制淘汰制度。调整高耗能、高污染产业规模，降低高耗能、高污染产业比重。国家颁布的《产业调整指导目录》规定了339种应予淘汰的产品，涉及煤炭、电力、交通、钢铁、有色金属等20多个行业，要求对淘汰类项目禁止投资。各金融机构应停止各种形式的授信支持，并采取措施收回已发放的贷款；各地区、各部门和有关企业要采取有力措施，按规定限期淘汰。在淘汰期限内国家价格主管部门可提高供电价格。对国家明令淘汰的生产工艺技术、装备和产品，一律不得进口、转移、生产、销售、使用和采用。对不按期淘汰落后生产工艺技术、装备和产品的企业，要依据国家有关法律法规责令其停产或予以关闭，并采取妥善措施安置企业人员、保全金融机构信贷资产安全等；产品实行生产许可证管理的，有关部门要依法吊销其生产许可证；工商行政管理部门要督促其依法办理变更登记或注销登记；环境保护管理部门要吊销其排污许可证；电力供应企业要依法停止供电。对违反规定者，要依法追究直接责任人和有关领导的责任。

（四）通过调整投资结构、扩大消费需求等措施，合理利用和消化已经形成的生产能力。在这个问题上，首先需要进一步统一思想认识。在我国经济与全球经济联系日益紧密的新形势下，认识和解决部分行业产能过剩问题，必须将其放在全球产业分工和全球贸易中来考虑，充分利用两个市场、两种资源，拓宽产业发展空间，尽可能多利用和消化一些已经形成的生产能力。对于这些行业中的可贸易品，不仅要考虑国内需求，也要考虑国际需求；不仅要考虑国内资源供给，也要考虑国外资源进口；不仅要考虑承接国际产业转移，也要考虑我国产业对外转移。同时，对于国内需求也应当进行动态的分析，把拓宽产品用途，提高用量标准、代用其他材料、合理增加储备等潜在需求考虑在内。要鼓励和引导社会投资投向既能消化现有产能，又能扩大公共消费的城乡基础设施和公用事业建设上，鼓励农村建房使用钢材、水泥等新型建筑材料，通过推广以钢代木等代用措施，拓宽产能过剩产品用途，节约其他资源。要积极开拓国际市场，努力扩大出口需求。根据国内外市场和价格变化情况，灵活调整进出口政策，利用国际市场消化一部分过剩产能。要支持有条件的企业走出去，开拓国外市场，扩大销售网络，在境外建立"最后一道工序"的组装加工厂，带动国内零部件、原材料出口和转移一部分生产能力。这样，既可利用原产地原则减少我出口产品的贸易摩擦，又可消化一部分过剩产能。

推进产能过剩行业结构调整，涉及面广，政策性强，任务艰巨而复杂，要在进一步统一思想认识的基础上，采取有力的政策措施，积极有序地稳步推进，务求取得实实在在的效果。

加强法律体系建设　依法推进企业改革 ①

（2006 年 4 月 9 日）

国有企业改革是中国经济体制改革的中心环节。党的十五届四中全会提出了我国到 2010 年国有企业改革和发展的远景目标，为企业改革和发展指明了方向。企业改革是一项复杂的系统工程，任重而道远，有很多工作要做。

一、我国企业改革已进入依法推进时期

——从企业改革的历程看，20 多年的国有企业改革，就其侧重点而言，大体可以分为三个阶段。第一阶段是 1978—1992 年。这一阶段总体上是以让利放权为主要内容的政策调整阶段。第二阶段是 1992—2002 年。这一阶段是以建立现代企业制度为主要内容的制度创新阶段，颁布了具有历史意义的《公司法》，还相继出台了《合伙企业法》《外资企业法》《中外合资经营企业法》等，使企业管理制度逐步走向法制化轨道。第三阶段是从 2002 年至今。这是以建立现代产权制度为主要内容的结构创新阶段。这一阶段，我国加入了 WTO，企业改革与发展不仅要遵守国内法律，而且要逐步与国际惯例接轨。同时，《行政许可法》的颁布，标志我国建设法治政府、规范政府管理行为方面取得了新的成绩。

从改革的措施、从法律体系建设之于企业改革的作用来看，我国企业改革的三个阶段是法律体系的作用渐行渐强的过程。在最初的企

---

① 本文为在"企业经营风险控制与管理改革高层论坛暨大型企业建立信用管理体系经验交流会"上发言的主要内容。

393

业改革中，政策性措施多于法律的实施，而当改革由政策层面更多地上升到法律层面，由符合国内法律层面上升到遵循国际规则的层面时，企业改革对法律体系的建设提出了更高的要求，可以说，加强法律体系建设是企业改革的必然要求和结果。

——从企业改革的实践看，法律风险已成为企业改革的重大风险。改革开放 20 多年来，我国企业改革和发展取得了巨大的成就。但是，由于计划经济体制的长期影响、国内市场法律环境尚不健全、国内企业"走出去"不多等因素，致使企业法律意识不强。调查显示，美国企业平均支付相当于公司每年总收入 1% 的费用用于法律风险防范，欧盟公司为 0.7%，而我国企业仅为 0.02%。以知识产权保护为例，国外的大企业大公司一般也同时是专利大户，而 2004 年我国中央企业平均每户专利申请 49 件，其中 44 户申请量不足 10 件，12 户申请量为零。实际工作中，由于法律素质不高，企业改革、改制过程中出现各种不合规行为，为改制后的企业制造了大量的法律风险。这种风险一旦暴露，企业往往陷入"有理乏据"的尴尬境地，造成一些难以弥补的损失。据最高人民法院统计，2005 年，仅最高人民法院审结的国有土地使用权出让和转让、矿产开采、企业改制、借款担保、股东权益等重大案件 568 件，诉讼标的金额达 104.4 亿元。

——从企业改革的国内环境看，我国已经成为一个发展中的市场经济国家，企业改革的法律约束日益增强。一是初步建立了与现代市场体系相适应的法律法规体系。1978 年以来，全国人大及其常委会审议通过了 450 多件法律、法律解释和有关法律问题的决定，国务院也出台了一大批行政法规，地方立法的频率也相当高，逐步形成了适应市场经济运行的法律体系框架。二是企业的市场主体地位进一步得到认可和确立。生产什么、生产多少完全由生产者根据市场需求自行决策，价格由市场供求关系决定。目前，我国 96% 以上的消费品、94% 的农副产品和 88% 的生产资料价格完全放开，中央政府定价的商品和服务价格仅有 13 种。三是市场体系逐步完善。技术市场、信息市场、金融市场、劳动力市场、房地产市场等稳步发展；利率正在市场化；以市场为基础的、有效管理的浮动汇率制度有效地发挥着作用；初步形成了有多种机构类别、多种组织形式和多种服务方式的中介组织体系。

　　——从企业改革的国际环境看，随着对外开放领域和范围的扩大，特别是我国加入 WTO 后过渡期的结束，国际市场与国内市场日趋一体，包括国有企业在内的所有企业，将直接面对全球市场，与各国市场主体一起遵循统一的"游戏规则"，享受平等待遇，进行公平竞争。在这样的国际环境中，无论是企业改革还是日常经营，都需要符合国际规则和国际惯例的要求，法律体系对于企业改革的作用将更加明显。据英国《金融时报》报道，2006 年第一季度，敌意收购已成为国际并购的主要趋势。一季度共发生 38 宗敌意收购，总金额高达 2340 亿美元，创下自 1999 年第四季度以来敌意收购金额最高纪录。国际竞争风云变幻，认真运用法律手段加以应对，是我们"走出去"战略的必然选择。

二、法律体系是企业改革中利害关系人权益的重要保障

　　企业改革的本质是利益格局的调整。法律体系在企业改革中的作用，就是用法律来调整和保障企业改革中利害关系人的利益，即投资者、债权人和职工的正当权益。

　　（一）法律体系是企业改革中保护国家利益的需要。国有企业和国有资产的性质和定位在理论上存在分歧，屡屡侵害中小股东利益，案件频出，数目惊人。据不完全统计，2004 年，上市公司违规担保总额达 321 亿元，比 2003 年上升 25%，受大股东操纵为其担保而使公司陷入业绩危机的事例随处可见，如 ST 幸福、ST 九州、ST 海洋、ST 啤酒花等。依法保护中小投资者的利益成为我国企业改革的一个紧迫而现实的任务。

　　（二）法律体系是企业改革中保护债权人利益的需要。现实工作中一些企业钻法律的空子，存在不同程度地利用改制之机损害债权人利益的现象。例如，有的企业在改制过程中，借兼并之机套取国家所给予的种种优惠条件，却想方设法逃避被兼并企业所负的债务；有的优势企业在兼并效益差的企业时，先要求被兼并的企业宣告破产，然后再以低价位收购被兼并企业，以达到变相免除债务的目的；有的企业

则是在企业股份制改造过程中，迫使债权人在违背自己真实意思的情况下进行"债转股"，等等。研究表明，企业改革和发展中，侵害银行债权人利益的现象形成了数额巨大的银行不良资产。有关我国银行不良资产，目前国内还没有一个统一的权威性资料。根据公开披露的数据，目前有些国有商业银行的不良资产比率在两位数以上，与国际银行业的水平相去甚远，如北美银行的不良资产比率为0.96%，欧洲银行次之，日本银行最高为5.99%。高额的银行不良资产不仅扭曲了银行的行为，也给国家金融系统带来极大的风险。

（三）法律体系是企业改革中保护职工合法权益的需要。全心全意依靠工人阶级，是党的十五届四中全会确定的国有企业改革的指导方针之一。首先，劳动关系的变动、依法保护职工合法权益是企业改革改制过程中必然遇到的问题，需要引起高度重视。统计表明，1999—2004年，国有企业净减少8万户，减幅为37%，职工人数净减少3825万人，减幅为49%。依法保护大量改制企业职工的合法权益，是构建和谐社会的需要。其次，企业改革改制引发了大量劳动纠纷，甚至对社会稳定造成不利影响。据统计，"十五"期间，各级劳动保障部门共查处群众举报投诉案件88.1万件，涉及劳动者3.9亿人次。把劳动纠纷引导到依法解决的轨道上来，维护社会稳定，是法律体系建设在企业改革中的重要作用。第三，目前我国的社会保障立法尚不平衡。一方面，现行的社会保障立法主要集中于军人优抚安置和社会保险领域，全民性的社会救助、社会福利、医疗保障、补充保障等立法工作有待进一步完善。另一方面，保障系统内部也严重失衡。以养老保障为例，城镇企业职工与公务员之间养老保障政策差别很大，而绝大多数农民无法进入现有养老保险体系。加强我国社会保障法律体系建设，是企业改革中的应急之需。

三、企业改革中强化法律体系作用的几点建议

（一）加强市场经济法律体系建设。一是加强国资监管法律体系建设。目前，我国直接规定或间接涉及企业国有资产监管的立法840多

件，各地也制定了大量的地方性法规和规章，总数达 650 多件。但是也存在一些问题，如立法缺位、改废不及时、立法理论研究较弱等。未来一个时期，国资监管立法应在坚持国有资产管理体制改革方向的前提下，从实际出发，抓紧制定国有资产法等相关法律法规，争取用 3 年左右的时间初步构建起国有资产监管法律法规体系的基本框架。二是加强社会保障法律体系建设。社会保障法律体系是企业改革的重要支撑力量。我国已有《劳动法》等 3 部法律、16 部行政法规和 57 部部门规章颁布实施。目前应抓紧制订《社会保险法》、《促进就业法》等法律法规，力争"十一五"期间基本建立起我国社会保障法律体系。三是加强现代市场法律体系建设。我国已经制定了一系列规范市场主体的法律、规范市场主体行为的法律，以及一些规范市场管理秩序和宏观调控的法律。随着国内国际竞争的日趋激烈，应加快制订《物权法》、《反垄断法》、《破产法》、《企业所得税法》等市场经济的重要法律，进一步完善我国市场经济法律体系。

（二）认真贯彻落实《公司法》等相关法律法规。当前，要特别强调新的《公司法》和《证券法》的贯彻执行。新《公司法》总结和吸收了我国公司制度建设的经验、教训，广泛借鉴了国内外立法的成熟做法，从法律上明确了我国企业改革过程中出现的许多新问题。比如，新《公司法》增加了"公司法人人格否认"或称为"揭开公司面纱"的规定。当公司股东滥用公司法人独立地位和股东有限责任，逃避债务，严重损害公司债权人利益时，该股东即丧失依法享有的仅以其对公司的出资为限对公司承担有限责任的权利，而应对公司的全部债务承担连带责任。《证券法》也改进了公司股份发行、交易制度，健全了上市公司运作规范，强化了法律风险的防范。认真学习、贯彻落实《公司法》、《证券法》，是企业改革得以顺利进行的重要前提条件。一方面，《公司法》、《证券法》的新规定、新内容更加符合企业改革的实际，明确了企业改革的方向、操作规范；另一方面，只有遵守《公司法》和《证券法》的规定，才能保证企业改革和发展的顺利进行，维护自身的合法权益。

（三）切实加强企业法制建设。一是推进企业法律顾问制度建设。

《国务院关于 2005 年深化经济体制改革的意见》明确指出，要"积极推进企业法律顾问制度建设，建立健全国有企业法律风险防范机制"。根据这些要求，要抓紧健全企业法律机构，充实人员，尽快建立和完善以总法律顾问制度为核心的企业法制工作体系。二是强化企业改革中法律机构的介入。要把法律风险防范贯穿于企业改制、并购重组等企业改革的全过程，强调运用法律手段解决改革中出现的问题，保障企业改革的公正、公平，保护利害关系人的利益。三是认真抓好"五五"普法工作。今年是全国普法工作第五个五年规划实施的第一年。做好企业法制工作，普法必须先行，通过普法提高企业领导和广大员工的法律意识和法律素质，营造良好的法制环境。

（四）妥善处理几个方面关系。一是处理好企业改革与法律体系建设的关系。一方面，要通过法律体系建设推进企业改革，规范和保障企业改革；另一方面，要通过丰富、生动的企业改革实践推进法律体系建设。从立法的角度看，要及时发现法律执行的问题，不断加以修订、完善，适应企业改革形势的发展；从企业的角度看，要及时反馈企业改革中的新情况、新问题，为法律体系的建设和完善提供依据。二是处理好立足中国国情与借鉴外国经验的关系。企业改革是一个世界性的课题，许多国家创造和积累了有益的经验和做法。他山之石，可以攻玉。要积极吸收和借鉴国外的经验和做法，洋为中用，使之为我国的企业改革事业作出贡献。三是处理好法律实施与动态修改的关系。一方面，要严格执行现行的法律法规，有法必依；另一方面，要加强法律体系的"立、改、废"工作，不断完善法律体系。四是处理好政策和法律的关系。政策是法律的灵魂，是产生法律的先行基础，法律则是政策的表现形式之一，是政策的具体化与升华；政策更具灵活性、适应性，而法律则相对稳定、滞后。政策往往作出前瞻性、引导性的规定以推行各项改革事业时，就会与法律不一致，甚至矛盾，使改革处于两难境地。要认真研究解决这一问题，比如立法时为政策的探索和引导留有余地等，从而缓解政策与法律之间的冲突。

加快调整优化产业结构 ①

（2007 年 3 月）

温家宝同志在《政府工作报告》中指出，坚持走新型工业化道路，着力优化产业结构。强调重点是大力发展服务业，提升工业产业层次和水平，继续推进国民经济和社会信息化。并要求在推进产业结构升级中，充分发挥市场机制的作用，注重运用经济、法律手段，加强产业规划和产业政策的引导。认真学习和贯彻落实这些论述和要求，对于调整和优化产业结构，促进产业升级，加快经济增长方式转变，提高我国产业竞争力和可持续发展能力，促进我国经济又好又快发展，具有十分重要的意义。

一、优化产业结构的基本原则和主要任务

改革开放以来，特别是"十五"时期，我国经济社会继续保持了良好的发展势头，产业结构调整取得了重要进展，但当前我国产业结构不合理的问题仍很突出，加快产业结构调整仍然是当前和今后时期一项重要而紧迫的任务。

今后一段时期产业结构调整的目标是，推进产业结构优化升级，促进一、二、三次产业健康协调发展，逐步形成农业为基础、高新技术产业为先导、基础产业和制造业为支撑、服务业全面发展的产业格局，坚持节约发展、清洁发展、安全发展，实现可持续发展。

---

① 本文原载《十届全国人大五次会议〈政府工作报告〉辅导读本》，人民出版社、中国言实出版社，2007 年 3 月第 1 版。

产业结构调整要坚持以下原则：一是坚持市场调节和政府引导相结合。充分发挥市场配置资源的基础性作用，加强国家产业政策的正确引导，实现资源优化配置。关键是使企业真正成为产业结构优化升级的主体，充分利用市场的力量推动竞争，实现优胜劣汰。政府在结构调整中的作用，一方面是通过深化改革，规范市场秩序，为发挥市场机制作用创造条件；另一方面是综合运用经济、法律和必要的行政手段，加强引导，积极推动企业调整结构。二是以自主创新提升产业技术水平。把增强自主创新能力作为调整产业结构的中心环节，建立以企业为主体、市场为导向、产学研相结合的技术创新体系，大力提高原始创新、集成创新和引进消化吸收再创新的能力，提升产业整体技术水平。三是坚持走新型工业化道路。以信息化带动工业化，以工业化促进信息化，走科技含量高、经济效益好、资源消耗低、环境污染少、安全有保障、人力资源优势得到充分发挥的发展道路，努力推进经济增长方式的根本转变。四是促进产业协调健康发展。发展先进制造业，提高服务业比重和水平，加强基础设施建设，优化城乡、区域、产业结构和布局，优化对外贸易和利用外资结构，努力扩大就业，推进经济社会协调发展。

优化产业结构的主要任务，是要推进产业结构优化升级，加快促进产业结构由高消耗向高效率转变，由粗加工向精加工转变，由低端产品向高端产品转变，促进一、二、三次产业健康协调发展。具体到三次产业的发展上，就是要做到"三个促进"：一是要巩固和加强农业的基础地位，确保国家粮食安全，加快推进现代农业建设，促进第一产业发展由弱变壮；二是要着力振兴装备制造业，大力发展高技术产业，调整原材料工业结构，加强矿产资源勘查、开发和保护，继续加强能源、交通、水利、信息基础设施建设，促进第二产业发展由大变强；三是要坚持市场化、产业化、社会化方向，完善促进服务业发展的政策措施，全面发展服务业特别是现代服务业，促进第三产业发展由慢变快。

今年，重点是要继续贯彻落实《促进产业结构调整暂行规定》，进一步完善促进产业结构优化升级的政策体系，建立健全协调和监督检查机制。研究制定一些重要行业的产业政策和准入条件，加强财税、信贷、土地、价格、进出口、环保、质检等与产业政策的协调配合，坚持以节约能源资源和保护生态环境为切入点，积极促进产业结构优化升级。以节能降耗和污染减排为重要抓手，促进产业结构调整，促进经济增长方式转变，促进质量和效益提高。

二、大力发展服务业

服务业是国民经济的重要组成部分，服务业的发展水平是一个国家现代化程度的重要标志。加快发展服务业，提高服务业在三次产业中的比重，尽快使服务业成为国民经济的主导产业，是推进经济结构调整、加快经济增长方式转变的必由之路，对于改善生产生活条件、增加就业、促进消费、减少能耗和污染具有重要意义。

改革开放以来，特别是1992年《中共中央国务院关于加快发展第三产业的决定》（中发〔1992〕5号）发布以来，我国服务业快速发展，在经济社会发展中发挥着越来越重要的作用。一是产业规模不断扩大。改革开放以来，服务业增加值年均增长10%以上，高于同期国内生产总值增长幅度。2006年，服务业增加值达到82703多亿元，占国内生产总值的比重由1978年的23.7%提高到39.5%。二是结构和质量得到改善。商品流通、餐饮服务、交通运输等传统服务业改造提升的步伐加快，服务功能得到加强。旅游、文化、娱乐等新兴服务业迅速发展，现代物流、金融保险、信息与咨询等生产性服务业方兴未艾，发展水平不断提高。三是吸纳就业效果显著。1978—2005年，服务业从业人员由不到5000万人增加到2.3亿人，净增1.8亿人，接近同期第二产业新增从业人员的2倍。服务业从业人员占全社会从业人员的比重，由12.2%上升到31.3%。四是体制改革取得进展。服务业社会化、市场化程度逐步提高，服务价格大部分已经放开，市场主体日益多元化，电信、民航、金融、文化等服务行业的改革稳步推进。服务业对外开放领域逐步扩大，服务贸易加快发展。

但是，我国服务业发展总体滞后的状况尚未根本转变，主要反映在：总量规模小，结构不合理，市场化程度不高，体制和机制性障碍需要进一步突破。2004年我国服务业增加值占GDP的比重为40.7%，2005年下降到39.9%，2006年下降到39.5%，与世界平均水平67.3%和中低收入国家平均水平53.4%相比都有很大的差距。物流配送、金融保险、信息咨询、研发设计、中介服务等生产性服务业供给不足，商贸流通、住宿餐饮等传统服务业标准化、规范化程度不高，旅游观光、休闲娱乐、康体健身、社区服务、社会化养老等新兴服务产业需要大力发展，义务教育、医疗卫生、社会保障等公共服务亟须提高覆盖面和均等化程度。

加快发展服务业是一项重大而长期的战略任务，必须合理规划布局，深化改革开放，优化发展环境，促进服务业扩大规模、提升水平，实现又好又快发展。近期应着重抓好以下工作：

（一）优化服务业结构。发展生活性服务业，积极拓展新型服务领域。大力发展社区卫生、家政服务、养老托幼等社区服务业；鼓励发展技术先进、业态多样、诚信便民的零售、餐饮等商贸服务；加快发展旅游休闲、文化娱乐、体育健身、培训教育等需求潜力大的服务业；有序发展房地产业，改善市场结构，增加普通商品房和经济适用房供应。发展生产性服务业，促进现代制造业与服务业加快融合、互动发展；优先发展交通运输业，统筹规划、合理布局交通运输基础设施，发挥组合效率和整体优势，健全综合运输体系。大力发展现代物流业，建设一批大型物流枢纽，推广现代物流管理技术，促进企业内部物流社会化。有序发展金融服务业，健全金融体系，完善服务功能，创新服务品种，提高服务质量。积极发展信息服务业，改善电信基础业务，广泛应用互联网技术，大力推进电子商务。加快发展科技服务业，建设技术创新公共服务平台，健全知识产权保护体系，推进科技研发、技术推广、工业设计等服务业的发展。规范和发展法律咨询、会计审计、规划评估、项目策划、资产管理、广告会展等中介服务业。生产服务业的发展，要走专业化的道路，抓住重点领域、关键环节，推进连锁经营、系列服务，深化分工协作，提高服务效率。培育充满活力的服务业市场主体，优化服务业组织结构。

（二）科学调整服务业布局。充分发挥市场机制的作用，促进服务业资源优化配置。城市要充分发挥人才、物流、信息、资金等相对集中的优势，加快"退二进三"，直辖市、省会城市和其他有条件的大中城市要加快形成以服务经济为主的产业结构。发达地区特别是珠江三角洲、长江三角洲、环渤海地区要依托工业化进程较快、人民收入和消费水平较高的优势，大力发展现代服务业，促进服务业升级换代，提高服务业质量，推动经济增长主要由服务业增长带动。中西部地区应改变只有工业发展后才能发展服务业的观念，积极发展具有比较优势的服务业和传统服务业，承接东部地区转移产业，使服务业发展尽快上一个新台阶，不断提高服务业对经济增长的贡献率。积极发展农村服务业。加快构建和完善包括生产销售、科技、信息、金融和生活服务的农村社会化服务体系，改善农村基础设施，加快发展农村教育、医疗卫生、文化等社会事业，促进农村富余劳动力转移就业。

（三）深化服务业改革开放。加快服务业发展，必须以改革为动力，不断增强服务业发展的活力。深化服务业领域国有企业和垄断行业改革，加快建立现代企业制度，完善企业内部治理结构，培育大型服务企业。鼓励、支持和引导非公有制经济发展服务业，扶持中小服务企业发展，放宽市场准入，为各类企业创造公平竞争的市场环境。推进机关和企事业单位改革，促进后勤服务社会化，提高工作效率，保证服务质量。服务业发展应立足于用好现有资源，通过深化改革，打破部门分割、地区封锁，解决重复建设和资源闲置浪费的问题，促进资源的有效整合，提高资源配置和利用的效率。

扩大服务领域对外开放，是调整进出口结构、提高利用外资质量的必然选择，对于提升国内服务业发展水平、推进国际服务业合作十分重要。随着全球产业结构调整重组，发达国家部分现代服务业企业为追求利润、降低成本，也开始向发展中国家转移，服务业外包成为国际投资贸易合作的一种重要方式。我们要抓住这一历史机遇，发挥我国人力资源丰富的优势，积极承接计算中心、呼叫中心、数据处理、技术研发、财会核算、售后服务等国际服务业转移。与此同时，应继续开放服务业市场，大力发展服务贸易，不断提高吸收外资的质量和层次，更多地吸引跨国公司来华设立研发中心、运营中心和地区总部，积极引进国际服务业的新理念、先进技术和管理经验，促进国内服务业提高水平。支持具备条件的服务业企业"走出去"，开拓营销渠道，参与工程承包，提供服务产品，开展研发合作，开拓国际服务业市场。

（四）加大投入和政策扶持力度。完善财税、信贷、土地和价格等相关政策措施，进一步完善促进服务业发展政策体系。对农村流通基础设施建设和物流企业，以及被认定为高新技术企业的软件研发、产品技术研发及工业设计、信息技术研发、信息技术外包和技术性业务流程外包的服务企业，实行财税优惠。进一步推进服务价格体制改革，完善价格政策，对列入国家鼓励类的服务业逐步实现与工业用电、用水、用气、用热基本同价。调整城市用地结构，合理确定服务业用地的比例，对列入国家鼓励类的服务业在供地政策和供地安排上给予倾斜。

拓宽投融资渠道，加大对服务业的投入力度。国家财政预算安排资金，重点支持服务业关键领域、薄弱环节发展和提高自主创新能力。积极调整政府投资结构，国家继续安排服务业发展引导资金，逐步扩大规模，引导社会资金加大对服务业的投入。地方政府也应相应安排资金，支持服务业发展。引导和鼓励金融机构对符合国家产业政策的服务企业予以信贷支持，加快开发适应服务企业需要的金融产品。积极支持符合条件的服务企业进入境内外资本市场融资，通过股票上市、发行企业债券等多渠道筹措资金。鼓励各类创业风险投资机构和信用担保机构对发展前景好、吸纳就业多以及运用新技术、新业态的中小服务企业开展业务。

三、促进工业由大变强

经过改革开放特别是近年来快速发展，我国工业总体规模已经不小，主要工业品产量位居世界前列。我国工业产品中，钢、煤、水泥、电视机和棉布的产量位居世界第一；发电量居世界第二；糖产量居世界第三；原油产量居世界第五。但总的看，我国工业大而不强，主要表现在：

一是产业集中度低，企业实力弱，产业布局不合理。我国制造业相当一部分产品是简单的来料加工或来件装配，技术含量和附加值普遍不高。生产扩张主要靠资源和要素的投入，一些高耗能、高污染行业增长依然偏快，不少企业对节能、优化产业结构、环保技术改造动力不足，生产中高成本特征比较明显。我国制造业总规模虽居世界第三，但进入世界500强的制造业企业只有中石化、中石油、宝钢和一汽四家。我国已成为世界最大的钢铁生产国，但800多家钢铁企业中，年产量超过1000万吨的只有8家。汽车整车企业100多家，但90多家产量不足1万辆。此外，钢铁、电解铝、铁合金、焦炭、电石、汽车、铜冶炼等行业产能过剩问题突出，影响这些行业和整个国民经济的健康发展，水泥、电力、煤炭、纺织等行业也存在着潜在的产能过剩问题。

二是自主创新能力较弱，技术水平较低。我国科技进步对经济增长的贡献度不足30%，明显低于发达国家60%—70%的水平。技术和质量的提高过分依赖引进，对外技术依赖度高于50%，自主研发能力弱，使我国在国际分工中处于相对不利的地位。如我国的彩电、手机、个人电脑、DVD播放机等产品产量居世界第一，但关键芯片主要依赖进口。

三是经济增长方式粗放，资源、环境等瓶颈约束增强。我国国内生产总值仅占世界总量的5%左右，但消费的石油、原煤、粗钢、氧化铝、水泥约占世界消费量的8%、39%、32%、25%和47%。我国工业废弃物排放水平大大高于发达国家，单位产值的废水排放量比发达国家高4倍，固体废弃物排放量比发达国家高10倍。单位能耗方面，我国的电力、钢铁、有色、石化、建材、化工、轻工、纺织等八个行业主要产品的单位能耗平均比国际先进水平高40%。

促进工业由大变强是工业结构调整的一项紧迫任务，是增强我国工业国际竞争能力的重大举措，也是实现我国经济又好又快发展的必由之路。当前和今后时期应主要做好以下几项工作：

（一）加快提升自主创新能力，增强产业核心竞争力。这是促进工业由大变强的关键所在。增强自主创新能力，应努力掌握核心技术和关键技术，大力开发对经济社会发展具有重大带动作用的高新技术，支持开发重大产业技术，制定重要技术标准，构建自主创新的技术基础，加快高技术产业从加工装配为主向自主研发制造延伸。继续落实国家中长期科技发展规划纲要配套政策的实施细则，实施国家重大科技专项，组建一批国家工程实验室和国家工程研究中心，建设一批国家认定的企业技术中心。大力开发关键技术和产品，加快建设90纳米及以下集成电路和先进液晶显示器生产线，建设电子信息、生物和航空航天等高技术产业基地，培育一批新兴产业群。积极发展新材料产业，支持开发具有技术特色以及可发挥我国比较优势的光电子料、高性能结构和新型特种功能材料等产品。

（二）大力振兴装备制造业。装备制造业的发展，涉及基础原材料、基础零部件和关键元器件等许多领域，是研发设计、加工制造、产品配套和系统集成水平的综合反映，体现了一个国家的工业实力、科技创新能力和国际竞争力。加速我国装备制造业振兴，是推动产业结构优化升级、增强自主创新能力的重大举措，是加快转变经济增长方式、提高发展质量和效益的重要途径，是优化生产力布局、促进国民经济持续快速协调健康发展的有效措施，具有十分重大的现实意义和深远的历史意义。我们应依托重点建设工程，通过自主创新、引进技术、合作开发、联合制造等方式，提高重大技术装备国产化水平，特别是在高效清洁发电和输变电、大型石油化工、先进适用运输装备、高档数控机床、自动化控制、集成电路设备、先进动力装备、节能降耗装备等领域实现突破，提高研发设计、核心元器件配套、加工制造和系统集成的整体水平。应尽快出台鼓励购买和使用国产首台（套）重大技术装备的办法，制定高档数控机床、基础制造装备重大专项规划和总体实施方案。组织实施岭澳二期、红沿河核电项目关键设备，以及1000千伏交流输变电、800千伏直流输电和风力发电等重大技术装备的国产化。推进城市轨道交通、大型造船基地和船用设备国产化建设。

（三）积极发展可再生能源，有序发展替代能源。积极扶持和发展新能源和可再生能源产业，鼓励石油替代资源和清洁能源的开发利用，积极推进洁净煤技术产业化，加快发展替代能源，积极发展风能、太阳能、生物质能等。鼓励消费清洁和可再生能源。实施"上大压小、等量置换"，鼓励大型电力企业兼并、收购、重组小火电机组，加快关停小火电机组的步伐。改进发电调度方式，实行节能环保调度，优先调度可再生能源、高效清洁机组发电，限制能耗高、污染重的机组发电。加强发电调度监督管理。抓紧研究制定替代能源中长期发展规划以及煤基替代能源、生物质能等专项规划，先行试点，稳步推进，防止不顾条件一哄而起。

（四）继续推进部分产能过剩行业结构调整。继续落实《促进产业结构调整暂行规定》和《产业结构调整指导目录》，研究制定造纸、煤化工、煤炭、玻璃纤维、稀土等重要行业产业政策，发布平板玻璃、铅锌、钨锡锑冶炼等行业准入条件。进一步提高产能过剩行业的市场准入门槛。严格矿产资源勘探、开采准入管理。认真清理新开工及在建项目。依法淘汰落后产能。密切关注其他行业生产和市场供求变化，及时采取措施，防止出现新的产能过剩。按照有关标准和市场准入制度，抑制落后产能的发挥。继续完善差别电价政策，逐步将实施范围扩大到不符合市场准入条件的落后生产能力。推动产业技术进步，支持符合产业政策和技术水平高、对产业升级有重大作用的技术改造项目。积极引进、开发和推广应用先进适用技术、工艺和产品，推动企业设备更新和技术改造，促进传统产业优化升级。

加强政策扶持，逐步建立落后产能退出的保障和补偿机制。鼓励各地区通过进一步完善财政、税收、金融等手段，研究建立产业结构调整基金，统筹解决淘汰落后产能中的资产补偿、人员安置等问题。进一步推动钢铁、水泥、电解铝、煤炭等行业的企业兼并重组。鼓励有实力的大型企业集团，以资产、资源、品牌等为纽带，实施跨地区、跨行业的兼并重组，实现优势互补，促进产业的集中化、大型化、基地化。对跨地区、跨行业兼并重组的企业，优先考虑能源供应和运力保障，并在项目核准、土地、信贷、企业债券发行等方面予以支持。鼓励冶炼企业与矿山企业联合，优化原材料工业结构和布局。

（五）进一步加大节能减排工作力度，发展循环经济。强化目标和责任，及时分解落实年度节能目标，突出重点领域，抓好钢铁、有色金属、煤炭、电力、石化、建材等重点行业和年耗能万吨标准煤以上重点企业的节能工作。继续组织十大重点节能工程，做好工业节水工作。严把源头关口，把能耗作为项目审核的强制性门槛，组织实施固定资产投资项目节能评估和审查工作，完善主要工业耗能设备和产品能效标准，制定并实施产品能耗限额，扩大强制性能效标识实施范围。健全体制机制，完善高耗能、高污染行业差别电价和水价政策，健全排污收费制度。建立节能专项资金和制定有利于节能降耗的财税政策，支持重大节能工程建设和高效节能产品推广。发展循环经济，抓好再生金属回收利用、废旧家电回收处理和汽车零部件再制造试点工作。全面推进清洁生产。

实施大公司战略　打造中国的跨国公司 [①]

（2007 年 11 月 17 日）

在经济全球化的时代，大公司大企业的发展壮大促进了资源在全球的优化配置，加快了国际产业结构的调整，推动了技术进步和制度创新，也为国家和地区之间的经贸往来和合作创造了更多机遇，为国际经济的发展与融合作出了贡献。大公司大企业也越来越成为一国经济发展水平、经济实力和综合力量的标志，成为任何一个经济大国都不可或缺的发展动力，是一个国家经济的"名片"。制定和实施大公司大企业战略，培育大公司大企业，提高大公司大企业的核心竞争力，应当是国家竞争战略的重要组成部分。

一、改革开放近三十年来，中国企业获得了长足的发展

（一）大企业数量不断增加。1995 年《财富》杂志开始"《财富》500 强"排名时，中国只有 3 个企业入选。2005 年，中国有 18 家大企业入选，最大的企业中国石化排名第 31 位；2006 年，中国有 23 家大企业入选，最大的中国石化排名第 23 位；2007 年，中国有 30 家企业入选，最大的中国石化排名第 17 位。10 年多的时间，中国入选企业增加到 10 倍，入选企业总数排名也从第 16 位上升到第 7 位。

（二）大企业规模不断扩大。在过去 5 年里，中国资本市场的市值、交易量、指数、开户账户、融资量等都呈现了倍数级的增长。今天，中国股市流通市值超过 28 万亿元、基金规模超过 3 万亿元、股民

---

① 本文为在跨国公司研讨会上的演讲。

开户数突破 1 亿户、股市日均交易额超过 2000 亿元。单个企业的市值也是迅速扩大。国外媒体近日报道，由于中国股市在最近 28 个月里暴涨了近 5 倍，中国人寿股票市值超过了美国电话电报公司。这使得市值世界前十位的公司中，中国独占 5 席，首次超过美国的 3 家。当然，这里有股市泡沫的可能，但中国企业规模的迅速扩大也是不争的事实。

（三）产业集中度不断提高。冰箱行业，1988 年中国有 114 家生产企业，1992 年锐减为 72 家，1994 年进一步降至 50 家，2000 年后基本形成寡头垄断。电视机行业集中度也在不断提高，其中海信在中国夹板电视机市场的占有率超过了 14%。台式个人电脑（PC 机）行业，1997 年中国前四大 PC 品牌的市场占有率只有 27.3%，而同期美国为 44.2%；到 2004 年联想收购 IBM 公司 PC 事业部从而成为世界第三大计算机生产企业，PC 机的产业集中度不断提高。从 1995 年到 2000 年间，中国 34 个行业中有 26 个行业的集中度有了不同程度的增长，只有 8 个行业保持不变或下降。

（四）企业效益不断向好。从国有企业看，2006 年中央企业销售收入过千亿元的有 21 家，利润过百亿元的有 13 家，分别比 2003 年增加 12 家和 7 家。从上市公司看，2003 年上半年，两市 A 股上市公司总资产为 36110 亿元，2007 年上半年则高达 299451.76 亿元；2003 年上半年，两市 A 股上市公司综合毛利率、成本费用利润率和净利率分别为 21.47%、7.91% 和 4.85%，2007 年上半年则分别为 24.42%、14.88% 和 9.03%，上市公司盈利能力、成本控制能力和整体业绩大幅提升。从民营企业看，2006 年民营企业资产利润率和资产周转率分别是国有企业的 4 倍、5 倍，在"中国企业 500 强"中占了 17.4%，比 2002 年的 3.8% 提高了 13.6 个百分点。

（五）制度建设取得进展。2005 年，全国 2903 家国有及国有控股大型骨干企业中，已有 1464 家改制为多元股东持股的公司制企业，改制面为 50.4%。其中，国有控股的境内外上市公司 1000 余家，其国有权益和实现利润分别约占全国国有及国有控股企业的 17% 和 46% 左右。2006 年，159 家中央企业中，虽然多元股权结构的集团公司只有 8 家，但下属子企业的股份制企业户数已由 2002 年的 30.4% 提高到

2006 年的 64.2%，单一产权向多元产权转变工作取得进展。

（六）实施了"走出去"战略。2000 年我国实施"走出去"战略以来，成果显著。"十五"期间，我国对外直接投资年均增长 66%，对外承包工程年均增长 25%，对外劳务合作年均增长 11%。2006 年，非金融类对外直接投资额达 161 亿美元，比 2003 年增长 465%；对外承包工程完成营业额和新签合同额分别为 300 亿美元和 660 亿美元，比 2003 年分别增长 117% 和 274%。同时，"走出去"的领域不断拓宽，方式日趋多样。对外投资从过去以贸易领域为主，逐步拓宽到资源开发、工业生产等多个领域，也突破了单一的"绿地投资"，向跨国并购等方式扩展。

二、我们的差距仍然很大，问题还有不少

看到成绩的同时，必须正视我们面临的问题。还是以"《财富》500 强"说起，来看我们的问题和与其他国家的差距。

（一）大企业数量相对较少。我国的经济总量已经是处于世界第 4 位，贸易总量处于世界第 3 位，而"《财富》500 强"中，中国企业入选数量仅仅排在第 7，这与我国国民经济的发展是不成比例的。而瑞士小国，GDP 总量连全球前 10 名都排不上，"《财富》500 强"却排在了第 8 名，瑞士银行、雀巢、ABB 等公司对世人来说都是如雷贯耳。再看美国，2007 年"《财富》500 强"有 162 家美国企业，其收入占 500 强企业总收入的 1/3 以上，加上 67 家日本企业，这两个国家的企业在"《财富》500 强"中几乎占了半壁江山。

（二）大企业规模相对较小。2007 年"《财富》500 强"中，美国最大的石油企业埃克森美孚公司荣登第 2 位，营业收入为 3472.54 亿美元，再次成为盈利最多的企业（395 亿美元）；而中国最大的企业中石化虽然首次进入前 20 强，但营业收入仅为 1316.36 亿美元，两大炼油企业营业收入相去甚远。钢铁行业亦如此，集中度相对较低，企业规模也相对较少。2006 年，我国钢铁产量超过 4 亿吨，占世界钢铁总产量的 1/3 左右，但产能在 500 万吨的钢铁企业全国只有 21 家，全国

排名前 5 位的钢铁企业，钢产量仅占全国总产量的 1/4；而 2006 年世界钢铁生产排名第一的米塔尔—安赛洛集团，产能遍布五大洲、产钢规模达 1.2 亿吨、全球钢铁市场占 10%。

（三）大企业的"三多三少"。一是垄断性企业多、竞争性企业少。2005 年，宝钢和上海汽车一举杀入了 500 强的时候，引起了很多的兴奋，因为他们似乎是竞争性行业，然而，汽车和钢铁可不是哪个人想搞就搞的。对于垄断，每一个中国人是有切身感受的。二是多级法人集团多，单一法人的少。国外上榜企业多为分公司、单一法人，我们多为子公司，整体不一样。三是工业企业多，服务性企业少。其中，资源能源性的企业占了近 1/3，资源性企业和制造业总共占了近一半。2006 年"中国企业 500 强"中，服务业企业仍然不够强大，比重甚至比 2005 年有所降低。也许正是因为如此，一些外国人说他们看好中国经济，不看好中国企业。

（四）大企业自主创新能力较弱。我国科技进步对经济增长的贡献率不足 30%，明显低于发达国家的 60%—70% 的水平，也低于印度、巴西等发展中国家的水平。资料显示，2006 年，中央企业申请专利和申请发明专利数量分别仅占全国申请总量的 2.6% 和 3.4%，授权专利和授权发明专利数量分别仅占全国授权总量的 2.8% 和 3.1%。企业知识产权应用能力比较弱，专利技术的商品化、产业化水平不高。目前，46.5% 的中央企业授权专利实施率不到 30%，33.6% 的中央企业从未开展过专利许可贸易，55.3% 的中央企业从未开展过商标许可贸易。

（五）大部分企业为国内经营。国外的跨国公司的标准，海外业务占 25% 以上；而我国进入"《财富》500 强"的企业和还有没进入 500 强的企业，多是国内营业，不能称之为跨国公司。还有一点，"《财富》500 强"是按照营业收入排名的，是名副其实的"大"公司，但衡量一个大公司的标准还有很多。所以，进入 500 强不一定就意味着如何了得，比如还要讲企业的社会责任等。说到企业的社会责任，同样是《财富》杂志，对 64 家世界级企业在管理和承担社会责任方面的表现进行综合考量，公布了"2006 企业社会责任评估"排名，中石油和国家电网公司分别排在了最后的第 63 位和第 64 位。

三、几点思考

做大做强，一直是我们企业改革的重要目标。做大还需努力，做强更需努力。必须实施大公司战略，加快培育中国的跨国公司，关键在于提高中国企业的核心竞争力，

（一）深化企业改革。这是个老话题，但也说明它一直是问题。企业改革不只是国有企业的事，整个企业界都面临着改革。必须加快建立现代企业制度，建立自我约束、自我激励的机制。进一步消除制约企业发展的体制性、机制性障碍，必须从企业治理结构上做文章。党的十六大、十七大对企业改革提出了明确要求，要"深化国有企业公司制股份制改革，健全现代企业制度"。必须按照现代企业制度的要求，规范公司股东会、董事会、监事会和经营管理者的权责，完善企业领导人员的聘任制度；要形成权力机构、决策机构、监督机构和经营管理者之间的制衡机制，股东会决定董事会和监事会成员，董事会选择经营管理者，经营管理者行使企业日常经营管理权。要通过深化行政管理体制改革，实现政企分开、政资分开，让企业成为市场的主体，把目标集中于投资回报，灵敏反应市场信号。国内外经验表明，只有按企业发展的规律办企业，企业才能够搞好，才能够做大做强。

（二）突出主业经营。一是加强企业内部整合。推进内部重组整合不仅是国有企业重点工作，也应是非公有制企业重要课题。要适时适度调整企业内部结构，精简组织机构，减少管理层次，实现一体化经营和扁平化经营，实现资源与业务的整合。二是引导企业发展主业。2005—2006 年，共有 137 户中央企业确认并公布了主业，明确企业发展主攻方向。民营企业多是中小企业，要走"专、精、特、新"的道路，防止出现乱铺摊子、多头出击的现象，集中力量做好自己的专长，增强核心竞争力。三是在发展主业的基础上，提高产业集中度。从企业方面看，在完善了公司治理结构、确认了市场主体地位、明确经营主业后，同类企业的竞争将有所加强，淘汰势在必然，产业集中度和企业规模也将随着市场竞争而提高和扩大；从政府政策方面看，要建立行业标准，维护和规范市场竞争秩序，帮助企业提高集中度和实现

规模经营。当然，还要处理好提高产业集中度与反垄断的关系问题。

（三）增强创新能力。要在制度创新、深化企业改革的基础上，大力推进企业技术创新。一是加大研发投入力度。目前，许多发达国家的研发经费占 GDP 的比重都在 2% 以上，其中日本、韩国和美国接近 3%，以色列高达 4.7%。据世界银行统计，在全球研发投入中，美国、欧盟、日本等发达国家占 86%；在国际技术贸易收支中，发达国家获得的全球技术转让和许可收入占 98%，人口仅占全球 15% 的发达国家拥有世界上几乎所有的技术创新成果。二是加快形成以企业为主导的自主创新机制，要加强对自主创新和技术发展的政策扶持，加大投资力度，设立创业基金、企业科技开发基金，大力发展风险资本、投资咨询，降低创新风险，加快新技术、新产品、新工艺的研发步伐。三是加强知识产权保护。2005 年，国务院启动国家知识产权战略研究制定工作，要以此为契机，加强对我国企业知识产权发展战略、发展目标和保障措施的深入研究，加强对企业专利、商标、著作权、商业秘密等知识产权的管理和保护。

（四）加强全面质量管理。大家知道，最近美国和其他一些国家媒体在对中国食品的安全问题进行别有用心地炒作，从动物饲料到儿童玩具、汽车轮胎等几十种产品，企图妖魔化"中国制造"。这有两方面的原因：一方面，是贸易保护主义抬头。由于我国贸易顺差很大，一些国家企图以这种方式来压制中国，把提高标准、制订标准作为贸易壁垒的新手段，遏制中国产品的出口。另一方面，我们也应该承认，我们的产品质量监管存在着薄弱环节，一些产品的质量确实有不少问题，有待进一步改善。对此，今年国务院召开了全国质量工作会议，分析了我国产品质量工作取得的成绩、存在的问题，并从全面强化质量管理、加快产品质量标准体系建设、加强质量法制建设等方面提出了要求。作为企业，重要任务就是认真贯彻会议的精神，落实会议的部署和要求，全面加强质量管理，为企业创造知名品牌，为市场提供优质产品，也不给国外媒体炒作的口实。

（五）增强企业社会责任。中国在短短 30 年里取得了令世界惊叹的成就，但我们也付出了巨大代价，侵害劳动者和消费者合法权益的现象也时有发生，生态环境保护、劳工权益保护、社会成员共享社会发展成果等问题越来越受到广泛关注，要求我们按照科学发展观的要求，从社会、政府、企业等多方面入手，加强企业的社会责任。要通过制度、标准和利益机制建设，从节能降耗、污染减排、再生利用、劳动环境、人才培训、社会福利、公益事业、责任意识等方面，引导企业自觉承担相应的社会责任，让企业自觉意识到社会责任不是企业的负担，而是企业发展的动力。要加强企业诚信制度建设和企业的道德责任；大企业要实行严格的社会责任报告制度，制定实施企业社会责任生产守则，并对国内外供货商施加约束；国有企业要把社会责任的表现作为考核国企干部的标准；完善社会监督体系，加大执法力度，督促企业遵守相关法律法规；要加强国际合作，积极参加国际标准化组织（ISO）社会责任工作组的活动，从国际标准的角度强化企业的社会责任。

（六）发展企业文化。人们常讲：小企业靠精明，中企业靠管理，大企业靠文化。这是有道理的。有了好的企业文化，企业就会自觉担当自己的社会责任，就会自觉加强全面质量管理，就有了自觉的节能环保行动。企业文化是企业发展的坚实基础和活力源泉。实践证明，成功的企业都有着成功的企业文化。因此，必须坚持科学发展观，建设以人为本的企业文化。要结合实际，开拓创新，创建有自身个性的企业文化。企业文化建设不能照抄照搬，必须符合企业自身的实际，必须结合企业的生产经营管理，才能发挥应有的作用。企业文化建设要平衡各方利益，以顾客为中心，平等善待员工，提倡团队精神，鼓励自主创新，鼓励员工参与，努力服务社会。要把注重环境文化和生态文明作为企业文化建设的重要内容，这不仅符合企业自身的需要，也是当前我国社会发展的迫切要求。总之，要通过企业文化建设，调动各方面的积极性，为企业的自身发展、为社会的和谐进步创造条件。

调整和优化能源结构的五个层面 [①]

（2007 年 11 月 28 日）

贯彻"节约优先、立足国内、以煤为主、共同发展"的能源战略方针，促进能源可持续发展，关键是要从五个战略层面调整和优化能源结构，即布局结构的调整、供给结构的调整、需求结构的调整、技术结构的调整以及内外结构的调整。

从根本上调整能源布局结构

在调整和优化能源结构的五个层面中，调整和优化能源的布局结构被摆在首位。受自然、地理及其他多种因素影响，我国的能源结构布局不合理现象比较突出。能源结构布局的不合理，已严重制约了能源发展。北方地区煤炭资源比较丰富，但普遍开发不足；西部地区水利资源丰富，但水电开发程度低；东部沿海地区缺煤，但用电增长迅猛。如此一来，北煤南运增大交通运输压力，沿海地区污染加重等一系列由此引发的问题逐步显现。

如何调整目前这种能源布局结构，实施"三大一特"战略应成为能源结构调整的主线。所谓"三大一特"，即加快发展大水电、大煤电、大风电，以及采用特高压输电。在煤炭资源丰富地区，发展大型煤电基地；在西部金沙江等水资源丰富地区，加快发展大水电；东部地区缺煤，但用电量大，可以大规模建设核电站。对于西部地区的水

---

① 本文采自在"2007 中国能源可持续发展论坛"上的发言，原载 2007 年 11 月 28 日《辽宁日报》。

416

电和北方地区的煤电外输问题，要采取特高压的输电方式，实现大规模的西电东输和北电南输。以上这些能源布局结构的调整方案，被统称为"三大一特"思路。

发展"三大一特"，当前需要尽快实现两个关键突破：一是攻克特高压输电技术，二是解决北方缺水问题。据介绍，目前我国正在加快特高压输电示范工程的建设，全力攻克特高压输电技术的难题。与此同时，针对北方地区发电水资源紧缺的难题，国内有关专家学者正在积极探索解决方案。海水西送用于发电的一组解决方案，便是其中之一。该方案是把海水通过管道调运到缺水地区，解决煤化工生产之需；海水西送后可以在发电过程中实现淡化，既解决生产水源问题，又解决淡水问题，同时还可以用于填压干涸的湖底，减少沙尘的产生，改善当地的生态环境。按照"三大一特"的发展思路，一系列具体方案正在加紧论证或实施，旨在从根本上实现我国能源布局结构的调整和优化。

切实推进能源可持续发展

当前我国的能源供应结构，以煤炭、石油与天然气等不可再生能源为主，新能源和可再生能源开发相对不足。这种能源供给结构，不仅造成环境污染等一系列问题，也严重制约能源的可持续发展。必须下大力气加快发展新能源和可再生能源，从而调整和优化能源的供给结构，增强能源供给能力，缓解能源可持续发展的压力。

首先，要大力发展核电。目前我国核电装机容量不到发电装机容量的2%，远低于世界17%的平均水平，发展空间广阔，发展潜力巨大。因此，应采取有效的措施，解决技术路线、投资体制、燃料保障等核电相关问题，使我国核电发展的步子迈得更大一些。

其次，要大规模发展风电。据了解，我国的风电资源量在10亿千瓦左右，但目前得到开发利用的仅有几百万千瓦。在国家政策的鼓励之下，目前各地、各企业发展风电的积极性普遍得到提高，风电开发势头良好。但在开发利用风电过程中，部分地区和部分企业出现的抢占资源、规模化程度不足等方面的问题，应当予以重视和改善。应当对风电发展进行正确引导，规范开发秩序，落实上网电价等优惠政策，解决风力发电不确定、对于电网安全影响等问题，促进风电的可持续发展。

与此同时，调整和优化能源供应结构还要积极开发利用太阳能。我国地域广阔，太阳能资源十分丰富，广大农村地区，尤其是北方地区日照充足，特别适合开发太阳能发电。鼓励开发利用太阳能，可以解决西部荒漠地区的能源问题。为此，应支持自主开发，全力解决大规模太阳能发电等技术难题，促进太阳能利用规模化发展。

此外，还应加快发展生物质能。应当进一步采取措施，鼓励农村大规模沼气利用，着力解决生物质能规模化利用等难题，为社会主义新农村建设提供能源保障。与此同时，在新能源和再生能源方面还有一个重要领域，即开发利用水电资源。要在加快发展大水电的同时，高度重视小水电利用，落实优先上网，使水电资源这一可再生能源得到充分利用。

实现能源装备的自主研发

在实施我国能源结构调整过程中，技术因素尤为重要。一方面要以成熟技术推广为手段，调整和优化能源的需求结构；另一方面，还要以关键技术突破为重点，调整和优化能源的技术结构。

据了解，我国能源需求结构不合理现象突出表现在能源利用消耗高、浪费大、污染重等方面。要从根本上缓解能源供需矛盾问题，就应以大力节约、合理使用、提高能源利用效率为重点，严格控制高耗能产业发展，进一步淘汰落后的生产能力。应突出抓好钢铁、有色、化工等高耗能的建设，同时要大力发展循环经济，积极开展清洁生产，全面推进管理节能，推广节能市场机制，促进节能发展。

搞好能源合理开发利用应充分重视技术开发，促进能源可持续发展关键是依靠科技进步逐步淘汰落后的工艺、技术和设备，广泛采用先进适用的技术工艺和设备。当前，应围绕我国以煤为主的能源结构，尽快突破关键技术难题，为能源可持续发展提供技术支撑，促进能源开发利用走上环保、安全、高效、清洁的发展道路。

据介绍，在能源新技术领域中，有三个发展方向值得关注。一是重大前沿技术的研究开发。应加快研究氢能技术、循环技术、低排放技术、可再生能源利用技术，高度重视削减二氧化碳排放等关键技术。二是推进先进石油能源技术的开发利用，加快热电生产，燃气、蒸汽联合循环发电，三次采油，煤炭先进开采，能源综合利用等技术的开发和利用，大力开发煤矸石发电、小水电、沼气、秸秆气化、太阳能供热等常规成熟技术。三是提高重大能源技术装备的开发能力，依托国家能源开发工程，坚持技术引进与消化吸收相结合，围绕关键核心技术组织研究开发。在新一代核电、特高压输电、循环流化床等能源领域提高装备的自主研制能力和技术集成创新能力。

在能源结构调整和优化中，还要多渠道、多方式开展国际合作、参与国际能源市场，调整我国能源的内外结构。要充分利用多种方式、多种渠道，广泛开展能源国际合作，把国内市场、国外市场和国内资源、国际资源等"两个市场"、"两种资源"有效结合，使之成为提高我国能源安全保障的重要环节。

为此，应当充分利用市场优势、经济优势和外交优势，全面参与世界石油、天然气、煤炭等资源的开发与合作，以更加灵活的方式进一步加大境外油气田和煤炭投资开发利用，积极推进油气贸易长期合作。还应加快培育一批能够走出去的大公司和大企业集团，建立一批境外资源开发利用的生产基地。通过加强对外合作，实现互利互赢，在开放的环境中维护我国能源安全、实现能源的可持续发展。

积极推进辽宁沿海经济带整体开发开放 ^①

（2008 年 7 月 20 日）

　　加快推进沿海经济带的开发与开放，对于促进辽宁沿海地区和全省的发展，对于振兴东北地区老工业基地，对于加强我们与东北亚周边国家的国际合作，具有十分重要的意义。

一、坚持园区化发展

　　工业园区化符合工业经济发展规律。从 20 世纪 60—70 年代开始到现在，临海工业园区的发展模式持续演变、提升，成为临海地带区域发展的主要模式。目前，各国沿海地区的开发与发展，基本上都是以园区起步，若干园区共同发展形成沿海经济带。工业园区化通过整合企业关联、配套设施等资源，有利于产业规模化、系列化发展，有利于土地等资源的集约化、效能化利用，有利于技术进步、机制创新的实现。据测算，一个企业在园区内发展，可以节省 10% 的公共设施投资，节约 15% 的土地，降低 5% 的污染治理费用。辽宁沿海经济带"五点一线"的开发开放，体现了重点带动、整体推进的发展思路，要按照走新型工业化道路的要求，坚持园区化发展，注重发挥产业的聚集效应。

二、坚持走循环经济的路子

　　辽宁省是全国发展循环经济试点省，又是依靠自然资源开采和加

---

　　① 本文为在"辽宁沿海经济带政协论坛"上发言的主要内容。

工为主的传统重化工业省份，辽宁沿海经济带发展要坚持走循环经济的路子。要大力推动产业结构优化升级，尽快形成有利于资源节约和环境保护的产业体系，促进资源循环式利用，鼓励企业循环式生产，推动产业循环式组合，大力推行清洁生产和创建"零排放企业"，从生产源头防治污染，切实提高能源资源利用效率和减少污染排放。

三、坚持自主创新

全面提高自主创新能力，是辽宁沿海经济带发展的希望和关键所在。要通过技术创新、制度创新和管理创新，引领辽宁沿海经济带的开放和发展。辽宁沿海具有较强的科技产业优势，要加大自主创新力度，不断提高产品科技含量，提高高新技术产业化比重。要加大制度创新力度，形成有利于科技进步的体制机制，促进产学研结合，加快先进科技成果的产业化。要加大管理创新力度，努力提高政府行政效率和企业管理水平，提高辽宁沿海经济带的整体素质和竞争力。

四、坚持高起点高标准高水平起步

辽宁是我国的老工业基地，产业基础较好，而辽宁沿海经济带又是我国开发相对较晚的沿海经济带，如何把原有的优势和后发优势结合起来，形成新的综合优势，借鉴东南沿海发展的经验，充分利用我国改革开放和经济社会发展进入新阶段的大环境和有利条件，坚持高起点高标准高水平起步，努力实现跨越式发展，这是辽宁沿海经济带发展难得的机遇，也是需要在今后实践中着力破解的重要课题。辽宁沿海经济带的发展，可以立足优势产业，以先进装备制造业为骨干，以高技术产业和现代物流为重要支撑，大力发展高加工度原材料工业、有竞争优势的加工工业，形成区域特色产业集群，力争进入国际产业分工的较高层次。

五、坚持招商选资，注重发挥大企业效应

企业是市场经济的主体。在辽宁沿海经济带开发开放和发展中，应当重视发挥企业的主体作用，在注重培育本地优势企业的同时，通过改善投资环境，落实政策措施，吸引国内外优强企业到园区来投资布点，把辽宁沿海经济带的开发纳入到他们的研发体系、生产体系和营销体系之中，充分发挥大企业效应，与巨人同行，优化产业布局，提高产业水平。

六、坚持产业协调发展

辽宁沿海经济带在交通运输设备制造业、石油化工和建筑材料等工业有很好的基础，具有发展重化工业的优势条件。辽宁沿海经济带的农业和海洋资源也很丰富。要坚持产业协调发展，在发展重化工业等第二产业的同时，大力发展现代农业、海水养殖等第一产业，积极发展为生产生活服务的第三产业，特别是现代物流、金融、商贸、旅游和中介服务业，努力形成优势突出、特色明显、协调发展的产业格局。

践行科学发展观提高电力企业文化软实力^①

（2008 年 11 月 8 日）

2008 年是我国电力企业经受特别考验的一年。南方发生大范围低温雨雪冰冻天灾、四川汶川发生特大地震等严重自然灾害，以及电煤供应紧张、煤价高涨、煤电价格倒挂等因素的影响，使我国电力企业面临少有的困难。在电力企业战胜这些困难的过程中，充分展现出电力企业的硬实力和软实力，展示了广大电力职工的精神风貌和企业文化的独特魅力与感人力量。在这些重大考验面前，电力企业表现出了高度的社会责任感，迎难而上，抢修抢通，稳发满发，保证电力供应，战胜自然灾害和种种困难，保障了工农业生产和人民生活的正常用电需求。

人们常讲，"小企业靠精明，中企业靠管理，大企业靠文化"。重视和加强企业文化建设，提高企业文化软实力，是增强企业综合实力和核心竞争力的必然要求，是打造具有高度社会责任感和持久生命力的大企业、跨国公司、百年企业的必由之路。电力行业加强企业文化建设，提高企业文化软实力，我认为要强化五个意识。

一、强化企业社会责任意识

当今世界，自觉履行社会责任已经成为企业发展的大趋势，成为企业文化的重要内容。改革开放以来特别是近年来，我国企业的社会责任意识越来越强，许多企业自觉履行社会责任，得到企业员工、客

---

① 本文为在"2008 电力企业文化软实力高峰论坛"上发言的主要内容。

423

户、消费者和社会的好评。但我国企业特别是国有企业，在承担社会责任方面，也还存在另外两种情况。一种情况是社会负担过重。在传统计划体制下，企业承担办学校、办医院等许多社会功能，还有名目繁多的各种摊派，还要承担很多强制性的社会义务。另一种情况是企业应当承担的社会责任缺失，表现在侵犯企业员工权益，损害客户和消费者利益，在减少污染排放、保护环境和社区建设等方面，没有尽到应尽的社会责任。这两种情况，都应当避免。要通过继续深化改革，解决企业办社会问题，努力减轻企业的社会负担，把应当由政府、社会承担的社会责任从企业分离出来，使企业轻装上阵，参与市场竞争。另一方面，要强化企业的社会责任意识，建立与国际接轨的社会责任管理体系，自觉严格地遵守法律、规则和国际标准，自觉塑造企业的道德价值和社会责任形象，履行企业对节能减排、环境保护和其他社会责任。特别是在深入学习实践科学发展观、促进经济社会科学发展的新形势下，倡导企业社会责任更具有重要现实意义。加强企业社会责任，是全面落实科学发展观、全面建设小康社会的客观需要和内在要求，也是中国企业走向世界的必要环节。加强企业社会责任建设，有利于构建和谐的劳动关系，保护劳动者的合法权益；有利于营造有序竞争的市场环境，保护消费者的合法权益；有利于节约资源、保护环境，转变经济增长方式；也有利于企业树立良好的社会形象与品牌，提高企业竞争力。特别是电力企业，面向千家万户，是直接为生产建设和人民生活服务的，无论是供电企业还是发电企业，都与经济社会发展和民生息息相关，更应当把履行社会责任放在重要位置，把稳发满供、为社会提供优质可靠的电力供应和保护利益相关者的权益作为自己应尽的社会责任，为促进经济社会又好又快发展和建设和谐社会作出应有的贡献。

强化企业的社会责任意识，除了企业自身努力外，政府和社会也负有重要责任。政府和社会要积极推进企业社会责任建设，特别是在市场机制失灵的范围内，发挥政府的统筹安排和推动作用，解决企业社会责任建设中的矛盾和难题，引导企业树立社会责任的理念。要大力推进企业社会责任法制建设，使企业社会责任管理法制化、制度化、规范化，形成"不让好人吃亏"的环境，形成促进企业履行社会责任的体制机制。要建立权威的企业履行社会责任情况的发布平台，形成顺畅有效的发布渠道。要帮助企业建立社会责任的报告制度，定期向社会公布企业履行社会责任的情况，便于社会公众、相关部门及新闻媒体监督。

二、强化企业诚信意识

市场经济是信用经济。人无信不立。在市场竞争日趋激烈的新形势下，企业不讲诚信、信用记录不佳，在市场上就难以立足，更谈不上取胜和发展。近来国内外发生的两件事，对信用建设具有深刻的警示意义。先说近的，最近发生的三鹿毒奶粉事件，在海内外造成了极坏的影响，严重损害了消费者的权益和身心健康，也使三鹿这个多年打造的品牌毁于一旦，使我国奶业发展一蹶难振。三鹿奶粉事件，与其说是产品质量问题，不如说是诚信问题，是严重的信用缺失、良心泯灭、商业道德败坏。再看远的，目前由美国次贷危机引发的全球金融危机，实际上也是一场信用危机，也是不讲诚信造成的。金融机构向根本不具备条件的人贷款，并在这种金融沙滩的基础上开展各种花样翻新、名目繁多的所谓金融创新，结果酿成严重的信用危机。目前危机正在由次贷向优贷、由美国向全球、由虚拟经济向实体经济、由金融危机向经济危机发展。很多人认为，这场危机影响范围之广、爆发蔓延之烈、危害程度之深，超过了20世纪30年代大萧条以来的任何一次危机。远近两个事件给我们以非常深刻的教训，警示我们在发展社会主义市场经济进程中，必须高度重视信用体系建设。一方面，要重视"硬"件建设，加强法制建设，完善信用基础设施，加强信用行政监管，培育信用中介组织和规范信用服务。另一方面，也要重视"软"件建设，这就是要强化信用意识，把守约重诺、诚实信用作为企业文化的重要内容，加强企业诚信文化建设。要通过方方面面的共同努力，形成诚实守信为荣、违约失信为耻，诚实守信受益、违约失信受损，诚实守信得到保护、违约失信受到惩处的良好道德风尚和社会氛围。

三、强化企业服务意识

企业必须为用户、消费者和社会提供产品和服务，这是天经地义的，是企业的功能和义务。产品和服务质量好、安全可靠、物美价廉、超值服务，企业才能赢得市场，才有竞争力。但是，企业是被动地做，还是主动地做，是迫于市场压力，不得不为，还是更多地源于一种追求，主动而为，出发点是不一样的，效果也是很不一样的。当然，市场竞争的压力是客观存在的，也是最为现实的，但企业特别是电力企业应当不限于此，应当把为用户、消费者和社会提供优质电力产品和服务，作为企业的追求，强化质量意识和服务意识，把用户满意不满意、消费者认可不认可、社会认同不认同，作为衡量企业生产经营的重要标志，千方百计提高产品与服务质量。这方面，一要更新观念，变要我服务为我要服务，增强服务意识，提高服务质量，从细节做起，从点滴做起。比如用电欠费，应区分不同情况，尽量不用或少用拉闸断电的方法。二要重视服务制度建设，建立在常态机制基础上的服务才能更加稳定。三要重视服务现代化手段的应用与创新，提高科学服务水平，提高服务效率。四要加强企业员工在服务规范、服务技能、客户联系等方面的培训，创建具有本企业特点的服务文化。

四、强化企业自主创新意识

提高自主创新能力，建设创新型国家，是国家发展战略的核心，是提高综合国力的关键。党的十七大报告把自主创新提到了前所未有的高度，体现了我国经济发展新阶段对自主创新的新要求，指明了推动我国产业结构优化升级、变"中国制造"为"中国创造"的新途径。

企业是自主创新、技术创新的主体。经过多年努力，我国企业自主创新取得了巨大成绩，但也存在许多问题。目前，我国总的对外技术依赖率超过50%，工业产品的新开发技术中有70%属外源性技术。资料表明：我国国内拥有自主知识产权核心技术的企业仅为万分之三，

99%的企业没有申请专利,60%的企业没有自己的商标。一是创新动力不足,二是创新风险较大,三是创新能力有限,四是创新资金缺乏、融资困难。

自主创新是一个系统工程,需要官、产、学、研等各方面,研发、生产、营销、服务等各环节共同努力。企业作为自主创新的主体,尤其需要作出更大的努力,面向市场需求,加大投入,培养队伍,不断取得创新成果。需要强调的是,要强化全体员工的自主创新意识,居安思危,锐意进取,把创新出新变成每位员工的自觉追求,把强化自主创新意识作为企业文化的重要内容来精心培育。企业不能到了危难时刻才想到创新,必须"超前创新"、不断创新,才能防止企业步入危难境地。瑞士曾是全球钟表业的鼻祖,近百年来,瑞士钟表业一直辉煌于世界。然而,20世纪80年代以来,瑞士钟表业强国地位已被日本取代。原因在于,瑞士虽是世界上最早发明石英钟表技术的国家,但未能及时将此项技术转变为市场产品。而日本人从瑞士买得石英钟表技术后,大举将石英钟表推向世界市场,使瑞士钟表全球占有率从65%降至10%,瑞士钟表被迫开始重新创新。

即使是模仿,也不能照抄照搬,依样画葫芦,而要在消化吸收的基础上进行再创新。

五、强化企业员工归属意识

企业员工的归属意识、认同意识,或者说归属感、认同感,是企业凝聚力的表现。企业凝聚力是企业发展的无形力量。有研究发现,按时计酬的职工,其能力仅能发挥20%—30%;而受到激励的职工,由于思想和情绪处于高度激发状态,其能力可发挥到80%—90%。可以看出,企业凝聚力对于协调员工之间的关系,激发员工工作的积极性、主动性、创造性,对于提高员工工作效率,提高企业竞争力,有着十分重要的意义。这种归属意识,不同于过去传统体制下企业职工铁饭碗、大锅饭,而是建立在社会主义市场经济新的基础之上,对企业共同价值观念的认同,对企业发展战略目标和经营理念的认同,是企业文化的重要组成部分。

培育员工的归属意识、认同意识或归属感、认同感，提高企业凝聚力，一是确立企业的共同愿景，在企业内部建立起企业与员工共同发展的利益共同体。二是提供优厚和公平的福利待遇。三是实施人性化管理，注重对人的关爱，强调与员工的沟通与交流。四是规范化、制度化管理。人性化管理不是不要制度，不是没有奖惩。管理上的规范化、制度化不仅可以使员工在企业内部得到锻炼与提高，而且能够创造并实现企业公平。制度必须从严执行，所有员工必须共同遵守，一视同仁，不能有特殊现象。公司对各项制度必须与员工进行充分沟通，确保制度执行到位，并制定合理的奖惩措施。

还有一点非常重要，就是管理人员必须以身作则，树立榜样；尊重员工，重大事项听取员工的意见；加强对员工的培训，让员工感受到自身的提高和发展前途；营造舒适、安全的工作环境，等等。

当然，培育企业文化，提高电力企业文化软实力，远远不止这五个方面，还应包括更为丰富的内容。随着形势的发展和企业的不断成长，电力企业文化也应不断增添新的内容，不断注入新的活力。

继续走科学发展道路
实现无锡高新区又好又快发展^①

（2008 年 11 月 22 日）

无锡高新区建立以来特别是近年来，坚持以科学发展观为统领，以创新型国际化科技新城建设为总纲，突出创新、和谐两大主题，强力推进经济社会发展向又好又快全面转型提升，在经济、社会、文化和党建等各方面都取得了很大进步，成绩骄人，可喜可贺。

在全面建设小康社会、加快推进社会主义现代化的新的发展阶段，特别是在应对全球金融危机的冲击和影响，努力保持经济社会又好又快发展的新形势下，无锡高新区如何更好地践行科学发展观，努力实现科学发展、率先发展，为无锡、为长三角地区、为全国走出一条新路子，作出新贡献，重任在肩，使命光荣，人们寄予厚望。

无锡高新区提出的五个坚持：坚持科学发展为第一要务，坚持富民和谐为第一追求，坚持高端产业为第一方略，坚持自主创新为第一动力，坚持科学考核为第一保障，既是无锡高新区 16 年发展历程和辉煌成就的经验总结，也是今后无锡高新区再创佳绩、续写辉煌的指导原则，来之不易，弥足珍贵，应当长期坚持并在实践中不断完善。

对无锡高新区今后的发展，我提几点意见，供参考。也是五个坚持：

一是坚持园区化发展，注重发挥产业聚集效应。园区化发展符合现代经济发展规律，有利于产业规模化、系列化发展和土地等资源的集约化利用。园区化发展已为许多国家和我国许多地区实践证明是一

---

① 本文为在无锡高新区调研时的发言。

条成功的路子。无锡高新区取得的成就，就是园区化发展的典型范例。无锡高新区过去靠园区化发展取得了很大成功，今后还要靠园区化发展取得更大的成功。不仅工业要走园区化的路子，新型农业等其他产业也应该走园区化发展的路子。

二是坚持循环式生产，注重节约资源和保护环境。循环经济有利于节约资源、保护环境，无锡高新区应当特别重视发展循环经济。要鼓励园区内各种产业、各个企业循环式生产，推动生产要素循环式组合，促进资源循环式利用，推动形成有利于资源节约和环境保护的产业体系和产业集群。区内现有存量生产要素要按循环经济理念进行调整，优化组合；增量更要按发展循环经济的要求来规划、来配置。

三是坚持自主创新，注重提高整体素质和形成有利于科技进步的体制机制。无锡新区是在高新区基础上成立的，长三角地区率先发展，无锡新区应该走在前头。注重自主创新，努力提高全区整体素质和形成有利于科技进步的体制机制，应当成为无锡新区的最重要特色。无锡高新区有条件也特别需要加强智力引进，特别是引进海外智力资源，加强人才培养，吸引高端人才开展自主创新，通过自主创新包括技术创新、管理创新、制度创新，发展生产力，解放生产力，保护生产力，引领和推动无锡新区经济社会更好更快发展。

四是坚持选优育强，注重发挥大企业效应。企业是市场主体，优强企业是市场竞争力的集中体现。无锡新区的发展应更多更有意识地选择和培育优强企业。优强企业可以是大企业，也可以是中小企业。无锡高新区发展应让大企业唱主角，在培育本地优强企业的同时，多举措吸引国内外优强企业到园区投资布点，充分利用他们的品牌优势和研发、生产、营销、服务、管理体系，与巨人同行，与强者为伍，在高起点上参与市场竞争。

五是坚持统筹兼顾，注重推动经济协调发展和社会全面进步。无锡高新区辖六大功能区、两镇四街道，已不是单一功能区的概念，而是一个以高新技术产业开发为基础的综合性新区。应按照"四位一体"的战略定位，朝着建设创新型国际化科技新城的目标，在突出科技创新特色的前提下，坚持经济建设、政治建设、文化建设、社会建设、生态建设和党的建设一起抓，物质文明、政治文明、精神文明成果一起要，努力走出一条有中国特色、推动科学发展、促进社会和谐、率先实现现代化的成功道路。

加快推进我国社会保障制度建设 [①]

（2008 年 12 月）

　　完善的社会保障制度是维护社会安全的"稳定器"、调控经济运行的"减震器"、促进公平分配的"调节器"，是体现以人为本、实现发展成果由人民共享的一项重要制度安排，是社会主义市场经济体制的重要支柱和构建社会主义和谐社会的基础性工程。改革开放 30 年来，随着社会主义市场经济体制的逐步建立，我国社会保障体制改革不断深化，社会保障体系建设力度不断加大，社会保障事业取得重要发展，对保障人民基本生活、维护社会和谐稳定发挥了重要作用。但总的看我国的社会保障制度还不够完善，存在不少突出问题，面临许多严峻的挑战。在新形势下，继续深化改革，创新体制机制，完善各项制度，加快推进我国社会保障体系建设，仍然是我们当前和今后一个时期一项重要而紧迫的任务。

一、适应社会主义市场经济体制的
社会保障体系框架初步建立

　　改革开放以来，适应计划经济体制向市场经济体制转轨的要求，我国开始对社会保障体制进行改革。1992 年，党的十四大报告第一次明确提出把社会保障制度改革作为经济体制改革的四个环节之一。1993 年，党的十四届三中全会通过的《中共中央关于建立社会主义市场

---

　　① 本文原载《纪念党的十一届三中全会召开 30 周年理论研讨会论文（下）》，2008年 12 月。

经济体制若干问题的决定》，把建立社会保障制度作为社会主义市场经济体制基本框架的 5 个组成部分之一，提出我国社会保障制度改革的目标是以建立社会保险制度为重点，到 20 世纪末建立起资金来源多渠道、保障方式多层次、权利和义务相对应、管理和服务社会化的社会保障体系，改革的基本原则是社会保障水平与经济发展水平相适应、社会公平与市场效率相结合、权利与义务相对应、行政管理职能与业务经办机构相分离，初步明确了我国社会保障制度改革的总体思路和总体框架。2000 年，党的十五届五中全会提出了建立独立于企业事业单位之外、资金来源多元化、保障制度规范化、管理服务社会化的社会保障体系建设目标。党的十六届六中全会通过的《中共中央关于构建社会主义和谐社会若干重大问题的决定》，提出到 2020 年基本建立社会保险、社会救助、社会福利和慈善事业相衔接的覆盖城乡居民的社会保障体系，作为建设社会主义和谐社会的重要目标。党的十七大提出"要以社会保险、社会救助、社会福利为基础，以基本养老、基本医疗、最低社会保障为重点，以慈善事业、商业保险为补充，加快完善社会保障体系"的目标任务，明确了我国今后一个时期加快中国特色社会保障体系建设的奋斗方向。

经过多年来特别是近年来的努力，我国社会保障逐步由国家统管向国家、单位、个人三方负担转变，由企业自保向社会互济转变，由全部包揽向基本保障转变，由现收现付向部分积累转变，由政策调整向法律规范转变，初步建立了适应社会主义市场经济要求的社会保障体系框架。主要表现在：一是社会保险覆盖范围继续扩大。截至 2007 年底，全国基本养老保险、基本医疗保险参保人数分别达到 2 亿人以上。其他社会保险参保人数也逐年增长。二是社会保险体制改革不断深化。养老保险方面，建立了用人单位、个人缴费和财政补助的筹资机制，个人账户做实试点逐步扩大，统筹层次不断提高；事业单位工作人员养老保险制度改革试点开始推进，农民养老保险各地不断探索。医疗保险方面，在进一步完善城镇职工基本医疗保险制度的同时，开展了城镇居民医疗保险试点，建立了农村新型合作医疗制度。三是社会保险基金收入持续增长。2007 年全年 5 项社会保险基金总收入

10812 亿元。四是社会救助、社会福利和慈善事业取得明显成效。最低生活保障制度覆盖全国城乡。农村五保户供养实现了从集体供养到以财政供养为主的历史性转变。城镇医疗救助稳步推进，教育、住房、司法等专项救助制度也在建立和不断完善过程中。社会福利社会化取得可喜进展。

改革开放 30 年来，中国社会保障体系从无到有，从小到大，积累了丰富的经验。一是对社会保障的认识不断深化，社会保障的地位与作用不断加强。改革开放后，我国在经济体制尤其是国有企业改革过程中，逐步认识到改革与发展社会保障事业的必要性、重要性与紧迫性。"七五"计划提出了"社会保障"的概念。1993 年十四届三中全会把社会保障确定为社会主义市场经济框架的重要组成部分，1998 年以后逐渐明确了建立独立于企事业单位之外的社会保障体系的目标。十六大以来，提出了科学发展观等重大战略思想，提出了构建和谐社会的重大发展战略，社会保障地位不断提高，成为全面小康社会的重要目标和以改善民生为重点的社会建设的重要内容。二是立足本国国情，借鉴国际经验，从实际出发确定社会保障建设的基本原则和制度框架。世界上不同国家因不同的国情有着不同的社会保障制度。我国社会保障的基础是二元结构比较明显、计划经济程度较深、人口基数庞大、经济发展水平低、城乡和地区发展水平差距较大的基本国情。在这种情况下，我国提出社会保障建设必须坚持"低水平、广覆盖、多层次、城乡有别"，以及"保基本、可持续、法制化管理、社会保障关系可以转移接续、政府承担主导作用"等基本原则，实践证明是符合中国国情的。三是正确处理若干重大关系，分类指导、因地制宜进行改革。我国社会保障体系建设进程十分复杂，既要考虑各类人群社会保障制度的兼容性，又要考虑全国社会保障的统一性，防止出现社会保障制度"碎片化"；既要考虑社保基金的增值性，又要考虑安全性；既要着眼于当前需要的迫切性，又要考虑未来几十年的长远利益；既要实现最大限度的社会保障，又要最大限度地规避其对劳动力市场的负面影响；既要发挥各地在社会保障分散管理中的作用，又要保证中央政府的集中统一，等等。正确处理这些关系，是我国社会保障制度建设的重要条件。四是以解决现实问题为重点，坚持需要与可能相结合，稳步推进社会保障体系建设。我国社会保障制度建设与经济体制改革和其他社会问题的解决相辅相成，相互制约，要求我国社会保障制度建设必须以解决迫切的现实问题为重点，先行试点、循序渐进、逐步推开，稳步走中国特色的社会保障建设之路。

当前，我国社会保障体系建设还存在一些突出的矛盾和问题。一是体制转轨遗留问题十分突出。企业退休人员与机关事业单位退休人员待遇差距过大，中小企业不给职工上保险现象大量存在，关闭破产企业退休人员和困难企业职工难以参加医疗保险，部分劳动者工伤待遇落实难，被征地农民缺乏社会保障等。二是城乡社会保障发展不平衡。农村养老保障制度滞后，医疗保障水平低，贫困农民基本生活还难以保障。三是制度设计不完善。基金筹集、账户设置、资金发放等方面制度设计缺乏战略性。大量非公有制经济从业人员、个体灵活就业人员及其他城镇居民的社会保障问题还缺乏制度安排。四是统筹层次低、社会保险关系转移接续难。目前多数地区仍为市、县级统筹，统筹地区间转移困难，无法共济，不利于形成统一的人力资源市场。五是运营和管理制度不健全。政府、用人单位、劳动者三方筹资机制还有待进一步强化。养老保险个人账户"空账"运行，统账结合的部分积累制实际上变成了现收现付制。基金投资渠道单一，缺乏保值增值途径。六是社会救助体系和社会福利、慈善事业有待完善发展。同时，随着社会保障工作范围、内容、对象和方式的不断变化，社会保障领域的管理、经办和服务还不能很好地适应事业发展的需要。

从今后一个时期看，我国社会保障还面临着三大严峻的挑战：一是人口老龄化的挑战。我国已经进入了老龄社会，60岁以上的人口占总人口比例超过了11%，具有未富先老、规模大、老龄化速度快、高峰期持续时间长的特点。而我国正处在经济转轨、社会转型时期，退休人员逐年增多，养老、医疗支出也将随之大大加重。如果对这个问题没有恰当的应对之策，不仅社会保障制度无法平稳运行，而且将影响社会经济的可持续发展。二是大规模人口流动和就业方式多样化的挑战。我国正处在工业化、城镇化加快发展阶段，农村富余劳动力会越来越多地转移出来，城镇居民异地就业数量也日益增多。从目前就业发展趋势看，灵活就业方式日益增多。如何解决流动就业和灵活就业人员的社会保障问题，也是社会保障体系建设必须研究解决的重要课题。三是收入分配不平衡的挑战。目前，我国地区之间、城乡之间居民收入差距十分明显，不同行业之间工资分配差距还在继续扩大。这些矛盾和问题，增大了社会利益关系协调的难度。这就迫切要求我们积极探索完善社会保障制度的办法，进一步做好社会保障工作，更好地发挥社会保障调节收入分配的功能。

二、重视和借鉴国外社会保障的经验教训

无论是发达国家还是发展中国家，社会保障制度已经成为各国政府一项十分重要的公共政策和社会发展目标。经过 100 多年的发展，目前全球已有 169 个国家建立了各具特色的社会保障制度。虽然由于政治、经济、历史和文化背景不同，各国社会保障的制度模式有所差别，但他们在制度建设进程中积累的一些宝贵经验，值得我们高度重视和充分借鉴。

（一）对公民实行普遍的社会保障。全体国民均能享受到相应的社会保障，是国家确立社会保障服务的基本原则。普遍性原则既体现了国家依据宪法确保全体公民社会保障权利的承诺，也是改进和实现国际公认的基本人权的客观要求；既符合社会保障制度对社会公平公正的要求，也体现了人类社会的终极目标。这一原则被大多数发达国家所认可，在构建社会保障制度时所遵循。2001 年国际劳工大会通过的关于社会保障的决议指出，将向所有那些尚未获得现有体系保护的推广社会保障，国际劳工组织并于 2003 年发起了人人享有社会保障的全球运动，鼓励各国全面审查人民的社会保障需要、用于满足这些需要的资源，以及能够为扩大社会保障覆盖面作出贡献的不同角色和机构。提出发展中国家要优先找出方法向非正规部门的工人及其家庭提供相关和切实的覆盖。

（二）构建完善的社会保障结构体系。发达国家较为成熟的现代社

会保障制度都是一个复杂的有机体，包含许多不同性质、范围、内容的保障项目，涉及养老、失业、疾病、工伤、生育和生活贫困等社会风险，这些项目之间既有本质的不同，又有密切的内在联系，相互协作配合共同构成一个完整的社会保障系统。国际劳工组织正式采纳的规范化的社会保障结构体系主要要素包括，社会保险、社会救助、国家财政收入资助的福利补贴、家庭补助和储蓄基金，以及规定雇主举办的补充保险条款和其他各种补充社会保障计划等。从发达国家经验看，在社会保障结构体系中，一般都以社会保险作为社会保障体系的主体和核心，以社会福利和社会救助为辅，以其他保障方式作为补充。如美国社会保障结构体系包括六个部分：社会保险、社会救助、退伍军人补助、老人医疗服务、全民教育和住房保障；英国包括社会保险、社会补助、社会救助、保健服务和社区服务五个部分；瑞典包括社会保险、社会救助、义务教育、家庭福利、职业培训五个部分。

（三）实行多层次的社会保障制度。发达国家的社会保障制度分为不同的层次，国家通过强制实施的基本保障制度目的是保障社会成员的基本生活，保障水平一般不高，同时又制定相关的政策鼓励企业和居民参加有关补充保障，以提高保障水平。以养老保险为例，美国分为法定基本养老保险、补充养老保险（私人年金）和个人储蓄保险三个层次。基本养老保险养老金，高收入者的替代率约为36%，低收入者约为60%，中等收入者约为45%；私人年金津贴的替代率一般在缴税工资的25%左右。日本的养老保险制度分为五个层次，即国民年金、雇员年金、企业年金、一次性退休补贴和个人养老储蓄等。德国养老保险体系也由三个层次构成：法定年金制度、职业年金制度和私人人寿保险制度，三个层次互为补充，构成养老保险的"三个支柱"。瑞士也实行三个层次的养老保险制度，第一层次，基本养老保险，用于保障退休者的基本生活需要；第二层次，补充养老保险，又称"职业年金"，旨在使劳动者退休后能维持退休前的生活水平；第三层次，个人预防保险，用于为劳动者提供年老时的补充收入。

（四）以法律的形式规范和保障社会保障制度。世界各国都非常重视社会保障的立法工作，社会保障立法既保护了公民的合法权益，又保障了社会保障工作可以依法有序进行。德国是世界上第一个以社会立法实施社会保障制度的国家。1881 年颁布《社会保障法》，标志着德国社会保障制度的确立；1911 年制定了《帝国保险法》；1927 年通过了《失业保险法》，之后改为《就业促进法》；1969 年制定了《农民养老金法案》；1994 年颁布《护理保险法》。美国是世界上最早实行系统的社会保障法律制度的国家。1935 年罗斯福总统签署了《社会保障法》，第一次明确提出了社会保障的概念，并规定了社会保障的基本原则和内容。自《社会保障法》实施之后进行过多次修正，对社会保障制度的不断完善起到重要作用。英国是西方发达国家社会保障制度的发源地之一。1601 年颁布了《济贫法》，19 世纪上半叶颁布和实施了新《济贫法》；20 世纪初英国政府制定了《老年赡养法》、《国民保险法》等一系列法案；20 世纪 40 年代下半期至 70 年代，是英国社会保障制度全面发展时期，相继颁布了一系列重要的社会保障立法，如《住房法》、《房租管制法》、《国民保险法》、《国民保险（工伤事故）法》，并于 1975 年合并为《社会保障法》。法国在 1930 年正式颁布了《社会保障法》，1939 年颁布了《家庭法》，1945 年通过了《社会安全法》。许多发展中国家也制定了一系列社会保障的法律法规，如印度尼西亚的《雇员社会保障法》、波兰的《就业与失业法》等。

国外社会保障制度改革与发展的成功经验值得我们学习和借鉴，他们走过的一些弯路和教训也需要我们认真记取。如以英国、北欧等发达国家为代表的高福利政策，超越经济社会发展水平，造成社会负担过重，抑制人们工作的积极性，影响了经济社会发展的活力。我们应当竭力避免出现这种情况。20 世纪 80 年代中后期以来，各国的社会保障制度相继面临着人口老龄化、基金财务危机、金融风险加剧等严峻的挑战。许多国家开始重新审视和反思传统的社会保障制度，开始对现行制度进行改革，探索完善社会保障的有效措施。总的趋势，一是社保资金注重增收节支。如提高社会保险费率、延长缴费期限、扩大征缴范围，取消缴费工资上限规定，开征社会保障收入所得税；适当减少支出范围，降低基本养老金替代率，适当延长退休年龄，控制医疗费用等。二是建立政府、企业、个人多方支撑的制度结构。不少国家探索逐步缩小国家强制性现收现付制度的规模，在国家提供基本生活保障的同时，以优惠政策鼓励和引导发展企业补充保险和个人储蓄保险，充分调动劳动者的自我积累和自我保障意识。三是在制度结构上由现收现付制转变为部分积累制，有些国家甚至采取了完全积累的极端模式。如1981年智利政府迫于本国现收现付养老制濒于崩溃，由公共管理的现收现付养老制度转变为私营管理的储蓄积累式的养老保险制度。1996年后，英国、美国、法国、澳大利亚、丹麦、荷兰等许多国家都在向多支柱的养老结构转变。四是社保资金的运营更多地发挥市场的作用。鼓励私人机构参与社保基金的运营和管理，特别是医疗保险的运营。我国社会保障制度的改革与发展，应当密切关注和顺应这些趋势，认真吸取国外特别是发达国家的经验教训，紧密结合我国的实际情况，努力走出一条中国特色社会保障的成功道路。

三、进一步推进我国社会保障制度建设

我国社会保障体系建设进入了关键时期，既面临着难得的历史机遇，也面临着许多突出矛盾和严峻挑战。党的十七大提出：2020年实现"基本建立覆盖城乡居民的社会保障体系，人人享有基本生活保障"的战略目标。实现这一目标，必须继续深化社会保障制度改革，创新体制机制，加强制度建设，完善政策措施。

（一）建立覆盖城乡的社会保障制度，努力使全体人民享有社会保障。实现人人享有社会保障，是促进公平正义的必然要求。我国宪法规定每个公民都享有社会保障的基本权利。社会保障作为国家的一项基本社会经济制度，必须尽量覆盖到城乡全体居民，尤其要让困难群众都能感受到社会的关爱。实现广覆盖，也是"大数法则"的要求。社会保障特别是社会保险没有一定的覆盖范围，就难以实现参保对象之间的互助共济、统筹调剂和分散风险的功能。同时，实行广覆盖也有利于均衡不同企业之间的经济负担，促进市场主体发育和平等参与市场竞争。我国是世界上人口最多的发展中国家，扩大社会保障覆盖范围的任务十分艰巨。实现广覆盖，首先要完善制度，实现制度全覆

盖。其次，要抓好制度的落实工作。有制度而不能严格执行是对制度最大的破坏。严格执行制度是当前一项十分迫切的任务，特别是对国家强制性的社会保险要依法加大征缴力度，提高参保率，做到应保尽保。

当前，主要的是要对农民养老、农民工的社会保障以及没有参加社会保险的群体的社会保障作出制度安排。农民养老保险可考虑由基础性养老金和个人账户基金两部分组成，基础性养老金由财政支付，不与个人缴费挂钩，支付水平以略高于农村最低生活保障为宜。个人账户基金由个人缴费、集体补助、财政补贴、投资收益构成，农民达到一定年龄后按月计发养老金。农民工养老保险问题，需要适应农民工就业与收入的特点，体现低费率、广覆盖、可转续的要求，并能够与城乡养老保险制度相衔接，"进"可进到城镇职工养老保险制度，"退"可退到农村养老保险制度。可考虑，农民工基本养老保险制度实行完全积累模式，只建个人账户，缴费实行低费率，保险费由用人单位和农民工共同缴纳，个人账户积累额随农民工的流动全部转移。城镇企业退休人员没有养老保险的主要有两类人，一是缴费年限累计不满 15 年的人员；二是由于原单位破产关闭或经营困难，无力为其缴纳养老保险的一批 1992 年前工作已满 15 年的"中人"。对第一种情况，可考虑由参保人申请延续缴费 5 年，若仍不满 15 年的可按当期缴费基数一次补满，享受基本养老保险待遇。或者根据缴费年限的不同，比照正常退休人员的一定比例，发放养老金。第二种情况，人数不多，应承认其对社会的贡献，按照包括视同缴费的参保年限，享受一定比例的基本养老保险待遇，或给予一定经济补偿，所需资金由财政负担。

（二）社会保障标准应与我国经济发展水平相适应，实行以保障基本生活为主的社会保障。人口多、底子薄、城乡二元结构是我国的基本国情。改革开放以来，虽然我国经济社会取得快速发展，经济总量大幅提升，但人均水平仍然较低，人民生活水平和质量还不高。福利增长遵循刚性上升的规律。在相当长的时期内，我国的基本社会保障应当立足于保障基本生活，切不可超越实际盲目追求高福利目标，给制度未来运行和社会留下隐患。即使将来国家富裕了，保障水平也不能太高。水平太高，既影响企业的竞争能力，也不利于调动劳动者的积极性。"保基本"的实质，就是既要保障基本生活需要，防止超越发展阶段的过快的福利增长；又要有利于促进就业和再就业，防止出现社会保障领域的道德风险。具体来说，基本养老保险标准是使职工退休之后能够维持中等生活水平；失业保险标准是维持失业人员的基本生活，同时激励他们积极寻求再就业；基本医疗保险是满足职工一般的医疗需求；城乡居民最低生活保障标准只保证贫困居民的基本生存条件。

实行基本养老保险制度改革以来，机关事业与企业退休人员养老金差距持续拉大。这是当前一个十分突出的矛盾。近年来，我们开始着手解决这一问题，2005—2007年国家连续3年提高企业退休人员基本养老金水平，从2008年起再连续3年提高企业退休人员基本养老金水平，这将使机关事业单位和企业基本养老金待遇差距过大的矛盾得到一定程度的缓解。但也应看到，机关与企业基本养老保险待遇的差异，反映了两种养老制度的差异。机关公务员实行的是退休养老制度，退休金是机关退休人员的全部收入；企业退休人员实行的养老保险制度，基本养老金只是企业退休人员的部分收入，其养老保障还应包括企业年金等补充养老保险收入，不能把退休金与养老金简单比较。从国外情况看，公务员退休金的替代率一般高于企业基本养老金30—40个百分点。因此，我们一方面要缩小机关事业单位与企业退休人员的养老金待遇差距，另一方面也要认识到仅仅靠提高企业退休人员待遇标准难以从根本上解决问题，而且会加大建立基本养老保险制度的成本，与这项制度"保基本生活"的性质相背离。同时，随着企业年金等补充养老保险制度的建立，又会造成新的不平等。因此，在目前企业年金、商业保险发展不充分的条件下，解决这一矛盾，可以考虑发放企业退休人员"退休金补贴"代替提高养老金标准，作为与机关事业单位养老待遇差距的补偿，待企业补充养老保险发展起来后再酌予调整。

（三）合理界定政府、单位和个人社会保障责任，建立多层次的社会保障体系。减轻政府责任，增加用人单位责任，提高个人自我保障意识，已经成为社会保障发展的国际趋势。由于我国社会经济发展不平衡，居民收入有较大差距，社会保障需求也出现不同层次。在现阶段，我国社会保障应构建四个层次：第一层次是基本保险。通过完善政府强制推行的各项社会保险制度，为参保职工和城乡居民提供基本生活保障和基本医疗保障。第二层次是补充保险。国家鼓励和引导企业根据自身的生产经营状况，建立企业年金和补充医疗保险制度，提高部分社会成员的保障水平和福利待遇。第三层次是商业保险。这是为收入较高者提高保障水平的措施。第四层次，也是一个兜底的层次，就是社会救助。主要是政府对未能参加社会保险，或即使参加了社会保险但生活依然贫困的城乡居民，通过建立最低生活保障制度和社会医疗救助制度承担"托底"的责任。

（四）着力提高基本养老保险统筹层次，尽快实现全国统筹。只有提高统筹层次，才能增强社会保险的互济功能、提高抵御风险的能力，才能实现养老关系的转移接续、促进劳动力的合理流动，也才能提高基金管理水平、降低分散管理的风险。目前已有 13 个省份实现了省级统筹，其余省份也正在抓紧推进。可考虑争取在两三年内全部实现省级统筹，实现省级基本养老保险基金全部实行预算管理。同时，着手研究制定推进全国统筹的政策规定和实施方案，力争在五年内实现基础养老金的全国统筹。在实现全国统筹之前，要解决基本养老保险转续问题，可考虑两种方案：一是就业人员跨统筹区流动时，可考虑将企业缴费部分量化到参保人员，与个人账户资金一并转移。二是根据各省的流动就业人员养老保险关系转入转出情况，在中央补助地方养老金缺口分配方案中，对不转移的企业缴费部分予以统筹考虑，对就业人员净转入地区给予补助。

（五）多渠道筹集社会保障资金，加强基金投资的运营和监管。我国社会保障资金的缺口主要是基本养老保险基金缺口。根据有关方面对新制度（以辽宁试点方案为代表）下我国养老基金收支的预测，我国统筹基金存在巨大的缺口。我国养老保险的单位和个人缴费比例，无论是与国际水平还是我国经济发展实际相比，已经没有继续上调的空间。社会保障制度是由国家财政承担最后责任的一种制度安排，必须进一步加大对社会保障的财政投入，同时还要多种渠道筹集资金，充实全国社会保障基金。一是中央财政在确保当期支付缺口补助和做实个人账户补助的基础上，进一步增加财政投入；二是稳定国有股海外上市减持和彩票公益金收入，还可考虑发行社会保障彩票筹资；三是适时开征大额遗产、奢侈品及高档消费品等特别税种；四是划转中央企业和地方重点企业国有资产；五是划转中央企业不良资产处置收入；六是通过国有企业无偿占用土地货币化收益等方式筹集资金，逐步扩大社保基金筹资规模。管好用好社会保险基金，确保基金安全完整和保值增值，是政府的重要职责。要抓紧制定基金管理、监督方面的法规政策，建立健全内部控制制度、稽核制度、信息披露制度和要情报告制度，发挥行政监督、专门监督、社会监督和舆论监督的作用。同时，要尽快制定基金投资管理办法，搞好基金投资运营。在科学评估、避免风险、确保安全的前提下，投向投资回报率较高的项目，争取实现较好的收益。

（六）支持和鼓励社会捐赠和社会互助，大力发展慈善事业。慈善事业是"社会收入的第三次分配"，是社会成员之间在物质和精神上的相互帮助，具有扶贫济困、协调社会发展的职能。在我国，广泛开展以公民、法人和其他社会组织自愿捐赠资产和劳动，为扶贫济困、安老助孤、帮残助医、支教助学等慈善事业奉献爱心的活动，是中华民族传统美德和社会文明进步的重要组成部分。总体上看，我国慈善事业刚刚起步，我们要抓住当前人民收入水平不断提高、参与慈善事业的意愿和能力大为提高的机遇，加快慈善事业发展，充分发挥慈善事业在我国社会保障体系中的重要作用。要建立完善慈善事业发展的体制和机制，制定有利于慈善事业发展的财税政策，动员各部门力量共同促进慈善事业快速发展；大力培育城乡各类慈善组织，加强慈善组织管理和能力建设；加强公募市场管理，提高募捐的社会公信力；搭建慈善救助和信息服务平台，合理调配社会慈善资源，形成慈善合力；逐步加大财政投入力度，从政策上研究政府购买慈善组织服务的具体措施和办法；弘扬慈善文化，增强全民的慈善意识，营造乐善好施的社会氛围。

度过寒冬迎新春 ^①

（2008 年 12 月 6 日）

改革开放 30 年来，我国民营经济不断发展壮大，在促进经济发展、吸纳城乡就业、增加财政收入和扩大对外开放等方面发挥了重要作用。民营经济已成为我国社会主义市场经济的重要组成部分，成为促进我国社会生产力发展的重要力量。

同时，我国民营经济发展也面临不少问题、矛盾和困难。从外部看，市场准入限制较多，融资渠道狭窄、贷款难，社会化服务体系不健全；从内部看，企业组织结构不合理，整体素质不高，发展方式比较粗放，部分企业行为不规范等，严重影响民营经济的健康发展，应当引起高度重视。

今年对于我国经济社会发展是一个极不寻常的年份。受国际金融危机的冲击和影响，我国从年初"防过热、防通胀"，到年中的"保发展、控物价"，再到年末的"扩内需、促增长"，宏观调控的方向、力度和重点进行了重大调整。目前，这场由美国次贷危机引发的国际金融危机正由次贷向优贷、由虚拟经济向实体经济、由美国向全球、由金融危机向经济危机发展蔓延，对我国经济的冲击和影响也在逐步加深，进入三季度以来，经济增长失速幅度过大，下滑过快。为应对危机，中央及时采取了一系列扩大需求、提振经济的措施，包括扩大投资十条措施、支持企业六条措施、金融支持经济九条措施等，相信不久就会见到成效。但目前形势仍比较严峻，如何"过冬"，中国企业面临空前严峻的考验。这种国际国内经济环境，既向我国民营经济发展

---

① 本文为在第五届中国民营经济高峰会上的发言。

提出了严峻的挑战，也提供了浴火重生的机遇。

民营经济发展要从外部和内部两方面，积极应对，战胜挑战，化危为机，在困境中奋起。

从外部看，政府、社会和中介组织要为民营经济发展创造良好的外部环境，包括放宽市场准入、公平税费负担、强化法律保障、提供良好服务，以及加强和改善监督管理等。促进民营经济发展，最重要的是为民营经济创造平等竞争、一视同仁的法治环境、政策环境和市场环境。同时，考虑到我国民营经济95%以上为中小企业、而中小企业95%以上为民营经济这种高度重合的现实状况，应当对其加大财税、金融支持力度，建立健全面向中小企业的创业辅导、筹资融资、市场开拓、技术支持、认证认可、信息服务、管理咨询、人才培训等内容的社会化服务体系，为他们提供全方位的服务。

从内部来说，民营经济要苦练内功，提高素质，加快转变发展方式。

一要加快结构调整步伐，尽快解决产业结构趋同、低水平重复建设、技术含量偏低、企业规模偏小等问题。要更多地从加工制造业转向服务业特别是现代服务业，从规模经济要求较高的采掘业、原材料加工业等领域更多地转向适合中小企业经营的领域。

二要加快技术进步，既要广泛采用外源性先进适用性技术，加快科技成果转化；有条件的又要通过产学研结合等多种方式，加强技术研发，提高企业技术水平。同时要更多地从事专业生产和特色经营，向"专、精、特、新"方向发展。

三要深化内部改革，加强企业管理。特别是民营企业做大以后，要适应经济全球化和社会主义市场经济的要求，加快建立现代企业制度，改善公司治理，正确处理所有权与经营权的关系，把集权与分权、经验管理与科学管理有机结合起来，特别是家族制企业，尤其应当努力做到集权有道、分权有序、授权有章、用权有度，逐步建立符合现代市场经济要求的企业制度和管理模式。

四要加强诚信建设。人无信不立，企业无信不兴。加强诚信建设，重诺守信，取信于市场，取信于客户和消费者，是我国企业面临的共同课题，中小企业这方面的任务更为突出、更为迫切。

五要积极承担社会责任。企业要在创造利润、对股东利益负责的同时，还必须承担起对员工、对消费者、对社区、对环境等利益相关者的社会责任。要强化社会责任意识，加强社会责任管理，自觉履行社会责任，做高度重视和积极承担社会责任的模范企业公民。这既是企业应尽的义务，也是企业竞争力的重要体现。

统计数字表明，中国民营企业的平均寿命只有 3.5 年，能够存续 10 年以上的不超过 5%。但愿这个数字只是说明我国民营企业的过去，不代表他们的将来。面对全球金融危机的冲击，面对复杂多变的经济环境，面对空前激烈的市场竞争，企业不能苦熬坐等，不能心存侥幸，必须积极进取，妥善应对，勇于竞争。市场无情也有情，危机之中有机遇，大浪淘沙，"剩"者为王，度过寒冬是新春，祝更多的民营企业逆势飞扬，在困境中奋起，迎接明天的辉煌。

出路在于加快发展方式转变 ①

（2009 年 4 月 11 日）

当前，肇始于美国次贷危机的国际金融危机仍在发展蔓延，对实体经济的影响不断加深，已经演变为虚拟经济与实体经济交互作用、中心国家与外围国家相互影响的恶性循环。处于漩涡中心的欧美发达经济体，危机还在深化，爆发新一轮金融危机的风险正在增大。发展中国家和新兴经济体受到越来越严重的波及。由于外需减少、出口下降、价格下跌、外资抽离、汇率波动等因素影响，许多国家生产萎缩、失业加剧、资金紧张，形势十分困难。随着时间的推移和形势的发展，国际机构纷纷调低了对全球经济增长的预测。据国际货币基金组织（IMF）的最新预测，2009 年，全球经济将出现 0.5%—1% 的负增长。

面对这场严重的国际金融危机，各国政府纷纷采取大力度、超常规措施救市，包括大规模注入流动性、协调降低银行利率、收购主要金融机构、提高存款担保及清理"有毒"金融资产等，美联储甚至采取了直接购买长期国债的极端手段。刚刚闭幕的 G20 峰会，更是推出了 1.1 万亿美元的经济刺激计划。这些措施的短期效应和长期影响，还有待于进一步观察。

中国作为世界经济体系的重要一员，很难在危机中独善其身。这场危机已经对中国经济形成了严重冲击。由于外部需求萎缩、出口下降，加之国内经济转入周期性回调，导致企业困难增多，经济增长下行压力明显加大，失业和就业不足问题日益突出。面对这些矛盾和困难，中国政府果断采取了坚强有力的措施，全面实施一揽子计划，包

---

① 本文为在"2009 京都论坛"上致辞的主要内容。

447

括大规模增加政府投入、大范围实施产业调整和振兴、大力度加强科技支撑和大幅度提高社会保障水平，全力保增长、保民生、保稳定，努力将国际经济环境变化带来的不利影响降到最低程度。这些政策措施出手快，力度大，已经开始见到初步成效。近期一些经济指标出现了积极变化。一是货币、信贷规模持续增加。广义货币（M2）持续快速增长，1月、2月增长率分别达18.9%和20.4%，新增贷款达到1.62万亿元和1.07万亿元，比上年同期成倍增加。二是固定资产投资增速加快。1—2月份固定资产投资同比增长达26.5%，比去年年底和去年同期加快3.4和2.2个百分点。三是消费保持较快增长。1—2月份，全国社会消费品零售总额同比增长15.2%，扣除价格因素，实际增长15.5%，实际增速比去年同期加快2.6个百分点。四是制造业采购经理指数（PMI）连续四个月回升。五是原煤、水泥、钢材等重要产品产量都有一定程度回升，发电量降幅比去年12月份有明显缩小。

我们在看到我国经济出现某些好转迹象的同时，更要清醒地看到面临的严峻形势和挑战。

从国际来看，需要注意三点：一是国际金融危机仍在蔓延深化，美、日、欧等发达经济体全面陷入衰退，世界经济和贸易可能会出现负增长。二是造成这场危机的根源短期内难以根本解决。这场席卷全球的金融危机，已经不是一次简单的经济周期性波动，而是战后世界经济体系内在矛盾的总爆发。近半个世纪以来，以美元主导的国际货币体系，使得美国利用国际储备货币的发钞国的地位，可以不受限制地向全世界举债，还通过名目繁多的所谓"金融创新"把风险转移扩散到全球，助长和支撑美国超前消费、过度消费、举债消费的经济模式。这种不合理的经济秩序，是以美国为首的发达国家难以改变和不愿改变的。三是目前各国采取的救市措施多为治标措施，难以治本，特别是美国采取的由美联储直接购买长期国债的极端措施，无异于饮鸩止渴，为今后美元贬值、通货膨胀埋下了新的祸根。

从国内来看，也要注意三点：一是外部需求急剧萎缩短期内难以弥补，出口企业面临很大困难并迅速向相关产业和企业传导。前两个月，我国外贸进出口比去年同期下降27.2%，其中出口下降21.4%，进口下降34.2%。出口连续第四个月下降，而且降幅呈现逐渐扩大的态势。二是汽车、房地产等主导产业经过前一阶段高速增长之后进入周期性回调，国内经济增长进入下行通道，一些行业不可能、也不应该再像前几年那样高速增长。三是经济发展模式粗放，长期积累的深层次、结构性矛盾进一步凸显，可持续发展面临严重挑战。

以上这些情况表明，世界经济走出金融危机的阴影需要较长时间，不排除发生新一轮危机的可能；世界经济走出危机的时间，与美国采取的救市措施有直接的关系；美国采取印钞机救市，虽然有可能刺激经济复苏更早一点到来，但也会产生新的问题，全球将为此付出新的代价。我们要充分作好应对更加复杂局面、战胜更加严峻挑战的准备，即使全球经济走出危机、实现复苏之后，我们也不应该沿袭过去的经济增长模式，而要把更大的功夫下在扩大国内需求、调整经济结构、拉动产业升级、加快转变经济发展方式上来。

当前这场史无前例的国际金融危机，对每个企业都是一场严峻的挑战。市场竞争、优胜劣汰，大浪淘沙、剩者为王。企业作为微观经济活动的主体，必须顺时应势，采取正确的应对之策。对此，我谈几点看法，供大家参考。

一是密切关注形势发展变化，采取正确应对策略。思路决定出路。面对空前复杂的国际国内经济形势，企业一定要保持清醒的头脑，密切关注国际金融危机的最新进展，密切关注党中央、国务院出台的一系列应对危机的政策措施及其成效，根据形势的发展变化和各自的实际情况，采取及时果断、积极有效的应对策略。

二是强身健体、苦练内功，提升企业管理水平。加强和改善管理，是企业永恒的主题，也是战胜危机的基本功。要全面加强企业管理，严格各项制度，提高企业素质和经营管理水平。特别要通过组织结构调整、业务流程优化、完善激励约束机制等手段提高管理效率；通过优化供应链结构、降低库存水平、控制物流成本、改善客户服务等方式有效节约生产成本。

三是加强科技创新，推进产品技术升级。创新是企业发展的强大动力。依靠科技创新，不仅是企业战胜这次国际金融危机冲击的根本途径，也是实现发展方式转变、提高企业竞争力的关键所在。国家为鼓励企业科技进步，加大了政策支持力度，这为企业加强科技创新提供了有利条件。企业应着眼未来，增加科技投入，加强研发管理，强化核心技术、关键技术和关键设备、零部件等领域的研发，提高企业核心技术能力。要重视科研成果转化，高度关注产品质量和安全问题，健全售后服务体系，提升产品品牌价值和服务水平。

四是抓住有利时机，审慎参与并购重组。金融危机给许多国家和企业带来了前所未有的冲击，一大批有先进技术、有知名品牌、有营销渠道的国际企业面临困境，这为中国企业实施"走出去"战略，参与国际企业并购重组创造了有利条件。有条件的企业应当根据自己发展的需要和消化能力，审慎稳妥地参与国际并购，积极拓展自己的发展空间。

当前，国内企业的并购重组也日趋活跃。据统计，2008年，上海联合产权交易所成交金额突破1000亿元，并购交易涉及全国30个省市、6000余家企业，并购呈现出纵向并购增加、中小企业参与增加、国内外企业联动并购增加等趋势。企业应顺应形势，根据自身在市场格局中的位置，积极参与国内并购重组，这对于我国加快产业结构调整，提升产业集中度，形成结构合理、配套协调的产业组织体系十分重要。建议企业参与并购重组把握以下原则：一是应集中于企业核心业务，有利于提高核心竞争力；二是应实现优势互补，有助于完善产品体系和价值链；三是着眼降低经营风险，节约交易成本；四是应关注企业文化，能够实现有机整合。

五是践行社会责任，善待企业员工。社会责任是现代企业生存和发展的基础，是企业核心竞争力的有机组成部分。金融危机对企业的生产经营产生了严重影响，但履行社会责任集中体现了企业的核心价值和长期利益，当前特别具有重要的现实意义。在目前形势下，企业最大的社会责任就是善待员工。企业应力争做到不裁员、不欠薪，不把责任推给政府和社会；同时，给员工提供学习、培训等职业发展机会，为未来储备人才。这将对国家实现保增长、保民生、保稳定的政策目标发挥重要作用，也将为企业的长期发展赢得良好的社会声誉和内外部环境。

　　"祸兮福所倚，福兮祸所伏"。任何事物都是辩证的，金融危机是坏事，但也可能变成好事。危机危机，危中有机。危机对于传统发展方式是危，对于科学发展、和谐发展是机。我们国家、我们企业能否安然度过危机，勇敢战胜危机，真正化危为机，实现弯道超车，关键在于能否正确应对，出路在于加快实现发展方式的根本转变。

转型升级是危中寻机化危为机的根本出路 ①

（2009 年 5 月 30 日）

由美国次贷危机引发的国际金融危机，从 2007 年 4 月美国第二大次贷发放机构新世纪金融公司申请破产保护算起，至今已逾两年。这场危机对全球金融市场和实体经济造成了沉重打击，我国经济也受到了严重冲击，浙江等沿海地区和出口企业更是首当其冲。在遭受冲击与痛苦之余，也促使我们认真思考这场危机带给我们的启示，促使我们深刻反思应当在危机中吸取什么教训，应当作出哪些改变。

随着危机的深化发展和时间的推移，人们对这场危机的认识也越来越深刻，越来越理性。很多人认识到，这场金融危机已经不是一次简单的经济周期性波动，而是战后世界经济体系内在矛盾的总爆发。近半个世纪以来，以美元主导的国际货币体系，使得美国利用国际储备货币发钞国的地位，可以不受限制地向全世界举债，还通过名目繁多的所谓"金融创新"把风险转移扩散到全球，以支撑美国超前消费、过度消费、举债消费的经济模式。这种不合理的国际货币体系和世界经济秩序，是造成这场金融危机的总根源。这是美国不愿承认、不愿改变也不可能改变的。这也注定了这场危机不可能得到根本解决，注定了类似的危机还会发生。这次危机不是第一次，相信也不是最后一次。只要以美欧主导的不合理的国际货币体系和经济秩序不改变，金融危机、经济危机就会或迟或早、或轻或重、周而复始地发生。

目前，国际金融危机还在发展蔓延，已经演变为虚拟经济与实体经济交互作用、中心国家与外围国家相互影响的恶性循环，不排除发

生新一轮危机的可能。一个是美国自身。美国金融领域的问题还没有完全暴露，次贷危机虽已过去，但信用掉期和信用卡领域的问题不少；美国实体经济的困难日益凸显，制造业举步维艰，根本问题在于成本太高，丧失竞争力。另一个是欧洲。欧洲的银行体系比美国更脆弱，许多国家房地产泡沫甚于美国，银行贷款杠杆率、企业负债率大大高于美国，加之欧洲虽有统一货币，却无统一财政，决策程序复杂、效率低。欧洲金融体系出问题的可能性很大。此外，近来很多专家担心，各国特别是美欧采取的救市措施，大量注入流动性，很可能发生货币危机。

至于未来国际金融危机究竟会如何演变？我认为，不外乎三种可能：第一种，全球经济陷入长时间调整和衰退，即使走出危机也是低速增长，而通货膨胀也会接踵而至；第二种，在各国大力度、超常规的经济政策刺激下，全球经济可能较快复苏，但伴随着比较严重的通货膨胀；第三种，也是最坏的可能，各国的经济刺激计划未能奏效，但严重的流动性过剩导致了高通货膨胀，陷入所谓"滞胀"状态。在这三种可能的发展趋势中，存在的一个最大变数是美国如何动作，采取什么手段救市。如果采取发钞救市，虽然有可能刺激经济早一些复苏，但会产生新的问题，全球经济将为此付出新的惨痛代价。目前，美联储和英国央行、欧洲央行先后采取了直接购买长期国债的极端措施，这种做法透支未来、损人利己，为今后货币贬值、通货膨胀埋下了新的祸根，无异于饮鸩止渴，后患无穷，值得我们高度警惕。

面对这场国际金融危机，我们需要进行深刻反思。我们过去的以出口为导向的外向型经济，虽然带有很强的经济发展的阶段性特征，有其客观必然性，对于增加就业、出口创汇、引进先进技术和管理，发挥了重要作用。但这也是建立在国际上特别是美国依靠虚拟经济刺激的巨大需求基础上的。一旦泡沫捅破，外部需求萎缩，势必给我国经济带来严重冲击。我国原有经济发展方式的脆弱性，在这场历史罕见的国际金融危机冲击下暴露无遗。我们过去那种传统上过度依赖物质和劳动力投入，过度依赖第二产业尤其是重化工业推动，过度依赖出口和投资拉动的发展方式，造成了资源环境的巨大压力，在国际产业分工中处于不利位置，这种情况必须尽快改变。无论国际金融危机如何发展演化，无论全球经济何时以何种方式走出危机，即使美欧发达国家再度出现爆发国际金融危机前那样的需求膨胀、经济繁荣的局面，我们也不能一味扩大出口，不能回到昨天，不能沿袭过去粗放的经济发展模式，而必须加快实现经济发展方式的根本转变。这是我国经济走上可持续健康发展轨道的根本出路，也是这次国际金融危机带给我们最沉重也是最宝贵的经验教训。

国际金融危机对我国经济特别是浙江等沿海地区是挑战，更是机遇。虽然当前浙江经济遇到了突出困难，但浙江经济特点鲜明、潜力巨大，这包括：经济结构以民营企业为主导，机制灵活、自我修复能力较强；人均收入水平较高，民间资本雄厚；产业结构以轻工业为主，恢复速度快于重工业等。尤其是在30多年的改革开放中，形成了一大批以"浙商精神"闻名的企业和企业家，其特有的创新和创业精神将在战胜金融危机过程中发挥特殊重要的作用。所以，浙江经济能不能化危为机、逆势超越，关键在于能否充分发挥自身优势，真正实现转型升级，再造新优势，再上新台阶。这方面，要做的事情很多。这里，我提出五个发展或五个转变，供大家参考。

一是更加重视国内市场发展，或由出口导向型向出口与内需并重型转变。浙江的外贸依存度近70%，2008年，外贸进出口总额14665亿元（按年平均汇率折算），社会消费品零售总额7441.7亿元，出口对经济的拉动作用明显高于消费。按照中央部署，浙江已经采取了一系列保增长、扩内需、调结构的政策措施，取得了初步成效。今后，浙江的企业应该在重视外向型经济发展的同时，眼光向内、内外并举，把更多的精力放在内需市场的拓展上，不断提高产品质量和服务水平，完善营销渠道，针对不同层次的需求开发更多适销对路的产品。

二是更加重视向高新技术产业与传统产业融合发展，或由高新技术与传统产业单一发展向结合型、融合型转变。高新技术产业和传统产业都有市场，都有发展空间，都应受到重视，都应当发展。但从世界经济发展的趋势看，最有希望的，既非高新技术产业，也非传统产业，而是把高新技术产业与传统产业结合起来。谁在这方面下的功夫最大，做得最好，谁就更有希望，更有发展后劲。浙江有许多成功的高新技术产业，也有许多很有特色的传统产业。今后，应在加快发展以信息、生物、新能源等为代表的高新技术产业同时，更加重视充分利用高新技术和先进适用技术改造提升传统产业，大力振兴临港工业、装备制造业，在高新技术产业与传统产业结合上做文章。促进信息化与工业化融合，推动产业结构渐次升级。

三是更加重视产品制造和服务并重发展，或由重制造向制造与服务并重转变。我国三次产业结构中，第二产业比重偏高，这与我们所处的经济发展阶段、在全球经济格局和产业分工中的位置，以及现行财税制度有关。从今后发展看，加快发展现代服务业等第三产业是必然趋势。第三产业尤其是现代服务业，具有"高增值、强带动、宽辐射、广就业"的特点，在转型升级中具有越来越重要的作用。2008 年，浙江三次产业结构比例为 5.1∶53.9∶41，第三产业仍有较大发展空间。一方面，大力发展生产性服务业，促进制造业和服务业联动，拉长产业链，积极支持研发、设计、市场营销、现代物流、文化创意等产业发展。另一方面，积极提升传统服务业水平，引导和扶持一批以信息技术为基础的新型业态或商业模式，应用现代技术和管理方式，提升商贸、旅游、会展等服务业水平，形成特色化服务业产业体系。

四是更加重视向低碳经济发展，或由资源环境过度消耗型向节能环保型转变。我们过去传统的经济发展方式，能源资源消耗高，环境污染严重。研究表明，我国出口产品在创造大量顺差的同时，也付出了大量能源资源消耗和污染排放的代价，出口产品对资源消耗和污染排放的贡献率明显高于对 GDP 增长的贡献率。浙江的单位 GDP 能耗水平相对较低，但与自身脆弱的资源环境条件相比，节能减排和环境保护压力依然巨大。应当进一步加大节能减排力度，大力发展循环经济，推广清洁生产，坚持资源的集约节约利用，加强节能、节材、节水、节地，加快淘汰落后产能。

五是更加重视向现代企业发展，或由传统企业向现代企业转变。浙江民营经济比重大，民营企业中有许多办得很成功的家族企业。国有企业经过多年改革，已初步建立了现代企业制度。但是无论民营企业还是国有企业，也包括相当一部分股份制企业、上市公司，都面临着打造现代企业的繁重任务。国际金融危机对浙商提出了"二次创业"的时代要求，那就是顺应世界经济潮流，以创新为支撑，完善治理结构、提高管理水平、培育企业文化、履行社会责任，形成核心竞争力，把浙商浙企打造成为勇立改革开放潮头、走在市场经济前列的现代企业。

总之，结构优化、产业升级、企业转型、发展方式转变是我们战胜国际金融危机的根本出路。只有立足当前、着眼长远，立足浙江、放眼全球，加快转型升级，才能真正做到危中寻机、化危为机，实现逆势超越、弯道超车，最终实现浙江经济和浙商的凤凰涅槃、浴火重生、再创辉煌！

加快专利向现实生产力竞争力的转化 ①

（2009 年 6 月 2 日）

实施知识产权战略是党中央、国务院在新时期作出的一项重大战略部署，尤其是在当前国际金融危机不断发展蔓延、我国转变经济发展方式任务紧迫繁重的背景下，其战略意义更加突出。

我国原有的经济发展方式主要靠两个力量推动：一是大量的廉价物质和劳动力资源投入，二是大量的出口需求拉动。这种粗放的经济发展模式和对外需的过度依赖，虽然带有很强的经济发展的阶段性特征，有其客观必然性，对于增加就业、出口创汇、积累财力、引进先进技术和管理，发挥了重要作用，但也付出了沉重的资源环境代价，在国际产业分工中处于不利地位。在国际金融危机冲击下，我国原有经济发展方式的脆弱性进一步深刻暴露出来，加快经济发展方式转变，成为我国应对国际金融危机、走上可持续健康发展轨道的关键之举和根本出路。

为应对国际金融危机，我国已经采取了一系列政策措施，其中非常重要的方面是大范围实施产业调整和振兴、大力度加强科技支撑，关键就是通过产业结构的调整升级和企业自主创新能力的提升，促进我国经济发展方式的根本转变。在这一过程中，知识产权战略将发挥极为重要的作用。

《国家知识产权战略纲要》颁布一年来，取得了可喜的成绩。专利法律法规不断完善，专利受理和审查业务取得新进展，知识产权执法和维权工作进一步强化，各地区、各部门对知识产权战略的认识和重

---

① 本文为在《国家知识产权战略纲要》颁布实施一周年研讨会上的讲话。

视明显提高，初步建立了国家知识产权战略实施的相关制度和机制等。

　　同时，也应该看到，新时期新形势向我国知识产权工作提出了更高更新的要求。我国知识产权工作与加快转型升级、提高国际竞争力的要求还存在不少差距，在继续加大专利研发、申报、认定、保护力度的同时，应抓紧在解决以下两个突出问题上取得明显进展：一是"重申报，轻转化"。2008 年共受理专利申请 82.8 万多件，累计申请总量已超过 500 万件，居世界前列，其中有些已经达到国际主流技术前沿，但相当多的专利技术没有转化为现实生产力。二是"重专利，轻标准"。标准在当代技术发展和产业竞争中越来越关键，往往谁主导了技术标准，谁就占据了产业发展的最高端。"一流企业做标准、二流企业做品牌、三流企业做产品"。我国企业在国际标准制订中还缺乏充分的话语权，一些具有优势的专利未能上升为标准。因此，在当前加快转变发展方式、应对国际金融危机中，应高度重视知识产权战略的深化实施，一方面着力完善促进科研成果转化的政策措施，另一方面引导和鼓励企业以专利技术为基础开展技术标准化工作，积极参与订立国际标准，实现专利与标准的有机融合，使我国的专利技术更多更快地转化为现实生产力和国际竞争力。

坚持自主创新　实现企业可持续发展[①]

（2009 年 7 月 11 日）

创新是人类发展进步的永恒主题。当今世界，是一个知识经济和创新的时代，创新与精细化生产越来越多地成为经济发展的主要动力。我国经济经过改革开放 30 多年来的快速发展，也正在经历一个由要素驱动、效率驱动向创新驱动的转型阶段。当前，由美国次贷危机引发的这场历史罕见的国际金融危机给全球经济带来了巨大的冲击，使我国经济也深受其害。危机在给我们带来损害和影响的同时，也带给我们许多启示和反思。其中最为重要的是，让我们深刻地认识到原有经济发展方式的脆弱性，过去那种过度依赖物质和劳动力投入，过度依赖第二产业尤其是重化工业推动，过度依赖出口和投资拉动的粗放型发展方式，造成了资源环境的巨大压力，在国际产业分工中处于不利位置，这种情况必须尽快改变。无论国际金融危机如何发展演化，无论全球经济何时以何种方式走出危机，我们必须坚持扩大国内需求，坚持提高自主创新能力，坚定发展自主品牌和核心技术，积极促进产业结构转型升级，大力提升产业国际竞争力，加强节能减排，加快实现经济发展方式的根本转变。

同时，我们还应该站在人类经济发展的客观规律高度，深刻剖析国际金融危机爆发的根源，充分认识到美国 IT 革命后由于技术创新后继乏力，资本深化速度超过技术进步是导致这场危机的最根本原因，只有通过持续的技术创新提高劳动生产率、培育新的支柱产业，

---

① 本文为在"2008'中国企业自主创新 TOP100 评价发布暨首届中国企业自主创新高峰论坛"上致辞的主要内容。

才是走出危机的根本出路。20 世纪 90 年代，美国 IT 技术革命大幅提高了技术进步和劳动生产率，使得美国经济进入了一个高增长、低通胀的黄金增长时期。但由于后续创新没有跟上，过多的投资与投机导致的泡沫必然会破裂，由此引发了经济衰退，美国经济需要进行必要的调整。但美国政府和企业不愿意付出调整的代价，而是选择了更大的"制泡效应"避免调整、走出衰退。美国政府通过大幅增加政府开支、放松消费者信贷等方式刺激经济，把超前消费、过度消费、举债消费的经济模式演绎到极致，不仅没有从根本上解决生产率和利润率下降的问题，反而因为极度宽松的流动性引发了房地产市场泡沫的急剧膨胀。同时，美国利用国际储备货币的发钞国的地位，不受限制地向全世界举债，通过名目繁多的所谓"金融创新"把风险转移扩散到全球，虽然暂时走出衰退并保持了一定程度的增长，但泡沫不可避免地破裂，最终引发了次贷危机并蔓延发展为席卷全球的国际金融危机。所以，单纯的财政货币刺激政策只能延缓经济周期，治标不治本。目前，以美国为首的一些国家采取的扩张性财政政策和量化宽松的货币政策，虽然已经取得了一定成效，避免了经济进一步衰退，但不可能持久，而且推高了通货膨胀预期，为中长期经济发展埋下了新的祸根。要真正彻底走出这场危机，必须发起新一轮的技术变革，必须持续深化技术创新、调整产业结构、提高生产效率，才能实现长期增长。

由这场国际金融危机的起因和解决危机的出路可见，提高自主创新能力不仅是当前我国应对国际金融危机、转变经济发展方式的重要手段，更是中长期内提升国家核心竞争力、占领经济发展制高点的战略选择，事关全局，事关根本，事关长远，举足轻重。党的十七大报告提出，提高自主创新能力，建设创新型国家，是国家发展战略的核心，是提高综合国力的关键。我们必须从国民经济发展全局和国家长远发展战略的高度出发，坚定不移走自主创新之路，加快建设创新型国家，把提高自主创新能力作为国家和企业的第一竞争力。

近年来，我国的技术研发投入有较大幅度增加，企业自主创新能力明显增强。据统计，2008 年，共受理专利申请 82.8 万多件，累计申请总量已超过 500 万件，居世界前列，其中有些已经达到国际主流技术前沿。但是，离建设创新型国家的目标还有较大差距，主要表现在：一是研发投入水平较低。2007 年，我国研发经费支出占 GDP 的 1.49%，还远低于 OECD 国家 2.25% 的平均水平。二是自主创新能力不足，对外技术依存度高。2007 年，我国对外技术依存度约为 60%，远高于创新型国家一般 30% 的水平。三是企业研发能力不足。2006 年，全国大中型工业企业中 68% 的企业尚未建立研发机构，76% 的企业没有研发活动，企业研发投入占销售收入的比重仅为 0.76%，远远低于国际一般 3% 的水平。四是研发成果转化存在障碍。技术研发并不等于技术创新，只有把高新技术和先进适用技术应用于市场并产生经济效益的研发才是创新，我国现有专利技术中相当多没有转化为现实生产力。五是缺乏技术标准制订的话语权。"一流企业做标准、二流企业做品牌、三流企业做产品"。我国企业在国际标准制订中还缺乏充分的话语权，一些具有优势的专利技术未能上升为标准。

我们应该充分认识到这些问题，加大投入、加强力度，着力理顺体制机制，不断提高自主创新能力，实现企业可持续发展。对此，我提几点意见，供大家参考：

一是坚持原始创新、集成创新和引进消化吸收再创新相结合的发展路径。自主创新具有技术突破的内生性、技术首创性、市场领先性、知识和能力支持的内在性、经济效益和环境效益的显著性等特征，是一个复杂系统工程。自主创新也并非封闭的自己创新，而是经济全球化条件下以我为主的创新。当前和今后一个时期，我国与发达国家还有比较大的技术差距，引进先进技术仍有比较大的空间，但技术引进一定要与消化吸收结合起来，把引进消化吸收再创新作为自主创新的重要方式。同时，还应加强重大技术领域的原始创新，整合现有科技资源推进集成创新，统筹规划、多措并举，尽快改变我国自主创新能力不强的局面。

二是努力发展拥有自主知识产权的核心技术。随着我国国力的增强和经济技术水平的提升，特别是由当前复杂严峻的国际政治经济关系所决定，我国难以持续地以有形的实物资源交换发达国家无形的知识和技术资源。我们必须坚定地走自主创新的道路，尤其是强化核心技术、关键技术和关键设备、零部件等领域的研发，形成自主知识产权和自有品牌，在国际分工中获得更大利益，保障国家经济安全。

三是大力加强科研成果转化。应着力理顺制约科技创新和成果转化的体制机制，坚持以市场需求为导向，通过研发成果的工程化研究，生产适销对路的产品。加大资金投入，完善支持科研成果转化的平台和渠道。加强科研成果的统筹管理，建立成果转化与社会技术需求的双向交流机制。完善科研人员的科学评价机制和成果转化的激励机制。

四是积极参与国际技术标准的制订。标准在当代技术发展和产业竞争中越来越关键，往往谁主导了技术标准，谁就占据了产业发展的最高端。应引导和鼓励企业以专利技术为基础开展技术标准化工作，积极参与订立国际标准，实现专利与标准的有机融合，使我国的专利技术更多更快地转化为现实生产力和国际竞争力。

中国宏观经济形势分析和发展展望^①

（2009 年 7 月 20 日）

2008 年在美国爆发的金融危机，使全球经济严重衰退。世界各国面对经济衰退压力与企业破产和失业大量增加的严峻现实，没有一个国家能够独善其身，中国也不例外。我国经济运行自 2007 年三季度开始进入了周期性回调状态，GDP 增速有所降低是正常现象，但出现 2008 年四季度和今年一季度超过 5 个百分点的大幅度下滑，远远超出了正常的周期性回调幅度。为保持经济平稳较快增长，中国政府及时调整了宏观调控目标，实施积极的财政政策和适度宽松的货币政策，出台了总额达 4 万亿元的一揽子经济刺激计划。这个一揽子计划最直接、最重要的目标，就是面对严重的国际金融危机，坚持标本兼治、长短结合的宗旨，扭转经济增速下滑趋势、力求解决制约中国经济发展的结构性问题，加快转变发展方式，保持经济平稳较快发展，为中国经济长远发展打下更加牢固的基础。今年以来，随着各项措施的逐步落实，宏观经济政策效应逐步显现，扩内需、保增长取得积极成效，经济运行在一季度初步企稳的基础上，积极因素和有利条件增多，二季度 GDP 同比增长 7.9%，比一季度加快 1.8 个百分点，国民经济运行企稳回升态势明显。这主要表现在以下一些方面：

一是政策力度大，执行力强，效应明显。去年 11 月以来，在"出手要快，出拳要重，措施要准，工作要实"的总体要求下，我国宏观调控政策得到了有效贯彻落实。财政投资项目资金到位率高，作用显

---

① 本文为在"2009 年亚太风险与保险学会第 13 届年会（北京）"上主旨演讲的主要内容。

著。2009 年中央投资安排 9080 亿元，新增 4875 亿元，目前半数以上已有序下达。一季度，整体资金到位率超过 64%，中央预算投资到位率达到 94%。支农惠农、改善民生等方面增加投资，取得了良好的社会和经济效益；就业促进、产业振兴等一系列举措，为社会稳定、经济回升奠定了良好基础。我国货币政策整体宽松，货币信贷迅速增长，银行体系流动性充裕。2009 年 6 月末，我国广义货币供应量余额为 56.89 万亿元，同比增长 28.46%，增幅比 2008 年末高 10.64 个百分点，比 5 月末高 2.72 个百分点。上半年我国新增贷款持续高速增长，人民币各项贷款增加 7.37 万亿元，同比多增 4.92 万亿元。财政政策与货币政策的有机配合，及时、有效地扩大了国内需求，部分弥补了外需大幅度下滑形成的需求缺口，避免了我国经济出现类似美、欧、日等发达经济体的深度衰退，为我国经济在全球经济普遍低迷的情况下率先回升发挥了至关重要的作用。

二是消费需求增速提高。通常情况下，经济危机和经济调整会影响居民的就业与收入预期，消费增速将出现一定程度的下降。但是，今年以来，我国城乡居民消费实际增速达到较高水平。一季度，我国城镇居民和农村居民实际消费支出分别增长 9.6% 和 10%，增幅高于 2008 年同期。上半年，社会消费品零售总额同比增长 15.0%，扣除价格因素，实际增长 16.6%，同比加快 3.7 个百分点。这说明，在储蓄率较高的情况下，我国居民消费行为更符合持久收入理论，受短期收入变化的影响较小，只要政策适当和对路，居民消费增长的潜力和空间很大。

三是市场驱动的投资开始回升。有效促进民间投资增长，既是政府增加投资希望达到的目的，也是经济持续回升的重要基础。1—5 月份，不仅国有及国有控股企业固定资产投资增长较快，包括集体、个体、私营在内的其他企业投资增速也达到 33.6%，我们最担忧的市场驱动的民间投资低迷问题并没有出现，这是国内市场需求逐步恢复的重要信号。房地产、汽车两大国民经济的主导产业销售增长加快，投资回升，对整体经济的回升可以说具有标志性意义。1—6 月，全国商品房销售面积达到 3.41 亿平方米，同比增长 31.7%；商品房销售额

1.58万亿元，同比增长53.0%。房地产库存消化加速，投资增长逐月加快，1—6月，全国完成房地产开发投资同比增长9.9%，增幅比1—5月提高3.1个百分点。受燃油税改革、车辆购置税减半政策、汽车下乡和汽车报废补贴等政策因素的刺激，1—5月份，汽车产、销量分别达到483.77万辆和495.68万辆，同比增长11.1%和14.3%。其中，5月份汽车产、销分别增长29%和24%。

四是出口产品国际市场份额稳中有升。虽然国际经济特别是美国经济近期呈现趋稳迹象，但外需中长期低迷的态势并没有改变。1—6月份，我国出口下降幅度为21.8%，超过预期，但剔除价格因素后，实物出口量降幅相对较小。在全球贸易额大幅下滑的背景下，许多国家的出口降幅比我国更大，我国出口产品占主要国家和地区的市场份额不仅没有下降，反而有所上升。1—4月份，我国对美出口占美国进口总额的比重为18.4%，比上年全年提高2.3个百分点；占日本比重为24.4%，提高5.6个百分点。一季度，占欧盟市场份额17.9%，提高1.9个百分点。份额的上升一方面表明我国出口产品的竞争力在金融危机中有所增强，另一方面也说明我国采取的稳定外需政策发挥了积极作用。

从今年上半年我国宏观经济走势可以看出，我国经济出现向好的势头，经济发展正处在企稳回升的关键时期。下半年，在政策效应逐步减弱之后，外需大幅度下降的趋势难以明显改变，市场驱动的企业投资、居民消费能否保持快速增长势头，成为推动经济增长的有效接续力量，是决定经济走势的主要因素。

首先看外部需求。目前，全球金融市场初步企稳，但实体经济恢复缓慢。主要国家金融市场功能开始逐步恢复，流动性偏紧的状况初步得到改善。美国领先指数已经连续两个月上升，居民储蓄率达到5.7%，接近历史均值。4月份以来，美国、欧盟、日本三大经济体消费者信心指数和全球PMI指数连续反弹。但是，美国、欧盟等失业率再创新高，房价继续下跌，实体经济恢复缓慢。美国等国家采取多项措施扩大出口、拉动经济增长，其衰退程度减轻并不意味着对我国出口产品需求的增加。考虑到外部需求转化为我国出口产品订单和实际出口的时滞，以及 2008 年三季度我国出口基数较高等因素，今年下半年外需大幅度下降的趋势难以明显改变。预计我国全年出口下降 20% 左右，净出口对经济增长的贡献为负的 1% 左右。

接下来我们再看一下市场驱动的投资和消费。目前民间投资呈现出良好的回升趋势。特别是商品房销售面积大幅度增长，库存逐步消化，房地产市场供求关系开始转变，占全部投资 20% 左右的房地产投资增长逐月加速。这对政府投资相对下降形成一定的补充和替代。但是，通胀预期增强，资产价格上涨，实体经济领域的投资收益相对下降，资金向股市和房地产市场分流，不利于实体经济投资的稳定增长。另外，信贷规模持续扩张难度很大，但过度收缩又会产生紧缩效应，抑制投资扩张。

高储蓄、低价格和刺激性政策等三大因素的有机结合，促进了消费的稳定增长。另一方面，考虑到刺激性政策的边际效应逐步减弱，收入增长相对放缓，农民工就业机会减少，大学毕业生就业难等，也可能对消费稳定增长产生一定的抑制作用。

此外，通胀预期增强、输入型通胀压力增大、资产价格上升等现象，应引起我们的关注。2008 年 10 月份以来，信贷规模持续大幅度增长。今年 1—5 月份，金融机构新增贷款已超过 2008 年全年。6 月份当月又比去年同期多增 1.2 万亿元。随着信贷规模的持续增长，社会上的通胀预期逐步加强。目前，一方面，工业消费品价格上涨空间不大；夏粮连续第 6 年丰收，为农产品价格基本稳定创造了条件；经济低迷时期货物周转速度下降、资金占用增加，导致货币流通速度下降，部分抵消了货币供给的增加。另一方面，随着经济回升，生产和流通活动的活跃将加快货币流通速度，对价格上涨将起到助推作用。

国内通胀压力增加的另一个重要因素是国际初级产品价格上涨，我国输入型通胀压力增大。目前，国际金融危机尚未结束，世界经济衰退还未见底，初级产品需求扩张乏力，其价格在见底反弹后仍处于徘徊状态，短期内难以出现大幅上涨局面。但全球经济企稳回暖趋势增强，特别是我国等新兴市场国家和地区良好的经济发展前景，预示着初级产品中长期需求旺盛；大宗商品价格以美元标价和交易，美国经济复苏乏力、美欧政府为救市大量注入流动性，美元贬值预期不断增强。此外，国际投机资本有可能借助需求增长和美元贬值预期，再度大肆炒作初级产品期货价格。下一阶段，原油、铁矿石等初级产品价格存在再度大幅度上涨的可能性，我国将因此面临一定的输入型通货膨胀压力。

总体上判断，尽管短期内通胀尚不足以成为现实问题，今年之内出现较强实际通胀压力的可能性不大，但通胀压力的累积则不容忽视。在此背景下，通胀预期管理应成为宏观经济政策关注的一个重要问题。

目前，资产价格的大幅度上涨已成为社会关注的焦点之一。今年上半年，房地产价格在回调不充分的基础上再度反弹，土地成交价屡创新高。上证指数从 2008 年 10 月 28 日的最低点 1664.93 点上涨到目前的接近 3190 点，8 个多月上涨了近 90%。股市和房地产市场回暖，既有经济形势好转、投资信心增强、刚性购房需求逐步释放等正常因素，也是在通胀预期增强后大量资金流入股市、楼市的反映。

中国经济经过多年持续高速增长，已进入亚洲新兴工业化国家所经历的资金相对充裕、流动性过剩的特殊发展阶段。中国经济在全球主要经济体中率先回升，吸引国际资本通过各种渠道再度涌入；信贷规模快速扩张，而实体经济领域面临竞争加剧、利润下降的压力，投资意愿减弱。在这种情况下，即使信贷资金没有直接流入股市和房地产市场，也会间接推动社会资金涌入资产市场，推动资产价格的快速上涨。亚洲金融危机源于房地产和股市泡沫的破裂，本次金融危机则是美国房地产和基于房地产抵押贷款的金融衍生品泡沫破裂而引发的。两次危机的危害程度有目共睹，教训深刻。我国要完善相关政策措施，促进房地产和股市健康发展，防止出现泡沫化。

在宏观经济企稳回升态势趋于明朗的形势下，今年下半年我们要继续抓紧落实中央保增长、调结构、扩内需、重民生、促改革的一揽子计划，增强宏观政策的针对性、有效性和可持续性，巩固经济回升势头，同时根据新情况、新问题，增加政策的灵活性，重视通胀预期管理，并为今后必要的政策调整预留空间。建议重视下述几个方面的工作：

第一，着力引导资金流向实体经济领域，防止资产泡沫。在信贷规模适度扩张的同时，重点优化信贷结构，引导资金流向。加强货币政策与财政、产业、贸易等政策的协调配合，信贷资金重点支持产业结构升级、企业技术改造、兼并重组、自主创新等领域的投资。扩大消费信贷，支持城乡居民消费结构升级。加强监管，防止信贷资金流向股市和土地交易环节。拓宽融资渠道，发挥资本市场的融资功能，适度扩大企业债发行规模，缓解银行放贷压力。积极而谨慎地支持企业走出去，吸引境外企业境内上市。

第二，着力支持民间投资增长，增强可持续性。充分利用房地产市场回暖和城市基础设施建设加快的有利条件，合理规划，增加土地供给，支持和引导房地产开发投资。进一步放宽市场准入，减少行业垄断，拓宽民间资本投资渠道，改善投资环境，引导市场自主性投资。加快推进金融体制创新，在审慎监管、有效控制金融风险的前提下，加快发展各类中小金融机构，改善中小企业融资环境，解决中小企业贷款难的问题。进一步完善和落实支持民间投资的贴息、担保等政策。

第三，着力推进产业结构调整和升级，加快培育新兴产业。在保持和加强我国产业现有竞争优势的同时，积极发展新兴业态，支持服务外包、工业设计、会展、互联网信息服务、研发服务、电子商务、法律服务等生产性服务业做大做强，培育新的经济增长点。抓住当前世界经济结构和产业结构调整的机遇，积极发展新能源、节能环保、生物医药等新兴产业。对那些有较大增长潜力的行业和领域，特别是基础设施和生产性服务业领域，要进一步放宽准入限制，鼓励竞争。要善于把握危机中的机遇，积极承接国际产业转移，通过国际并购、战略合作等多种方式获取资源、技术、品牌和国际营销渠道，为提升我国在全球分工中的地位打下坚实的基础。

第四，着力调整收入分配结构，扩大消费需求。在我国现行收入分配格局中，劳动者报酬占初次分配比重偏低、政府公共服务供给不足，是制约内需扩张的主要原因。现阶段调整收入分配结构的重点，一是要提高农民和城市低收入群体的可支配收入水平，提高中高收入群体的边际消费倾向，扩大有效需求；二是要在二次分配中，调整政府支出结构，将政府支出重点逐步转移到向全体公民提供公共产品与服务上来；三是在国有垄断资源取得的收入中，通过再分配的方式，更多地向政府公共服务支出和居民可支配收入转移。

第五，加快推进资源性产品价格形成机制改革。要继续深化改革，加大改革的力度，用体制创新、机制创新的办法来应对危机。当前资源性产品供求关系、国内外市场价格相对平稳，为深化资源性产品价格形成机制改革提供了难得契机。在进一步完善成品油定价机制的基础上，要协调好政府价格管理与市场定价机制之间的关系，同时要理顺煤、电价格，完善天然气等资源性产品的价格形成机制。

第六，加快推进社会保障制度改革，建立全覆盖、可流转、可接续的保障体系。建立健全社会安全网，保障和改善民生，既是经济发展的根本目的，也是促进消费需求的重要途径。在新型农村养老保障试点的基础上，不断积累经验，扩大试点范围。通过政府补贴等多种途径筹措资金，有效扩大中小企业职工参保范围。进一步提高社保统筹的层次，加快推进社保账户跨区域迁转和接续工作，积极探索建立全覆盖、可流转、可接续的社会保障体系。

大力发展能源环保产业，加快转型升级步伐 ①

（2009 年 7 月 25 日）

自 2008 年 9 月国际金融危机全面爆发以来，在经历了国际金融体系的剧烈动荡和实体经济的快速下降之后，目前全球经济初步表现出了一些企稳回暖的积极信号，主要国家资本市场和银行体系趋于稳定，消费需求和出口额有所增加。尤其是中国经济企稳回升态势明显，令世界为之鼓舞。今年上半年，我国国内生产总值同比增长 7.1%，其中二季度增长 7.9%，比一季度加快了 1.8 个百分点；规模以上工业企业增加值同比增长 7.0%，其中二季度增长 9.1%；全社会固定资产投资同比增长 33.5%，同比加快 7.2 个百分点；社会消费品零售总额同比增长 15.0%，实际增长 16.6%，同比加快 3.7 个百分点。

但是，我们仍应清醒看到，我国经济发展面临的困难和挑战依然很多，经济回升的基础尚不稳固，还存在诸多不确定、不稳定因素。下一阶段应继续坚持积极的财政政策和适度宽松的货币政策，全面落实中央保增长、调结构、扩内需、重民生、促改革的一揽子计划，不断提高政策的针对性、有效性和可持续性，努力实现国民经济平稳较快发展。

同时，我们还应深刻地认识到，这场从次贷危机演化而来的国际金融危机，从根本上说是经济周期规律作用的必然结果，美国 IT 革命后技术创新后继乏力、缺乏新的经济增长点是导致危机的最根本原因。20 世纪 90 年代，随着计算机技术、通信技术的日益发展与融合，特别是互联网的广泛应用和日益完善，美国兴起 IT 技术革命，不仅大幅

① 本文为在"第二届中国能源战略与环保高峰会"上致辞的主要内容。

提高了技术进步和劳动生产率，更使其进入了一个高增长低通胀的黄金增长时期。然而，当创新效应逐步衰减，过度投资与投机引发了经济泡沫之后，企业利润率开始下降，并由此导致经济衰退，美国经济需要周期性回调。但美国政府和企业不愿意付出调整的代价，而是选择通过大幅增加政府开支、放松消费者信贷等方式刺激经济，把超前消费、过度消费、举债消费的经济模式演绎到极致，不仅没有从根本上解决生产率和利润率下降的问题，反而因为过度宽松的流动性引发了房地产泡沫的急剧膨胀。同时，美国利用国际储备货币的发钞国地位，不受限制地向全世界举债，通过名目繁多的所谓"金融创新"把风险转移扩散到全球，虽然暂时走出衰退并保持了一定经济增长，但泡沫不可避免地会破裂，最终引发了次贷危机并蔓延发展为席卷全球的国际金融危机。所以，单纯的财政货币刺激政策只能延缓经济周期，治标不治本，只有通过持续的技术创新提高劳动生产率、培育新的支柱产业，才是根本出路。要彻底走出目前这场国际金融危机，必须发起新一轮的技术变革，必须大力推进结构调整和自主创新，加快培育新的增长点，提高劳动生产率，才能实现长期可持续增长。

正是在这种背景下，新能源革命被提上了各主要经济体的议事日程。美国奥巴马政府实施能源新政，其核心目的就是构造美国在能源尤其是新能源领域的核心竞争力，推动产业结构调整，培育经济和就业的新增长点，以应对经济危机，并继续保持美国经济的全球领先地位。我国也不失时机地提出发展新能源、节能环保等战略性新兴产业，并正在研究制定《新能源产业振兴规划》，中国能源环保产业面临着空前良好的发展机遇和广阔的发展空间。

近年来，我国新能源和节能环保产业获得了长足发展，尤其是在光伏发电、新能源汽车、风力发电等领域，已经具备了相当的技术基础和产业规模。以光伏产业为例，仅仅在 4 年间，我国已成为全球最大的光伏电池生产国，光伏电池产量占全球总产量的 1/3，多晶硅产量也将居世界首位。根据规划，到 2020 年，我国发电结构中火电比例将减少到 50%，水电、核电、风电及太阳能发电比例将分别达到 30%、8%、12%。随着国际能源供需形势进一步紧张，以及对气候变化、环境保护等问题关注度的不断提高，新能源和节能环保产业发展前景十分广阔。然而，当前我国新能源和节能环保产业发展中存在的一些问题也应引起高度关注：一是产业竞争无序，存在恶性竞争。在地方政府追求大项目和 GDP 增长、企业追求高额利润的背景下，新能源产业存在一哄而上、恶性竞争的现象。据不完全统计，目前已有 14 个省市提出将光伏产业作为新兴支柱产业，今明两年新增投资估计在 1500 亿元以上，这已经导致部分产能过剩、价格竞争激烈，不利于产业健康发展。二是自主创新的动力和能力不足。目前，大多数新能源和节能环保企业自主知识产权技术和产品的研发投入不足，大多都采用引进技术和材料在国内生产后再将制成品出口的"两头在外"模式，获利空间主要依靠廉价资源和劳动力投入，以及较低的环境成本，缺乏自主核心技术，尚未真正形成创新驱动的发展模式。三是技术、产品的示范与应用推广不足，市场认可度不高。新能源和节能环保产业的示范推广和消费培育还有很长的路要走。目前，我国一些新能源和节能环保技术成果已经接近或达到国际先进水平，但科技成果转化存在不少障碍，产业化率不高。尤其是在节能环保领域，一些新的技术和产品，由于可靠性不高、针对性不强、产品设计阶段缺乏多因素的系统配套考虑等原因，市场认可度不高，应用推广受到较大制约。此外，新能源产品定价机制仍未理顺，尚未形成分工合作、协同发展的产业链条，环境监管不到位等问题，也制约着产业的可持续发展。

因此，我们应当充分认识到深化技术创新、培育新的增长点的极端重要性和紧迫性，将此作为战胜国际金融危机的根本出路，把应对危机与培育新兴产业结合起来，切实加大对新能源、节能环保等战略先导产业的支持，积极抢占竞争制高点，提高经济发展的效益和水平，加快发展方式转变，在应对危机中实现结构调整、转型升级。对此，我谈几点意见，供大家参考：

一是加强规划和价格机制引导，推进产业有序发展。应加快国家有关新能源和节能环保产业规划的制定，及早向社会公布相关规划，引导企业根据产业总量信号合理决定投资和生产。同时，从理顺能源价格机制的长远目标出发，逐步将外部成本内部化，充分利用市场机制发现合理的新能源价格，利用价格杠杆引导甚至"倒逼"企业深化技术创新。

二是加大扶持力度，发挥市场机制作用，促进行业良性发展。应围绕光伏发电、节能与新能源汽车、可再生能源建筑应用、生物质能源、风电规模化等重点领域，以及公共平台、技术研发、产业化、示范推广、消费培育等重点产业，建立产业发展支持政策体系，充分发挥市场机制在资源配置中的基础性作用，实现良性竞争、优胜劣汰。

三是加大研发投入，掌握产业关键技术，推动行业自主发展。鼓励创建以企业为主体的技术创新体系，支持企业加强新能源技术创新重点实验室和人才队伍建设。支持开发具有自主知识产权的专利技术，重点支持高纯度太阳能晶硅材料、多晶硅薄膜电池等关键生产工艺、太阳能发电等关键技术的开发应用。积极推动应用示范工程建设，加速科研成果转化，加快产业标准建设，打造具有国际竞争力的自主品牌。

四是加强环保监管力度，实现行业可持续发展。进一步加大环保监控的力度，应加快制定覆盖各个新能源产业链条的环保标准，加强社会监督，加大执法力度，坚决制止以发展新能源产业为名违规上马项目。

在积极鼓励和加快发展新能源和可再生能源、努力调整和优化能源供给结构的同时，还要通过实施"三大一特"战略（大火电、大水电、大核电和特高压输电），调整和优化能源布局结构；通过加快产业结构调整和加强能源管理，大力发展能源消耗少的服务业和高新技术产业，进一步淘汰落后产能，调整和优化能源需求结构；通过大力推动能源勘探开发、生产、输送等领域的技术进步，调整和优化能源技术结构；通过广泛开展国际能源合作，把国内外"两个市场"、"两种资源"结合起来，调整和优化能源内外结构。总之，我们要通过调整和优化能源结构，特别是加快发展新能源产业，实现能源的可持续发展，支撑和保障国民经济的可持续发展，最终战胜国际金融危机的影响，促进经济社会又好又快发展。

加快转变发展方式
保持经济平稳较快发展 ^①

（2009 年 8 月 1 日）

2008 年美国爆发的金融危机导致全球经济严重衰退，世界各国面对经济衰退压力与企业破产和失业大量增加的严峻现实，没有一个国家能够独善其身，中国也不例外。我国经济运行自 2007 年第三季度开始进入了周期性回调状态，GDP 增速有所降低，这是正常现象，但出现 2008 年第四季度和今年第一季度超过 5 个百分点的大幅度下滑远远超出了正常的周期性回调幅度。为保持经济平稳较快增长，中国政府及时调整了宏观调控的目标，实施积极的财政政策和适度宽松的货币政策，出台了总额达 4 万亿元的一揽子经济刺激计划。这个一揽子经济刺激计划最直接、最重要的目标就是面对严重的国际金融危机坚持标本兼治、长短结合，扭转经济增速下滑趋势，力求解决制约中国经济发展的结构性问题，加快转变发展方式，保持经济平稳较快发展，为中国经济长远发展打下更加牢固的基础。

国民经济运行趋稳回升态势明显

今年以来，随着各项措施的逐步落实，宏观经济政策效应逐步显现，扩内需、保增长取得了积极成效。经济运行在第一季度初步趋稳的基础上积极因素和有利条件增多，第二季度 GDP 同比增长 7.9%，比第一季度加快了 1.8 个百分点，国民经济运行趋稳回升的态势明显，

① 本文原载《中国金融》2009 年第 15 期。

主要表现在以下几个方面：

一是政策力度大，执行力强，效应明显。2008 年 10 月以来，在"出手要快、出拳要重、措施要准、工作要实"的总体要求下，我国宏观调控政策得到了有效贯彻落实，财政投资项目资金到位率高、作用显著，2009 年中央投资安排 9080 亿元，新增 4875 亿元，目前半数以上已经有序下达。第一季度整体资金到位率超过 64%，中央预算投资到位率达到 94%，支农、惠农、改善民生等方面增加投资取得了良好的社会和经济效益，就业促进产业振兴等一系列举措为社会稳定、经济回升奠定了良好的基础。我国货币政策整体宽松，货币信贷迅速增长，银行体系流动性充裕。2009 年 6 月末，我国广义货币供应量余额为 56.89 万亿元，同比增长了 28.46%，增幅比 2008 年年末高 10.64 个百分点，比 5 月末高 2.72 个百分点，上半年我国新增贷款持续高速增长，人民币各项贷款增加 7.37 万亿元，同比增加 4.92 万亿元。

财政政策与货币政策的有机配合，及时有效地扩大了国内需求，部分弥补了外需大幅度下滑形成的需求缺口，避免了我国经济出现类似美国、欧盟、日本等发达经济体的深度衰退，为我国经济在全球经济普遍低迷的情况下率先回升发挥了至关重要的作用。

二是消费需求增速提高。通常情况下经济危机和经济调整会影响居民的就业与收入预期，消费增速将出现一定程度的下降。但是今年以来，我国城乡居民消费实际增速达到比较高的水平。第一季度我国城镇居民和农村居民实际消费支出分别增长 9.6% 和 10%，增幅高于 2008 年同期。

上半年社会消费品零售总额同比增长 15%，扣除价格因素，实际增长 16.6%，同比加快 3.7 个百分点。这说明在储蓄率较高情况下，我国居民的消费行为更符合持久收入理论，受短期收入变化的影响较小。只要政策适当，居民消费增长的潜力和空间很大。

三是市场驱动的投资开始回升，有效促进民间投资增长。这既是政府增加投资希望达到的目的，也是经济持续回升的重要基础。1—5月份不仅国有及国有控股企业固定资产投资增长较快，包括集体、个体、私营在内的其他企业投资增速也达到了 33.6%。我们最担忧的市场驱动的民间投资低迷的问题并没有出现，这是国内市场需求逐步恢复的重要信号。房地产、汽车两大国民经济的主导产业销售增长加快，投资回升对整体经济的回升可以说是有着标志性的意义。

1—6 月份全国商品房销售面积达到 3.41 亿平方米，同比增长 31.7%，商品房的销售额 1.58 万亿元，同比增长了 53%，房地产库存消化加速。投资增长逐渐加快，1—6 月份全国完成房地产开发投资同比增长了 9.9%，增速比 1—5 月份提高了 3.1 个百分点，受燃油税改革、车辆购置税减半政策、汽车下乡和汽车报废补贴等政策因素刺激，1—5 月份汽车产销量分别达到 480.77 万辆和 495.68 万辆，同比增长了 11.1% 和 14.3%，5 月份汽车产销分别增长 29% 和 24%。

四是出口产品国际市场份额稳中有升。虽然国际经济特别美国经济呈现趋稳迹象，但低迷态势并没有改变。1—6 月份我国出口下降幅度为 21.8%，超过了预期。但剔除价格因素以后，实际出口量减幅相对减小，许多国家出口降幅比我国更大一些。我国出口产品跟主要国家和地区市场份额不但没有下降反而有所上升。1—4 月份我国对美国出口占美国进口总额的比重为 18.4%，比 2008 年全年提高了 2.3 个百分点，占日本的比重为 24.4%，提高了 5.6 个百分点，第一季度占欧洲市场份额 17.9%，提高了 1.9 个百分点。份额的上升一方面说明我国出口产品的竞争力在金融危机中有所增强，另一方面也说明我国采取的稳定外需的作用发挥了积极作用。

居民消费成为下半年推动经济增长的有效力量及决定经济走势的主要因素

从今年上半年我国经济宏观走势可以看出我国经济出现向好势头，经济发展正处在趋稳回升的关键时期。下半年外需大幅下降的趋势难以明显改变，市场驱动的企业投资、居民消费能否保持快速增长势头成为推动经济增长的有效力量，是决定经济走势的主要因素。

首先看外部需求。目前全球金融市场初步趋稳，但实体经济恢复缓慢，主要国家金融市场功能开始逐步恢复，流动性偏紧的状况初步得到改善。美国领先指数已经连续两个月上升，居民储蓄率达到了5.7%，接近历史均值。4月份以来，美国、欧盟、日本三大经济体消费者信心指数和全球经理人采购指数连续反弹，但是美国、欧盟等失业率再创新高，房价继续下跌，美国等国家采取多项措施扩大出口、拉动经济增长，并不意味着对我国出口产品需求的增加。考虑到外部需求转化为我国出口产品订单和实际出口的时滞，今年下半年外需大幅度下降的趋势难以明显改变。预计我国全年出口下降20%左右，进出口对经济增长的贡献率为−1%左右。

其次是市场驱动的投资和消费。目前民间投资呈现出良好的回升趋势，特别是商品房销售面积大幅度增加，库存逐步消化，房地产市场供求关系开始转变，占全部投资20%左右的房地产投资增长逐月加速，这对政府投资相对下降形成一定的补充和替代。但是，通胀预期增强、资产价格上涨、实体经济领域的投资收益相对下降，资金向股市和房地产市场分流，不利于实体投资的稳定增长。另外，信贷规模持续扩张的难度很大，但过度收缩又会产生紧缩效应抑制投资扩张。

高储蓄、低价格和刺激性政策三大因素的有效结合促进了消费的稳定增长。但刺激性政策的边际效应逐步减弱，农民工就业机会减少，大学毕业生就业难等，也可能对消费稳定增长产生一定的抑制作用。此外通胀预期增强、收入性通胀压力增大、资产价格上升等现象也应该引起我们的高度关注。2008年10月份以来信贷规模持续大幅度增长，今年1—5月份金融机构新增贷款已经超过了2008年全年，6月份当月比2008年同期多增1.2万亿元。

随着信贷规模和投资的持续增长，社会上通胀预期逐步加强。目前，工业消费品价格上涨的空间不大，夏粮连续六年丰收，为农产品价格基本稳定创造了条件。经济低迷时期，资金占用增加，导致货币流通费用下降，随着经济回升，将加快货币流通速度，对国内价格上涨也将起到助推作用。

国内通胀压力增加的另一个重要因素是国际初级产品价格上涨，我国输入性通胀压力增大。目前国际金融危机尚未结束，世界经济衰退还未见底，初级产品需求扩张乏力，其价格在见底反弹后仍处于徘徊状态，短期内难以出现大幅上涨局面。但是全球经济趋稳回暖的趋势增强，特别是我国等新兴市场国家和地区良好的经济发展前景预示着初级产品中长期需求旺盛。此外，国际投机资本有可能借助需求增长和美元贬值预期再度大肆炒作初级产品、期货价格，下一阶段原油、铁矿石等初级产品价格存在再度大幅度上涨的可能性，我国将因此面临一定的输入性通货膨胀压力。

总体上判断，尽管短期内通胀尚不足以成为现实的问题，今年之内出现较强实际通胀压力的可能性不大，但通胀压力的累计则不容忽视。在此背景下，通胀预期管理应当成为宏观经济政策关注的一个重要问题。目前资产价格的大幅上涨已经成为社会关注的焦点之一。今年上半年房地产价格在回调不充分的基础上再度反弹，土地成交价格屡创新高，上证指数从 2008 年 10 月 28 日最低点 1664.93 点上涨到目前的 3000 多点，8 个多月上涨了近 90%。

股市和房地产市场回暖既有经济形势好转、投资信心增强、刚性购房需求逐步释放等正常因素，也是在通胀预期增强后大量资金流入股市、楼市的反映。中国经济经过多年持续高速增长已经进入了亚洲新兴工业化国家所经历的资金相对充裕、流动性过剩的特殊发展阶段。

中国经济在全球主要经济体中率先回升，吸引国际资本通过各种渠道再度涌入，信贷规模快速扩张，而实体经济领域面临竞争加剧、利润下降的压力，投资意愿减弱。在这种情况下，即使信贷资金没有直接流入股市和房地产市场，也会间接推动资产价格的快速上涨。亚洲金融危机源于房地产和股市泡沫的破灭，本次金融危机是美国房地产和基于房地产抵押贷款的金融衍生品泡沫引发的。两次危机的危害程度有目共睹，教训深刻。我们要完善相关政策，促进房地产和股市健康发展，防止出现泡沫化。

巩固经济回升势头　重视六方面工作

在宏观经济趋稳回升态势趋于明朗的态势下，我们要抓紧落实中央保增长、调结构、扩内需、重民生、促改革的一揽子计划，增强宏观调控的针对性、有效性和可持续性，巩固经济回升势头。同时根据新情况、新问题，增强政策的灵活性，重视通胀预期管理，并为今后必要的政策调整预留空间。建议重视下述几方面工作：

第一，着力引导资金流向实体经济领域，防止资产泡沫。在信贷规模适度扩张的同时，重点优化信贷结构、引导资金流向、加强货币政策与财政政策的协调配合。信贷资金重点支持产业结构升级、企业技术改造、兼并重组、自主创新等领域；扩大消费信贷，支持城乡居民消费结构升级，加强监管，防止信贷资金流向股市和土地交易环节；拓宽融资渠道，发挥资本市场的融资功能，适度扩大企业债投资规模，缓解银行放贷压力，谨慎地支持企业"走出去"，吸引境外企业境内上市。

第二，着力支持民间投资增长，增强可持续性。充分利用房地产市场回暖和城市基础设施建设加快的有利条件，合理规划，增加土地供给，支持和引导房地产开发投资；进一步放宽市场准入，减少行业垄断，拓宽民间资本投资渠道；改善投资环境，引导市场自主性投资；加快推进金融体制创新，在谨慎监管、有效控制金融风险的前提下，加快发展各类中小金融机构，改善中小企业融资环境，解决中小企业贷款难的问题；进一步完善和落实支持民间投资的贴息、担保等政策。

第三，着力推进产业结构调整和升级，加快培育新兴产业。在保持和加强我国产业现有竞争优势的同时，积极发展新兴业态，支持服务外包；工业设计、会展、互联网信息服务、研发服务、电子商务、法律服务等生产性服务也要做强做大，培育新的经济增长点；抓住当前世界经济结构和产业结构调整的机遇，积极发展新能源、节能环保、生物医药等新兴产业；对那些有较大增长潜力的行业和领域，特别是基础设施和生产性服务业领域要进一步放宽准入限制，鼓励竞争；要善于把握危机中的机遇，积极承接国际产业转移，通过国际并购、战略合作等多种方式获得技术、国际营销渠道，为提升我国在全球分工中的地位打下坚实的基础。

第四，着力调整收入分配结构、扩大消费需求。在我国现行收入分配格局中，劳动者报酬占初次分配的比重偏低，政府公共服务供给不足，这是制约内需扩张的主要原因。现阶段调整收入分配结构的重点，一是要提高农民和城市低收入群体的可支配收入水平，提高中高收入群体的边际消费倾向，扩大有效需求；二是要在二次分配中调整政府支出结构，将政府支出重点逐步转移到向全体公民提供公共产品与服务上；三是在国有垄断资源取得的收入中，通过再分配的方式更多地向公共支出和居民可支配收入转移。

第五，加快推进资源型产品价格形成机制改革。当前资源型产品供求关系、国内外市场价格相对平稳，为深化资源型产品价格形成机制的改革提供了难得契机。在进一步完善成品油定价机制的基础上，要协调好政府价格管理与市场定价机制之间的关系，同时要理顺煤、电价格，完善天然气等资源性产品价格形成机制。

第六，加快推进社会保障制度改革。建立全覆盖、可流转、可接续的保障体系，建立健全社会安全网，保障和改善民生，既是经济发展的根本目的，也是促进消费需求的重要途径。在新型农村养老保障试点的基础上不断积累经验、扩大试点范围。通过政府补贴等多种途径筹措资金，有效扩大中小企业职工参保范围，进一步提高社保统筹的层次，加快推进社保账户跨区域迁转和接续工作。保险业是重要的生产性服务业，涉及社会生产和人民生活的诸多方面，是我国新的经济增长点，有着广阔的发展前景。

品牌是战胜金融危机的利器 ①

（2009 年 8 月 8 日）

从去年 9 月金融危机大爆发到现在，经过一年来全球各国的共同努力，金融危机的惊涛骇浪似乎已经过去，不论是国际还是国内都有一些向好的现象。全球银行体系基本稳定下来，资产价格呈现上升的趋势，全球股市普遍上涨，美国居民的储蓄率也在提高；从国内来看，上半年国内生产总值增长了 7.1%，远远好于预期。但是问题还没有彻底解决，金融危机还没有过去，而且在各国普遍采取的财政措施和货币措施的干预下，有些矛盾被掩盖了，同时还产生了一些新的问题。

这次金融危机爆发的原因，仁者见仁、智者见智。有的认为是金融创新过头，有的认为是金融监管不力，还有的人把它归结为世界贸易的不平衡，特别是中美贸易不平衡。这些说法都有一定道理。我认为最根本的原因在于虚拟经济领域创新过度，而实体经济领域创新不足。20 世纪 90 年代，美国 IT 技术革命大幅度提高了技术进步和劳动生产率，使得美国经济进入了一个高增长低通胀的黄金增长期。但由于后续创新没有跟上，过多的投资与投机导致的泡沫必然会破裂，由此引发了经济衰退，美国经济需要进行必要的调整。但美国政府和企业不愿意付出调整的代价，而是选择了更大的"制泡效应"避免调整、走出衰退。美国政府通过大幅度增加政府开支、放松消费者信贷等方式刺激经济，把超前消费、过度消费、举债消费的经济模式演绎到极致，不仅没有从根本上解决生产率和利润率下降的问题，反而因为极度宽松的流动性引发了房地产市场泡沫的急剧膨胀。同时，美国利用

---

① 本文为在第三届中国品牌节上发言的主要内容。

国际储备货币发钞国的地位，不受限制地向全世界举债，通过名目繁多的所谓"金融创新"把风险转移扩散到全球，虽然暂时走出衰退并保持了一定程度的增长，但泡沫不可避免地破裂，最终引发了次贷危机并蔓延发展为席卷全球的国际金融危机。美国这次应对危机的措施，特别是量化宽松的"印钞机救市"措施，只能治标，不能治本。美国这么做，一个是把矛盾推向了世界，损人利己，让全球为他们埋单；再一个是把矛盾后推，饮鸩止渴、透支未来。要想真正解决问题，需要在实体经济领域进行新一轮的技术革命。其实美国人也意识到这一点，同时也在实体经济领域暗下功夫。一个是能源新政，奥巴马政府在新能源和可再生能源开发项目上有一个庞大的计划，如新能源汽车、智能电网等，应该说在这方面欧洲比美国走得早，但只要是美国要干的事情也会很快，而且一旦美国的新能源成了气候，他们就会在传统能源的开发和使用上采取限制措施。另一个是积极推行"智慧地球"，把 IT 技术和生产生活的各个领域更加紧密地结合起来，即互联网加物联网。如果这发展到一定阶段，实际上就又是一场新的技术革命。举例来说，在"智慧地球"时代，如果出门带包忘了东西，这个提包就会自动提醒你；洗衣服需要什么样的水温，洗衣机就会自动控制，等等。这实际上是信息化和工业化的深度融合，将会为人们的生产生活带来极大的便利，极大地推动经济社会的发展。所以，从根本上说，最终战胜金融危机，就要依靠新的技术革命，培育新的经济增长点。这也就需要创造更多的品牌。

当今世界，无论是国际市场还是国内市场，竞争越来越激烈，特别是这次金融危机过后，竞争会更加激烈。没有品牌知名度的企业，就没有竞争力；没有一定实力的品牌，是挤不进世界品牌之列的。因此，在国际金融危机的形势下，我们尤其需要创造更多更强的民族品牌。

创新才能使品牌更有生命力、竞争力。创新不单单是改变产品的外观，重要的是进行技术创新、管理创新、制度创新。在这次金融危机当中，倒下的不仅仅是一些名不见经传的企业和产品，还有很多是著名的百年企业和世界知名品牌。创品牌是企业的使命，只有不断地创新，才能使品牌更有生命力、更有竞争力。

精心呵护品牌是我们大家共同的责任。企业有责任，你我也都有责任。今天是 8 月 8 日，去年的今天是北京奥运会开幕的日子，虽然北京奥运会已经渐渐离我们远去，但是一年前的今天，中国、北京给了世界一个惊喜、一次震撼，应该说北京奥运会是我们中国人创的最大的品牌。但接下来发生的三鹿"毒奶粉事件"却使我们的民族品牌蒙羞。痛定思痛，没齿不忘。因此，我们大家都有责任，共同呵护来之不易的中国品牌。

我相信在大家的共同努力，会有更多、更好的中国品牌创造出来，走进每一个家庭，走向全世界。

环渤海区域合作中的通州新城产业发展方向选择与现代产业体系构建 [1]

（2009 年 8 月 19 日）

一、通州新城产业发展方向应当按照转变经济发展方式和发展都市经济的要求来选择

关于通州新城产业发展方向和产业布局，看到两种提法："优化提升一产，二三产业并重，突出发展现代服务业"和"提升一产二产集聚做强三产，突出发展高端服务业"。这两种提法，大同小异，主要差别在于是二三产业并重，还是以发展第三产业为主。我认为，无论是从我们所处的发展阶段来看，还是通州新城服务于首都经济、服务于环渤海区域经济的要求来看，通州新城的产业发展方向都应该把发展第三产业放在优先和主要位置，坚持以发展服务经济为主，优化提升一产二产，集聚做强三产，突出发展现代服务业，走一二三产业协调发展的路子。现在许多城市包括大城市和特大城市，在产业发展方向选择上，仍然把第二产业包括重化工业放在主要位置，这客观上是由于产业演进规律所决定的，第三产业要在第二产业相当程度发展的基础上才能发展，同时也在很大程度上与我国现行的以增值税、营业税为主的间接税制度和由分灶吃饭沿袭而来的财政体制有很大关系。

通州新城的产业选择方向应当按照加快转变经济发展方式的要求，率先实现由二产为主向服务经济为主的转变。通州作为距 CBD 最近的

---

① 本文为在"世界城市建设中的通州国际新城发展论坛"上发言的主要内容。

北京城市副中心，首先应当成为面向北京、面向环渤海、而向全国乃至面向世界的新商务中心，大力发展高端商务，重点支持发展总部经济、金融后台服务、信息服务、高端商务会展等。通州作为北京交通最为便利、区位优势明显的新城区，应当大力发展休闲娱乐中心。通州有争取建设主题公园的设想。我觉得如果建设以感受运河文化为题材的主题公园，把传统文化与现代设施和技术结合起来，可能更富通州特色。文化创意产业具有很大的发展潜力，是中国优秀文化与市场经济对接的重要结合点和新的经济增长点。通州文化创意产业很有基础，应当充分发挥优势，创造良好环境，创新和借鉴成功模式，吸引优秀人才，加快文化创意产业发展。通州新城在发展现代农业、现代物流、新兴产业等方面也很有条件，具备多方面优势，也应当大力发展。

二、通州新城现代产业体系应当在环渤海
区域合作的大背景、大格局下构建

现代产业体系的现代性主要体现在哪里，这在发达国家和发展中国家会有所不同。在发达国家主要是看现代服务业是否发展比较充分，在 GDP 中的占比有多高，一般认为应当在 70% 以上。而在发展中国家，其现代性主要体现在科技进步对经济社会发展的作用上。通州新城的现代产业体系应该是这两方面的现代性兼而有之。既要看一二产业的优化提升，现代农业的水平和比重，装备制造业的规模、水平，高新技术产业的发展，传统优势产业的改造提升；也要看第三产业特别是现代服务业发展速度、水平和比重。通州新城现代产业体系的构建，一方面应当按照上述要求，优化提升一产二产，集聚做强三产，突出发展现代服务业；另一方面，也没有必要自成体系，而应按照区域经济一体化的要求，把通州新城现代产业体系的构建放在环渤海区域合作的大背景、大格局下来谋划、来建设。凡是区域内其他城市基础更好、成本更低的行业和项目，通州新城就没有必要再上；已经有的，也要考虑适当地向外转移；区内其他城市搞不了、不好搞、搞不好的产业和项

目，而通州新城最具条件或具有比较优势的，就应当大力发展，例如为区域内城市经济社会发展和企业生产经营提供高端服务等。

三、通州新城产业发展应当走园区化的道路

园区化发展是世界各国现代化建设的成功模式，也是我国改革开放以来产业聚集的重要经验。园区化通过共同管理经济和环境事宜使园区内成员企业获取更大的环境效益、经济效益和社会效益，降低企业成本，提高共用设施利用水平，有利于清洁生产、能源资源有效利用、污染防治和治理，也有利于企业间的合作。通州新城的产业发展应当走园区化的道路。通州新城已经规划了八个产业园区与功能区。相信这些园区的建设对于装备制造、新能源与环保产业、新材料等产业聚集和发展必将带来极大的促进作用。

我在这里想介绍的是一种新的办园模式。今年4月份，我在陕西渭南出席了一个电动车工业园项目的签字仪式。与其他工业园不同的是，这个工业园不是由政府来建园、招商，而是由商家来搞的。由渭南浙商商会投资建园、以商招商，并由投资商负责园区管理和提供服务。他们初步计划招200家电动车各种零部件厂商入园，这样就把一个电动车的产业集群成龙配套地由浙江转移到渭南来，形成一个完整的产业链，实现高起点、园区化、集群化发展。尽管这个项目刚刚起步，效果如何尚待进一步观察，但我看好它的发展，相信它能取得成功。这是一种市场运营模式的创新，包括基础设施、社会事业、公共服务等项目也都可以这样搞，逐步实行政企分开、政事分开、管办分离，通过购买服务等方式，更大程度地发挥市场在资源配置中的基础性作用。

四、通州新城产业发展应当坚持
低碳、环保，发展循环经济

发展低碳经济，建设低碳城市，是时代的要求。作为建设中的世界城市北京的副中心，这个要求对于通州新城的建设和发展就更为迫

切、更为必要。尤其是国际金融危机以来，发达国家纷纷进一步明确和提升节能环保产业的战略地位，将其纳入国家发展战略，作为调整经济结构、刺激经济复苏、抢占竞争制高点的支柱产业和新的经济增长点，低碳经济、绿色发展已经成为各国共同关注、大力投入的领域，谁能够把握机遇，在后工业时期的产业竞争中占领产业制高点，已经成为未来经济领域获得新的国际地位的关键。世界城市建设中的通州新城产业发展，要坚持可持续发展的理念，坚持低碳、环保，节能节水节地节材，低消耗、低污染、低排放，高产出、高效益，走循环经济、清洁生产的路子。园区化发展为实现这一目标提供了重要前提和必要条件，但仅此还是远远不够的，还需要作出多方面的努力。要通过技术创新、制度创新、产业转型升级、结构优化、新能源开发等多种手段、多种措施，尽可能减少化石能源消耗和温室气体排放。通州新城原有产业应加快改造升级和调整，新上项目应坚持高起点、高标准，在污染排放等方面采取比其他城市和地区更为严格的标准，严把准入关，保证通州新城的天长蓝、地长绿、水长清。

五、通州新城产业发展应坚持"富规划、穷建设"、长计划、短安排

通州新城在产业发展和现代产业体系构建中，借用城市建设的一个提法，就是要"富规划、穷建设"，规划制定目标可定得高一些，但建设要一步一步来，抠得细一点、紧一点。同时要长计划、短安排，不要操之过急，摊子铺得太开，项目摆得太满，不少好项目既要靠找，也要靠等。要防止仓促上马、项目不理想而遗患将来，要为筑巢引风预留空间。还要强调规划的严肃性，规划重在执行，难在执行，虽然产业发展规划不像城市建设规划的刚性那么强，但也需要保持规划的整体性和严肃性，可以根据技术进步等因素的变化而调整，但不能因为政府换届、领导更替而随意改变。

国际金融危机与深化我国公司治理改革 ①

（2009 年 9 月 5 日）

当前，对于国际金融危机根源的观点很多，见仁见智，其说不一。我认为，美国实体经济创新不足、虚拟经济创新过度，是导致这场历史罕见的金融危机的最根本原因。20 世纪 90 年代，美国创造了 IT 技术革命的奇迹，但由于后续创新乏力，导致了投机泡沫的破裂并引发了经济衰退。为走出衰退，美国政府选择用新泡沫、更大泡沫消化旧泡沫，通过大幅增加政府开支、放松消费者信贷等方式刺激经济，把超前消费、过度消费、举债消费的经济模式演绎到极致，但未从根本上解决生产率和利润率下降的问题，反而因为极度宽松的流动性引发了房地产市场泡沫的急剧膨胀。同时，美国利用国际储备货币的发钞国地位，不受限制地向全世界举债，通过名目繁多的所谓"金融创新"把风险转移扩散到全球，但泡沫终将破裂，最终引发了次贷危机，并蔓延发展为席卷全球的国际金融危机。

为应对危机，去年以来，各国政府纷纷采取大力度、超常规措施救市，包括救援和接管金融机构、出台大规模经济刺激计划、提高存款担保及清理"有毒"金融资产等，美联储等甚至采取了直接购买长期国债的极端手段。但是，单纯的财政货币刺激政策治标不治本，只能延缓经济周期，避免经济走向崩溃和深度衰退，在一定程度上缓解矛盾、争取时间，不可能从根本上解决问题，只有发起新一轮的技术变革，通过持续的技术创新提高劳动生产率，培育新的支柱产业，才是走出危机的根本出路。各国政府也逐步认识到这一点，都在积极利

---

① 本文为在"第五届公司治理国际研讨会"上发言的主要内容。

488

用财政货币政策救市赢得的喘息时间，大力推进产业结构调整和技术创新，加快培育新的经济增长点，美、日、欧等提出的能源新政、智慧地球、绿色经济、低碳经济等概念，都是朝这个方向努力。

关于国际金融危机的走势，虽然近来陆续公布的数据表明，美国、日本、德国、法国、澳大利亚等发达经济体可能已经触底反弹，实现微弱复苏，但全球经济能否真正走出危机，关键要看各国的产业调整和技术革命是否真正见到了成效，是否形成了新一轮经济增长的产业基础，否则，谈论走出危机还为时尚早。

从公司治理角度来看，国际金融危机也给我们带来了深刻的教训，认真反思，吸取教训经验，有针对性地改善和提高公司治理水平，对于避免重蹈金融危机的覆辙十分重要，主要体现在以下几个方面：

一是企业过分关注虚拟经济和资本业务，在主营业务、传统业务等实体经济领域上下功夫不够。近年来，以美国为代表的发达国家经济结构呈现出日益明显的"产业空心化"趋势，虚拟经济过度膨胀，严重脱离实体经济。据统计，2007 年，美国 GDP 为 13.84 万亿美元，而当年美国股市总市值约为 17.8 万亿美元，后者是前者的 1.29 倍，华尔街金融服务业全年利润就约占全美公司利润的 40%。美国不仅有大量专门从事金融衍生品设计、交易的公司，而且像银行等金融机构，也不在传统存贷款业务上下功夫，热衷于金融衍生品交易，还有大批的实体经济企业，受巨大的"赚钱效应"诱导，把巨额产业资本投入资本市场，进行投机交易。这显然是企业战略决策和战略管理的重大失误，大家都痴迷于在资本市场上玩钱生钱的游戏，无暇顾及产品技术创新，虚拟经济的泡沫越来越大，实体际经济难以提供有效支撑，爆发金融危机只是时间问题。

二是金融创新过度，远远超出了企业的风险承受能力。金融创新可以带来高额收益，但也孕育着巨大风险，超过了企业，乃至金融系统风险承受能力的金融创新，是非常危险的。美国围绕房地产贷款及其他信贷衍生出大量金融创新产品，如担保债务凭证（CDO）、信贷违约掉期（CDS）等，基础资产价值并不高，但通过复杂的设计不但创造了巨额市场价值，还掩盖了巨大风险。据统计，2007 年，美国金融机构杠杆负债比例达到了 GDP 的 130% 以上；美国次贷危机所涉及的抵押债券总额仅 1.2 万亿美元，但由此创造的全球金融衍生品的交易价值却超过了 1000 万亿美元，约为同期全球所有国家 GDP 总和的 16 倍，远远超出了任何国家和企业的风险承受能力。

三是内部控制和风险管理失灵。内部控制和风险管理，是保证企业经营合法合规、资产安全、财务报告及相关信息真实完整，及时识别、预警并化解经营风险、保护股东权益的重要手段。雷曼兄弟、贝尔斯登、AIG 的内部控制和风险管理制度不可谓不健全，但都在危机面前形同虚设、不堪一击，这说明他们的公司治理机制出了严重问题。对此，有机构和学者指出，美国公司治理模式中，由于股权过于分散，股权结构不稳定，股东对高管人员的监控严重弱化，以及董事长普遍兼任 CEO 导致的"内部人控制"，使得监督主体不明确，监督责任不明晰，公司内部控制和风险管理失去了发挥作用的必要基础，只能任由过度金融创新诱发的企业经营风险不断聚集，并通过资本市场的放大效应扩散为巨大的系统性风险。

四是高管薪酬激励体系失衡。美国公司治理中，一向比较强调高额薪酬激励的作用。但是，这种片面的、畸形的、过于强调短期激励效应，与公司长期发展和风险控制脱节的薪酬激励体系，使得公司高管人员无心顾及公司长远发展，而是更多追逐短期高额收益，甚至不惜突破道德底线，进行高风险、高杠杆率的套利行为。以雷曼兄弟为例，该公司 CEO 福尔德 2007 年全部薪酬为 7100 万美元，2000—2007 年 8 年间，福尔德通过各种激励方式累计获得收入 4.85 亿美元。这种"失衡的激励体系"，助长了高管人员的道德风险，忽视了对股东的责任，导致行为严重短期化，盲目追求业务创新获取短期回报，加剧了经营风险的累积。

五是信用评级机构的公司治理不健全，严重失信。信用评级机构作为金融体系中对风险信息分析加工的专业中介组织，对降低金融市场的信息不对称应当起到重要作用。但在次贷危机中，三大信用评级机构严重失信，普遍给予次贷产品较高的信用评级。这是由于它们直接参与了金融衍生品的构建，成为金融机构的关联交易方，失去了应有的独立性和客观性，对金融危机起到了推波助澜的作用。这说明，信用评级机构的公司治理也出了严重问题，其治理结构、信息披露、行业公信力、独立性和透明度亟待提高。

此外，外部监管不到位，监管机构监管标准不一致，监管范围存在交叉和空白，缺乏统一、全面和权威的机构负责市场系统风险监管等问题，也使得公司治理缺乏外部约束，助长了局部风险的不断累积，并最终转化为系统性风险。

总之，未能解决好企业战略管理和公司治理中的一系列重大问题，未能有效防范和控制虚拟经济过度创新中的企业经营风险，未能引导和推动实体经济技术创新的深化，是国际金融危机爆发并迅速蔓延的深刻企业制度根源。这次国际金融危机，同样给我国企业和监管部门以深刻警示，对我们公司治理的发展和完善提出了更新、更高的要求。我认为，借鉴国际金融危机的经验和教训，当前深化我国公司治理改革中，应着力处理好以下关系：

一是处理好虚拟经济与实体经济的关系，虚拟经济真正服务于实体经济。这次国际金融危机中，我们看到，一大批国有企业、民营企业在国际资本市场蒙受了巨大损失，如中信泰富、中国平安、中国中铁等，还有几年前中航油的例子。据保守估算，中国海外投资在金融危机中的损失超过 2000 亿元。这充分说明，不下功夫搞好主营业务和本职工作，不花力气改善产品质量和服务，而想靠投机取巧，在不熟悉的资本市场上"短平快"捞一把，可能付出惨痛的代价。应当明确虚拟经济服务于实体经济的基本原则。一方面，积极稳妥地推进虚拟经济发展，大力发展资本市场和直接融资，发挥好虚拟经济对实体经济的促进作用；另一方面，要把更多的精力投入到实体经济发展之中，加快产业升级和产品技术创新，提高产品质量和服务水平，不断完善公司治理，培育企业核心竞争力，为虚拟经济发展提供坚实的实体经济基础。

二是处理好金融创新与金融风险防范的关系，在有效防范风险的前提下加快金融创新。金融机构和金融体系的活力在于创新，但一定要在有效监管之下，进行有风险承受能力的创新，不能盲目创新、过度创新。中国受到金融危机的冲击较小，并不是因为我们的金融体系有多先进，除经营比较稳健、监管比较有力之外，在很大程度上是得益于金融市场相对封闭、金融创新相对滞后。我们决不能因此沾沾自喜、因噎废食。从长远来看，我们还应坚持深化金融体制改革，协调好金融创新、有效竞争和金融风险防范的关系，建立起有力、审慎而又不失活力的金融监管体系，使我们的金融体系、金融秩序、金融改革和发展能够通过这次金融危机迈上一个新的台阶。

三是处理好治理结构与治理机制的关系，切实在提高治理水平上下真功夫、大功夫。完善的公司治理结构是保证治理效率的必要条件，但不是充分条件。公司治理，实质重于形式，机制重于结构。必须在建立健全法人治理结构的基础上，着力形成切实有效的治理机制。一方面应强化股东约束，形成对董事会和高管层的监督问责机制。使股东在董事任命、高管层选任、薪酬决定、风险管理等方面发挥更大的作用，形成对董事会和高管层的监督问责机制，强调企业内部控制和风险管理的执行有效性；另一方面要加强董事会建设，充分发挥独立董事的作用。建立规范有效的董事会运行机制，实现决策与执行分离，董事长与总经理（CEO）分任，强化社会监督和声誉约束，督促独立董事独立有效履行职责，成立由独立董事负责的风险控制委员会等。

四是处理好激励和约束的关系，真正形成权责统一、长短结合、物质鼓励与精神鼓励并重的激励约束机制。这次国际金融危机中的一个深刻教训是，失衡的高管薪酬制度对企业可持续发展危害性巨大。因而，合理限制高管薪酬，强调责任与风险因素，引导高管行为长期化，已成为美、欧等国公司治理改革的重要方向。应实施可持续的薪酬计划，强调短期绩效与长期发展兼顾、物质激励与声誉激励并重、业绩增长与风险控制协调，形成结构合理、水平适度、激励充分、约束有力的薪酬体系，从而促进企业可持续发展。刚刚在9月2日结束的欧盟成员国财长非正式会议上，欧盟各国财长提出，要求本月4日在伦敦举行的G20财长和领导人会议及之后的匹兹堡金融峰会联手共商"限制银行家薪酬"，强调指出"薪酬文化必须结束"。目前，我国有关部门已经对金融机构高管颁布了限薪令，并正在制定《国有企业负责人薪酬管理办法》。据报道，拟将国企高管年薪与企业职工平均工资的倍数关系限定在 10—15 倍之间，这是一个有益的尝试。

五是处理好内部治理和外部治理的关系，精心营造内外结合、规范有序、监管适度的良好公司治理环境。良好的公司治理，不仅需要在企业内部形成监督制衡和激励约束的治理机制，也需要从外部营造一个有效监管、广泛参与的治理环境。国际金融危机的经验教训告诉我们，在建立健全企业内部治理机制的同时，应强化外部治理机制和环境的建设，加强对企业经营行为合法合规性的审核监督，完善信息披露制度，建立客观公正的信用评级和公司治理评价体系，发挥社会舆论和公众监督等的作用；还应鼓励利益相关者的积极参与，形成多元化的企业文化氛围和良好的信息沟通机制，营造有利于企业技术创新和管理创新的治理环境。

向老挝代表团介绍情况提纲

（2009 年 10 月 16 日）

很高兴有机会向尊敬的老挝客人介绍中国社会主义经济体制改革和经济社会可持续发展的情况。下面，根据代表团考察提纲提出的要求，我先作如下简要介绍：

第一个问题，关于社会主义市场经济

（一）关于现阶段社会主义经济的定义和衡量社会主义经济的标准。对于社会主义经济，我们的认识经历了一个不断发展、不断深化的过程。改革开放以来，我们摒弃了社会主义＝公有制＋计划经济＋按劳分配的传统模式，从中国的实际出发，解放思想，更新观念，从理论和实践的结合上积极进行探索，不断深化对社会主义经济本质属性的认识。我们党关于现阶段社会主义经济的提法，也随着实践的发展而发展，从"计划经济与市场调节相结合"、"计划经济为主，市场调节为辅"到"公有制基础上的有计划的商品经济"，再到"社会主义市场经济"。这些提法的变化，突破了长期以来计划经济与商品经济相对立、视计划与市场为"板块结构"等思想观念和做法，从根本上认识到现阶段社会主义经济实质上是社会主义市场经济。

社会主义市场经济是我们党对现阶段社会主义经济作出的最新理论概括，它顺应了生产关系与生产力矛盾运动规律的客观要求，反映了对社会主义建设和发展规律认识的不断深化。对于社会主义市场经济，我们党的十四大报告是这样阐释的：实行社会主义市场经济，就是要使市场在社会主义国家宏观调控下对资源配置起基础性作用，使经济活动遵循价值规律的要求，适应供求关系的变化；通过价格杠杆和竞争机制的功能，把资源配置到效益较好的环节中去，并给企业以压力和动力，实现优胜劣汰；运用市场对各种经济信号反应比较灵敏的优点，促进生产和需求的及时协调。同时也要看到市场有其自身的弱点和消极方面，必须加强和改善国家对经济的宏观调控。

对于社会主义市场经济体制的基本框架，我们党的十四届三中全会作了进一步明确，即在坚持以公有制为主体、多种经济成分共同发展的前提下，建立现代企业制度，建立全国统一开放的市场体系，建立以间接手段为主的完善的宏观调控体系，建立以按劳分配为主体、效率优先、兼顾公平的收入分配制度，建立多层次的社会保障制度。

关于社会主义经济的本质要求，或者说衡量社会主义经济的标准，邓小平同志 1992 年作过高度概括："社会主义的本质，是解放生产力，发展生产力，消灭剥削，消除两极分化，最终达到共同富裕。"

（二）关于社会主义市场经济与资本主义的区别。这个问题，可以从以下三个方面来认识：

一是在所有制结构上，以公有制为主体，多种所有制经济长期共同发展。国有企业和其他企业作为市场主体都进入市场，通过平等竞争实现优胜劣汰，发挥各自应有的作用。这不同于私有制占绝对优势的资本主义。

二是在分配制度上，实行以按劳分配为主体，多种分配方式并存的制度。把按劳分配和按生产要素分配结合起来，坚持效率优先、兼顾公平。在发展生产的基础上，逐步改善人民的物质生活和文化生活，最终实现共同富裕。这不同于资本主义的分配制度。

三是在宏观调控上，社会主义国家能够把人民的当前利益与长远利益、局部利益与整体利益结合起来，更好地发挥计划与市场两种手段的长处。这与资本主义的"市场至上"、"市场万能"有很大区别。这次由美国次贷危机引发的全球金融危机，以及各国在危机中受到的冲击程度、采取的应对措施和成效就是有力证明。

（三）关于如何看待社会主义经济中的所有制问题。所有制是社会

495

主义生产关系的重要基础。长期以来，对社会主义所有制问题的认识经历了曲折的历程。传统社会主义经济理论和实践都把公有制作为社会主义经济所有制的唯一形式，排斥任何形式的非公有制经济，特别是把全民所有制作为公有制的高级形式，搞"一大二公三纯"、"穷过渡"，阻碍了生产力的发展。改革开放以来，我们反思社会主义建设的经验教训，在以公有制为主体的前提下发展多种经济成分，极大地促进了生产力的发展。我们党的十四大提出，在所有制结构上以公有制为主体，个体经济、私营经济、外资经济为补充，多种经济成分长期共同发展。十四届三中全会提出，坚持以公有制为主体、多种经济成分共同发展的方针。十五大进一步提出，公有制为主体、多种所有制经济共同发展，是我国社会主义初级阶段的一项基本经济制度。十六大提出两个"毫不动摇"，即必须毫不动摇地巩固和发展公有制经济，必须毫不动摇地鼓励、支持和引导非公有制经济发展。

总之，社会主义经济的所有制结构，就是"以公有制为主体、多种所有制经济共同发展"，这可以从三个方面理解：一是必须坚持以公有制为主体。这能够有效地组织社会生产，实施宏观调控，从全局利益出发，集中力量办大事，促进经济平稳快速发展，也是实现共同富裕的重要前提。同时，公有制的实现形式可以而且应当多样化。二是必须发挥国有经济的主导作用。国有经济在关系国民经济命脉的重要行业和关键领域中应发挥主导作用，包括资源垄断性行业，提供重要公共产品的行业，重要支柱产业和高新技术产业以及其他特殊行业。这对于发挥社会主义制度的优越性，增强国家的经济实力、国防实力和民族凝聚力，具有关键性作用。三是必须促进多种所有制经济长期共同发展。个体、私营等各种形式的非公有制经济是社会主义市场经济的重要组成部分，对充分调动社会各方面的积极性、加快生产力发展具有重要作用。应该把坚持公有制为主体，促进非公有制经济发展，统一于社会主义现代化建设的进程中，使各种所有制经济在市场竞争中发挥各自优势，相互促进，共同发展。

（四）关于社会主义制度下的所有制结构及其各自的地位和作用。在社会主义制度下，有几种所有制，各自的地位和作用是什么？关于这个问题，目前我国的情况是这样的：我国的所有制类型主要划分为公有经济（包括国有经济和集体经济）、非公有经济（包括个体经济、私营经济、外资经济等）。考虑到不同所有制间相互渗透的情况，我国现有企业所有制类型可划分为国有及国有控股企业、集体企业、股份制企业、外商及港澳台商投资企业和私营企业。

国有及国有控股企业，是我国公有制经济的主体，在关系国民经济命脉的重要行业和关键领域中发挥着主导作用，包括国有独资公司、国有控股企业、国有联营企业等形式。

集体企业，是公有制经济的重要组成部分，对实现共同富裕具有重要作用，包括社区、企业劳动者、社团等集体所有形式。

股份制企业，是公有制的主要实现形式。我们提出，大力发展国有资本、集体资本和非公有资本等参股的混合所有制经济，实现投资主体多元化，使股份制成为公有制的主要实现形式。目前，股份制已成为我国最重要的企业组织形式。

外商及港澳台商投资企业，主要是由外国或港澳台投资者出资或合作设立的企业，包括合资经营企业、合作经营企业、独资企业、股份有限公司等，是我国非公有制经济的重要组成部分，对于弥补国内资金不足、带动产业技术进步和管理水平提升，以及扩大出口、增加税收、促进就业、更新观念等方面发挥了重要作用。

私营经济，是我国社会主义市场经济的重要组成部分，在促进经济增长、扩大就业和活跃市场等方面发挥了极为重要的作用。

（五）关于社会主义经济如何进行计划、调控和管理。总的讲，对社会主义经济计划、调控和管理是综合运用经济的、法律的和必要的行政手段进行的，来引导和调节经济运行，保持总量平衡，促进结构优化，保持经济平稳较快发展，促进社会全面进步。

首先，是以货币政策、财政政策为代表的间接宏观调控。在市场机制的基础上，宏观调节主要是间接调节，通过调节利率、汇率等价格信号，或者改变税率、提供财政补贴，来引导企业、家庭部门采取相应行动，以实现政府的调控目标。这种调控方式，在资本主义国家也是很普遍的。

其次，强调立法和执法，为市场机制发挥作用创造良好外部环境。社会主义市场体系要有效运转，离不开由完备的法律体系所提供的运行规则。改革开放以来，我国高度重视立法工作，顺应经济社会发展的要求，先后制定了大量的法律、法规和部门规章，使改革和发展的成果得以法律的形式固定下来，并及时修订、废除了大量不适应形势要求的法律法规。

再次，加强中长期发展规划的研究制订和实施。全面分析国际国内形势、准确分析国内主要矛盾，提出中长期发展规划和年度指导性计划，有利于统一全国人民的思想和行动，提高政策执行力，加快经济社会发展和制度变革的步伐。这也是落后经济体充分享有后发优势的客观要求。

最后，借助必要的行政手段。总量失衡和结构矛盾往往交织在一起。政府部门审时度势，丰富和完善产业政策，制定强制性的市场准入标准，对重大项目建设实行审批和备案制度，有助于使问题得到及时解决，也有助于丰富宏观调控内涵，推动经济社会可持续发展。

（六）关于中国在完善社会主义经济和实现发展目标方面的经验。改革开放以来，我们党和国家在取得社会主义现代化建设举世瞩目成就的同时，创造和积累了丰富的实践经验。我们党的十七大从总结30年改革开放整个历史进程着眼，概括出"十个结合"的宝贵经验：

在改革开放的历史进程中，我们党把坚持马克思主义基本原理同推进马克思主义中国化结合起来，把坚持四项基本原则同坚持改革开放结合起来，把尊重人民首创精神同加强和改善党的领导结合起来，把坚持社会主义基本制度同发展市场经济结合起来，把推动经济基础变革同推动上层建筑改革结合起来，把发展社会生产力同提高全民族文明素质结合起来，把提高效率同促进社会公平结合起来，把坚持独立自主同参与经济全球化结合起来，把促进改革发展同保持社会稳定结合起来，把推进中国特色社会主义伟大事业同推进党的建设新的伟大工程结合起来。这是中国这样一个十几亿人口的发展中大国摆脱贫困、加快实现现代化、巩固和发展社会主义的宝贵经验。我国在完善社会主义经济和实现发展目标方面，也离不开这些经验。

第二个问题，关于经济社会可持续发展

（一）关于经济社会可持续发展的内涵和特征。可持续发展的定义，是 1987 年世界环境与发展委员会《我们共同的未来》的报告中首次提出来的，即"既能满足我们现今的需求，又不损害子孙后代能满足他们的需求的发展模式。"这个概念最初着眼于资源环境角度，此后逐步扩展至经济发展和社会发展角度。

我们党的十七大报告对经济社会可持续发展作了系统全面的阐述，即必须坚持全面协调可持续发展，全面推进经济建设、政治建设、文化建设、社会建设，促进现代化建设各个环节、各个方面相协调，促进生产关系与生产力、上层建筑与经济基础相协调。坚持生产发展、生活富裕、生态良好的文明发展道路，建设资源节约型、环境友好型社会，实现速度和结构质量效益相统一、经济发展与人口资源环境相协调，使人民在良好生态环境中生产生活，实现经济社会永续发展。

对于经济社会可持续发展的基本特征，还可以从以下几个方面来归纳：

第一，经济增长的各个阶段上，要充分发挥自身优势，形成竞争力，使得经济增长始终具有可靠的动力源。既不能超越发展阶段的要求盲动冒进，也不能滞后于发展阶段的要求消极保守。第二，通过国家的宏观调控，缓解宏观经济波动，避免大起大落。第三，保证投资消费、内需外需等重大关系和比例、结构的协调。第四，保持城乡、区域和人际之间发展的平衡性。解决好农业、农村、农民问题，工农之间、城乡之间良性互动，形成城乡、区域、经济社会发展一体化的格局。第五，建设资源节约型和环境友好型社会，形成节约能源资源和保护生态环境的产业结构、增长方式和消费模式。

（二）关于如何解决好经济发展和社会发展相结合的问题。实现经济发展和社会发展相结合，关键要统筹兼顾，贯彻以人为本的全面协调可持续的科学发展观。

第一，始终以经济建设为中心。经济不发展，综合国力不强，解决社会问题，办各项事业，就没有基本的物质基础。

第二，社会问题的解决要和发展阶段相适应。在不同的发展阶段，准确把握国情国力，明确相应的社会发展目标，确定主要解决的社会问题。社会发展既不能严重滞后于经济发展，也不能过分超前。

第三，中央统筹和发挥地方积极性相结合。发展经济和社会事业，中央要有明确的战略，统筹全局；同时，要充分发挥各地方的积极性，使之根据各地实际情况确定具体的办法和措施。

第四，政府和市场相结合。在经济社会发展中，市场在创造大量非农就业机会，促进劳动力从农村流向城市，从落后地区流向发达地区，缩小城乡、区域以及人际之间差距方面发挥了重要作用，但同时也离不开政府税收、转移支付、职业培训、就业扶持、社会保障等一系列政策的扶持和引导。在社会事业发展、生态环境建设与保护等方面，也需要政府与市场的力量相辅相成、互相促进。

（三）关于中国在发展经济和解决社会问题相结合方面的经验。改革开放 30 多年来，我们在经济发展取得巨大成就的同时，也清醒地认识到，中国是个人口数量庞大、地域差异巨大的发展中国家，始终面临着极大的协调发展和可持续发展的挑战。在经济体制深刻变革、社会结构深刻变动、利益格局深刻调整、思想观念深刻变化的条件下，也产生了一系列社会问题。我们党高度重视在经济发展的同时关注和解决社会问题，深刻吸取 2003 年发生非典疫情的教训，着力解决经济发展和社会发展"一腿长一腿短"问题，制定了全面建设小康社会、构建社会主义和谐社会的宏伟蓝图，提出了坚持以科学发展观统领经济社会发展全局的指导思想。中国在发展经济和解决社会问题相结合方面的经验，核心就是按照科学发展观的要求，以人为本，统筹兼顾，在大力推进经济发展的同时，更加注重社会发展，加快科技、教育、文化、卫生、体育、社会保障、社会管理等社会事业发展，不断满足人民群众在精神文化、健康安全等方面的需求，提高人的素质和人力资源能力，实现经济发展与社会进步的有机统一。具体经验包括：

一是持续大幅增加教育、医疗、文化体育等社会事业投入。

2003—2007 年，全国财政用于教育、医疗卫生、文化体育事业的支出累计分别比前五年增长 1.26 倍、1.27 倍、1.3 倍，全面实行城乡免费义务教育，基本建成覆盖城乡、功能比较齐全的疾病预防控制和应急医疗救治体系，文化体育事业获得长足进步。二是大力加强就业和社会保障工作。完善促进就业、以创业带动就业的政策，落实最低工资制度。大幅度提高社会保障水平，加快建立覆盖城乡居民的社会保障体系，提高社会保障待遇，逐步完善社会安全网。三是加快推进医药卫生事业改革发展。公布医疗卫生体制改革方案，今后三年，各级政府将投入 8500 亿元，重点推进基本医疗保障制度建设，建立国家基本药物制度，健全基层医疗卫生服务体系，促进基本公共卫生服务逐步均等化。四是做好保障性安居工程。五是推进政府职能转型，增强社会管理和公共服务能力。

（四）关于决定一个国家发展的基本要素。决定一个国家发展的基本要素有哪些，这个问题比较复杂。根据我们的认识和体会，决定一个国家发展的基本要素比较多，既有软的方面，也有硬的方面，更重要的，是人的素质。

从软的方面来看，主要包括：一是要有一个好的政治制度，管理和调整社会运行，化解各种突出矛盾，保证政治和社会的稳定。稳定是压倒一切的前提条件。二是要有一个运行良好的、统一的、开放的、竞争性的市场体系。市场以及价格体系，在传递信息、引导资源配置和促进创新和创业活动方面，具有无可替代的重要作用。三是要有一个政府规划计划和宏观调控体系。政府的调控，不仅可以熨平经济周期波动，而且在产业、技术升级等方面，可以发挥协调和引导的作用，克服市场失灵。四是要对外开放。对外开放有利于吸引外资、先进技术和管理经验，有利于拓展国际市场，有利于本国的生产活动参与到全球的产业链分工体系中，充分发挥自身优势，提高竞争力。从硬的方面来看，最重要的要素是政府在各个发展阶段上，尤其是在发展的早期，组织建设相应的基础设施。基础设施是经济起步的必要条件，但是由于基础设施往往投资规模大，投资回收期长，有些情况下还难以通过市场化手段而收费，私人和社会资本往往不愿意或者无法进入这些领域。因此，政府必须组织建设基础设施。基础设施的水平要和发展阶段相适应，超前和落后都不可取。

从人的素质方面来看，一个国家的人口的整体素质和人才的数量、质量，对于一个国家的发展更为重要。这包括人口总量、结构、受教育程度，人们的观念、意识和技能，各类人才的数量、质量、结构，同时也包括人口优育，人口素质提高，人力资源利用和人才培养、使用的机制和环境等。

（五）关于自然条件在一国经济社会发展中的作用。自然条件在一个国家的经济社会发展中的作用，可以从几个角度认识：

第一，自然条件是重要的，对发展中国家而言更是如此。比如，以农业为主的国家中，水土光热条件决定着农作物的品种、品质和产量。再比如，沿海的、区位较好的国家，更有条件发展贸易。又比如，自然资源丰富的国家，在发展的早期可以发展资源密集的产业，以获取经济起飞所需要的外汇、先进设备、技术、人才等。

第二，自然条件并不是经济社会发展的决定性条件。不少没有资源的国家（地区）发展得也很好，如新加坡和中国香港。不少资源丰富的国家发展得却不好，如阿根廷在上个世纪初曾一度是世界上最富有的国家，巴西也曾经一度取得高速的经济增长，但是目前它们仍然属于发展中国家；再如石油国家虽然人均收入较高，但是整体的经济社会发展水平并未跻身现代化国家的行列。当然，也有一些国家通过开发自身自然资源而进入发达国家的行列，如澳大利亚。

第三，自然条件可以通过经济全球化实现一定程度的互补。在对外开放和经济全球化的条件下，自然条件对一国发展中的作用就更加弱化，不少自然资源是可贸易的，通过国际贸易可以获取自身所不具备的自然资源。一个国家的企业也可以投资于其他国家的资源性产业，在全球配置资源和生产链。同时，随着科学技术的进步和现代化水平的提高，有些自然资源也可通过人的积极作为得到一定程度改善。

后危机时代的新兴经济体转型与变革 ①

（2009 年 11 月 1 日）

一年前，由美国次贷危机引发的国际金融危机全面爆发，给全球经济造成重创，也给新兴经济体带来严重冲击。目前，在各国政府大力度、超常规的干预政策刺激下，似乎金融危机最坏的阶段已经过去，全球经济复苏的"绿芽"已破土而出。近来陆续公布的数据表明，美国、日本、德国、法国、澳大利亚等发达经济体可能已经触底反弹，资本市场和银行体系趋于稳定，消费需求和消费信心正在恢复，住房市场逐步稳定，大宗商品价格明显回升，国际贸易有所好转。据 IMF 的最新预测，2009 年全球经济将下滑约 1%，2010 年将增长约 3%，比此前的数据有明显上调。

然而，全球经济的复苏绝不意味着危机已经安然度过，更不能说导致危机的根本矛盾已经解决。为应对危机，各国政府纷纷采取大规模经济刺激计划、清理"有毒"金融资产以及实施"量化宽松"的货币政策等，虽已见成效，但单纯的财政货币政策治标不治本，只能延缓经济周期，避免经济走向崩溃和深度衰退，没有也不可能解决金融危机的根本矛盾，甚或在某些方面还会造成一些新的问题，为日后发生通货膨胀埋下新的祸根。要彻底走出危机，必须解决两个根本问题：一是发起新一轮的技术变革，通过持续的技术创新提高劳动生产率，培育新的增长点；二是重塑国际经济秩序，全面改革金融体系。各国采取的救市措施为解决这些问题争取了一些时间，应当善加利用，抓紧加以解决。但从目前进展看，对于第一个问题，各国都正在积极谋

---

① 本文为在第 67 次"中国改革国际论坛"上发言的主要内容。

503

划，美、日、欧等提出的能源新政、智慧地球、绿色经济、低碳经济等，都是在朝这个方向努力。但这需要持续不懈的努力，绝非朝夕之功。对于第二个问题，国际社会虽有较为深入的讨论，但在不少重要问题上并未达成共识，即使取得的一些共识，也往往知易行难，迟迟未能取得实质性进展。可以说，这个问题还没有解决，甚至尚未破题。发达经济体囿于既得利益，特别是具有金融话语强权的国家害怕失去国际金融中心地位，不愿采取实质性的根治措施。随着全球经济触底反弹，许多人伤疤未愈已忘痛，形势稍有缓和，导致这次金融危机爆发的一些做法又开始故态复萌，金融衍生品炒作正在蠢蠢欲动。最近，道指重上万点之际，纽约华尔街、伦敦金融城一片欢呼雀跃，又传出金融机构再派高薪，美国大银行和证券公司将派发总额达 1400 亿美元的薪酬，比危机爆发前 2007 年最高点时还要多。这深刻说明，导致金融危机的毒瘤远未摘除，全球经济的复苏和持续健康发展仍将面临巨大挑战。

在这次金融危机中，新兴经济体整体表现不俗。虽然也受到严重冲击，但仍保持了相对较高的增长率，成为稳定世界经济的重要力量。2008 年，中国经济增长 9%，今年"保八"可期；据预计，今明两年，印度的经济增长率为 5.4% 和 6.4%；新兴经济体为 1.7% 和 5.1%，均远胜于发达经济体 –3.4% 和 1.3% 的预期增长率。新兴经济体在国际金融危机中表现较好的原因是多方面的，既有经济基本面比较健康，实体经济比重大，基础比较稳固的原因；也有政府应对危机措施比较得当有力的因素。新兴经济体普遍采取的扩大内需、促进就业和积极的财政货币政策等措施，取得了积极成效。同时，也与新兴经济体金融机构经营比较稳健、金融监管比较审慎有很大关系。当然，新兴经济体资本市场普遍发育程度不高，市场规模较小，金融体系比较封闭、落后，金融创新相对滞后，也在很大程度上帮了新兴经济体的忙，使其因祸得福，免于在金融危机中遭受灭顶之灾，受到的损失相对较小。但虚拟经济滞后、落后对实体经济的制约，也是显而易见的。

新兴经济体对于自己在这次危机中的表现，绝不可沾沾自喜、盲目乐观。应该看到，一方面，现行不合理的世界经济秩序和国际货币体系还没有根本改变，爆发国际金融危机的制度根源依然存在，全球经济依然处于高度不确定性之中。另一方面，国际金融危机也暴露了新兴经济体许多深层次的问题，例如经济增长过度依赖投资和出口，产业结构不合理，高新技术产业和服务业比重偏低，市场环境和法制秩序不完善，缺乏有竞争力的国际大企业，经济社会发展不平衡，区域与城乡差距大等。这些问题不得到根本解决，新兴经济体发展的后劲和可持续性就会受到极大制约，难以在后危机时代进一步赶超发达经济体。新兴经济体对于各自金融体系在危机中的表现，也要一分为二，客观、辩证地看待，不能只见其利、不见其弊，更不能因噎废食，放缓金融改革和发展的步伐。因此，新兴经济体必须牢牢抓住国际金融危机带来的经济调整和转型的历史机遇，加快发展模式转型与变革，积极探索可持续的发展道路，为世界经济增长和人类进步作出新的贡献。

经过多年发展的积累，主要新兴经济体已具备了相当的经济实力和抗风险能力，经济总量已将近全球的30%，在世界经济格局中的地位和作用越来越重要，但今后的发展依然前路漫漫、充满坎坷。后危机时代，新兴经济体应在积极参与经济全球化和国际对话合作的基础上，保持政治稳定与社会和谐，大力优化产业结构，完善市场环境，提高人力资源素质，统筹经济社会发展，走知识化、信息化、集约化、绿色化和全球化的可持续发展道路。具体而言，需要注意处理好以下"六个关系"：

一是处理好内需与外需的关系，坚持内需与外需并重，在积极扩大出口的同时，更加重视扩大国内需求。国际贸易是任何一个国家发挥比较优势的重要途径，对于外汇短缺、劳动力富余的不发达经济体来说，扩大出口尤为重要。近年来，随着经济全球化的深入发展，国际经济技术交流的不断扩大，极大地促进了世界各国的经济发展，新兴经济体也从中受益良多。但是这次国际金融危机重创了全球经济特别是发达经济体，国际贸易大幅萎缩，下降幅度大大超过经济下滑的幅度。据各方预测，后危机时代，全球经济即使复苏也是一个缓慢的过程，全球经济和国际贸易将陷入较长时间的低速增长，新兴经济体出口不仅面临外需不振的压力，还面临着贸易保护主义抬头、贸易摩擦加剧的压力，同时也面临国内资源环境约束、劳动力成本提高的压力。新兴经济体在后危机时代要妥善处理好内需与外需的关系，一些国家在发展初期选择的出口导向型模式，应当随着发展阶段的提升和国际经济环境的变化作出适当调整。要在坚持推动经济全球化进程，反对各种形式的贸易保护主义，积极开展国际贸易、扩大外需的同时，把更多的精力放在内需市场的拓展上。新兴经济体内部地区、城乡发展不平衡，市场空间大，扩大内需有着很大的潜力。在这次金融危机中，新兴经济体表现明显好于发达经济体，与重视扩大内需有直接关系。在后危机时代，新兴经济体应总结这次应对危机的经验，继续坚持和进一步完善扩大内需的政策措施，针对国内市场不同层次的需求开发更多适销对路的产品，为经济增长提供可持续的动力。

二是处理好虚拟经济与实体经济的关系，坚持虚拟经济服务于实体经济的原则，促进虚拟经济与实体经济协调发展。证券、保险等虚拟经济对于实体经济发展具有很大的促进作用，但如果走过了头，也会给经济造成重大伤害，这是此次危机的一个惨痛教训。近年来，以美国为代表的发达经济体呈现出日益明显的"产业空心化"趋势，虚拟经济过度膨胀，严重脱离实体经济。据统计，2007 年，美国 GDP 为 13.84 万亿美元，而当年美国股市总市值约为 17.8 万亿美元，后者是前者的 1.29 倍，华尔街金融服务业全年利润就约占全美公司利润的 40%。许多企业痴迷于在资本市场上玩钱生钱的游戏，银行也不愿从事存贷款传统业务，热衷于搞名目繁多的金融衍生品以小博大、牟取暴利，泡沫越吹越大，终至破裂，引发了这次罕见的金融危机。殷鉴不远，新兴经济体应当牢牢记取这个教训，在任何情况下都要坚持虚拟经济服务于实体经济的基本原则，积极稳妥地推进虚拟经济发展。既要致力于解决新兴经济体虚拟经济滞后、落后的问题，又要防止虚拟经济脱离实体经济过度超前和畸形发展，切实真正从实体经济发展的需要出发，积极发展资本市场和直接融资，努力为实体经济发展提供周到、优质的金融服务，使虚拟经济与实体经济相互促进、协调发展。

三是处理好传统产业与高新技术产业的关系，坚持高新技术产业与传统产业并举，在高新技术产业与传统产业融合上下更大的功夫。任何一次经济危机，都会带来产业结构的调整和新的技术革命。这次危机也不例外，也必将催生新一轮的技术革命和产业结构调整。后危机时代，新兴经济体如何充分把握这一战略机遇，努力提升自己的产业水平，是一场严峻的考验。一般说，新兴经济体虽然有一定的高新技术产业基础和发展潜力，但更大量、更有优势的是传统产业。从全球经济发展看，高新技术产业和传统产业都有市场，都有发展空间，都应受到重视，但尤其应当受到重视的，是把高新技术产业与传统产业结合起来，谁在这方面下的功夫最大，结合、融合得最好，谁就更有希望，更有发展后劲。新兴经济体在后危机时代，既要大力发展以新能源、节能环保、信息、生物等为代表的高新技术产业，更要高度重视利用高新技术和先进适用技术改造提升传统产业，推动结构优化和产业升级，形成符合本国资源禀赋特点的现代产业体系。

四是处理好发展大企业与中小企业的关系，坚持大中小并举，加快形成合理分工、协调发展的企业格局。当今世界，跨国公司在国际竞争和资源配置中的地位和作用越来越重要，它们是经济全球化舞台上的主角，跨国公司的数量、规模、质量、效益和竞争力，是一个国家经济实力和竞争力的重要体现。新兴经济体要在后危机时代的全球经济中扮演更重要的角色，必须着力打造具有国际竞争力的跨国公司和企业集团，充分利用"两个市场、两种资源"，提高参与全球资源配置和产业整合的能力。在各新兴经济体中，中小企业不仅量大面广，多如繁星，而且在吸纳就业、活跃经济、方便生产生活等方面具有不可替代的作用。新兴经济体在后危机时代还必须十分重视中小企业的发展，高度关注中小企业体制机制建设和市场环境建设，大力完善中小企业融资体系，改善对中小企业的监管和服务，引导和鼓励中小企业走专、精、特、新、强的路，不断提高中小企业的素质和竞争力。能否优化企业结构，加快形成大中小企业合理分工、优势互补、相互促进、协调发展的格局，是新兴经济体在后危机时代能否有更大作为的关键。

五是处理好经济与社会协调发展的关系，坚持统筹兼顾，推动经济与社会相互促进、协调发展。发达经济体的经验和新兴经济体自己的实践都充分证明，经济发展是社会发展的基础和前提，社会发展是经济发展的动力和条件。两者是统一的，但也存在一定的矛盾。社会发展不能严重滞后于经济发展，也不能过分超前。如何准确把握国情国力，处理好经济发展与社会发展的关系，使二者相互促进、协调发展，是新兴经济体在后危机时代需要解决好的重要课题。由于多种原因，新兴经济体大都不同程度地存在经济和社会发展"一腿长一腿短"的问题。正视并采取有效措施和切实步骤解决这个问题，加快社会事业发展，不仅有利于推动社会全面进步，还可以扩大内需，促进经济发展。因此，在后危机时代，新兴经济体在大力推进经济发展的同时，应当更加注重社会发展，加快科技、教育、文化、卫生、体育、社会保障、社会管理等社会事业发展，不断满足国民在精神文化、健康安全等方面的需求，提高人的素质和人力资源能力，实现经济发展与社会进步的有机统一，为经济发展营造和谐稳定的社会环境，提供有效的市场需求和增长动力。

六是处理好完善国内市场环境与改善国际经济秩序的关系，坚持以外促内、以内促外，内外并举，促进更能反映经济发展内在要求的新经济秩序的建立。自由、公平、法制完备的市场环境是发展经济的必要条件。当前，新兴经济体面临着国内市场环境不完善、国际经济秩序不合理的双重压力和挑战。后危机时代，新兴经济体一方面要不断完善国内市场环境，营造公开透明、竞争有序的国内市场秩序，加快与国际接轨，为吸引外资、促进经济发展提供良好条件。并着力打破二元经济结构，铲除造成城乡分割、地区分割的制度壁垒，加强统一大市场建设，推进城乡一体化、区域经济一体化，逐步实现基本公共服务均等化，促进商品、人员、要素自由流动，提高资源配置效率。另一方面，应进一步加强国际对话与合作，充分利用 G20、APEC、亚欧会议、东盟 10+3 等各种多边合作机制和对话平台，提升新兴经济体在国际经济事务中的参与权和话语权，尽快催生顺应经济全球化发展方向、反映经济发展内在要求的国际经济新秩序。可以考虑本着互利共赢、风险共担、利益共享的原则，在新兴经济体之间率先积极尝试开展货币互换、本币结算等业务，为改变现存不合理的国际经济秩序迈出实实在在的步伐。

走新型城市化道路
推动长株潭城市群可持续发展 ①

（2009 年 12 月 3 日）

城市化是人民生产和生活活动在区域空间上的聚集，是现代化的主要内容和重要表现形式。走中国特色城镇化道路，促进大中小城市和小城镇协调发展，重视和发挥城市群的作用，培育新的经济增长极，是我国全面建设小康社会的重要战略部署。当前及未来十年左右，我国处于工业化和城市化"双加快"发展的阶段，城市群发展潜力巨大。作为全国资源节约型和环境友好型社会建设综合配套改革试验区，长株潭城市群对于促进东中西互动和中部地区崛起，加快推进新型工业化、新型城市化具有重要意义。

长株潭城市群区位优势突出，科教资源密集，产业基础扎实，后发优势明显，发展潜力很大。近年来，长株潭城市群建设取得了可喜的进展。但由于体制机制障碍等多种因素制约以及自身发展阶段所限，长株潭城市群的一体化和"两型社会"建设进程还面临着巨大的挑战。当前，后金融危机时代的世界经济转型与变革刚刚开始，"十二五"期间，我国也将面临转变经济发展方式、培育新兴战略产业、推进节能减排、应对气候变化等的更大压力，这些给长株潭城市群的可持续健康发展带来了新的机遇和挑战。

因此，立足中国特色城镇化发展战略，综合国内外城市群发展的经验教训，我认为，长株潭城市群的进一步发展必须坚定地走新型城市化发展道路，着力提高城市化的质量，努力促进人口、资源、环境

---

① 本文为在"城市群发展模式"国际学术研讨会上的发言。

发展互相协调，在适当扩大城市规模的同时，更加注重提升城市群的质量、结构和效益，积极探索建立中国第一个低碳城市群。

首先是注重城市化的"化"效应，逐步解决进城农民的市民化和促进城乡一体化，着力提高城市化的质量。城市化质量不高，是我国城市化进程中面临的共性问题。长株潭城市群的发展，要以农村人口进入城市全面转型为重点，使城市化带来的物质和精神文明成果惠及全体居民，使农民工不仅空间上进城，而且实现真正意义上的城市化，促进进城农民的市民化，享有与城市居民同等水平的公共服务。要加快推进城乡一体化，拆除城乡户籍壁垒，建立一体化的户籍制度，推进城乡基础设施、公共服务和社会保障制度的对接，坚持把城市发展与构建和谐社会结合起来，走城乡一体化和社会和谐的城市化道路。

在中部地区六个城市群中，长株潭城市群人口最少，面积最小，人均国内生产总值最高，增加城市人口还有较大的容量。最近，长沙已试点取消城乡户口差别，实现三市人口自由流动也是长株潭城市群发展的目标之一。结合湖南地处中部，进城农民多为本省人口等特点，长株潭城市群可以积极尝试和探索，在进城农民户籍管理、土地制度、社会保障、劳动就业等方面放得更宽一些、步伐更大一些，促进人口自由流动。同时，采取多种措施提高城乡居民的技能、素质和市民意识，真正提高城市化的水平和质量。

其次是注重城市群的"群"效应，逐步实现各城市间的同城化和经济一体化，着力提升长株潭城市群的综合竞争力。各自为政，重复建设，产业同构化，是我国城市群发展中存在的突出问题。要打破行政壁垒，统筹规划，合理布局，错位发展，充分发挥各城市的整体效应、规模效应、集聚效应和辐射效应，特别是提高核心城市的首位贡献度。要根据各城市资源环境、发展基础和潜力，结合国家主体功能区规划，科学规划城市群发展，进一步强化城市群内的经济社会联系，完善城市群内部基础设施体系，加快交通通信、能源资源、产业发展、环保生态、城市规划、公共服务等的同城化、一体化步伐，探索建立城市群内部协调机制。

长株潭城市群已率先实现了通信一体化，在同城化方面迈出了实实在在的一步。今后可考虑本着先易后难、先简后繁、先点后面的原则，逐步推进交通运输、金融服务、信息资源、城市规划、社会保障、公共管理等方面的同城化和一体化。同时，不断加强省级财政的统筹力度，缩小城市群内各城市间人均可支配财力的差距。对于来城市群内投资建设的大企业、大项目，可考虑探索地区间横向合并纳税和分税办法，以协调各城市利益，打破区域壁垒。要特别重视县城作为大城市带动辐射中小城市和广大农村发展之桥梁纽带的作用。湖南十分重视发展县域经济，创造了政府与企业、计划与市场相结合进行县域改造、发展县域经济的"大汉模式"，应当在总结经验的基础上在长株潭城市群发展中积极推广，大力发展县域经济。

再就是注重"两型社会"建设的"低碳效应"，积极打造我国第一个低碳城市群，着力促进长株潭城市群的可持续发展。能源资源消耗过度，环境污染严重，使我国在快速发展的同时，也付出了沉重的资源环境代价，这种发展方式越来越难以为继。面对日益严峻的挑战，我们必须加快转变经济发展方式，大力发展低碳经济。长株潭城市群作为"两型社会"建设配套改革试验区，使命光荣，任务艰巨。建议以此为契机，率先建设中国第一个低碳城市群，为我国城市化向高效低碳经济转型探索新的路径。可结合现有产业发展基础，统筹规划长株潭低碳产业集群，努力开发有竞争力的低碳技术、低碳专利、低碳产品、低碳设备，大力发展新兴战略产业，促进钢铁、有色金属产业等传统产业的升级，运用创新科技实现传统农业的低碳化发展。加快发展智力密集、高附加值、高整合性、空间占用少的文化创意产业、旅游业等低碳服务业。将低碳理念落实到产业、交通、流通、消费等各方面，发展低碳交通，鼓励绿色出行，坚持绿色"低碳消费"理念等。建议加快制定鼓励低碳经济发展的法规、规划和标准，探索设立低碳产业发展基金，开展碳交易市场试点，建立有利于节能减排的体制机制等，为建设低碳城市群提供良好的政策法制环境和体制机制保证。

优势企业应当成为加快转变
经济发展方式的领跑者 [1]

（2010 年 3 月 31 日）

一、当前经济形势的总体判断：审慎乐观

刚刚结束的全国"两会"，以最高权力机关决议的形式确定了我国今年经济社会发展的总体目标、大政方针和工作部署。今年将保持宏观经济政策的连续性和稳定性，继续实施积极的财政政策和适度宽松的货币政策，根据新形势新情况着力提高政策的针对性和灵活性。今年经济社会发展的主要预期目标是：国内生产总值增长 8% 左右；城镇新增就业 900 万人以上，城镇登记失业率控制在 4.6% 以内；居民消费价格涨幅 3% 左右；国际收支状况改善。

对于当前的经济形势，我的基本判断是审慎乐观。如果主要从经济增长的角度来看，我的看法是今年好于去年，中国好于世界，上半年会好于下半年，今年也可能好于明年。

今年好于去年。这一点看得越来越明显。去年是我国经济社会发展进入新世纪以来最为困难的一年。去年这个时候，国际金融危机正处于谷底，世界经济深度衰退，我国经济受到严重冲击。在各主要经济体大力度、超常规的救市政策刺激下，去年 3 月份以后，全球经济逐步企稳回升，资本市场大幅回升，金融体系趋于稳定，消费、投资信心和国际贸易都有所恢复。目前看来，国际金融危机最困难、最糟

---

① 本文为在第二次"中国企业发展研究网络"会议上发言的主要内容。

糟的阶段应该已经过去。今年国内外经济环境都有改善，世界经济缓慢复苏，我国经济回升向好的势头可望继续保持下去。尽管今年中国和世界经济都存在许多不确定、不稳定和不协调的因素，存在许多两难问题，今年可能是最为复杂的一年，但经济环境和增长前景会好于去年，至少不会比去年更差。从我国今年头两个月情况看，规模以上工业增加值、城镇固定资产投资、社会消费品零售总额分别同比增长20.7%、26.6%、17.9%，分别比去年同期加快 16.9、0.1 和 2.7 个百分点，出口同比增长 31.4%，比去年同期加快 52.5 个百分点，明显好于去年。

中国好于世界。这一点自不待言。中国经济在这次危机中遭受的损失和影响相对较小，又最早走出危机阴影，率先实现回升向好，去年经济增速在主要经济体中最高。2009 年，我国实现国内生产总值 335353 亿元，比上年增长 8.7%；而美国 GDP 同比下降 2.4%，是1946 年以来的最大降幅；日本 GDP 同比下降 5%，欧盟 GDP 同比下降 4.1%，欧元区 GDP 同比下降 4.0%。新兴经济体的印度增长率为6.7%。今年中国在全球经济增长中继续领跑的态势不会改变。

上半年会好于下半年。这主要取决于三个因素：一是去年刺激政策的效应将进一步显现，今年上半年会更集中一些；二是企业调整库存，这个因素在形势发生变化之初影响比较明显，不管是去库存还是补库存，都具有放大效应；三是去年同期处于经济谷底，基数比较低。因此，上半年同比数据可能会比较好看，因而总体形势相对乐观，这也容易使人产生一些错觉和误判。而到了下半年，这三个因素都将发生较大甚至相反的变化，其他不利因素也可能会更多显现（如通胀压力等），增长后劲可能不足，经济形势可能不如上半年乐观。因此，对于今年经济形势不仅要看同比，更要看环比；不仅要看数据，更要看走势。今年无论是形势判断，还是政策选择，都会是扑朔迷离、各种现象纷呈的复杂局面。

今年可能好于明年。由于国际国内还存在诸多不确定性，明年及以后的经济发展形势还存在很大变数，甚至不排除"双谷衰退"的可能性。从国内来看，我国在成功应对危机、率先实现复苏的同时，也付出了很大的代价，过度扩张的政策措施给未来经济发展留下了诸多隐患。

一是金融潜在风险加大。去年以来特别是去年上半年信贷超常规扩张，信贷门槛降低，投资项目获批条件放宽，一旦政策紧缩或经济大幅度收缩，部分贷款在未来可能会转为不良贷款。

二是地方政府财政风险增大。2009 年末，地方政府投融资平台贷款余额约为 7.2 万亿元，其中去年一年净增贷款约 3 万亿元。预计今明两年后续贷款约 2 万—3 万亿元，到今年底将达到 10 万亿元左右。2009 年商业银行新增贷款 9.6 万亿元，其中约 40% 流入了地方政府投融资平台。债务负担加重，加大了地方政府的财政与金融风险。

三是资产泡沫趋势增强。特别是房地产市场泡沫值得高度关注，去年以来房价暴涨，地王频现，房地产价格泡沫化程度短时间内大幅度提高。

四是通货膨胀压力加大。货币信贷超常规增长，在推高资产价格的同时，必然传导到生产资料和消费品、服务价格。

五是增长粗放、产能过剩的矛盾加剧。我国钢铁产能超过 7 亿吨，在已严重过剩的情况下，去年又新增了 5000 多万吨。

从国际来看，全球经济依然存在高度不确定性和脆弱性，经济复苏的进程随时可能受挫、中止甚至发生逆转。影响全球经济复苏进程的主要因素包括：

一是主权债务危机凸显。为应对危机，主要经济体采取了大规模经济刺激、清理有毒资产等政策，政府赤字直线上升。欧盟公共债务占 GDP 的比例达 73%，意大利、希腊超过 100%。目前，迪拜、希腊已爆发债务危机，意大利、爱尔兰、西班牙、英国等也面临高度风险，弄不好极有可能因债务危机而引发新一波经济危机。美国、日本债务也很严重。美国 2009 财年赤字超过 1.4 万亿美元，达到 GDP 的11.2%。据美国政府问责局前总审计长大卫·沃尔克估计，2007 年美国的实际债务总额高达 53 万亿美元，这几乎与全球 GDP 相当。如此，美国一个国家的债务已经使全球的债务率接近 100%。这个数字相当于每个美国人承担着 17.5 万美元的债务；如果平均分配给地球上所有的人，每人将分担 9000 美元。 实际上，美国已经资不抵债，而这种财务状况，放到其他任何一个国家，这个国家早已破产了。

二是何时退出举棋难定。主要经济体经济刺激措施，尤其是"量化宽松"货币政策的退出时间、步伐、力度如何把握，大费周章，退出的步调也存在不确定、不协调的风险。

三是发达国家就业问题突出，失业率居高不下。当前，美、欧、日等主要经济体在复苏的同时，普遍存在较高的失业率。美国去年12月份失业率达10%，仍处26年来高位。自2007年底陷入衰退以来，美国非农部门就业岗位已连续23个月减少，创70年来持续时间最长纪录，近800万人失去工作。2009年12月，欧盟失业率为9.6%，达2301.2万人，为2000年1月份以来最高点。就业问题关系人们的收入和消费能力，对经济复苏进程影响很大。

四是通胀压力增大。据国际货币基金组织估计，去年上半年全球救市资金投入约11.9万亿美元，相当于全球年GDP的20%，其中发达国家投入10.2万亿美元，发展中国家投入1.7万亿美元。目前，通货紧缩虽然还是美欧等发达经济体的主要矛盾，而一旦形势变化，资金流速加快，流动性过剩问题就会显现，通货膨胀就有可能很快到来。

五是贸易保护主义抬头。据WTO统计，去年第三季度，全球新发起反倾销、反补贴调查案例同比分别增长23%和115%；世行报告指出，各国以贸易救济名义发起的旨在实施进口限制的案例去年第三季度增长52.6%。贸易保护主义抬头成为世界经济复苏的一大障碍。

总之，对当前经济形势可以持一种审慎乐观的态度。但全球经济复苏还很微弱，基础还很脆弱，我国经济发展也存在很多两难问题。随着时间的推移，中国和全球经济将从应对危机的应急管理回归常规增长，刺激政策的负面效应会进一步显现，超常规措施的风险也要逐步化解。至于导致危机的深层次矛盾，更需要逐步解决，才能最终走上新一轮经济增长和繁荣。在中国发展高层论坛上，与会专家也存在不同观点。一种是比较乐观的态度，认为国际金融危机之后将迎来新一轮的经济增长，不会出现"双谷衰退"；另一种观点认为存在"二次探底"的可能。

中国社科院29日发布的《2009—2010世界社会主义黄皮书》指

出，世界经济看似走出了低谷，但实际上新一轮更大的金融乃至经济危机极有可能就在这看似走出低谷的过程中酝酿与积聚，主要是因为：世界资本主义各大国都在拼命降息，恶性增发货币，企图增加新的产能。而世界范围内穷国、穷人的绝对需求仍在急剧下降。因此，生产社会化与生产资料私人占有之间、生产无限扩张与社会有限需求之间这一根本性矛盾非但没有缓解，反而仍在积聚，甚至还有加剧之势，全球经济在近两三年内稍有反弹之后，有可能步入更大的低谷。

需要指出的是，当前全球经济复苏的景象并不意味着危机已经过去，更不意味着国际金融危机的主要矛盾和问题已经消除。在中国发展高层论坛上，主流观点认为危机远未结束，西方国家到目前为止的政府干预仍属救市性质。为了继续救市，一些发达国家可能采取非常不利于国际经济稳定的措施。一是转嫁危机，二是贸易保护主义抬头。去年10月以来，全球共出台约80项保护主义政策，其中64%出自二十国集团的成员。这次危机是在各主要经济体大力度、超常规的救市政策刺激下过来的，但单纯的财政货币政策治标不治本，不能解决根本问题。从历次危机的经验来看，危机之后都意味着新的机遇，带来了新一轮的产业革命，形成了新的经济增长点，从而拉动经济走出危机。只有深化结构调整、发起新一轮的技术革命和产业革命，全面改革金融体系、重塑国际经济秩序，才可能真正走出危机。目前，各国都正在积极谋划，美、日、欧等提出的能源新政、智慧地球、绿色经济、低碳经济等，都是在朝这个方向努力。

二、加快转变经济发展方式：刻不容缓

经济危机也是经济生活中的一种正常现象。经济危机以极端方式对经济生活中的突出矛盾和问题进行强制性矫正。国际金融危机是对我国经济发展方式的冲击，同时也是对全球经济发展方式的冲击。经济全球化在极大地促进世界经济快速发展的同时，也造成了一些畸形的经济格局：发达国家特别是美国消费，新兴经济体生产，资源型国家提供资源和发达国家特别是美国花钱，新兴经济体和产油国存钱，

不可能也不应该长期持续下去，国际货币发钞国特别是美国利用其特殊地位肆意举债、滥发钞票、转嫁负担的国际金融秩序更是不合理。这种发展方式、经济格局、经济和金融秩序必须改变，必须改革。我国加快转变发展方式，就是强调要促进经济增长由主要依靠投资、出口拉动向依靠消费、投资、出口协调拉动转变，由主要依靠第二产业带动向依靠第一、第二、第三产业协同带动转变，由主要依靠增加物质资源消耗向主要依靠科技进步、劳动者素质提高、管理创新转变。

我理解，当前转变发展方式，就是要从"两外"转变为"两内"：即从比较多地依靠外需拉动、外延扩张，转变为更多地依靠内需拉动、内涵发展，从当前应对国际金融危机的情况看，还要从比较多地依靠外部刺激转向内生增长。

当前我国经济发展方式存在问题的原因是多方面的，既有经济发展阶段的原因，也有资源禀赋和全球分工的因素，但更关键的，是与我国经济体制和运行机制的缺陷有关。

首先，从发展阶段来看，我国总体上处于工业化中期，工业化、城镇化快速发展阶段，难以回避这一时期的阶段性特征。我们只能加快发展，尽量缩短这一进程，实现局部跨越，但不可能全面超越。

其次，从资源禀赋和全球分工来看，我国资源禀赋的基本特点是人均资源缺乏而劳动力资源极为丰富。经济全球化，产品、服务都是可贸易的，高端人才也可以自由流动，但劳动力除少量劳务出口外，是不能自由流动的。出口产品等于出口劳动力。扩大出口是发挥我国比较优势、增加就业的必然选择。但由于我国技术水平低，劳动力素质不高，我国出口产品在国际竞争中处于分工和全球产业链的低端。我们应该充分发挥比较优势，通过产品出口带动劳动力出口，解决劳动就业问题。这是我国今后相当长时期不得不考虑的选择。同时，我们既要看到国际分工定位的客观性，又不能甘于、安于这种分工，应当通过大力推动技术创新和产业升级，通过推动出口转型、升级和结构优化，把比较优势转化为综合优势，在全球分工中占据有利位置。

从我国目前的产业状况看，有可能、有潜力形成中高端竞争优势的产业：一是以较强的生产制造能力为基础，同时具有一定研发设计能力和产业配套能力，集群发展特征突出的资本技术密集型制造业。如机械制造、电子和电气产品制造、交通设备制造等，其中最为典型的四个子行业是机床、发电设备制造、汽车制造和高速铁路设备制造。二是以劳动密集和产业配套优势为基础，同时具有较大的研发设计、市场营销和品牌等竞争优势提升空间的产业。主要是轻工、纺织服装、部分电子机械等产业。三是具有显著的市场和生产规模经济优势，同时具备技术、管理和经营上的系统集成能力的产业。如钢铁、有色、化工等产业。四是由于技术重大突破或全球范围打破技术瓶颈，形成新的技术平台和发展机遇的产业，以及体现国家战略要求，由国家直接大量投入支撑的产业。如航空航天、新能源和环保、新能源汽车、生物医药、新一代信息技术等产业。此外，还应该大力培育文化创意产业等第三产业。

最后，从体制机制来看，当前制约我国转变发展方式的因素主要包括：一是资源和要素价格扭曲，未能充分反映其稀缺性和市场供求状况，如矿产资源、土地资源、水资源等的价格过低、无序使用等现象。二是社会性规章制度不完善，政策执行不到位。长期以来规章制度和政策不完善，现行的中央地方财税体制和干部考核管理体制下，对既有规制政策的执行往往也不到位。三是基本保障和公共服务制度不完善、不健全。城乡之间、区域之间、不同群体之间不仅制度不同，而且标准差异较大，碎片化现象严重，制度之间衔接性较差。同时，标准低，与我国经济发展水平的提高和国家财力增强的状况不相适应。四是垄断性行业和国有企业制度安排的缺陷。主要是资源垄断和收入分配问题。五是财政税收体制不尽合理。以增值税、营业税为主的间接税体系和从分灶吃饭沿袭而来财政分配体制和利益格局，刺激各地争上项目，重复建设，盲目扩大产能。

对此，应加快重点领域和关键环节的改革。主要包括：一是推进资源和要素价格改革，充分发挥价格机制在促进发展方式转变方面的基础性作用。二是切实加强对资源、环境、质量、安全等方面的社会性规制，正确和有效发挥政府在促进发展方式转变方面的应有作用。三是着力完善社会保障和基本公共服务体系，改变社会发展与经济发展不相协调的状况。四是深化国有企业和垄断行业改革，完善国有企业和垄断行业剩余分配机制。五是制定并实施合理的消费政策，促进形成资源节约型、环境友好型的消费模式。同时，要探索财税制度和财税体制改革，建立和完善促进科学发展的体制机制。

三、优势企业在加快转变发展方式中的作用：能为可为

优势企业特别是具有较强竞争力的跨国公司，是应对国际金融危机的主力，也是转变发展方式的主力。在我国加快转变发展方式、优化经济结构和推动产业结构升级中，这些企业负有重要使命，是能够有所作为，也是可以大有作为的，这些企业应当成为加快转变发展方式的领跑者。

一是进一步深化改革，加强管理，提高公司治理水平。要深化各项改革，通过改革解决深层次矛盾和问题。要全面加强企业管理，严格各项制度，提高企业素质和经营管理水平。要进一步完善公司治理，在建立健全法人治理结构的基础上，着力形成切实有效的治理机制，包括强化股东约束，强调企业内部控制和风险管理的执行有效性，加强董事会建设，建立科学合理的激励约束机制等。

二是进一步推进技术创新、制度创新和管理创新，加快科技进步，推动产品技术升级。创新是企业发展的强大动力。依靠科技创新，不仅是企业战胜这次国际金融危机冲击的根本途径，也是实现发展方式转变、提高企业竞争力的关键所在。应着眼未来，增加科技投入，加强研发管理，强化核心技术、关键技术和关键设备、零部件等领域的研发，提高企业核心技术能力。要重视科研成果转化，高度关注产品质量和安全问题，健全售后服务体系，提升产品品牌价值和服务水平。

三是进一步增强社会责任意识，重视履行企业社会责任。社会责任是现代企业生存和发展的基础，是企业核心竞争力的有机组成部分。虽然国际金融危机对企业生产经营产生了严重影响，但履行社会责任集中体现了企业的核心价值和长期利益，具有重要的现实意义。

　　四是进一步加快"走出去"步伐，提升国际竞争力。国际金融危机给许多国家和企业带来了前所未有的冲击，一大批有先进技术、有知名品牌、有营销渠道的国际企业面临困境，这为中国企业实施"走出去"战略，参与国际企业并购重组创造了有利条件。有条件的企业应当根据自己发展的需要和消化能力，审慎稳妥地参与国际并购，积极拓展自己的发展空间，这对于我国加快产业结构调整，提升产业竞争力，优化资源配置，提高在国际产业分工中的地位十分重要。建议企业参与并购重组把握以下原则：一是应集中于企业核心业务，有利于提高核心竞争力；二是应实现优势互补，有助于完善产品体系和价值链；三是着眼降低经营风险，节约交易成本；四是应关注企业文化，能够实现有机整合。

应当把协调推进城市化作为东西部合作的结合点和着力点[①]

（2010 年 4 月 8 日）

　　区域合作不断扩大和深化是一种全球性趋势。加强区域合作，有助于市场的扩大和分工的深化，有助于发挥各地比较优势、实现资源和要素在空间上的优化配置，有助于形成合理的生产力布局和城市化格局。我国东西部地区资源要素禀赋条件不同，产业结构存在较大差异，经济互补性强，合作潜力巨大。多年来，各有关方面为推动东西部合作，做了许多卓有成效的工作。在经济社会发展即将步入第十二个五年规划时期之际，面对着新的发展环境和任务，我们必须站在新的历史起点上，进一步探索区域合作的新途径，研究推动东西部良性互动的新举措。举办东西部合作论坛，为促进东西部合作搭建了新的平台，具有重要的现实意义。

　　近年来，我国地区之间市场融合程度不断提高，产业转移规模不断扩大，企业跨区域整合发展要素的趋势不断加强，区域合作的范围、领域不断拓展，在产业对接、技术合作、对口帮扶等方面取得了很大进展，创造了许多成功经验与合作模式。在新的发展阶段，随着社会主义市场经济的不断发展，随着工业化、城市化进程不断推进，我国东西部合作展现出更加广阔的前景，进一步加强多种形式的东西部合作，拓宽合作领域，提高合作层次，面临着前所未有的大好机遇。如何进一步搞好新形势下的东西部合作，我认为，应当把协调推进城市化作为当前和今后一个时期东西部合作的重要结

---

　　① 本文为在"第一届东西部合作论坛"上演讲的主要内容。

合点和着力点。

城市化涉及资源要素优化配置，涉及产业结构优化和技术进步，涉及就业扩大、民生改善和社会和谐。推进城市化是全面建设小康社会乃至整个现代化建设的核心内容，是扩大内需最基础的潜力所在和拉动经济增长的主要力量，是促进发展方式转变的重要战略支点。加强区域合作、协调推进城市化，对于优化城市空间布局，促进地区协调发展，实现东中西良性互动具有不可替代的作用。

改革开放以来特别是近年来，我国城市化取得了巨大的成就，城市化率由 1978 年的 17.9% 提高到 2009 年的 46.6%。我国城市化滞后于工业化的状况有了很大改变，但城市化的进程远未结束。根据我们的预测，未来十年，我国城市总人口年均增长约 1600 万，到 2020 年将达到 8 亿左右。如此规模庞大的城市人口如何分布，城市空间格局如何优化，在推进城市化过程中地区之间如何互动，是我们面临的重大而现实的课题。

研究表明，任何一个大国，城市和城市人口在空间上都呈现非均衡分布状态，在城市化发展中经历一个资源和要素相对聚集而后适度扩散的过程。我国地域辽阔，人口众多，地区差异大，各地资源环境承载能力很不一样，城市和城市人口在空间上也必然呈现非均衡分布状态，也必然经历相对聚集和适度扩散的过程。目前，我国沿海三大城市群以占全国 3.4% 的面积，创造了 40% 左右的国内生产总值，聚集了 10% 左右的人口。从城市化发展规律和人口聚集的要求来看，目前我们东部集中的城市人口还不够多，容纳新增城市人口的潜力还比较大；中西部一些条件较好的地区，城市化水平还比较低。东中西部地区都面临加快城市化步伐、提高城市人口承载力的任务。当前和今后一个时期，遵循资源和要素空间聚集和扩散的客观规律，在城市和城市人口非均衡分布的前提下，应当加强东西部合作，优化城市空间格局，促进中国特色城市化健康发展。这里，我就如何在协调推进城市化的过程中，更好地发挥东西部合作的作用谈几点看法。

第一，协调推进城市化要以劳动力的自由流动和资源的优化配置为基础。城市化的本质是人类生产和生活活动在地理空间上的聚集。

顺利推进城市化，必须打破一切阻碍各种要素特别是劳动力要素流动的壁垒，引导生产要素向资源环境承载力高的区域流动。东中西部应相互开放要素市场特别是劳动力市场，促进劳动力的自由流动和资源的优化配置。在劳动力流动方面，东部地区要根据经济社会发展的需要，欢迎中西部地区的劳动力到东部就业。要创造条件加快农民工的市民化进程，使他们能够与当地居民享受同等的经济社会权利，能留得下来、融得进去。近来沿海一些地区出现的"民工荒"现象表明，过去那种"招之即来、挥之即去"和"候鸟式"的用工模式难以为继，必须通过加快农民工市民化进程等途径逐步加以改变。同时，东部地区也要支持学到生产技术和管理经验的农民工回乡创业、就业，鼓励东部地区人才向中西部流动。中西部也要为吸引他们创造良好的工作和生活条件。在资本流动方面，东部地区要支持优势企业到中西部投资兴业，拓展发展空间，鼓励部分产业向中西部地区转移。中西部地区也要通过自身努力，为吸引东部资金和承接产业转移创造更好的软环境和硬条件。

第二，协调推进城市化要以产业发展和扩大就业为支撑。产业发展是就业扩大的基础，人口聚集是城市活力的源泉。如果没有产业的成长和发展，城市就无法提供更多的就业机会，就无法吸纳农村剩余劳动力，就缺乏生气和发展的动力。东西部协调推进城市化，要与加强产业合作更紧密地结合起来，调整和优化产业结构，加快产业转移和产业发展，为农村剩余劳动力转移提供更多的就业机会。当前，随着资源和要素价格的上升以及国外市场需求结构的变化，沿海地区升级产业结构的压力越来越大，向外转移产业的内在动力越来越强。同时，经过多年的努力，中西部承接东部产业转移的条件越来越好。可以判断，未来东西部之间的产业合作将更加广泛和深入。东部在向外转移产业的同时，要加快发展先进制造业和现代服务业，推动产业升级，培育新的经济增长点，不断创造新的就业机会。中西部应充分发挥资源丰富、劳动力富裕的优势，发展优势产业和特色产业，改善产业配套条件，积极承接东部的产业转移。要在巩固和壮大东部原有增长极的同时，积极在中西部地区培育和发展新的增长极。在产业合作过程中，要特别注重发挥大企业、优势企业的作用，通过跨区域联合、兼并、重组等方式，有效整合各类优质生产要素，不断开拓产业发展的新领域、新空间。

第三，协调推进城市化要以市场作用和政府作用的有机结合为保障。市场是配置资源和要素的基础性手段，也是推动人口和各种生产要素向城市集中的基本力量。推动城市化健康发展，必须发挥市场的基础性作用。然而，要使城市化健康有序推进，还需主动发挥政府的引导、支持和协调作用。东西部地区应根据各自的实际和开展合作的需要，加强地方政府之间的政策协调，特别是要在规划制定、土地政策、财政政策、产业政策等方面加强沟通，相互配合，共同营造公平的竞争环境，避免"底线"竞争。要做好城市空间布局规划，以及与之相关的交通通讯等基础设施规划，创造更好条件，促进人口更多地向城市群和大中城市集中；要完善耕地占补平衡政策，健全建设用地指标在区域间的调剂机制，使各地城市空间的拓展与当地城市化的适宜程度相适应。同时，对城市化过程中存在的一些突出问题，比如基本公共服务均等化、社会保障的转移接续、农民工的市民化等问题，要在东西合作中积极探索解决的办法，创造和积累经验。

我国人均资源占有量少，适宜于人生存的空间有限，城市化不能照抄照搬发达国家的模式，必须走自己的路。我们必须以较小的空间占用、较少的资源消耗来支撑庞大的城市人口，推动城市发展的集约化；必须妥善处理城市化过程中的城乡关系、区域关系、大中小城市及小城镇的关系和社会各阶层之间的关系，推动城市发展的和谐化；必须处理好城市化速度和质量的关系，在加快城市化步伐的同时，注重提高城市化的质量，保证城市化的持续、较快发展。实现这个目标，需要东西部相互学习，相互借鉴，加强合作，共同推进中国特色城市化健康发展。

把协调推进城市化作为东西部合作的重要结合点和着力点，是时代给我们提出的重大课题，不仅要在理论层面上进行研究，更重要的是要在实践层面上进行探索。我们非常愿意与各方人士一道，共同探讨如何通过加强东西部合作促进城市化集约、和谐、较快发展，为我国现代化作出应有的贡献！

高度重视防范和化解地方政府投融资平台风险①

（2010 年 4 月 25 日）

防范和化解地方投融资平台风险，是当前金融领域的一个突出问题，也是转变发展方式的重要方面，应当引起高度重视。刚刚公布的经济数据显示，一季度我国实现 GDP 同比增长 11.9%，经济增长继续领跑全球，再次证明党中央、国务院关于应对国际金融危机的一系列举措是及时、有力和正确的。

但是，我们也应清醒地看到，我国应对金融危机冲击，在取得显著成就、率先实现经济整体回升向好的同时，也付出了一定代价。突出表现在：投资增长过快，银行信贷增长过猛，资产价格大幅上升，房地产泡沫聚集，能源消耗增加，污染排放回升，钢铁、水泥等行业产能本已严重过剩，各地又新上了一大批生产能力，增长方式粗放的问题在一些行业和地区又趋严重。尤其值得关注的是，去年以来我国经济增长，主要来自于应对危机的刺激政策效应而非经济的内生动力，相当一部分是由政府投资推动的。在去年国内生产总值 8.7% 的增速中，投资贡献 8 个百分点，消费贡献 4.6 个百分点，出口贡献负 3.9 个百分点。在 30.1% 的固定资产投资增速中，相当大一部分是政府投资。据统计，去年全国商业银行新增贷款 9.6 万亿元中，约有 40% 流入了地方政府投融资平台。到 2009 年 5 月末，全国共有政府投融资平台 3800 多家；当年末，地方政府投融资平台贷款余额约为 7.2 万亿元，其中去年一年净增贷款约 3 万亿元。预计今明两年后续贷款约 2

---

① 本文为在第六届中国金融（专家）年会上的发言。

万—3万亿元，到今年底将达到10万亿元左右。这不但增加了金融系统的风险，也使得地方政府投融资平台的风险问题日渐突出。

地方政府投融资平台，是地方政府在地方经济快速发展和城市化进程不断加快过程中，为筹措资金解决基础设施供给不足等问题而设立的。在应对国际金融危机过程中，投融资平台得到了快速发展，也发挥了积极的作用。然而，由于地方政府投融资平台发展过快，且缺乏相关规范，也孕育了极大的风险。主要包括：资本金不足，负债率过高，平均负债率超过80%，偿还能力对土地财政依赖过大，地方财政担保有名无实，偿债责任主体不明确，治理结构不健全，运作透明度低等。投融资平台不但加重了地方政府的债务负担，更加大了财政与金融系统风险，必须高度重视、严格规范。温家宝同志在今年的政府工作报告中也指出，要切实加强政府性债务管理，增强内外部约束力，有效防范和化解潜在财政风险。

防范和化解地方政府投融资平台风险，应当从两个方面作出努力。一方面，要通过相关法律法规和市场规则的完善来规范投融资平台的运作，规避市场风险。这包括：积极清理、整顿现有平台，推动合并重组、提高质量，将其业务领域严格限定在基础设施、公益事业等领域；严格查处，做实资本金，规定负债率的上限；健全法人治理结构，提高投融资平台的运作水平；加强信息披露，增加投融资平台运作的透明度。同时，也要规范商业银行的行为，加强对地方投融资平台的风险评估和风险防范意识，控制贷款集中度等。

另一方面，可能是更为根本的，就是要加快政府职能转型，规范政府行为，实现政府管理创新。政府应该把该管的切实管住管好，把不该管、可不管的逐步放开搞活。对于政府不该做、做不好或市场、企业和中介组织能够做得更好的事，应当把他们交给企业、市场和中介组织来做。前两周我到陕西参加"第一届东西部合作论坛"期间，在渭南出席了一个电动车工业园项目的签字仪式。与其他工业园不同的是，这个工业园不是由政府来建园、招商，而是由商家来搞。由渭南浙商商会投资建园、以商招商，并由投资商负责园区管理和提供服务。他们初步计划招200家电动车各种零部件厂商入园，这样就把一个电动车的产业集群成龙配套地由浙江转移到渭南来，形成一个完整的产业链，实现高起点、园区化、集群化发展。尽管这个项目刚刚起步，效果如何尚待进一步观察，但我看好它的发展，相信它能取得成功。这是一种市场运营模式的创新，也是政府管理方式的创新。不仅这类项目可以这样，即使是基础设施、社会事业、公共服务项目，也可以逐步实行政企分开、政事分开、管办分离，通过购买服务等方式，更大程度地发挥市场在资源配置中的基础性作用，而不一定都是要政府自己来做。这样，地方政府债务可大大减轻，投融资体制改革也可向前大大推进一步，还可使政府腾出更多的力量，专心办好自己应该办的事，营造良好的经营环境，维持公平竞争的市场秩序。

西部再出发：在加快转变发展方式中
推动西部跨越式发展 [①]

（2010 年 7 月 6 日）

今年是西部大开发战略实施 10 周年。10 年来，西部大开发取得了巨大成就：基础设施网络化和现代化水平明显提高，生态环境状况有所改善，产业结构进一步升级，经济增长速度超过历史最高水平，发展成果广泛惠及城乡居民。展望未来，西部大开发既有着诸多有利条件，也面临不少严峻挑战。经过改革开放以来 30 余年的快速发展，我国经济实力显著增强，发展站到了新的历史起点上。2009 年，我国人均 GDP 接近 3700 美元，按照世界银行的标准，我国即将成为上中等收入国家的一员。未来 10 年，我国仍处于工业化、城市化快速推进时期，内需空间依然很大，经济增长还会有庞大的内需支撑。国家将会有更强的经济实力，也会采取更有力的措施，推动欠发达地区发展。另一方面，我国发展面临的资源、环境、劳动力成本、社会稳定等方面的压力也在不断增大。为应对这些压力，国家将把推进发展方式实质性转变作为重大战略任务，各地都必须摒弃旧的发展模式，采行新的发展模式。从外部环境看，国际金融危机对世界经济格局、发展方式、经济秩序带来严重冲击，全球应对危机在取得明显成效、经济缓慢复苏的同时，呈现错综复杂的局面，宏观经济政策处在进退两难、左右为难的境地，最终战胜危机走向新的经济繁荣，需要在诸多领域进行深刻的变革和开展技术革命，各国都在为此而进行深入探索和不懈的努力，全球新一轮技术革命在若干重要领域正酝酿着新的突破，

---

① 本文为在"2010 西部再出发·兰州论坛"上演讲的主要内容。

我国利用两个市场、两种资源加快发展有着很大空间，但是在低端产品领域中的国际竞争将日益激烈。

面对新的形势和新的任务，必须按照全面落实科学发展观和加快转变经济发展方式的要求，认真总结西部大开发的历史经验，科学探索西部持续发展之路，以西部大开发10周年为新的起点，继续深入实施西部大开发战略，着力推动西部在转型中发展，在发展中转型，全力促进西部实现经济社会又好又快发展。下面，我就新的历史时期如何在加快转变发展方式中继续推进西部大开发、推动西部地区在总结我国改革开放30余年和西部大开发10年经验教训的基础上实现跨越式发展谈几点看法。

第一，西部再出发，应更加注重比较优势和后发优势的发挥。比较优势是参与产业区际分工的基础。一个地区只有将自己的产业发展建立在比较优势的基础之上，才能充分挖掘各类发展资源的潜力，才能实现资源配置和利用效率的最大化。西部地区自然和人文资源丰富，区域文化特色鲜明，有着向南亚、东南亚、中亚和东北亚开放的便利区位，有条件形成自己的优势产业和特色经济。西部地区应依托自己的比较优势，积极参与全国乃至全球的产业分工，构筑有西部自然和人文特色的产业结构体系；也应努力消除西部各省区之间的产品和要素流动壁垒，彻底打破"画地为牢的区域分割式"发展格局，实现地区间的合理分工。与沿海地区和发达国家相比，西部属于后发地区。西部也应充分利用后发优势，一方面，通过学习先发地区的先进技术和管理经验，实现技术和产业的跨越式发展；另一方面，通过汲取先发地区的教训，不走或少走别人走过的弯路，避免掉入各种发展陷阱，实现经济社会全面协调可持续发展。

第二，西部再出发，应更加注重科学规划的指导。发展是硬道理，硬发展没道理。要避免盲目发展，实现科学发展，必须有科学规划的引领，必须在发挥好市场这只看不见的手的作用的同时，发挥好政府这只看得见的手的作用。国内外经验表明，无论是发达经济体，还是欠发达经济体，其发展都需要有前瞻性、预见性、整体性的科学规划来引导；经济越是欠发达，越是需要这样的规划。西部地区整体上不够发达，许多地方尚处于待开发状态，其开发更应以科学规划为前提。有了这样的前提，西部发展才能少走弯路，西部经济才能实现和谐、有序、高效的发展。西部应整合利用区内外、国内外的智力资源，以党中央国务院关于西部开发的精神为指导，系统地而不是零碎地编制西部开发的总体规划和专项规划，以明确发展方向、发展目标和发展思路，制定切实可行的战略、政策和措施。

第三，西部再出发，应更加注重产业结构的优化升级。产业结构是经济社会发展中最重要的比例关系和结构问题之一，产业结构状况影响着资源的利用效率、人与自然的关系和发展成果的分享，决定着一个地区在国际分工体系中的地位。发展方式问题在很大程度上，就是产业结构问题。推进发展方式转变在很大程度上，也就是促进产业结构优化升级。目前西部产业结构不尽合理，产业整体竞争力较弱。从一、二、三次产业关系看，农业和服务业发展不足；从一次产业内部看，农业结构与自然条件及生态环境保护建设的要求不相适应，特色不够鲜明，经营方式粗放；从二次产业内部看，工业结构具有典型的资源依赖型特征，产业技术水平低，主导产业关联度小；从三次产业内部看，生产性服务比重低，生活性服务档次不高。西部应利用国际国内产业转移的机会，注重利用高科技和先进实用技术，促进资源深度转化，提高产业发展层次，延伸产业链，增加产品附加值，全方位推进经济结构战略性调整。一应积极建设现代农业产业体系，培育农业循环经济产业链，发展设施农业、特色农业、休闲农业、体验农业等，推广高效农业发展模式。二应转变工业发展方式，提高工业技术含量，着力发展先进制造业，积极推进工业产业的价值链升级，提升产业在全球制造业产业链上的位置，增强高附加价值产业的国际竞争力。在广泛应用高新技术改造传统产业的同时，着力培育新的经济增长点，加快发展新能源、节能环保、新材料、新一代信息技术、生物工程等战略新兴产业。在新项目建设上，要坚持高水平、高起点、上档次、上规模。三应积极发展现代服务业，大力发展特色旅游业和特色文化产业，着力推动生产性服务业迈出新步伐、生活性服务业跨上新台阶。

　　第四，西部再出发，应更加注重形成大中小企业协调发展的格局。企业是市场经济的主体，大中小企业在经济社会发展中都有其不可替代的作用。大企业研发能力强、生产营销网络健全，管理比较完善、技术相对先进、资金比较雄厚，在产业整合和跨区域要素重组中起着至关重要的作用。而小企业在技术创新和就业机会创造方面的作用不可小觑。形成合理的企业规模结构有利于增强区域经济增长和技术创新的动力，也有助于就业机会的创造和社会的和谐稳定。目前西部地区面临着大企业少而带动能力弱、小企业发展不充分而专业化程度低等问题，需要综合考虑、内外结合、协调推动，加快形成大中小企业分工合理、联系紧密、共同发展的格局。一应强力支持大企业做大规模、增强实力，充分发挥大企业的带动作用。一方面应鼓励本地大企业发展壮大，另一方面，也可能是更为重要的，是要积极引进区外的、国外的大企业特别是大型跨国公司，支持它们在西部投资兴业，把当地企业的生产经营活动尽可能纳入到优强企业的研发、生产、营销体系中。通过发挥大企业效应，带动上下游配套企业发展。二应大力促进中小企业发展，充分发挥中小企业的支撑作用。应通过落实政策、放宽准入、创造环境、加强服务，培育更多的市场主体，推动中小企业和非公有制企业发展；应研究制定中小企业发展产品指导目录，重点扶持科技型、劳动密集型、为大企业提供配套产品和配套服务的中小企业。同时，还应加大企业组织结构调整力度，使中小企业从那些不适于其发展的规模经济领域有序退出。

　　第五，西部再出发，应更加注重空间布局的优化。生产力和人口的优化布局，有助于资源的集约利用和人与自然的和谐相处。西部地区地域广袤，能源矿产资源丰富，但生态比较脆弱，适宜于大规模工业化、城市化的空间有限。优化生产力和人口的空间布局，在西部具有特别重要的意义。西部地区应按照主体功能区规划的新理念、新要求来谋求发展。一方面，应突出发展好那些具备要素、产业、人口、城市集聚效应的城镇化地区，着力推动产业基础好、资源环境承载能力强、发展潜力大的地区的发展。应在规划引导下，促进生产要素和人口向特定空间的集聚，培育一批辐射带动能力强的新增长极，构筑以成渝城市群、关中城市群、呼包鄂榆城市群、兰西城市群、天山北麓城市群、南宁城市群等为重点的西部城市群发展空间格局，以中心城市群的功能提升和快速发展带动西部区域协调发展。另一方面，应严格保护对生态安全、文化传承等具有重要意义的特殊功能区域。还应准确把握经济集聚的客观规律，引导企业和项目向园区集聚，促进项目集聚园区化、产品生产循环化、增长模式集约化、产业发展规模化，实现产业集群化和企业园区化发展。

第六，西部再出发，应更加注重对内对外开放水平的提升。对外开放是基本国策。30多年来的经验充分证明，这一基本国策不仅符合世界潮流，也符合我国根本利益，必须长期坚持。西部开发必须坚持这一基本国策。然而，应该看到，西部开放不具备沿海地区发展加工贸易的区位条件，也不具备沿海地区出口迅速扩张时期的外部市场条件，其对外开放不能走沿海地区以"两头在外、大进大出"为主要特征的路子，必须闯出一条新路。西部地区发展开放型经济，还应当重视对东中部特别是沿海发达地区的开放以及西部地区间的相互开放，形成全方位对内对外开放的格局。西部在对内对外开放过程中，应注重吸引高质量的资金、管理和技术，鼓励和引导他们投向高端制造业、高新技术产业、现代服务业、新能源和节能环保产业；应面向周边国家市场，积极扩大高附加值制成品的出口；应积极开拓国内其他地区市场，为他们提供适销对路的产品和服务。

第七，西部再出发，应更加注重人才和创新的支撑。西部是资源富集地区，但西部的发展绝不能再走高资源消耗、高污染排放的老路，而要走依靠人才及技术和制度创新的新路。这不仅是西部自身持续发展的需要，也是全国持续发展的需要。西部人口众多，人才济济，蕴藏着丰富的人力资源优势，应采取有效措施，把这种潜在优势变为现实优势。应完善面向全体劳动者的职业技能培训制度，培养大批适应产业结构优化升级需要的技能型劳动者；应稳定和用好当地人才，同时加大从国内其他地区和国外引进人才特别是急需优秀人才的力度。在技术创新方面，西部应积极争取国家技术改造专项资金支持，加大财政投入力度，加快企业技术改造步伐；应依托现有的科技资源，建立一批高新技术产业化基地，吸引大公司、大集团进驻，以大型高科技项目的建设带动产业技术进步；应为企业、大专院校和科研院所的合作构筑互动平台，大力促进产学研一体化。在制度创新方面，应加大对知识产权的保护力度，强化技术创新和成果转化的激励机制；应充分发挥政府、企业、高校、科研院所等方面创新的积极性，特别应积极支持民营企业、中小企业创新。

第八，西部再出发，应更加注重经济社会的协调发展。经济发展和社会发展相互联系、互为支撑，没有经济发展，社会发展就会成为无本之木、无源之水；没有社会发展，经济发展就会失去目标和动力。实践证明，经济与社会必须协调发展，经济和社会发展那种"一条腿长一条腿短"的状况会带来一系列问题，危及现代化的持续性。作为少数民族聚集的地区，西部应更加注重协调推进经济和社会发展。目前，西部虽然不如沿海地区发达，但已经初步具备了加快发展社会事业的物质基础和条件，必须以更坚定的决心和更大的力度推动社会事业发展。应以保障和改善民生为核心，把促进人的全面发展、建设和谐社会摆到重要地位，不断提高基本公共服务的水平，扩大基本公共服务的覆盖面，提升基本公共服务的均等化程度，让广大城乡居民、各民族兄弟姐妹充分而公平地分享改革和发展的成果。

在经历 10 年的快速发展之后，西部所具有的物质技术基础更加雄厚，而所面临的发展和转型任务也更加艰巨。西部将从新的起跑线上，奋力前行。可以相信，有党中央国务院的正确领导，有西部各族干部群众的共同努力，有全国各地的大力支持，西部再出发，一定会在更高起点上，朝着更高的目标，沿着更新的路径出发、前行，西部大开发新的 10 年，一定能取得更加辉煌的成就！

我国房地产市场健康发展的
根本出路在于深化住房制度改革①

（2010 年 9 月 4 日）

　　房地产是拉动经济发展的重要力量，是改善民生、提高人民生活水平的重要方面。在各国经济发展中，特别是高速发展阶段，房地产往往都是主导产业和支柱产业，然而房地产泡沫也是导致很多国家经济发展出现重大波折甚至一蹶不振的根源。改革开放以来，我国的房地产市场取得了很大发展，对于满足人们的住房需求、拉动经济增长发挥了重要作用，但也存在一些突出问题。主要是：部分城市房价上涨过快、资产泡沫严重，住房供需结构不合理，住房保障制度不完善，房地产开发、交易、中介等环节不规范等。针对本轮房价过快上涨的局面，国务院已经出台了一系列房地产调控政策，采取土地、信贷、税收等多种手段，抑制房地产投机炒作，遏制房价过快上涨。现在看来已经取得一定成效，房价过快上涨的势头得到初步遏制，对于挤出资产泡沫、化解金融风险起到了积极作用。

　　但是，我认为以房价调控为主要指向的房地产调控措施，不能从根本上解决房地产市场健康发展的问题。房价过快上涨固然不是我们希望的，但大幅回落同样也容易诱发各种矛盾。因此，从解决人们合理住房需求、节约集约利用资源、促进经济平稳较快发展的目标出发，我国房地产市场健康发展的根本出路在于深化住房制度改革，加快建立分层次住房制度和相应的政策体系，形成适应不同需求层次的住房供应体系，合理引导住房需求和住房消费模式，推动房地产市场可持

---

① 本文为在"2010首届中国房地产高峰论坛"上的发言。

续健康发展。

总的来看，目前人们对住房的需求可以分为三个层次：

第一层次是租住型需求，主要来自那些无力购买或暂时买不起房的人群，当然也还有一部分买得起房不买房而选择租住的群体。对于前一部分需求，从满足低收入住房困难家庭基本住房需求、维护社会和谐稳定的角度出发，需要政府进行有效干预，采取政府＋市场的方式，通过保障性住房制度安排来解决，尤其是加快建立和完善住房租赁市场，包括廉租房、公租房以及培育、规范私房出租市场等，努力实现住有所居。对于后一种情况，应该提倡、鼓励，通过发展和规范租赁市场，满足他们的租住需求。

第二层次是自住型需求，又可以分为首次置业型、改善型和享受型三种情况。前两种需求，主要来自城市中低收入阶层，首次置业型属于基本住房需求，应以小户型为主，通过完善住房公积金等制度，采取税费减免、降低首付比例、利率优惠等政策支持人们购房置业。随着经济发展，收入增长和消费升级，对于改善型住房需求也应当支持和鼓励，合理提高人们的居住水平。对于那些享受型需求，如高档公寓、别墅等，考虑到我国人多地少、土地资源有限，虽可允许但不应提倡，可利用税收、信贷等手段进行一定调节，限制其过度发展。

第三层次是投资性、投机性需求。一般而言，住房属于消费品，而非投资品。利用住房买卖投资牟利，容易产生非真实住房需求，加剧房源紧张和空置浪费，扰乱住房市场。投机性需求过快增长、房地产市场炒作严重，是推动本轮房地产价格上涨的根本原因。投机性需求泛滥不仅导致大量房屋空置，社会资本浪费，也吸引了大批社会资金进场炒作，不利于企业技术创新和社会进步，不断积累的资产泡沫将严重威胁我国经济金融安全，必须坚决抑制。我国已经采取了相关调控措施，下一步应通过开征物业税、提高房地产交易税等方式，增加住房持有成本和交易成本，促进存量房源的有效利用，使住房回归消费品的本质属性和满足人们居住需求的基本功能。在投资性需求中，也还有一种购房用于出租，这对于缓解房屋租赁市场供求矛盾，为满足租住需求提供更多房源，有着积极的作用，应当允许并加强规范和管理。

所以，我认为当前房地产调控政策的根本着力点，不应是以房价涨落本身为指向，而应针对人们不同类型的各种需求，深化房地产制度尤其是住房制度改革，建立多层次的住房保障和供应体系，加大财税、信贷、土地等政策调节和引导力度，通过市场机制和政府保障相结合的手段，既充分保证市场有效供给，又合理调节各种需求，坚决抑制过度投机炒作，从而实现房地产市场在供需基本平衡下的价格稳定和可持续健康发展。为此，可以考虑从住房购置（租赁）、保有和出售（交易）三方面着手，采取必要的措施：

一是加快完善住房租赁市场，加大廉租房、公租房等建设力度，规范租赁市场秩序。这主要是在购置租赁环节进行调节，减轻消费者的支出负担。廉租房、公租房等保障性安居工程已经成为各级政府工作的重点。今后，在加大对廉租房、公租房建设的政策、资金支持的同时，更重要的是要建立一套完善的管理制度，包括住房保障准入和退出机制，保障性住房和住房保障对象管理信息系统，社会监督机制等。可以探索实施廉租房实物配租机制，引导社会资金参与投资建设廉租住房，促进廉租房建设和运营的自我平衡和良性循环，明确保障对象权利义务，完善退出机制。对于无力购买和暂时买不起房的城市低收入住房困难家庭、新就业职工和符合条件的外来务工人员等中等偏下收入住房困难群体，通过大力发展公租房、农民工公寓和吸引更多的存量房源进入租赁市场等，满足他们的租住需求和"夹心层"的过渡性基本居住需求。为减少操作成本，可规定享有政府补贴的租赁房只限本人、本家庭租住，不得转租和私下转住。

同时，应积极培育、规范和发展租赁市场，建立健全租赁市场的管理制度，规范市场中介服务行为，逐步形成规范的房屋租赁市场。同时，应利用信贷、税收等优惠政策，鼓励社会资金发展公共租赁事业，为中低收入人群提供较低租金的住房。也可考虑由政府出面，设立类似中国的"两房"，收购部分房产进入公共租赁市场。

租房居住是实现人们住房市场化、便利化、合理化的重要形式。租房居住面积可大可小，距离可远可近，标准可高可低，有利于人们根据收入水平、就业地点、工作性质灵活选择，有利于降低生活成本和减轻交通压力，也有利于人口迁徙和人才流动。在大力发展政府补贴租赁市场的同时，还应积极发展更多层次的住房租赁市场，使租房居住成为今后解决住房问题的重要形式甚或主要形式。

二是适时开征物业税或房产税，增加房屋保有成本。这主要是在房屋保有环节进行调节。物业税或房产税是以房屋本身为计征对象，按照房屋的原值或房产租金向产权所有人征收的一种税。目前世界主要国家都已开征物业税或相关税种，如美国开征约1%—3%的财产税，日本开征1.4%—2.1%的不动产税，新加坡按租金征收13%的财产税等。开征物业税有助于增加房屋保有环节成本，尤其是拥有多套住房的持有成本，抑制享受型住房需求和投机性需求，节约土地等资源。目前，开征物业税已经提上议事日程，一些城市正在酝酿对非自住性住房开征房产税，应该在相关措施协调配套之后加快推行。应当强调的是，征收物业税的一个重要前提是不增加中低收入群体的住房负担，例如可以按家庭规定一定的免税面积等。

三是适度提高房地产交易税，增加投机交易成本。这主要是在房屋交易环节进行调节。房地产交易税是在房屋买卖环节，主要针对卖房人收入征收的税收，目前的税种包括契税、营业税、印花税、个人所得税等。今后，应在严格税收征管、减少征收程序的前提下，可以考虑适度提高房地产交易税，这有助于增加房地产交易成本、减少投机炒作。但也应合理区分改善型需求和投资投机性需求中的交易行为，不增加正常自住性购房的负担。

在其他方面，也应积极采取相应政策和措施，如建立科学的住房保障体系建设评价和考核机制，全面评价住房保障体系建设的进展和成效，加强对住房保障工作的监督，强化住房保障目标任务的落实；发展与完善房地产金融市场，积极探索多种融资渠道和多种融资方式，建立多元化的房地产投融资机制，改变目前过多依靠银行融资的状况，等等。

做好新形势下的咨询工作
为加快经济结构战略性调整出谋划策 [①]

(2010 年 11 月 10 日)

当前，无论是全球还是中国，后危机时期的应对都进入了关键阶段。从国际情况看，今年以来，全球经济在复苏进程中，呈现出异常纷繁复杂的局面：不同国家经济表现差异很大，主要矛盾各有不同，政策协调的复杂性明显增加。美日欧等多数发达经济体经济复苏乏力，失业率、负债率居高不下，通货依然紧缩；新兴经济体和一些发达经济体经济出现某些过热迹象，物价走高，资产泡沫较为严重，通胀或通胀预期加重。这种态势使得各国已不可能再像去年那样协同一致地采取大规模大力度的刺激政策。各国不同的政策选择，特别是美国近来为自身利益而启动新一轮的"量化宽松"的刺激政策，无疑会增加全球经济走向的不确定性。

如何看待全球经济出现的复杂局面，如何正确选择后危机时期的政策和策略，怎样才能保持经济的持续健康发展，避免危机的再次发生，是摆在各个国家面前的共同的重大课题，是对人类智慧和理性的严峻考验。我认为，随着时间的推移和形势的发展，我们对危机和危机应对的认识应进一步深化，至少有以下五点需要引起高度重视。一是国际金融危机对全球经济的冲击和影响是深刻的、全面的、长期的，是对现存经济发展方式、全球经济体系深层次矛盾和不合理的全球经济秩序的强制性矫正。二是每次经济危机过后都会面临经济衰退，危机带来的冲击需要时间来消化和调整，需要付出成本和痛苦的代价。

---

① 本文为在第 24 届全国省会、大城市政府政策咨询工作会议上致辞的主要内容。

这次国际金融危机也不可能例外。三是为避免危机造成经济崩溃和深度衰退的灾难性后果，采取反危机的刺激性政策是必要的，但刺激政策治标不治本，应当充分利用刺激政策赢得的时间和喘息机会，抓紧解决经济运行中的急迫问题和导致危机发生的突出矛盾，并使刺激政策适时稳步退出。刺激政策的运用应以避免产生灾难性的经济后果为底线，刺激政策的退出也应以保持社会稳定为前提。四是每次经济危机必然伴随着新一轮的技术革命和产业革命，新一轮的繁荣有赖于新的技术革命和新兴产业的发展。最终走出这次国际金融危机的阴影，也将从根本上取决于这方面的进展。五是避免危机的再次发生，必须铲除导致危机的根源，改革不合理的金融和经济体系、制度、秩序，转变经济发展方式。

可以预见，今后几年，全球经济即使不会出现"双谷衰退""二次探底"，也必然是在解决危机发生的根本矛盾和深层问题、消除经济刺激政策的负面效应、寻找新的经济增长点的苦苦探索中，经历一个低速增长的时期，低增长、高失业和可能出现的通胀将伴随着整个复苏的进程。

从国内情况看，今年以来，我国宏观经济保持了良好的运行态势，经济增长率保持在10%左右的水平，消费的拉动作用增大，经济增长的内生动力增强，民间投资增长幅度较大，出口恢复迅速，通货膨胀率水平适度。下一阶段，由于前期积累的大量流动性、部分食品价格的恢复性增长和投机炒作、工资上涨和资源价格改革、美元贬值和国际大宗商品价格回升等因素，经济运行面临的通胀压力可能趋于增强。

综合当前国际国内形势，可以作这样的基本判断：如果说去年是我国经济进入新世纪以来最为困难的一年，今年是最为复杂的一年，那么明年可能成为最为关键的一年。去年投资超常规增长，今年出口大幅回升的因素，明年将不复存在；同时全球经济复苏乏力，贸易和投资保护主义抬头，美国实施新一轮量化宽松刺激政策造成美元贬值、热钱涌入等问题更为严峻。这些会使我国明年在稳增长、调结构、防通胀三个方面，都将面临更大的压力。面对这一严峻形势，我们必须深刻把握国内外形势的新变化新特征，以十七届五中全会精神为指导，着力调整经济结构，加快转变经济发展方式，深化改革开放，保障和改善民生，促进经济长期平稳较快发展和社会和谐稳定，尤其是要在宏观政策保持连续性和稳定性的基础上，积极推进相关领域改革，逐步构建支撑和促进科学发展的体制机制。

完成这些任务，要求我们必须做好咨询研究工作，为各级决策者提供更多高水平、高质量的咨询建议。做好新形势下的咨询研究工作，我认为至少应做到五个结合。

一是理论指导和实践检验的结合。理论是前人经验的总结，是对经济社会发展一般规律的概括。研究问题，毫无疑问要从实际出发，要通过实践检验，但也需要理论的指导。没有理论指导的研究，盲目性较大，随意性较强，协调性不够，整体性不足，往往是顾此失彼、捉襟见肘，只及一点、不及其余。

二是近处着手和远处着想的结合。近期发展影响远期发展，远期发展目标规定着近期发展的方向和路径。研究当前的热点难点问题，提出纾困解难之策，要与长远发展的需要结合起来，要使当前问题的解决有助于而不是有碍于长期性问题的解决，不要为解一时之难而加重旧的问题、造成新的矛盾。

三是宏观把握和微观剖析的结合。在经济全球化时代，任何地方的发展都受到外部环境和条件的制约。谋划一个地区的发展，除了要详细解剖"当地"这只"麻雀"外，还必须有世界眼光和宏观视野，还必须把握全球经济技术发展大势和国内经济社会发展趋势。

四是原创研究和再创研究的结合。再创研究就是通过对已有研究成果的分析，形成新的结论和判断。现在，研究分工越来越细致，互联网技术的发展也使得获取高水平研究成果越来越容易，没有必要任何研究都要从头开始。研究需要有自己的原始创新，也需要在已有研究基础上的再创新。只有站在前人、别人特别是巨人的肩膀上，才能看得更高、更远；只有在前人和别人研究的基础上前进，才能创造出更有价值的新的理论和政策成果。

五是研究问题和调查实际的结合。调查是研究的基础，研究是调查的升华；调查以"求实"，研究以"求是"。只有把调查与研究、"求实"与"求是"结合起来，在"求实"的基础上"求是"，在"求是"的思维中把握"实事"，才能写出高水平、有科学性和针对性的报告。

当然，做好新形势下的咨询研究工作，还需要选好研究题目。现在，我国经济社会发展即将进入第十二个五年规划时期。推动科学发展、加快转变经济发展方式是这一时期各地区共同面临的重大课题。然而，由于区情和所处的发展阶段不同，各地面临的具体问题可能不一样，甚至有较大差别。咨询研究工作应结合各地实际，提出当地推动科学发展所需要的现实紧迫课题和长远战略课题。

根据"十二五"规划建议，我认为，对于服务于城市政府的咨询机构来说，当前和今后一段时期应重点关注如下问题：如何通过自主创新提高城市的综合竞争力，如何通过妥善处理工业化、城市化和农村现代化三者之间的关系健康推进城市化，如何通过完善城市化布局和形态建设低碳、宜居城市，如何通过加强城市管理打造和谐幸福城市，等等。

加快实施"走出去"战略
促进我国经济发展方式转变[①]

（2011 年 4 月 27 日）

跨国直接投资作为经济全球化的较高形式，既是经济全球化的内在要求，又是经济全球化发展的持久动力。在经济全球化进程中，越来越多的企业通过跨国直接投资参与国际分工，形成了全球生产价值链，在企业大幅度降低成本、提高效益和竞争力的同时，大大促进了东道国和世界经济的发展。

中国企业顺应国际潮流，积极实施"走出去"战略，对外投资进入了快速增长阶段。截至 2009 年末，我国企业对外直接投资存量约 2460 亿美元，境外总资产超过 1 万亿美元。但是，与发达经济体相比、与我国吸收的外商直接投资相比，我国境外直接投资仍存在明显差距，受到资金短缺、人才匮乏、经验不足、机制不顺、信息不畅和政策扶持不力等问题的困扰。2009 年末，我国境外直接投资存量仅为美国对外直接投资存量的十四分之一左右，约为我国累计吸收外商直接投资的四分之一。未来，随着不断深化落实互利共赢开放战略，我国将有越来越的企业"走出去"，积极开展国际化经营。

后危机时代，中国企业"走出去"面临着难得的外部机遇。在经济全球化不断深化的背景下，为了应对国际金融危机，世界各国纷纷制定新的发展战略，促进经济的转型升级，以低碳技术为代表的新技

① 本文为在"第五届中国企业跨国投资研讨会"上的发言，后刊于《宁波经济》2011 年第 10 期。

术革命方兴未艾，战略性新兴产业呼之欲出。许多发达国家纷纷制定"再制造业化"战略，新兴经济体大力完善基础设施，加速推进工业化。危机后企业资产价格的下降也为跨国并购提供了更为有利的条件。这些都为我国企业"走出去"提供了新的机遇。

我国企业"走出去"要紧紧围绕转变经济发展方式这个中心目标。"十二五"规划明确提出，以科学发展为主题，以加快转变经济发展方式为主线。在全球化时代，推进经济发展方式转变必须充分利用"两个市场、两种资源"。企业"走出去"是我国互利共赢开放战略的重要内容，是主动利用外部市场和资源的重大举措，是加快经济发展方式转变的重要途径。与发达国家跨国公司的对外投资不同，我国企业大都不是在拥有所有权优势、内部优势和区位优势之后才进行境外直接投资的，而是通过"走出去"来获取这些优势。"走出去"有利于我国企业更贴近外部市场需求，拓展海外销售渠道，获取和建立国际品牌，提升服务的质量和水平；"走出去"有利于我国企业获取国际先进技术，吸纳海外高素质人才，增强企业的技术创新能力；"走出去"有利于我国企业在更大的市场范围内配置资源，稳定资源供给，帮助东道国培育新的生产能力。通过大力实施"走出去"战略，我国将会有一批企业在市场竞争中脱颖而出，成长壮大为世界级的跨国公司，提升在全球生产价值链上的地位。

我国企业"走出去"要审时度势，趋利避害。与国内投资经营相比，海外投资本身就面临一系列独特的风险，包括政治风险、市场风险、汇率风险、法律风险等，同时还面临着跨国、跨文化整合与运作的风险。国际金融危机后的世界经济政治格局正处于大调整、大动荡时期，大宗商品价格震荡上行，汇率波动、主权债务危机与地区性突发事件、政局动荡相交织，加之部分国家针对我国企业的贸易投资保护主义日益上升，都加大了我国企业对外投资与海外经营的风险。我国企业要高度重视"走出去"的风险防控，大力提升国际化经营的"硬实力"与"软实力"。我国政府应积极采取得力措施，在鼓励企业抓住机遇积极稳步"走出去"的同时，切实解决企业的困难，维护其海外利益。

围绕实施"走出去"战略，我想着重提出五个方面的政策建议。

首先，要进一步完善政策服务体系，加大政策支持力度。在现有政策的基础上，创新财政税收制度，通过财税政策调整，增强企业资金实力；创新金融服务体系，改善政策性金融机构对企业"走出去"的服务，完善企业"走出去"的信用担保制度，提高企业的融资能力；创新社会保险制度，扩大对"走出去"企业和人员的保险范围，为境外企业和人员的财产、人身安全提供有力保障；创新信息服务体系，建设交互式公共信息平台；改革"走出去"管理体制，简化审批程序，缩短审批时间，提高透明度，杜绝随意性。

其次，继续加强国家间的对话与合作，为企业"走出去"创造良好的外部环境。通过多边、区域、双边的对话与交流，建设共同抵御风险、促进经济社会稳定、反对投资保护主义的国际合作机制，打造有利于企业"走出去"的国际环境。对于企业在海外经营中遇到的不公平待遇，我国驻外机构应通过各种渠道帮助解决。尽快建立境外直接投资的风险预警和应急机制，高度关注可能的风险，做好风险管理工作。

第三，大力推动中介机构建设，充分发挥中介机构在企业"走出去"的积极作用。作为政府与企业的桥梁，中介机构在企业"走出去"过程中的作用不可替代。许多国家支持企业国际化的政策都是通过中介机构来实施的。针对我国目前中介机构数量少、规模小、水平低、功能不全、服务不到位等问题，应出台一些特殊的支持政策，促进中介机构的成长壮大。

第四，大力培养和引进国际化专业人才，为企业走出去提供智力支持。企业能否成功地"走出去"，在很大程度上在于有没有国际化的人才。最近我们调查发现，语言人才——尤其是懂专业的小语种人才，以及法律人才的缺乏，严重制约了企业的国际化。对此，我们一方面需要加强国内的人才培养，另一方面也可从海外招收一批急需的有专业背景、会外语、懂法律的复合型人才，并构建不同领域的国际化专业人才库，满足"走出去"企业的人才需要。

第五，加大对中小企业"走出去"的支持，促进中小企业国际竞争力的提高。中小企业因其自身的特点，在"走出去"时需要国家给予更多的帮助。国家对中小企业国际化给予特别的支持，是国际通行的做法。目前，我国对中小企业"走出去"的支持体系建设严重滞后，亟须大力完善。

努力从外贸 500 强发展为国际化经营 500 强 ①

（2011 年 8 月 12 日）

我今天想讲一个观点，就是在当前国内国际形势下，如何加快转变对外贸易发展方式，努力从外贸 500 强发展为国际化经营 500 强。

最近一段时间，世界经济形势发生了引人关注的重大变化。一方面，欧洲债务危机仍持续燃烧，希腊旧患未除，意大利等国新疾又发，金融市场大幅动荡；另一方面，以美国提高国债上限和标准普尔下调美国政府债务评级等为导引，人们对美国经济可能"二次探底"的忧虑急剧升温，全球股市大幅暴跌，国际大宗商品价格剧烈波动，美联储推出新一轮宽松货币政策的预期明显加强，经济增长前景不容乐观。今年第一季度，美国经济增速仅为 0.4%，创下了本轮经济衰退结束后的最低季度增幅；如果参考第二季度 1.3% 的增幅数值，今年上半年美国经济实际增长率只有 0.8%，为 2009 年二季度以来的最低水平。据此，美联储分别下调 2011 年和 2012 年美国经济年化增长率至 2.7%—2.9% 和 3.3%—3.7%。

从国内来看，上半年我国国内生产总值同比增长 9.6%，比上一季度回落 0.1 个百分点，经济运行面临周期性回调压力；居民消费价格上半年同比增长 5.4%，6 月份增长 6.4%，7 月份增长 6.5%，物价上涨的压力依然较大；进出口方面，今年 1—7 月，进出口总值同比增长 40.9%，其中出口增长 35.6%，进口增长 47.2%，贸易顺差减少 21.2%。

总之，当前我国经济运行形势总体运行正常，经济增长短期有回

---

① 本文为在"2011 年中国对外贸易 500 强企业论坛"上的发言，后刊于《国际商务财会》2011 年第 9 期。

调趋势，但处于正常范围，物价上涨的压力趋减，但一些持续推高物价上涨的不利因素依然存在。当前，经济发展需要高度关注国际金融市场出现急剧动荡，世界经济复苏的不确定性、不稳定性上升等问题，要保持宏观经济政策的连续性、稳定性，提高政策的针对性、灵活性、前瞻性，下大力气加快结构调整，着力防范和化解潜在风险，继续保持经济平稳较快增长。

在这种纷繁复杂的国际国内形势下，我们在此发布 2011 年中国对外贸易 500 强。我想，在向入围外贸 500 强的企业表示祝贺之余，更应该思考如何充分利用国际金融危机带来的有利时机，加快转变对外贸易发展方式，努力从外贸 500 强发展为国际化经营 500 强。

近年来，我国对外贸易快速发展，2010 年对外贸易总额已经达到了 29727.6 亿美元，已成为世界第一大出口国，第二大贸易国。今天发布的外贸 500 强企业，占了我国对外贸易的半壁江山（40%—50% 之间），是我国对外贸易的中流砥柱，主要集中于石化、钢铁、粮油、电子通讯和轻纺等行业，为我国的外贸发展和经济增长作出了重要贡献。同时，我国企业也加快了"走出去"开展国际化经营步伐。联合国贸易发展组织最新发布的《2011 年世界投资报告》显示，2010 年中国的对外直接投资达到创纪录的 680 亿美元，已超过了日本，居世界第五位，吸收外资和对外投资比例上升至接近 2:1。

但是，从对外直接投资总存量来看，我国尚不到 3000 亿美元，与发达国家相去甚远；从企业层面来看，我国企业对外投资起步晚、经验不足、人才短缺，对外直接投资规模还很小。据统计，我国企业对外投资总存量还不到荷兰的 1/5，英国的 1/10，美国的 1/20；尤其是中国企业在高收入国家的直接投资总存量还不到 200 亿美元，仅相当于世界 500 强中一个中等市值公司的海外资产水平，而来自高收入国家的大企业已深深融入中国经济体系，可以说是"我中有你，你中无我"。

这种情况与我国的经济实力和国际地位是极不匹配的，必须尽快改变。"十二五"规划明确提出，要继续稳定和拓展外需，加快转变外贸发展方式，推动外贸发展从规模扩张向质量效益提高转变、从成本优势向综合竞争优势转变；要坚持"引进来"和"走出去"相结合，加快实施"走出去"战略，按照市场导向和企业自主决策原则，引导各类所有制企业有序开展境外投资合作，逐步发展我国大型跨国公司和跨国金融机构，提高国际化经营水平等。这就为我们外贸企业的国际化经营指明了方向。

我认为，当前加快转变对外贸易发展方式，努力从外贸500强发展为国际化经营500强，可重点考虑从以下方面着手：

一是应加强企业国际化经营的总体规划和战略部署。联合国贸发会议《世界投资报告》指出，我国多数企业的对外投资依然是"点式"和分散的对外投资，投资主要目的仅在于利用某地在资源、技术、市场等方面的优势，以达到降低成本或者进入当地市场的目的，缺乏前瞻性的全球化布局。其根本原因，在于我国缺乏对外投资总体规划和建立全球化生产营销网络和供应链体系的总体部署。为此，有关政府部门、企业和研究机构应该加强沟通合作，建立常态化、机制化的协调咨询机制，尽快研究制订推进我国企业国际化经营的总体规划和实施方案，这是实现从外贸量500强到国际化经营500强转变的关键所在。

二是加强实施"走出去"战略的宏观指导和服务。企业开展国际化经营必须充分了解投资目的国的市场环境、文化习俗和法律体制，具有相应的资金、人才、技术支持，具备有效保护海外投资权益的手段等。当前，我国在这方面还很欠缺。国务院发展研究中心外经部2010年一项关于企业境外直接投资的问卷调查显示，"海外竞争情报信息缺乏"和"包括外语人才在内的国际化人才短缺"是仅次于资金问题的主要障碍。为此，有关部门应积极构建交互式企业国际经营公共信息服务平台，在及时发布海外相关行业的发展和需求信息的同时，了解我国企业有哪些需求，并针对这些需求对企业给予帮助。在海外信息方面，应更加注重收集、发布东道国文化和习俗方面的信息等非经济信息。同时，加强对企业国际化经营及管理方面的人员培训，特别是法律、语言等专业人才。还可成立专门的企业国际化咨询机构，为企业国际化提供专业化的政策咨询服务。

　　三是充分发挥企业比较优势，加快培育全球化经营能力。我国成功的国际化经营企业，往往是具备了资金、人才、经验等方面的优势，充分了解国际市场信息，又能充分发挥比较优势，把对外贸易和对外投资有效协同的企业，如中粮、中海运、联想、华为、中兴、华润等。当前，应牢牢把握国际金融危机后国际产业重组的战略机遇，抓住全球资本、技术、人才、市场格局变化的机遇。要充分发挥企业比较优势，制定科学合理的国际化经营战略规划，尤其要扎实做好投资项目的前期评估，避免投资的盲目性和随意性；要加强技术创新、管理创新和品牌建设，树立全球竞争的理念，培育形成具有自主知识产权的核心技术和知名品牌，实现企业发展由依靠传统比较优势向创造新的竞争优势转变；要切实提升国际化的经营能力，加快培养具有国际化经营能力的复合型人才；要积极履行社会责任，树立中国企业良好的国际形象，为当地经济社会发展作出积极的贡献。

转变政府职能关键在于改变
利益和政绩"指挥棒"[①]

（2012 年 6 月 17 日）

我国早在改革之初就提出转变政府职能，多年来特别是近年来作了许多努力，也取得了积极进展。但政府职能转变仍未到位，离社会主义市场经济要求还有相当差距。这里既有行政体制不合理、法制建设不完善的原因，也有市场发育不成熟、市场主体行为不规范的因素，同时与我国经济发展阶段、经济环境也不无关系。但很重要的方面是利益和政绩这根"指挥棒"，导致各级政府特别是地方政府经济职能过强，对微观经济活动参与和干预过多，片面追求经济规模和数量扩张，社会管理和公共服务职能弱化，严重阻碍了政府职能的转变。其深层次原因在于：

一是以间接税为主的税收体系鼓励数量扩张、粗放经营。与发达国家实行以所得税、财产税为主的直接税体系不同，我国实行的是以增值税、营业税等为主的间接税体系。间接税与企业生产规模直接相关，它的好处是有利于保持税源稳定，增加税收收入。问题是刺激经济扩张规模，鼓励争上项目，是造成经济发展方式粗放的重要原因。

二是由"分灶吃饭"沿袭而来的财政分配格局助长 GDP 至上、重复建设。我国现行的财政体制是由改革之初的"分灶吃饭"沿袭而来的，分税制没有从根本上改变原有的财政分配格局，中央财政税收返还是对地方既得利益的承认和照顾。这种体制有利于调动地方积极性，

---

① 本文为在"第三届中国行政改革论坛"上的发言，后刊于《行政管理改革》2012年第 8 期。

发展经济，增加财政收入。问题在于导致许多地方 GDP 挂帅，把主要精力放在经济扩张、扩大税源上，没有能够把更多的精力用于社会管理和公共服务。

三是财政转移支付力度不够，制度不完善，没有真正发挥应有的再分配功能。转移支付是进行财政再分配、调整地方收入差距、实现基本公共服务均等化的重要手段。由于我国财政转移支付制度不完善，以及客观存在的转移支付规模小、结构不合理、计算方法不科学、标准不规范、资金安排随意性大、缺乏监督等因素，使得财政转移支付没有能够起到促进地方人均可支配财力均等化、平衡各地财政分配格局的作用。

四是政府与企业存在的直接利益关系，造成政企不分、行为失范。目前，各级政府手里仍有“一大把”企业，既包括名为分级管理实为分级所有的国有企业，也包括由地方政府通过廉价土地、地方税收返还（或曰奖励）和其他优惠措施扶持起来的企业，还有一些通过上述手段拉来的企业。对于这些企业，政府实际上是“老板”、“半老板”和特殊的利益相关者，与他们存在直接的、复杂的利益关系。在这种情况下，一方面政府往往不适当地干预企业活动，另一方面企业也往往“不找市场找市长”，造成政企不分、关系扭曲、行为失范。

五是现有的利益分享机制和考核评价体系，造成地方差距过大、苦乐不均和片面追求政绩。在现行的财税体制和分配格局下，各地财力取决于当地的经济总量、产业结构和企业数量、规模、赢利能力，而各地经济和财力不仅决定了当地官员和百姓的收入以及享受的各种公共服务的水平，甚至也与官员的政绩和升迁紧密联系在一起。

这几个方面，实际上关系“钱”即政府财力的来源、分配和评价。一是钱怎么来，主要靠间接税；二是钱怎么分，在很大程度上沿袭了“分灶吃饭”的旧格局；三是钱怎么调，转移支付力度小、不规范；四是钱从哪里来，主要来自政府办、政府扶、政府引的企业；五是钱怎么看，地方财力不仅决定当地官员和百姓收入、公共服务水平，而且是政绩考核、官员升迁的重要依据。

在这样的利益和政绩指挥棒的指挥下，许多地方不能正确、全面履行政府职能，甚至发生政府职能错位和行为扭曲：一是拼命扩张经济规模，片面追求 GDP，投资冲动和投资饥渴强烈；二是争上能够带来产值和税收的大项目，特别是重化工业项目和现代服务业项目，重复建设、产业雷同。据不完全统计，各地"十二五"规划中明确提出以石油化工为主导产业的省份至少有 16 个，将汽车作为主导产业的 15 个，将钢铁作为主导产业的 11 个，还有 28 个城市提出要建立国际或区域金融中心；三是热衷于招商引资，不惜以税收奖励、零地价等方式，进行底线竞争。审计署对 54 个县财政性资金审计调查结果显示，有 53 个县2008 年至 2011 年以财政支出方式变相减免应征缴的财政性收入 70.43亿元，其中 2011 年 33.36 亿元，相当于其当年一般预算收入的 5.81%；四是地方保护、地区封锁，不少地方以各种手段干预本地企业特别是地方国有企业兼并重组和资源配置，在市场监管和经济纠纷裁处中，保护和偏袒本地企业，影响公平竞争和市场机制作用的正常发挥；五是降低消耗、排放标准，牺牲资源、环境，等等。不可否认，这种体制在一定阶段对于调动地方发展经济积极性、促进经济高速发展发挥了重要作用，特别是在国内外市场空间大、处于追赶型经济的发展阶段，其作用尤其明显。但随着时间的推移和发展阶段的转换，其弊端也越来越明显，是造成经济秩序失范、发展方式粗放、分配差距扩大和政府职能难以转变的深层次原因。国内外实践证明，支持一国经济在低收入阶段快速发展的体制机制，不足以支撑经济向更高阶段跨越，必须进行制度创新，才能真正实现经济增长由要素驱动型向效率驱动型、创新驱动型转变，才能成功跨越中等收入陷阱，才能有效推进经济发展方式的实质性转变和构建和谐社会。因此，必须下决心对现有的财税体制进行重大改革，调整利益分配格局，真正实现政企分开。

一要改革税收体制，提高直接税比重。加快从现有的以间接税为主的税制结构，向以所得税、财产税等为主的直接税转变，降低增值税、营业税比重，提高所得税比重，研究开征房产税、赠与税、遗产税等，扩大财产税征收范围。

二要改革财政分配体制，缩小地方收入差距。进一步完善我国的分税制财政体制，理清中央和地方之间的财权事权范围，并逐步将其法制化，提高地方公共服务的保障能力。在规范收支、统筹兼顾、通盘考虑的基础上，提高财政的协调功能，适当调整地方与中央共享税比例和税收返还比例，缩小地方由于经济发展水平而带来的收入差距。

三要改革转移支付制度，基本实现人均可支配财力均等化。加大财政转移支付力度，完善财政转移支付制度，提高一般性转移支付规模和比例。改变基数法和以户籍人口甚至财政供养人口确定转移支付标准的做法，完善因素法转移支付办法，制定科学而完善的计算公式和测算方法，全面客观地考虑各种因素确定各地的转移支付标准。既要考虑各地经济发展水平的高低、财政能力的强弱，又要考虑公共产品和服务支出成本的差异。人均可支配财力均等化是基本公共服务均等化的前提，应合理缩小各地人均可支配财力的差距。例如，在德国，不同地区的人均可支配财政支出差距很小，财力最弱的州与最强的州人均可支配财政支出差距只有 5% 左右，对于推进两德合并后的经济一体化进程起到了重要作用。研究制定"财政转移支付法"，实现转移支付的规范化、法制化。借鉴澳大利亚联邦拨款委员会的经验，设立专门机构，独立确定财政转移支付标准并进行绩效评估。

四要改革国资管理体制，真正实现政企分开。要继续深化国有企业改革和国有资产管理体制改革，使国有企业成为完全意义上平等的商事主体，遵循市场规则，彻底实现去官僚化和政企分开。完善国有资产管理体制，真正实现从管企业向管资本、管产权转变，在妥善处理中央与地方利益关系的基础上，逐步改变国有资产名为分级管理实为分级所有的体制，统一行使国有资本出资人职能，为各级政府特别是地方政府转变职能创造条件。同时，清理和改变各地在扶持本地企业和招商引资中的各种不规范做法，彻底割断政府与企业之间的"脐带"，真正实现政企分开，依法规范政企关系，努力创造公平竞争的市场环境。

此外，还要进一步深化行政管理体制改革，改变对各地政绩的考核评价体系，改变评价标准特别要改变以 GDP、利税和大项目论英雄的隐性评价标准，用科学发展、正确履责的指挥棒引导各级政府全面履行政府职能，管好做好政府应管应做的事。

新形势下行业协会健康发展的关键在服务^①

（2012 年 7 月 24 日）

　　行业协会是社会主义市场经济的重要基石，在协调市场主体利益、规范市场经济秩序、提高资源配置效率、完善社会主义市场经济体制等方面具有不可替代的重要作用，应该高度重视、大力支持、积极发展。

　　当前，我国行业协会发展面临新形势、新机遇、新使命。从国际看，随着经济全球化深入发展，我国企业积极"走出去"参与全球竞争，但同时贸易和投资保护主义抬头，技术壁垒和"反倾销、反补贴"增多，国际竞争日趋激烈，行业协会等中介组织在支持企业国际化经营，提供信息、法律咨询服务等方面大有可为。从国内看，随着社会主义市场经济的不断完善和政府职能转变的日益深化，行业协会作为第三部门，在经济社会治理中的独特作用日益凸显，在政府与企业之间的桥梁纽带功能更加突出，对于引导规范行业发展和加强行业自律、推动企业技术进步和产业转型升级、完善社会管理和公共治理机制都可以发挥重要作用。

　　如何顺应这种新形势，充分把握机遇，积极应对挑战，决定了行业协会能否实现可持续健康发展。我认为，新形势下行业协会健康发展的关键和核心内容就是服务，就在于如何为政府、行业和企业提供更好的服务。通过服务体现自身的经济社会功能，在服务中不断提高履职尽责能力和社会认同。具体表现在以下几点：

　　一是服务政府重大决策。行业协会联系面广、信息量大、了解企

---

① 本文为在"2012 中国行业发展论坛"上的发言。

业整体利益和政策诉求，具有一定的政策把握和解析能力，可以起到较好的上传下达和信息沟通的作用。积极探索建立服务于政府重大决策的制度化、长效化机制，将对促进我国政府决策的科学化起到重要作用。行业协会可充分利用专家资源和技术力量，建立和完善行业基础性数据库，组织专家开展行业深度研究，加强行业"活情况"的深度分析，建立产业预测预警系统，通过与政府部门建立稳定的沟通机制，将这些信息及时上报，及时传递行业信息和反映企业诉求，直接为政府决策服务。

二是服务产业技术进步。行业协会能够代表行业发展的整体利益，有助于克服技术研发中的外部性问题，在促进产业技术进步和先进共性技术研发中具有独特作用。行业协会可以通过牵头组建行业共性技术研究院或创新联盟等方式，开展联合科技攻关、建立创新成果的扩散和分享机制，积极探索"产学研用"结合的新型组织模式。

三是服务行业技术标准制定。标准在当代技术发展和产业竞争中越来越关键，往往谁主导了技术标准，谁就占据了行业发展最高端。"一流企业做标准、二流企业做品牌、三流企业做产品"。行业协会应积极主导和参与行业标准的制定，推动成熟的行业标准升级为国家标准，形成国家、行业多层次的标准体系。同时，积极开展标准方面的国际交流，促进标准的国家间互认活动，代表和组织国内企业积极参与国际标准制定或修改，增强我国企业在国际竞争中的话语权。

四是服务企业经营管理。行业协会是向行业企业特别是中小企业和产业集群提供市场中介服务的重要平台，对于企业获取信息、技术、管理咨询和培训服务等方面可以提供重要支持。从国外中小企业发展的经验来看，行业协会都起到积极作用。行业协会应参与到中小企业和产业集群服务体系中，为企业提供信息、咨询、培训、市场和品牌培育等综合服务；另一方面结合行业特点，不断增强专业化服务能力，为中小企业提供技术诊断、管理咨询、市场营销等特色服务，推动企业经营管理水平提高。

五是服务企业"走出去"。我国企业"走出去"过程中面临许多挑战，行业协会在帮助企业增强国际化经营能力方面可以发挥重要作用。

一方面借鉴国际经验，发挥行业协会的作用，加强对中小企业开展国际化经营的信息、人才和技术等方面服务，为中小企业"走出去"提供咨询服务，提高国际化经营水平。另一方面加强行业协会与国际组织、国外同业协会的对话、交流和谈判，增强我国行业协会在国际上的话语权和影响力。同时，发挥行业自律作用，积极参与国际贸易争端的解决，提高行业组织化程度和代表性，减少国内企业在海外收购、资源开发等方面的兄弟相残、恶性竞争等。

在充分肯定行业协会发展成就的同时，也应当看到，与成熟市场经济国家相比，我国现代行业协会面临发展历史短、转型不到位、定位不准确、代表性不强、服务意识差、服务能力弱、经费不足、立法滞后等问题，制约了他们提供服务的能力和实效。因此，应当在加强行业协会自身建设，切实转变机制，增强服务意识和服务能力等方面加大力气。

一要健全服务机制。要加快实现行业协会转型，切实实现去官僚化、去行政化，促进行业协会真正适应市场经济需要，找准自己的角色、定位，不错位、不越位，发挥好中介组织的服务功能。

二要强化服务意识。真正面向企业，服务企业，想企业之所想，急企业之所急。要摆对位置，摆正姿势，把为行业、为企业服务放在首位。要处理好服务与管理的关系，改进方式方法，寓引导、规范、管理于服务之中。

三要增强服务能力。加强行业协会人才培养，整合服务资源，深化服务内容，积极利用"外脑"和社会资源，特别是从政府机构和企业退下来的老专家，鼓励一些专业人士以自愿服务等方式，壮大协会队伍，增强协会提供专业化、社会化和现代化的服务能力。

四要提高服务水平。有为才能有位。为政府、行业、企业提供及时、准确、优质的服务，是行业协会职责所系，是行业协会安身立命之本。要不断改善服务方式，千方百计提高服务质量，为服务对象提供信得过、用得上、用得起的服务，在服务中不断彰显协会的作用和价值。

在行业协会加强自身建设的同时，也需要政府、企业、社会的支持。要减少对行业协会的行政干预，逐步实现以摊派任务为主的垂直管理关系向以服务采购为主的平行协调管理关系转变。要加大对行业协会的资助力度，提高购买服务付费水平，并使购买服务制度化，给予协会适当的税收优惠政策，减轻财务压力，提高行业协会的自我发展能力。

中国市场经济与民营经济发展——互为前提、相互促进：完善市场体制与成熟市场主体 ^①

（2012 年 9 月 21 日）

没有市场经济就没有民营经济的发展，没有民营经济的发展就称不上市场经济。下面，我从"互为前提、相互促进：完善市场体制与成熟市场主体"这个角度，讲三个方面意见：

一、社会主义市场经济的发端是以民营经济的出现为重要标志的，中国民营经济是随着市场化取向的改革应运而生的

社会主义市场经济是市场在资源配置中起基础性作用的经济，具有自主经营、自负盈亏的独立市场主体是必要条件。

1978 年改革开放开启了我国市场化改革的基本取向，为个体、私营经济等民营经济的复苏发展开辟了道路；同时，民营经济的涌现也成为社会主义市场经济发端的重要标志。

改革开放之初，个体经济在繁荣城乡经济、解决就业问题等方面发挥了积极作用，并迅速恢复和发展，成为社会主义公有制经济的必要补充。1981 年，全国城乡个体工商业从业人数从 1978 年的 14 万发展到 227.9 万，户数增至 182.9 万。个体经济的迅猛发展使得具有雇佣关系的私营企业逐渐出现和发展。这些具有独立市场地位的民营经济主体的出现和发展，意味着我国在计划经济

---

① 本文原载《中国工商管理研究》2012 年第 10 期。

体制总体格局未变的情况下，在某些领域开始引入市场机制，尽管层次较低、覆盖面窄，但事实上标志着社会主义市场经济已经开始发育。

这一时期，经济体制改革的不断深化和对民营经济地位认识的加深，促进了市场经济和民营经济的不断发展。1984年十二届三中全会提出，建立起具有中国特色的、充满生机和活力的社会主义经济体制，坚持多种经济形式和经营方式的共同发展。1987年十三大报告明确提出：私营经济是公有制经济必要的和有益的补充，社会主义初级阶段的所有制结构应以公有制为主体，继续鼓励城乡合作经济、个体经济和私营经济发展。1990年十三届七中全会提出，坚持以社会主义公有制为主体的多种经济成分并存的所有制结构，发挥个体经济、私营经济和其他经济成分对公有制经济的有益的补充作用，并对它们加强正确的管理和引导。

随着我国有关私营经济的基本政策和法律地位的明确，以四通集团为代表的中国第一批城市民营经济开始创业并得到快速发展，民营经济的组织形式呈现多元化，城市集体经济、乡镇企业、个体经济、私营经济等纷纷出现。截至1991年，全国有私营企业10.8万户，投资者24.14万人，雇工159.8万人，注册资本金总额123.2亿元。

二、社会主义市场经济体制的确立是以民营经济的蓬勃发展为重要支撑的，中国民营经济是随着社会主义市场体制的逐步发育而发展壮大的

民营经济的蓬勃发展是与市场体系的不断完善、国有企业改革的推进以及社会主义市场经济体制的逐步发育等方面相辅相成、互相促进的。改革开放和经济体制改革极大地激发了广大民众的创业热情，使社会资本的活力竞相迸发，促进了民营经济从无到有、从小到大、从弱到强；同时，民营经济的蓬勃发展也不断呼唤着新的理论和政策创新，促进了改革开放的进程，加速了社会主义市场经济体制的日臻完善，推动了生产要素的充分流动和全社会劳动生产效率的不断提高，

有效地与国有企业、集体经济改革相互策应，促进了中国特色社会主义基本经济制度的建立。

1992 年，邓小平同志南方谈话以及提出"三个有利于"的科学标准，进一步扫除了思想障碍，为民营经济发展开辟了新阶段。同年，十四大确立了建立社会主义市场经济体制的改革目标，提出在所有制结构上以公有制为主体，个体经济、私营经济、外资经济为补充，多种经济成分长期共同发展的方针，从而使我国现代化建设和改革开放进入了一个高速发展阶段，民营经济迎来了第二个高速发展期。

1997 年十五大进一步明确：公有制为主体、多种所有制经济共同发展是我国社会主义初级阶段的一项基本经济制度，非公有制经济是我国社会主义市场经济的重要组成部分，把对民营经济等非公有制经济的认识和定位提高到了一个崭新的、前所未有的高度，民营经济的性质、地位实现了从社会主义经济的"必要补充"到"重要组成部分"的飞跃。

2002 年十六大报告强调：必须毫不动摇地巩固和发展公有制经济，必须毫不动摇地鼓励、支持和引导非公有制经济发展，个体、私营等各种形式的非公有制经济是社会主义市场经济的重要组成部分，标志着民营经济发展进入了一个全新阶段。2003 年十六届三中全会通过了《关于完善社会主义市场经济体制若干问题的决定》，确立了社会主义市场经济体制的基本框架和目标，明确提出进一步巩固和发展公有制经济，鼓励、支持和引导非公有制经济发展，还提出了消除体制性障碍，放宽市场准入，对不同所有制的企业实行一视同仁，建立健全现代产权制度等促进民营经济发展的具体措施。这一时期，还出台了《中小企业促进法》、《关于鼓励支持和引导个体私营等非公有制经济发展的若干意见》（即"非公经济 36 条"）、《国务院关于鼓励和引导民间投资健康发展的若干意见》（"新 36 条"）等文件，有力促进了民营经济发展。

随着社会主义市场经济体制的逐步完善，民营经济获得蓬勃发展。从民营经济总量和规模看，截至 2010 年底，我国私营企业 845.5 万家，占全国法人单位数的比重达到96.6%，个体户数也有3452.9万户。截至2010年9月，全国私营企业注册资金总额近25万亿元，户均资产规模从1990年的9.7万元增长到约277.8万元；个体工商户超过3600万户，注册资金总额超过1.5万亿元。

从民营经济就业情况看，2010年底，我国私营企业和个体就业人数达到1.64亿人，其中城镇私营企业和个体就业人数达到1.05亿，占城镇就业人数的30.4%，尤其是在提供新增就业岗位方面发挥了重要作用。

民营经济已成为经济增长主要动力。近年来，随着民营经济蓬勃发展，在GDP中比重不断上升，已从1979年的不到1%上升到目前的50%以上，尤其是在建筑业、交通运输业以及批发零售、住宿餐饮、旅游等第三产业更为突出。从工业增加值看，2009年规模以上私营工业增加值已经占全国的25%以上，加上股份制企业中的私营控股工业，私营工业比重超过40%。

民营经济已成为财税重要贡献者。2005—2009年，私营企业年均增长23.8%，占比由8.8%升至10.1%，如果考虑全部私营及控股税收以及集体控股和个体税收，全部民营税收占全国税收的1/3以上。

民营企业是技术创新的重要主体。民营企业在自主创新能力、品牌建设、公司治理以及产业结构布局等方面均取得较大突破。开展自主创新活动的企业数量呈现逐年上升的格局，民营科技企业数量持续增长和比重逐年上升，表明民营企业越来越关注自主创新，越来越多地投入到自主创新中。

涌现出一批优秀的民营企业和民营企业家。近年来，民营经济的总体规模、实力和竞争力有了明显提升。全国工商联发布的2012中国民营企业500强名录显示，2011年，民营企业500强入围门槛达到65.69亿元，营业收入总额93072.37亿元，资产总额77703.52亿元，税后净利润4387.31亿元，共有7家企业营业收入总额超过1000亿元，沙钢、华为、苏宁、联想位居前列。

三、社会主义市场经济的发展完善与包括民营企业 在内的各类市场主体的成长成熟互为前提、相互促进

民营经济的健康发展，市场主体的成长成熟，离不开市场经济体制的健全完善，离不开良好的制度环境。

在完善社会主义市场经济体制，为民营经济发展提供更加有力的制度环境方面，最重要的是按照社会主义基本经济制度的要求，对包括民营经济在内的各类市场主体一视同仁，促进公平竞争。同时，考虑到民营经济与中小企业高度重合，对中小企业给予必要的政策支持，这也是市场经济国家的通行做法。

开放市场准入，非禁即入，允许外资外企进入的行业和领域，首先允许民资企业进入。深化贯彻落实"非公经济 36 条"、"新 36 条"以及有关中小企业、小微企业发展的政策文件，为他们创造公平竞争、平等准入的市场环境，鼓励和引导民间资本进入法律法规未明确禁止准入的行业和领域。

深化垄断行业改革，创造条件鼓励民资民企进入。将有条件的民营企业纳入国家大公司发展战略优先发展。对国有企业、民营企业一视同仁，加以鼓励、支持、引导，将各类行业中的领军型民营企业作为重点培育对象，将其纳入国家和地方大公司、大企业集团发展战略，选择有重要核心技术的民营企业予以支持，将拥有自主知识产权、掌握行业重要核心技术的民营企业纳入国家创新战略，选择有知名品牌的民营企业予以支持。

创造更加公平有序的法律环境和商业环境。执法要明，执法要公，执法要严，保护民营企业的平等法律地位和合法权益，简化行政审批程序，实现公开透明，提高公共资源的配置效率。

建立重要法律、规定、政策、重大调控措施预告制度，为市场主体预研预判预准备留下适宜性调整的时间和空间。

加大对中小企业特别是微型企业的支持力度，对中小企业在市场竞争基础上综合实行经济社会政策。

加大对中小企业的税收支持力度。支持中小企业发展不仅社会效

益显著，可以降低失业，减轻社保负担，也有利长期税源培植，增加财政收入。可以考虑建立有利于小型和微型企业发展的梯度税收优惠体系，在营业税、增值税、所得税等方面加大减税力度，赋予省级税务机关适当的营业税减免权限，对公益性中小企业服务机构，提供有偿服务收入免征营业税及营业税附加。国内外实践表明，合理减税是促进中小企业特别是微型企业发展最有效的政策工具，过去政策难以顾及的微型企业将直接受惠，这样做还能避免高昂的征税成本。

加大对中小企业的金融支持力度。融资难一直是民营企业尤其是小型微型企业面临的严重问题。据统计，我国规模以下小企业80%无缘银行信贷，贷款成本比大企业要高出6—8个百分点，而国外仅高出1.5—2个百分点。解决这一问题，一方面需要在宏观调控、银根紧缩的大背景下，对中小企业网开一面，有效保证他们的信贷资金供给；另一方面，从根本上看，应加快发展社区银行、村镇银行、小额贷款公司、担保公司、融资租赁公司等中小金融服务机构。建议放宽准入，适度放松社区银行和村镇银行的设立条件，鼓励更多民间资本进入；完善差别化监管政策，允许小银行提高存贷比的容忍度，拓展小额贷款公司的融资渠道，改善经营环境；加大财税扶持力度，对小型金融机构在减免营业税的基础上适当减免所得税，完善担保补贴制度和发展政策性担保机构。

市场经济的健康发展，市场体制的健全完善也离不开市场主体的成熟发育，离不开市场主体的行为规范。在进一步培育包括民营经济在内的市场主体，为市场经济健康发展提供更为合格、更具活力的微观基础方面，最重要的是按照社会主义市场经济体制的要求，促进各类市场主体依法依规经营，做规范合格的市场主体和模范企业公民。

一是增强守法意识，依法合规经营。绝大多数的民营企业在依法经营方面是做得很好的，但是也有一些企业存在着不少缺陷，需要进一步加强。

二是增强诚信意识，强化契约观念，信守合同承诺。这方面存在的问题比较多。市场经济是信用经济。诚实守信、遵守承诺是对市场主体的最基本的要求，也是维护社会主义市场经济秩序的一个最重要的方面。为此，一方面需要加强市场监管，严惩失信行为，打击坑蒙拐骗；另一方面也需要强化企业的诚信意识，提高企业诚信水平。

三是增强责任意识，积极履行社会责任。善待员工和利益相关者，包括善待员工，回报社会，保护资源环境等。要加强企业的制度和机制建设，按照现代企业制度的要求，深化内部改革，完善企业公司治理，加强现代企业管理。这不只是国有企业的任务，民营企业同样具有这样的繁重任务，特别是企业做大之后，发展起来之后，就会面临如何更多地依靠制度文化进行公司治理的问题。"小企业靠精明，中企业靠管理，大企业靠文化"。不断提高企业治理水平，这对民营经济的发展至关重要。

除了提高自身素质，民营企业还有其他方面很多任务，基础还比较薄弱，发展的质量比较低，需要着力提高发展的质量，提高技术装备水平，创新商业模式，增强创新能力，加强员工培训和人才培养，全面提升民营企业的生产技术水平和管理水平，不断提高民营企业的生存发展能力和市场竞争力等。

标本兼治解决地区产业同构化问题 ①

（2012 年 11 月 17 日）

围绕"中国经济结构转型"的主题，我想讲这样一个观点：深化改革，标本兼治，努力解决地区产业同构化问题。

中国经济结构不合理，大家都很清楚；哪些地方不合理，大家也都知道。我认为，突出表现是地区产业结构趋同化，这不仅表现在省与省之间，甚至在地市以至更小的范围内，重复建设、产业同构的现象也非常严重。有的研究表明，长三角、珠三角地区城市间产业同构系数高达 0.9、0.95，有的甚至最高，达到 0.99。据不完全统计，在"十二五"规划当中，把石油、化工作为主导产业的有 16 个省，把汽车作为主导产业的有 15 个省，把钢铁作为主导产业的有 11 个省，还有 28 个城市定位为建成区域的或国际的金融中心。

地区产业同构化的背后原因到底在哪里？深层原因与体制机制有关系。当然，产业结构同构化，原因十分复杂。各地都处在同样的发展阶段，再加上许多地方资源禀赋差不多，而且无论在国际还是在国内产业分工中，实际上大部分地区都处于产业链的中低端，产业结构趋同也是难以完全避免的现象。但是，地区产业同构化背后深层次的原因在于体制制度。

体制制度的原因，我认为主要是财税体制。一个是我们以增值税、营业税为主体的间接税体系，再一个就是由分灶吃饭沿袭而来的财政体制，而且它们的结合决定了任何一个地方都要追求 GDP，做大"蛋

---

① 本文为在第五届"中国经济理论创新奖"颁奖典礼暨"中国经济结构转型研讨会"上发言的主要内容。

糕",把增加税收、增加当地财政收入作为主要目标。实际上是这样一根指挥棒在指挥着各个地区的投资和经济行为,造成各地都争上能够给当地带来更多税收的重化工业,都要拉大企业、搞大项目。发展新兴产业,大家也是一窝蜂都上,特别是物流、金融这些现代服务业,来得快,税收多,各地趋之若鹜。这个问题不解决,产业结构调整就很难进行,产业结构不合理的状况就很难改变,甚至还有越来越严重、越来越高端化的趋势,造成很大的浪费。

解决这个问题,根本的办法是深化改革,建立能够支撑科学发展的体制机制,在治本上狠下功夫。同时,辅之以必要的治标措施。

首先,深化财税体制改革,调整利益关系。要逐步提高所得税、财产税这些直接税在税收总额中所占的比重,使以间接税为主体的税收体系逐步转变为以直接税为主体的税收体系。增值税、营业税这些间接税的优势是鼓励扩大规模,刺激上产能、上项目,搞重化工,发展大企业、大项目。在短缺经济和国内外市场容量比较大的情况下,这种体制是有好处的。但是,随着我国经济发展阶段的转换和国内外经济环境的变化,需要适时进行调整。同时,要改革财政体制,调整财政分配格局。现有的财政分配格局是从分灶吃饭延续过来的。过去搞"分灶吃饭",不仅中央和省市分,省和市县,甚至市县和乡镇也分。分灶吃饭有利于调动大家的积极性,同时带来的问题也很多,各地从各自的利益出发,在投资结构和产业布局上产生很不理性的行为,盲目投资、重复建设,导致地区产业同构化。因此,需要深化财税体制改革,使财税体制能够促进经济结构向着合理方向发展,能够支撑科学发展。这是从根本上解决地区产业同构化,调整和优化经济结构最为重要的一个方面。

第二,在财税体制难以很快改革到位的情况下,采取一些治标的办法。比如是否可以试行横向合并纳税然后再分税的办法,在现有财税体制框架下调整地区利益,避免或减少重复建设。至少在同一个省的范围内可以考虑采取这样的办法,减少有些地方你上这个项目、我也上这个项目,你搞这个产业、我也搞这个产业的现象,使地区间能够错位发展、优势互补。

第三，按照建立社会主义统一市场的方向，严格禁止各地底线竞争。多年来，各地在招商引资中采用各种明的暗的不规范的优惠措施，拉项目、拉企业，开展底线竞争，看谁的政策、条件更优惠。比如有的地方搞税收返还，现在不敢叫返还了，改为税收奖励，就是把企业缴给地方的税收再返还或"奖励"给企业，以此拉企业、拉项目，还有的用低地价甚至零地价等吸引企业、吸引投资。这些做法很不规范。这也是造成地区产业结构趋同化和重复建设的重要原因，应当严加禁止。

第四，转变政府职能，严格实行政企分开、政资分开。政府应该把主要的精力放在公共服务、社会管理方面，在经济方面也是要把精力放在搞好市场监管，为企业提供良好的服务和改善外部环境上，尽量减少政府对企业的干预和对经济活动的直接参与。

第五，改进政绩评价考核体系，全面评价地方经济社会发展情况。在现有体制和利益格局下，一个地区的经济增长、财政税收状况，不仅与当地财政供养人员的收入水平有关，也与当地政府能够提供的公共产品和公共服务水平有关，同时还与地方官员的"乌纱帽"有关。要改变目前实际上存在的重经济增长、重财政税收的评价标准，全面评价地方的物质文明、精神文明、生态文明建设情况，促进经济社会全面发展，不以 GDP 论英雄，也不能简单以财政税收见高低。

总之，要通过深化改革，转变政府职能，培育社会主义统一市场，使我们的经济逐步从行政区经济向经济区经济发展转变，这样才能使地区产业同构化的问题逐步得以缓解，最终得到解决，全国经济才能真正成为一盘棋，在国内外经济竞争大环境下形成合理的经济结构，使我国的经济沿着科学发展的轨道持续、健康地向前发展。

促进经济增长阶段平稳转换 ①

（2013 年 3 月 18 日）

伴随国际金融危机后的全球经济复苏乏力，从 2010 年第一季度起，我国经济也经历了连续十个季度的增速下滑。在我国去年采取降准降息和扩大投资等稳增长措施后，第四季度经济增速转落为升。那么，对我国当前和今后几年的经济形势我们应做何种判断，又该采取哪些措施来实现经济增长阶段的平稳转换？

在今年两会期间，全国政协委员、国务院发展研究中心副主任侯云春接受了中国经济时报记者的专访。

传统增长方式难以为继，进入增长阶段转换时期

中国经济时报：您如何看待我国当前和今后几年的经济形势？理由是什么？

侯云春：今年我国经济可望保持平稳增长的势头，世界各主要机构对中国今年经济的预测也较为乐观。我认为，对于我国当前和今后几年的经济形势，既不能盲目乐观，也不必过分悲观，关键在于实现经济增长阶段的平稳转换。

当前我国经济虽然趋稳回升，但这并未改变经济增长阶段转换、经济增速下台阶的大趋势。我国经济连续 30 多年高速增长，根据世界经济发展规律，一国经济在经历了或长或短的高速增长之后，必将转入中

---

① 本文为接受中国经济时报记者牛福莲专访，刊登于 2013 年 3 月 18 日《中国经济时报》。

速或次高速增长阶段；经济增长阶段转换，不只是增长速度的减缓，而且要求增长质量的提高和经济效益、社会效益和环境效益的全面提升。

这次国际金融危机，集中暴露了发达国家高福利、高消费、高负债的"借贷经济"弊端，大力度和无休止的量化宽松政策虽可短期对经济有一定提振作用，但不可能从根本上解决问题，而且还会引发新的问题，世界经济已进入了低迷期和深度调整期。

无论从国内还是国际经济环境看，种种迹象表明，我国潜在经济增长率明显降低，传统增长方式难以为继，增长阶段转换已经开始。我国采取的稳增长措施，绝不应使经济重回过去高增长的轨道，而是要实现增长阶段的平稳转换。

"两防止、两实现"促经济增长平稳转换

中国经济时报：要实现经济增长阶段的平稳转换，我们需要采取哪些必要措施，做哪些方面的适应性调整？

侯云春：在我国经济增长阶段转换的过程中，要审时度势，妥为应对，搞好宏观调控，避免"猛踩油门"、"猛踩刹车"和"猛打方向"，同时深化改革，推进制度创新，寻找新动力，形成新优势，努力做到"两防止"、"两实现"。

一要防止经济出现过热。我们长期习惯于高速增长的经济环境，短期内难以接受增速的趋势性下滑，容易出现不顾潜在增长率下降的事实，试图通过政策刺激使经济回到高增长的轨道，结果不但不能恢复高增长，反而容易推高通胀和资产价格，形成泡沫经济，引发更大的风险。目前，一些地方在绝大部分行业产能已经严重过剩的情况下，仍盲目上项目、扩产能、"争先进位"，片面追求经济增长，值得高度重视。

二要防止经济硬着陆。当前，世界经济复苏乏力，外需增幅下降，贸易、投资和技术保护主义抬头，国内人口红利逐渐消失，资源环境约束不断加大，生产成本持续上升，保持经济平稳增长面临巨大困难。进入增长阶段转换期后，由于原有预期被打破，新的稳定预期尚未形成，经济运行的不确定性和脆弱性明显增加，经济出

现硬着陆的风险明显增大。我们应当在努力稳定和扩大外需的同时，着力扩大内需，充分发挥消费对拉动经济增长的基础性作用和投资的关键性作用，保持经济适度增长，避免经济增速滑出底线。

三要努力实现增长阶段转换的平滑过渡。经济增长阶段转换，不仅涉及经济问题，还涉及一系列其他问题。我们既要采取必要措施，防止经济陡降和剧烈波动，引发经济失衡和社会动荡；又要做好各方面的适应性调整，及时化解各种矛盾，努力实现经济增长阶段转换的平滑过渡，保持经济、政治和社会的基本稳定。

四要努力实现发展方式的实质性转变。经济增长阶段转换，增速虽然下台阶，但对经济增长的质量和效益则提出了更高的要求，这样才能成功跨越"中等收入陷阱"。我们应当不失时机地深化各方面的改革，特别是下决心推进重要领域和关键环节的改革，加快制度创新，充分释放制度红利，真正形成支撑科学发展的体制机制，同时大力推动技术创新，全面提升劳动者素质，努力实现由要素驱动向效率驱动、创新驱动的转换，推进发展方式的实质性转变，全面提升经济增长的质量和效益。

财税体制改革是当前改革之关键

中国经济时报：您提到要下决心推进重要领域和关键环节的改革，加快制度创新，充分释放制度红利，那么，当前改革攻坚的关键和突破口在哪里？

侯云春：经过多年的改革，在一些较容易改革的领域已取得了成效，对一些需攻坚克难的改革领域，尽管大家已形成改革共识，因会触及部分人的既得利益，改革仍具有难度。但从整体和长远利益来看，仍要下决心推进这些重要领域和关键环节的改革。

当前经济体制改革的核心问题是处理好政府和市场关系，即如何充分发挥市场在资源配置方面的基础性作用。当然，市场作用的发挥与市场发育的成熟程度有着直接关系。如果市场发育不成熟、市场机制不完善，那么政府和市场之间就会出现制度"真空"，会出现"一放就乱"现象。要注意的是，政府和市场及其关系的互相替代和转换有一个渐进的过程。

而财税体制改革则是当前改革之关键和突破口。相比发达国家多在最终环节征收的以企业所得税、个人所得税、财产税、房产税为主的直接税，目前我国的税收体制主要是以增值税和营业税为主体的间接税。我国的财政体制则是建在这个基础上由"分灶吃饭"沿袭而来的，它们之间的结合，形成了以投资冲动、经济扩张、多收多支的利益格局和行政区经济格局。

间接税主要在生产环节征收，无论产品是否售出和盈利都需要缴税。其好处在于能保证稳定的税源，有利于鼓励经济扩张，在短缺经济及经济发展空间较大的情况下，这种税收体制曾为经济增长和发展起到很大激励作用，而这也是各级地方政府到处拉项目、招商引资的积极性高涨的原因之一。

目前经济发展中所存在的产能过剩、重复建设、GDP至上等系列问题都与我们的财税制度有着密不可分的关系。而这也是造成地方政府冲动投资、不规范竞争等问题的背后原因。

同样，政府的职能转变，要求政府更多地从过去的直接干预和参与经济活动，向创造良好的经济环境，搞好社会管理和公共服务的角色转变。而这种转变之所以困难重重，其背后深层次的原因同样也是现行财税体制带来的利益驱动。

随着我国经济发展进入经济增长转换阶段，这种以间接税为主的税收体制和带有明显"分灶吃饭"印记的财政体制矛盾已逐渐暴露。一些地方从增加税源的角度出发，不断刺激和扩大经济规模，带来的是产能严重过剩和地区产业同构化。

在当前市场和投资空间逐渐减少、产业结构调整的转型时期，如果不进一步深化促进包容性增长的财税体制改革，对我国经济发展方式转变和社会稳定和谐将会带来不良影响，财税体制不改革，其他方面的改革也将很难进行。

我认为，财税改革可能是启动新一轮改革的关键和突破口，是牵动诸多领域改革继续深化的"牛鼻子"。

"仁、智、勇"，优秀企业素质的集合 [①]

（2013 年 8 月 5 日）

　　"仁、智、勇"，是中国传统文化的精髓，新的时代赋予其新的内涵。在企业的竞争案例中，大凡成功的企业，都是"仁、智、勇"皆具的集合。"仁"，是理念，是方向；"智"，是智慧，是谋略；"勇"，是战斗力，是执行力。

　　侯云春，农民的儿子，曾经是军人，自称末代工农兵大学生，在谈及到北京后的工作经历时总结为：十年的经委、八年的流通部门、六年的国家经贸委、十年的宏观研究部门。

　　他刚刚退任国务院发展研究中心副主任，现在的两个新角色是中国企业评价协会会长、中国广告主协会会长。他笑称换了跑道，进入了需要重新学习、极富挑战的新领域。

　　在搜索引擎里输入"侯云春"三个字，搜索结果中显示最多的是与创新有关的组合标题。

下台阶与上台阶

　　根据世界经济发展规律，一个国家或地区在经历一个或长或短的高速发展阶段之后，经济增长速度必然要下一个台阶，转入中速增长。中国经济正在进入经济增长速度要下台阶、增长质量和效益要上台阶的转换阶段。

　　新商务周刊：面对中国经济增长整体放缓，企业经济增速有所下

[①]　本文原载《新商务周刊》2013 年第 15 期，记者刘彦平、记者田靓对本文亦有贡献。

降，您认为企业领袖应该如何把握企业转型升级的脉络？

侯云春：当前我国宏观经济的总体状况呈现出增长势头放缓的趋势，原因是多方面的。我们将从过去三十多年经济的高速增长转入中速增长抑或次高速增长的阶段。在经济增长速度下台阶的同时，经济增长质量和效益必须上台阶。下台阶不易，上台阶更难。这对宏观经济和微观经济都是一场严峻考验，需要政府、企业和社会共同努力，使下台阶下得平滑、平稳，上台阶上得有力、有效，真正实现中国经济的转型升级。

企业家在引领企业转型升级方面贵在进取，重在创新。首先是技术创新。我们早就提出要建设创新型国家，但是我们离实现这个目标还有很长的距离。按照创新型国家的要求，一个国家科技进步对经济增长的贡献率应该达到70％以上，我们现在综合来算只有40％左右。我们必须更多地依靠自主创新。创新的任务更加繁重，创新的难度也大大增加。

第二是管理创新。无论是宏观经济、微观经济，都有各自管理创新的课题和任务。无论是国有企业还是民营企业，都面临着运用现代管理技术和管理方法提高企业经营管理水平的任务。

第三是制度创新。要进行制度创新，最大限度地释放制度红利。国有企业要继续深化改革，按照市场经济的要求使自己真正成为完全的市场主体。民营企业同样也面临从过去的家族管理和依靠经验管理，转向创立透明、规范的现代企业制度。

第四是商业模式创新。在市场竞争日益激烈的形势下，商业模式或市场模式的创新具有更大的赢利空间。商业模式的创新是一个系统、综合、全产业链的创新，苹果手机是很典型的例子。

航空母舰与联合舰队

世界500强，都在同一片企业蓝海上生存，但不同的是，美国企业大多是单一法人的公司制企业，企业是一个整体；而中国企业大多是企业集团，是多个法人企业的集合体。形象一点说，"人家是航空母

573

舰，我们是联合舰队"。

新商务周刊：2013 年美国《财富》杂志公布的全球 500 强排行榜中有 86 家中国企业，世界富豪排行榜上中美企业家的数量也不相上下。但中国富豪们造就的企业有不少得不到世界上真正的尊重，除了企业文化的价值追求差异以外，您认为我们还存在什么致命的问题？

侯云春：我们中国企业在全球大企业排序中的数量正在增加，令人可喜。但应该看到，我们中国企业与全球知名跨国公司还是有很大差距的。一是差在企业的整体性上。发达国家的大企业是单一法人的公司制企业，企业再大也是一个整体。我们更多的是企业集团，即多个法人的企业集合体。形象一点说，人家是航空母舰，我们是联合舰队。二是差在企业的竞争性上。我们的企业竞争很不充分，我们的市场竞争力和抗风险能力不如人家。三是差在企业的创新性上。在全球 500 强或 500 大里面，中国企业在原材料和金融领域占比较大，真正代表企业生产技术水平的大型制造业较少。四是差在企业的知名品牌上。中国这些年涌现了不少有相当价值的品牌，但与发达国家的跨国公司在品牌打造方面的差距很大。2013 年在世界 500 强中有 86 家中国企业上榜，排在前 100 名中的中国企业也有 11 家，但多年来在全球最佳品牌排行榜的前 100 个品牌中，没有一个中国品牌。

美国一家机构曾作过一项调查，中国富豪数量多于美国，而中国受尊敬的企业少于美国。原因是多方面的。比如，有我们的市场不够规范，一些企业通过各种各样的关系、手段优先拿到资源的问题。另外，也与中国的发展阶段有关。中国经济多年处于数量扩张、高速增长的阶段，一部分企业和个人快速致富，与美国相比，中国不少富豪集中在房地产领域。同时，在这个阶段，我们的生产技术水平比较低，真正在比较核心和前沿的技术领域进行技术创新的比较少，这也是我们企业和品牌在国际上不是叫得太响的原因。当然，也有中国企业比较重视短期扩张盈利、对企业长远发展和技术研发重视不够等方面的因素。

民企与国企

改革开放以来,我国民营企业发展很快。像华为、中兴、三一重工和联想等企业,都很优秀。国有企业经过多年改革和发展,大部分已改制为公司制企业,涌现出一批富有生机和活力的公司。民企、国企都应当受到重视,一视同仁、公平竞争、协调发展。

新商务周刊:中国的民营企业和国有企业,在发展的路径上都各有短板。您曾经说过,他们应该相互学习、相互借鉴。具体应该表现在哪些方面?

侯云春:民企、国企,还有"三资"企业、外企等,凡在中国境内的企业,都是平等的市场主体,都是中国经济的重要组成部分。任何形式的企业都应该相互学习、相互借鉴。

我们的国有企业和民营企业,都有一个共同的任务,就是要按照建立现代企业制度的要求,深化企业改革、改善内部治理、提高企业经营管理水平。需要进一步完善的地方包括:第一,要通过深化改革,进行制度创新,建立权责明确、运转灵活的现代企业制度和内部管理体系;第二,要实行扁平化管理,减少内部层次,提高企业决策和管理的有效性和时效性;第三,要培育自己独特的企业文化,提高企业的向心力和凝聚力,小企业靠精明,中企业靠管理,大企业靠文化;第四,加强企业家的自身修为,提高领导艺术、管理艺术、掌控艺术;第五,为企业创造良好外部环境,减少企业的社会交往成本,使企业能够集中时间和精力一门心思搞好经营管理、产品研发、品牌打造。

中国四大名著所讲的,有一个共同特点:"主弱从强。"他们分别代表的是"仁、智、勇"三个方面:"仁",是理想,是道德,是方向;"智",是智慧,是谋略;"勇",是战斗力,是执行力。"仁"没有"智"和"勇"作辅佐就没有力量,"智"和"勇"没有"仁"作统帅就没有方向。打造中国特色的现代企业,培育中国的优强企业和跨国公司,应该把"仁、智、勇"有机地结合、统一起来,成为中国企业的集合和特色。这样,中国企业就能自立于世界优秀企业之林,就能在经济全球化的舞台上纵横捭阖、独步天下。

学习力与中国梦

企业加强学习，其根本目的是增强和提高解决企业实际问题的能力。学而后知不足，积跬步以至千里。依靠学习走向未来，不断增强企业核心竞争力，我们的中国梦才能梦想成真。

新商务周刊：我们认为企业家是社会进步的引擎，是支撑国家和社会希望的脊梁。您说中国未来的希望在于企业。可见，企业家们的重要性。什么样的企业家是未来理想中的企业家？

侯云春：我一向认为，企业家是我们国家最可宝贵的资源。企业家为社会提供优质的产品和服务，创造就业岗位，提供利润和税收。他们理应受到社会的肯定、褒奖和尊重。中国最需要的是永远进取、永不懈怠的企业家，最需要的是把企业做强做优做久做大、能够与著名跨国公司论高下、共经纬的企业领袖。华人社会中有一些做得很好的家族企业，但是缺乏在全球市场能够叱咤风云的大公司和企业领袖。如果我们能有更多这样的企业家、能有更多这样的知名品牌，那么我们的中国梦就能够早日实现。

企业家要具备创新、诚信、奉献、爱心等诸多要素。新生代企业家除了要具备老一代企业家艰苦奋斗的素质外，应该具有更广阔的视野。特别是在经济全球化日益发展的新形势下，更应该具备新的理念、技术和管理方法，并紧密结合企业的实际情况，成功地运用于企业经营管理，使一个个、一批批优秀企业和知名品牌脱颖而出，冲出中国、走向世界。

过去人们说"学而优则仕"，现在应该是"仕而优则学"、"商而优则学"。学习力决定企业家的领导力、竞争力、创新力。新生代企业家应该具备更强的学习力、更广阔的视野、更具战略性的思维。这样企业才能在竞争中不断赢取新的优势，形成自己的核心竞争力。

转型升级需要高素质职业经理人 [1]

（2014 年 3 月）

由数量扩张向素质提升转换

当前，我国经济发展正处于一个重要的转换阶段。从经济增长角度看，我国进入了由高速增长向中速增长抑或中高速、次高速增长转换的阶段；从产业带动的角度看，我国正由第二产业为主带动向二三产业并重进而以第三产业为主带动经济增长的阶段转换；从需求拉动的角度看，我国将从过分依靠外需拉动向更多依靠内需特别是国内消费需求拉动的阶段转换；从经济驱动因素的角度看，我国正从大量依靠劳动力、资本、土地等资源投入和环境过度承载的要素驱动阶段向以知识、管理和技能提高为主的效率驱动和以技术创新、管理创新、制度创新和商业模式创新为主的创新驱动阶段转换。这个转换实际上就是要由数量扩张向素质提升的转换，是经济发展方式的根本性、实质性转变。

能否顺利实现这个转变，在经济增速下台阶的同时，促使经济增长水平上台阶，努力提高经济增长的质量和效益，关键在于深入贯彻落实十八届三中全会通过的《中共中央关于全面深化改革若干重大问题的决定》（以下简称《决定》），全面深化改革，最大限度地释放改革红利，实现我国经济发展的动力机制转换和形成新的竞争优势。

---

[1] 本文原载《企业文化》2014 年第 3 期。

需要更多高素质职业经理人

当今世界，国与国之间的竞争，很大程度上是人才的竞争。推进我国经济增长阶段转换、加快经济发展方式转变、打造"中国经济升级版"，需要更多高素质的人才尤其是更多高素质的职业经理人，充分发挥他们的聪明才智和专业技能。

首先，应当高度重视职业经理人的地位与作用，给予职业经理人群体应有的社会尊重。职业经理人是受聘于企业而出任经理职务的人员，具有特殊的职业品质和高度职业认同感。他们行使的是管理职能，是把企业内部各种生产要素组织起来并使之发挥最大效益的管理者。在发达经济体中，企业是蓬勃发展还是日薄西山，与职业经理人密切相关。在他们那里，高素质的职业经理人对各类企业而言都是一种相对稀缺的资源，是猎头公司高度关注、企业重金礼聘的对象。随着我国社会主义市场经济的发展，职业经理人正受到企业和社会各界的高度重视。近年来，中央多次强调要培养高水平的职业经理人。十八届三中全会《决定》特别提出，要在国有企业中建立职业经理人制度。职业经理人和企业家阶层是促进经济发展和企业改革的重要力量，在繁荣社会主义市场经济、提高企业经营管理水平中发挥着重要作用，他们以良好的专业技能和职业素养日益得到全社会的认同与尊重。

其次，应当为职业经理人创造良好环境，为他们施展才华提供用武之地。既要为职业经理人创造良好的宏观环境，包括社会尊重与认同职业经理人的舆论环境，对职业经理人的培训、资质认证、市场化选聘与流动的市场环境，也包括国有企业职业经理人市场化用人机制的体制环境。同时，更要为广大职业经理人创造良好的微观环境，要充分信任、充分授权，使之在职权范围内有充分行使决策和管理权限的空间；要鼓励开拓、收益分享，使之在多元激励下充分发挥积极性与创造性；要有效监督、合理担责，使之依法依规承担相应的责任。总之，要使职业经理人有清晰规范的责、权、利，有相匹配的责权担当和合理的利益分享。

最后，职业经理人也应当努力提高自身的学习力、创新力和统率力，努力提高职业素养和道德操守。我国企业面临的新形势、新机遇和新挑战，向职业经理人提出了新的要求。职业经理人群体要努力提高自身素质，拓宽视野，努力学习相关知识和技能，提高经营管理企业的能力和水平；要敬业、勤勉、忠诚、勇于担当、拥有良好的道德操守；要锐意进取，开拓创新，提高在复杂情况下开创新局的能力；要善于团结、严于律己、宽以待人，不断提高亲和力和组织协调能力。努力把握改革的主旋律，时刻关注最新的改革动向，勇于担当起企业改革和创新发展的历史责任，为国家经济和社会的发展贡献自己的力量。

促进我国经济发展阶段平稳转换^①

（2014 年 3 月 3 日）

  中国经济目前面临错综复杂的形势和下行压力，其复杂、困难、纠结的程度，不亚于应对国际金融危机以来的任何一年。这不仅与今年国内外经济环境中诸多不稳定、不确定因素和两难问题有关，更重要的是因为我国经济发展正处于一个十分重要的转换阶段。能否成功完成这个转换，并在转换过程中平滑过渡，避免引起大的经济、社会震动，顺利实现经济发展阶段的平稳转换，不仅是对我国今年经济发展，也是对今后一个时期经济社会发展的严峻考验。

  我国经济发展面临的阶段转换，从经济驱动的角度看，正由劳动力、资源、资本等要素驱动发展向管理、技术、劳动者素质提高的效率驱动和技术、制度、管理、市场模式创新的创新驱动发展的阶段转换；从需求拉动的角度看，正由过度依靠外需拉动向更多地依靠内需特别是消费需求拉动的阶段转换；从产业带动的角度看，正由第二产业带动为主向二、三产业并重进而主要依靠第三产业带动的阶段转换；从动力机制的角度看，正由过度依赖政府推动、政策鼓励向更多地依靠市场选择、公平竞争的阶段转换。

  这样一个发展阶段的转换，实际上是由量到质的转变，即由过去的数量扩张、粗放型发展向素质提升、集约式发展的阶段转换。与此相联系，我国经济增长也将由高速增长向中速增长抑或中高速、次高速增长阶段转换。顺利完成这个转换，在经济增长速度下台阶的同时使经济增长的质量和效益上台阶，同时防止台阶下得过大过陡，力争

---

  ① 本文为向第十二届全国政协第二次会议提交的提案。

促进我国经济发展阶段平稳转换[1]

（2014 年 3 月 3 日）

  中国经济目前面临错综复杂的形势和下行压力，其复杂、困难、纠结的程度，不亚于应对国际金融危机以来的任何一年。这不仅与今年国内外经济环境中诸多不稳定、不确定因素和两难问题有关，更重要的是因为我国经济发展正处于一个十分重要的转换阶段。能否成功完成这个转换，并在转换过程中平滑过渡，避免引起大的经济、社会震动，顺利实现经济发展阶段的平稳转换，不仅是对我国今年经济发展，也是对今后一个时期经济社会发展的严峻考验。

  我国经济发展面临的阶段转换，从经济驱动的角度看，正由劳动力、资源、资本等要素驱动发展向管理、技术、劳动者素质提高的效率驱动和技术、制度、管理、市场模式创新的创新驱动发展的阶段转换；从需求拉动的角度看，正由过度依靠外需拉动向更多地依靠内需特别是消费需求拉动的阶段转换；从产业带动的角度看，正由第二产业带动为主向二、三产业并重进而主要依靠第三产业带动的阶段转换；从动力机制的角度看，正由过度依赖政府推动、政策鼓励向更多地依靠市场选择、公平竞争的阶段转换。

  这样一个发展阶段的转换，实际上是由量到质的转变，即由过去的数量扩张、粗放型发展向素质提升、集约式发展的阶段转换。与此相联系，我国经济增长也将由高速增长向中速增长抑或中高速、次高速增长阶段转换。顺利完成这个转换，在经济增长速度下台阶的同时使经济增长的质量和效益上台阶，同时防止台阶下得过大过陡，力争

---

  ① 本文为向第十二届全国政协第二次会议提交的提案。

使转换过程过渡得平滑、平稳一些，需要注意处理好五大关系：

一是处理好经济适度增长和经济健康发展的关系。在发展阶段转换过程中，经济增速不可能也不应该太高，以利于形成各类市场主体和各级政府主动进行调整的倒逼机制，推动经济发展方式的实质性转变；同时，统筹考虑各方面需要，增强大家的预期和信心，经济增速也不能太低，需要把经济的适度增长与经济健康发展结合起来。在宏观调控和实际经济工作中，特别要防止试图回到高增长轨道和任由经济自行下滑两种倾向，今年经济实际增速以不高于去年、不高于今年预期目标为宜。

二是处理好改革和稳定的关系。转阶段、转方式关键在于转动力，必须全面深化改革，进行制度创新，转换动力机制；同时，发展阶段转换又特别需要稳定、稳妥、稳慎。深化改革从长远看有利于激发经济发展的动力和活力，但短期内有可能影响经济稳定。因此，需要把握重大改革出台的时机、步骤和力度，已经形成社会共识、矛盾相对较小、有利于当前经济发展的改革措施如金融改革、国企改革等可先出台。

三是处理好结构调整和防范化解风险的关系。当前我国产能过剩、地方政府债务、影子银行和房地产泡沫等风险相当严重，进行结构调整，不仅是防范风险扩大的必要之举，也是最终化解这些风险的治本之策。但是，淘汰落后和压减过剩产能、减少地方债务、加强影子银行监管和治理房地产泡沫，有可能激化矛盾，引发一系列经济和社会问题，需要在加大结构调整力度的同时，采取必要的配套政策和防范措施，特别是对于在结构调整中就业和生活受到影响的职工，应加强转岗培训和社会保障，使结构调整能够稳妥有效地进行。

四是处理好宏观管住管好和微观放开放活的关系。成功实现我国经济发展阶段转换和平滑过渡，创造良好经济环境和激发市场主体活力，必须同时兼顾、并行推进。面对我国潜在增长率下降的形势和结构调整、深化改革的繁重任务，以及复杂多变的国际经济环境，宏观调控要统筹考虑国内国际经济环境，注意长期政策与短期政策的衔接，有序推进发展阶段的转换，审慎确定宏观经济政策，特别是处理好稳增长、调结构、防风险的关系，把握好度，保持政策稳定性，避免猛踩刹车、猛踩油门和猛打方向。要积极创造有利于结构调整的宏观经济环境，形成促进市场主体自我调整的倒逼机制。宏观管住管好的同时，微观一定要放开放活，包括继续深化国资管理体制和国企改革，使企业真正成为完全市场主体；放宽市场准入，拓宽民营企业发展空间；适当减轻企业税费负担和制止乱摊派，加大中小企业特别是小微企业扶持力度等，激发和增强各类市场主体的动力和活力。

五是处理好统一市场和发挥地方积极性的关系。改革开放以来，尤其是实行"分灶吃饭"和分税制，极大地调动了各级地方政府发展经济的积极性，有人称之为中国经济高速增长的"密码"，但也带来很大盲目性，我国经济中目前存在的一些突出问题，多与此有关。如果说在我国经济数量扩张、追赶起飞的高速发展阶段，这种动力机制的积极作用和正面效应是主要方面，但随着发展阶段的转换，其负面作用和消极影响日益凸显。实现发展阶段转换，必须把构建统一市场、让市场在资源配置中起决定性作用放在重要和优先位置，这也是更好发挥政府作用的必要前提。为此，需要深化财税体制和干部考核体制等方面的改革，改变地方政府 GDP 至上背后的"指挥棒"。当前应重点清理影响全国统一市场和企业公平竞争的地方政策，同时着手解决地方政府从竞争性领域退出的问题。地方国企实际是地方政府企业，地方政府投资公司等地方国企应从事本区域的公共设施如供水、供电、供气等投资和运营，为本地提供公共服务。竞争性地方国企应通过企业并购、股权出让等方式退出竞争性领域，这将有利于全国统一市场形成和发展，减少过度竞争、产能过剩和地区结构同质化，变行政区经济为经济区经济，提高整体经济发展的质量和效益。

促进我国经济发展阶段平稳转换，妥善处理以上这些关系，概括起来就是：经济增速要适度，改革措施要渐进，宏观政策要稳定，微观主体要放活，社会政策要托底，地方定位要准确。

促进企业结构调整 ①

（2015 年 3 月 2 日）

我国经济开始进入新常态之后，宏观经济运行处于合理区间，经济增速实现了原定的预期目标；结构调整取得新的进展，第三产业比重进一步提高，最终消费对经济增长的贡献率首次超过投资的贡献率；改革开放有新的突破，我国对外投资第一次超过利用外资，成为资本净输出国；就业形势比较稳定，在经济增速放缓的情况下，超额完成了原定的新增就业目标。但令人担忧的是经济效益大幅下滑。2014 年全国国有企业利润同比只增长 3.4%；全国规模以上工业企业利润只增长 3.3%，其中规模以上国有工业企业利润下降了 5.7%；全国财政收入增幅降到个位数，仅增长 8.6%；有些地方财政收入增速更低，有的甚至负增长。

这种情况表明，我国经济进入新常态之初，经济增速下来了，经济增长水平还没有上去，目前正处于新旧常态的转折过渡期。这个时期最重要的任务，是要实现"创造性破坏"，调整和优化经济结构，推动产业升级，促进各种资源、要素的优化配置和合理重组，特别是推动企业结构的调整，把资源、要素从产出效率低的领域、行业和企业转移到产出效率高的领域、行业和企业。企业作为市场主体，作为资源、要素的运用者，作为物质财富的创造者和服务的提供者，企业结构的调整是经济结构调整的重中之重。要大力促进企业结构的调整，加快优胜劣汰的步伐，让劣势企业尽早、尽快被兼并重组或退出市场，让优势企业和优秀企业家掌握更多的资源，使有限的资源要素能够产

---

① 本文为向第十二届全国政协第三次会议提交的提案。

生更大的效益。

为此，建议：

（一）加大鼓励企业兼并重组的支持力度。近年来，国务院和有关部门、地方政府陆续出台了一些促进企业兼并重组的指导意见和政策措施，发挥了积极作用。但从当前企业结构调整的需要来看，支持力度还应该进一步加大，针对企业兼并重组中涉及到财政、税务、金融、土地、工商、环保、社会保障、国资、商务、发展改革等各个领域的问题出台详细的、可操作的具体政策措施。

（二）完善企业市场退出机制。市场机制的作用和优势是优胜劣汰。我国企业优胜劣汰的机制虽已初步形成，但制约因素仍然不少，目前既有一些优势企业做不大、做不强的问题，也有不少劣势企业退不出、死不了的问题。应当尽快消除障碍，完善企业优胜劣汰机制，加快企业结构调整步伐，让劣势企业能够"安乐死"和无障碍地顺利被兼并重组，不应也不要再为那些"僵尸"企业输血、供氧，促进整体市场效率的提升。同时，帮助那些退出市场或者被兼并的企业做好就业安置工作，对再就业困难的职工提供培训、社保补贴等再就业援助，帮助他们实现再就业。

（三）打破地方保护和地区封锁。认真清除地方在企业兼并重组方面或明或暗的、显性的隐性的障碍，允许和欢迎外来企业兼并重组本地企业，为企业优化重组提供支持和便利。积极探索跨地区兼并重组地区间利益共享机制，协调处理地区间的利益分配。妥善解决企业兼并重组后工业增加值等统计数据的归属问题，实现企业兼并重组成果共享。

（四）创造公平的法制环境。处理好兼并重组企业和退出市场企业的利益纠纷和债权债务等问题，对不同地区兼并重组中的涉法涉诉事宜，一视同仁，不偏袒，不庇护，不歧视。与此同时，各级政府在做好市场秩序维护工作的同时，应尽量减少对市场和企业的干预，不搞"硬指标"，不搞"拉郎配"，努力使市场在资源配置中起决定性作用。

（五）实施促进企业竞争的政策体系。我国实行多年的产业政策和企业优惠政策，对于扶持一些产业和企业的发展，发挥了重要作用。

随着社会主义市场经济体制的完善和我国经济发展阶段的变化，应逐步改变针对某些行业和某些企业的差别性产业政策和优惠政策，实施鼓励企业公平竞争、促进优胜劣汰的竞争性政策，更多地通过市场化配置，促进资源、要素向优势企业转移和集中。

（六）理顺政企、央地的分配关系。我国脱胎于分灶吃饭的财政分配体制和以间接税为主的税收体系而形成的行政区经济，是影响资源配置和企业结构调整的主要障碍。在进一步减轻企业税费负担的同时，应加快财税体制改革，进一步理顺财税关系，合理设计税种税制，进一步提高所得税、物业税等直接税比重，降低增值税等间接税比重，逐步改变行政区经济的利益格局，从而促进企业跨地区投资布局和兼并重组。

新旧常态转折过渡期是一个最为艰难也最为关键的时期，我们面临着错综复杂的矛盾和许多两难的选择，需要妥善处理好稳增长、控风险、调结构、促改革、惠民生之间的关系，在多目标兼顾中寻找到一个最佳结合点、平衡点。这里的关键是，通过稳增长、控风险，创造适于调整结构的经济环境，形成促进调整的倒逼机制；通过深化改革，形成推动企业自主调整的动力机制；通过政府、企业和社会各方面共同努力，加快经济发展方式根本性转变，努力在我国经济增速下台阶的同时，促使经济增长水平尽快上台阶，成功进入经济发展新常态。

深化行政审批制度改革：“根子在批外”①

（2015 年 7 月 6 日）

行政审批改革虽获很大进展，但步履艰难，存在着“虚放实不放”、“小放大不放”、“明放暗不放”、“上放下不放”的现象。这里有一些部门和行政人员以批代管、揽权寻租不愿放的问题，有行政审批自身改革不到位、事中事后监管不完善、社会信用体系和行政文化建设不配套的原因，但更深层的原因是深化行政审批改革的前提和基础不完全具备，往往不敢放、不能放。如果不从根本上解决问题，行政审批就跳不出“一放就乱、一乱又批”的怪圈，行政审批改革就难以向纵深推进。

我国以增值税、营业税等间接税为主的税收体制和由“分灶吃饭”沿袭而来的财政分配格局，形成了中国特色强烈的“行政区经济”。各级地方政府受利益驱动或迫于地方财政收入的压力，招商引资、上项目、办园区、拉企业的积极性很高，在有力促进各地经济发展的同时，也带来了重复建设、“底线竞争”、地区产业结构同构化等突出问题。为遏止这种现象，上级政府不得不采用行政审批的办法加以控制，即使如此，也仍然管不住，“先斩后奏”（先上马后报批）、“斩而不奏”（隐瞒不报）、“化整为零”规避审批等现象多有发生。这是造成行政审批不愿放、不敢放、放而不开的背后原因。只有通过全面深化包括财税体制等在内的改革，创造前提，奠定基础，让市场在资源配置中起决定性作用和更好发挥政府作用，才能从根本上扫除行政审批改革难以深化的障碍。为此，建议：

---

① 本文为在全国政协“深化行政审批制度改革”专题协商会上的发言提纲。

（一）深化税收体制改革，逐步减少间接税比重，提高财产税、所得税等直接税比重。

（二）深化财政体制改革，调整财政分配格局，尽快改变地区财力差距过大的状况，逐步实现不同地区人均可支配财力大体相当。

（三）加强法制建设，构建全国统一市场。为市场主体创造公平竞争、公正裁判的良好市场环境和法制环境，充分利用三个清单（负面清单、正面清单、责任清单）厘清政府与法人、行政权力与市场规则的关系，界定其边界，规范其行为，使市场在资源配置中真正发挥决定性作用和更好发挥政府应有作用。

我对房地产去库存的几点看法①

（2016 年 3 月 2 日）

一、去库存是为了逐步化解而不是
继续吹大房地产泡沫

我国商品房库存量这么大，是多年来房地产过热、泡沫化的集中反映。其实，我国不仅有这么多待售未售的库存房，还有很多已售的不住不租的空置房。有资料显示，我国人均住房面积已经高于不少发达国家。商品房去库存必须充分考虑这些情况，着眼于盘活商品房资源和资金链，逐步化解房地产泡沫，而非刺激房地产市场，继续吹大房地产泡沫，为将来留下更大的包袱和隐患。

二、去库存应面向刚需，适应城镇化进程

商品房去库存不是简单把房子卖出去，而是真正满足农民进城、城镇居民初次购房和改善性居住的刚需，防止流向投机性倒卖和不住不租的那部分需求。中央经济工作会议要求推进农民工市民化，鼓励新市民住房消费。各地陆续出台一些政策措施，通过财政补贴、税费减免、纳入公积金缴存范围等方式，加大对新市民住房需求的支持力度，鼓励农民工购房。这是十分正确的，是适应城镇化进程、商品房去库存的重要方向。

---

① 本文是对中国经济时报记者牛福莲的采访回应，后刊于 2016 年 3 月 4 日《中国经济时报》的《楼市去库存应该怎么去？》一文中。

三、去库存政策措施应有利于促进房地产
市场健康发展和住房制度改革

这次商品房去库存,虽然是集中一段时间,化解商品房库存的权宜之举,但各地出台的政策措施,不能只是权宜之计,应当从促进房地产市场理性、健康发展和促进住房制度改革完善出发,注意以下几点:一是鼓励自住性、租赁性的住房消费,而非助推投机性和不住不租的投资性需求。二是通过鼓励地产开发商降低房价等措施,稳定和降低房价,防止推高房价。三是通过推动地产商兼并重组,整合资源,引导地产商由房地产开发商向城镇住房综合服务商转型,促进资源要素向优势房地产企业和品牌集中。四是撤销对房地产市场的过时限制,促进房地产去库存。同时,在相应改革不到位、体制机制未转变的情况下,对一些城市特别是一线城市商品房销售限制措施应区分情况,从有利于缓解而非加剧住房供求矛盾、有利于满足在这些城市工作和生活的居民居住需求出发,作出正确选择,不能完全放开。五是去库存政策措施应注意与住房制度改革相衔接。房地产市场的理性健康发展,与通过深化改革、破除"土地财政"、出台房产税等关系极大。目前各地陆续出台的去库存政策措施,应当有利于为进一步深化住房制度改革,促进房地产市场健康发展创造条件,防止为今后的改革设置新的障碍。

解决区域协调发展的根本：
变行政区经济为经济区经济①

（2016 年 3 月 14 日）

李克强总理在《政府工作报告》中指出，缩小城乡区域差距，既是调整经济结构的重点，也是释放发展潜力的关键。那么，未来五年，中国应如何推进区域协调发展？

两会期间，全国政协委员、国务院发展研究中心原副主任侯云春接受中国经济时报记者专访。他坦言，推进区域协调发展的根本之道在于变当前的行政区经济为经济区经济。不打破这一格局，就难以真正做到让市场在资源配置中起决定性作用和更好发挥政府作用。

侯云春说，改革开放以来，随着各项促进区域经济协调发展战略的深入实施，中国的经济版图也正在发生深刻变化，空间布局总体而言更加趋向科学合理。不过，区域发展差距也一直是我国经济发展中存在的重要问题。

"要想从根本上解决区域发展不协调的问题，我认为根子在于现有的以行政区划为主组织经济活动的经济运行模式。必须通过深化改革，打破地区分割，清除各种显性的和隐性的制度性、体制性障碍，实现各种生产要素的自由流动和企业的优化重组，变行政区经济为经济区经济。"侯云春说，我国以增值税、营业税等间接税为主的税收体制和由"分灶吃饭"沿袭而来的财政分配格局，形成了中国特色强烈的"行政区经济"，各级地方政府受利益驱动或迫于地方财政收入的压力，

---

① 本文为接受中国经济时报记者牛福莲的专访，原载 2016 年 3 月 14 日的《中国经济时报》。

招商引资、上项目、办园区、拉企业的积极性很高，在有力促进各地经济发展的同时，也带来了重复建设、"底线竞争"、地区产业结构同构化等突出问题。

侯云春举例道，有些地区为了保证当地财政收入，明明并不适合本地区发展的项目或已经不合时宜的项目也要强行上马或保留，"比如一些适合规模经营的行业，有的地方的小厂小矿即使效率效益不佳、污染环境也要坚持办下去。还有的地区，只是因为历史原因建有钢厂，明明本地没有矿石资源，却要从长江将矿石运至本地来进行生产，甚至不如从外地直接运进钢材更加节省资金和运力。这些做法显然是不符合经济发展规律的。"

他说，由于各地天然资源禀赋等的差异，在区域经济发展过程中存在一定差距也是正常的和自然的。但问题是，在各地公共服务均等化和人均可支配财政支出方面则不应存在过大的差距。"以行政区划为主来组织经济活动，使全国统一的共同市场难以真正形成，最终导致一些区域的经济增长成本加大，严重阻碍经济区的进一步发展，加重区域经济发展不协调的矛盾，还往往使经济问题演化为社会问题。"

而要打破这种格局，则必须跨越各种显性的和隐性的制度性、体制性障碍，实现从行政区经济向经济区经济的转变。侯云春指出，只有通过全面深化包括财税体制等在内的改革，理顺各级政府的事权和财权，完善财政转移支付制度，从根本上扫除各种障碍，才能真正让市场在资源配置中起决定性作用和更好发挥政府作用。具体而言，应在以下三个方面实现转变。

一是深化财政税收体制改革，调整财政分配格局，逐步减少间接税比重，提高直接税比重。同时加大转移支付力度，尽快改变地区财力差距过大的状况，逐步实现不同地区人均可支配财力大体相当。

二是正确发挥好政府作用，真正实现政府职能转变，从过去简单的"找投资、拉项目"等直接组织经济活动，更多地转向以创造良好的经济发展环境和做好市场监管为主的职能转变。如充分利用三个清单（负面清单、正面清单、责任清单）厘清政府与市场主体、行政权力与市场规则的关系，界定其边界，规范其行为，使市场在资源配置中真正发挥决定性作用和更好发挥政府应有的作用。

三是伴随着城镇化进程中人口资源分布和人口流动，政府应在促进人口空间结构、经济布局和人口分布的合理聚集上下功夫，通过户籍制度等改革，使人口得以自由流动，使资源的优化配置和经济区域协调发展相结合。"如有的不适合居住的地方，可以进行疏散，引导人口和经济向适宜开发的区域集聚，保护农业和生态发展空间，促进人口、经济与资源环境相协调。"

"以上问题不解决，当前的行政区经济不改变，区域经济发展不平衡则难以从根本上得到解决。"侯云春最后指出。

充分发挥消费需求拉动和供给推动作用 ①

（2016 年 8 月 29 日）

近日，由中国国情研究会创业创新指导委员会、中国发展战略学研究会共同主办的中国消费经济发展战略研讨会在京召开。全国政协委员、国务院发展研究中心原副主任侯云春出席会议并发言，他指出，尽管当前中国经济呈现"形缓势稳"的发展态势，未来经济的转型升级和调整仍将经历一个艰难的过程，下一步中国的发展将更多地依靠新的经济增长点，特别是依靠满足和扩大消费需求、改善和增加消费供给，"要两端发力，充分发挥消费需求的拉动作用和消费领域产品及服务供给的推动作用。"

国家统计局数据显示，今年上半年我国国内生产总值为 340637 亿元，按可比价格计算，同比增长 6.7%。对此，侯云春认为，尽管 6.7% 的经济增速是我国十多年来的最低经济增速，但对比世界各大经济体，中国经济增速仍处高位。从数据来看，中国的同期经济增速明显高于美国、欧盟、英国、日本等发达国家和地区，也快于新兴经济体。巴西、俄罗斯都是负增长，印度的经济增速虽略高于中国，但与前几年经济波动、增速低以及统计口径调整不无关系，且印度的经济体量只相当于中国的 1/5，处于同样发展阶段时中国的经济增速则要比印度快得多。

侯云春表示，在全球经济复苏乏力、经济普遍不景气的情况下，中国不仅要与自己的过去比，更要用一种国际视野和发展眼光来看待

---

① 本文为接受中国经济时报记者牛福莲的专访，原载 2016 年 8 月 29 日的《中国经济时报》。

当下的经济增长速度。近年来，在国际经济发展中还出现一个新情况，国际贸易受阻，经济全球化面临新的问题。在过去的几十年中，全球经济贸易增速基本是 GDP 的一至两倍，但近年来国际贸易增速却明显低于经济增速。这是因为，在全球经济低迷、复苏乏力的情况下，各国为保护本国制造业和本国就业，致使贸易保护主义抬头。2015 年，全球各国采取的贸易保护措施相比 2014 年增长 50%，其中 80% 的贸易保护措施是二十国集团国家出台的。同时，国际金融危机发生以来，各国大规模量化宽松、货币放水和高强度经济刺激，负面效应逐渐显现。经济增长动力从哪里来、金融风险如何防范管控，成为各国共同面临的两大难题。

"很显然，形势已经发生变化，过去那种依靠大规模出口来拉动经济的路子已经走不通。"侯云春同时指出，从国内来看，过去多年来拉动经济所依靠的大规模基础设施建设和房地产投资，在当下，空间已经十分有限。"尽管当前在基础设施建设方面仍有一些短板，如城市地下管廊建设等仍有很大差距和投资空间，但未来继续搞大规模基础设施建设的余地已经不大。同样，房地产也存有相当程度的泡沫，不应该也不可能再像前些年那样非理性超高速地发展。"

这种情况下怎么办？侯云春说，要按照中央要求，适度扩大总需求，推进供给侧结构性改革，引导良好发展预期。特别要从两端发力，充分发挥消费需求的拉动作用和消费领域产品及服务供给的推动作用，以适应正在发生变化的国内外需求。他提醒，在当前的经济形势下，有三个方面的情况值得注意。

一是固定资产投资，特别是民间投资增速下滑较快。数据显示，1—7 月份全国固定资产投资增速由年初头两个月的 10.2% 降至 8.1%，特别是民间投资增速由去年的两位数一路下滑，降至 2.1%，7 月当月更是负增长 1.2%，连续第二个月出现负增长。

侯云春指出，造成民间投资增速下滑的原因有很多。其中，既有"钱往哪里投"的问题，也有企业融资难融资贵"无钱可投"的问题，还有营改增之后地方政府对民间投资鼓励政策变化等因素的影响。但无论何种原因，民间投资增速下滑非常值得重视，"因为民营企业的投资往往最理性，他们投与不投、投向何处，通常经过非常详细、审慎的市场调查与计算。"

二是新增贷款悉数流向房地产。7月人民币贷款增加4636亿元，在住户部门贷款增加的4575亿元中，短期贷款减少197亿元，中长期贷款增加4773亿元。从数据上可以看到，当月居民中长期贷款新增规模甚至超过了总的人民币新增信贷规模。"也就是说，7月当月新增贷款全部用于居民购房贷款还不够。房地产去库存是必要的。但在房地产泡沫已经很严重的情况下，如果由此得出房地产可以大干快上的信号，那是很危险的。"

三是企业囤积现金"不敢花"。现在，企业既有融资难、融资贵、资金紧张的问题，也有企业持有现金增加、有钱"不敢花"的问题。资料显示，今年我国企业持有现金上一季度增长18%。这反映企业持币观望，投资意愿和投资信心严重不足。

尽管中国经济从总的形势来看可谓"形缓势稳、稳中有进"，但是调整过程将是艰难和痛苦的。侯云春指出，以上情况从侧面反映出，一方面，我们居民消费过多地集中于买房，影响了其他方面的消费支出；另一方面，由于消费供给存在质量不高、结构不合理、调整和升级进展缓慢等问题，致使一些高端消费需求流失，转移到了国外。

他说，当前，老百姓的消费已经由过去的衣、食、住、用、行等物质消费，向文化、健康、娱乐等方面的消费拓展；由过去的中低端消费，向安全营养健康的较高端消费转变。面对消费的转型升级，中国经济一方面必须在投资和出口双双受阻的情况下，充分发挥消费需求的拉动作用，同时从供给侧改革出发加大消费供给改革和结构调整的力度，满足老百姓消费升级的需求。

对此，要求我们一要进一步放宽对消费领域的一些行政性限制，破除阻碍消费升级和产业升级的制度性障碍，鼓励民营资本进入医疗、文化教育等领域；二要加大消费供给和服务调整力度，努力提高供给体系质量和效率，努力提高产品和服务质量，培育更多知名品牌，多渠道增加消费产品和服务有效供给，把流失到国外的高端消费尽可能地吸引到国内来；三要积极探索新的消费模式和创新营销方式引领消费；四要进一步改善优化消费环境，严厉打击假冒伪劣、欺客宰客等侵犯消费者权益行为；五要提倡理性消费、适度消费、科学消费，引导消费者合理安排消费支出，促进消费行为理性化。

侯云春认为，错综复杂的国内外经济环境，对中国经济转型升级提出了迫切要求。时不我待，机不可失。侯云春表示，国际金融危机发生之后不久，他曾作过这样的判断，全球经济进入经济增长的低迷期、经济结构的深度调整期、新一轮技术革命的酝酿期、经济秩序和全球治理的改革重塑期。他认为，今后几年仍是如此。这给中国经济改革调整和转型升级提出了新课题，也提出了新挑战、新机遇。因此，要顺势而为，迎难而上，顺利闯过这一关。

侯云春指出，中国经济经过 30 多年改革开放的快速发展，已经拥有雄厚的基础，当前在中国经济进入新常态、国内外经济环境比较严峻的情况下，我们要进一步加大改革和调整的力度，大力推进技术创新、管理创新、制度创新和市场模式创新，着力提高经济运行质量和效益，使我们的经济增长和经济发展能够提高到一个新水平。

调节收入分配　缩小贫富差距①

（2017 年 3 月 1 日）

收入分配问题是当前影响我国经济社会发展的突出问题。我国的基尼系数近年有所下降，但 2016 年又略有上升，达 0.465，超过 0.4 的警戒线，也高于 0.44 的世界平均水平；更值得注意的是，财富进一步向少数人集中，最富有群体与最贫困群体的差距拉大，已经严重影响到社会公平与和谐稳定。

加快推进分配制度改革，加大税收调节力度，大力提倡慈善捐赠，搞好一二三次分配，缩小收入分配差距，促进社会公平，是我国当前和今后需要着力解决的重大课题。但在经济全球化的背景下，收入分配问题不是孤立的，需要综合考虑国际国内多种因素，确定我们在三次分配中的思路、原则、措施和步骤。

为此，建议：

（一）初次分配兼顾效率与公平，适当提高劳动占比，"能挣多少挣多少"。在初次分配环节，应该以鼓励提高效率、创造财富为主，把蛋糕做大。重在激发投资者、管理者和劳动者的积极性和创造力，增强市场主体的活力和竞争力。对一些企业高管限薪不利于发挥他们的积极性，应允许他们按照市场原则合理取酬。同时，初次分配也要兼顾公平，在提高效率、降低其他成本的基础上，适当提高劳动报酬在初次分配中的占比。

（二）再分配加大税收调节，缩小收入差距，"能征多少征多少"。二次分配应在区分企业积累与个人收入特别是企业主收入的基础上，

---

① 本文为向第十二届全国政协第五次会议提交的提案。

对企业减税以利促进企业发展和财富创造，对高收入者增税以利促进社会公平。包括提高个人所得税的累进税率，开征遗产税、继承税、赠与税等。税率的确定应同时考虑国情与世情，能征多少征多少，既要有利于促进社会公平，也要防止把富人赶到国外。

（三）三次分配提倡献爱心，发展捐赠和慈善事业，"能捐多少捐多少"。受经济全球化形势下资本、人员、财富流动和企业竞争的影响，初次分配和再分配领域收入调节需要"左顾右盼"，调节的方式和力度不能不受到相当程度的制约，难以达成缩小收入差距、实现社会公平的理想目标。在这种情况下，需要积极鼓励和促进以慈善捐赠为主要内容的第三次分配。我国慈善捐助指数不仅大大低于发达国家，也低于全球平均水平，甚至低于人均收入低于我国的许多发展中国家和欠发达国家，更应该大力倡导慈善捐助，通过三次分配，缩小贫富差距，促进社会公平与和谐。除了提高国人道德水平、形成良好的社会氛围之外，应当进一步采取政策措施，鼓励慈善捐助行为，如对个人捐赠的款项给予纳税扣除或税收抵免等。